A LEGÍTIMA DO CÔNJUGE SOBREVIVO

ESTUDO COMPARADO HISPANO-PORTUGUÊS

ANA CRISTINA FERREIRA DE SOUSA LEAL
Doutora em Direito

A LEGÍTIMA DO CÔNJUGE SOBREVIVO
ESTUDO COMPARADO HISPANO-PORTUGUÊS

Dissertação de Doutoramento
em Direito Civil pela Faculdade
de Direito da Universidade
de Santiago de Compostela

Prólogo de María Paz Garcia Rubio
Catedrática de Direito Civil
da Universidade de Santiago de Compostela

ALMEDINA

TÍTULO:	A LEGÍTIMA DO CÔNJUGE SOBREVIVO ESTUDO COMPARADO HISPANO- PORTUGUÊS
AUTOR:	ANA CRISTINA FERREIRA DE SOUSA LEAL
EDITOR:	LIVRARIA ALMEDINA - COIMBRA www.almedina.net
DISTRIBUIDORES:	LIVRARIA ALMEDINA ARCO DE ALMEDINA, 15 TELEF. 239 851900 FAX 239 851901 www.almedina.net 3004-509 COIMBRA - PORTUGAL LIVRARIA ALMEDINA ARRÁBIDA SHOPPING, LOJA 158 PRACETA HENRIQUE MOREIRA AFURADA arrabida@almedina.net 4400-475 V. N. GAIA - PORTUGAL LIVRARIA ALMEDINA - PORTO RUA DE CEUTA, 79 TELEF. 22 2059773 FAX 22 2039497 4050-191 PORTO - PORTUGAL EDIÇÕES GLOBO, LDA. RUA S. FILIPE NERY, 37-A (AO RATO) TELEF. 21 3857619 FAX 21 3844661 1250-225 LISBOA - PORTUGAL LIVRARIA ALMEDINA ATRIUM SALDANHA LOJA 31 PRAÇA DUQUE DE SALDANHA, 1 TELEF. 21 3712690 atrium@almedina.net 1050-094 LISBOA LIVRARIA ALMEDINA/BRAGA CAMPUS DE GUALTAR UNIVERSIDADE DO MINHO TELEF. 253 678822 braga@almedina.net 4700-320 BRAGA
EXECUÇÃO GRÁFICA:	CLÁUDIA MAIROS Email: claudia_mairos@yahoo.com
IMPRESSÃO	G.C. – GRAFICA DE COIMBRA, LDA. PALHEIRA – ASSAFRAGE 3001-453 COIMBRA Email: producao@graficadecoimbra.pt JANEIRO, 2004
DEPÓSITO LEGAL:	202487/03

Toda a reprodução desta obra, por fotocópia ou outro qualquer processo, sem prévia autorização escrita do Editor, é ilícita e passível de procedimento judicial contra o infractor.

À minha avó, que recordo
com infinita saudade.

Aos meus pais e ao meu irmão.

Ao Pedro, meu marido,
pelo afecto, a paciência,
e o apoio incondicional
nos bons e maus momentos.

À Ana Filipa, que veio completar
o sentido da minha vida.

AGRADECIMENTOS

Os meus sinceros agradecimentos à Professora Doutora María Paz Garcia Rubio, Catedrática de Direito Civil da Faculdade de Direito da Universidade de Santiago de Compostela, que generosamente assumiu a orientação da dissertação, por ter partilhado comigo os seus conhecimentos científicos e a sua vasta experiência, sem os quais esta tese de Doutoramento não teria visto a luz.

Estou igualmente reconhecida à Universidade de Santiago de Compostela e aos seus elementos, particularmente aos membros do Departamento de Direito Comum da Faculdade de Direito, que sempre me acolheram com simpatia, e entre estes em especial à Professora Doutora Marta Carballo Fidalgo pela permanente disponibilidade.

Aos meus colegas, Professora Doutora Clara Rabaça e Professor Doutor Carlos Pereira, pelos conselhos valiosos e pela partilha de experiências, sempre indispensáveis a quem percorre os sinuosos caminhos da investigação científica.

ÍNDICE GERAL

PRÓLOGO 15

NOTA PRÉVIA 21

ABREVIATURAS 23

INTRODUÇÃO 25

PARTE PRIMEIRA
EVOLUÇÃO HISTÓRICA DO ESTATUTO SUCESSÓRIO
DO CÔNJUGE SOBREVIVO

CAPÍTULO PRIMEIRO: DIREITO ROMANO 31

CAPÍTULO SEGUNDO: DIREITO GERMÂNICO 36

CAPÍTULO TERCEIRO: DIREITO HISTÓRICO HISPANO-PORTUGUÊS .. 39
  I - Período Visigodo 39
  II- Alta Idade Média 41
  III - Baixa Idade Média 45
  IV - Período Individualista 48
    1. Época Pombalina 48
    2. Movimento Codificador 50
      A) O Código Civil português de 1867 50
      B) O Código Civil português de 1966 51
      C) Processo Codificador e Código Civil espanhol de 1889 53

PARTE SEGUNDA
CRITÉRIOS REGULADORES DO FENÓMENO JURÍDICO-SUCESSÓRIO

CAPÍTULO PRIMEIRO: SUCESSÃO *MORTIS CAUSA*
E ESTRUTURA DO FENÓMENO SUCESSÓRIO 59
    I - Conceito de sucessão 59
    II - Herança e legado 61
        1. Critérios legais de distinção das figuras do herdeiro e do legatário .. 61
        2. Estatutos legais do herdeiro e do legatário 65
        3. Estrutura e função da herança e do legado 79

CAPÍTULO SEGUNDO: MODALIDADES
DE DESIGNAÇÃO SUCESSÓRIA DO CÔNJUGE SOBREVIVO 81
    I - Enquadramento geral 81
    II - O chamamento à sucessão legitimária ou forçosa 91
        1. Introdução 91
        2. A legítima vidual usufrutuária como *tertium genus* 96
        3. O problema da efectivação dos direitos legitimários
        do cônjuge sobrevivo na sucessão intestada no Código Civil espanhol .. 100

PARTE TERCEIRA
LEGÍTIMA DO CÔNJUGE SOBREVIVO

CAPÍTULO PRIMEIRO: EVOLUÇÃO DA INSTITUIÇÃO
FAMILIAR E LEGÍTIMA DO CÔNJUGE SOBREVIVO 107
    I - Repercussão da actual concepção da família
    sobre os regimes matrimoniais de bens 107
    II - Conexão entre os regimes matrimoniais supletivos
    e o estatuto sucessório do cônjuge sobrevivo 113

CAPÍTULO SEGUNDO: CARACTERÍSTICAS
E PRESSUPOSTOS DA LEGÍTIMA DO CÔNJUGE SOBREVIVO 120
    I - Introdução 120
    II - Características comuns 121
        1. Legítima de carácter geral 121
        2. Legítima variável e concorrente 122

3. Legítima vitalícia e recíproca 124
4. Independência do regime de bens do casamento 125
III - Aspectos divergentes 127
1. Modo de atribuição da legítima 127
A) Usufruto e propriedade 127
B) Regime do usufruto legal do cônjuge sobrevivo 137
C) Formas subsidiárias de pagamento da legítima em usufruto 153
a) Introdução 153
b) A faculdade de comutação prevista no art° 839°
do Código Civil espanhol 155
c) A faculdade de comutação prevista no art° 840°
do Código Civil espanhol 162
d) A modalidade de preenchimento da legítima vidual
prevista no art° 152°/2 da Lei de Direito Civil da Galiza 166
e) Repercussão da faculdade de comutação
na intangibilidade qualitativa da legítima vidual 169
2. Garantias de pagamento da legítima vidual no Código Civil espanhol ... 172
IV - Legítima do cônjuge sobrevivo e atribuições voluntárias 175
1. O usufruto vidual universal na Lei de Direito Civil da Galiza 175
2. O usufruto vidual universal no Código Civil espanhol 185
V - Pressupostos da legítima do cônjuge sobrevivo 194
1. Introdução 194
2. Existência de casamento válido 196
A) A situação do cônjuge putativo 198
3. Morte do autor da sucessão na constância do casamento 202
A) Introdução 202
B) Divórcio 203
C) Sentença de separação 206
D) Reconciliação e perdão 214
E) Sentença de divórcio ou separação ainda não transitada
em julgado no momento da morte de um dos cônjuges 216
F) Separação de facto 220

CAPÍTULO TERCEIRO:
LEGÍTIMA DO CÔNJUGE SOBREVIVO E COLAÇÃO 228
I - Introdução 228
II - Pressupostos e fundamento da colação 229

III - Objecto da colação 234
IV - Modo de efectuar a colação 242
V - Os sujeitos passivos da colação 245
   1. Introdução 245
   2. O problema da sujeição do cônjuge sobrevivo à colação 247
     A) No Código Civil português 247
     B) No Código Civil espanhol 255

CAPÍTULO QUARTO: DIREITOS E DEVERES
DO CÔNJUGE SOBREVIVO LEGITIMÁRIO 259
I - Introdução 259
II - Gestão e administração dos bens da herança 262
   1. Introdução 262
   2. Direitos e deveres do cônjuge sobrevivo administrador da herança .. 269
III - Partilha da herança 282
   1. O direito de exigir a partilha 282
   2. Os direitos de atribuição preferencial na partilha 287
   3. Deveres do cônjuge sobrevivo na partilha 297
IV - Exercício de faculdades possessórias relativamente aos bens da herança 298
V - Direito de preferência na alienação da herança 301
VI - A faculdade de exercício do cargo de *contador-partidor* 303
   1. Regime-regra 303
   2. As excepções contidas no Código Civil espanhol
   e na Lei de Direito Civil da Galiza 305
     A) Os artºs 831º do Código Civil espanhol e 141º e ss.
     da Lei de Direito Civil da Galiza 305
     a) Pressupostos da delegação da faculdade de melhorar 307
     b) Conteúdo do poder do cônjuge sobrevivo 309
     B) O artº 159º/1 da Lei de Direito Civil da Galiza 312
   3. Alguns aspectos do exercício das funções divisórias pelo cônjuge
   sobrevivo 313
     VII - Responsabilidade por dívidas hereditárias 317

CAPÍTULO QUINTO: TUTELA DA LEGÍTIMA
DO CÔNJUGE SOBREVIVO 324
I - O princípio da intangibilidade da legítima: alcance actual 324
II - Meios de protecção da legítima do cônjuge sobrevivo 326

1. Introdução 326
2. Meios directos de protecção da legítima 328
 A) Impugnação de negócios simulados que prejudiquem a legítima .. 328
 B) Renúncia antecipada à legítima 335
  a) Regime-regra 335
  b) O apartamiento na Lei de Direito Civil da Galiza 342
 C) Rescisão da partilha realizada em vida pelo testador 349
 D) Proibição de encargos 351
 E) Acção de reclamação da legítima 354
 F) Acção de suplemento da legítima 356
  a) Introdução 356
  b) A tutela da legítima vidual através da acção de suplemento
    no Código civil espanhol 359
  c) Título de atribuição do complemento 361
  d) Natureza da acção de suplemento 363
 G) Acção de redução de liberalidades inoficiosas 366
  a) Legitimidade para a acção de redução 367
  b) Objecto da acção de redução 369
  c) Ordem da redução 371
  d) Termos em que opera a redução 372
  e) Natureza da acção de redução 374
  f) Prazos de exercício da acção 376
 H) Deserdação 380
  a) Introdução 380
  b) Causas de deserdação do cônjuge sobrevivo 383
  c) Efeitos da deserdação do cônjuge sobrevivo 390
  c') Na deserdação justa 390
  c'') Na deserdação injusta 395
  d) Reabilitação do cônjuge sobrevivo deserdado 397
 I) Preterição 401
  a) Evolução legislativa do instituto no Código Civil espanhol 402
  b) Conceito de preterição 404
  c) Preterição não intencional do cônjuge sobrevivo 408
  d) Preterição intencional do cônjuge sobrevivo 409
  e) A acção de preterição 412
3. Meios indirectos de protecção da legítima 414
 A) Introdução 414

B) Inabilitação por prodigalidade 415
C) Ausência 418
D) Impugnação da filiação nos termos do artº 140º do Código Civil
    espanhol 421

CAPÍTULO SEXTO: NATUREZA JURÍDICA
DA LEGÍTIMA DO CÔNJUGE SOBREVIVO 424
 I - Introdução 424
 II - A natureza da legítima nos ordenamentos jurídicos
    português e espanhol 427
 III - A natureza jurídica da legítima do cônjuge sobrevivo
    no Direito espanhol 440
   1. O cônjuge como herdeiro forçoso 441
   2. O cônjuge como legatário: pertinência da figura do legado *ex lege* .. 444
   3. Posição adoptada 448

CONCLUSÕES 451

BIBLIOGRAFIA 471

PRÓLOGO

Num parágrafo de uma célebre recompilação de artigos recentemente traduzida para o espanhol, o jurista alemão R. Zimmerman salienta que, em contraposição a praticamente todas as outras matérias que se ensinam na universidade moderna, a ciência jurídica europeia se encontra, pelo menos nos últimos cem anos, predominantemente sujeita a uma orientação nacional. Esta constatação absolutamente correcta, pelo menos até datas muito próximas, explica que, com muito poucas excepções, os trabalhos de investigação realizados pelos juristas europeus nos diferentes ramos do Direito positivo se ocupem da análise exclusiva do seu próprio Direito interno, o qual é adereçado, na melhor das hipóteses, com algumas gotas de erudição forasteira que tão pouco pretendem evitar aquele que é o seu mercado natural, o nacional.

Sem dúvida tem sido este, e certamente continua a ser, o caso das obras elaboradas nas distintas disciplinas jurídicas tanto em Espanha como em Portugal. Acrescente-se que em ambos os casos, seguindo também uma tradição que provavelmente responde a inveteradas razões sociológicas, muito fáceis de intuir e muito difíceis de explicar em termos racionais, a "nacionalização" das obras é acompanhada, a maioria das vezes, de um olímpico desprezo e uma absoluta ignorância sobre o ordenamento do vizinho e sobre as obras que abordam temas idênticos ou muito próximos ao objecto das próprias. Dificilmente os "adereços" forasteiros que acabo de mencionar são portugueses no caso das obras espanholas ou são espanhóis quando se trata de investigações elaboradas por juristas de Portugal. Nem a proximidade geográfica, nem a comunidade de problemas e muitas vezes de soluções, nem a mais que provável compreensão, pelo menos leitora, das respectivas línguas, tem servido para derrubar uma barreira que sem dúvida existe, ainda que seja impossível de apreender.

16   *A Legítima do Cônjuge Sobrevivo - Estudo Comparado Hispano-Português*

Felizmente os tempos estão mudando. Na unificada Europa dos nossos dias os Estados tornam muito mais permeáveis as suas fronteiras físicas, económicas, sociais e culturais. Desde logo, tornam também mais permeáveis as suas fronteiras jurídicas. Não vou entrar aqui naquele que já começa a ser reiterado tema da progressiva "unificação do Direito privado europeu", por mais que a obra que este Prólogo pretende apresentar seja uma obra europeia e seja uma obra de Direito privado (Direito Civil, em concreto; Direito Sucessório, para ser mais precisa). Prefiro aludir ao processo de aproximação científica entre os cidadãos dos países que compõem a Europa e do qual a autora e o livro que têm em mãos é um bom expoente.

Ana Cristina Ferreira de Sousa Leal chegou em 1995, com uma sólida formação jurídica adquirida na Faculdade de Direito da Universidade de Lisboa, à Universidade de Santiago de Compostela como estudante do Terceiro Ciclo. Uma vez finalizado o correspondente Programa de Doutoramento, durante o qual tive ocasião de conhecer as suas qualidades intelectuais e humanas, manifestou-me o seu desejo de elaborar uma tese doutoral no âmbito do Direito das Sucessões, solicitando para o efeito a minha direcção, que aceitei com gosto. O resultado foi um sólido trabalho de investigação sobre "A Legítima do Cônjuge Sobrevivo. Estudo Comparado Hispano-Português", que foi defendida publicamente na Faculdade de Direito da Universidade de Santiago em Setembro de 2001, tendo merecido a classificação de "Sobresaliente *Cum Laudem*" por unanimidade, de um júri presidido pela Senhora Professora Doutora Teodora Torres Garcia, Catedrática de Direito Civil da Universidade de Valladolid, e do qual faziam parte os Senhores Professores Doutores Carlos Vattier Fuenzalida, Catedrático de Direito Civil da Universidade de Burgos, Heinrich Ewald Hörster, Professor Associado Convidado e Presidente da Escola de Direito da Universidade do Minho, Alicia del Real Pérez, Professora Titular de Direito Civil da Universidade Complutense de Madrid, e Isabel Espín Alba, Professora Titular de Direito Civil da Universidade de Santiago de Compostela. Esta monografia que tenho a satisfação de apresentar constitui, em essência, a parte fundamental dessa tese.

Sendo certo que o leitor adquirirá uma ideia mais precisa das abundantes qualidades do livro à medida que se detenha nas suas páginas, várias são as ideias que me permito destacar em jeito de apresentação.

Prólogo 17

Em primeiro lugar, o trabalho de Ana Cristina Leal constitui um representativo labor de comparação jurídica entre dois conjuntos normativos muito próximos nos seus problemas e, no entanto, bastante diferentes em algumas das suas soluções: o sistema sucessório do Código Civil espanhol e o do Código Civil português. A resposta à questão suscitada pela tutela jurídica do cônjuge sobrevivo na sucessão do seu consorte é em ambos os casos uma legítima de carácter imperativo que tem notas comuns a ambos os sistemas, mas também muitas características dissemelhantes. Entre as primeiras ressalta a autora o seu carácter geral, concorrente, variável, recíproco, vitalício e independente do regime que regule os efeitos económicos do casamento, com a ressalva que representa, a respeito desta última nota, o artº 9.8 do Código Civil espanhol, o qual em matéria de Direito Internacional Privado e, por remissão a esta dos chamados "conflitos internos", de Direito Inter-regional, vincula os direitos legais do viúvo e o regime económico do casamento ao submeter ambos os assuntos à mesma lei. Precisamente no encadeamento desta questão é oportuno salientar aqui uma das notas estruturais que, de forma muito clara, diferenciam os ordenamentos jurídicos espanhol e português. A referida nota deriva do carácter plurilegislativo do Estado espanhol, onde muitas Comunidades Autónomas têm competências legislativas em matéria civil e, mais em concreto, em matéria sucessória. Tais competências têm sido total ou parcialmente desenvolvidas nos distintos Parlamentos autonómicos, dando lugar a uma peculiar complexidade legislativa que a autora soube manejar de forma muito acertada. O facto de que seja precisamente o galego o Direito Civil autonómico que mais aparece na obra obedece, sem dúvida, à vinculação compostelhana da autora, mas não deixa de ser, por sua vez, um símbolo adequado dos muitos laços existentes entre o espanhol e o português.

Entre as notas que diferenciam a legítima vidual nos Códigos Civis português e espanhol é fácil destacar a principal: aquela é uma legítima em propriedade; esta última é uma legítima em usufruto. A autora analisa pormenorizadamente as vantagens e inconvenientes de ambas as figuras, propriedade e usufruto. As mudanças sociológicas operadas na família moderna, as novas formas de titularidade da riqueza e de composição dos patrimónios familiares, e inclusive as dificuldades técnicas que podem derivar do concurso de proprietários e usufrutuário a uma sucessão, fazem com que a autora se incline claramente pela solução portuguesa: a legítima vidual em propriedade. Não obstante, isso não é obstáculo para que Ana Cristina Leal realize uma análise detalhada do usufruto vidual do Código Civil espanhol, colocando especial ênfase na possibilidade de comutação, na qual vê mais uma confirmação da inadequação da alternativa usufrutuária. Estou plenamente de acordo com a autora do livro em que geralmente o direito vidual em propriedade se adapta muito melhor que um direito usufrutuário às exigências sociológicas, económicas e técnicas do nosso tempo. É além disto uma consequência lógica da promoção da posição do cônjuge nas relações familiares, que evita *ex ante* muitas querelas familiares, especialmente conflituosas nos casos em que o viúvo ou viúva o seja de um segundo ou ulterior casamento do autor da sucessão e concorra a esta com descendentes de casamentos ou uniões de facto anteriores.

Em contrapartida, não partilho a opinião de Ana Cristina Leal sobre a relevância que deve atribuir-se no sistema do Código Civil à separação para a existência ou não da legítima do cônjuge sobrevivo. Entendo, diferentemente do expressado por ela, que no Código espanhol existem bases suficientes para superar por via interpretativa o teor literal do artº 834, intocado pela reforma de 1981. A constância das decisões do Tribunal Supremo e da Direcção Geral de Registos e Notariado, empenhados em apegar-se à letra de um preceito dificilmente compatível com um sistema de separação de base objectiva, não me convencem do contrário. A interpretação "actualista" ou "correctora", para utilizar os termos da autora, que considera eliminada a excepção que permite a legítima do cônjuge não culpado da separação não é, em meu entender, mais que um caso de interpretação sistemática, expressamente reconhecida no artº 3.1 do Código Civil espanhol, imposta pela coerência do sistema e pela necessária harmonização de preceitos com uma literalidade muito divergente, quando não claramente contraditória. Em qualquer caso, as páginas que a autora dedica ao tema da separação dos cônjuges e sua transcendência para a legítima, seguindo a sua estratégia de comparação entre ambos os Códigos Civis, põem em relevo um interessante paradoxo: enquanto o Código espanhol consagra um sistema de separação (e divórcio) remédio que pretende eliminar qualquer consideração em termos de culpabilidade ou inocência dos cônjuges, o Código português adopta um regime de separação e divórcio baseados, em grande parte, na violação culposa dos deveres conjugais; Curiosamente, com tais pontos de partida, grande parte da doutrina espanhola, avalizada por resoluções judiciais e governativas, mantém a existência da legítima do cônjuge inocente; paralelamente, o Código português estabelece que a separação de pessoas e bens implica para o sobrevivo a perda dos seus direitos sucessórios, incluídas as legítimas. Parece que neste ponto espanhóis e portugueses trocaram as suas posições.

Muitas outras questões controvertidas são objecto de análise no livro. Não vou entrar nelas para não alargar mais um Prólogo que só pretende apresentar uma boa obra e incitar à sua leitura atenta. Recomendo, entre os que não foram mencionados, os temas da sujeição do cônjuge sobrevivo à colação, especialmente discutido no direito português, o estudo da administração da herança pelo cônjuge cotejando os textos do Código Civil português e da nova *Ley de Enjuiciamiento Civil* espanhola, ou a análise da expectativa legitimária em ambos os sistemas na sua relação com a impugnação dos negócios simulados pelo autor da sucessão e com a renúncia antecipada à legítima.

Termino reiterando que esta é uma recomendável obra de Direito das Sucessões. O seu tema, a posição que há-de ter na sucessão o cônjuge do seu autor, foi controvertida desde as primeiras codificações e continua sendo dos que obrigatoriamente há que repensar para conformar um Direito Sucessório que atenda adequadamente às exigências do nosso tempo; a Lei francesa nº 2001-1135, de 3 de Dezembro de 2001, que entrou em vigor em Julho de 2002, e que estabelece um regime misto entre o usufruto e a propriedade, é uma recente prova disso e um novo convite à reflexão comparatista que, como a que faz Ana Cristina, contribui para contornar nacionalismos jurídicos pouco conformes com os tempos que correm, e ajuda a encontrar melhores soluções para problemas comuns.

Santiago de Compostela, Agosto de 2002

María Paz Garcia Rubio

NOTA PRÉVIA

O presente trabalho corresponde à dissertação de Doutoramento em Direito Civil realizada no Departamento de Direito Civil da Faculdade de Direito da Universidade de Santiago de Compostela sob a direcção da Srª Professora Doutora María Paz Garcia Rubio, Catedrática de Direito Civil, e defendida em provas públicas em Setembro de 2001, tendo merecido a classificação de *Sobresaliente cum Laude* perante um Tribunal presidido pela Professora Doutora Teodora TORRES GARCÍA, Catedrática de Direito Civil da Universidade de Valladolid, e integrado pelos Professores Doutores Carlos VATTIER FUENZALIDA, Catedrático de Direito Civil da Universidade de Burgos, Heinrich EWALD HÖRSTER, Professor Associado Convidado da Universidade do Minho, Alicia DEL REAL PÉREZ, Professora Titular de Direito Civil da Universidade Complutense de Madrid, e Isabel ESPÍN ALBA, Professora Titular de Direito Civil da Universidade de Santiago de Compostela.

O texto que agora se dá à estampa corresponde, no essencial, ao que foi objecto de discussão em provas públicas, tendo sido introduzidas apenas algumas correcções formais, e é precedido de um prólogo gentilmente elaborado pela Professora Doutora María Paz GARCIA RUBIO, Catedrática de Direito Civil da Universidade de Santiago de Compostela.

A Autora

ABREVIATURAS

AAMN:	Anales de la Academia Matritense del Notariado
AC:	Actualidad Civil
Ac. RC:	Acórdão da Relação de Coimbra
Ac. RE:	Acórdão da Relação de Évora
Ac. RL:	Acórdão da Relação de Lisboa
Ac. RP:	Acórdão da Relação do Porto
Ac. STJ:	Acórdão do Supremo Tribunal de Justiça
ADC:	Anuario de Derecho Civil
ADGRN:	Anuario de la Dirección General de los Registros y Notariado
art^o.:	artigo
BFDUC:	Boletim da Faculdade de Direito da Universidade de Coimbra
BMJ:	Boletim do Ministério da Justiça
BOC:	Boletín Oficial de Cataluña
BOCAIB:	Boletín Oficial de la Comunidad Autonoma de las Islas Baleares
BOE:	Boletín Oficial del Estado
BOPV:	Boletín Oficial del País Vasco
CC:	Código Civil
C.C. esp.:	Código Civil espanhol
CCJC:	Cuadernos Civitas de Jurisprudencia Civil
C.C. port.:	Código Civil português
CDCA:	Compilación del Derecho Civil de Aragón
CDCB:	Compilación de Derecho Civil de Baleares
CDCFN:	Compilación del Derecho Civil Foral de Navarra
CE:	Constitución Española
CJ:	Colectânea de Jurisprudência

CLJC:	Colectânea de Legislación y Jurisprudencia Civil
CPC:	Código de Processo Civil
CRP:	Constituição da República Portuguesa
CSC:	Código de Sucesiones de Cataluña
Dec.-Lei:	Decreto-Lei
DGRN:	Dirección General de los Registros y del Notariado
DOGC:	Diario Oficial de la Generalitat de Cataluña
DR:	Diário da República
FNN:	Fuero Nuevo de Navarra
JC:	Jurisprudencia Civil
JR:	Jurisprudência da Relação
LDCFPV:	Ley de Derecho Civil Foral del País Vasco
LDCG:	Ley de Derecho Civil de Galicia
LEC:	Ley de Enjuiciamiento Civil
LH:	Ley Hipotecaria
LSCMA:	Ley de Sucesiones por Causa de Muerte de Aragón
par.:	parágrafo
RAU:	Regime do Arrendamento Urbano
RCDI:	Revista Crítica de Derecho Inmobiliario
RCL:	Repertorio Cronológico de Legislación
RDGRN:	Resolución de la Dirección General de los Registros y Notariado
RDN:	Revista de Derecho Notarial
RDP:	Revista de Derecho Privado
RFDUL:	Revista da Faculdade de Direito da Universidade de Lisboa
RGLJ:	Revista General de Legislación y Jurisprudencia
RH:	Reglamento Hipotecario
RJA:	Repertorio de Jurisprudencia Aranzadi
ROA:	Revista da Ordem dos Advogados
SSTS:	Sentenças do Tribunal Supremo
STJ:	Supremo Tribunal de Justiça
STS:	Sentença do Tribunal Supremo
TS:	Tribunal Supremo

INTRODUÇÃO

O presente estudo visa analisar a legítima do cônjuge sobrevivo e as opções consagradas para a sua atribuição e defesa nos direitos português e espanhol. O objectivo é desenvolver uma comparação actual e sincrónica deste instituto nas referidas ordens jurídicas, sem prescindir do recurso à perspectiva histórica como elemento integrador, na tentativa de realçar as diferenças e convergências existentes e ponderar criticamente a maior ou menor bondade e eficácia das soluções propostas, atendendo à função do próprio instituto. Para o efeito, proceder-se-á à análise e interpretação dos preceitos dedicados à legítima vidual, e dos problemas que tais preceitos suscitam, atendendo às posições manifestadas quer pela doutrina quer pela jurisprudência[1], de modo a tentar extrair de ambas as respectivas consequências práticas.

---

[1] É de grande importância no direito espanhol o valor das sentenças reiteradas do Tribunal Supremo. Segundo o artº 1º/6 do C.C. esp., *"La jurisprudencia complementará el ordenamiento jurídico con la doctrina que, de modo reiterado, establezca el Tribunal Supremo al interpretar y aplicar la ley, la costumbre y los principios generales de derecho."* Apesar de o C.C. esp. não equiparar a jurisprudência do TS à lei, aos costumes ou aos princípios gerais de direito, tem-se afirmado a sua relevância como fonte de direito espanhol com uma vigência positiva (*Vid.* LACRUZ BERDEJO, *Elementos de Derecho Civil*, I, *Parte General*, Vol. 1º, *Introducción*, Madrid, 1998, p. 183). Também as Resoluções da *Dirección General de los Registros y Notariado* possuem reconhecido valor científico, derivado do prestígio deste organismo oficial, embora não se considerem jurisprudência em sentido estrito (*Vid.* LACRUZ BERDEJO, *Elementos...* I, Vol. 1º, *op. cit.*, p. 184; ALBALADEJO, *Derecho Civil*, I, *Introduccion y Parte General*, Vol. 1º, Barcelona, 1996, p. 132). No direito português a jurisprudência não é fonte de direito, limitando-se a aplicar o direito que resulta expressa ou implicitamente do sistema jurídico, sem que as decisões dos tribunais superiores vinculem os outros tribunais; há que admitir, no entanto, que as sentenças dos tribunais de recurso acabam por ter, pela autoridade e credibilidade de que

O interesse pelo tema prende-se com o facto de a legítima ser um dos institutos sucessórios mais complexos, e um dos que, pelo seu alcance e virtualidade discutíveis, continua a suscitar controvérsia no âmbito jus-sucessório, originando as mais diversas correntes, umas favoráveis à instituição e aos princípios de protecção da família nuclear que lhe estão subjacentes, outras defensoras da sua suavização ou até, em casos mais extremos, da sua eliminação em prol da autonomia da vontade. O imobilismo induzido por esta figura na circulação do património familiar, a restrição que representa à liberdade do autor da sucessão para assegurar a distribuição dos seus bens entre os sucessores que julgue mais adequados, e as características das novas formas de riqueza mobiliária, são alguns dos factores que denunciam a necessidade de uma renovação da legítima no sentido da sua flexibilização e adaptação às novas circusntâncias[2]. O direito espanhol caminha gradualmente nesse sentido, embora de forma mais intensa nos direitos civis especiais ou forais[3] que no Código Civil. Em

---

gozam estas instâncias, uma influência real na actividade jurisprudencial posterior; Neste sentido, GALVÃO TELLES, *Introdução ao Estudo do Direito*, Vol. I, 11ª ed., Coimbra, 1999, pp. 141-144, BAPTISTA MACHADO, *Introdução ao Direito e ao Discurso Legitimador*, Coimbra, 2000 (12ª reimpressão), pp. 162-163; Até 1996 os Assentos do Supremo Tribunal de Justiça foram fonte de direito, nos termos do artº 2º do C.C. port., constituindo uma forma de fixação de doutrina com força obrigatória geral em caso de dúvidas originadas pela contradição de sentenças dos tribunais superiores sobre a mesma questão fundamental de direito. A declaração de inconstitucionalidade com força obrigatória geral do artº 2º do C.C. port. conduziu à sua revogação, bem como à das normas do Código de Processo Civil sobre a matéria, tendo os assentos sido substituídos por acordãos proferidos em sede de recurso de revista ampliada cuja eficácia está limitada aos tribunais que integram a hierarquia submetida ao Supremo Tribunal de Justiça; apesar de já não terem a natureza de actos jurisdicionais normativos, estes acórdãos continuam, não obstante, a prosseguir uma importante função na superação das contradições de julgados ao nível dos tribunais judiciais, razão pela qual são publicados no Diário da República; *Vid.* REBELO DE SOUSA/GALVÃO, *Introdução ao Estudo do Direito*, Lisboa, 2000, pp. 141-142.

[2] Assim, GARCIA RUBIO, *La Renuncia Anticipada a la Legítima*, Obra inédita.

[3] A Constituição Espanhola de 1978 atribuiu competência legislativa em matéria civil às Comunidades Autónomas que, à data da sua entrada em vigor, tivessem direitos forais ou especiais. O artº 149º/1, 8ª da CE reza o seguinte: *"El Estado tiene competencia exclusiva sobre las siguientes materias: ... Legislación civil, sin perjuicio de la conservación, modificación y desarrollo, por las Comunidades Autónomas, de los Derechos*

contrapartida, o ordenamento jus-sucessório português mantém-se preso a um modelo de instituição legitimária porventura demasiado rígido, clamando por algumas alterações que consintam uma maior adaptação às actuais realidades sociais e económicas.

A escolha da legítima do cônjuge sobrevivo como tema de trabalho justifica-se por tratar-se de uma instituição que, apesar da sua permanência, origina soluções heterogéneas nos diversos ordenamentos jurídicos, heterogeneidade que também se verifica na comparação entre os direitos de Espanha e Portugal. Nesta matéria a legislação espanhola institui diferentes formas de protecção do cônjuge sobrevivo, ora no âmbito do Direito da Família, como acontece com os usufrutos viduais universais consagrados nos ordenamentos civis de Aragão ou Navarra, ora no domínio sucessório, como ocorre no Código Civil espanhol; mas, mesmo neste caso, a protecção sucessória concedida diverge substancialmente da consagrada no Código Civil português. No ordenamento espanhol o regime da legítima vidual tem-se mantido, de um modo geral, apegado a um meio de satisfação - o usufruto - que se revela complexo e apartado das actuais realidades familiares, sociais e económicas, que na maioria dos casos não satisfaz as necessidades do cônjuge sobrevivo e que, além disso, o transforma num legitimário de pior condição que os restantes, com uma legítima normalmente subordinada à legítima dos descendentes e desnaturalizada pela concessão de uma faculdade de comutação. Pelo contrário, o direito português tutela a posição sucessória do cônjuge mediante a atribuição de uma legítima em propriedade, que em certos casos não pode ser inferior a 1/4 da herança, e que, aliada à não sujeição do cônjuge à colação, à consagração de direitos preferênciais na partilha, ao chamado instituto do apanágio do cônjuge sobrevivo, e eventualmente reforçada pelo próprio regime matrimonial de bens e pelo regime da irrevogabilidade das doações para casamento *inter vivos* ou *mortis causa*, coloca o cônjuge sobrevivo numa posição sucessória bastante forte.

---

civiles, forales o especiales, allí donde esistan. En todo caso, las reglas relativas a la aplicación y eficacia de las normas jurídicas, relaciones jurídicociviles relativas a las formas de matrimonio, ordenación de los Registros e instrumentos públicos, bases de las obligaciones contractuales, normas para resolver los conflictos de leyes y determinación de las fuentes del Derecho, con respeto, en este último caso, a las normas de derecho foral o especial".

Da análise dos ordenamentos jurídico-sucessórios português e espanhol transparece ainda a particular complexidade deste último, consequência dos distintos direitos civis vigentes no Estado espanhol. A existência de Comunidades Autónomas sujeitas ao Código Civil e de outras que possuem uma regulamentação própria, mais ou menos sistematizada, mais ou menos completa, em matéria sucessória, torna difícil a tarefa de realizar um tratamento unitário deste tema, tanto mais que a especificidade dos referidos ordenamentos territoriais traduz usos e costumes fortemente enraizados nas populações. A dificuldade em abarcar uma tão grande diversidade legislativa constitui o motivo pelo qual optámos por limitar essencialmente o nosso estudo às normas sucessórias de Direito comum, contidas no Código Civil espanhol, assim como ao Direito sucessório vigente na Comunidade Autónoma da Galiza, pela sua proximidade geográfica com Portugal e por ser precisamente a Galiza a Comunidade Autónoma onde se situa a Universidade em que este trabalho irá ser apresentado, ainda que não nos tenhamos privado de fazer algumas referências pontuais a outros ordenamentos territoriais espanhóis sempre que o considerámos necessário para a compreensão de algum problema concreto.

O trabalho apresenta-se dividido em três partes. Na primeira estudamos a evolução do estatuto sucessório do cônjuge sobrevivo e do instituto da legítima vidual desde o Direito Romano até às codificações actualmente em vigor nos ordenamentos português e espanhol.

A Parte Segunda é dedicada aos critérios reguladores do fenómeno sucessório tal como se encontram configurados nos direitos português e espanhol, e foi subdividida em dois capítulos. No Capítulo Primeiro ressaltamos a distinção entre as figuras do herdeiro e do legatário, entre as quais se move a condição que corresponde ao cônjuge sobrevivo em razão da sua legítima, e os aspectos de estatuto que cada uma das figuras envolve. O Capítulo Segundo começa por dar uma perspectiva geral quanto às modalidades de chamamento do cônjuge sobrevivo à sucessão, para centrar-se posteriormente no tema que norteia o trabalho, ou seja, no chamamento à sucessão legitimária ou forçosa.

Por último, a Parte Terceira foi dedicada ao estudo da legítima vidual nos seus mais variados aspectos, atendendo aos problemas jurídicos suscitados pelos modos da sua atribuição e satisfação, pelos pressupostos de atribuição, pela concreta posição ocupada pelo cônjuge sobrevivo na sucessão e pelos meios de tutela colocados à sua disposição, finalizando com uma tentativa de caracterização da posição do cônjuge sobrevivo em função do seu direito à legítima. Para o efeito dividimos esta parte do trabalho em seis capítulos.

O Capítulo Primeiro resume as tendências de evolução da instituição familiar desde a família ampla à família nuclear e o fortalecimento deste modelo familiar no Direito moderno, que acabaria por reforçar o progresso considerável dos direitos sucessórios do cônjuge sobrevivo em ambos os ordenamentos, focando ainda a estreita conexão existente entre o estatuto económico matrimonial e o estatuto sucessório, a forma como interagem e as influências que exercem sobre as próprias opções do legislador quanto às soluções a consagrar para protecção do cônjuge sobrevivo. O Capítulo Segundo procura apontar as características das legítimas viduais nos respectivos ordenamentos sucessórios, incidindo particularmente nos modos de atribuição e nas suas repercussões sobre a intangibilidade qualititiva e a natureza jurídica da legítima vidual. Além disso, analisam-se os pressupostos de atribuição da legítima vidual, abordando alguns dos pontos mais problemáticos nesta matéria, quer no direito português quer no direito comum espanhol. O Capítulo Terceiro contempla a sujeição do cônjuge sobrevivo à colação, matéria que, recebendo solução mais pacífica no direito espanhol, onde foi objecto de recente decisão do Tribunal Supremo, tem criado profundas divergências doutrinais no direito português. O Capítulo Quarto pretende dissecar os direitos e deveres do cônjuge sobrevivo em razão do seu direito à legítima, de forma a que possamos perspectivar face à lei, à jurisprudência e à doutrina, qual a sua posição concreta na sucessão. No Capítulo Quinto analisam-se os diversos meios ao dispor do cônjuge sobrevivo para protecção da sua legítima, procurando reflectir sobre o modo como operam e a sua eficácia. Por último, no Capítulo Sexto, tentamos chegar a uma conclusão quanto à natureza jurídica das legítimas, particularmente da legítima vidual, tendo em conta os direitos e deveres reconhecidos ao cônjuge sobrevivo bem como os meios de tutela de que lhe é permitido dispor.

PARTE PRIMEIRA
EVOLUÇÃO HISTÓRICA DO ESTATUTO SUCESSÓRIO DO CÔNJUGE SOBREVIVO

CAPÍTULO PRIMEIRO
DIREITO ROMANO

A doutrina reconhece unanimemente que o sistema de absoluta liberdade de disposição *mortis causa* foi aquele que vigorou no Direito romano a partir da Lei das XII Tábuas[4]. Contudo, o individualismo decorrente do sistema cedo começou a ser alvo de algumas reacções contrárias. Inicial-

---

[4] Alguns autores defendem, no entanto, que a sucessão necessária teria precedido no Direito Romano a plena liberdade de testar, uma vez que, nos seus primórdios, existia sucessão forçosa quer para o *pater familiae* quer para os filhos varões os quais, por morte daquele, se tornavam titulares da *patria potestas* adquirindo o seu conteúdo patrimonial e pessoal. Estes descendentes chamavam-se *heredes sui* - nas palavras de Galvão Telles, "...herdeiros do que, afinal, pelo próprio destino e função, praticamente já era seu...", e tinham uma posição garantida contra actos *mortis causa* de disposição dos bens por parte do *de cujus*. Nesta época a propriedade era colectiva e o património familiar não estava na disponibilidade do *pater*, o qual exercia relativamente a ele funções de mero administrador. Uma vez que não havia sucessão nos bens mas tão só na chefia familiar, o testamento, embora já existisse (testamento *calatis comitiis*), era utilizado apenas para instituir um *heredes sui* quando o *pater* não tivesse *filii sui*, funcionando praticamente como um meio de adopção com o objectivo de assegurar a continuidade familiar. Na falta de *sui* concorriam à herança, na qualidade de sucessores legítimos, os *agnados* e os *gentiles*, os quais podiam ser preteridos em testamento. Neste sentido, *Vid*. BIONDO BIONDI, *Istituzioni di Diritto Romano*, Milão, 1965, p. 622; PASQUALE VOCI, *Diritto Ereditario Romano*, Milão, 1967, pp. 18-19 e 122; ARANGIO-RUIZ, *Istituzioni di Diritto Romano*, Nápoles, 1989, pp. 545-546; GALVÃO TELLES, "Apontamentos para a História do Direito das Sucessões Português" in *RFDUL*, Vol.XV, 1961-1962, pp. 94-95.

mente o único limite imposto ao testador era formal - daí falarem alguns autores em sucessão necessária formal[5] - e consistia na obrigatoriedade de mencionar os *heredes sui* no testamento mediante declaração expressa e solene, quer para instituí-los herdeiros quer para afastá-los da sucessão, mas sem necessidade de invocar qualquer fundamento de deserdação. O cumprimento destas formalidades era factor condicionador da validade do testamento. Sendo válido o testamento, a instituição de herdeiro estendia-se à totalidade da herança, excluindo a abertura da sucessão legal segundo o princípio vigente *nemo pro parte testatus pro parte intestatus decedere potest*. A *exheredatio* era, portanto, um instituto que permitia ao autor da sucessão designar um herdeiro, isto é, alguém que ocupasse o seu lugar na chefia da família, evitando o desmembramento desta e a divisão do património familiar pelos diversos *sui*[6].

No entanto, a celebração de testamentos de teor escandaloso depressa revelou que a sucessão necessária formal, ao deixar larga margem a abusos por parte do *pater*, era insuficiente para acautelar os interesses dos *heredes sui*. Surgiu, assim, a ideia de que a liberdade de testar devia ficar sujeita a outros limites que não fossem meramente formais, e como reacção contra a arbitrariedade dos testadores, que instituíam seus herdeiros pessoas estranhas e nada deixavam aos parentes, começou a delinear-se, por meio de expedientes, um sistema de legítima de carácter substantivo que impunha ao testador o dever de deixar uma quota dos seus bens aos parentes mais próximos. Esta obrigação começou por fundamentar-se num dever moral de auxílio e assistência entre familiares - *officium pietatis*[7] - e o testamento que, injustificadamente, pouco ou nada

---

[5] BIONDI considera inapropriada esta qualificação, uma vez que, na sua opinião, a necessidade se refere à obrigatoriedade de contemplar o *suus* e não propriamente à sucessão (*Vid.* BIONDO BIONDI, *Istituzioni...*, *op. cit.*, p. 742).

[6] *Vid.* VOCI, *Diritto...*, *op. cit.*, pp. 122 e 137-138; ARANGIO-RUIZ, *Istituzioni...*, *op. cit.*, p. 546.

[7] GONÇALVES PROENÇA defende que o verdadeiro fundamento da legítima residiria no comunitarismo doméstico. Na perspectiva do autor, quando a legítima romana surgiu não era possível falar em termos comunitaristas, devido à força que tinha o princípio de livre disposição, nem de *officium pietatis*, uma vez que este implicava uma restrição directa à vontade do autor da sucessão; daí que o pretexto de anulação do testamento fosse a inoficiosidade, reputando-se que ao testador faltava a posse das suas plenas capacidades mentais (*Vid.* "Natureza Jurídica da Legítima", *BFDUC*, Suplemento IX, 1951, pp. 325-326).

deixasse aos parentes mais próximos dizia-se inoficioso, sendo invalidado com base na presunção de insanidade mental do testador e dando lugar à abertura da sucessão *ab intestato*. Este efeito era conseguido através de uma acção especial, a *querella inofficiosi testamenti*, destinada à obtenção da nulidade do testamento[8]. Numa primeira fase não se encontravam determinadas, legal ou consuetudinariamente, as pessoas com direito à legítima e, consequentemente, com direito a exercer a *querella inofficiosi testamenti*, nem tão pouco se encontrava fixada a quota a que tinham direito, sendo estes aspectos apreciados *ad casum* pelo tribunal. Mais tarde o limite mínimo da quota legítima seria fixado em 1/4 da quota *ab intestato*, à semelhança da quarta *Falcidia*, e passou a atribuir-se direito de legítima aos descendentes, ascendentes e aos irmãos e irmãs consanguíneos, quando preteridos em benefício de *persona turpis*[9]. No Direito Justinianeu a Novela 115 instituiu uma verdadeira *pars legitima*, passando o elenco de legitimários a ser composto pelos descendentes, os ascendentes e os irmãos e irmãs consanguíneos do *de cujus*, embora estes últimos apenas no caso de serem preteridos em benefício de pessoa indigna (*persona turpis*). Com o Imperador Justiniano a quota dos filhos fixou-se em 1/3, se estes fossem quatro ou menos, e 1/2 se fossem em maior número[10], e a *querella* só podia exercer-se no caso de o legitimário não ser contemplado no testamento, uma vez que em todos os outros apenas havia lugar à *actio ad supplendam legitimam* para obtenção do complemento da quota.

Na sucessão testamentária a mulher possuía plena capacidade para ser instituída herdeira no âmbito do *testamentum per aes et libram*[11]. De

---

[8] *Vid.* BIONDO BIONDI, *Istituzioni...*, *op. cit.*, pp. 745 e ss.; ARANGIO-RUIZ, *Istituzioni...*, *op. cit.*, p. 547; Na opinião de LÓPEZ GOMEZ, a *querella inofficiosi testamenti* não viria, contudo, a atribuir substantividade à legítima, ou seja, esta não passou a consistir na declaração de um direito a favor dos filhos relativamente aos bens dos pais, nem a modificar as situações de abusos até ai registadas. *Vid. Tratado Teórico Legal del Derecho de Sucesión*, I, Madrid, 1916, p. 489.

[9] *Vid.* BIONDO BIONDI, *Istituzioni...*, *op. cit.*, pp. 745-746.

[10] *Vid.* ARANGIO-RUIZ, *Istituzioni...*, *op. cit.*, p. 549.

[11] *Vid.* VOCI, *Diritto...*, *op. cit.*, p. 409; O *testamentum per aes et libram* destinava-se a transmitir o património a um intermediário que ficava encarregue de executar a vontade do testador e, eventualmente, de transmitir os bens a pessoa determinada.

acordo com o costume antigo a sucessão *ab intestato* reconhecia como herdeiros os *sui*, entre os quais se incluía a mulher *in manu*[12], considerada *filiae loco* quando sujeita à *manus* do marido, ou *neptis loco* quando sob a *manus* do pai do marido, e nesta última hipótese herdeira deste apenas no caso de premoriência do marido; contudo, nestes casos a mulher herdava como filha e não por força do vínculo matrimonial.

A Lei das XII Tábuas estabelecia três classes de sucessores intestados: os *sui heredes*, pessoas livres sujeitas à *potestas* ou à *manus* do *pater familias*, quer fossem do sexo masculino ou feminino, incluindo adoptivos, e também a mulher sob a *manus* do marido, porque *loco filiae*; na falta de *sui heredes* a herança era atribuída aos agnados mais próximos, e na falta destes aos *gentiles*, isto é, a todo o complexo de famílias derivadas de um progenitor comum que constituíam a *gens*. Nos finais da República começou a tomar-se consciência das injustiças derivadas deste sistema, que excluía da sucessão paterna os filhos emancipados, não atribuía qualquer expectativa sucessória aos agnados emancipados nem aos parentes por linha feminina, e que, pouco a pouco, deixou de salvaguardar os direitos do cônjuge mulher, por força da entrada em desuso do instituto da *manus*[13]. A esta situação respondeu o direito pretório com a introdução de um novo ordenamento da sucessão *ab intestato* que tomava em linha de

---

[12] Só quando o casamento fosse celebrado no regime da *manus* a mulher ficava submetida à *potestas* do marido, ou do *pater familias* do qual aquele dependesse, sendo, assim, juridicamente considerada parente do marido - filha do marido e irmã dos seus próprios filhos e filhas; se o casamento fosse celebrado fora desse regime, a mulher não se emancipava da *patria potestas* e continuava a ser *agnada* dos seus primitivos parentes, não pertencendo juridicamente à família do marido. Originariamente era aquela a forma que revestia, no Direito romano, o casamento legítimo; *Vid.* PAULO MERÊA, *Evolução dos Regimes Matrimoniais. Contribuições para a História do Direito Português*, Vol. 1º, Coimbra, 1913, pp. 18-19; GALVÃO TELLES, "Apontamentos...", *loc. cit.*, pp. 63; SEBASTIÃO CRUZ, *Direito Romano*, I, Coimbra, 1984, p. 230.

[13] Pouco a pouco, foi-se divulgando, segundo se pensa por influência do *matrimonium* plebeu, a prática do casamento *sine manu*, que nos meados do Império constituía já a regra; segundo esta prática a mulher permanecia na sua família de origem, sujeita à *patria potestas* se fosse *alieni iuris*, isto é, se não tivesse capacidade jurídica, e à tutela perpétua (enquanto esta durou) se fosse *sui iuris*, ou seja, se tivesse capacidade jurídica; *Vid.* PAULO MERÊA, *Evolução dos Regimes Matrimoniais, op. cit.*, pp. 23-25.

conta os vínculos de sangue, a parentela e o casamento,[14] através da *bonorum possessio sine tabulis*[15].

Segundo o *ius praetorium*, o cônjuge supérstite ocupava na sucessão intestada a 4ª classe de sucessíveis - classe *unde vir et uxor* - no chamamento à *bonorum possessio sine tabulis*, sendo chamado a herdar na falta de sucessíveis das classes anteriores, desde que o casamento tivesse sido celebrado segundo o *ius civile* e independentemente da *manus*[16]. Além disso, o cônjuge mulher que houvesse casado sob o regime da *manus* beneficiava ainda do facto de integrar simultaneamente a 1ª classe sucessória - classe *unde liberi* - incluindo-se entre os *heredes sui*.

No Direito Justinianeu a sucessão intestada, regulada nas Novelas 118 e 127, previa quatro classes sucessórias: os descendentes, estivessem ou não sob a *potestas* do seu ascendente, os ascendentes, os irmãos e irmãs consanguíneos e uterinos e, por último, os colaterais. Entre os sucessíveis da Novela 118 não foi contemplado o cônjuge supérstite, o qual ficou limitado ao direito à *bonorum possessio unde vir et uxor*. Contudo, o Imperador Justiniano introduziu o novo instituto da *quarta uxoria* ou quarta marital, reconhecendo à mulher sem dote, quando fosse repudiada sem justa causa pelo marido, o direito a uma quota em usufru-

---

[14] Com o desaparecimento do instituto da *manus* a mulher deixa de pertencer à família do marido mas, em contrapartida, passa a atender-se ao vínculo conjugal, reconhecendo-lhe efeitos jurídicos no âmbito da família do marido, nomeadamente através da atribuição de direitos sucessórios e direitos de alimentos ao cônjuge, como mulher e não como filha; *Vid.* BIONDO BIONDI, *Istituzioni...*, *op. cit.*, p. 561.

[15] A *bonorum possessio* teria surgido, provavelmente, como instituto possessório destinado a conceder protecção provisória e possessória a quem sustentasse ter direito a uma herança, autorizando-o a tomar posse dos bens hereditários e eximindo-o do ónus de tentar a *hereditatis petitio*. Posteriormente, terá evoluido para um sistema paralelo ao do *ius civile*, que muitas vezes se sobrepõe a este, completando-lhe as lacunas e corrigindo-lhe os defeitos. Tecnicamente a *bonorum possessio* não constitui sucessão, porque as pessoas indicadas no édito do pretor adquirem, não o domínio dos bens da herança mas tão somente a sua posse, e esta constitui um direito diferente daquele que tinha o *de cujus*; contudo, através do recurso a vários expedientes, o pretor coloca substancialmente o *bonorum possessor* na mesma situação que o herdeiro. *Vid.* VOCI, *Diritto...*, *op. cit.*, pp. 129 e ss.; BIONDO BIONDI, *Istituzioni...*, *op. cit.* pp. 625-626; SANTOS JUSTO, *As Acções do Pretor*, Coimbra, 1997, pp. 15-16.

[16] *Vid.* SEBASTIÃO CRUZ, *Direito Romano*, *op. cit.*, p. 227.

to igual à dos filhos comuns, mas nunca superior à quarta parte dos bens do marido ou a 100 libras de ouro[17]. Posteriormente o mesmo direito passou a ser exigível em qualquer caso de morte do marido e sobrevivência da mulher, desde que esta não tivesse dote. A Novela 117 veio mais tarde alterar o instituto: a mulher passou a ter direito à quarta parte da herança em pleno domínio caso o marido não tivesse descendentes; contudo, se existissem filhos do marido apenas teria direito a uma quota em usufruto, a qual seria de 1/4 dos bens se os filhos fossem em número de três ou menos, ou igual à de cada um dos filhos caso fossem mais de três[18]. À concubina a Novela 89 atribuía, no total, um sexto do património do *de cuius* sempre que este não deixasse filhos legítimos e tivesse convivido com ela, tornando-se assim seu "pai"[19].

Não obstante, há que realçar o facto de o Direito Romano não ter vigorado na Península Ibérica na sua forma pura, em resultado da influência que viria a receber das instituições dos povos indígenas, particularmente acentuada no que respeita ao direito sucessório. Será mais exacto aceitar, portanto, que, no âmbito sucessório, os costumes dos povos indígenas se tenham mantido e se tenham mesclado com as instituições de Direito Romano, originando um direito difícil de apreender e de aplicar[20].

CAPÍTULO SEGUNDO
DIREITO GERMÂNICO

O direito sucessório germânico foi delineado sobre bases completamente distintas das do Direito romano, nomeadamente em diferentes conceitos de família e propriedade. A família germânica apresentava-se como "pessoa moral", em que o indivíduo se diluía na realidade colectiva, e ca-

---

[17] *Vid.* BIONDI, *Istituzioni...*, *op. cit.*, p. 738.
[18] *Vid.* SÁNCHEZ ROMÁN, *Estudios de Derecho Civil, El Código Civil y Historia General de la Legislación Española*, T. VI, Vol. 2º, Madrid, 1910, p. 763.
[19] *Vid.* ARANGIO-RUIZ, *Istituzioni...*, *op. cit.*, p. 544.
[20] *Vid.* GALVÃO TELLES, "Apontamentos...", *loc. cit.*, pp. 103-105.

racterizava-se por se basear exclusivamente nos laços de sangue; a propriedade tinha características colectivas, sendo os bens pertença de todos os membros que num determinado momento compunham a família e não exclusivamente do seu chefe, pelo que existia um único património, e um único direito de propriedade sobre ele, na titularidade de vários parentes (*GesammteHand*)[21]. Assim, com a morte do chefe os descendentes passavam a ter a posse dos bens que já em vida do autor da sucessão pertenciam à comunidade, não tendo aquele possibilidade de eleger herdeiros diferentes dos que a lei designava: o *Hausvater* era um simples administrador vitalício dessa propriedade de mão comum e não tinha qualquer fracção de bens de que pudesse dispor, desconhecendo-se a sucessão voluntária e, designadamente, o testamento. Tratava-se, portanto, de um sistema de sucessão necessária ou forçosa[22], em que o património se encontrava totalmente atribuído por lei, normalmente a favor dos descendentes. O princípio da primogenitura permitia encontrar o continuador do *vater* na administração do património familiar, assegurando a sua unidade e possibilitando o usufruto desse património por todos os membros da família[23].

Contudo, também neste sistema se assistiu a uma evolução gradual tendente ao reconhecimento de uma parte disponível, embora as teorias discrepem quanto à sua origem. Segundo alguns autores, num primeiro momento teria surgido o instituto da partilha colectivamente acordada, pelo qual se designava a quota que abstractamente iria caber a cada herdeiro, e posteriormente foi reconhecido ao *Hausvater* o direito de executar a seu arbítrio a partilha, determinando, ainda que contra a vontade dos filhos, as quotas que a cada um destes e a si próprio iriam caber, e

---

[21] *Vid.* GONÇALVES PROENÇA, "Natureza Jurídica...", *loc. cit.*, p. 246.

[22] BRAGA DA CRUZ conclui no sentido de que a sucessão forçosa era a única conhecida dos povos germânicos (*Vid. O Direito de Troncalidade e o Regime Jurídico do Património Familiar*, Vol. I, Braga, 1941, p. 302), embora algum outro autor considere não existir sequer verdadeira sucessão no direito germânico, uma vez que os filhos, em lugar de ocuparem a posição dos pais na titularidade de certos direitos, limitavam-se a receber o gozo directo de bens que já lhes pertenciam (*Vid.* GONÇALVES PROENÇA, "Natureza Jurídica...", *loc. cit.*, p. 250).

[23] GONÇALVES PROENÇA, Natureza Jurídica...", *loc. cit.*, pp. 247-248.

ficando com pleno domínio sobre os bens que lhe coubessem nessa partilha. Teria sido com vista a evitar abusos do *Hausvater* que a ordem jurídica passou a determinar os critérios para a realização da partilha e distribuição de quotas, o que implicou a transição de um regime de propriedade colectiva para um regime de compropriedade, em que os bens continuavam a pertencer à família mas cada um sabia de antemão qual a quota abstracta do património familiar a que tinha direito. O património familiar ficava, assim, dividido em várias quotas destinadas aos filhos, relativamente às quais estes possuíam uma expectativa sucessória inabalável - o *Wartrecht* - e uma quota ideal, embora diminuta, de que o pai podia dispor livremente - o *Freiteil* - mas que não sendo objecto de disposição revertia para os filhos na qualidade de herdeiros legítimos[24]. Mais tarde a propriedade viria a individualizar-se, passando o pai a ser proprietário de todos os bens mas mantendo-se o *Wartrecht*[25].

Na opinião de outros autores o *Freiteil* terá surgido por influências externas, nomeadamente da Igreja, aportando, assim, às leis bárbaras as sucessões voluntária e legítima, até aí desconhecidas. O *Freiteil* parece ter tido origem no *Totenteil* ou parte do morto, e antes de ter surgido como *Freiteil* teria sido um *Seilteil* ou quota *pro anima*, por influência da Igreja que encorajava os fiéis a deixar, por morte, parte dos seus bens para obras pias; posteriormente - já no tempo de Chindasvindo - teria evoluido no sentido de beneficiar quaisquer pessoas[26]. Por outro lado, também o pró-

---

[24] Esta é a tese defendida por SCHULTZE, que GONÇALVES PROENÇA considera aceitável à luz das leis Burgundias - as quais referem este direito de partilha - mas não face às leis visigodas que não apresentam qualquer suporte para ela (*Vid.* "Natureza Jurídica...", *loc. cit.*, p. 254).

[25] Sobre o instituto da partilha colectivamente acordada, e sua evolução, *Vid.* BRAGA DA CRUZ, *O Direito de Troncalidade...*, Vol. I, *op. cit.*, pp. 153-154; GALVÃO TELLES, "Apontamentos..", *loc. cit.*, pp. 109-114.

[26] Esta é a tese defendida por BRUNNER, e que actualmente se encontra mais generalizada; Contudo, também há quem, partindo da interpretação da Lei de Chindasvindo, entenda que a quota livre teria surgido com a finalidade de limitar os abusos e imoralidades a que teria conduzido o princípio da absoluta liberdade de testar consagrado no Código de Eurico de 475; Leovigildo e Chindasvindo teriam intervido precisamente para colocar um ponto final nessa situação (Neste sentido, *Vid.* GONÇALVES PROENÇA, "Natureza Jurídica...", *loc. cit.*, pp. 256-257).

prio Direito romano, ao introduzir a figura do testamento, poderá ter favorecido a consagração de uma quota disponível[27].

Em virtude da própria estrutura familiar o cônjuge sobrevivo não possuía neste sistema, em que apenas eram herdeiros os descendentes, quaisquer direitos sucessórios, sendo a sua posição salvaguardada essencialmente através do regime de bens do casamento, mediante a sua participação nos bens adquiridos durante a constância do mesmo ou o reconhecimento de usufrutos viduais.

Contudo, a par deste sistema geral existiam sistemas excepcionais que sancionavam a existência de herdeiro único, quer este fosse escolhido de acordo com as regras de masculinidade e primogenitura, quer fosse eleito pelo autor da sucessão de entre os descendentes, através de actos hereditários *inter vivos* formais e solenes, como a *affatomie* e o *thinx*[28].

CAPÍTULO TERCEIRO
DIREITO HISTÓRICO HISPANO-PORTUGUÊS

I - Período Visigodo

Os Visigodos foram os povos germânicos com maior representatividade na Península Ibérica. Parece defensável a ideia de que, quando estes chegaram à Península, o seu direito excluía toda e qualquer liberdade de disposição, tendo o *Freiteil* surgido, após as invasões, por influência da

---

[27] Contudo, o testamento germânico nunca absorveu as formalidades nem o conteúdo do testamento romano, uma vez que aquelas eram dispensadas e não havia exigência de instituição de herdeiro, já que os herdeiros eram instituídos por lei e não pela vontade do testador. *Vid.* GARCIA RUBIO, *La Distribución de Toda La Herencia en Legados. Un Supuesto de Herencia Sin Heredero*, Madrid, 1989, p. 56; Também GALVÃO TELLES, "Apontamentos"..., *loc. cit.*, pp. 117- 119.

[28] *Vid.* PUIG BRUTAU, "Naturaleza Jurídica de las Legítimas en el Derecho Común y en el Foral" in *Estudios de Derecho Privado, II, Sucesiones* de ROCA SASTRE, Madrid, 1948, pp. 128-129.

Igreja e das práticas romanas[29]. O instituto da legítima no Direito Visigodo parece ter sofrido uma dupla influência, quer do direito romano, quer do direito consuetudinário de godos e germanos o qual contribuiu com alguns institutos sucessórios ainda hoje vigentes em Espanha, como a *mejora*.

O Código de Eurico comprova precisamente esta assimilação de elementos romanos, godos e germânicos, através do reconhecimento da sucessão testamentária a par da sucessão legal a favor de filhos, irmãos e tios, o que significa a aceitação da liberdade de disposição por morte, embora com restrições. Já o Breviário de Alarico, ou *Lex Romana Visigothorum*, era uma lei própria dos godos que se limitava a compilar o direito romano pós-clássico, inclusive em matéria de legítimas, embora não incluísse qualquer preceito que fundamentasse a plena liberdade de testar[30].

O Código Visigótico ou *Liber Iudiciorum*, considerado a mais importante obra legislativa do direito visigodo, continuou a denunciar alguma influência da tradição jurídica romana. Uma lei de Chindasvindo - Lei IV, 5, I ou *Dum inlicita* - integrada naquele Código, fixava o montante do *Freiteil* em 1/5 da herança, consagrando indisponíveis 4/5 da mesma, dos quais os únicos beneficiários seriam os descendentes (sistema de reserva). Na falta de descendentes o autor da sucessão poderia dispor de todos os bens a favor de quem lhe aprouvesse. Um importante instituto introduzido pela Lei de Chindasvindo foi o instituto da *mejora* que consagrava a existência de uma quota disponível de 1/10 da herança, distinta do *Freiteil* uma vez que só podia ser utilizada para beneficiar ou melhorar a posição sucessória de qualquer um dos herdeiros forçados. Este regime é reafirmado mais tarde na *Lex Visigothorum* Recesvindiana, que viria a integrar também o Código Visigótico - Lei IV, 2, 20 - e a quota de melhora viria a ser aumentada para 1/3 por Ervígio, aquando da revisão deste diploma.

---

[29] Em contacto com as instituições hispano-romanas, o direito visigótico parece ter-se deixado influenciar fortemente por certos elementos do direito romano, o que é corroborado por algumas leis visigodas, como o Código Euriciano que acolhe, nomeadamente, a sucessão testamentária. Contudo, GALVÃO TELLES entende que essa influência nunca terá sido suficientemente grande ao ponto de os Visigodos terem conhecido a plena liberdade de testar (*Vid.* "Apontamentos...", *loc. cit.*, pp. 120 e ss.).

[30] A este respeito, *Vid.* GALVÃO TELLES, "Apontamentos...", *loc. cit.*, p. 125.

Neste período, foram poucos os direitos reconhecidos ao cônjuge sobrevivo pelo Código Visigótico ou *Liber Iudiciorum*: na sucessão legítima ocupava a 4ª classe sucessória, sendo chamado apenas na falta de colaterais até ao 7º grau; por outro lado, não possuía qualquer direito de sucessão necessária. Na sucessão legítima a viúva tinha direito ao usufruto de uma quota igual à de cada filho, enquanto não contraísse novas núpcias. A protecção da viúva era proporcionada principalmente pelo dote: a mulher tinha um direito de propriedade sobre o dote, podendo inclusive dispor dele na constância do matrimónio, desde que não existissem filhos - Lei III, 5, 1 de Chindasvindo. Por morte, o Código consagrava uma reserva de 3/4 do dote em benefício de filhos e netos, possibilitando a livre disposição de 1/4 do mesmo[31].

II - Alta Idade Média

Durante o período da Reconquista a vigência do Código Visigótico foi entrando gradualmente em crise devido ao enfraquecimento do poder central, e começou a assistir-se ao surgimento de normas consuetudinárias que ofereciam diferentes soluções em matéria sucessória, embora nalguns territórios peninsulares a aplicação do Código se tivesse mantido até ao séc. XII. Apesar da queda do Império Visigodo, as populações mantiveram várias instituições de inspiração germânica, bem como certos elementos de direitos indígenas que acabariam por substituir os princípios sucessórios do direito visigótico, fazendo surgir novas formas de regulamentação com tendências individualistas, embora não se lhes possa reconhecer qualquer unidade jurídica[32].

A partir do séc. XI não se encontram nos documentos referências ao quinto disponível, tendo a quota disponível passado a variável, provavelmente por influência dos costumes locais. Contudo, a permanência do

---

[31] Sobre o tema, *Vid.* PAULO MERÊA, *Estudos de Direito Visigótico*, Separata do *BFDUC*, Vol. XXIII, Coimbra, 1948, pp. 23-38.

[32] Segundo GALVÃO TELLES, embora só existam provas do mesmo a partir deste século, é de crer que este estado de coisas fosse anterior ao séc. X (*Vid.* "Apontamentos...", *loc. cit..*, pp. 130-131).

Wartrecht, resultante do não reconhecimento de liberdade testamentária, fica também comprovada pelo instituto da *perfilatio*, que permitia ao autor da sucessão instituir como seu herdeiro um estranho, adoptando-o e colocando-o na mesma posição em que estavam os filhos. Esta seria uma forma de contornar a Lei IV, 5, I do Código Visigótico, diminuindo a quota que esta reservava aos filhos[33].

Apesar da manutenção da propriedade individual, esta época foi, por força das circunstâncias, fortemente influenciada por um ressurgimento do papel da família e de princípios de solidariedade no seio desta, o que justificou a consagração de certos limites à liberdade de disposição. Assim, a partir da segunda metade do séc. IX, viria a proliferar o instituto da *laudatio parentum* (*Beispruchsrecht*), de acordo com o qual todo o acto de disposição de bens imóveis, fosse gratuito ou oneroso, em vida ou por morte, teria que ser aprovado pelos parentes mais próximos para ser válido[34]. A *laudatio parentum* viria, então, a substituir o *Wartrecht*, permitindo a defesa da família em moldes mais amplos, uma vez que, ao contrário deste, não se limitava a salvaguardar exclusivamente a situação dos descendentes (todos os presumíveis herdeiros do alienante tinham uma palavra a dar quanto à alienação) e abarcava igualmente os actos onerosos, desde que incidissem sobre património imobiliário. Contudo, aquela possibilidade de intervenção limitativa parecia não se alargar ao cônjuge.

O instituto era dominado pela ideia de destinação familiar dos bens imobiliários, considerados indispensáveis para a prosperidade da família numa época de grande instabilidade social, e deu origem a um sistema em que havia sucessão voluntária, embora dependente do arbítrio da família que tinha que consentir no acto de disposição para que o mesmo fosse válido, e sucessão forçada ilimitada, uma vez que os bens que não fossem atribuídos a estranhos eram herdados necessariamente pelos parentes. Na prática era um sistema altamente favorecedor da família, em que esta, mesmo em vida do autor da sucessão, tinha poderes para coarctar a liberdade de disposição deste e controlar o património, sempre que entendesse que da alienação poderia resultar a lesão dos interesses familiares. Numa

---

[33] *Vid.* BRAGA DA CRUZ, *O Direito de Troncalidade...*, Vol. I, *op. cit.*, p. 339, nota 529; GONÇALVES PROENÇA, "Natureza Jurídica...", *loc. cit.*, pp. 277-278.
[34] *Vid.* BRAGA DA CRUZ, *O Direito de Troncalidade...*, Vol. I, *op. cit.*, p. 147.

primeira fase a *laudatio parentum* abrangia todos os bens indistintamente, e só em momento posterior (a partir do séc. XI) passou a abranger
apenas os bens próprios, ou seja, os bens de origem familiar; nalguns
casos o sistema passou a ser de impossibilidade absoluta de disposição
dos bens próprios e plena liberdade de disposição dos bens adquiridos,
noutros existia uma quota disponível mais ampla para os bens adquiridos
e mais restrita para os bens próprios[35].

Nos sécs. XII e XIII a *laudatio parentum* evoluiu no direito português para um sistema objectivo de fixação das quotas disponível e indisponível, surgindo, assim, em consequência daquela, a reserva hereditária[36]. Esta era uma forma de sucessão necessária ou forçosa, nos termos da qual estava vedado ao autor da sucessão dispor de uma determinada parte dos bens, que se encontrava reservada para os parentes. A
reserva hereditária surge como instituição de direito consuetudinário,
visando proteger os interesses da família e evitar a transmissão dos bens
para pessoas estranhas a ela. Aplicava-se, em princípio, apenas aos bens
próprios[37], afectava somente os actos de disposição por morte, exceptuando as liberalidades em vida, mesmo as que excedessem a parte disponível, e beneficiava um leque alargado de parentes, integrado pelos descendentes, os ascendentes e os colaterais[38]. Durante este período a situação do

---

[35] Sobre este instituto, *Vid.* VALLET DE GOYTISOLO, *Panorama de Derecho de
Sucesiones, I, Fundamentos*, Madrid, 1982, p. 525, BRAGA DA CRUZ, *O Direito de
Troncalidade...*, Vol. I, *op. cit.*, pp. 147 e ss., e GALVÃO TELLES, "Apontamentos...",
loc. cit., pp. 131-143.

[36] Manifesta-se neste sentido, BRAGA DA CRUZ, *O Direito de Troncalidade...*,
Vol. I, *op. cit.*, pp. 292 e ss. e 342, o qual funda a reserva hereditária no instituto laudatório.
Contudo, as origens da reserva hereditária são discutíveis, havendo autores que a qualificam como reminiscência do terço e quinto da lei visigótica, e outros que defendem a sua
importação do direito franco-normando (*Vid.* GONÇALVES PROENÇA, "Natureza Jurídica...", *loc. cit.*, pp. 283-284).

[37] BRAGA DA CRUZ, *O Direito de Troncalidade...*, Vol. I, *op. cit.*, pp. 359-360, e
GALVÃO TELLES, "Apontamentos...", *loc. cit.*, pp. 148-149, dão-nos conta de uma
forma de reserva hereditária comum no Norte de Portugal, que admitia uma quota
disponível de 1/5 para os bens próprios (avoenga ou parentela) e 1/3 para os bens adquiridos (ganhadea), a qual teria continuado a aplicar-se até ao séc. XIII.

[38] A reserva hereditária terá dominado, durante este período, sobretudo no Norte de
Portugal, onde a influência muçulmana não conseguiu impor-se; No Centro e Sul viria a

cônjuge sobrevivo encontrava-se fortemente debilitada, na medida em que os parentes sucessíveis eram apenas os descendentes - herdeiros forçados relativamente aos bens próprios e aos adquiridos - os ascendentes e os colaterais - herdeiros forçados apenas relativamente aos bens próprios.

A presença da reserva hereditária é igualmente denunciada no direito leonês-castelhano por algumas compilações de índole territorial, como os foros de Teruel e Cuenca, e muitos outros que constituem versões deste último, bem como pelo *Fuero Viejo* de Castela. Contudo, o desaparecimento da reserva hereditária no direito castelhano terá sido acelerado pela recepção do direito visigótico, a difusão da sua doutrina quanto à quota disponível de 1/5 e a consagração dos descendentes como herdeiros, através do *Fuero Juzgo*, versão romanceada do Código Visigótico[39].

A interpenetração dos direitos romano e visigodo originou no direito leonês-castelhano o aparecimento de diversas instituições, que mais tarde surgiram consolidadas no *Fuero Juzgo*. Aquando da formação desta compilação coexistiam um sistema de sucessão necessária, derivado dos costumes godos, e um sistema de legítimas proveniente do direito romano. No *Fuero Juzgo* foram consagradas diversas instituições resultantes do compromisso entre esses elementos, tendo sido admitida, por um lado, a sucessão testamentária e, por outro, uma legítima de 4/5 da herança que veio ampliar a legítima do direito romano[40]. A legítima é consagrada só a favor de filhos e descendentes e funciona como limite à liberdade de testar do autor da sucessão. Na sucessão do marido a viúva tinha direito a uma quota em usufruto igual à que coubesse a cada um dos filhos, direito que apenas se manteria enquanto não contraísse segundas núpcias[41].

---

registar-se a influência do instituto da terça como quantitativo da quota disponível, que viria a ser alargado a todo o território nacional por D. João I no Título 97 das Ordenações Afonsinas, que consagrou a terça indistinta contraposta à reserva de 2/3 (*Vid.* GALVÃO TELLES, "Apontamentos ...", *loc. cit.*, pp. 158 e ss).

[39] *Vid.* BRAGA DA CRUZ, *O Direito de Troncalidade...*, Vol. I, *op. cit.*, pp. 354-361.

[40] Tal como o *Fuero Juzgo*, também o *Fuero Real* estabelecia um chamamento necessário dos descendentes a 4/5 da herança.

[41] Sobre este direito, *Vid.* BURÓN GARCIA, *Derecho Civil Español Según los Princípios, los Códigos y Leyes Precedentes a la Reforma de Código Civil*, II, Valladolid, 1898, p. 801, e ainda, LACRUZ BERDEJO, *Elementos de Derecho Civil, V, Derecho de Sucesiones*, Barcelona, 1993, p. 397.

Além disso, o *Fuero Juzgo* atribuía ao cônjuge sobrevivo - marido ou mulher - com filhos o direito de usufruir da *buena* - legítima ou herança dos filhos na sucessão do pai ou da mãe pré-mortos. Recaía sobre o cônjuge uma proibição de vender, alienar ou doar a qualquer dos filhos, no todo ou em parte, os bens usufruídos. Embora se tratasse de um direito recíproco, a alienação dos bens usufruidos produzia efeitos diferentes: para a viúva a alienação não implicava a perda do usufruto, sendo rescindida e os bens entregues aos filhos após a morte daquela, enquanto para o viúvo a alienação de bens implicava a perda do usufruto. Ao contrário do cônjuge mulher, o cônjuge marido mantinha o seu direito ao usufruto não obstante a celebração de novo casamento; contudo, era mais favorável a situação do cônjuge mulher, na medida em que podia dispor, a favor de qualquer dos filhos, dos frutos a que tivesse direito, e podia dispor dos rendimentos desses frutos a favor de quem quisesse. Apesar de tudo, seria fraca a repercussão prática deste direito reconhecido aos cônjuges na sucessão intestada, na medida em que estes só eram chamados após o 7º grau sucessório atribuído aos colaterais[42].

Antes do *Fuero Juzgo* já o *Fuero Real* consagrara a atribuição ao cônjuge sobrevivo de certos direitos sobre bens concretos, como o usufruto do leito quotidiano, dos vestidos e roupas de uso habitual, ou ainda o direito da viúva a que as vestes de luto fossem pagas pela herança do marido, embora omitisse o seu chamamento à sucessão intestada.

III - Baixa Idade Média

A reserva hereditária, vigente até ao séc. XIV no direito português, viria a desaparecer em virtude do ressurgimento do direito romano Justinianeu, a partir da segunda metade do séc. XIII, sendo substituída por um sistema sucessório de inspiração romana. No entanto, apesar do conteúdo romanista que passou a caracterizar a legítima, quantitativamente ela não foi moldada sobre a figura da legítima justinianeia de 1/3, mas sim sobre o *Wartrecht*, passando a consistir em 2/3 da totalidade do património

---

[42] *Vid.* SÁNCHEZ ROMÁN, *Estudios de Derecho Civil.* T. VI, vol. 2º, *op. cit.*, pp. 767-768.

do *de cujus*[43]. Na senda do direito justinianeu, eram admitidos como herdeiros forçosos os descendentes, ascendentes e irmãos do falecido, estes últimos quando preteridos a favor de pessoa indigna.

Era este o tipo de sistema consagrado, em meados do séc. XV, nos Títulos 97 a 101 do Livro IV das Ordenações Afonsinas, o qual à terça indistinta contrapunha a reserva de 2/3, e que viria a perdurar sem alterações significativas pelas Ordenações Manuelinas e Filipinas[44]. Segundo as Ordenações Afonsinas, o cônjuge ocupava a quarta classe sucessória na sucessão legítima ou intestada, na falta de descendentes, ascendentes e colaterais até ao 10º grau, mas com preferência sobre o Estado. Apesar de o diploma ter sido claramente moldado sobre o direito romano, não é reconhecido ao cônjuge sobrevivo qualquer direito legitimário do tipo da quarta marital, tendo-se mantido a mesma situação durante a vigência das Ordenações Manuelinas e Filipinas.

No direito castelhano o instituto das legítimas receberia o seu desenvolvimento legislativo mais importante com as *Siete Partidas*, as quais traduzem a recepção do direito romano justinianeu. Esta obra reproduz todas as disposições de direito romano relativas à legítima, e é essencialmente com ela que se produz uma mudança substancial no conteúdo desse direito. Os autores castelhanos passaram, então, a explicar a natureza da legítima com base no Direito romano, embora o Direito germânico, gradualmente atenuado, continuasse a ser o regulador da sua medida[45].

---

[43] *Vid.* PAULO MERÊA, *Estudos de Direito Hispânico Medieval*, II, 1953, pp. 80-81. A doutrina da sucessão legitimária surge já claramente delineada no final do Séc. XII nos *Costumes de Terena comunicados de Évora*, o primeiro diploma de direito local a consagrar o sistema do direito romano justinianeu, e veio a merecer consagração numa lei geral de D. Afonso III sobre deixas entre marido e mulher, a qual, consagrando o instituto da terça (parte disponível), confirma a existência de uma legítima de 2/3 (*Vid.* GALVÃO TELLES, "Apontamentos...", *loc. cit.*, pp. 158-159, e BRAGA DA CRUZ, *O Direito de Troncalidade...*, Vol. I, *op. cit.*, pp. 365-366).

[44] As principais influências que as Ordenações Afonsinas sofreram do direito romano respeitam ao conteúdo do direito à legítima e ao elenco de legitimários (descendentes, ascendentes e irmãos quando preteridos por pessoa torpe), embora a regra no direito português fosse a da legítima rígida de 2/3, independentemente do número de filhos, ao contrário do direito justinianeu.

[45] *Vid.* VALLET DE GOYTISOLO, *Panorama...*, T. I, *op. cit.*, p.526.

Passaram a ser beneficiários do direito à legítima os descendentes, os ascendentes e os colaterias (estes apenas quando preteridos em favor de pessoa indigna). No caso dos descendentes, a quota era de um terço da herança, se os filhos fossem até ao número de quatro, e metade se fossem mais de quatro[46]; já relativamente aos irmãos, não se encontrava fixado o *quantum* que podiam reclamar. As Partidas consagravam a quarta marital a favor da viúva pobre a quem o marido não houvesse deixado, por doação ou legado, meios suficientes para a sua subsistência. Tratava-se de um direito sobre 1/4 da herança, embora com o limite máximo de cem libras de ouro[47], e que assumia, de certa forma, o carácter de um direito de alimentos[48], funcionando como uma legítima, dependente, contudo, da verificação de determinadas condições[49]. Tratava-se de um instituto que contemplava exclusivamente a situação do cônjuge mulher, não sendo reconhecido qualquer direito ao cônjuge marido em igual situação[50], e foi o único direito atribuído ao cônjuge na sucessão testamentária até ao Código Civil espanhol. Aquele diploma concedeu igualmente à viúva os direitos de usufruto do leito quotidiano, das vestes e roupas de uso habitual, o direito a que as vestes de luto fossem pagas pela herança do falecido[51] e reconheceu outro direito particular, mais tarde transportado para o C. C. espanhol, que era o direito a alimentos da viúva grávida, o qual já

---

[46] Lei XVII, Tít. I, Partida VI.

[47] Lei VII, T. XIII da 6ª Partida que diz: *Si matrimoni um sine dote scienter côtrahitur si mulier uñ homestèvi uat post morté viri non a beat, succedit ipsi viro etiã liberos habenti in quarta quae nõ ultra centu libras auri ascendat, sed si habet unde viuat nos succedit.*

[48] Neste sentido, *Vid.* GUTIERREZ FERNANDEZ, *Codigos y Estudios Fundamentales Sobre el Derecho Civil Español*, III, Madrid, 1863, p. 625.

[49] SÁNCHEZ ROMÁN caracteriza-o como uma espécie de legítima circunstancial (*Estudios de Derecho Civil*, T. VI, Vol. 2º, *op. cit.* p. 766).

[50] Alguns autores terão pretendido defender o carácter recíproco do direito, o qual é negado, no entanto, por SÁNCHEZ ROMÁN, *ibidem*, GUTIERREZ FERNANDEZ, *Códigos y Estudios...*, *op. cit.*, p. 626, e LÓPEZ GOMEZ, *Tratado Teórico...*, *op. cit.* p. 357, na medida em que o texto legal não permite fundamentá-lo, e sequer teria sido admitido na prática; *Vid.* ainda, neste sentido, *Las Siete Partidas*, glosadas por GREGORIO LOPEZ, Salamanca, 1555, Lei VII, T. XIII da 6ª Partida.

[51] *Vid.* VALLET DE GOYTISOLO, *Panorama...*, T. I, *op. cit.*, pp. 770-771, o qual refere as opiniões dos comentadores das Partidas e das Leis de Toro sobre a matéria.

tinha consagração no direito romano[52]. Segundo as Partidas, o chamamento dos cônjuges à sucessão legítima ou intestada só tinha lugar na falta de colaterais até ao décimo grau, tal como acontecia no direito romano justinianeu[53].

Esta situação manter-se-ia, nos seus traços gerais, até à entrada em vigor do Código Civil espanhol. No séc. XIV, a promulgação em Castela das *Leyes de Toro* confirmou a legítima de 4/5 para filhos e descendentes (28ª Lei de Toro), embora tenha introduzido alterações na legítima dos ascendentes, que passou a ser de 2/3 da herança, facultando-se liberdade de disposição quanto ao restante (6ª Lei de Toro). Não se registaram alterações na posição sucessória do cônjuge sobrevivo, e continuaram a atribuir-se à viúva os direitos de usufruto do leito quotidiano, das vestes e roupas de uso habitual, bem como o direito a que as vestes de luto fossem pagas pela herança. A *Nueva Recopilación*, promulgada no séc. XVI, ao retirar as suas bases do *Fuero Juzgo*, do *Ordenamiento de Alcalá* e das *Leyes de Toro*, facto bem evidente em matéria de legítimas, pela transcrição literal daquelas leis, restabeleceu, de algum modo, o primitivo direito castelhano e, em consequência, deixou de reconhecer-se aos colaterais a qualidade de herdeiros forçados[54].

IV - Período Individualista

1. Época Pombalina

Durante este período característico da história portuguesa, considerado por muitos como a primeira etapa da formação do moderno direito português, assistiu-se, no âmbito do Direito e da ciência jurídica, a um conjunto de reformas grandemente influenciadas pelas correntes de pensamento da época, designadamente, o Iluminismo e o Jusnaturalismo ra-

---

[52] Sobre o assunto, *Vid.* VALLET DE GOYTISOLO, *Panorama*..., T. I, *op. cit.*, pp. 779-780.

[53] Lei VI, Tít. XIII da 6ª Partida que reza: *... ad decimum gradum quibus non existentibus, succedet coniunx; si non fit coniunx succedit fiscus.*

[54] *Vid.* LÓPEZ GOMEZ, *Tratado Teórico*..., *op. cit.*, pp. 496-497.

cionalista. O grande impulsionador dessas reformas foi Sebastião José de Carvalho e Melo, Primeiro Ministro de D. José, figura que governou Portugal como um déspota, tornando-se mais conhecido pelo título de Marquês de Pombal.

Durante a segunda metade do séc. XVIII o domínio do Direito natural e a aversão ao Direito romano trouxeram grandes alterações ao panorama sucessório português, conduzindo à entrada em vigor de leis que consagravam várias restrições à liberdade testamentária e a um reforço do alcance da sucessão legal que, por beneficiar os parentes, era entendida como a mais conforme ao direito natural. A legislação pombalina aboliu certos princípios de direito romano que haviam perdurado até ao séc. XVIII, como os da necessidade de instituição de herdeiro no testamento e da incompatibilidade entre as sucessões testamentária e legal. O direito romano continuou a ser aplicável na falta de direito pátrio mas, de acordo com a Lei da Boa Razão, apenas quando se mostrasse conforme ao direito natural.

Com a Lei de 9 de Setembro de 1769 aumentaram-se os direitos dos legitimários e o sistema sucessório ficou delineado nos seguintes moldes: todos os parentes do *de cujus* eram herdeiros forçosos; a quota legítima era de 2/3 da herança para parentes até ao 4º grau do Direito canónico, mas apenas de metade dos bens próprios para parentes de grau mais afastado[55]. Foi introduzida a melhora do direito visigodo, que até aí nunca tinha vigorado no direito português, consistente numa quota de 1/3 que podia ser utilizada pelo testador para melhorar qualquer dos legitimários. Durante este período o estatuto sucessório do cônjuge conservou, *grosso modo*, os contornos estabelecidos nas Ordenações que, aliás, viriam a manter-se até à entrada em vigor do Código Civil português[56].

---

[55] Fazia-se também a distinção entre os bens próprios - recebidos dos parentes por sucessão legal - e os bens adquiridos - adquiridos por trabalho, indústria ou serviço, e ainda os deixados ou doados. Dos bens próprios o autor da sucessão não podia dispor em prejuízo e sem consentimento dos parentes, excepto se apenas existissem parentes acima do 4º grau, caso em que podia dispor de metade destes. Os bens adquiridos eram disponíveis desde que o autor da sucessão não tivesse filhos, mas neste caso a disposição teria que beneficiar exclusivamente algum dos parentes, um pouco ao jeito do instituto da melhora.

[56] *Vid.* GALVÃO TELLES, "Apontamentos...", *loc. cit.*, pp. 164 e ss.; BRAGA DA CRUZ, "Formação Histórica do Moderno Direito Privado Português e Brasileiro", *Obras*

2. Movimento Codificador

A) O Código Civil português de 1867

Em Portugal a suspensão das leis do Marquês de Pombal, avessas à realidade e às tradições jurídicas portuguesas, determinou que fosse retomada, numa primeira fase, a aplicação das Ordenações.

A entrada em vigor do Código Civil de 1867, também conhecido por Código de Seabra, recuperou, em boa medida, as tradições em matéria sucessória, embora o princípio da supremacia da sucessão testamentária tenha ficado irremediavelmente abalado[57]. Este Código retirou aos irmãos a qualidade de herdeiros forçosos com base na indignidade do instituído, passando o elenco de legitimários a ser composto meramente pelos descendentes e ascendentes. No aspecto quantitativo a legítima manteve-se nos 2/3 da herança, mas no caso especial de apenas sobreviverem ao *de cujus* ascendentes que não fossem o pai ou a mãe foi reduzida para 1/2. Após a implantação da República, o Decreto de 31 de Outubro de 1910 instituiu uma legítima de 1/2 para a generalidade dos casos e de 1/3 no caso da sucessão de ascendentes de 2º grau ou superior.

Com o Código Civil de 1867 o cônjuge passou a beneficiar de situação sucessória mais favorável na sucessão legítima, na medida em que passou a ocupar a quarta classe sucessória, logo após os irmãos e seus descendentes, preferindo aos restantes colaterias até ao 6º grau e ao Estado - artº 1969º. Contudo, gozava ainda de fraca protecção e, para a sua subsistência, dependia essencialmente da meação nos bens comuns (o regime supletivo de bens era, na altura, a comunhão geral de bens), o que o colocava em situação particularmente difícil quando não existissem bens a partilhar[58]. Com o Decreto de 31 de Outubro de 1910 aquela posição seria reforçada, passando o cônjuge a ter preferência sobre os irmãos e respectivos descendentes. Vinte anos mais tarde, o Decreto nº 19

Esparsas, Vol. II, *Estudos de História do Direito. Direito Moderno,* 1ª parte, Coimbra, 1981, pp. 33 e ss..

[57] *Vid.* BRAGA DA CRUZ, "Formação Histórica...", *op. cit.,* pp. 36 e 37.

[58] *Vid.* FRANÇA PITÃO, *A Posição do Cônjuge Sobrevivo no Actual Direito Sucessório Português,* Coimbra, 1994, p.16.

126, de 16 de Dezembro, reporia o sistema originário do Código e a preferência dos irmãos e seus descendentes sobre o cônjuge sobrevivo. Ainda assim, sempre que, na falta de descendentes e ascendentes, a sucessão fosse deferida aos irmãos ou seus descendentes, o cônjuge tinha direito ao usufruto da totalidade da herança - artº 2003º, § único, do C.C., tal como tinha direito ao usufruto de metade da herança se esta fosse deferida aos ascendentes ilegítimos. Tratava-se aqui, no entanto, de um legado legítimo, que recaía sobre a quota disponível e não tinha lugar caso o testador dela houvesse disposto validamente.

O legislador parecia considerar que o regime supletivo de bens (comunhão geral de bens), ao proporcionar ao cônjuge sobrevivo a meação nos bens comuns, era suficiente para assegurar a sua subsistência após a morte do seu consorte, razão pela qual não lhe eram atribuídos quaisquer direitos na sucessão testamentária, não sendo, por isso, herdeiro legitimário. Caso o regime de bens não fosse suficiente para acautelar a sobrevivência do cônjuge, este podia lançar mão do direito a alimentos a prestar pelos descendentes, ou do direito de apanágio, exigível a qualquer dos beneficiários da herança e consistente no direito a ser alimentado pelos rendimentos dos bens desta.

B) O Código Civil português de 1966

O Código Civil de 1966 veio estabelecer uma legítima variável, atendendo ao grau dos herdeiros legitimários bem como ao seu número. O artº 2157º originário considerava legitimários apenas os descendentes e os ascendentes. A legítima dos descendentes era de 1/2 ou 2/3 da herança, consoante houvesse um único filho ou mais do que um. Os pais tinham direito a metade da herança e os restantes ascendentes a 1/3. A redacção originária do Código continuou a não atribuir ao cônjuge condição sucessória muito favorável[59]. Na verdade, este era apenas herdeiro legíti-

---

[59] FRANÇA PITÃO entende que o regime do C.C. de 1966, na versão originária, era, na realidade, mais desfavorável ao cônjuge que o de 1867, na medida em que, apesar de se manter idêntica a sua posição sucessória, o regime supletivo de bens ora consagrado - comunhão de adquiridos - diminuía a meação do cônjuge, a qual, em vez de abranger todos os bens presentes e futuros do casal, passava a abranger apenas os bens adquiridos após o casamento (*Vid. A Posição do Cônjuge...*, *op. cit.*, pp. 24-25); LEITE DE CAMPOS

mo, sucedendo na falta de descendentes, ascendentes e irmãos do falecido ou seus descendentes. Se a herança fosse deferida aos irmãos ou seus descendentes o cônjuge sobrevivo tinha direito, como no C.C. anterior, ao usufruto vitalício da herança, sendo considerado, nesta qualidade, mero legatário. Em última instância, o cônjuge podia valer-se do direito de apanágio, ou seja, do direito a ser alimentado pelos rendimentos dos bens da herança. O exercício de qualquer destes direitos dependia de não estar, à data da morte do autor da sucessão, divorciado ou separado judicialmente de pessoas e bens por sentença já transitada ou que viesse a transitar em julgado - art° 2148°.

A Constituição da República Portuguesa de 1976, ao dar consagração aos novos princípios constitucionais da igualdade de tratamento jurídico entre o homem e a mulher e entre filhos nascidos dentro e fora do casamento, teve grandes reflexos no direito sucessório, pelo que, também nesta matéria, se impôs uma reforma do Código Civil. Com a Reforma de 1977, introduzida pelo Decreto-Lei n° 496/77, de 25 de Novembro[60], o cônjuge passou a beneficiar de uma posição sucessória deveras favorável. Pela primeira vez surge como legitimário integrado na 1ª ou 2ª classes sucessórias, seja em concurso com descendentes ou com ascendentes - art° 2133°, n° 2 - e com direito a uma legítima em propriedade. Tem direito a uma legítima global de 2/3 da herança, em concurso com descendentes ou ascendentes, ou de 1/2 na falta de uns e de outros. Em ambos os casos a partilha da legítima global é feita por cabeça, mas o art° 2139°, n° 1, 2ª parte, aplicável *ex vi* do art° 2157°, determina que no concurso com descendentes o cônjuge nunca pode receber, a este título, menos de 1/4 da legítima, tal como não poderá receber menos de 1/4 da quota disponível ou do seu remanescente, quando exista. No concurso com ascendentes o cônjuge tem direito a 2/3 da herança e os ascendentes a 1/3 - art° 2142°. Na falta de descendentes e ascendentes o cônjuge pode ser chamado à

é da opinião que existe um certo desfazamento entre o peso real do núcleo conjugal e a posição sucessória atribuída por lei ao cônjuge sobrevivo, embora a mesma tivesse sido frequentemente contornada através da possibilidade de os cônjuges disporem testamentariamente da quota disponível a favor um do outro; considera, no entanto, justificada a opção do legislador numa perspectiva de longo prazo, atendendo à evolução familiar que se adivinhava (*Vid. Lições de Direito da Família e das Sucessões*, Coimbra, 1990, pp. 598-599.

[60] *DR*, n° 273, de 25 de Novembro de 1977.

totalidade da herança, caso o autor da sucessão não tenha disposto da quota disponível - artº 2144º. A Reforma não eliminou o direito de apanágio do cônjuge sobrevivo - artº 2018º - embora, segundo a opinião de alguns autores, este tenha passado a ser um instituto de menor relevância atendendo à sua posição sucessória actual[61]; além disso, introduziu uma inovação, com a concessão ao cônjuge de atribuições preferenciais na partilha, nomeadamente em relação ao direito de habitação da casa de morada da família e ao direito de uso do respectivo recheio - artºs 2103º-A a 2103º-C.

Para que ao cônjuge sobrevivo assistam os referidos direitos sucessórios é necessário que, à data da morte do autor da sucessão, não se encontre divorciado ou separado judicialmente de pessoas e bens por sentença já transitada em julgado, ou que venha a transitar, e que não venha, posteriormente àquela data, a ser proferida qualquer sentença de divórcio ou separação nos casos em que a respectiva acção seja prosseguida pelos herdeiros de qualquer das partes - artºs 2133º, nº 3 e 1785º, nº 3.

Para além dos direitos estritamente sucessórios, com a Reforma de 1977 o cônjuge sobrevivo passou a beneficiar igualmente da protecção da sua expectativa sucessória ainda em vida do autor da sucessão, englobando a sua posição jurídica como sucessível legitimário uma série de poderes, como, por exemplo, os de arguir a nulidade de negócios simulados praticados pelo autor da sucessão com o intuito de prejudicá-lo - artº 242º, nº 2 - de dar o seu consentimento para a partilha em vida - 2029º - ou de requerer a inabilitação do autor da sucessão por habitual prodigalidade - artº 152º[62].

C) Processo codificador e Código Civil espanhol de 1889

Ainda antes do Código Civil, a Lei de 16 de Maio de 1835 passou a chamar o cônjuge sobrevivo à sucessão intestada na falta de colaterais até

---

[61] *Vid.* FRANÇA PITÃO, *A Posição do Cônjuge...*, *op. cit.* pp. 23-24.

[62] Sobre a expectativa do sucessível legitimário, *Vid.* MARIA RAQUEL ANTUNES REI, "Da Expectativa Jurídica", *R.O.A.*, Lisboa, Ano 54, I, 1994, pp. 149-180, em espec. pp.155-159; FRANÇA PITÃO, *A Posição do Cônjuge...*, *op. cit.* pp. 32-34. Cfr. *Infra*, Parte III, Cap. V, II, 2, A).

ao 4° grau, dependendo esse direito de que não tivesse mediado separação ou divórcio, embora os bens de avoenga retornassem aos colaterais após a sua morte[63].

A promulgação do Código Civil espanhol de 1889 foi precedida de um longo processo codificador que registou avanços e recuos, do qual acabariam por resultar vários projectos de código civil; entre estes, interessa destacar o Projecto de 1851, também conhecido por Projecto de García Goyena, o qual viria a condicionar o percurso seguinte do processo codificador e a ter grande influência na elaboração do Código Civil espanhol[64].

Antes deste, o Projecto de 1836, que no seu Livro IV consegue chegar a regular, pela primeira vez, a matéria de sucessões, não reconhecia direitos legitimários ao cônjuge, contemplando somente os descendentes e os ascendentes, mas chamava-o em quinto lugar na ordem da sucessão intestada a uma quota da herança em propriedade igual à de cada um dos irmãos legítimos de pai e mãe[65].

O projecto de 1851 atribuiu direitos ao cônjuge sobrevivo nas sucessões testada e intestada, embora sem declarar o seu carácter de herdeiro forçoso. O seu art° 653° estabelecia a possibilidade de um dos cônjuges dispor a favor do outro, em contrato ou testamento, do usufruto de 1/4 da legítima do filho, quando fosse um só, ou dos descendentes que sucedessem em sua representação, ou de 1/5 da legítima se houvesse dois ou mais filhos, ou descendentes que os representassem; além disso, previa também, para o caso de o testador deixar apenas ascendentes, qualquer que fosse o seu número, a possibilidade de dispor de metade da herança em propriedade, conjugando, assim, atribuições em usufruto e em propriedade[66]; embora incluída numa das secções do Capítulo Sexto, dedica-

---

[63] *Vid.* GUTIERREZ FERNANDEZ, *Códigos y Estudios...*, *op. cit.* p. 623.

[64] A Base 1ª da Lei de Bases de 11 de Maio de 1888, que antecedeu o C.C. esp. de 1889, indica-o como modelo sobre o qual a Secção de Direito Civil da Comissão de Códigos deveria trabalhar, na medida em que continha o acervo das instituições civis do direito histórico espanhol; *Vid.* ALBALADEJO, *Derecho Civil*, T. I, 1°, *op. cit.*, p. 51.

[65] *Vid.* LASSO GAITE, *Cronica de la Codificación Española*, 4, *Codificación Civil*, Vol. II, 1970, pp. 124 e ss..

[66] *Vid* GARCÍA GOYENA, *Concordancias, Motivos y Comentarios del Código Civil Español*, Zaragoza, 1974, p. 353.

do aos herdeiros forçosos e às melhoras, esta norma não consagrava uma verdadeira legítima do cônjuge sobrevivo, uma vez que, nos termos do artº 641º, só eram herdeiros forçosos os descendentes e os ascendentes do autor da sucessão.[67] Na sucessão intestada, o artº 773º atribuía ao cônjuge sobrevivo uma quota em propriedade, variável consoante os sucessores com os quais concorresse (1/5 em concurso com descendentes, 1/4 em concurso com ascendentes e 1/3 na falta de uns e de outros); este direito só existiria se o cônjuge sobrevivo não estivesse divorciado ou o estivesse por culpa do seu falecido consorte[68].

A opinião da maioria dos autores espanhóis é de que a legítima do C.C. de 1889 se manteve substancialmente idêntica à anterior, e apesar de não ser fácil a sua caracterização, devido à mescla de elementos germânicos e romanos, parece que estes últimos foram, e continuam a ser, pre-

---

[67] Segundo GARCÍA GOYENA, em sessão de 17 de Dezembro de 1843, a Comissão Geral teria aprovado, contra o parecer da Secção do Código Civil, a concessão de uma legítima geral ou a atribuição do carácter de herdeiro ao cônjuge sobrevivo, mesmo em concurso com filhos ou descendentes seus ou de outro casamento, decidindo em simultâneo que o viúvo ou viúva não excluiriam os descendentes nem os colaterais do autor da sucessão até certo grau; contudo, perante a dificuldade em articular ambas as orientações, a Secção teria procedido à sua substituição pelos artºs 653º e 773º (*Vid. Concordancias..., op. cit.*, pp. 347-348). Entre as bases do Código Civil, aprovadas pela Comissão Geral de Codificação e levadas ao Governo em 7 de Março de 1844, constavam as seguintes: "38. *Habrá legítima de los cónyuges entre sí sin distinción de que sean ricos o pobres.*" (...) "40. *Se conservará la sucesión de los descendientes legítimos como se halla en la actual legislación, sin perjuicio de la legítima acordada para los cónyuges. 41. Los ascendientes sucederán a falta de descendientes legítimos según la proximidad de grado con exclusión de los colaterales y sin perjuicio de la legítima del cónyuge.*" (...) "43. *Los cónyuges sucederán entre sí en concurrencia con los hijos y con los padres en la porción que determine el Código. 44. En la sucesión intestada no excluirán los cónyuges a los colaterales.*" (*Vid.* LASSO GAITE, *Cronica de la Codificación Española*, 4, *Codificación Civil*, Vol. I, 1970, p. 165).

[68] *Vid.* GARCÍA GOYENA, *Concordancias..., op. cit.*, p. 405. No entanto, o trabalho enviado ao Ministro da Justiça, em 10/01/1849, pela 2ª Comissão Geral (1846-1851) não coincidia com a versão final dos dois artigos do projecto. Naquele era atribuída a qualidade de herdeiro forçoso ao cônjuge sobrevivo, com uma legítima de 1/4 da dos filhos, se fossem três ou menos, e igual à de cada um destes se fossem quatro ou mais; em concurso com ascendentes a sua legítima seria igual à de cada um destes e, na falta de uns e de outros, seria de 1/3 da herança. Na versão final suprimiu-se a legítima do cônjuge. (*Vid.* LASSO GAITE, *Cronica..., op. cit.*, pp. 200 e 203).

dominantes. O direito à legítima é atribuído a descendentes, ascendentes e ao cônjuge viúvo, excluindo-se os colaterais. A legítima do cônjuge sobrevivo consiste num direito de usufruto, variável consoante os legitimários com os quais concorra, e encontra-se regulada na Secção 7ª do Cap. II do Tit. III do Livro III.

Em consequência do princípio tradicional de protecção da família fundada no casamento, o C.C. esp. fazia, na sua redacção originária, a distinção entre filhos nascidos no casamento e fora dele: aqueles tinham direito a uma legítima de 2/3, e estes apenas tinham direito a metade da quota que correspondesse a cada filho legítimo não melhorado, a qual não podia exceder 1/3, uma vez que era imputada no terço de livre disposição. Por outro lado, os filhos legítimos podiam satisfazer os direitos dos filhos naturais em dinheiro ou bens da herança para evitar a comunhão hereditária. O cônjuge sobrevivo em concurso com filhos ou descendentes legítimos tinha direito ao usufruto do terço destinado à melhora, no caso de existir um único filho ou descendente, ou de uma quota igual à que coubesse a cada um dos filhos ou descendentes não melhorados, caso estes fossem mais que um. No concurso com ascendentes legítimos tinha direito ao usufruto de 1/3 da herança, dedutível da metade de livre disposição - artº 836º. Na falta de descendentes e ascendentes legítimos, o artº 837º dava ao cônjuge o usufruto de metade da herança. Em concurso com filhos extramatrimoniais do autor da sucessão o cônjuge tinha direito ao usufruto de 2/3 da herança.

Seguindo a tendência geral, proposta pelas normas internacionais e adoptada pelas Leis Fundamentais de alguns países, entre as quais a Constituição da República Portuguesa de 1976, a Constituição Espanhola de 1978 apadrinhou o princípio de equiparação entre filhos nascidos dentro e fora do casamento. O seu artº 14º consagra a igualdade dos cidadãos espanhóis perante a Lei, impedindo qualquer discriminação por razão do nascimento ou de qualquer outra condição ou circunstância pessoal ou social, enquanto o artº 39º trata de concretizar essa igualdade, ao impor aos poderes públicos o dever de assegurar a protecção dos filhos, iguais perante a lei independentemente da sua filiação - artº 39º/2 da CE - e aos pais o dever de prestar todo o tipo de assistência aos filhos tidos dentro ou fora do casamento - artº 39º/3 da CE.

Reflexamente, as normas do C.C. tiveram que adequar-se àquele princípio de igualdade, pelo que a Reforma introduzida pela Lei de 13 de

Maio de 1981 tratou de abolir as diferenças de tratamento entre filhos legítimos e ilegítimos suprimindo, designadamente, as discriminações em matéria sucessória. Actualmente a legítima de filhos e descendentes é de 2/3 (dos quais 1/3 pode ser utilizado pelo autor da sucessão para melhorar qualquer dos descendentes) e a dos ascendentes de 1/2. O cônjuge continua a ter o usufruto do terço de melhora em caso de concurso com filhos ou descendentes - artº 834º - mas no concurso com ascendentes a sua quota em usufruto elevou-se para metade - artº 837º. No concurso com filhos somente do autor da sucessão nascidos durante o seu casamento com o cônjuge sobrevivo, este tem direito ao usufruto de metade da herança - artº 837º/2. Na falta de uns e outros tem direito ao usufruto de 2/3 da herança - artº 838º. A legítima do cônjuge viúvo tem a particularidade de poder ser satisfeita pela atribuição de uma renda vitalícia, do produto de determinados bens ou de um capital efectivo, desde que haja acordo ou decisão judicial nesse sentido. Enquanto a legítima do cônjuge não for satisfeita com recurso a alguma destas hipóteses, todos os bens da herança ficam afectos ao seu pagamento - artºs 838º antigo e 839º actual.

Caso o *de cujus* não tenha disposto válida e eficazmente da totalidade ou de parte da quota disponível, o cônjuge sobrevivo poderá ainda ser chamado à sucessão intestada, nos termos dos artsº 943º e 944º, isto é, na falta de descendentes e ascendentes, preferindo aos colaterais e ao Estado, na qualidade de herdeiro com direito a uma quota em propriedade.

Os direitos de usufruto do leito quotidiano, vestes e roupas de uso habitual, bem como o direito da viúva a que as roupas de luto fossem pagas pela herança vieram a ter também consagração na versão originária do Código Civil espanhol - artºs. 1374º e 1379º, § 2º, para o primeiro caso, e 1420º e 1427º para o segundo. Com a reforma de 13 de Maio de 1981 instituiram-se o direito do cônjuge às roupas, mobiliário e utensílios que constituam o recheio da casa de morada da família, sem que o valor dos mesmos seja computado na sua meação - artº 1321º - e o direito de preferência na atribuição da casa de morada da família - artº 1406º/4 - mas viria a desaparecer o direito da viúva a que as roupas de luto fossem pagas pela herança. O C.C. acolheu também nos artºs 1379º e 1430º - actual artº 1408º - o direito a alimentos à custa dos frutos ou rendimentos da herança, enquanto não se proceda à liquidação da mesma e à entrega a cada sucessor da parte que lhe corresponda, e consagrou igualmente o direito a alimentos da viúva grávida, previsto no artº 964º.

Com a Reforma de 1981, a posição sucessória do cônjuge ficou mais desfavorecida no que respeita à sucessão legitimária, na medida em que agora concorre a ela também com os filhos extramatrimoniais do autor da sucessão - a legítima destes, na falta de ascendentes, é de metade, quando antes era de 2/3 - e é afastado por eles na sucessão intestada. Contudo, passou a gozar de uma posição globalmente mais vantajosa na sucessão intestada, ao passar a afastar os irmãos e os colaterais do autor da sucessão.

PARTE SEGUNDA
CRITÉRIOS REGULADORES DO FENÓMENO JURÍDICO-SUCESSÓRIO

CAPÍTULO PRIMEIRO
SUCESSÃO MORTIS CAUSA E ESTRUTURA DO FENÓMENO SUCESSÓRIO

I - Conceito de sucessão

O fenómeno sucessório visa, essencialmente, assegurar que certas relações jurídicas não se extingam com a morte do seu titular, dando-lhes uma continuidade mediante a atribuição da sua titularidade a outro, ou outros sujeitos, e evitando, assim, os prejuízos económicos e sociais resultantes da sua extinção. Contudo, não é fácil elaborar um conceito técnico de sucessão *mortis causa* capaz de exprimir este fenómeno, pelo que têm sido múltiplas, e divergentes, as posições defendidas a este respeito. Uma das noções de sucessão em sentido amplo é a que considera que esta supõe a modificação de um dos sujeitos, sem que, apesar disso, a relação jurídica deixe de ser a mesma, ou seja, haverá sucessão em sentido técnico sempre que uma ou mais pessoas ocupem o lugar anteriormente ocupado por outra na titularidade activa ou passiva de uma relação jurídica, ou de um conjunto de relações, sem que haja lugar a novação. Daqui resultam como componentes do conceito a modificação subjectiva e a identidade entre o direito adquirido e o direito anterior. A sucessão *mortis causa* seria, portanto, um dos tipos de sucessão em sentido técnico, caracterizada em função do facto jurídico que lhe dá origem: a morte. As raízes desta noção remontam a uma certa fase do Direito romano em que o herdeiro, visto como sucessor na posição do *pater familias*, era chamado a ingressar nas relações jurídicas em que este fosse parte, por forma a dar continuidade à soberania doméstica. Actualmente, esta é a noção de sucessão mormente aceite pela doutrina espanhola[69].

No doutrina portuguesa, apesar do teor do artº 2024º do C.C. port., que contém o conceito legal de sucessão[70], há autores que acentuam precisamente esta diferença entre sucessão e transmissão, defendendo uma concepção autonomista da sucessão *mortis causa*[71], e outros que, pelo contrário, consideram equivalentes os dois conceitos[72]. Assim, para os primeiros a noção de sucessão é distinta da de transmissão, visto que aquela apenas envolve uma modificação subjectiva e esta envolve uma

---

[69] *Vid.* LACRUZ BERDEJO, *Elementos de Derecho Civil, V, Derecho de Sucesiones*, Barcelona, 1993, p. 9; O'CALLAGHAN MUÑOZ, *Compendio de Derecho Civil, V, Derecho de Sucesiones*, Madrid, 1999, p. 11; LÓPEZ y LÓPEZ, *Derecho de Sucesiones*, coord. por MONTÉS PENADÉS, Valencia, 1992, p. 25; DE LA CÁMARA, *Compendio de Derecho Sucesorio*, 2ª edição, actualizada por Antonio de la Esperanza Martínez-Radio, Madrid, 1999, p. 15; DÍEZ-PICAZO y GULLÓN, *Sistema de Derecho Civil*, T. IV, *Derecho de Família. Derecho de Sucesiones*, Madrid, 1998, p. 329. Embora aceite esta noção, GARCIA RUBIO, *La Distribucion de Toda la Herencia..., op. cit.*, pp. 85 e ss., manifesta as suas reticências em que a mesma consiga abarcar e explicar na íntegra o fenómeno sucessório, uma vez que existem relações jurídicas que são intransmissíveis, outras em que tecnicamente não se verifica um fenómeno de sucessão, e outras ainda que, passando a ter um novo sujeito, não se enquadram sequer no âmbito do fenómeno sucessório.

[70] Artº 2024º do C.C. port.: *"Diz-se sucessão o chamamento de uma ou mais pessoas à titularidade das relações jurídicas patrimoniais de uma pessoa falecida e a consequente devolução dos bens que a esta pertenciam."*

[71] Neste sentido, *Vid.* PIRES DE LIMA, "Actas da Comissão Revisora", *Direito das Sucessões - Trabalhos Preparatórios do Código Civil*, Lisboa, 1972, pp. 143-144; PEREIRA COELHO, *Direito das Sucessões*, Coimbra, 1992, pp. 19 e ss.; OLIVEIRA ASCENSÃO, *Direito Civil, Sucessões*, Coimbra, 1989, pp. 456 e ss., embora este último restrinja o conceito de sucessão, em sentido técnico, à figura do herdeiro, o único sucessível que seria investido numa qualidade pessoal, adquirindo por força dela a posição de verdadeiro sucessor, enquanto o legatário seria um mero transmissário.

[72] *Vid.* GALVÃO TELLES, *Direito das Sucessões, Noções Fundamentais*, Coimbra, 1991, pp. 38 e ss., o qual entende que, no direito moderno, não é possível sustentar que não se produz transmissão a favor do herdeiro, uma vez que este não é um sucessor na soberania familiar mas sim um adquirente da universalidade composta pelo património do *de cujus*.

Critérios Reguladores do Fenómeno Jurídico-Sucessório   61

transferência de direitos e obrigações, ou seja, uma modificação objectiva; para os segundos as duas noções identificar-se-íam, e o traço essencial da sucessão ou transmissão consistiria no facto de o sucessor ser tratado, relativamente aos direitos transmitidos, tal como o seria o transmitente se ainda fosse o seu titular, com ressalva para eventuais modificações derivadas da própria transmissão. Embora a solução desta questão esteja intimamente relacionada com a distinção entre as figuras do herdeiro e do legatário, um ou outro autor tem chamado a atenção para o facto de esta ser uma distinção formal e artificiosa, colocando em dúvida o seu contributo para a compreensão do fenómeno sucessório[73].

II - Herança e legado

1. Critérios legais de distinção das figuras do herdeiro e do legatário

A problemática da distinção prática entre os conceitos de herdeiro e legatário tem particular interesse nos ordenamentos jurídicos português e espanhol, admitindo-se serem aqueles os dois títulos pelos quais se pode suceder numa herança. No direito espanhol a contraposição entre as duas figuras revela-se bastante importante para a compreensão da posição sucessória que o cônjuge sobrevivo ocupa, enquanto legitimário, e a definição dos respectivos direitos e deveres com relação à herança; a particularidade de a sua legítima consistir num usufruto legal origina acrescidas dificuldades em integrá-lo numa das duas categorias de sucessíveis, e continua, ainda hoje, a promover posicionamentos discordantes, sobretudo a nível jurisprudencial. O panorama que seguidamente se expõe pretende fornecer os dados indispensáveis ao enquadramento das figuras do

---

[73] *Vid.* GOMES DA SILVA, *Direito das Sucessões*, Lisboa, 1974, pp. 18-19, e PAMPLONA CORTE-REAL, *Direito da Família e das Sucessões, II, Sucessões*, Lisboa, 1993, p. 23, o qual chama a atenção para o facto, curioso, de alguns defensores das diferentes posições chegarem a uma perspectiva semelhante quanto à estrutura e função da herança e do legado, qualificando o herdeiro como sucessor pessoal do *de cujus* (Cfr. PEREIRA COELHO, *Direito das Sucessões*, *op. cit.* pp. 21-22, e OLIVEIRA ASCENSÃO, *Direito Civil*, *op. cit.*, pp. 270 e ss.).

herdeiro e do legatário, por forma a facilitar a compreensão da abordagem que adiante será feita quanto aos direitos do cônjuge sobrevivo legitimário e à natureza jurídica da sua legítima.

Os art°s 660° e 661° do C.C. esp. dão o mote para a distinção entre as figuras. Com base neles a doutrina tem entendido que herdeiro é aquele que subentra na titularidade dos direitos e obrigações do *de cujus*, ocupando o seu lugar nas relações jurídicas em que este era parte[74]. Quanto ao legatário, tratar-se-á de um mero sucessor a título singular, com direito a bens determinados e concretos, direito esse que se contrapõe ao do herdeiro e o caracteriza, essencialmente, como um adquirente de activo; no caso de existirem encargos ou obrigações que lhe sejam impostos pelo testador, a responsabilidade do legatário está sempre limitada ao valor do legado - art° 858°/2° do C.C. espanhol[75]. Apesar da aparente simplicidade da distinção, a prática demonstra que nem sempre é fácil determinar a natureza universal ou particular de uma disposição testamentária ou de uma atribuição legal, ou seja, nem sempre a determinação do título pelo qual se dá a sucessão é isenta de dúvidas. Neste domínio as normas legais aplicáveis não são muito claras, e a existência, no C.C. esp., de normas de inspiração objectiva e subjectiva sobre a matéria originou três posturas doutrinais.

A corrente objectiva é aquela que relaciona a qualidade de herdeiro com a extensão ou conteúdo do chamamento - sucessão no *universum jus*

---

[74] *Vid.* RIVAS MARTINEZ, *Derecho de Sucesiones Común y Foral*, T. I, Madrid, 1989, p. 21, o qual caracteriza o herdeiro como "... *el continuador de las relaciones jurídicas transmisibles (activas y pasivas) del causante, que está llamado a la totalidad de la herencia recibiendo ésta como um conjunto indistinto, y quedando sujeto, al colocarse (subrogarse) en el lugar del fallecido, a una responsabilidad personal y ilimitada (ultra vires) por razón de las deudas del causante.*". Contra a ideia, geralmente aceite pela doutrina espanhola, de que a sucessão consiste na substituição pessoal do autor da sucessão em todos os seus direitos e obrigações, manifestou-se PEÑA BERNALDO DE QUIRÓS, *La Herencia y las Deudas del Causante, Tratado Practico y Crítico de Derecho Civil*, T. 61, Vol. 1°, Madrid, 1967, *passim*, para quem suceder significa, tão somente, substituir o autor da sucessão na titularidade do seu patrimónío, o qual, não obstante, se mantém autónomo relativamente ao patrimónío próprio do herdeiro; esta perspectiva, resultante da concepção de sucessão que imperou no Direito comum e no Direito histórico espanhol foi, na opinião deste autor, aquela que passou para o Código Civil.

[75] Cfr. também o art° 2276° do C.C. português.

Critérios Reguladores do Fenómeno Jurídico-Sucessório 63

do autor da herança ou numa fracção do mesmo - aferindo essa qualidade pela natureza objectiva da disposição do testador, enquanto o legatário é um mero sucessor em relações jurídicas particulares[76]. Por sua vez, a tese subjectiva baseia-se nos artºs 675º e 668º do C.C. esp. e entende que no chamamento a título de herdeiro é decisiva a vontade ou intenção do autor da sucessão, independentemente de que o testador disponha da universalidade dos bens da herança ou de bens concretos e determinados; constitui um resquício do critério do Direito romano que traduz a ideia de que a vontade do testador é "lei da sucessão"[77]. Por último, existe uma tese mista ou cumulativa que defende a necessidade de concurso dos requisitos objectivo e subjectivo - chamamento universal (artº 660º do C.C.) a título de herança e não de legado (artº 668º/1 do C.C.) - para que o sucessor adquira a condição de herdeiro. Quando não estejam reunidos os dois requisitos estar-se-á perante um legado[78].

---

[76] Os seus defensores invocam o teor dos artºs 660º e 768º do C.C. esp., e recorrem igualmente ao argumento histórico. De acordo com esta corrente, o instituído em coisa certa deve considerar-se legatário e, *a contrario sensu*, o legatário de parte alíquota será considerado herdeiro (*Vid.* ALBALADEJO, *Curso de Derecho Civil, V, Derecho de Sucesiones*, Barcelona, 1997, pp.17-20; O'CALLAGHAN MUÑOZ, *Compendio...*, V, *op. cit.*, pp. 20-21).

[77] Os seus defensores prescindem do artº 660º do C.C. esp., ou consideram-no, quando muito, uma norma destinada à interpretação da vontade do testador, na medida em que o conteúdo objectivo da disposição pode funcionar como presunção da vontade do testador quanto ao sentido da atribuição, embora essa presunção seja elidível. De acordo com esta posição, admitem, com autonomia própria, as figuras da herança *ex re certa* (segundo ALBALADEJO, *Curso...*, V, *op. cit.*, p. 23, neste caso a questão está em apurar se é deixada ao instituído a sua parte na herança, recebendo este o bem mas também as dívidas da herança e os direitos extrapatrimoniais, caso em que será herdeiro, ou se só recebe o bem, caso em que será legatário) e do legado de parte alíquota, este último previsto indirectamente no artº 655º do C.C. esp.; *Vid.* LACRUZ BERDEJO, *Elementos...*, V, *op. cit.*, p. 26; VALLET DE GOYTISOLO, *Panorama...*, T. I, *op. cit.*, pp. 61 e ss.; ROCA-SASTRE MUNCUNILL, *Derecho de Sucesiones*, T. I, Barcelona, 1989, pp. 47 e ss..

[78] Esta tese, defendida por ROCA SASTRE, *Notas al Tratado de Derecho Civil de Theodor Kipp*, T. V, *Derecho de Sucesiones*, Vol. 1º, 2ª edição, Barcelona, 1976, p. 420, é também a adoptada por MASIDE MIRANDA na formulação do conceito de herdeiro, por permitir, segundo este autor, um melhor enquadramento e uma interpretação sistemática mais lógica das normas do Código Civil, atendendo à dupla inspiração romanista e germanista a que elas obedecem (*Vid. Legítima del Cónyuge Superstite*, Madrid, 1989, p. 342).

O direito português assume um posicionamento objectivo nesta matéria, com base na teoria da aquisição de uma *universitas iuris*, a qual recebeu consagração no artº 2030º do C.C.. Segundo esta disposição legal, será herdeiro aquele que sucede na totalidade ou numa quota do património do *de cujus*, e legatário o que sucede em bens ou valores determinados da herança. No entanto, a percepção da insuficiência da fórmula terá levado o legislador a tomar posição relativamente a certas situações, tais como a deixa de remanescente, que é qualificada como herança desde que não tenha havido especificação dos bens (artº 2030º, nº3), e a deixa de usufruto da totalidade ou de uma quota da herança, que é qualificada como legado (artº 2030º, nº4). No nº 5 do referido artigo clarifica-se a irrelevância da vontade do testador quanto à qualificação dos seus sucessores, estipulando-se a imperatividade dos critérios legais. Não significa isto, contudo, que se prescinda da descoberta da intenção do autor da sucessão, mas sim que é indiferente a qualificação que este dê ao sucessor[79]. Não há dúvida de que, tal como o critério apontado pelo C.C. espanhol, o critério da lei portuguesa é meramente formal, uma vez que procura possibilitar uma distinção eminentemente prática, insuficiente para revelar, em termos substantivos, a concepção legal que está subjacente à estrutura e função da herança e do legado; por outro lado, o critério legal conduz a soluções bem pouco lógicas, como a de considerar herdeiro o sucessor numa quota diminuta da herança e legatário o sucessor num ou dois bens determinados que esgotam a quase totalidade da massa hereditária[80], permitindo determinar apenas quem é herdeiro mas não o que é o

---

[79] Parte da doutrina portuguesa, consciente de que a fórmula legal não cobre todos os tipos de deixas possíveis, tem defendido também a possibilidade de verificação de hipóteses em que coexistem características da herança e do legado, ou que não apresentam características de nenhuma das figuras, mas que, ainda assim, não seriam contrárias ao preceito legal, como é o caso da herança *ex re certa* e do legado de parte alíquota. *Vid.* GALVÃO TELLES, *Direito das Sucessões, op. cit.*, pp. 215 e ss., e PEREIRA COELHO, *Direito das Sucessões, op. cit.*, pp. 80 e ss..

[80] Neste sentido, PAMPLONA CORTE-REAL entende que o legislador se limitou a transpôr para a sucessão testamentária os critérios da sucessão legal, esquecendo-se, no entanto, de que os aspectos quantitativos e determinativos do teor das deixas testamentárias são mais relevantes no apuramento da vontade do testador do que as noções abstractas de quota consagradas pelo legislador. (*Vid. Direito da Família e das Sucessões, op. cit.*, pp. 139 e 143 e ss.).

herdeiro[81], questão que só poderá ser respondida mediante uma análise concreta dos regimes ou estatutos-tipo do herdeiro e do legatário[82].

2. Estatutos legais do herdeiro e do legatário

Pretendemos passar aqui em revista determinados aspectos do regime legal da instituição de herdeiro e da nomeação de legatário que podem ajudar na percepção do alcance prático da distinção. Contudo, há que ter em atenção que os aspectos a focar, sendo aqueles que normalmente se manifestam nesta matéria, nem sempre têm carácter injuntivo, razão pela qual os referidos estatutos se apresentam maleáveis.

A responsabilidade pelas dívidas e encargos da herança é uma das características importantes no cotejo dos estatutos do herdeiro e do legatário. De facto, enquanto sucessor no elenco de direitos e obrigações do autor da sucessão, o herdeiro assume a responsabilidade pelas dívidas deste que, após a transmissão, funcionam como se suas fossem, o que já não acontece com o legatário, salvo no caso excepcional de divisão de toda a herança em legados - art°s 2081° do C.C. port. e 891° do C.C. esp.[83].

---

[81] *Vid.* PEREIRA COELHO, *Direito das Sucessões, op. cit.*, p. 99.

[82] O critério do C.C. português deu origem a três posições opostas. Assim, na opinião de GALVÃO TELLES, *Direito das Sucessões, op. cit.*, pp. 186 e ss., o critério qualifica como herdeiro aquele que sucede no património do *de cujus*, entendido como unidade jurídica, e como legatário aquele que sucede a título singular em bens determinados - o que traduz uma concepção do herdeiro como continuador patrimonial do autor da sucessão. Já OLIVEIRA ASCENSÃO, *Direito Civil, op. cit.*, p. 290, defende aquilo a que alguns chamaram a tese da variabilidade, ou seja, é a *"...variabilidade ou ilimitação da situação patrimonial..."*, entre o momento da feitura do testamento e o momento da morte do autor da sucessão, *"...que caracteriza o primado da posição pessoal, própria do herdeiro."*, enquanto a *"...fixidez ou limitação..."* aos bens existentes à data da deixa caracteriza a posição do legatário. Por último, PEREIRA COELHO, *Direito das Sucessões, op. cit.*, pp. 65 e ss., enuncia o critério legal da seguinte forma, chamando a atenção para a expansibilidade da vocação do herdeiro: legatário é o que sucede unicamente em certos bens, com exclusão de todos os outros que integrem o património do *de cujus*, enquanto herdeiro é aquele que vê o seu direito abranger real ou virtualmente a totalidade do património hereditário ou uma quota dele.

[83] Em regra, o legatário só responde pelos encargos do próprio legado - art°s 2276° do C.C. port. e 858° do C.C. esp. - realidade distinta dos encargos da herança.

No Código Civil espanhol regulam esta matéria os artigos 1003º e 1010º e ss.. Segundo a doutrina tradicional, que se baseia na ideia do herdeiro como continuador da personalidade do *de cujus* e que parte da regra geral da confusão entre o património do autor da sucessão e o património do herdeiro, este responderia pessoal e ilimitadamente pelas dívidas da herança - responsabilidade *ultra vires hereditatis* - ou seja, a sua responsabilidade não se confinaria aos bens que compõem a herança, podendo recair igualmente sobre os seus bens particulares - artº 1003º do C.C. esp.. A excepção a este regime estaria consagrada nos artºs 1010º e ss. do mesmo texto legal, que regulam a aceitação a benefício de inventário; o efeito desta consistiria na limitação da responsabilidade do herdeiro aos bens da herança enquanto no processo de liquidação não tivessem sido pagas as dívidas do autor da sucessão e cumpridos os legados por ele ordenados, podendo operar a requerimento do próprio herdeiro - inventário facultativo - ou por força da lei, em certos casos - inventário obrigatório[84]. Contudo, vários são os autores que defendem teoria diversa, baseada na ideia de sucessão universal ou sucessão no património hereditário. Para estes, a responsabilidade dos herdeiros pelas dívidas resultaria simplesmente do facto de passarem a ser os titulares do património afectado por estas - património hereditário. Qualquer que seja a modalidade de aceitação, este património permanece individualizado até ao pagamento ou prescrição das dívidas, continuando os credores a beneficiar das garantias que tinham sobre ele em vida do devedor, e passando a beneficiar de outras adicionais que confirmam a autonomia do património hereditário[85].

---

[84] Esta solução parece-nos pouco acertada se ponderarmos que o património hereditário deve continuar a desempenhar, relativamente aos credores do autor da sucessão, a função de garantia que tinha em vida deste. Se não é razoável que por morte do autor da sucessão os seus credores deixem de gozar a mesma garantia, então não deve aceitar-se que os credores da herança possam pagar-se pelos bens pessoais do herdeiro: é que a confusão de patrimónios poderá revelar-se desfavorável aos credores da herança se o património do herdeiro for deficitário e aqueles tiverem que suportar o concurso dos credores pessoais do herdeiro, com flagrante diminuição das suas garantias (Neste sentido, CARVALHO FERNANDES, *Lições de Direito das Sucessões*, Lisboa, 1999, pp. 94-95).

[85] Para PEÑA BERNALDO DE QUIRÓS, *La Herencia y las Deudas del Causante*, *op. cit.*, pp. 134 e ss. e 355-357, a responsabilidade-regra consagrada no Código Civil é a *intra vires* - o herdeiro responde, normalmente, só com o património da herança - surgin-

Neste campo o direito português optou por consagrar uma responsabilidade limitada às forças da herança - artº 2071º do C.C. - que poderá indiciar uma concepção do herdeiro como adquirente do património do autor da sucessão. O herdeiro, quer aceite a herança a benefício de inventário ou não, apenas responde pelas dívidas e encargos até ao valor dos bens herdados, o que denota uma concepção do património hereditário como património autónomo - artºs 2068º e ss. do C.C. port.. A função do inventário, neste caso, é a de limitar a responsabilidade a certos bens - os bens inventariados - e eximir o herdeiro do ónus de provar que não exis-

---

do excepcionalmente a responsabilidade *ultra vires* como resultado de uma opção do herdeiro por um sistema de liquidação da herança diferente do previsto na lei e que, por isso, oferece menos garantias aos credores. Neste caso, ou seja, quando o herdeiro não manifeste formalmente a sua aceitação dentro do prazo ou não apresente inventário em devido tempo, para que os direitos dos credores não fiquem lesados, a responsabilidade pessoal e solidária do herdeiro opera como um reforço para além da garantia que é proprocionada pelo património da herança. No mesmo sentido, *Vid.* ALVAREZ CAPEROCHIPI, *Curso de Derecho Hereditario*, Madrid, 1990, pp. 63-65, e MUÑOZ SÁNCHEZ-REYES, *El Art. 891 del C.C.: La Distribuicón de Toda la Herencia en Legados*, Valencia, 1996, pp. 319 e ss., que, apesar de não considerar instituída a separação automática de patrimónios, entende que, funcionalmente, o património hereditário mantém uma certa coesão; para esta autora, a ideia da herança como património autónomo é confirmada, nomeadamente, pelos artºs 510º, 1027º, 1029º, 1031º e 1082º e ss. do C.C. esp., e pelos artºs 1030º e ss., 1053º ou 1268º da antiga LEC, dedicados à administração e liquidação da herança, por forma a assegurar a afectação dos seus bens ao pagamento de dívidas e encargos hereditários (*Op. cit.*, p. 320). No sentido de que não se está perante um regime-regra e uma excepção, mas sim perante dois regimes que oferecem diferentes possibilidades em termos de responsabilidade, devendo o herdeiro optar por um deles, *Vid.* ROCA SASTRE, *Notas al Tratado de Derecho Civil de Theodor Kipp*, T.V, *Derecho de Sucesiones*, Vol.2º, 2ª edição, Barcelona, 1976, pp. 109 e ss.). Aceitam a separação automática de patrimónios, ALBALADEJO, *Curso...*, V, *op. cit.*, p. 109, o qual defende que, embora nas mãos do mesmo sujeito, os patrimónios do autor da herança e do herdeiro permanecem separados, separação essa que se dá automaticamente e visa salvaguardar os credores da herança e legatários, permitindo que os seus direitos sejam satisfeitos prioritariamente sobre o património hereditário como o seriam em vida do autor da sucessão. Também GARCIA RUBIO, *La Distribucion...*, *op. cit.*, pp. 196 e ss., se manifesta a favor da doutrina moderna da separação de patrimónios, embora considerando que a mesma não resulta expressamente dos preceitos do C.C. esp., que só prevêm a limitação automática da responsabilidade em casos excepcionais, mas de uma interpretação mais alargada das disposições legais que consagram garantias dos credores e legatários (Cfr. os artºs 1027º, 1082º, 1084º/1 e 1911º do C.C. esp.).

68   *A Legítima do Cônjuge Sobrevivo - Estudo Comparado Hispano-Português*

tem na herança valores suficientes que permitam a satisfação dos encargos, vedando, assim, a possibilidade de uma eventual execução sobre o seu património próprio[86]. De qualquer modo, apesar da diferença quanto à extensão da responsabilidade, indiciadora dos critérios que estão na base da própria concepção da figura do herdeiro, este surge, em ambos os ordenamentos jurídicos, como o responsável pelo pagamento dos encargos da herança, incluindo os legados, e, portanto, como liquidatário desta, enquanto o legatário surge precisamente como um dos credores da herança, com um direito contraposto ao do herdeiro.

O direito de exigir a partilha é reconhecido apenas aos co-herdeiros, nos termos dos artºs 2101º do C.C. port. e 1052º do C.C. esp., e resulta naturalmente da indeterminação do seu direito (direito a uma quota do património hereditário). Assim, tem sido frequentemente apontado como traço distintivo da posição do herdeiro em confronto com a do legatário, uma vez que a este, em caso de pluralidade de instituídos num mesmo bem, apenas caberia recorrer à acção de divisão de coisa comum para pôr termo à indivisão. Contudo, nem sempre o herdeiro terá que recorrer à partilha, designadamente se é herdeiro universal, herdeiro no remanescente, ou herdeiro *ex re certa*, e, pelo contrário, poderão existir situações de legatários que tenham que recorrer a ela, como acontece, por exemplo, com o usufrutuário de uma quota da herança, para efeitos de determinação dos bens sobre os quais irá recair o usufruto[87], ou no caso do legatário de

---

[86] Com a aceitação a benefício de inventário este ónus inverte-se, passando a recair sobre os credores e legatários o ónus de provar a existência na herança de outros bens para além dos inventariados. PEÑA BERNALDO DE QUIRÓS, referindo-se ao regime dos artºs 2019º do C.C. português de 1867 e 2071º do Projecto de C.C de 1966, actualmente vertido no artº 2071º do mesmo diploma, considera acertada a opção, uma vez que a inversão do ónus da prova, caso o herdeiro não faça o inventário atempadamente, é remédio suficiente para garantir os direitos dos credores e legatários (*Vid. La Herencia y las Deudas del Causante, op. cit.* pp. 186-187).

[87] Embora no âmbito do C.C. port. actual o usufrutuário seja considerado legatário - artº 2030º - a doutrina e a jurisprudência têm entendido que, por razões práticas, há que reconhecer ao legatário do usufruto de parte da herança, sem determinação de valor ou objecto, a qualidade de interessado directo na partilha e a legitimidade para requerer inventário, pois só desta forma poderão ser concretizados e identificados os bens sobre os quais recairá o seu direito; *Vid.*, neste sentido, CAPELO DE SOUSA, *Lições de Direito das Sucessões*, I, Coimbra, 1993, pp. 80-81; OLIVEIRA ASCENSÃO, *Direito Civil, op. cit.*, pp. 523-524; Cfr. ainda o Ac. RC de 02/06/1961 (*JR*, 7, p. 699).

parte alíquota, que no direito espanhol é admitido a requerer a partilha, ficando equiparado neste aspecto aos demais herdeiros - art° 782° da *Ley de Enjuiciamiento Civil*[88]. Ao cônjuge sobrevivo, maioritariamente qualificado como legatário face ao conteúdo da sua legítima no C.C. esp., tem sido reconhecida, quer pela doutrina quer pela jurisprudência, a faculdade de, independentemente do título de atribuição da legítima, promover a partilha da herança, nos termos dos art°s 1052° e ss. do C.C., por ser co-partícipe na mesma[89].

---

[88] Lei 1/2000, de 7 de Janeiro, publicada no *BOE* n° 7, de 8 de Janeiro de 2000. Não estando expressamente previsto no direito comum, ao contrário do que acontece nos direitos civis forais da Catalunha - art° 305° do CSC - de Navarra -Lei 219 da CDCFN (FNN) - ou de Aragão - art° 153° da LSCMA), o legado de parte alíquota apresenta-se como uma figura de perfis discutíveis, situando-se na fronteira entre a herança e o legado. Actualmente o legado de parte alíquota é admitido pela maioria da doutrina e jurisprudência espanholas que, na ausência de previsão do C.C. esp., têm defendido a aplicação ao legatário parciário de algumas normas relativas ao herdeiro, particularmente as que se prendem com o seu direito a uma parte dos bens da herança *in natura* e, consequentemente, com os seus interesses na herança enquanto esta se mantenha indivisa; a figura é confirmada ainda por alguns dispositivos da nova LEC - art°s 782°, 783°/2° e 3°, e 795°/2. Neste sentido, tem-se defendido que, apesar de ser um sucessor singular com direito a uma quota de activo da herança, o legatário de parte alíquota pode, durante a indivisão da herança, solicitar que se tomem providências quanto à administração e custódia dos bens da mesma, nos termos do art° 1020° do C.C. esp., promover a divisão judicial da herança - art° 782°/2 e 5 da nova LEC - e requerer a divisão e a intervenção judicial da herança - art° 792°/2° do mesmo diploma; tem direito a que a sua quota lhe seja satisfeita em bens da herança, embora sem prejuízo do estabelecido nos art°s 841° e 1056°/2 do C.C. esp.; tem que intervir na partilha para que esta seja válida, e o seu consentimento é necessário para a alienação de bens hereditários durante a indivisão da herança. Sobre este tema, *Vid.*, por todos, NÚÑEZ MUÑIZ, *El Legado de Parte Alícuota. Su Régimen Jurídico*, Madrid, 2001, *passim*.

[89] Ao contrário do art° 1038°/2 da *Ley de Enjuiciamiento Civil*, aprovada por Real Decreto de 3 de Fevereiro de 1881, o art° 782° da nova *Ley de Enjuiciamiento Civil* (Lei 1/2000, de 7 de Janeiro) não faz menção expressa ao cônjuge sobrevivo como um dos legitimados para instaurar o processo divisório, limitando-se a referir os co-herdeiros e os legatários de parte alíquota. Não obstante, parece-nos que terá de manter-se, face a este artigo, a solução de reconhecer legitimidade ao cônjuge sobrevivo para requerer o processo tendente à divisão da herança, conforme já o vinham fazendo a doutrina e a jurisprudência espanholas face ao art° 1052° do C.C. esp., não hesitando em atribuir-lhe a qualidade de co-partícipe na comunhão hereditária por razão da sua quota legal em usufruto e em admitir a necessidade da sua intervenção para liquidação da sociedade conjugal.

No direito português são diferentes as posições do herdeiro e do legatário ao longo do processo de inventário[90], na medida em que só aquele pode requerê-lo - art° 1327° do CPC. Apesar de o privilégio de recurso ao inventário caber ao herdeiro - art°s 2052°, 2053° e 2103° do C.C. port. - é facultada ao legatário a possibilidade de, em determinadas circunstâncias, intervir no processo, designadamente para se opor à pretensão de licitação de bens legados manifestada por qualquer interessado, impugnar questões que possam afectar os seus direitos, quando haja herdeiros legitimários, ou requerer a avaliação de bens em caso de inoficiosidade - art°s 1366°/1, 1343°/3 e 1367°, todos do CPC; contudo, certos direitos, como o de ser admitido, em regra, à licitação, o de requerer a remoção do cabeça-de-casal e o de reclamar contra a relação de bens - art°s 1371°, 1339°/2, 1343° e 1348°, todos do CPC - continuam, em princípio, a ser um exclusivo do herdeiro. Devido à sua qualidade de herdeiro legitimário - art° 2157° do C.C. port. - o cônjuge sobrevivo está legitimado para requerer o inventário, nos termos do art° 1327° do CPC[91].

No direito espanhol o inventário é essencialmente uma das tramitações do processo de divisão judicial da herança - art° 783° da LEC[92]. O

---

[90] O inventário assume no direito português as modalidades de inventário arrolamento, que se limita a descrever e avaliar os bens, e inventário divisório cujo objectivo é dividir o património hereditário pelos herdeiros. É essencialmente este último tipo de inventário que temos aqui em vista.

[91] Este artigo confere legitimidade para requerer e intervirem no processo como partes principais os interessados directos na partilha. Assim, o inventário poderá ser requerido, nomeadamente, pelo cônjuge sobrevivo, ainda que este não seja herdeiro, desde que, havendo uma comunhão, tenha interesse em pôr-lhe termo (actualmente o cônjuge viúvo é herdeiro legitimário privilegiado com direito a, pelo menos, 1/4 da herança). Considera-se, no entanto, que não têm interesse directo na partilha, não podendo, como tal, requerer inventário, os legatários (excepto o legatário do usufruto de parte da herança sem determinação de valor ou objecto), os donatários e os credores da herança, os quais apenas podem intervir no processo nos termos do disposto nos n°s 2 e 3 do mesmo artigo.

[92] Na LEC revogada o inventário era uma das operações da partilha ou dos *juicios de testamentaria* e de *abintestato* destinados respectivamente à divisão da herança e à obtenção da declaração de suceder, mas que podiam servir ainda, a título acessório ou principal, para a administração e liquidação do património do *de cujus*. *Vid.* LACRUZ BERDEJO, *Elementos...*, V, *op. cit.*, p. 44; ALBALADEJO, *Curso...*, V, *op. cit.* , p. 41. Aqueles procedimentos foram substituídos pelo processo de divisão judicial da herança,

Critérios Reguladores do Fenómeno Jurídico-Sucessório 71

inventário pode também ser requerido pelo herdeiro antes da aceitação da herança, nos termos do artº 1010º, 2ª parte, do C.C. esp., e constitui um dever deste quando queira aceitá-la nos termos do artº 1010º, 1ª parte, e ss.. Como tal, parece não constituir uma forma processual autónoma, ao contrário do que sucede no CPC português, onde vem regulado no Cap. XVI do Título IV, dedicado aos Processos Especiais, uma vez que surge sempre como mera etapa de um processo judicial - artºs 783º/1, 785º/1, 786º, 791º/2/2º, 793º/2 e 3, 794º e 795º da LEC - e se apresenta como relação de bens de que o administrador da herança terá que prestar contas, aparentando revestir, essencialmente, o carácter de inventário-arrolamento com vista à determinação e avaliação dos bens que compõem a herança[93].

O direito de preferência na alienação da herança vem previsto nos artºs 2130º do C.C. port. e 1067º do C.C. esp., e confere aos co-herdeiros a preferência na venda ou dação em cumprimento de um quinhão hereditário a estranhos antes da partilha, permitindo a sua sub-rogação no lugar do comprador mediante o pagamento do preço acordado. No C.C. port. o direito deve ser exercido no prazo de dois meses após a comunicação para a preferência[94], e no C.C. esp. no prazo de um mês a contar do conhecimento da venda ou dação em pagamento. Em ambos os ordena-

---

procedimento unitário, menos complexo e oneroso (cfr. nº XIX da Exposição de Motivos da Lei 1/2000, de 7 de Janeiro).

[93] O mesmo acontecia na LEC revogada, em que o inventário surgia regulado nos artºs 966º/3º, 977º, 1048º, 1052º, 1062º a 1067º, 1074º e 1095º. No entanto, os *juicios de testamentaría* e *abintestato* - tendentes muitas vezes à liquidação da herança - podiam ser requeridos pelos legatários de parte alíquota e pelo cônjuge sobrevivo, nos termos do artº 1038º daquele diploma. O artº 782º da nova LEC apenas atribui legitimidade para instaurar o processo judicial de divisão da herança ao legatário de parte alíquota, a par dos co-herdeiros, embora, como já referimos, seja de entender que o cônjuge sobrevivo também possui legitimidade activa, por ser co-partícipe na herança e, em regra, meeiro na sociedade conjugal. Isto não significa que os legatários de parte alíquota e o cônjuge sobrevivo ocupem exactamente a mesma popsição que os herdeiros, mas parece-nos lógica a atribuição desta faculdade dada a identidade substancial de posições e a necessidade de intervenção por forma a assegurar a satisfação do seu crédito; Neste sentido, *Vid.* PEÑA BERNALDO DE QUIRÓS, *La Herencia y las Deudas del Causante, op. cit.*, p. 227.

[94] Tem-se entendido que este prazo apenas se aplica quando tenha havido comunicação do projecto de venda ao titular do direito de preferência; Cfr. Ac. RP de 10-02-1983 (*CJ*, 1983, 1º, p. 240).

mentos o regime deste direito rege-se pelas normas da preferência entre comproprietários[95]. Tal direito não assiste já ao legatário, pelo que se vislumbra aqui uma outra diferença de estatuto.

No Código Civil português a aponibilidade de cláusulas acessórias, tais como o termo, surge como outra das características diferenciadoras dos estatutos do herdeiro e do legatário; no artº 2243º, nº 2, proíbe-se que a instituição de herdeiro ou a nomeação de legatário fiquem sujeitas a termo final, determinando que, nestes casos, deverá ter-se por não escrita a aposição do termo[96]. Já o nº 1 do mesmo artigo permite que a nomeação de legatário fique sujeita a termo inicial[97], embora o mesmo não aconteça com a instituição de herdeiro[98].

Alguns autores portugueses apontam o direito de acrescer como um dos aspectos distintivos das figuras do herdeiro e do legatário. Assim, enquanto no caso do herdeiro o direito de acrescer permitiria chegar à totalidade das situações jurídicas do *de cujus*, no caso do legatário permitir-lhe-ia apenas o acrescer dentro dos limites do objecto legado, que é uma coisa determinada - artº 2302º do C.C. port.; por outras palavras, o direito do herdeiro seria potencialmente extensível à totalidade da herança enquanto o do legatário não teria essa expansibilidade em relação

---

[95] *Vid.* ALBALADEJO, *Curso...*, V, *op. cit.*, p. 198; LACRUZ, *Elementos...*, V, *op. cit.*, pp. 164-165; PEREIRA COELHO entende que, apesar de a lei equiparar o direito de preferência dos co-herdeiros ao dos comproprietários, eles são diferentes quanto ao seu objecto, pois aquele implica não apenas um direito a uma parte ideal de cada um dos bens da herança, mas o direito a uma parte ideal da própria herança (*Vid. Direito das Sucessões*, *op. cit.*, p. 97, nota 1).

[96] A validade da aposição de termo final à nomeação de legatário é admitida, excepcionalmente, quando o legado recaia sobre direito temporário.

[97] Neste caso, a aposição de termo inicial apenas suspende a execução da disposição, não implicando qualquer impedimento a que o nomeado adquira direito ao legado.

[98] O C.C. espanhol não destrinça, quanto a este aspecto, as figuras do herdeiro e do legatário, estabelecendo igual regime para ambos - artº 805º. A respectiva instituição ou nomeação pode ser sujeita a termo inicial ou a termo final, os quais têm a função de suspender ou fazer cessar os efeitos da própria disposição testamentária, com a consequência da perda da qualidade de herdeiro ou de legatário. Enquanto não se verifique o termo suspensivo e após a verificação do termo resolutivo o direito caberá ao herdeiro legítimo, ou àquele a quem corresponda na falta de instituído a termo.

ao todo. No entanto, pelo seu carácter dispositivo, não parece que o direito de acrescer possa caracterizar o regime do herdeiro face ao do legatário, uma vez que àquele pode não assistir tal direito[99]. O artº 2303º do C.C. port. prevê a possibilidade de um legado caduco vir a ser absorvido pela herança; contudo, existem algumas dúvidas de que se trate de uma hipótese de direito de acrescer, visto que não existe vocação conjunta.

No C.C. esp. o direito de acrescer funciona no âmbito de cada vocação sucessória, e as regras do acrescer entre herdeiros aplicam-se igualmente aos legatários por força do artº 987º do C.C., no pressuposto de que o mesmo só funciona quando haja uma vocação conjunta relativamente a um mesmo bem; não se vislumbra a existência de quaisquer disposições que consagrem o direito de acrescer de herdeiros sobre legatários. O artº 986º do mesmo diploma determina que, não havendo direito de acrescer na sucessão testamentária, a porção da herança deixada vaga pelo instituído, para a qual não foi designado substituto, será atribuída por direito próprio aos herdeiros legítimos do testador.

Da concepção do herdeiro como alguém que subentra na esfera jurídica do autor da sucessão resulta a ideia de que aquele passará não só

---

[99] Basta pensar no caso do herdeiro testamentário ao qual é deixada apenas uma fracção da herança e que não goza do direito de acrescer relativamente à fracção restante, ou na possibilidade de que dispõe o testador, face ao artº 2304º do C.C. port., de afastar o direito de acrescer; Neste sentido, PAMPLONA CORTE-REAL, *Direito da Família e das Sucessões*, *op. cit.*, pp. 154-155, OLIVEIRA ASCENSÃO, *Direito Civil*, *op. cit.*, pp. 288-290; GALVÃO TELLES, *Direito das Sucessões*, *op. cit.*, pp. 236 e ss.. A mesma possibilidade de excluir o direito de acrescer é reconhecida para o direito comum espanhol por ALBALADEJO, *Curso...*, V, *op. cit.*, pp. 53 e ss.; Nestes casos o herdeiro passa a ter, tal como o legatário, um benefício limitado, ficando precludida a potencialidade para a percepção da totalidade da herança que, segundo alguns autores, caracterizaria a sua posição. Além disso, há quem entenda que o C.C. port., no artº 2306º *in fine*, admite excepcionalmente uma situação de acrescer de um legatário sobre um herdeiro (*Vid.* PAMPLONA CORTE-REAL, *ibidem*). Contra, *Vid.* GONÇALVES COIMBRA, *O Direito de Acrescer no Novo Código Civil*, Coimbra, 1974, pp. 154-156, o qual considera que os artºs 2303º e 2306º, *in fine*, não consubstanciam casos de direito de acrescer, por não lhes serem aplicáveis os pressupostos previstos nos artºs 2301º e 2302º do mesmo diploma, e por naqueles artigos não se utilizar o termo acrescer mas sim os termos "atribuído" e "reverte"; neste mesmo sentido, *Vid.* também, CAPELO DE SOUSA, *Lições de Direito das Sucessões*, I, *op. cit.*, pp. 355-356, e OLIVEIRA ASCENSÃO, *Direito Civil*, *op. cit.*, p. 237.

a ocupar o lugar deste nas relações jurídicas de carácter patrimonial, como também em determinadas relações jurídicas de carácter pessoal, assumindo uma função de "curador da memória do autor da sucessão"[100]. A tutela destas relações pessoais é atribuída a familiares próximos do falecido, nomeadamente ao cônjuge sobrevivo, mas também aos herdeiros, em termos imperativos, de tal modo que não seria possível a estes eximir-se dela, nem ao autor da sucessão atribui-la em testamento a outras pessoas.

Assim, ao contrário do legatário, o herdeiro disporia da legitimidade para requerer determinadas providências relacionadas com a protecção da personalidade do *de cujus* - art°s 71°, n° 2, 73°, 75°, n° 2, 76°, n° 1 e 79°, n°1 do C.C. português, art° 24°, n°2 da Lei de Registo Civil espanhola e art°s 76°, 203°, 207° e 346° do respectivo Regulamento do Registo Civil - bem como em matéria de direitos de autor - art°s 56° e 57° do Código dos Direitos de Autor e Direitos Conexos português - e ainda para instaurar ou prosseguir certas acções pessoais - art°s 1639°, 1640°, 1641°, 1862° do C.C. português e art°s 130°, 132°, 133°, 136°, 137° e 141° do C.C. espanhol. Contudo, as leis portuguesas e espanholas que dispõem sobre a defesa de direitos pessoais do *de cujus* têm vindo a colocar o acento tónico na relação de parentesco e não propriamente na qualidade de herdeiro; esta tendência parece querer confirmar que a posição do herdeiro é essencialmente de carácter patrimonial, e desvirtua, em certa medida, a relevância deste aspecto no confronto da sua posição com a do legatário[101]. Por sua vez, o ordenamento jurídico espanhol consagrou já algumas leis que não associam necessariamente a protecção de certos direitos pessoais à qualidade de herdeiro, permitindo que seja o autor da sucessão a eleger no testamento os legitimados para o efeito[102]. Recentemente o art° 8° da Lei

---

[100] A expressão é de GARCIA RUBIO, *La distribución...*, op. cit., p.143.

[101] *Vid.*, neste sentido, MUÑOZ SÁNCHEZ-REYES, *El Art. 891 del C.C...*, op. cit., pp. 275-276.

[102] O art° 4° da *Ley Orgánica* 1/1982, de 5 de Maio (*BOE* n° 115, de 14 de Maio de 1982), que regula a protecção civil dos direitos à honra, à intimidade e à imagem de pessoa falecida, estabelece que essa protecção cabe, em primeiro lugar, a quem seja designado pelo falecido em testamento, e que só subsidiariamente, na falta de designação ou em caso de morte do designado, caberá ao cônjuge, descendentes, ascendentes e irmãos do *de cujus*; Cfr. ainda o art° 42° do *Real Decreto* 1/1996, de 12 de Abril, sobre propriedade intelectual. *Vid.*, sobre o tema, GARCIA RUBIO, *La Distribucion...*, op. cit., pp. 143 e ss., e MUÑOZ SÁNCHEZ-REYES, *El Art. 891 del C.C. ...*, op. cit., pp. 277 e ss..

21/2000, de 29 de Dezembro, sobre os direitos de informação respeitantes à saúde e autonomia do paciente e à documentação clínica, aprovada pelo Parlamento da Catalunha[103], veio regular o chamado testamento vital ou testamento biológico, aí designado por *document de voluntats antici-pades*[104]. Neste documento formal o paciente expressa as instruções que devem ser seguidas para o caso de verificar-se uma situação em que não possa manifestar validamente a sua vontade, ou nomeia um representante que o substitua neste caso e que não terá que ser necessariamente o herdeiro. Em caso de perda da consciência ou da vontade do paciente, estas instruções funcionam como disposições em vida tendentes a evitar as consequências da actuação médica não pretendidas por aquele (com o único limite do respeito pelo ordenamento jurídico, pela boa prática clínica, e pelos pressupostos de facto tidos em conta pelo outorgante no momento da declaração - n° 3 do art° 8° da citada Lei) embora, em nossa opinião, possam conter também disposições de última vontade, por exemplo, sobre o destino do cadáver[105].

[103] *DOGC*, n° 3303, de 11 de Janeiro de 2001.

[104] Este artigo dispõe no seu n° 1 o seguinte: *"El document de voluntats anticipades és el document, adreçat al metge responsable, en el qual una persona major d'edat, amb capacitat suficient I de manera lliure, expressa les instruccions a tenir en compte quan es trobi en una situació en què les circumstàncies que concorrin no li permitin d'expressar personalment la seva voluntat. En aquest document, la persona pot també designar un representant, que és l'interlocutor vàlid I necessari amb el metge o l'equip sanitari, perquè la substitueixi en el cas que no pugui expressar la seva voluntat per ella mateixa."* Esta norma vai ao encontro do disposto no art° 9° da Convenção dos Direitos do Homem e da Biomedicina, aprovada pelo Conselho da Europa em 1997, o qual prevê que sejam atendidos *"os desejos previamente expressos, relativamente a uma intervenção médica, por um paciente que não esteja, no momento da intervenção, em condições de exprimir a sua vontade..."*.

[105] Apesar da designação vulgarmente utilizada, não estamos aqui perante um testamento em sentido técnico, uma vez que dispõe para momento em que o outorgante ainda se encontra vivo, regulando, inclusive, questões relativas à sua morte. Para VAZ RODRIGUES, *O Consentimento Informado para o Acto Médico no Ordenamento Jurídico Português*, Coimbra, 2001, p. 370, a validade do documento poderá ser questionável, sempre que o declarante delegue poderes relativamente ao exercício de direitos fundamentais que são indisponíveis.

Alguns autores chamam ainda a atenção para outra diferença de regime entre os estatutos do herdeiro e do legatário, a qual reside no facto de a vocação do herdeiro ser, em regra, indivisível, sempre que seja chamado à herança por diversos títulos de vocação sucessória - artºs 2054º, nº 2, 2055º, 2064º, nº 2, todos do C.C. port., 990º e 1009º do C.C. esp.. Já o legatário, mesmo aquele que seja simultaneamente herdeiro, não se encontra sujeito a essa regra - artºs 2250º do C.C port. e 890º do C.C. esp. - podendo, dentro de certos limites, aceitar um legado e repudiar outro[106]. Contudo, esta solução não é tão clara para alguma doutrina espanhola, a qual admite a possibilidade de aceitação de uma quota e repúdio de outra quando sejam deferidas por delações autónomas e independentes[107]. Assim, o mesmo sujeito pode ser chamado a uma pluralidade de porções hereditárias por sucessão testamentária e por sucessão legal, sendo livre para aceitar ou repudiar cada uma delas, uma vez que, pelo seu distinto fundamento, se tratam de delações independentes[108]. Por outro

---

[106] Vid. PAMPLONA CORTE-REAL, Direito da Família e das Sucessões, op. cit., p. 157, e OLIVEIRA ASCENSÃO, Direito Civil, op. cit., p. 267.

[107] Sobre este tema, Vid., por todos, GALVÁN GALLEGOS, "La Indivisibilidad de la Aceptación y Repudiación de la Herencia", ADC, 1997, pp. 1817 e ss., em especial, pp. 1826 e ss..

[108] Em favor da autonomia das delações testamentária e intestada relativamente a diferentes quotas da herança resume GALVÁN GALLEGOS ("La Indivisibilidad...", loc. cit., pp. 1829-1830) os seguintes argumentos: tratam-se de designações distintas, uma resultante da vontade do testador, e outra da lei com base num critério de proximidade de parentesco, as quais, por casualidade, coincidem no mesmo sujeito; além disso, são delações independentes quanto ao momento do seu nascimento, e se é óbvia a sua autonomia quando não coincidem no tempo (dá-se o exemplo de que seja deferida parte da herança por um dos fundamentos, exercendo-se o respectivo ius delationis, e posteriormente seja deferida outra parte da herança à mesma pessoa por um fundamento diferente), essa mesma autonomia deverá manter-se no caso das delações serem contemporâneas e continuarem vigentes durante o mesmo período de tempo. A autora considera que o mesmo pode ocorrer quando uma pessoa é instituída em diferentes quotas da herança por títulos diferentes (instituição directa, substituição vulgar, condição suspensiva), por exemplo, quando coexistam a delação hereditária e a vocação substitutiva por ainda não se ter verificado o facto que condiciona o chamamento do substituto, ou quando os dois chamamentos sejam vigentes e as duas delações exercidas no mesmo período de tempo, porque se verifica o facto que desencadeia os efeitos da vocação substitutiva (premoriência do principal instituído, nulidade da sua instituição, incapacidade para suceder ou repúdio), ou

Critérios Reguladores do Fenómeno Jurídico-Sucessório 77

lado, nos casos de chamamentos independentes de uma mesma pessoa à herança, ou a uma porção dela, o artº 1009º do C.C. esp. não regula uma hipótese de repúdio parcial, contrária ao disposto no artº 990º do mesmo diploma, nem o seu fundamento reside na indivisibilidade declarada neste artigo. Para GALVÁN GALLEGOS, o artº 1009º do C.C. esp. limita-se a proibir que seja aceite a herança deferida *abintestato*, ou uma sua quota, quando a instituição testamentária sobre a mesma tenha resultado ineficaz por repúdio do designado, de forma a evitar um renascimento do chamamento do repudiante à herança por título diferente do pretendido pelo testador e oferecê-la aos sucessíveis que se seguem na ordem da sucessão intestada[109]. Esta perspectiva é perfeitamente defensável na ordem jurídico-sucessória portuguesa, já que o conteúdo dos artºs 2054º/2 e 2055º/1 do C.C. port. é idêntico ao dos artºs 990º e 1009º do C.C. esp.[110].

Apesar das diferenças de estatuto apontadas, é possível encontrar, no entanto, situações de aproximação entre as figuras do herdeiro e do legatário. Não obstante o regime da responsabilidade dos herdeiros supra referido, na doutrina portuguesa alguns autores têm chamado a atenção para a existência de desvios consagrados em preceitos legais, os quais confirmariam uma identidade entre a natureza da aquisição sucessória do herdeiro e do legatário, nomeadamente no aspecto da responsabilidade pelas dívidas da herança[111]. Assim acontece quando, uma vez dividida toda a herança em legados, os legatários respondem pelo passivo da mesma - artºs 2277º do C.C. port. e 891º do C.C. esp. - quando, sendo as deixas a título de herança insuficientes para pagamento do passivo, se concede aos

---

ainda quando seja instituída em quotas diferentes da herança, de forma pura e condicionalmente, com total independência dos chamamentos (*Vid.* "La Indivisibilidad..., *loc cit.*, pp. 1830-1834).

[109] *Vid.* "La Indivisibilidad...", *loc. cit.*, pp. 1835-1836.

[110] No entanto, contrariamente ao que é aceite pela doutrina espanhola mais avalizada, admite-se, no nº 2 do artº 2055º do C.C. port., que o herdeiro legitimário também chamado à herança por testamento possa, independentemente do objecto da disposição testamentária, repudiar a quota disponível e aceitar a legítima. Isto não é reconhecido face ao C.C. esp. quando a legítima seja atribuída ao legitimário a título de herdeiro, uma vez que, por força do seu artº 815º, se entende que não é possível separar a legítima de qualquer outra atribuição destinada a satisfaze-la.

[111] *Vid.* PAMPLONA CORTE-REAL, *Direito da Família e das Sucessões*, *op. cit.*, p.147.

78 A Legítima do Cônjuge Sobrevivo - Estudo Comparado Hispano-Português

herdeiros a possibilidade de reduzir rateadamente os legados atribuídos - artº 2278º do C.C. port. - ou se estabelece a possibilidade de os credores surgidos posteriormente ao pagamento dos legados reclamarem dos legatários o pagamento das dívidas - artº 1029º do C.C. esp. - o que implica, em qualquer dos casos, uma determinada responsabilidade do legatário, embora com características diferentes. Por último, poderá ainda referir-se a possibilidade, sustentada face ao teor do artº 2276º do C.C. port., de o legatário ser responsável por encargos que onerem o legado, encargos esses que poderão consistir no próprio pagamento do passivo da herança ou de uma parte dele[112], hipótese que alguma doutrina espanhola também considera viável face à conjugação dos artºs 858º e 642º do C.C. esp.[113]. Por outro lado, a figura da herança *ex re certa* é uma figura *sui*

---

[112] Neste sentido, PAMPLONA CORTE-REAL, *ibidem*, o qual, face ao artº 2265º, nºs 2 e 3, do C.C. port., defende que a lei aceita que encargos da herança sejam também da responsabilidade dos legatários. Em sentido oposto, manifesta-se OLIVEIRA ASCENSÃO, para quem *"A afirmação de que o legatário não responde pelos encargos da herança deve ser sustentada mesmo perante disposições legais donde poderia inferir-se apressadamente a conclusão contrária."* (*Vid.* OLIVEIRA ASCENSÃO, *Direito Civil*, *op. cit.*, pp. 508-509).

[113] Para GARCIA RUBIO, o único caso em que verdadeiramente se regista um desvio à regra que, no direito espanhol, atribui aos herdeiros a responsabilidade pelas dívidas, é o do artº 891º do C.C. esp. - distribuição de toda a herança em legados. Só nesta eventualidade os legatários surgem como únicos responsáveis pelas dívidas, em substituição dos herdeiros. As situações de responsabilidade dos legatários previstas no artº 858º do C.C. esp., em conjugação com o artº 642º do mesmo diploma - encargos testamentários - e no artº 1029º deste sistema normativo - reclamação dos créditos contra os legatários após a entrega dos legados, quando não existam na herança bens suficientes para o seu pagamento - não estipulam uma responsabilidade exclusiva do legatário, mas apenas maiores garantias para os credores que, no primeiro caso, vêem a responsabilidade inderrogável do herdeiro reforçada por uma responsabilidade cumulativa do legatário, e no segundo beneficiam de uma acção subsidiária contra os legatários, a ser exercida após comprovada inexistência de outros bens que possam satisfazer os créditos. No entanto, não haverá, em qualquer das situações, identidade entre a natureza da responsabilidade dos legatários, que é sempre limitada - mesmo nos casos do artº 891º - e a dos herdeiros, que pode sê-lo ou não (*Vid. La Distribucion...*, *op. cit.*, pp.371 e ss.). Seguindo a mesma orientação, MUÑOZ SÁNCHEZ-REYES considera que o artº 891º do C.C. esp. estabelece um mero mecanismo de redução proporcional de legados para pagamento de dívidas e encargos da herança, não sendo os legatários responsáveis directos, nem pessoais,

generis que mistura as características em que se baseiam os critérios legais de qualificação das posições do herdeiro e do legatário, isto porque na herança *ex re certa* o autor da sucessão deixa a uma pessoa uma quota da herança, mas preenche-a com a atribuição de bens certos e determinados[114].

3. Estrutura e função da herança e do legado

As doutrinas portuguesa e espanhola têm acolhido várias concepções para explicar a diferença de regimes entre a herança e o legado, e dessas concepções duas se têm destacado. A primeira é normalmente designada por concepção patrimonial e encara o herdeiro como adquirente de uma universalidade composta pela totalidade do património do *de cujus*, ou por uma quota dele, concebendo-o, assim, como um continuador patrimonial do autor da sucessão; em contrapartida, o legatário seria um mero perceptor de bens determinados, ocupando a posição de credor da herança. A esta posição contrapõe-se uma concepção pessoal, segundo a qual, à maneira romana, o herdeiro assume a posição de sucessor do *de cujus*, cujo lugar passa a ocupar nas relações jurídicas detidas por este, em virtude da qualidade pessoal em que é investido (qualidade de her-

---

pelas dívidas hereditárias, pelo que se limitam a suportar somente a insuficiência de activo hereditário; segundo esta autora, a autonomia do património hereditário, e a sua afectação ao pagamento do passivo da herança, permite que os legatários paguem as dívidas na qualidade de titulares dos bens afectos a esse pagamento e não como responsáveis por elas; os legatários não são devedores pessoais para os efeitos do art° 891° do C.C. esp., nem para outros, como os previstos nos art°s 510°, 867° ou 1029° do mesmo diploma legal (*Vid. El Art. 891 del C.C. ..., op. cit.*, pp. 333 e ss.).

[114] No direito português esta figura é genericamente admitida pela doutrina, que a deduz do art° 2163° do C. C. por um argumento de maioria de razão mas, segundo alguns autores, parece ir, de certa forma, contra o disposto no art° 2030°, n°s 2 e 5. A maioria da doutrina aceita a qualidade de herdeiro do sucessível, desde que se apure que a vontade do autor da sucessão foi a de atribuir uma quota da herança usando simplesmente do poder de compô-la com determinados bens. No C.C. esp. o art° 768° presume que o herdeiro instituído em coisa certa é legatário. No entanto, tratando-se de uma presunção elidível, há que interpretar a vontade do testador para determinar se este quis que o sucessor recebesse os bens como parte da herança, caso em que será considerado herdeiro.

deiro)[115]. Nenhuma das teorias parece conseguir explicar a cem por cento os diferentes aspectos do estatuto do herdeiro e do legatário. Embora a primeira concepção apoie aspectos como o da limitação da responsabilidade pelas dívidas e encargos da herança ao valor dos bens desta, o qual, segundo a doutrina moderna, se verifica também no C.C. esp., ou o direito de o herdeiro exigir a partilha, não explica, contudo, a questão da atribuição de direitos de carácter pessoal, estreitamente ligados à personalidade do autor da sucessão. Quanto à segunda tese, embora explique quer a possibilidade de o herdeiro fazer valer os direitos de personalidade do autor da sucessão após a morte deste, quer a sucessão em acções pessoais, ou ainda a proibição da instituição a termo no caso do direito português, não se adequa, por sua vez, à ideia da separação patrimonial consagrada no artº 2071º do C.C. port. e defendida para o direito espanhol por alguma da doutrina mais representativa, a qual se opõe a uma perspectiva do herdeiro como sucessor pessoal. A própria dificuldade em reconduzir os regimes legais a uma das teses apontadas levou já a que se defendesse a existência de uma evolução no sentido da despersonalização do processo sucessório, - encarado, cada vez mais, como um processo técnico de transmissão de bens - bem como a falta de fundamento para a identificação de uma verdadeira diferença estatutária entre herdeiro e legatário[116].

---

[115] Esta última tem sido a concepção predominantemente aceite pela doutrina espanhola, que a considera confirmada pelo regime do Código Civil, nomeadamente pela suposta regra da confusão entre o património hereditário e o património próprio do herdeiro. No entanto, vários são os autores que preferem enveredar por uma concepção patrimonial da sucessão, e que dela têm vindo a retirar diferentes conclusões quanto à posição do herdeiro, designadamente no que respeita à responsabilidade pelas dívidas da herança.

[116] PAMPLONA CORTE-REAL refere-se à situação no direito português da seguinte forma: *"... a verdade é que a nossa lei, ao adoptar um critério de base formal e qualitativa na distinção entre herdeiro e legatário, tomados como sucessores patrimoniais (artº 2030º, nºs 1 e 2), acaba por, incongruentemente, dentro dessa perspectiva, se mostrar influenciada pela visão tradicional de base romanista, associando ao herdeiro todo um regime específico, com indícios de certa ligação pessoal ao de cujus; mas se, realmente, o herdeiro não é o que adquire muito por contraposição ao legatário, mas o que adquire algo, apurado debaixo de uma perspectiva objectivo-formal, não se vislumbra razão para a diferença estatutária apontada entre herdeiro e legatário; ambos são, afinal, adquirentes mortis causa, sem ligação pessoal necessária com o de cujus, podendo inclu-*

Na opinião de alguns herança e legado distinguem-se essencialmente pela sua função e estrutura. Enquanto o legado teria como finalidade permitir a satisfação de um mero interesse pessoal do autor da herança na atribuição de uma vantagem económica a outrem (com a consequente modificação da posição jurídica a transmitir ao herdeiro), a herança teria uma função mais vasta que ultrapassa os próprios interesses pessoais do *de cujus*, na medida em que serve o interesse social de dar continuidade às relações jurídicas para além da morte do seu titular. Neste sentido, estruturalmente a herança seria sucessão, isto é, substituição de um sujeito por outro na titularidade de certas relações jurídicas, enquanto o legado seria aquisição[117]. Atente-se, porém, que, frequentemente, o legado permite ao autor da sucessão assegurar mais eficazmente a continuidade patrimonial da sua posição, mediante a atribuição de bens às pessoas que considera mais aptas para prosseguir esse objectivo[118], o que pode ocorrer, inclusive, no âmbito da sucessão legitimária, através dos legados por conta e em substituição da legítima.

CAPÍTULO SEGUNDO
MODALIDADES DE DESIGNAÇÃO SUCESSÓRIA
DO CÔNJUGE SOBREVIVO

I - Enquadramento geral

As normas sucessórias portuguesas, contidas no Código Civil, tal como as normas do Código Civil espanhol e dos vários ordenamentos jurídico-civis autonómicos da Galiza, Catalunha, Baleares, Aragão, Navarra e País Basco, consagram distintas modalidades de chamamento

---

sive o legatário estar mais próximo sob esse ângulo do de cujus que o próprio herdeiro, como bem sublinha Galvão Telles;" (*Direito da Família e das Sucessões, op. cit.*, p. 166).

[117] *Vid.* PEREIRA COELHO, *Direito das Sucessões, op. cit.*, pp. 99-105.

[118] *Vid.* CARVALHO FERNANDES, *Lições..., op. cit.*, pp. 92 e 95-96; GARCIA RUBIO, *La Distribucion..., op. cit.*, p. 147.

82   *A Legítima do Cônjuge Sobrevivo - Estudo Comparado Hispano-Português*

do cônjuge sobrevivo. Embora todos os ordenamentos reconheçam a existência das designações testamentária, contratual e legal, estas nem sempre coincidem na sua estrutura nem no modo como se conjugam entre si.

No C.C. português a sucessão legal desdobra-se na sucessão legítima - art°s 2131° a 2155° - e na sucessão legitimária - art°s 2156° a 2178° - consoante estejamos perante a aplicação de normas supletivas ou de normas imperativas - art° 2027°. Actualmente a lei portuguesa admite, sem qualquer margem para dúvidas, a sucessão legitimária como um tipo autónomo de vocação sucessória, mediante o qual ao autor da sucessão é vedado dispor de certa porção de bens, que a lei destina aos herdeiros legitimários - art° 2156° - e que é designada por legítima, quota legítima ou quota indisponível[119]. Já o Código Civil espanhol parece não conter qualquer disposição que, pelo menos directamente, nos permita concluir pela aceitação da sucessão legitimária como um tipo de vocação autónomo e de carácter geral, uma vez que o art° 658° se limita a prever apenas as sucessões testamentária e legal (esta última designada também como sucessão legítima ou *abintestato*)[120].

---

[119] O Código Civil português de 1867, tal como o actual Código Civil espanhol, atribuía um capítulo à sucessão testamentária, outro à sucessão legítima e outro às disposições comuns a ambas, não havendo qualquer capítulo dedicado especificamente à sucessão legitimária, a qual se encontrava regulada no âmbito das normas sobre a sucessão testamentária. Este facto originou que a doutrina da época considerasse a sucessão legitimária como mero limite à liberdade de disposição do *de cujus*, sem autonomia substancial relativamente à sucessão legítima, entendimento que ainda hoje é maioritariamente aceite pela doutrina espanhola face ao seu Código Civil; Actualmente, PIRES DE LIMA e ANTUNES VARELA ainda concebem a sucessão legitimária como meio de tutela da quota legítima no caso de o autor da sucessão se afastar da expectativa legal disposta a favor dos herdeiros legitimários; assim, em sua opinião, se o autor da sucessão não violar as normas imperativas que estão na sua base e deixar bens suficientes para o seu cumprimento a sucessão legitimária não emerge e só haverá lugar à sucessão legítima (*Código Civil Anotado*, Vol. VI, Coimbra, 1998, p. 13).

[120] Foi também esta a orientação seguida pela Lei 4/1995, de 24 de Maio, *de Derecho Civil de Galicia* (*BOE* n° 152, de 27 de Junho de 1995), em que o legislador se limitou a introduzir, no art° 117°, o reconhecimento da sucessão contratual, sem fazer qualquer referência expressa à sucessão legitimária. Também a *Compilación del Derecho Civil de las Islas Baleares*, cujo Texto refundido foi aprovado pelo Decreto Legislativo 79/1990, de 6 de Setembro, (*BOCAIB* n° 120, de 2 de Outubro de 1990), e a *Compilación del Derecho Civil Foral de Navarra* ou *Fuero Nuevo de Navarra*, aprovada pela Lei 1/1973, de 1 de

Perante este regime do C.C. esp., que só reconhece de forma expressa as sucessões testamentária e intestada, gerou-se uma divisão na doutrina entre os que defendem a sucessão legitimária como um *tertium genus*[121], e os que não lhe reconhecem qualquer autonomia enquanto forma de delação[122]. Para estes últimos, no âmbito das relações estruturais a sucessão testamentária surge com prioridade sobre a sucessão legal ou intestada, enquanto que a sucessão legitimária seria sempre efectivada através de uma ou de outra, consoante o autor da sucessão respeitasse, ou não, no testamento os direitos dos seus legitimários.

Março (*BOE* nºs 57 a 63, de 7 a 10 e 12 a 14 de Março de 1973), concebem a legítima como figura integrante da sucessão testamentária, no primeiro caso, ou como limite à liberdade de disposição, da qual o testamento é um importante instrumento, no segundo; Já o *Código de Sucesiones por Causa de Muerte en el Derecho Civil de Catalunya* (*Código de Sucesiones de Catalunya*), aprovado pela Lei 40/1991, de 30 de Dezembro (*DOGC* nº 1544, de 21 de Janeiro de 1992), a Lei 1/1999, de 24 de Fevereiro, *de Sucesiones por Causa de Muerte de Aragón* (*BOE* nº 72, de 25 de Março), que revogou o Livro II da *Compilación del Derecho Civil de Aragón*, e a Lei 3/1992 de 1 de Julho, *de Derecho Civil Foral del País Vasco*, (*BOPV* de 7 de Agosto de 1992) parecem aceitar a legítima como modalidade autónoma de vocação sucessória, na medida em que a regulam em títulos ou capítulos distintos dos que dedicam à sucessão testamentária e à sucessão intestada.

[121] Destaca-se, pelo seu esforço em defesa desta teoria, PEÑA BERNALDO DE QUIRÓS, o qual considera que a legítima é directamente atribuida por lei, e consubstancia um regime imperativo que se impõe em primeira linha, quer haja ou não testamento. *Vid.* "La Naturaleza de la Legítima", *A.D.C.*, 1985, pp. 849 e ss., em especial p. 868, onde o autor afirma que os artºs 658º, 609º e 1009º do C.C. esp. não afastam a existência de um terceiro tipo de chamamento, na medida em que *"... el artículo 658º y concordantes deben ser entendidos como los demás preceptos que establecen, respecto de las distintas relaciones jurídicas, que éstas han de regirse por el correspondiente negócio jurídico (el contrato, la sociedad, las capitulaciones matrimoniales, etc.). La respectiva relación jurídica es regida ciertamente por el correspondiente negocio jurídico, pero nunca sólo por el negocio jurídico. Con el y con carácter preferente rige lo que podríamos llamar el régimen primario inderogable de la relación jurídica."*; Também COSSÍO Y CORRAL, *Instituciones de Derecho Civil*, T. II, revisado y puesto al día por Manuel de Cossío y Martinez y José León Alonso, Madrid, 1988, p. 573.

[122] *Vid.*, neste sentido, VALLET DE GOYTISOLO, "Observaciones en Torno a la Naturaleza de la Legítima", *A.D.C.*, 1986, pp. 39 e ss.; ALBALADEJO, *Curso...*, V, *op. cit.*, p. 369.

84 *A Legítima do Cônjuge Sobrevivo - Estudo Comparado Hispano-Português*

A primeira tese, embora minoritária, baseia-se na existência de um regime próprio da sucessão forçosa, distinto, inclusive, da sucessão intestada. Para os seus defensores a autonomia da sucessão legitimária justificar-se-ía, nomeadamente, pelas diferentes formas de cálculo da herança e da quota legítima, visto que o artº 818º do C.C. esp. manda atender, para o cálculo da legítima, ao valor líquido do *relictum* - valor do património existente à data da morte do autor da sucessão, após dedução das dívidas e encargos, embora com exclusão dos encargos testamentários (legados) - ao qual deverá ser adicionado o valor do *donatum*; já o cálculo da herança é feito atendendo ao valor dos bens existentes à data da morte do autor da sucessão, com dedução das dívidas e encargos, incluindo os legados; também o elenco de sucessíveis e a sua ordem de chamamento não é a mesma em cada caso, uma vez que na sucessão intestada o cônjuge sobrevivo é excluído por descendentes e ascendentes, enquanto na legitimária concorre com eles; além disso, existem outras regras como, por exemplo, as da preterição, que são exclusivas da sucessão legitimária.

A segunda posição, actualmente maioritária, considera a legítima como mero limite à liberdade de testar, enquadrando-a exclusivamente na sucessão testamentária. Esta perspectiva tem como consequências a recusa de efeitos à legítima na sucessão intestada e a impossibilidade da sua defesa no âmbito desta sucessão; para os defensores desta teoria, em caso de falta ou invalidade do testamento, o próprio chamamento à sucessão legítima ou intestada seria suficiente para satisfazer os direitos do legitimário, não chegando a haver sucessão legitimária[123]. Os seus defensores argumentam, essencialmente, com base no texto da lei, concretamente o do artº 658º do C.C. esp. que só menciona as sucessões testamentária e intestada, e na referência frequente que muitas disposições sobre a legítima fazem à figura do testador - artºs 806º, 813º, 815º, etc., do mesmo diploma legal. Invocam ainda a própria evolução histórica do instituto, bem como a consideração da figura da legítima formal[124].

---

[123] Mais recentemente, esta posição foi especialmente criticada por ESPEJO LERDO DE TEJADA, *Vid. La Legítima en la Sucesion Intestada en el Código Civil*, Madrid, 1996, pp. 271 e ss..

[124] O conceito de legítima formal corresponde ao dever, que recai sobre o testador, de incluir no testamento os seus legitimários. Segundo alguns autores a actual redacção

Um pouco diferente é a opinião manifestada, quanto a esta questão, por LACRUZ BERDEJO, para quem, embora a legítima não possa ser considerada uma terceira forma de delação a par dos chamamentos de carácter geral dos artºs 658º, 764º e 912º do C.C. esp. - por não possuir carácter unitário, e porque, além disso, quando o autor da sucessão cumpre com o seu dever para com os legitimários a quota legítima não chega a funcionar como limite - existem alguns casos (nem todos eles de sucessão por morte) em que ve verifica um chamamento diferente da sucessão testamentária e da sucessão intestada, igualmente consagrado na lei, embora de forma dispersa e sem um regime unitário. Tais casos poderiam considerar-se abrangidos pelo artº 609º do C.C. esp., e seriam a acção de suplemento da legítima, a acção de redução, a deserdação injusta, a preterição do artº 814º/1 e a redução de doações[125].

Parece-nos, contudo, que, não obstante a sucessão legitimária ou forçosa constituir inegavelmente um limite à liberdade de disposição, não é menos certo que também no direito espanhol - tal como no caso português - são vários os princípios e regras específicas que permitem consubstanciá-la como uma modalidade de sucessão merecedora de autonomia própria relativamente à sucessão legítima. Tais regras são, por exemplo, as que dispõem quanto à determinação dos sucessíveis - artºs 2157º e 2133º do C.C. port., e artºs 807º e 930º e ss. do C.C. esp. - aos pressupostos do direito legitimário, sobretudo no caso do cônjuge sobrevivo - artºs 834º e 945º do C.C. esp. - às medidas das respectivas quotas legítimas, diferentes das atribuídas na sucessão legítima ou intestada - artºs 2157º e 2133º do C.C. port. e 807º, 834º, 913º e 945º do C.C. esp. - ou ainda, as que estabelecem a forma de cálculo da quota legítima, quer global quer individual - artºs 2158º a 2162º do C. C. port. e 818º do C.C. esp. - as que regulam a deserdação - artºs 2166º do C.C. port. e 848º e ss. do C.C. esp. - a preterição - artº 814º, nº 1 do C.C. esp. - o regime de redução de doações e legados por inoficiosidade - artºs 2168º e ss. do C.C. port. e 636º, 644º e ss., 817º e 820º e ss. do C.C esp. - e o princípio da intangibilidade qualitativa e quantitativa da quota legítima - artºs 2163º a 2165º

---

do artº 814º do C.C. esp., tal como acontecia já com a redacção do anterior artº 815º do mesmo diploma, suscita dúvidas quanto à existência desta legítima formal.

[125] *Vid.* LACRUZ BERDEJO, *Elementos...*, V, *op. cit.*, p. 364.

do C.C port. e 777°, 782°, 806°, 813°, 817°, 831°, 863°, 886°, 1038°, 1056°, 1075°, entre outros, do C.C. esp.. Partilhamos a opinião, já defendida face ao Código Civil português de 1867, de que estamos perante "...*um núcleo de matérias próprias da sucessão legitimária, bastantes para dar nítido relevo à individualidade decorrente do carácter imperativo dessa modalidade sucessória.*"[126]. Por essa razão, parece-nos que, apesar da sistematização assumida pelo C.C espanhol relativamente às modalidades de designação sucessória e das razões formais que possam ser invocadas - aliás, parecem ser estes os únicos argumentos a favor da tese que nega autonomia a este tipo de designação - será mais relevante a análise do regime característico da sucessão legitimária para que possamos concluir se esta constitui, ou não, em termos substantivos, um tipo de designação autónomo. O próprio facto de o art° 815° do C.C. esp. admitir uma pluralidade de meios para satisfação da legítima - herança, legado, doação - não parece suficientemente significativo para nos fazer esquecer a evidente diferença de regime que a sucessão legitimária ou forçosa apresenta relativamente às sucessões intestada e testamentária, indo muito além de um mero limite a esta última. Independentemente do reconhecimento, ou não, da legítima como modalidade autónoma da sucessão, o cônjuge sobrevivo é chamado à quota legítima nos termos dos art°s 807°/3 e 834° do C.C. esp., o mesmo acontecendo no C.C. port. - art°s 2157° e ss..

Além disso, o cônjuge sobrevivo pode ser designado por sucessão testamentária; no C.C. port. esta modalidade de sucessão tem a sua sede nos art°s 2179° e ss., logo após as duas modalidades de sucessão legal, o que parece significativo da menor relevância atribuída àquela, enquanto no C.C. esp. vem regulada em primeiro plano, no Capítulo I do Título III do Livro III, art°s 662° e ss.. Pode ainda ser chamado por delação *abintestato* na totalidade ou no remanescente da herança - art°s 2132°, 2133° e 2139° do C.C. port. e art°s 913° e 934° do C.C. esp..

Quanto à sucessão contratual, ela é admitida no direito português, embora sem o carácter geral que à primeira vista parece resultar dos art°s 2026° e 2028°, n° 1, do C.C., porquanto o n° 2 deste último artigo diz que, "*Os contratos sucessórios apenas são admitidos nos casos previstos na*

---

[126] *Vid.* GALVÃO TELLES, *Direito das Sucessões, op. cit.*, p. 155.

lei, sendo nulos todos os demais, sem prejuízo do disposto no nº 2 do artº 946º.". Daqui resulta que só é possível a celebração de verdadeiros pactos sucessórios quando inseridos em convenções antenupciais, nos termos dos artºs 1700º e 1755º, nº 2, daquele diploma legal. Estas disposições permitem que um dos cônjuges deixe ao outro toda a sua herança, ou uma quota dela, ou lhe atribua determinados bens ou valores à custa da herança - artº 1700º/1, a) - ou que outorgue uma doação *mortis causa* para casamento que só produzirá efeitos a partir da morte do doador - artºs 1753º, 1754º e 1755º/2, todos do C.C. port.[127].

No C.C. esp. o artº 658º limita-se, como já vimos, a fazer referência às sucessões testamentária e legal, enquanto o seu artº 1271º/2 proíbe a celebração de contratos sobre a legítima futura, excepto no caso previsto no artº 1056º. Segundo alguma doutrina, o preceituado no artº 1271º proíbe radicalmente os pactos sucessórios, uma vez que a excepção aí

---

[127] O artº 1755º/2 do C.C. port. dispõe que: *"As doações que hajam de produzir os seus efeitos por morte do doador são havidas como pactos sucessórios e, como tais, estão sujeitas ao disposto nos artºs 1701º a 1703º, sem prejuízo do preceituado nos artigos seguintes."*. Significa isto que existe, na realidade, um pacto sucessório que só produz efeitos com a morte do doador, cabendo ao donatário, em vida daquele, uma mera expectativa sucessória sustentada pela irrevogabilidade do pacto, afirmada expressamente pelo artº 1701º do C.C.port.. Como corolário do princípio da irrevogabilidade, este preceito proíbe ainda os actos gratuitos de disposição do doador que possam prejudicar o donatário, reportando-se a proibição quer às doações *inter vivos* quer às disposições por morte outorgadas mediante testamento, doações entre esposados ou a favor de esposados, ou doações de esposados a terceiros (*Vid.* PIRES DE LIMA/ANTUNES VARELA, *Código Civil Anotado*, Vol. IV, Coimbra, 1992, p. 371). Na doutrina espanhola registam-se divergências quanto ao carácter irrevogável, ou não, dos pactos sucessórios, atendendo ao vazio normativo do C.C. a este respeito. Assim, manifestam-se a favor da irrevogabilidade dos pactos sucessórios, ROCA SASTRE, *Notas al Tratado de Derecho Civil de Theodor Kipp*, V, 1º, *op. cit.*, pp. 391 e ss., e GARCÍA-RIPOLL MONTIJANO, "El Fundamento de la Colación Hereditaria y su Dispensa", ADC. , T. XLVIII, 1995, p. 1170, entre outros; Consideram revogáveis os pactos sucessórios, FUENMAYOR, "La Mejora en el Sistema Sucesorio Español", BFDC, XXII, 1946, p. 269, e DE LA CÁMARA, "Los Derechos Hereditarios del Hijo Adoptivo en el Código Civil", RDP, 1951, p. 94, entre outros; Também ESPEJO LERDO DE TEJADA, *La Sucesión Contractual en el Código Civil*, Sevilha, 1999, p. 30, nota 19, admite, no plano geral, a revogabilidade do pacto sucessório, quer por efeito da lei quer da vontade do autor da sucessão, e nomeia exemplos dessas situações nos direitos forais.

contemplada não consubstancia uma situação contratual mas de partilha em vida pelo testador[128]. A doutrina comum vê neste acto uma simples partilha, não sujeita às formalidades do testamento, cujo carácter é unilateral e não contratual, independentemente da intervenção dos herdeiros[129]. A revogabilidade será, em princípio, uma característica da partilha pelo testador, que só poderá ser afastada nos casos em que seja irrevogável o próprio chamamento sucessório, como acontece com a melhora irrevogável - art° 827° do C.C. - ou com a doação regulada no art° 1341° do mesmo diploma, e desde que a partilha se integre no próprio acto dispositivo[130]. No entanto, admite-se ainda que possa atribuir-se carácter irrevogável à partilha, sempre que, não havendo testamento que a sustente, intervenham nela os presumíveis herdeiros intestados do autor da sucessão; neste caso a eficácia da partilha procederia de um concurso de vontades das partes susceptível de atribuir-lhe uma eficácia contratual referível ao art° 1271°/2 do C.C. esp.[131]. Para outra corrente, o facto de a partilha pelo testador poder realizar-se por acto *inter vivos* sugere, em conjugação com o art° 1271°, a hipótese de uma partilha contratual, irrevogável e susceptível de produzir efeitos imediatos[132].

---

[128] Divergindo desta posição, ESPEJO LERDO DE TEJADA considera não poder afirmar-se seguramente que não possam celebrar-se contratos sobre a herança futura no âmbito do C.C. esp., facto que é desmentido por algumas figuras, nomeadamente as previstas nos art°s 826° e ss. e 1341°/2 do mesmo diploma legal (*Vid. La Sucesión Contractual...*, *op. cit.*, p. 26, nota 4).

[129] *Vid.* VALLET DE GOYTISOLO, *Comentarios al Código Civil y Compilaciones Forales*, T. XIV, Vol. 2°, Madrid, 1989, p. 143; ALBALADEJO, *Curso...*, V, *op. cit.*, pp. 136 e 138-139; PUIG BRUTAU, *Fundamentos de Derecho Civil*, T.V, Vol. 3°, Barcelona, 1991, pp. 380 e ss.; CLEMENTE MEORO, *Derecho de Sucesiones*, coord. por MONTÉS PENADÉS, Valencia, 1992, pp. 626-627; LACRUZ BERDEJO, *Elementos...*, V, *op. cit.*, p. 331.

[130] Neste sentido, *Vid.* ESPEJO LERDO DE TEJADA, *La Sucesión Contractual...*, *op. cit.*, p. 209; Na p. 212 o autor acrescenta que considera permitida e irrevogável a partilha em vida se tiver uma causa lícita, gratuita ou onerosa, sempre que fique inequívocamente demonstrada uma vontade transmissiva irrevogável.

[131] *Vid.* ESPEJO LERDO DE TEJADA, *La Sucesión Contractual...*, *op. cit.*, pp. 228-231.

[132] ESPEJO LERDO DE TEJADA, *ibidem*.

Contudo, apesar da aparente proibição absoluta dos pactos sucessórios, resultante da conjugação dos artºs 1271º e 1056º do C.C. esp., algumas outras normas do mesmo diploma admitem, em casos específicos, a celebração de contratos sobre a sucessão futura. Assim, a generalidade da doutrina admite a melhora contratual no âmbito dos artºs 826º e 827º do C.C esp.[133], e tem entendido igualmente que a delegação da faculdade de melhorar, autorizada pelo artº 831º do C.C. esp., exceptua a proibição do artº 1271º/2 do mesmo diploma legal, quando disposta em convenção matrimonial, constituindo um pacto sucessório que ordena a sucessão *ab initio*, embora sem conferir-lhe carácter definitivo[134]. Também o artº 1341º/2 do C.C. esp. consagra uma hipótese de sucessão contratual entre cônjuges, autorizando-os a definir o regime das suas relações sucessórias em convenção matrimonial, designadamente através da doação de bens futuros para o caso de morte[135]. Nas legislações forais a sucessão con-

---

[133] *Vid.* FUENMAYOR, "La Mejora en el Sistema Sucesorio Español", *loc.cit.*, pp. 69 e ss.; LACRUZ BERDEJO, *Elementos...*, V, *op. cit.*, pp. 333 e 374-375; BLASCO GASCÓ, *Derecho de Sucesiones*, coord. por MONTÉS PENADÉS, Valencia, 1992, pp. 349-350; ESPEJO LERDO DE TEJADA, *La Sucesión Contractual...*, *op. cit.*, pp. 233 e ss., em especial pp. 245 e 247.

[134] Neste sentido, CARBALLO FIDALGO, *Las Facultades del Contador-partidor Testamentario*, Madrid, 1999, pp. 95-96; Também MIQUEL, *Comentarios a las Reformas del Derecho de Família*, Vol. II, Madrid, 1984, pp. 1316-1317, e VALLET DE GOYTISOLO, *Comentarios...*, XI, *op. cit.*, pp. 406-408; Contra, manifesta-se ESPEJO LERDO DE TEJADA, o qual considera que a delegação da faculdade de melhorar não é manifestação de pacto sucessório, pois limita-se a excepcionar o princípio do pessoalismo na ordenação da sucessão, sem implicar a abertura da sucessão contratual; o autor fundamenta a sua posição na revogabilidade unilateral da delegação, ainda que disposta em convenção matrimonial, posto que se reconhece a faculdade do delegante dispor posteriormente do seu património por via testamentária (*La Sucesión Contractual...*, *op. cit.*, p. 75); No mesmo sentido, *Vid.* LACRUZ BERDEJO, *Elementos...*, V, *op. cit.*, p. 333.

[135] *Vid.* ESPEJO LERDO DE TEJADA, *La Sucesión Contractual...*, *op. cit.*, pp. 262-263; PEÑA BERNALDO DE QUIRÓS, *Derecho de Família*, Madrid, 1989, p. 208; ROCA SASTRE, *Notas al Tratado de Derecho Civil de Kipp*, V, 1º, *op. cit.*, p. 374; LACRUZ BERDEJO, *ibidem*, qualifica de irrevogável a doação de bens futuros por causa de morte, por entender que a referência do artº 1341º/2 às disposições da sucessão testamentária só se reporta ao limite quantitativo da doação e não às suas características, que são as de um acto *inter vivos*; Contrariamente, ROCA-SASTRE MUNCUNILL é da opinião que o artº 1341º não encerra um caso de sucessão contratual (*Vid. Derecho de Sucesiones*, III, Barcelona, 1994, pp. 540 e ss.).

90   *A Legítima do Cônjuge Sobrevivo - Estudo Comparado Hispano-Português*

tratual é reconhecida com maior amplitude[136]. Na Lei de Direito Civil da Galiza assumem especial relevância, em relação ao cônjuge sobrevivo, o pacto de instituição no usufruto voluntário de viúvez, regulado nos artᵒs 118º e ss., que visa conceder ao cônjuge sobrevivo amplas faculdades de gestão e controle do património hereditário, bem como a *apartación*, contrato pelo qual o autor da sucessão pode afastar desta qualquer herdeiro forçoso atribuindo-lhe, em contrapartida, determinados bens - artᵒs 134º e ss..

No C.C. port. a sucessão legitimária prevalece na hierarquia de títulos designativos, sobrepondo-se quer à sucessão testamentária quer à contratual - artᵒs 1705º, nº 3 e 1759º. No âmbito das designações de carácter voluntário a sucessão contratual, embora de menor amplitude, prevalece sobre a testamentária - artᵒs 1701º, nº 1, 2311º e 2313º - e, por último, na falta de testamento válido e eficaz, abre-se a sucessão legítima - artº 2131º. No C.C. esp. a sucessão contratual prevalece sobre a testamentária - dentro da qual se integra, aparentemente, a legítima como limite à liberdade de testar - e esta sobre a sucessão legítima, que só se abre na falta de disposição válida e eficaz do autor da sucessão - artº 658º do C.C. esp.. Na Lei de Direito Civil da Galiza admitem-se as sucessões testamentária, legal e contratual. A quota legítima parece estar aqui delineada nos mesmos moldes do C.C. esp., funcionando, segundo a doutrina maioritária, essencialmente como travão à liberdade de testar. Desvio importante relativamente às normas do Código Civil é o que resulta da consagração da sucessão contratual. Contudo, tal como acontece no direito português, essa consagração não possui carácter geral, sendo admitidos apenas os pactos expressamente regulados na Lei, ou seja, o pacto de *usufructo voluntario de viudedad,* o pacto de *mejora,* e a *apartición* ou *apartamiento.* Na hierarquia de títulos designativos, a sucessão contratual prevalece sobre a testamentária, abrindo-se a sucessão legal quando pelos títulos voluntários não se disponha válida e eficazmente da totalidade dos bens. Em qualquer dos ordenamentos a prevalência de algumas

---

[136] Cfr. os artᵒs 117º e ss. da LDCG, os artᵒs 62º e ss. da LSCMA, os artᵒs 6º, 8º e ss., e 66º da CDCB, os artᵒs 3º e 67º e ss. do CSC, as Leis 149 e 172 da CDCFN, e os artᵒs 27º e 74º da LDCFPV.

das modalidades de designação sobre outras não exclui, contudo, a possibilidade de concurso entre os vários tipos de designação.

II - O chamamento à sucessão legitimária ou forçosa

1. Introdução

A sucessão legitimária caracteriza-se pelo facto de as suas regras serem imperativas, isto é, não poderem ser afastadas ou contrariadas pela vontade do autor da sucessão, ao contrário das regras da sucessão legítima ou intestada, que só funcionam caso não seja outra a vontade do *de cujus* ou quando esta não tenha sido validamente manifestada. Trata-se, portanto, de um instituto sucessório que tem a finalidade de garantir a determinados parentes mais próximos do *de cujus* uma certa participação na herança deste, a qual se designa por quota indisponível, quota legítima ou simplesmente legítima. Em termos muito gerais a legítima pode definir-se como uma parte do património hereditário do *de cujus*, ou do seu valor, à qual, por força da lei, têm direito certos parentes mais próximos deste, designados sucessíveis legitimários ou forçosos, e que, com maior ou menor amplitude, poderá ser satisfeita mediante atribuições *mortis causa* ou em vida.

Embora o seu fundamento seja comum e resulte da contraposição de dois princípios fundamentais - o princípio da liberdade de disposição por morte e o princípio de protecção da família, que hoje se centra na família nuclear composta pelos cônjuges e respectivos filhos - é impossível construir um conceito detalhado de legítima comum aos diferentes ordenamentos jurídicos em estudo, na medida em que a forma como esta se encontra concebida em cada um deles põe em relevo uma série de particularidades, às quais não são alheias, muito pelo contrário, as raízes históricas dos sistemas de legítimas e a sua posterior evolução.

Nesta matéria o Código Civil espanhol pode ser apontado como exemplo de ordenamento jurídico em que, não obstante o carácter marcadamente individualista, coexistem institutos jurídicos que visam potencializar interesses familiares - legítimas, reservas, direito de reversão, direitos viduais - o que dificulta a sua caracterização, autorizando diferentes interpretações e diferentes conclusões doutrinárias e jurisprudenciais[137]. É que, na verdade, apesar da relevância atribuída à sucessão testamentária, traduzida em normas de pendor romanista segundo as quais a maioria da doutrina, e até mesmo a jurisprudência, defendem que não existe uma indisponibilidade absoluta da quota legítima e que o testador pode dispor dela, desde que o faça na forma e com os limites impostos por lei, o próprio conceito legal de legítima, contido no artº 806º do C.C. esp., parece apontar, antinomicamente, para uma legítima de origem germânica[138].

O ordenamento jurídico português parte igualmente de uma tradição histórica baseada numa ampla liberdade de testar. Contudo, essa tradição, embora não totalmente apagada, terá sofrido vicissitudes que os historiadores remontam ao período pombalino (segunda metade do séc. XVIII) em que se assistiu à aprovação de vários diplomas em matéria sucessória cujo objectivo era relegar para segundo plano a sucessão testamentária, privilegiando a sucessão legítima. Apesar da posterior retomada da tradição da superioridade da sucessão testamentária, há quem defenda que esta teria ficado irremediavelmente abalada no ordenamento jurídico português. Na realidade, o testamento não chegou a ter uma aceitação social muito generalizada, e são várias as dificuldades que encontra para se afirmar, em virtude, designadamente, do princípio da intangibilidade qualitativa e quantitativa da legítima - artºs 2163º a 2165º do C.C. port. - e da fraca protecção concedida, em matéria de inoficiosidade, às disposições testamentárias face às liberalidades em vida - artºs 2171º a 2173º do mesmo diploma. Por outro lado, na versão originária do Código Civil de

---

[137] Neste sentido, *Vid.* BELTRÁN DE HEREDIA, *Derecho de Sucesiones*, coord. por MONTÉS PENADÉS, Valencia, 1992, p.314.

[138] A Lei de Direito Civil da Galiza não encerrra uma regulamentação pormenorizada da legítima, razão pela qual esta tem que ser enquadrada no contexto mais amplo do Código Civil (sobre o enquadramento da legítima galega e a remissão genérica para as normas do C.C. esp., *Vid.* GARCIA RUBIO, *Comentarios al Código Civil y Compilaciones Forales*, T. XXXII, Vol. 2º, Madrid, 1997, p. 1142); Regulada nos artºs 146º a 151º da LDCG, e ainda noutras normas dispersas, como os artºs 118º a 127º, 130º/4, 152º/2, 155º e 156º do mesmo diploma, a legítima galega pode também ser atribuída a qualquer título - artº 149º/2. Tal como no Código Civil, o legitimário só será herdeiro se for instituído pelo autor da sucessão ou se a sua legítima for satisfeita mediante a abertura da sucessão intestada.

1966 era possível detectar também uma forte influência do sistema germânico, traduzida na protecção que era dispensada aos herdeiros legitimários no sentido de manter impreterivelmente os bens dentro da mesma família, a qual veio a ser atenuada com a Reforma de 1977; em matéria de legítimas o art° 2156° do C.C. port. consagra uma quota legítima com características de reserva e, portanto, mais próxima do sistema germânico.

Independentemente das influências e da diferente evolução que a legítima registou ao longo do seu percurso histórico, um ponto é assente: o instituto visa salvaguardar o interesse da família, reconhecendo a certos parentes mais próximos do autor da sucessão o direito de participarem do seu património, ou porque ajudaram a produzi-lo, conservá-lo e desenvolvê-lo[139], ou por se entender que, mesmo após a sua morte, persiste um dever moral de prestar assistência a essas pessoas. Por isso, os Códigos Civis português e espanhol reconhecem direito de legítima aos descendentes, na falta destes aos ascendentes, e também ao cônjuge sobrevivo do autor da sucessão, em concurso com uns e outros - art°s 2157° do C.C. port. e 807° do C.C. esp.[140].

No que respeita à função desempenhada pela legítima, os autores que no C.C. esp. defendem que ela não constitui um chamamento autónomo e que só actua na sucessão testamentária, concebem-na, por regra, como um mero limite à liberdade de testar. É esta a opinião manifestada por VALLET DE GOYTISOLO o qual, embora reconheça que a legítima decorre da lei quanto à sua quantidade e conteúdo, entende que aquilo que a lei atribui directamente ao legitimário é apenas um conjunto de direitos para obtenção de um conteúdo material, e não o próprio conteúdo material em

---

[139] *Vid.* EDUARDO DOS SANTOS, *O Direito das Sucessões*, Lisboa, 1998, p. 59; Este aspecto pode ser preponderante para justificar o direito do cônjuge sobrevivo à legítima, uma vez que, frequentemente, este, além de contribuir para o desenvolvimento do património comum do casal, contribui significativamente para a ampliação do património próprio do outro cônjuge.

[140] Com a entrada em vigor do Decreto-Lei n° 496/77, de 25 de Novembro, que reformou o direito sucessório português, passaram a ser herdeiros legitimários, por força do disposto no art° 2157° do C.C., o cônjuge, os descendentes e os ascendentes, bem como o adoptante e o adoptado na adopção plena - art° 1986°. O cônjuge, pela primeira vez legitimário, passou a integrar a primeira e a segunda classes de sucessíveis em duplo concurso, respectivamente, com descendentes e ascendentes, tendo sempre direito à legítima.

si[141]. Assim, o sistema legitimário estaria concebido no C.C. esp. como um limite ou freio à liberdade de disposição a título gratuito, nomeadamente porque a lei apenas impõe ao autor da sucessão um dever de cumprir com determinada atribuição, dever esse que estaria assegurado pela imposição de limites à sua capacidade de disposição e por um conjunto de faculdades de reacção conferidas ao legitimário para efectivação do seu direito.

Para outros autores a caracterização da legítima como limite à liberdade de disposição do autor da sucessão é insuficiente, por várias razões: porque também pode haver lesão da legítima quando não exista testamento e, portanto, fora da sucessão testamentária; porque o poder dispositivo do autor da sucessão através de actos gratuitos não se encontra verdadeiramente limitado senão a partir da morte deste[142]; porque nalguns casos de lesão da legítima não se revela o seu carácter de limite - por exemplo, quando não existem bens suficientes para que a legítima seja satisfeita na sucessão intestada mas também não existem liberalidades inoficiosas; porque não se vislumbra sequer qualquer limite no caso de satisfação da legítima do cônjuge sobrevivo na sucessão intestada; e, por último, porque a concepção da legítima como limite não serviria para explicar a que título é atribuída a parte da legítima obtida através das acções de complemento e de redução de liberalidades inoficiosas[143]. Daí que considerem mais correcto explicar a legítima como um direito forçoso

---

[141] *Vid.* VALLET DE GOYTISOLO, *Limitaciones de Derecho Sucesorio a la Facultad de Disponer*, T. II, *Las Legítimas*, Madrid, 1974, pp. 731 e ss.; No mesmo sentido, ROCA SASTRE, "Naturaleza Jurídica de la Legítima", *R.D.P.*, XXVII, 1944, p. 196; ALBALADEJO, *Curso...*, V, *op. cit.*, pp. 369 e ss.; MASIDE MIRANDA, *Legítima del Cónyuge Superstite*, *op. cit.*, p. 48.

[142] Não é o que sucede no direito português no qual, por força do artº 242º/2 do C.C., os legitimários podem impugnar, ainda em vida do autor da sucessão, os negócios onerosos ou gratuitos por este simulados com o intuito de os prejudicar.

[143] *Vid.* ESPEJO LERDO DE TEJADA, *La Legítima en la Sucesion Intestada...*, *op. cit.*, *passim*; os dois últimos argumentos são igualmente aceites por LACRUZ BERDEJO, *Elementos...*, V, *op. cit.*, pp. 364. Para a opinião doutrinal comum, os bens adquiridos pelo legitimário em consequência das acções de complemento e de redução de liberalidades inoficiosas sê-lo-íam pelo mesmo título que a parte recebida do autor da sucessão ou a título de sucessor intestado. ESPEJO LERDO DE TEJADA entende, creio que com razão, que esta justificação não procede relativamente ao título testamentário, porque, sendo quantitativamente insuficiente para o cumprimento da legítima, não pode-

do legitimário[144]. ESPEJO LERDO DE TEJADA concebe o direito do legitimário como um título de aquisição flexível o qual, em caso de não cumprimento da legítima mediante atribuições pelo autor da sucessão, se sobreporia às atribuições lesivas, produzindo a transmissão dos bens necessários à sua satisfação. Para este autor, existe sempre um chamamento virtual à legítima, independentemente do facto de esta poder ser satisfeita por qualquer título pelo autor da sucessão, e é esse mesmo chamamento que justifica, nalguns casos de sucessão intestada, o efeito de aquisição dos bens necessários para completar a legítima; na sua opinião, tal facto resultaria corroborado pelo regime da preterição, previsto no art° 814°/1 do C.C. esp., o qual pressupõe, ou pelo menos não nega, a existência de um título sucessório legitimário[145], bem como pela atribuição ao legitimário de outros direitos que não os de mera reacção contra actos que lesionem a sua legítima[146]. Os referidos direitos colocam o legitimário em

---

ria alicerçar-se nele uma aquisição superior à atribuição feita pelo testador, excepto no caso de este ter instituído herdeiro o legitimário, uma vez que aí o título teria expansividade para abarcar o conteúdo recebido; já quanto ao título intestado, as aquisições resultantes do exercício das referidas acções seriam sempre distintas das derivadas da sucessão intestada (*Vid. La Legítima en la Sucesión Intestada, op. cit.*, pp. 271 e ss.); Também LACRUZ defende que, nestes casos, o legitimário recebe os bens em cumprimento da lei mas de modo diferente da sucessão testamentária e da sucessão intestada e, portanto, por título diferente do testamentário e do *abintestato* (*Vid. Elementos...*, V, *op. cit.*, pp. 363-364).

[144] *Vid.* ESPEJO LERDO DE TEJADA, *La Legítima en la Sucesión Intestada...*, *op. cit.*, p. 277; Manifestam igualmente a opinião de que a legítima é um direito subjectivo do legitimário, LACRUZ BERDEJO, *Elementos...*, V, *op. cit.*, p. 459, DIEZ-PICAZO y GULLÓN, *Sistema...*, IV, *op. cit.*, p. 455, e BELTRÁN DE HEREDIA, *Derecho de Sucesiones*, coord. por MONTÉS PENADÉS, *op. cit.*, p. 319.

[145] Na sua opinião, a preterição opera nos casos de falta de disposição testamentária, ou *inter vivos*, a favor do legitimário, conferindo-lhe um direito à legítima material, ou seja, à quota da herança que lhe é atribuída por lei, e não à legítima formal ou menção expressa no testamento. O primeiro parágrafo do art° 814° confirmaria a existência de um título sucessório legitimário, a qual não seria negada pelos parágrafos seguintes, que se limitam a consagrar reacções aos vícios na formação da vontade tendo em vista o respeito pela vontade do testador e não a protecção da legítima (*Vid. La Legítima en la Sucesión Intestada...*, *op. cit.*, pp. 277, 290 e ss. e, em especial, 307-308).

[146] Por exemplo, os direitos de requerer a liquidação da herança para determinação do seu direito, de intervir na partilha, de participar na gestão e administração da herança indivisa, o direito à posse civil dos bens hereditários, e outros directamente conexos.

posição muito idêntica à do herdeiro, por ser titular de um direito legal a uma quota (sendo que tanto os chamamentos legais como os chamamentos a uma quota se fazem a título hereditário), com a particularidade de se tratar de um herdeiro com características muito peculiares, ou herdeiro preferencial[147]. Pese embora lhe atribua muitos dos direitos dos herdeiros e o sujeite a muitas das consequências deste título, a lei não exige, no entanto, que o legitimário tenha que ser sempre herdeiro, pois permite que o autor da sucessão satisfaça a sua legítima por qualquer outro título. Contudo, se o não fizer, a atribuição legitimária opera através do chamamento hereditário com carácter imperativo. Fica, assim, realçada a ideia de que, longe de representar apenas um limite, a legítima consiste num importante direito que, pelo seu carácter imperativo, produz a tranferência para a esfera jurídica do legitimário dos bens necessários para a satisfação da sua legítima em caso de incumprimento do dever respectivo por parte do autor da sucessão.

Por fim, há quem manifeste uma posição que poderemos designar intermédia, a qual, embora não admita a legítima como terceiro tipo de vocação com carácter geral, entende que existem importantes excepções e que em certos casos o legitimário recebe os bens em cumprimento da lei mas de modo diferente da sucessão intestada[148].

2. A legítima vidual usufrutuária como tertium genus

Várias têm sido também as posições adoptadas pela doutrina espanhola relativamente ao problema de saber se a legítima vidual pode assumir-se como um terceiro tipo de vocação autónoma, ou não. Alguns autores negam que exista uma atribuição legal, directa e autónoma da quota usufrutuária ao cônjuge sobrevivo, excepto quando o autor da su-

---

[147] Vid. La Legítima en la Sucesión Intestada..., op. cit., pp. 322 e ss..

[148] Como já foi referido, LACRUZ BERDEJO admite que o legitimário recebe bens em cumprimento da lei e de forma diferente da sucessão intestada nos casos em que recorre às acções de suplemento da legítima e de redução de liberalidades, bem como nos de preterição do artº 814º/1 e de deserdação injusta; Vid. LACRUZ BERDEJO, Elementos..., V, op. cit., p. 364.

cessão tenha falecido sem testamento[149], pois quando haja disposição a favor do cônjuge sobrevivo, ou tenha sido reconhecida em testamento a sua quota vidual, a legítima deve considerar-se deferida por sucessão testamentária, na medida em que o cônjuge está igualmente sujeito ao disposto no artº 815º do C.C.[150]. Nesta perspectiva a legítima vidual teria a mesma estrutura e natureza jurídica das restantes: a lei apenas impõe ao autor da sucessão um dever de cumprir com a atribuição legitimária a favor do cônjuge, a qual pode ser feita por qualquer título. Em consequência disso, no caso de incumprimento total ou parcial desse dever, apenas restaria ao cônjuge recorrer às acções de reclamação da legítima, de suplemento ou de redução de liberalidades[151]. Deste panorama resulta, por analogia com a situação dos descendentes prevista no artº 819º do C.C. esp., a necessidade de imputar na legítima do cônjuge sobrevivo qualquer legado ou doação disposto a seu favor pelo autor da sucessão, quando não haja uma clara manifestação de vontade noutro sentido, de forma a facilitar a este o cumprimento da legítima[152]. No entanto, esta solução parece complicar o cálculo do valor da legítima, tal como acontece em caso de exercício da faculdade de comutação, por obrigar a realizar operações de capitalização do usufruto.

Outros autores consideram que a quota em usufruto do cônjuge sobrevivo é um caso excepcional de vocação legitimária, a par de outros admitidos pelo C.C. esp., razão pela qual a qualificam como uma sucessão

---

[149] *Vid.* MASIDE MIRANDA, *Legítima del Conyuge Superstite, op. cit.*, p. 56; ROCA-SASTRE MUNCUNILL defende que, na sucessão intestada, todos os chamamentos são *ex lege*, pelo que também teria esta natureza o chamamento do cônjuge sobrevivo em concurso com herdeiros intestados (*Vid. Derecho de Sucesiones*, II, *op. cit.*, p. 305).

[150] Este posicionamento pressupõe que se considere o cônjuge viúvo como um herdeiro forçoso, pois só dessa forma lhe será aplicável o artº 815º do C.C. esp..

[151] *Vid.* ROCA-SASTRE MUNCUNILL, *Derecho de Sucesiones*, II, *op. cit.* p. 301; VALLET DE GOYTISOLO, *Comentarios...*, T. XI, *op. cit.* p. 459 e ss., embora este autor tivesse sustentado já a opinião contrária.

[152] *Vid.* VALLET DE GOYTISOLO, *Comentarios...*, T. XI, *op. cit.*, pp. 458 e ss.; ROCA-SASTRE MUNCUNILL, *Derecho de Sucesiones*, T. II, *op. cit.*, pp. 298 e ss.. PLAZA PENADÉS, *Derechos Sucesorios del Cónyuge Viudo Separado de Hecho*, Valencia, 1999, p. 72.

a título singular por força da lei. Podem incluir-se nesta postura, LACRUZ BERDEJO[153] e BONET RAMON[154], os quais consideravam significativo o facto de o art° 814° do C.C. esp., na redacção anterior à Lei 11/1981, de 13 de Maio, não atribuir os mesmos efeitos à preterição do viúvo e à dos outros legitimários, e entendiam que as expressões utilizadas no art° 834° do mesmo diploma legal pareciam confirmar a atribuição directa pela lei da quota legal usufrutuária. Após a Reforma de 1981, também DE LA CÁMARA passou a admitir a atribuição legal directa da quota usufrutuária do cônjuge com base nos seguintes argumentos: a preterição do cônjuge não pode privá-lo objectivamente da legítima, e embora, após aquela Reforma, o art° 814° do C.C. esp. não contemple a preterição do cônjuge viúvo, tem que lhe ser reconhecido o direito a reclamar a legítima; só que esse direito não se efectiva, como nos restantes casos, através da nulidade total ou parcial da instituição de herdeiro, o que pressupõe precisamente a existência de um chamamento *ex lege* a seu favor; por outro lado, só a existência de um chamamento legal directo do cônjuge sobrevivo justifica que este mantenha o seu direito legitimário na sucessão intestada em concurso com descendentes e ascendentes[155]. Desta perspectiva retiram-se duas consequências: salvo indicação expressa do autor da sucessão, não devem imputar-se na legítima do cônjuge sobrevivo as doações que aquele lhe tenha feito em vida, inclusive por falta de base legal para esta solução[156]; o cônjuge possui a faculdade de optar, no preenchimento da sua legítima, por aceitar um legado do autor da sucessão e recusar a legítima ou recusar o legado e reclamar a sua quota, faculdade que não assiste aos restantes legitimários[157].

---

[153] *Derecho de Sucesiones*, T. I, Barcelona, 1971, p. 182.

[154] *Compendio de Derecho Civil, V, Sucesiones*, Madrid, 1965, pp. 47 e ss..

[155] *Vid*. DE LA CÁMARA, *Compendio...*, 2ª ed., *op. cit.*, pp. 183-185.

[156] Segundo DE LA CÁMARA, o art° 819° só se refere às doações feitas pelo autor da sucessão aos seus descendentes e, embora aplicável, por identidade de razão, às doações feitas a ascendentes, não pode aplicar-se às doações feitas ao cônjuge, uma vez que a legítima deste tem natureza diferente e se rege por outros princípios; *Vid. Compendio...*, 2ª ed., *op. cit.*, p. 186.

[157] *Vid*. DE LA CÁMARA, *Compendio...*, 2ª ed., *op. cit.*, pp. 187-188. Também GARRIDO DE PALMA, *Derecho de Família (y la Sucesión Mortis Causa)*, Madrid, 1993, p. 201.

ROCA-SASTRE MUNCUNILL, defendendo que a legítima vidual não é mais que uma reserva destinada a garantir que o autor da sucessão cumpra com o seu dever legitimário, opõe à tese de DE LA CÁMARA que, nos casos em que haja incumprimento total do dever legitimário por parte do autor da sucessão, a reserva legal actua suprindo a falta de disposição a favor do cônjuge e evitando que a preterição ou a deserdação injustas prejudiquem a legítima[158]; por outro lado, segundo palavras daquele autor, na sucessão intestada apenas existem chamamentos directos *ex lege* - esta é também a natureza dos chamamentos a favor de descendentes e ascendentes - pelo que, em concurso com tais herdeiros intestados, o cônjuge conserva a sua quota, a qual lhe é deferida directamente pela lei[159]. Em nossa opinião, o autor parece esquecer, no entanto, que a quota a que está a aludir é a quota legítima, e que esta é atribuída segundo as normas que especificamente a regulam e não pelas normas da sucessão intestada. No concurso com descendentes ou ascendentes do autor da sucessão o cônjuge sobrevivo tem direito à quota legitimária na sucessão intestada segundo o preceituado no artº 834º do C.C. esp., o qual determina para o chamamento à legítima pressupostos diferentes dos do chamamento à sucessão intestada.

Na Lei de Direito Civil da Galiza alguns autores admitem a existência de uma excepção ao princípio da legítima como freio nalguns casos de legítima do cônjuge supérstite[160], visto que a Lei reconhece expressamente, no nº 2 do seu artº 152º, a legítima do cônjuge viúvo na sucessão intestada quando não exista disposição testamentária a seu favor, norma

---

[158] Segundo o Autor, esta reserva é, por um lado, uma garantia de que o autor da sucessão, ao atribuir ao seu cônjuge, por qualquer título, bens ou direitos para satisfação da legítima ou imputáveis a ela, se acomodará ao modelo usufrutuário previsto por lei, o que significa que não existe chamamento legal, autónomo e directo à legítima vidual mas somente um chamamento subsidiário para o caso de o autor da sucessão não atribuir a dita quota ou fazer uma atribuição insuficiente (*Vid. Derecho de Sucesiones*, II, *op. cit.*, p. 306).

[159] *Vid. Derecho de Sucesiones*, II, *op. cit.*, pp. 304-308.

[160] *Vid.* ESPINOSA DE SOTO e GARCIA-BOENTE SÁNCHEZ, *Derecho de Sucesiones de Galicia. Comentarios al Título VIII de la Ley de 24 de mayo de 1995*, Madrid, 1996, pp. 163 e ss., em especial pp. 165-166; FERNÁNDEZ-CASQUEIRO DOMÍNGUEZ e GÓMEZ VARELA, *Derecho de Sucesiones de Galicia. Comentarios al Título VIII de la Ley de 24 de mayo de 1995*, *op. cit.*, p. 218.

que funcionará igualmente nos casos de preterição ou deserdação injusta do cônjuge, em que a satisfação dos direitos legitimários é feita também fora da sucessão testamentária. No entanto, tratando-se de uma norma isolada, pode duvidar-se de que seja suficiente para proporcionar o reconhecimento da sucessão legitimária como um tipo de vocação autónoma.

3. O problema da efectivação dos direitos legitimários do cônjuge sobrevivo na sucessão intestada no Código Civil espanhol

O problema da operatividade da quota indisponível na sucessão legítima ou intestada tem sede exclusiva no ordenamento jurídico espanhol, uma vez que o seu C.C. não consagra expressamente, nem a maioria da doutrina reconhece, a sucessão legitimária como um tipo de vocação autónoma. Tradicionalmente a doutrina espanhola tem defendido a posição de que a legítima, quota legítima ou quota indisponível, deve ser estudada apenas no âmbito da sucessão testamentária, enquanto limite à liberdade de testar. Os defensores desta teoria baseiam-se, nomeadamente, na própria sistematização do Código Civil, na dificuldade de enquadramento exclusivo da legítima nas instituições sucessórias (visto que também se manifesta quanto às doações), na referência à figura do testador, contida em muitos dos artigos que o Código dedica à regulação da legítima, na consideração da legítima formal cuja existência é actualmente duvidosa, e ainda na própria evolução histórica do instituto. Destes argumentos concluem que a legítima não produz efeitos na sucessão *abintestato*, o que implica a consequente impossibilidade da sua defesa no âmbito deste tipo de sucessão: para eles, o próprio chamamento intestado é suficiente para satisfazer os direitos do legitimário quando estes não tenham sido satisfeitos por acto de disposição do autor da sucessão, não chegando a abrir-se a sucessão legitimária[161].

---

[161] Foi já referido que atribuir à quota indisponível a mera função de limite à liberdade de disposição do autor da sucessão equivaleria a uma visão atrofiada e inadequada face à regulamentação legal deste instituto, tão rico quanto complexo; Cfr. *Supra* PARTE SEGUNDA, Cap. Segundo, I e II.

Mais recentemente algum autor veio refutar esta teoria, recorrendo à apreciação comparativa das regras da legítima e da sucessão intestada, as quais se revelam diferentes na sua essência e fundamento[162]. Assim, são diferentes, por exemplo, as regras de cálculo da quota legítima e da quota intestada, as regras de designação dos sucessores legitimários e dos sucessores *ab intestato* - que fazem surgir, por vezes, situações de não coincidência entre os designados de uma forma e de outra - a natureza imperativa das regras sobre a legítima e a natureza dispositiva das regras sobre a sucessão intestada, além de que o carácter da legítima como mero limite à liberdade de testar nem sempre surge como uma certeza, e não permite explicar o título de atribuição de parte da legítima nos casos em que o legitimário tem que pedir o seu complemento ou a redução de disposições testamentárias ou de doações. Segundo ESPEJO LERDO DE TEJADA, a presença da legítima nas sucessões intestada e mista encontra-se fundamentada pelos seguintes aspectos:

- O cálculo da legítima é uma operação unitária, referida ao total do património hereditário líquido existente à data da morte do autor da sucessão, incluindo todas as doações feitas por este - artº 818º do C.C.. Portanto, mesmo quando se abre a sucessão intestada, o cálculo da quota legitimária tem sempre que fazer-se em cumprimento daquele artigo.
- A abertura da sucessão intestada pode, nalguns casos, não garantir a atribuição das quotas legitimárias, como acontece, por exemplo, quando existam disposições testamentárias ou doações excessivas, ou quando se apliquem as regras da sucessão intestada e as disposições em favor dos legitimários não estejam sujeitas à colação (instituições de herdeiros, legados sem nenhuma referência à colação, doações dispensadas da colação), o que exige o recurso às regras específicas sobre a legítima.
- As atribuições intestadas surgem, segundo as normas do Código Civil, como objecto preferencial de redução, sempre que sejam necessárias para assegurar a percepção da legítima. A opção

---

[162] *Vid.* ESPEJO LERDO DE TEJADA, *La Legítima en la Sucesion Intestada...*, *op. cit.*, pp. 36 e ss., em especial 58 a 63.

102 *A Legítima do Cônjuge Sobrevivo - Estudo Comparado Hispano-Português*

resulta da subsidiariedade da sucessão intestada relativamente à sucessão testamentária - artᵒs 658ᵒ/3 e 912ᵒ/2 do C.C. esp. - pelo que, havendo lesão da legítima, a redução deve respeitar, em primeiro lugar, a vontade do testador, começando sempre pela quota disponível, desde que ela não sirva para pagamento de legítimas, e respeitando a seguinte ordem: atribuições intestadas, instituição testamentária de herdeiro, legados e doações.

- A legítima não pode ser meramente entendida como parte da sucessão intestada com carácter imperativo, na medida em que a ordem dos chamamentos e o conteúdo dos direitos respectivos podem não coincidir.

- A lesão da legítima não dá lugar no direito espanhol à abertura da sucessão intestada, uma vez que, ainda que coincidentes, os dois chamamentos têm justificações diferentes. A violação dos direitos do legitimário não dá lugar à abertura da sucessão intestada, mas sim à efectivação de um chamamento imperativo a uma quota necessária e mínima, atribuído ao legitimário, em resultado do seu direito à legítima, pelas normas que visam garantir essa efectivação - normas da legítima e não da sucessão intestada. Assim, o fundamento último da aquisição do suplemento da legítima é o próprio direito legitimário.

- As aquisições derivadas do exercício das acções de protecção da legítima são distintas das aquisições resultantes da sucessão intestada, pelo que se poderá concluir pela existência de um título sucessório a favor do legitimário. Esse título surge como um terceiro tipo de vocação, a par da testamentária e da intestada, e tem um maior alcance sempre que o autor da sucessão o não respeite, pois, nesse caso, sobrepõe-se às próprias atribuições lesivas feitas por este[163].

---

[163] Na verdade, a parte da legítima adquirida por força das acções para a sua protecção não pode fundamentar-se na sucessão testamentária, cujas disposições foram insuficientes para o efeito, nem numa sucessão com regras tão distintas como é a sucessão intestada.

- A legítima não consiste apenas num limite ou travão à liberdade dispositiva do autor da sucessão, mas também num direito capaz de produzir a transferência dos bens necessários para a sua satisfação, quando o dever legitimário não tenha sido cumprido pelo autor da sucessão.
- Os direitos que a lei confere ao legitimário colocam-no em posição muito idêntica à do herdeiro, título pelo qual é feito imperativamente o seu chamamento quando o autor da sucessão não tenha satisfeito a sua legítima por qualquer outro[164].

Também LACRUZ BERDEJO havia já defendido que, em certos casos, a legítima surge como um chamamento autónomo, embora não admita que esta constitua um tipo de vocação autónoma com carácter geral, por considerar que habitualmente funciona como limite ao qual não se recorre caso o testador tenha cumprido com o seu dever[165].

Actualmente o estudo da legítima na sucessão intestada coloca um problema que especialmente nos interessa que é o do reconhecimento do direito legitimário do cônjuge sobrevivo nessa modalidade de sucessão. Quando não existe sucessão testamentária abre-se a sucessão legítima ou intestada e, embora seja indiscutível que, existindo descendentes ou ascendentes do autor da sucessão, o cônjuge não possui quaisquer direitos intestados, o mesmo não poderá afirmar-se de ânimo leve relativamente aos seus direitos legitimários. Alguns autores não admitem o usufruto vidual dentro da sucessão intestada, pelo simples facto de não existir no C.C. esp. uma norma que reconheça expressamente esse direito no âmbito desta sucessão[166]. Contudo, embora recorrendo a argumentos dis-

---

[164] Para uma análise mais detalhada dos argumentos, *Vid.* ESPEJO LERDO DE TEJADA, *La Legítima en la Sucesion Intestada...*, *op. cit.*, *passim.*

[165] Para este autor, os artºs 658º, 764º e 912º do C.C. esp. limitar-se-íam a referir os chamamentos *mortis causa* de carácter geral, deixando de fora um tipo de chamamento diferente quanto ao património que serve de base ao cálculo das quotas e quanto à imperatividade das normas que o regulam, que opera a favor do legitimário prejudicado, produzindo efeitos apenas na medida do prejuízo sofrido, e que ocorre em certos casos que podem considerar-se abrangidos pelo artº 609º do mesmo diploma legal.

[166] Na redacção originária do C.C. colocou-se o mesmo problema, visto que os artºs 946º e ss. só reconheciam a legítima ao cônjuge sobrevivo em concurso com irmãos ou

104 *A Legítima do Cônjuge Sobrevivo - Estudo Comparado Hispano-Português*

tintos[167], é maioritária a doutrina que defende a opinião contrária e, actualmente, dificilmente se poderá duvidar que os direitos legitimários do cônjuge devam ser reconhecidos também na sucessão intestada, apesar da diferente redacção dos artºs 834º e 945º do C.C. esp., que estabelecem requisitos diversos para o chamamento do cônjuge à legítima e à sucessão intestada[168]. Esta conclusão impõe-se por várias razões: em primeiro lugar, porque não seria possível satisfazer os direitos legitimários do cônjuge através do chamamento intestado, uma vez que os chamamentos do cônjuge sobrevivo à legítima e à sucessão intestada divergem, não só quanto aos pressupostos de chamamento[169], mas também quanto a outros aspectos essenciais. Entre estes aspectos contam-se o lugar e ordem do chamamento - pois o chamamento do cônjuge à legítima é feito em concurso com descendentes ou ascendentes, enquanto o chamamento à sucessão intestada só ocorre quando a ela não sejam chamados descendentes nem

---

sobrinhos do autor da sucessão; assim, questionava-se se esse concurso se limitava só aos irmãos e sobrinhos ou se o cônjuge concorria também na sucessão intestada, para percepção da sua legítima em usufruto, com descendentes e ascendentes do autor da sucessão, dividindo-se a doutrina entre aqueles que pugnavam por esta última solução e os que negavam os direitos legitimários do cônjuge; Com a Reforma de 1958, o artº 953º do mesmo diploma legal veio reconhecer o direito do cônjuge sobrevivo à quota usufrutuária em qualquer caso, embora parte da doutrina tenha continuado a entender que o mesmo era insuficiente pois não contemplava os casos de concurso com descendentes ou ascendentes; A Reforma de 1981 passou a dar maior relevância à posição do cônjuge sobrevivo na sucessão intestada, chamando-o antes dos colaterais, mas manteve o silêncio quanto à subsistência do usufruto vidual na sucessão intestada.

[167] *Vid*. ESPEJO LERDO DE TEJADA, *La Legítima en la Sucesión Intestada...*, *op. cit.*, pp. 23 e ss.; MASIDE MIRANDA, *Legítima...*, *op. cit.*, pp. 268 e ss.; GUILARTE ZAPATERO, *Comentarios al Código Civil y Compilaciones Forales*, T. XIII, Vol. 1º , Madrid, 1988, p. 256; NUÑEZ BOLUDA, "El Orden de Suceder Abintestado y Personas con Derecho a la Legítima Después de la Reforma del Código Civil de 1981", *R.D.P.*, 1986, pp. 716 e 723. DE LA CÁMARA, *Compendio...*, 2ª ed., *op. cit.*, p. 177.

[168] Cfr. *Infra* PARTE TERCEIRA, Cap. II, IV.

[169] Existindo, no momento da abertura da sucessão intestada, descendentes ou ascendentes do autor da sucessão, o direito legitimário do cônjuge concorre com os direitos intestados daqueles; não existindo descendentes nem ascendentes, pode acontecer que o cônjuge tenha direito à legítima mas não tenha direito à sucessão intestada, se à data da abertura da sucessão os cônjuges estivessem separados por mútuo acordo documentado notarialmente ou separados por sentença definitiva de separação que tivesse declarado a culpa do autor da sucessão - cfr. os artºs 834º e 945º do C.C. esp..

ascendentes do *de cujus* - bem como o conteúdo dos direitos atribuídos, uma vez que a legítima confere ao cônjuge sobrevivo o direito ao usufruto de uma quota da herança, enquanto a sucessão intestada lhe atribui um direito de propriedade sobre a totalidade ou uma quota da mesma. Em segundo lugar, não podemos esquecer-nos da natureza imperativa das normas que regulam as legítimas: negar a legítima ao cônjuge sobrevivo na sucessão intestada poria em causa essa natureza imperativa, ou seja, equivaleria a concluir que a legítima seria imperativa na sucessão testamentária, mesmo contra a vontade expressa do autor da sucessão, mas já não na sucessão intestada, a qual se fundamenta numa mera presunção da sua vontade, conduzindo, assim, a resultados contrários ao próprio sistema[170]. Além disso, o não reconhecimento da legítima do cônjuge sobrevivo na falta de testamento abriria a porta a uma espécie de "deserdação" sem fundamento legal que defraudaria os seus direitos.

MASIDE MIRANDA fundamenta de outra forma a sua posição nesta matéria, recorrendo ao artº 3º/1 do C.C. esp. que, em sede de interpretação da lei, manda atender aos elementos literal, sistemático, histórico e teleológico. Quanto ao elemento literal, chega à conclusão de que o C.C. esp. nada refere a respeito do problema. Contudo, o autor entende resultar da letra e do espírito da lei - elemento sistemático - uma atitude claramente favorável à posição do cônjuge sobrevivo, como demonstra o artº 945º, ao chamá-lo à sucessão com preferência sobre os colaterais do autor da sucessão. O próprio elemento histórico reforça esta ideia, pois, desde o início do movimento codificador, tem vindo a manifestar-se uma tendência legislativa favorável aos direitos sucessórios do cônjuge e o problema chegou, inclusive, a ficar resolvido na Lei de 24 de Abril de 1958, ao reconhecer-se expressamente, em qualquer caso, o direito à quota vidual - antigo artº 953º do C.C. esp.. Por último, o autor é da opinião que o artº 945º se limita a reconhecer a expressão sociológica adquirida pela família nuclear, e a especial posição que ocupa dentro desta o cônjuge, atribuindo-lhe um estatuto mais favorável face aos irmãos e

---

[170] Segundo VALLET DE GOYTISOLO, a legítima do cônjuge tem o mesmo conteúdo nas sucessões testamentária e intestada, uma vez que não seria lógico defender que a lei se afasta supletivamente daquilo que impõe forçosamente à vontade do testador (*Vid. Las Legítimas*, T. I, *op. cit.*, pp. 150 e ss.).

sobrinhos do *de cujus*; sendo esta a finalidade da lei, seria incoerente que viesse, por outro lado, privar o cônjuge sobrevivo da sua quota em usufruto na sucessão intestada, e se essa tivesse sido a intenção do legislador, então deveria tê-la manifestado expressamente[171].

As doutrinas da Direcção Geral dos Registos e Notariado e do Tribunal Supremo reconhecem, sem restrições, o direito do cônjuge sobrevivo à legítima quando o autor da sucessão falece intestado. Afirmaram-no, por diversas vezes, nas Resoluções de 14 de Junho de 1897[172], de 6 de Novembro de 1912[173] e de 12 de Junho de 1930[174], bem como nas Sentenças de 13 de Novembro de 1930[175] ou de 22 de Fevereiro de 1932[176].

Concluindo, pensamos que, na falta de norma que admita os efeitos da legítima na sucessão intestada, sempre estes terão que ser admitidos por maioria de razão sob pena de desvirtuar a lógica do próprio sistema sucessório; assim, se a lei reconhece o direito à legítima na sucessão testamentária contra a vontade expressa do testador - vulgarmente designada como "lei da sucessão" - o mesmo terá que ser reconhecido na falta de qualquer manifestação dessa vontade. Aliás, a falta de norma específica parece resultar precisamente de esta ser dispensável, pois sendo a vocação legítima um instituto de direito necessário ela impor-se-á em toda e qualquer sucessão.

---

[171] *Vid.* MASIDE MIRANDA, *Legítima...*, *op. cit.*, pp. 268-269.

[172] *Colección Oficial de Leyes, Reales Decretos, Reales Ordenes, Circulares y Resoluciones*, T. VI, 1908, pp. 373-377.

[173] *JC*, T. 125, nº 55. O primeiro Considerando desta Resolução refere que "*...si bien es cierto, como afirma el recurrente, que ni la ley de Bases de 11 de Mayo de 1888, ni en artículo alguno del Código civil, se llama al cónyuge viudo á la herencia del premuerto intestado, cuando éste deja ascendientes ó descendientes, también lo es que la práctica jurídica, interpretando justa y rectamente las disposiciones del Código, que regulan las legítimas y la sucesión intestada, ha reconocido el derecho del cónyuge viudo en todos los casos de aquélla, como heredero forzoso ó legitimario que es, y así consta haberse hecho también en el presente caso...*".

[174] *JC*, T. 195, nº 32. Esta Resolução declara, num caso de abertura da sucessão intestada, que "*...no puede autorizarse como práctica correcta el que no sólo deje de declararse el derecho de la viuda a la cuota usufructuaria legal, sino que se realice la partición en que ella aparece interesada, sin su concurso ni representación:*"

[175] *JC*, T. 197, nº 18.

[176] *JC*, T. 202, nº 78.

PARTE TERCEIRA
LEGÍTIMA DO CÔNJUGE SOBREVIVO

CAPÍTULO PRIMEIRO
EVOLUÇÃO DA INSTITUIÇÃO FAMILIAR E LEGÍTIMA
DO CÔNJUGE SOBREVIVO

I - Repercussão da actual concepção da família sobre os regimes matrimoniais de bens

As concepções familiares vigentes numa sociedade repercutem significativamente nos regimes jurídicos da família e do casamento, os quais interagem, por sua vez, com o direito hereditário. Assim, o Direito Sucessório foi sofrendo desde sempre o influxo de algumas matérias do Direito da Família, como é o caso dos regimes económicos matrimoniais, e foi-se moldando às transformações ocorridas no seio da própria instituição familiar.

A família tradicional ou grande família, característica da economia agrária e que durante séculos foi a base das sociedades ocidentais, desapareceu gradualmente com a alteração profunda dos condicionalismos políticos e sócio-económicos registada ao longo dos tempos. Com o advento da Revolução Industrial precipitou-se o processo evolutivo da instituição familiar[177], a qual perde as suas características de família patri-

---

[177] As primeiras investigações do Grupo de Cambridge, publicadas em 1972 na obra *Household and Family in Past Times*, vieram demonstrar que vários séculos antes da

arcal, unitária e multifuncional, marcada pela subordinação dos interesses individuais dos cônjuges aos interesses mais relevantes da instituição e pela grande dependência económica entre os seus membros[178], para começar a delinear-se uma instituição com funções essencialmente afectivas, educativas e culturais[179]. A perda de certas funções permite o nascimento de uma família em que predomina a autonomia individual, com sobreposição dos interesses de cada um dos membros aos da própria instituição, e cuja riqueza deixa de depender dos pequenos patrimónios imobiliários para passar a basear-se na força de trabalho de cada um dos elementos que a compõem[180]. Surge, assim, a família nuclear ou conjugal, mais restrita, no seio da qual se assiste a uma emancipação dos seus membros, incluindo o cônjuge, aos mais variados níveis, e a uma maior autonomia entre eles pelo desaparecimento das relações de domínio-subordinação anteriormente existentes entre pai e filhos e marido e mulher[181]. No

---

industrialização, mais conctretamente desde meados do séc. XV, a estrutura conjugal dominava já o modelo familiar, sobretudo nos países do Norte da Europa, permitindo a conclusão de que esta estrutura da família ocidental seria não tanto uma consequência mas um dos aspectos favoráveis à própria industrialização; *Vid.* CHIARA SARACENO, *Sociologia da Família*, Lisboa, 1997, pp. 23 e ss..

[178] Era de extrema importância o exercício pela família das funções política (veja-se o caso da família romana, assente no parentesco agnatício e na subordinação dos seus membros à *potestas* do *pater*), económica, religiosa, educacional, cultural e assistencial, em substituição da própria sociedade; além disso, a família apresentava a condição de suporte económico de um determinado património, possibilitando a sua conservação e transmissão por morte; *Vid.* GELÁSIO ROCHA, "Os Direitos de Família e as Modificações das Estruturas Sociais a que Respeitam", *Temas de Direito da Família* (Ciclo de Conferências do Conselho Distrital do Porto da Ordem dos Advogados), Coimbra, 1986, pp. 35-40.

[179] Actualmente as próprias funções de educação, assistência e segurança, que tradicionalmente cabiam à família, vão sendo gradualmente transferidas para a sociedade e para o Estado, permitindo-lhe dedicar-se a outras funções mais consentâneas com a sua aptidão natural; *Vid.* PEREIRA COELHO, "Casamento e Família no Direito Português", *Temas de Direito da Família* (Ciclo de Conferências do Conselho Distrital do Porto da Ordem dos Advogados), *op. cit.*, p. 26.

[180] *Vid.* COSSÍO Y CORRAL, "Los Derechos Sucesorios del Cónyuge Sobreviviente", *R.D.P.*, Madrid, 1957, pp., 132-135; GELÁSIO ROCHA, "Os Direitos de Família...", *op. cit.*, p. 42.

[181] *Vid.* ALONSO PÉREZ, "La Familia Entre el Pasado y la Modernidad. Reflexiones a la Luz del Derecho Civil", *AC*, 1998-1, pp. 23-24; GONÇALVES DE

direito moderno observa-se o fortalecimento deste modelo familiar, decorrente da ideia de que o vínculo conjugal é muitas vezes mais forte que o vínculo de sangue[182].

Nos ordenamentos jurídicos português e espanhol há vários indícios legais que exprimem esta tendência para a restrição da comunidade familiar. No caso português um dos mais importantes foi a alteração introduzida na posição sucessória do cônjuge sobrevivo pelo Decreto-Lei nº 496/77, de 25 de Novembro, aliada à restrição do círculo de sucessíveis, uma vez que, com a aludida reforma, o cônjuge sobrevivo passou a ser herdeiro legitimário concorrendo em propriedade a uma quota da herança juntamente com os descendentes ou os ascendentes do seu falecido consorte. Além disso, outras normas do Código Civil português apontam indubitavelmente no sentido da tutela da família nuclear[183]. No C.C. esp. a tendência para a restrição da comunidade familiar está patente, depois de 1981, nos artºs 943º e 944º que, na falta de descendentes e ascendentes, chamam à sucessão intestada o cônjuge sobrevivo, colocando-o em posi-

---

PROENÇA refere três estruturas internas da família: a família unitária, baseada na hegemonia do marido, vigente no direito romano e no período medieval; a família institucional, baseada na cooperação diferenciada dos cônjuges, consagrada, nomeadamente, no Código Civil português de 1966; e, por fim, a família existencialista, baseada na igualdade entre os cônjuges a todos os níveis, reconhecida com a Reforma do C.C. português de 1977 que acentuou o seu carácter individualista, restringindo ainda mais o seu âmbito aos cônjuges e seus filhos (*Direito da Família*, Lisboa, 1996, pp. 48 e ss.).

[182] *Vid*. PEÑA BERNALDO DE QUIRÓS, *Derecho de Família, op. cit.*, p. 19; Segundo DÍEZ-PICAZO y GULLÓN, *Sistema...*, IV, *op. cit.*, p. 41, a Reforma de 1981 do C.C. esp. consagrou definitivamente a família nuclear, e limitou-se a fazer meras referências esporádicas e fragmentárias aos laços de parentesco. O reconhecimento deste facto constava já da justificação incluída na Exposição de Motivos do Projecto de Lei de Modificação do Código Civil Espanhol, em matéria de Filiação, Poder Paternal e Regime Económico do Casamento (*BOC*. nº 14, de 14 de Setembro de 1979), onde se afirma, "*No se ha vacilado en adelantar el puesto del cónyuge, dando con ello reconocimiento al hecho de que el matrimonio ordinariamente establece entre las personas un vínculo más fuerte que el de sangre, y, a su vez, al de que en la sociedad moderna prima la familia nuclear sobre la troncal.*" (Vid. *Comentarios a las Reformas del Derecho de Familia*, I, Madrid, 1984, p. 34).

[183] Cfr., *v.g.* os instituto da intangibilidade da legítima, nas suas vertentes quantitativa (modo como se procede à redução de liberalidades nos artºs 2168º e ss. do C.C.) e qualitativa (artºs 2163º a 2165º), da partilha em vida (artº 2029º) ou da colação (artºs 2104º e ss.).

ção mais favorável relativamente aos colaterais do autor da sucessão, contrariamente ao que dispunham os art°s 946° e 952° na redacção originária do mesmo diploma. Anteriormente já a Lei de 24 de Abril de 1958 tinha aumentado a quota legitimária do cônjuge em concurso com ascendentes e na falta destes e de descendentes.

É a esta pequena família que o art° 67° da Constituição da República Portuguesa, introduzido pela revisão de 1982, e os art°s 32° e 39° da Constituição Espanhola dirigem a sua protecção[184], apesar de não poder afirmar-se que o modelo familiar moderno implementado pelas Reformas dos respectivos Códigos Civis tenha posto significativamente em causa o modelo familiar tradicional porquanto, a par da consagração do princípio da igualdade entre os cônjuges - art°s 36°/3 da CRP, 1671° do C.C. port., 32° da CE e 66° do C.C. esp. - da fungibilidade dos papéis conjugais, a desempenhar indistintamente por qualquer dos cônjuges, da consagração do divórcio por mútuo consentimento e do divórcio litigioso por causas objectivas - art°s 1773° do C.C. port. e 86° do C.C. esp. - o casamento continuou a ser objecto de apertada regulamentação legal quanto à sua forma e conteúdo, nomeadamente quanto aos seus efeitos pessoais e patrimoniais - art°s 32°/2 da CE e 36°/2 da CRP[185].

---

[184] ROCA TRÍAS, *Familia y Cambio Social (De la "Casa" a la Persona)*, Madrid, 1999, p. 39, considera que o legislador não limitou o conceito constitucional de família a um tipo específico de grupo familiar, conferindo também protecção a unidades familiares que não se reconduzem à família nuclear; Também no sentido de que a Constituição não configura o modelo da família tutelável, por este não ser uniforme, ALONSO PÉREZ, "La Familia...", *loc. cit.*, p. 25. Já DÍEZ-PICAZO y GULLÓN, *Sistema...*, IV, *op. cit.*, p. 31, consideram que, embora a CE aparente não atender exclusivamente ao modelo de família matrimonial, pode entender-se que a protecção jurídica à família, constante dos citados artigos, vai dirigida à família nuclear.

[185] A família parental continua a ter alguma relevância, traduzida em normas como os art°s 1915° e 1918° do C.C. port., relativos à legitimidade para requerer a inibição do exercício do poder paternal, o art° 1733°/ 1, al. g), que impõe a incomunicabilidade das recordações de família, ou o art° 2009°/1, quanto ao regime da obrigação alimentícia; *Vid.* PEREIRA COELHO, "Casamento e Família...", *op. cit.*, pp. 21-22; No C.C. esp. os laços de parentesco não são objecto de uma regulamentação orgânica (Neste sentido, *Vid.* DÍEZ-PICAZO y GULLÓN, *Sistema...*, IV, *op. cit.*, p. 41), embora a nível familiar e sucessório estejam consagrados institutos reveladores da importância desses laços, como é o caso das reservas e da obrigação de alimentos.

A própria concepção do casamento sofreu com a desinstitucionalização da família, e em vez do casamento-instituição surge a figura do casamento-contrato. Simultaneamente certos laços familiares, designadamente os conjugais, tornam-se menos intensos ou menos vinculativos, quer devido a um maior reconhecimento da liberdade individual dos cônjuges e à crescente independência económica da mulher, quer ao próprio regime de dissolução do casamento, admitida agora por simples acordo dos interessados[186]. Assiste-se, portanto, a uma alteração da própria estrutura da sociedade conjugal baseada nos princípios de plena igualdade de direitos e obrigações dos cônjuges, sem que isso obste a que o cônjuge sobrevivo e os filhos continuem a ser consideradas as pessoas com mais forte ligação familiar ao cônjuge pré-falecido, sendo actualmente os vínculos conjugal e de filiação os factos designativos legitimários por excelência.

A evolução das concepções sobre a família, e mais concretamente sobre a sociedade conjugal que é o seu núcleo, conduziu também a uma modificação dos regimes matrimoniais de bens consagrados supletivamente, visto que o regime supletivo é estipulado por lei atendendo à configuração que a instituição familiar assume em cada momento; por sua vez, alguns aspectos do regime patrimonial conjugal tendem a projectar-se no Direito Sucessório. No direito português a constatação da evolução da instituição familiar no sentido de um maior afrouxamento dos laços familiares entre os cônjuges e a maior dissolubilidade do casamento originou que o Código Civil de 1966 rompesse com a tradição centenária que

---

[186] A referência à menor intensidade dos laços conjugais não deverá, contudo, ser conotada com a existência de uma menor comunhão de vida entre os cônjuges na constância do casamento (essa comunhão de vida sai, em nossa opinião, mais reforçada pela maior partilha exigida pela igualdade de direitos e obrigações entre eles), mas com o entendimento de que a maior facilidade de dissolução do casamento por divórcio terá proporcionado uma nova perspectiva do vínculo matrimonial como vínculo não perpétuo. Esta situação foi facilitada pela natureza consensual do casamento e da sua manutenção, bem como pela consequente consagração do divórcio consensual (*Vid.* ROCA TRÍAS, *Familia y Cambio Social, op. cit.*, pp. 163-167 e 170); Sobre o tema, *Vid.* também FERNANDO NOGUEIRA, "A Reforma de 1977 e a Posição Sucessória do Cônjuge Sobrevivo", *ROA*, Ano 40, Lisboa, 1980, pp. 667-671, MARIA JOÃO VAZ TOMÉ, *O Direito à Pensão de Reforma Enquanto Bem Comum do Casal*, Coimbra, 1997, pp. 128 e ss., e LEITE DE CAMPOS, *Lições de Direito da Família e das Sucessões, op. cit.*, pp. 29-92.

consagrava a comunhão geral de bens, também designada por "costume do Reino", como regime supletivo. Este regime possuía, segundo alguma doutrina, vários inconvenientes: incentivava o chamado casamento-negócio, permitindo o locupletamento de um dos cônjuges à custa do outro, tanto no caso de dissolução por morte como no de divórcio, e favorecia a transferência dos bens para uma linhagem diferente, sendo sua única vantagem a de proporcionar ao cônjuge sobrevivo uma melhor posição[187]. À medida que a própria concepção do casamento se modifica, perdendo as suas notas de estabilidade e perpetuidade, esboroam-se os fundamentos que vêem na comunhão patrimonial a consequência da união espiritual dos cônjuges e defende-se a maior justeza da consagração dos regimes de separação total ou, pelo menos, de separação relativa, nomeadamente o da comunhão de adquiridos: só este regime evitaria as apontadas desvantagens da comunhão geral, apresentando a vantagem de as suas soluções serem igualmente indicadas tanto para os casos de dissolução do casamento por morte como para os de divórcio ou separação de pessoas e bens[188]. Foi assim que o C.C. português de 1966 optou por um regime em que apenas são comuns os bens obtidos pelos cônjuges na constância do casamento e se exceptuam, portanto, os bens adquiridos a título gratuito ou por virtude de direito próprio anterior, bem como outros considerados

---

[187] Para uma noção dos argumentos contra o regime da comunhão geral de bens e a favor da comunhão de adquiridos como regime supletivo, *Vid.* BRAGA DA CRUZ, "O Regime Matrimonial de Bens Supletivo no Direito Luso-Brasileiro" in *Obras Esparsas, Vol. II, Estudos de História do Direito, Direito Moderno, 1ª Parte*, Coimbra, 1981, pp. 89 a 113.

[188] BRAGA DA CRUZ defendeu a bondade deste regime como regime supletivo, embora tenha sublinhado que a sua consagração deveria ser acompanhada de algumas medidas de salvaguarda do cônjuge a nível sucessório, através da consagração de uma legítima em usufruto ao jeito da consagrada no C.C. espanhol, o que afinal não veio a acontecer pois na versão originária do C.C. português de 1966 o cônjuge apenas ficou com direito a um usufruto com a natureza de mero legado legítimo, susceptível de ser afastado pelo autor da sucessão (*Ibidem*, pp. 111-112); LEITE DE CAMPOS é também da opinião que a perda da estabilidade familiar - fundamento da comunhão geral de bens - agravada sobretudo com a Lei do Divórcio de 1910, justificava um novo posicionamento a respeito do regime supletivo de bens do casamento (*Vid.* "Parentesco, Casamento e Sucessão" in *ROA*, Lisboa, Ano 45, nº I, pp. 33-35).

Legítima do Cônjuge Sobrevivo   113

por lei incomunicáveis - art°s 1717°, 1721°, 1722°, 1723 e 1733°. Também o Código Civil espanhol consagrou, desde a sua versão originária, como regime matrimonial supletivo de primeiro grau, a *sociedad de gananciales*, instituto que implica uma separação entre os patrimónios privativos de cada cônjuge e o património comum ou *ganancial* adquirido na constância do casamento - art°s 1346° e 1347°[189]. O C. C. espanhol consagra ainda como regime supletivo de segundo grau a separação de bens, nomeadamente para os casos em que os cônjuges tenham convencionado o afastamento da *sociedad de gananciales* sem estipular ou escolher outro regime aplicável - art° 1435°, n° 2 - enquanto o C.C. português estabelece no seu art° 1720° a imperatividade deste mesmo regime para os casamentos celebrados sem precedência do processo de publicações e para os celebrados por quem tenha completado sessenta anos de idade, factos que parecem ser reveladores da importância crescente que vêm assumindo os regimes matrimoniais de separação de bens[190].

II - Conexão entre os regimes matrimoniais supletivos e o estatuto sucessório do cônjuge sobrevivo

Alguns sistemas jurídicos têm optado por defender a posição do cônjuge essencialmente através de direitos integrados no âmbito do

---

[189] Neste regime são comuns os benefícios ou *ganancias* obtidos indistintamente por qualquer dos cônjuges durante a vigência do casamento, os quais se dividirão na proporção de metade para cada cônjuge no momento da dissolução da sociedade conjugal, nos termos dos art°s 1392° e 1393° do C.C. esp. - art° 1344° do mesmo diploma legal. Constituem *ganancias* ou benefícios as aquisições realizadas com fundos cuja origem privada não possa ser provada e pelos frutos, quer dos bens dos cônjuges quer da actividade destes (*Vid.* LACRUZ BERDEJO, *Elementos de Derecho Civil*, IV, *Derecho de Familia*, Barcelona, 1997, pp. 275-276).

[190] A Lei 11/1981, de 13 de Maio, de Modificação do Código Civil Espanhol em matéria de Filiação, Poder Paternal e Regime Económico do Casamento (*BOE* n° 119 de 19 de Maio), introduziu no Código Civil a novidade do regime de participação - art°s 1411° a 1434°. Na base deste regime está a ideia de permitir a cada cônjuge participar nas *ganancias* obtidas pelo seu consorte durante o período em que vigore o dito regime, tentando combinar um sistema de separação de bens, durante a vigência do casamento, com a partilha dos bens adquiridos por cada cônjuge, após dissolução do mesmo.

regime matrimonial de bens[191], enquanto outros preferem atribuir-lhe direitos sucessórios independentes daquele regime[192]. Os ordenamentos que optam por este último sistema têm procurado conciliar da melhor forma os regimes patrimoniais do casamento e o regime sucessório e, apesar destes constituirem aspectos jurídicos distintos, assiste-se à generalização desta tendência, inclusive porque, na maioria dos casos, para a determinação do património hereditário é necessária a partilha prévia do património conjugal[193].

O facto de os ordenamentos jurídicos decidirem consagrar supletivamente regimes de comunhão parcial - nos quais se incluem a comunhão de adquiridos e a *sociedad de gananciales* - deve ser argumento de peso para justificar uma maior protecção sucessória do cônjuge sobrevivo, de-

---

[191] É o que acontece na Compilação de Direito Civil de Aragão, que atribui ao cônjuge viúvo um usufruto universal derivado do regime económico matrimonial, que nasce com o casamento e se torna efectivo com a morte de um dos cônjuges - artºs 72º a 88º - e na Compilação de Direito Civil da Catalunha, onde se prevêem vários direitos derivados do regime económico matrimonial, nos seus artºs 19º (direito de preferência na atribuição de determinados bens), 24º e 25º (ano de luto) ou 38º (*tenuta*). Também a Lei de Direito Civil Foral do País Basco consagra um sistema de comunhão geral de bens que, em caso de dissolução do casamento com filhos ou descendentes comuns, dá lugar a uma comunhão hereditária entre o viúvo e os filhos até à partilha e adjudicação dos bens - artºs 104º e ss. - embora actualmente atribua também direitos sucessórios ao cônjuge sobrevivo - artº 58º.

[192] É o caso dos Códigos Civis português e espanhol, da Compilação do Direito Civil das Baleares (artº 45º), e da Compilação do Direito Civil Foral de Navarra que, nas suas Leis 253 e ss., consagra um usufruto de fidelidade a favor do cônjuge sobrevivo, o qual, apesar do carácter aparentemente familiar, deve qualificar-se como instituto sucessório pela sua integração sistemática e pelos pressupostos da sua atribuição.

[193] O património comum do casal apresenta-se, para alguns autores, como uma propriedade colectiva próxima da antiga comunhão germânica, o que gera a necessidade de prévia divisão do património familiar para posterior determinação do património hereditário. Esta é mais uma manifestação da estreita conexão entre família e sucessão, uma vez que a existência de património comum durante a vigência da "sociedade" conjugal postula a sua partilha prévia, de modo a apurar a meação do cônjuge sobrevivo e, posteriormente, a herança do autor da sucessão; regista-se, portanto, uma dupla situação particional que não se verifica nos regimes de separação de bens, porque nestes, ainda que existam bens em regime de compropriedade, os cônjuges podem pôr termo à comunhão a qualquer momento - cfr. os artºs 1736º, 1412º e 1413º do C.C. port..

signadamente mediante a atribuição de direitos legitimários, a qual tem essencialmente em perspectiva o cônjuge detentor de reduzido património e parcos meios de subsistência. Numa sociedade em que proliferam a classe média e os pequenos patrimónios e em que os bens do casal tendem a ser em menor número, a mera aplicação do regime de bens do casamento poderá, na maioria dos casos, não ser suficiente para proteger adequadamente o cônjuge sobrevivo e permitir-lhe manter o nível de vida que tinha durante o casamento, ou até para assegurar a sua própria subsistência. Por outro lado, não deve esquecer-se que se vem registando uma tendência cada vez maior, incrementada pela referida proliferação da classe média, para os casais optarem por regimes de separação de bens, o que constitui mais uma razão para que a lei proporcione uma protecção sucessória ao cônjuge mais desfavorecido, protecção essa claramente legitimada pela nova concepção familiar que, atendendo ao grau dos afectos que normalmente unem os cônjuges, atribui maior relevo ao vínculo conjugal que ao de parentesco.

Estamos em crer, portanto, que nenhum regime sucessório poderá alhear-se da importante conexão existente entre os direitos sucessórios atribuídos ao cônjuge sobrevivo e o regime matrimonial de bens[194] no intuito de salvaguardar da melhor forma os diferentes interesses que surgem em sede de sucessão, designadamente assegurar meios de subsistência ao cônjuge sobrevivo e manter, na medida do possível, os bens na família de sangue[195].

---

[194] COSSÍO Y CORRAL, "Los Derechos Sucesorios del Cónyuge Sobreviviente", *loc.. cit.*, p. 135, diz mesmo que a sucessão *mortis causa* é mera consequência da concepção que se tenha do regime económico familiar e é, em última instância, moldada por este regime; O Primeiro Congresso Nacional de Direito Civil, realizado em Zaragoza em 1946, destacou precisamente a estreita relação entre os domínios da sucessão e da economia do casamento (*Vid.* LACRUZ BERDEJO, "El Congreso Nacional de Derecho Civil de 1946", *ADC*, 1948, pp. 145 e ss.).

[195] FERNANDO NOGUEIRA, "A Reforma de 1977...", *loc. cit.*, p. 670, é da opinião que, perante o actual modelo da família conjugal, o princípio de manutenção dos bens na família de linhagem deixou de ter, em grande medida, razão de ser; CORREIA RAMIREZ considera igualmente que a família de linhagem perdeu actualmente o seu significado sócio-cultural, o que colocou em crise aquele princípio (*Vid. O Cônjuge Sobrevivo e o Instituto da Colação*, Coimbra, 1997, p. 78). LEITE DE CAMPOS, pelo contrário, mantém-se adepto deste princípio, considerando que se justifica, em parte com base nele, a

116 *A Legítima do Cônjuge Sobrevivo - Estudo Comparado Hispano-Português*

A maioria da doutrina portuguesa e espanhola considera que o estatuto sucessório do cônjuge sobrevivo deverá ser delineado tendo em conta a participação nos bens do casal, de acordo com o regime supletivo de bens do casamento, embora retire desse facto ilações distintas. Assim, se alguns autores portugueses consideram que o actual estatuto sucessório do cônjuge sobrevivo entra em colisão com certos interesses familiares e com o próprio regime supletivo de bens consagrado no direito português, desatendendo às razões que levaram o legislador de 1966 a estipulá-lo e o da Reforma de 1977 a mantê-lo[196], outros há para quem a tendência cres-

---

adopção pelo legislador de 1966 do regime matrimonial supletivo da comunhão de adquiridos (*Vid. Lições de Direito da Família e das Sucessões, op. cit.*, p. 601); À excepção do disposto no artº 1699, nº 2, do C.C. port., que proíbe que se convencione o regime da comunhão geral e a comunicabilidade dos bens referidos no artº 1722º, nº 1, nos casamentos celebrados por quem tenha filhos, o legislador português dá pouca relevância a este princípio, contrariamente ao que acontece no C.C. espanhol onde se encontram consagrados vários tipos de reservas - artºs 811º e 968º - e um direito de reversão legal - artº 812º; Contudo, existem já alguns indícios de mudança do pensamento do legislador espanhol nesta matéria: *v.g.*, o artº 944º do C.C. consagra uma solução incompatível com a reserva prevista no artº 811º do mesmo diploma, contrariando o princípio de manutenção dos bens na família da qual procedem (Sobre a matéria, *Vid.* GUILARTE ZAPATERO, *Comentarios al Código Civil y Compilaciones Forales*, T. XIII, *op. cit.*, pp. 248-251).

[196] No entender de LEITE DE CAMPOS, o facto de o cônjuge colaborar na produção dos bens do casal está já contemplado pelo regime de bens e não pode servir para fundamentar o estatuto sucessório, daí que defenda a atenuação, ou até a própria eliminação, dos direitos necessários do cônjuge, os quais dão à comunhão patrimonial uma relevância desfazada da realidade actual que é o casamento; após a Reforma de 1977 do Código Civil português, os objectivos da consagração da comunhão de adquiridos como regime matrimonial supletivo - evitar que o casamento surja como um meio de adquirir bens e impedir que os bens saiam da família da qual são provenientes - estariam postos em causa pelo estatuto sucessório do cônjuge sobrevivo, que veio empolar a relevância da família conjugal, negada pelo regime supletivo de bens e pelo actual regime do divórcio; considerando que os direitos do cônjuge sobrevivo deveriam ser acautelados pelo regime de bens do casamento, o autor chega mesmo a propor um regime supletivo misto, de comunhão de adquiridos durante a vida do casal e partilha por morte segundo a comunhão geral de bens, o qual, na opinião do autor, apresentaria as vantagens dos dois regimes-tipo sem gerar grandes inconvenientes (*Vid.* LEITE DE CAMPOS, *Lições de Direito da família e das Sucessões, op. cit.*, pp. 601-602 e "Parentesco, Casamento e Sucessão", *loc. cit.*, p. 45); Na mesma linha, PAMPLONA CORTE-REAL crê existir, desde a Reforma de 1977, uma tutela excessiva do cônjuge sobrevivo, a qual, a seu ver, não encontra fundamento nos princípios constitucionais consagrados na Constituição da República Portuguesa de 1976,

cente no sentido da consagração de regimes de separação de bens justifica uma maior protecção sucessória do cônjuge[197]. Esta última parece ser também a ideia dominante na doutrina espanhola, para a qual quanto menores forem os direitos proporcionados ao cônjuge pelo regime matrimonial maiores deverão ser os seus direitos sucessórios e vice-versa[198].

A necessidade de estabelecer um equilíbrio entre o sistema sucessório e o regime económico matrimonial assume particular relevo e complexidade no direito civil espanhol, devido à diversidade de ordenamentos que podem regular a posição do cônjuge sobrevivo e à variedade de soluções por eles apresentadas. A posição jurídica do cônjuge sobrevivo resulta, portanto, de uma multiplicidade de institutos, alguns enquadrados no regime económico do casamento, outros no regime sucessório, além de que a dissolução do casamento pela morte de um dos cônjuges origina, na maioria dos casos, a liquidação do regime económico matrimonial simultaneamente com a abertura da sucessão. Normalmente há uma preocupação de cada ordenamento civil em conjugar aqueles dois aspectos de forma a manter um equilíbrio entre eles, atribuindo menores direitos sucessórios quando a posição do cônjuge fica assegurada pelo regime matrimonial de bens e vice-versa[199].

---

faltando a articulação da sua posição sucessória com o regime matrimonial de bens (*Vid. Direito da Família e das Sucessões, op. cit.*, pp. 69-70, e *Direito da Família e das Sucessões - Relatório*, Lisboa, 1995, p. 151).

[197] Neste sentido, *Vid.* FERNANDO NOGUEIRA, "A Reforma de 1977...", *loc. cit.*, p. 684-685; Também GOMES DA SILVA considera que a protecção sucessória do cônjuge se justifica, precisamente por este não estar, na maioria dos casos, protegido pelos regimes matrimoniais de bens ("Posição Sucessória do Cônjuge Sobrevivo", *A Reforma do Código Civil, ROA*, Lisboa, 1981, pp. 61-62.).

[198] *Vid.* MASIDE MIRANDA, *Legítima...*, *op. cit.*, p. 412; VALLET DE GOYTISOLO, *Comentarios...*, T. XI, *op. cit.*, p. 442; ZABALO ESCUDERO, *La Situación Jurídica del Cónyuge Viudo, Estudio en el Derecho Internacional Privado y Derecho Interregional*, Pamplona, 1993, p. 86.

[199] O ordenamento jurídico-civil catalão é exemplo disso: consagrando como supletivo o regime económico-matrimonial da separação de bens - artº 7º da Compilação de Direito Civil da Catalunha - preocupou-se em compensar o desequilíbrio gerado por esse regime através da consagração, quer de direitos derivados do regime económico matrimonial, como o *don de supervivencia* - artº 19º da Compilação - o *any de plor* - artºs 24º e 25º da Compilação - ou a *tenuta* - artºs 38º e ss. da Compilação - quer de direitos no âmbito

118　*A Legítima do Cônjuge Sobrevivo - Estudo Comparado Hispano-Português*

O problema na definição da posição sucessória do cônjuge sobrevivo surge verdadeiramente quando o regime sucessório e o regime económico matrimonial confluem numa mesma situação jurídica e acabam, pelas divergências na sua regulamentação, por criar desfazamentos na determinação dos direitos. Quando a relação jurídica apresenta conexão com ordenamentos civis internos de conteúdo diferente podem surgir lacunas e recusa de quaisquer benefícios ao cônjuge sobrevivo ou, pelo contrário, sobreposição de benefícios, que conduzem a situações injustas[200]. Estes casos situam-se no domínio do chamado direito inter-regional e exigem uma norma de conflitos a nível interno para conjugar e equilibrar as diferentes soluções resultantes dos vários ordenamentos e do concurso, na ordem interna, entre a lei reguladora dos efeitos do casamento e a lei da sucessão. A solução é proporcionada por uma norma de Direito Internacional Privado, o artº 9º/8 do C.C. esp., aplicável no âmbito interno por força do artº 16º/1 do mesmo diploma. Aquela disposição legal determina a sujeição dos direitos atribuídos por lei ao cônjuge sobrevivo à lei que rege os efeitos do casamento, e em particular o seu regime económico, subordinando os diferentes aspectos envolvidos - dissolução da sociedade conjugal e sucessão - a uma única lei[201]. Os direitos do côn-

---

do regime sucessório, como o usufruto universal da herança na sucessão intestada, em concurso com descendentes, ou a propriedade da herança, na falta destes - artºs 330º e ss. do CSC - e ainda a *cuarta vidual* - artºs 379º e ss. do mesmo diploma legal.

[200] Veja-se o exemplo, apontado por ZABALO ESCUDERO, do concurso entre o direito aragonês, que regula o usufruto vidual como direito derivado do regime económico matrimonial, e o Código Civil espanhol, que atribui uma quota usufrutuária no âmbito do regime sucessório: se o regime matrimonial ficasse sujeito ao Código Civil e a sucessão ao direito aragonês, o cônjuge apenas teria direito à sua meação nos bens comuns e ficaria desprotegido em termos sucessórios, posto que o direito aragonês configura o usufruto de viúvez como um direito derivado do regime matrimonial e não do regime sucessório; Na hipótese inversa, de o regime matrimonial estar sujeito à lei aragonesa e o regime sucessório ao Código Civil, haveria uma sobreposição de direitos: o direito ao usufruto universal de viúvez, previsto na Compilação Aragonesa, e o direito à quota usufrutuária atribuído pelo C.C. (*Vid.* este e outros exemplos em ZABALO ESCUDERO, *La Situación Jurídica...*, *op. cit.*, pp. 148-155).

[201] Apesar da referência à lei reguladora dos efeitos do casamento, a norma de adaptação reporta-se à lei do regime económico matrimonial, seja ele derivado da lei ou resultante de estipulação das partes; esta é a única solução plausível, atendendo à estreita

Legítima do Cônjuge Sobrevivo 119

juge sobrevivo regem-se, portanto, pela lei reguladora do regime económico do casamento que, na falta de estipulação das partes, será a lei dos efeitos do casamento, segundo o art° 9°/2 do C.C. esp., embora os cônjuges possam acordar uma outra, nos termos do art° 9°/3 do mesmo diploma legal[202].

Para determinação da lei reguladora dos efeitos do casamento é necessário acudir aos art°s 16°/1,1ª, e 3, e 9°/2 do C.C. esp., segundo os quais os efeitos do casamento na dimensão interna se regem, em princípio, pela *vecindad* civil comum[203]. No caso de os cônjuges não possuirem a mesma *vecindad* civil encontram-se estabelecidas outras conexões com carácter subsidiário: em segundo lugar a lei reserva um espaço à autonomia privada, permitindo que os cônjuges estipulem a lei que deverá reger os efeitos do casamento, escolhendo entre a *vecindad* civil de qualquer deles ou a residência habitual de qualquer deles sempre que esta esteja fixada em Espanha; na falta de manifestação de vontade dos cônjuges quanto a este aspecto, a lei utiliza a conexão objectiva da residência habitual comum dos cônjuges no território espanhol no momento imediatamente posterior à celebração do casamento; na falta de residência habitual comum no território espanhol remete-se para a lei do lugar da celebração do casamento; por último, o art° 16°/3 do C.C. introduz outra conexão, que deve reger quando o lugar da celebração do casamento fique localizado no estrangeiro, a qual conduz à aplicação do Código Civil espanhol, regulando-se a situação do cônjuge pelo regime de bens supletivo - *sociedad de gananciales* - embora excepcionalmente possa aplicar-se o regime de separação de bens previsto no mesmo Código quando, de acordo com as leis pessoais dos contraentes, houvesse de aplicar-se um regime de separação de bens[204].

---

conexão existente entre aquele regime e o fenómeno sucessório. Neste sentido, ZABALO ESCUDERO, *La Situación Jurídica...*, *op. cit.*, pp. 126 e 174.

[202] Neste sentido, ZABALO ESCUDERO, *La Situación Jurídica...*, *op. cit.*, pp. 128 e 171-174.

[203] A *vecindad* civil consiste na pertença a uma Comunidade regional, de entre as que compõem o Estado espanhol.

[204] *Vid.* ZABALO ESCUDERO, *La Situación Jurídica...*, *op. cit.*, pp. 158-161; Sem deixar de referir as criticas que esta última solução tem merecido, pela alegada discriminação que estabelece entre os diferentes ordenamentos internos espanhóis, violadora dos

Para ZABALO ESCUDERO a solução, adoptada pelo direito interregional, de submeter os direitos do cônjuge sobrevivo à lei reguladora dos efeitos do casamento, não é a mais adequada, na medida em que pode operar em detrimento dos direitos que resultariam da aplicação do regime sucessório. A autora qualifica a norma de adaptação consagrada no artº 9º/8 do C.C. esp. como uma norma formal e rígida, completamente alheada do conteúdo material das legislações em presença, que não intervém para resolver um problema de desajuste material entre a lei do regime matrimonial e a lei sucessória, mas antes para evitar o aparecimento deste problema, e que, como tal, não deveria ser de aplicação geral[205].

CAPÍTULO SEGUNDO
CARACTERÍSTICAS E PRESSUPOSTOS DA LEGÍTIMA DO CÔNJUGE SOBREVIVO NOS DIREITOS PORTUGUÊS E ESPANHOL

I - Introdução

A legítima vem regulada nos artºs 806º e ss. do C.C. espanhol e 2156º e ss. do C.C. português. No C.C. esp. a legítima vidual encontra-se atribuída pelo artº 807º/3º e regulada nos artºs 834º a 840º, enquanto, por sua vez, o C.C. port. lhe dedica os artºs 2157º a 2159º e 2161º, contendo o artº 2157º uma remissão expressa para as normas da sucessão legítima, ou seja, para os artºs 2133º e ss. do mesmo diploma legal. À partida a legítima vidual tem as mesmas características que são apontadas às restantes, isto é, às legítimas dos descendentes e dos ascendentes, tratando-se de um

---

artºs 2º e 137º, em relação com o artº 149º/1/8, todos da CE, a autora chama particularmente a atenção para a falta de vinculação que possa existir, em certos casos, entre a relação jurídica e a aplicação do C.C. esp. imposta desta forma, e para os prejuízos que pode gerar para a situação do cônjuge a aplicação da lei que rege os efeitos do casamento, em vez da lei que rege a sucessão (*La Situación Jurídica, op. cit.*, p. 165).

[205] *Vid. La Situación Jurídica...*, *op. cit.*, pp. 105-107 e 167.

instituto imperativo que impõe ao autor da sucessão o dever de não dispor dos bens reservados por lei aos legitimários - artº 2156º do C.C. port. - ou de cumprir, por sua morte, com determinada atribuição patrimonial, a qualquer título - artºs 806º e 815º do C.C. esp.[206]. Não obstante, as legítimas do cônjuge sobrevivo apresentam, nos ordenamentos em estudo, determinadas características específicas que lhes conferem uma tonalidade muito própria. Tratam-se, designadamente, de legítimas concorrentes - artºs 834º e 837º do C.C. esp. e 2133º do C.C. port., aplicável *ex vi* do artº 2157º do mesmo diploma - variáveis em função das diferentes classes de sucessíveis com as quais o cônjuge sobrevivo concorra - artºs 834º e 837º do C.C. esp. e 2159º e 2161º do C.C. port. - recíprocas e independentes do regime de bens que tenha vigorado no casamento. A legítima vidual do C.C. espanhol tem ainda a particularidade de ser em usufruto parcial e susceptível de avaliação e comutação, nos casos previstos nos artºs 839º e 840º.

II - Características comuns

1. Legítima de carácter geral

Contrariamente à legítima dos ascendentes, que tem lugar apenas nos casos em que o autor da sucessão não possua descendentes - artºs 807º/2 do C.C. esp. e 2157º do C.C. port., o qual remete, por sua vez, para os artºs 2133º e 2134º do mesmo diploma legal - a legítima do cônjuge sobrevivo persiste sempre, quer existam descendentes ou ascendentes do autor da sucessão. Daí a sua caracterização como legítima geral, que não fica excluída apesar do concurso de outros sucessíveis. Este facto representa um indício da relevância atribuída à posição sucessória do cônjuge sobrevivo e do seu direito à legítima enquanto direito incondicionado.

---

[206] Defendem esta posição quanto à legítima vidual do C.C. esp., entre outros, MASIDE MIRANDA, *Legítima...*, *op. cit.*, p. 56, e ROCA-SASTRE MUNCUNILL, *Derecho de Sucesiones*, II, *op. cit.*, p. 301.

2. Legítima variável e concorrente

Existindo sempre, como referimos, direito do cônjuge sobrevivo à sua legítima, mesmo em concurso com outras classes de legitimários, verifica-se que a sua medida varia precisamente em função dos legitimários com os quais concorra, não consistindo numa quota fixa como acontece com as legítimas dos descendentes e ascendentes. Assim, no C.C. esp. a legítima do cônjuge em concurso com descendentes recai sobre um terço do património líquido do autor da sucessão, calculado nos termos do artº 818º, onerando o terço destinado à *mejora* - artº 834º. No concurso com filhos apenas do autor da sucessão concebidos durante o casamento deste com o cônjuge sobrevivo, tem direito ao usufruto de metade da herança, o qual recai, neste caso, sobre o terço de *mejora*, onerando o restante a quota disponível - artº 837º/2[207]. Concorrendo com ascendentes a sua quota usufrutuária recai sobre metade da herança - artº 837º/1 - quer se tratem de ascendentes legítimos, ilegítimos ou adoptantes plenos, os quais passaram a estar equiparados após a Reforma de 1981. Na falta de descendentes e ascendentes o cônjuge tem direito a uma legítima de dois terços da herança - artº 838º.

No C.C. port. a legítima do cônjuge sobrevivo, na falta de descendentes e ascendentes, é de 1/2 da herança - artº 2158º; as legítimas objectivas do cônjuge e descendentes, bem como do cônjuge e ascendentes são de dois terços da herança - artºs 2159º/1, 2133º/1, al. a), 2161º/1 e 2133º/1, al. b) - procedendo-se, em regra, à sua divisão por cabeça ou por partes iguais, nos termos dos artºs 2139º e 2142º, aplicáveis *ex vi* do artº 2157º.

---

[207] Alguns autores têm questionado a constitucionalidade desta norma, por alegada violação do artº 14º da Constituição Espanhola; MIQUEL, *Comentarios a las Reformas del Derecho de Família*, II, Madrid, 1984, pp. 1327-1328, considera inconstitucional o preceito porque a sua *ratio* só permite aplicá-lo em detrimento dos filhos não matrimoniais do autor da sucessão (embora no seu teor literal possam caber, inclusive, os filhos matrimoniais de casamento válido ou nulo em caso de bigamia). Contudo, outro sector doutrinal considera justificada a vantagem atribuída neste caso ao cônjuge, atendendo a que a existência de um filho do autor da sucessão tido com outra pessoa na constância do casamento revela graves violações do dever conjugal de fidelidade; No sentido da constitucionalidade, *Vid.* LACRUZ BERDEJO, *Elementos...*, V, *op. cit.*, p. 400, e VALLET DE GOYTISOLO, *Comentarios...*, T. XI, *op. cit.*, p. 438.

Legítima do Cônjuge Sobrevivo 123

No entanto, a lei consagra uma excepção à regra da igualdade da divisão, ao determinar, na 2ª parte do nº 1 do artº 2139º, que, em caso algum, a quota do cônjuge sobrevivo poderá ser inferior a 1/4 da herança, aplicando-se este preceito sempre que concorram à herança o cônjuge sobrevivo e mais de três filhos do autor da sucessão[208].

Esta disposição tem suscitado divergências quanto ao modo de cálculo da legítima do cônjuge sobrevivo e da sua participação na quota disponível, caso haja lugar à abertura da sucessão intestada. As divergências resultam, essencialmente, das diferentes interpretações do termo "herança" empregue nos nºs 1 e 2 do artº 2139º[209]. Há quem defenda que o termo abrange a totalidade da massa patrimonial do autor da sucessão, independentemente das deixas testamentárias ou contratuais por ele feitas no âmbito da sua liberdade dispositiva - artº 2131º - e de poderem existir quotas da herança deferidas por lei no âmbito da sucessão legitimária - artºs 2156º e 2157º - tese que tem tido alguma expressão na prática particional.

Outra perspectiva considera que o vocábulo "herança" é utilizado para designar a universalidade de bens a partilhar entre sucessores legítimos (ou legitimários, por força da aplicação do preceito à sucessão legitimária), embora possam existir outros títulos de vocação sucessória[210].

---

[208] Concorrendo à sucessão o cônjuge e, pelo menos, quatro filhos, sendo indiferente que estes sejam de um ou mais casamentos do autor da sucessão, ou até que sejam extra-matrimoniais, o cônjuge recebe 1/4 da herança, sendo os restantes 3/4 divididos pelos filhos, em partes iguais; Vários autores questionaram já a bondade desta norma, que a seu ver favorece, injustificadamente, a posição sucessória do cônjuge sobrevivo (*Vid.*, por todos, PIRES DE LIMA/ANTUNES VARELA, *Código Civil Anotado*, VI, *op. cit.*, pp. 230-231); Não obstante, a sua relevância prática tende a esbater-se actualmente, se nos lembrarmos que as famílias têm uma prole cada vez menos numerosa.

[209] Esta norma relativa à sucessão legítima do cônjuge e descendentes, mas igualmente aplicável à sucessão legitimária, por força do artº 2157º do C.C. port., dispõe, no seu número um: "*A partilha entre o cônjuge e os filhos faz-se por cabeça, dividindo-se a herança em tantas partes quantos forem os herdeiros; a quota do cônjuge, porém, não pode ser inferior a uma quarta parte da herança.*"

[210] É este o sentido seguido pela doutrina maioritária; *Vid.* CAPELO DE SOUSA, *Lições de Direito das Sucessões*, Vol. II, Coimbra, 1993, pp. 201-202, notas 919 e 920, o qual considera que, através da aplicação do artº 2139º do C.C. port. à sucessão legitimária, o legislador não pretendeu que ao cônjuge coubesse, enquanto herdeiro legitimário, 1/4 da

Pessoalmente consideramos que não pode ser outra a solução no âmbito da sucessão legitimária, que é a que particularmente nos interessa; o que está em causa é a atribuição de uma parte da herança previamente definida por lei, pelo que o cálculo de 1/4 a atribuir ao cônjuge, por aplicação do artº 2139º/1, terá que incidir exclusivamente sobre a legítima objectiva e não sobre a totalidade da herança; não nos parece aceitável que o cálculo da referida porção hereditária venha a incidir sobre os bens de que o autor da sucessão podia dispor e efectivamente dispôs por força da sucessão voluntária, pois seria o mesmo que negar essa liberdade de disposição, contrariando as normas que a consagram; a atribuição ao cônjuge de 1/4 dos bens dispostos por testamento ou por sucessão contratual conduziria, em última instância, à necessidade de redução dessas liberalidades, uma vez que as legítimas nunca poderiam ser afectadas por força da sua intangibilidade.

3. Legítima vitalícia e recíproca

Outra característica comum às quotas viduais dos Códigos Civis português e espanhol é a sua reciprocidade, assistindo os respectivos direitos legitimários ao cônjuge mulher e ao cônjuge homem. Tal igualdade de direitos é, actualmente, um imperativo resultante da própria ordem constitucional e, concretamente, do princípio da igualdade que recebe ampla consagração nos artºs 13º da Constituição da República Portuguesa e 14º e 32º da Constituição Espanhola. Esta característica tem alguma relevância, porquanto em momentos históricos da evolução de ambos os ordenamentos jurídicos não se verificou, sendo, por regra, os benefícios suces-

---

herança, mas apenas 1/4 da universalidade constituída pela legítima global ou objectiva; OLIVEIRA ASCENSÃO qualifica de infeliz a redacção legal que, ao falar em herança, parece querer dizer que o cônjuge sobrevivo tem direito a 1/4 da totalidade da massa hereditária e, portanto, também do que tenha sido atribuído por vocação voluntária e até legitimária, quando, em sua opinião, apenas está em causa a parte atribuída a título de sucessão legítima (*Direito Civil*, *op. cit.*, p. 352); *Vid.*, no mesmo sentido, FERNANDO NOGUEIRA, "A Reforma de 1977...", *loc. cit.*, pp. 680 e ss., CARVALHO FERNANDES, *Lições...*, *op. cit.*, p. 335, e FRANÇA PITÃO, *A Posição do Cônjuge Sobrevivo...*, *op. cit.*, pp. 36 e ss..

sórios concedidos exclusivamente às mulheres, como acontecia, por exemplo, com a quarta marital[211].

Ambas as quotas viduais têm carácter vitalício, o que significa que o direito legitimário do cônjuge não está, em qualquer destes casos, dependente da não verificação de certos factos, e não se extingue, por exemplo, com a celebração de novo casamento ou com situações posteriores de indignidade ou vida desonesta do cônjuge[212]. No direito português esta característica resulta do próprio conteúdo do direito legitimário - legítima em propriedade - e no C.C. espanhol deriva implicitamente do seu artº 492º que, em caso de novas núpcias do cônjuge, apenas determina uma obrigação de este prestar fiança, a qual funcionará como garantia do cumprimento das suas obrigações enquanto usufrutuário.

4. Independência do regime de bens do casamento

Nos Códigos Civis espanhol e português os direitos viduais encontram-se regulados como direitos estritamente sucessórios e independentes do regime de bens do casamento, o que significa que, qualquer que seja o regime de bens escolhido pelos cônjuges, haverá sempre lugar ao direito à legítima, desde que reunidos os restantes pressupostos da sua atribuição. O mesmo acontece na Lei de Direito Civil da Galiza, diploma em que o sistema de legítimas segue, em grande medida, o regime do C.C. esp., e em que o usufruto universal do cônjuge sobrevivo tem carácter sucessório[213]. Embora da Conclusão 3ª do Primeiro Congresso Nacional de

---

[211] Cfr. *Supra* PARTE PRIMEIRA, Cap. I.

[212] Pelo contrário, os usufrutos viduais previstos nas legislações forais, cujo objectivo é a manutenção da coesão familiar e da situação existente antes da morte de um dos cônjuges, extinguem-se, quer pela celebração de novo casamento, quer pela violação de certos deveres familiares ou por outras causas. Cfr., a título de exemplo, os artºs 127º da Lei de Direito Civil da Galiza, 86º da Compilação de Direito Civil de Aragão e a Lei 261 da Compilação de Direito Civil Foral de Navarra.

[213] Contrariamente, algumas legislações forais, privilegiando os interesses de manutenção da estabilidade da família, inclusive no aspecto patrimonial, preferiram integrar os direitos viduais no próprio regime económico matrimonial ou, pelo menos, fazê-los depender mais estreitamente deste, como é o caso das legislações forais de Aragão, Navarra e Vizcaya.

126 *A Legítima do Cônjuge Sobrevivo - Estudo Comparado Hispano-Português*

Direito Civil espanhol, realizado em Zaragoza em 1946, tivesse resultado a ideia de que os direitos do cônjuge sobrevivo deveriam ser determinados dentro do regime matrimonial de bens, quer nas legislações forais quer no Código geral, o certo é que o Código Civil espanhol continuou, após as Reformas de 1958 e 1981, a conceber tais direitos como sucessórios e a atribuí-los ao cônjuge com total independência relativamente ao regime matrimonial de bens, em grande parte porque a Constituição Espanhola de 1978 teria abandonado aquele objectivo[214].

No entanto, conforme já foi referido, a Reforma do Código Civil espanhol pela Lei de 15/10/1990[215] introduziu mais recentemente alguns dados novos ao problema, ao acrescentar ao nº 8 do artº 9º um último parágrafo que consagra uma norma de adaptação, aplicável também no direito inter-regional, a qual determina que os direitos atribuídos por lei ao cônjuge sobrevivo se regerão pela lei que regula os efeitos do casamento. Assim, actualmente não pode continuar a afirmar-se no C.C. espanhol que os direitos sucessórios do cônjuge sobrevivo se determinam sempre, e em todo o caso, independentemente do regime matrimonial de bens, pois sempre que, para sua determinação, concorram, na dimensão interna, a lei reguladora do regime económico matrimonial e a lei sucessória, é aquela que se aplica e é segundo ela que se determinam os respectivos direitos - artºs 9º/8 e 16º/1 do C.C. esp.. Na prática, o artº 9º/8 do C.C. esp. veio, nalguns casos, retirar à lei sucessória a competência para regular a posição sucessória do cônjuge sobrevivo, atribuindo-a à lei que rege os efeitos do casamento, em particular à que rege o regime matrimonial de bens.

---

[214] *Vid.* MASIDE MIRANDA, *Legítima...*, *op. cit.*, pp. 412-413.
[215] *RCL*, 1990, nº 2139.

III - Aspectos divergentes

1. Modo de atribuição da legítima

A) Usufruto e propriedade

Como já foi referido, nos ordenamentos em apreço foi distinta a opção quanto ao conteúdo dos direitos legitimários do cônjuge sobrevivo. O C.C. português optou por reconhecer ao cônjuge, pela primeira vez com a Reforma de 1977, uma legítima em propriedade. Anteriormente, já o Anteprojecto de GALVÃO TELLES para o Código Civil de 1966 havia proposto, nos seus art°s 152°, 163° e 164°, a elevação do cônjuge sobrevivo à categoria de legitimário, embora optasse por atribuir-lhe o direito ao usufruto de metade da herança, o qual se manteria no caso de concurso com descendentes ou ascendentes[216]. Conforme já foi referido, esta solução acabou por não vingar na versão originária do Código, nem tão pouco na Reforma de 1977. A escolha da modalidade de atribuição da legítima em propriedade parece justificar-se pela tendência de restrição do grupo familiar à família conjugal, bem como por um maior afrouxamento do princípio de conservação dos bens na família de origem.

Já o legislador espanhol, mais arreigado a este último princípio, optou por outorgar ao cônjuge uma legítima em usufruto[217]. Esta legítima,

---

[216] *Vid.* GALVÃO TELLES, *Direito das Sucessões. Trabalhos Preparatórios do Código Civil*, Lisboa, 1972, p. 70; FERNANDO NOGUEIRA, "A Reforma de 1977...", *loc. cit.*, p. 677. O art° 165° do Anteprojecto previa, mediante remissão para o art° 136°, a possibilidade de resgate do usufruto legitimário pelos herdeiros da propriedade, mediante o pagamento de uma renda vitalícia ou a consignação de rendimentos imobiliários ou de capitais da herança, a fixar de comum acordo ou, na falta deste, pelo tribunal, em conformidade com as circunstâncias do caso concreto. O cônjuge sobrevivo conservava o direito de usufruto enquanto não operasse o resgate. Estas propostas, aceites pela Comissão Revisora, viriam a ser postas de parte na 1ª Revisão Ministerial (*Vid. Direito das Sucessões. Trabalhos Preparatórios do Código Civil*, *op. cit.*, pp. 240, 244 e 397).

[217] Alguns ordenamentos optam por conjugar os dois sistemas de atribuição de quota em propriedade e em usufruto, distinguindo duas situações: na circunstância de, à data da morte do autor da sucessão, existirem filhos do casamento, o direito do cônjuge concretiza-se em usufruto, privilegiando, assim, o princípio da manutenção dos bens na

128   *A Legítima do Cônjuge Sobrevivo - Estudo Comparado Hispano-Português*

de alguma forma inspirada nos usufrutos viduais das legislações forais, foi, no entanto, consagrada com um fundamento diferente, e nunca pretendeu ser tão abrangente quanto aqueles. Os usufrutos consagrados nos ordenamentos territoriais têm como objectivo essencial a manutenção da unidade familiar sob a autoridade do cônjuge sobrevivo e, porque são estabelecidos para que o cônjuge alimente os filhos, assumem carácter universal; por sua vez, o usufruto do C.C. é parcial, e tem um perfil individual e meramente patrimonial por visar prover somente ao sustento do cônjuge; este carácter pessoal e individual é confirmado, precisamente, pela faculdade de comutação prevista no artº 839º do C.C. esp.. Por esta razão o usufruto vidual previsto no C.C. esp. apresenta uma maior flexibilidade que os usufrutos viduais instituídos nalguns ordenamentos territoriais[218]. Por outro lado, o legislador terá ponderado a conjugação do direito legitimário do cônjuge sobrevivo com o próprio regime matrimonial supletivo instituído no C.C. esp. - a *sociedad de gananciales* - o qual se pensa ser, por si só, susceptível de lhe proporcionar alguns meios de subsistência na qualidade de proprietário da sua meação, reforçando a desnecessidade de consagração de um usufruto mais alargado.

Apesar de a generalidade dos ordenamentos jurídico-sucessórios actuais serem unânimes no reconhecimento de direitos ao cônjuge sobrevivo, e de se ter registado um alargamento considerável da sua posição nos últimos anos, ao ponto de se falar de um princípio de *favor viduitatis*[219], a discussão quanto ao sistema a adoptar para a atribuição da legítima continua acesa entre os sistemas de legítima em propriedade e em usufruto, apresentando cada um deles vantagens e desvantagens.

---

família de origem; caso não existam filhos, o cônjuge recebe uma quota em propriedade, já que se entende não existirem razões que obstem a este regime e que, pela proximidade dos afectos entre cônjuges, é justo que assim seja. Foi este o sistema adoptado nalgumas legislações civis europeias como a francesa, a belga e a suissa (*Vid.* ROCA-SASTRE MUNCUNILL, *Derecho de Sucesiones*, II, *op. cit.*, pp. 287-288; RIVAS MARTINEZ, *Derecho de Sucesiones Común y Foral*, II, Madrid, 1987, p. 195; MASIDE MIRANDA, *Legítima...*, *op. cit.*, p. 80). Cfr., a título de exemplo, a recente Lei Francesa nº 2001-1135, de 3 de Dezembro de 2001.

[218] Registe-se também que, com a consagração de um usufruto meramente parcial, o legislador pretendeu manter a amplitude do princípio da liberdade de testar, que tem sido, desde sempre, uma directriz fundamental do seu ordenamento jurídico.

[219] *Vid.* ZABALO ESCUDERO, *La Situación Jurídica...*, *op. cit.*, pp. 121 e 170.

O sistema de atribuição da quota legítima em propriedade evita as dificuldades decorrentes de uma legítima em usufruto, nomeadamente quanto ao tráfico dos bens, e confere maior amplitude aos direitos do cônjuge, o qual beneficia, na qualidade de proprietário, da faculdade de dispor dos bens que lhe sejam adjudicados em pagamento da legítima. Acrescente-se ainda que este aparenta ser o sistema que proporciona uma solução mais justa, ao tratar da mesma forma o cônjuge e os descendentes, ligados ao autor da sucessão por afectos igualmente fortes[220], e aquele que mais atende ao contributo do cônjuge sobrevivo para o incremento, valorização e conservação do património conjugal e, por vezes, do património próprio do cônjuge falecido. Mas esta opção também pode ser alvo de algumas críticas, sobretudo porque, quando mal conciliada com o regime económico do casamento e com os interesses de outros legitimários, é susceptível de proporcionar atribuições excessivas ao cônjuge sobrevivo e de permitir a transferência dos bens para outra família que não a da sua origem. No entanto, a tendência, cada vez mais actual, no sentido da adopção de regimes matrimoniais de separação de bens como regime legal supletivo (justificativa de uma maior protecção sucessória ao cônjuge sobrevivo) e o aumento da duração média da vida humana, com a consequente diminuição da probabilidade de o cônjuge sobrevivo contraír novas núpcias, reduzem manifestamente a pertinência de tais censuras. Há ainda quem aponte que, ao implicar uma dupla transmissão sucessória, a protecção do cônjuge sobrevivo ao nível da sucessão forçosa representa um duplo encargo fiscal, que se traduz num benefício para o Estado e correspondente prejuízo para o cônjuge sobrevivo e os filhos do autor da sucessão[221]. Parece-nos, contudo, que, apesar das possíveis críticas, a legítima em propriedade é a mais adequada à actual concepção da família nuclear, de carácter marcadamente individualista, e à igual dignidade que o vínculo conjugal merece ter comparavelmente ao vínculo de parentesco. Esta orientação é particularmente evidenciada no nº 51 do Preâmbulo do Dec.-Lei nº 496/77, de 25 de Novembro, que reformou o C.C. port., onde se afirma a preferência no sentido da atribuição ao cônjuge

---

[220] *Vid.*, neste sentido, CORREIA RAMIREZ, *O Cônjuge Sobrevivo...*, *op. cit.*, p.78.

[221] Este argumento é invocado por LEITE DE CAMPOS, "O Estatuto Sucessório do Cônjuge Sobrevivo", *ROA*, Lisboa, Ano 50, 1990, p. 457.

sobrevivo, quando em concurso com descendentes, de uma "parte de filho"[222].

Como vimos, a atribuição de uma quota em usufruto foi a solução adoptada pelo C.C. espanhol, bem como pela Lei de Direito Civil da Galiza, relativamente à legítima do cônjuge sobrevivo. A justificação apontada por alguns para esta opção estaria no princípio de manutenção dos bens dentro da família da qual são provenientes. Os mesmos bens proporcionariam ao cônjuge sobrevivo, através do usufruto, um meio de subsistência durante a sua vida, regressando as faculdades que lhe são inerentes ao património dos familiares consanguíneos do *de cujus* com a morte do cônjuge e a extinção do respectivo usufruto, impedindo, assim, que fossem defraudadas as expectativas hereditárias dos parentes mais próximos. Além disso, este sistema adaptar-se-ía melhor a uma situação temporária - tempo de vida de que o cônjuge sobrevivo dispõe - e permitiria que este mantivesse a situação existente à data da morte do seu consorte, beneficiando, na prática, de um usufruto universal durante a menoridade dos filhos sempre que estes fossem comuns, num período em que os encargos e despesas do cônjuge seriam maiores; somente quando os filhos alcançassem a maioridade o cônjuge sobrevivo veria o usufruto reduzido à quota legalmente atribuída[223]. Eventualmente o usufruto poderia apresentar-se mais vantajoso nas pequenas heranças, proporcionando ao cônjuge sobrevivo os rendimentos necessários à sua subsistência, ou os suficientes para a manutenção do nível de vida a que estava habituado (um objectivo que poderia não ser conseguido mediante a atribuição de uma quota em propriedade), e impedindo, por outro lado, a fragmentação dos pequenos patrimónios. A atribuição de uma legítima em usufruto permitiria evitar também que o regime sucessório contrariasse a convenção antenupcial, especialmente nos casos em que os cônjuges tivessem convencionado o regime matrimonial da separação de bens[224].

---

[222] Diz-se aí que o Governo optou pela atribuição de uma quota da herança em propriedade "... *no sentido de que ao cônjuge sobrevivo, quando concorra com descendentes, seja atribuída uma parte de filho, mas nunca inferior a um quarto da herança*;".

[223] *Vid.* MASIDE MIRANDA, *Legítima...*, *op. cit.*, pp. 70 e 123-124.

[224] Neste sentido, GOMES DA SILVA, "Posição Sucessória do Cônjuge Sobrevivo", *loc. cit.*, p. 63; Embora partidário da atribuição da legítma em usufruto, o autor manifesta a opinião de que a atribuição de um usufruto parcial ao cônjuge sobrevivo não é suficiente,

Contudo, em nossa opinião, a legítima em usufruto parece apresentar actualmente um maior número de desvantagens, as quais nos levam a questionar a bondade desta solução. A ideia de manutenção dos bens na família de linhagem parece estar ultrapassada, quer face à concepção vigente da sociedade familiar, cujo núcleo reside nos cônjuges - facto que é comprovado pelas opções legislativas adoptadas no passado recente em variados ordenamentos jurídico-civis, incluindo os aqui analisados[225] - quer face à própria modificação do património familiar baseado, na maioria dos casos, quase exclusivamente em bens obtidos durante o casamento com o fruto do trabalho dos cônjuges, e cada vez menos assente numa riqueza de carácter imobiliário composta por bens de família[226]. Relativamente ao primeiro aspecto, o aumento da média de duração de vida retira força ao argumento a favor da legítima em usufruto porque, conforme já foi referido, diminui as probabilidades de que o cônjuge sobrevivo venha a contrair novo casamento e o receio de que os bens do autor da sucessão sejam, dessa forma, transferidos para uma outra família. Quanto ao segundo aspecto, assiste-se recentemente a uma alteração profunda nos mecanismos de formação, titularidade, gestão e transferência da riqueza e, consequentemente, no objecto de incidência da própria sucessão. A ecomonia capitalista trouxe maior prosperidade e um constante aumento do rendimento médio, permitindo, com isso, a titularidade de patrimónios por um número cada vez maior de pessoas. Contudo, na generalidade dos casos, os patrimónios hereditários são fruto da poupança resultante da actividade profissional desenvolvida pelos cônjuges - ainda que só um deles trabalhe e o outro se dedique exclusivamente à família -

---

e que a solução ideal, a qual propõe para o direito português em vez da quota em propriedade, seria a atribuição de um usufruto da totalidade da herança.

[225] A sociedade familiar já não possui actualmente a função de suporte e transmissão de um património de geração em geração (*Vid.* CORREIA RAMIREZ, *O Cônjuge Sobrevivo...*, *op. cit.*, p. 74). Por outro lado, há que salientar ainda que a possibilidade de transmissão da totalidade dos bens para a família do cônjuge sobrevivo, após a morte deste, acaba por ser remota, uma vez que só poderá ocorrer na sucessão intestada quando o cônjuge não tenha descendentes nem ascendentes que concorram à herança - art°s 2144° C.C. port. e 944° do C.C. esp..

[226] *Vid.* NUÑEZ BOLUDA, "El Orden de Suceder Ab Intestato...", *loc. cit.*, p. 723; GOMES DA SILVA, "Posição Sucessória do Cônjuge Sobrevivo", *loc. cit.* p. 59.

a qual, em regra, não é susceptível de gerar patrimónios de grande relevo económico; geralmente estes patrimónios resumem-se às poupanças familiares e à propriedade privada de certos imóveis, como a casa de morada da família ou uma segunda casa, e, por esta razão, quando apenas seja atribuída ao cônjuge sobrevivo uma quota em usufruto este dificilmente poderá manter o nível de vida a que estava habituado durante o casamento com o autor da sucessão. Mais recentemente vem-se assistindo também à concentração da riqueza familiar nas sociedades por acções e noutras formas de natureza mobiliária (títulos ao portador, depósitos, direitos de autor, etc.). Esta transformação da titularidade do património em riqueza mobiliária torna inadequados os meios instituídos para tutela dos legitimários, exigindo instrumentos extra-sucessórios para a sua conservação e transmissão.

Pode objectar-se também que, para que o sistema de legítima em usufruto seja eficaz, é necessário que existam no património hereditário bens produtivos que proporcionem bons rendimentos, o que não acontece na normalidade dos casos; por outro lado, o usufruto exclui o cônjuge sobrevivo da possibilidade de vir a participar dos bens infrutíferos existentes no património hereditário, os quais podem ser de considerável valor económico e não estão normalmente sujeitos a desvalorização (ouro, obras de arte, etc.).

Poderemos acrescentar ainda que, actualmente, se vem assistindo a um retrocesso da ideia do casamento-negócio, sobretudo nos ordenamentos que ainda valorizam o divórcio-sanção - artºs 1790º, 2133º/3 e 1766º/1, al. c), do C.C. port. e 834º, 945º e 1343, par. 3º do C.C. esp. - de modo que dificilmente poderá afirmar-se que o casamento continue a constituir um meio de adquirir bens[227]. A perda de direitos sucessórios em consequência do divórcio e da separação judicial de pessoas e bens atinge, no C.C. port., quer o cônjuge culpado quer o inocente; Segundo o C.C.

---

[227] Discordamos, portanto, das afirmações de LEITE DE CAMPOS, "Parentesco, Casamento e Sucessão", *loc. cit.*, pp. 44-45, no sentido de que o casamento possa valer uma herança, referindo-se sobretudo àqueles casos em que a união matrimonial só se manteve pelo "...sentido de dever dos cônjuges, ou pelo desejo destes de assegurarem uma vida familiar normal aos filhos." Esta parece-nos uma perspectiva desfazada da realidade actual e contrariada pelas estatísticas em matéria de divórcio.

esp. o cônjuge divorciado perde sempre os direitos sucessórios, e do texto do artº 834º daquele diploma resulta que fica privado da legítima o cônjuge culpado da separação, não obstante alguma doutrina defender interpretação diferente após a Reforma de 1981. Perdem igualmente direito aos bens objecto de doação entre cônjuges, o donatário culpado da separação ou divórcio - artºs 1343º/3º do C.C. esp. e 1766º/1, al. c), do C.C. port. - o que actue de má fé, quando haja nulidade do casamento, ou o que incorra em causa de deserdação - artº 1343º/3º do C.C. esp..

Em nosso entender, tão pouco se justifica tratar o cônjuge sobrevivo como um legitimário de segunda categoria relativamente aos descendentes e ascendentes, uma vez que, na realidade, os laços conjugais, embora de natureza diferente, tendem a ser tão fortes quanto os laços de parentesco[228]. Na sociedade actual, a tendência, cada vez maior, para os filhos conquistarem a sua independência relativamente aos pais, criando os seus próprios suportes económicos e familiares, e a constatação do aumento da esperança de vida, traduzem-se numa restrição do núcleo familiar aos próprios cônjuges nos últimos anos de vida destes, após a saída dos filhos do lar paterno, muitas vezes com um considerável afrouxamento dos vínculos afectivos para com os pais, motivado também pela mobilidade dos indivíduos e das famílias. Esta restrição justifica os benefícios que a lei concede aos cônjuges que se apoiam mutuamente nos últimos anos da sua vida em comum. Por outro lado, quando ocorre a morte de um dos cônjuges, os filhos já têm, em regra, uma situação económica mais ou menos estável, muitas vezes garantida à custa do património familiar - pense-se, por exemplo, nas despesas feitas pelos progenitores para proporcionar aos filhos um curso, ou uma carreira profissional ou artística - e a herança talvez não tenha para eles a repercussão patrimonial que tem para o cônjuge sobrevivo[229]. Este, sim, necessitará dela, pois estará normalmente numa fase da sua vida em que já não tem capacidade para trabalhar e produzir os seus próprios rendimentos, e em que pode

---

[228] Manifesta-se contra este tratamento, GOMES DA SILVA, "Posição Sucessória do Cônjuge Sobrevivo", *loc. cit.*, pp.

[229] *Vid.* LEITE DE CAMPOS, "Parentesco, Casamento e Sucessão", *loc. cit.*, p. 29, nota 31.

134   *A Legítima do Cônjuge Sobrevivo - Estudo Comparado Hispano-Português*

sentir-se votado a uma certa marginalização[230]. Pode afirmar-se, portanto, que a riqueza dos pais, e em particular a poupança, se destinam cada vez mais a garantir a sua própria subsistência e a manutenção do seu estilo de vida do que a proporcionar que os filhos edifiquem sobre ela o seu estatuto social.

Mas, para além disto, ao usufruto podem apontar-se vários outros inconvenientes a nível familiar, social e económico. O usufrutuário impede o pleno gozo dos bens pelos proprietários, o que pode gerar conflitos entre eles, conflitos estes que poderão ser graves e de difícil solução nos casos em que os nus proprietários não sejam filhos do cônjuge sobrevivo (situação cada vez mais frequente), e que podem originar uma indesejável instabilidade e discórdia familiar quando os nus proprietários sejam filhos do cônjuge sobrevivo. A constituição do usufruto afecta a livre circulação dos bens, desvaloriza-os, sobretudo se forem imóveis, e pode criar problemas ao nível da sua gestão e administração, nomeadamente quanto à realização de benfeitorias nos mesmos. Na qualidade de administrador de coisa alheia o usufrutuário pode representar um perigo em termos de exploração irracional ou abusiva dos bens objecto de usufruto. Além de que o cônjuge sobrevivo, que na generalidade dos casos se encontra numa idade avançada, poderá não ter já as aptidões exigidas para proceder à administração dos bens com a diligência que seria necessária. Pode acrescentar-se ainda que a divisão do domínio provoca uma inércia quanto à realização de benfeitorias nos bens usufruídos, que nem o cônjuge sobrevivo usufrutuário nem os nus proprietários estarão dispostos a suportar: aquele porque os bens não lhe pertencem e porque muitas vezes o usufruto é insuficiente para permitir-lhe fazer face às despesas com a sua administração e conservação, estes porque não disfrutam dos bens e encaram as benfeitorias como geradoras de despesas e encargos que não lhes trazem contrapartidas imediatas.

Pode acrescentar-se ainda que o usufruto nem sempre é capaz de servir os propósitos que supostamente o justificam: o estabelecimento dos filhos poderá ser mais afectado pela atribuição ao cônjuge de um usufru-

---

[230] *Vid.* GOMES DA SILVA, "Posição Sucessória do Cônjuge Sobrevivo", *loc. cit.*, p. 62.

to que pode durar longos anos - cada vez mais face ao aumento generalizado da esperança de vida - do que pela atribuição de uma quota em propriedade; em caso de dependência económica dos filhos, estes podem ver-se forçados a vender a propriedade de raíz ou *menoscabida*, fazendo com que os bens saiam igualmente da família de origem.

Por outro lado, a preocupação de assegurar ao cônjuge sobrevivo o nível de vida a que estava habituado e a manutenção do ambiente em que vivia podem concretizar-se através de outros meios propostos pelo legislador que permitam garantir *post mortem* a sua posição económica, nomeadamente mediante a atribuição preferencial de determinados direitos de origem legal, como os direito de habitação da casa de morada da família e de uso do respectivo recheio, que foram contemplados nos ordenamentos jurídicos português e espanhol[231], a atribuição de direitos no âmbito da assistência social[232], ou de direitos de natureza convencional, como é o caso dos seguros de vida[233].

---

[231] Cfr. o nº 51 do Preâmbulo do Dec.-Lei nº 496/77, de 25 de Novembro.

[232] No ordenamento português, o direito à pensão de sobrevivência em termos de Segurança Social coloca o cônjuge sobrevivo na posição de titular de um legado *ex lege* com expressão económica no domínio sucessório. A morte do autor da sucessão origina uma quebra irreversível dos rendimentos do trabalho que eventualmente constituam a base da economia familiar, ou a extinção da pensão de que fosse titular o falecido, e é acompanhada de um acréscimo de despesas, designadamente com a realização do funeral, a satisfação das obrigações do *de cujus* e a adaptação da família à nova situação, o que envolve uma perda de meios de existência por parte do cônjuge sobrevivo. Na origem do reconhecimento da pensão de sobrevivência está uma certa ideia de sucessão de direitos, que faz com que a regulamentação destas prestações se encontre intimamente ligada às disciplinas do Direito da Família e do Direito das Sucessões (*Vid.* ILÍDIO DAS NEVES, *Direito da Segurança Social. Princípios Fundamentais Numa Análise Prospectiva.* Coimbra, 1996, pp. 469-470).

[233] O contrato de seguro de vida está regulado nos artºs 455º a 462º do Código Comercial português, e permite uma variedade de combinações, mediante a entrega de prestações ou capitais, em troca da constituição de uma renda, vitalícia ou desde certa idade, ou do pagamento de certa quantia, desde o falecimento de uma pessoa, nomeadamente a quem seja designado como beneficiário do seguro. Este é um meio a que os cônjuges podem recorrer no sentido de, por morte de um deles, assegurar ao sobrevivo uma renda ou um capital. No âmbito do direito espanhol, a recente STS de 20 de Dezembro de 2000 (*La Ley*, nº 5290, 18/04/2001, 387) considerou, de acordo com o artº 85º/3 da *Ley de Contrato de Seguro* que a designação de "herdeiros legais", sem mais especificação na

Para finalizar, podemos afirmar que, em caso de pluralidade de herdeiros, o usufruto pode representar um estorvo para a partilha da herança, impondo-se a todos como um ónus, ou deixando incompleta a partilha se a quota usufrutuária se mantiver indivisa entre os herdeiros da nua-propriedade. Por sua vez, o mecanismo criado para obviar a este e outros problemas suscitados pelo sistema de legítima em usufruto - recurso à faculdade de comutação - revela-se complexo, não só do ponto de vista processual como do ponto de vista da valoração do direito de usufruto[234].

A previsão da faculdade de comutação vem confirmar, precisamente, as desvantagens do sistema de satisfação da legítima em usufruto, e a frequência com que essa faculdade é exercida em Espanha, apesar da inegável complexidade que suscita ao nível da partilha, parece ser indício de uma preferência dos interessados por uma atribuição de bens em propriedade para preenchimento da legítima do cônjuge sobrevivo. Esta faculdade traduz a consagração, em sede sucessória, de uma atitude, que já foi abandonada, de desfavorecimento do cônjuge sobrevivo no confronto com os descendentes do autor da sucessão, e encontra-se, portanto, destituída de qualquer fundamento. Por outro lado, a faculdade de comutação desnaturaliza o direito legitimário do cônjuge sobrevivo, que pode ver o seu disfrute substituído por uma soma em dinheiro, sendo obrigado a suportar o depauperamento do património a que tem direito, por força da comutação do direito de usufruto por uma renda ou um capital sujeitos à

---

apólice quanto aos beneficiários do seguro, designa aqueles que tenham a condição de herdeiros intestados no momento da morte do autor da sucessão, excluindo, assim, o cônjuge sobrevivo quando existam descendentes ou ascendentes.

[234] O C.C. esp. não oferece qualquer critério para valoração do usufruto vidual. A solução parece ter sido o recurso aos critérios de valoração previstos para efeitos fiscais, os quais determinam que o valor do usufruto vitalício é igual a 70% do valor total dos bens quando o usufrutuário tenha menos de 20 anos, diminuindo à medida que aumente a idade, na proporção de 1% menos por cada ano que acresça, com o limite mínimo de 10% do valor total (*Vid.* FERNÁNDEZ-COSTALES, *El Usufructo Voluntario de Herencia*, Madrid, 1991, p. 122; MASIDE MIRANDA, *Legítima...*, *op. cit.*, p. 187); Contudo, a utilização destes critérios tem sido criticada pela doutrina, por serem inadequados (LACRUZ BERDEJO, *Elementos...*, V, *op. cit.*, p. 402) e incentivarem manobras dilatórias da comutação por parte dos herdeiros, de modo a desvalorizar o usufruto atendendo à idade do cônjuge sobrevivo (MASIDE MIRANDA, *ibidem*).

inflação. A rápida oscilação do valor dos bens e o crescente processo inflacionário, característicos dos dias de hoje, acentuam ainda mais a inadequação deste sistema. Pode invocar-se ainda como argumento significativo a favor da legítima vidual em propriedade, o facto de o Código Civil italiano ter transitado, com a Reforma de 19 de Maio de 1975, de um sistema de usufruto com faculdade de comutação para um sistema de propriedade.

B) Regime do usufruto legal do cônjuge sobrevivo

Pelo facto de a legítima vidual ser satisfeita, no C.C. esp., mediante a atribuição de um direito de usufruto sobre uma quota da herança, resultam para o cônjuge direitos e deveres na qualidade de usufrutuário. O usufruto do cônjuge sobrevivo em razão da sua legítima, embora seja um usufruto legal, não se rege à partida pelos princípios dos usufrutos legais[235]. O usufruto vidual do C.C. é um usufruto ordinário, ou seja, não apresenta natureza nem regime distinto do previsto e regulado nos artºs 467º e ss. do C.C., apesar de um ou outro aspecto peculiar que lhe pode ser apontado e que iremos comentar a propósito dos artºs 477º e 492º do C.C. esp.. Em tudo o mais o cônjuge usufrutuário tem os mesmos direitos e deveres de um usufrutuário ordinário - artºs 467º e ss. - podendo o seu usufruto ser alienado e, designadamente, sujeito a hipoteca.

O usufruto vidual do Código Civil afasta-se dos usufrutos consagrados nalgumas legislações forais porque é uma atribuição patrimonial de carácter individual, destinada a fazer face à subsistência do cônjuge sobrevivo e sem qualquer finalidade de prolongar a comunidade familiar sob a autoridade deste. Esta conclusão resulta confirmada pela faculdade de

---

[235] Por usufruto legal entende-se o uso e disfrute sobre coisa alheia que a lei confere a certas pessoas, independentemente da vontade do proprietário; *Vid.* DORAL GARCIA, *Comentarios al Código Civil y Compilaciones Forales*, T. VII, Vol. 1º, Madrid, 1992, p. 31, e GUTIÉRREZ JEREZ, *El Legado de Usfructo en el Derecho Civil Común*, Valencia, 1999, p. 131; Segundo o entendimento generalizado da doutrina, o usufruto legal tem como características a finalidade e função tipicamente familiares, o facto de ser exercido em benefício da família e não de um único indivíduo, bem como de recair, em princípio, sobre um património especial e não sobre bens concretos (*Vid.*, neste sentido, GUTIÉRREZ JEREZ, *op. cit.*, p. 132).

138 *A Legítima do Cônjuge Sobrevivo - Estudo Comparado Hispano-Português*

comutação atribuída pelos artºs 839º e 840º do C.C., e ainda pelo facto de a lei permitir a alienação do usufruto - artºs 480º e 498º do mesmo diploma - o que não acontece nos usufrutos viduais universais[236]. Trata-se de um direito real em coisa alheia, de conteúdo limitado, que autoriza o seu titular a usar e fruir, plena mas temporariamente, uma coisa ou direito alheio, apresentando, assim, como características fundamentais a plenitude do gozo ou disfrute dos bens e a sua limitação temporal. Poderá acrescentar-se ainda que se trata de um direito que pressupõe a existência simultânea de um outro direito real sobre a mesma coisa - normalmente o direito de propriedade - o qual fica limitado pelas faculdades provisoriamente conferidas ao usufrutuário. Apesar da plenitude do gozo dos bens ou direitos facultado ao cônjuge usufrutuário, o usufruto apresenta-se como um direito sujeito a limites de carácter geral, na medida em que a faculdade conferida ao seu titular de aproveitar a utilidade dos bens tem, em regra, como contrapartida as obrigações de não alterar a sua forma e substância, excepto se outra coisa for autorizada por lei ou pelo título constitutivo - artº 467º do C.C. esp. - e de actuar como um bom pai de família - artº 497º do mesmo dispositivo legal[237]. Existem depois limites especiais decorrentes da própria natureza das coisas sobre as quais recai o usufruto - *v.g.* artºs 481º, 482º, 483º, etc., do C.C. esp.. A temporalidade do direito de usufruto resulta do facto de a própria lei determinar que ele não poderá exceder, em qualquer caso, o prazo determinado no acto constitutivo, nem a morte do usufrutuário - artºs 513º, 1º e 2º e 515º do C.C. esp. e 1443º do C.C. port..

Os artºs 471º a 512º do C.C. esp. regulam, com carácter subsidiário, as faculdades e obrigações que recaem sobre o cônjuge sobrevivo usufrutuário da herança, consagrando um regime supletivo que pode ser afasta-

---

[236] Cfr. os artºs 119º/1 da Lei de Direito Civil da Galiza, 83º da Compilação Aragonesa e a Lei 253 do Foro Novo de Navarra.

[237] Estes limites são exigidos em atenção ao interesse do nu proprietário que, extinto o usufruto, deverá receber os bens conservados na sua forma e substância, e impedem uma exploração abusiva dos bens pelo usufrutuário, o qual deve disfrutar destes como o faria um bom pai de família, retirando deles o rendimento usual de acordo com a natureza da coisa usufruída e as possibilidades concretas da sua utilização (*Vid.* BELUCHE RINCÓN, *La Relación Obligatoria de Usufructo*, Madrid, 1996, pp. 113-118).

do pelo disposto no título constitutivo do usufruto e que deixa às partes uma ampla margem de autonomia - art° 470° do mesmo diploma legal. Verifica-se, portanto, que as partes podem atribuir ao usufruto conteúdo e efeitos diversos dos previstos na lei, o que pode ter relevância ao nível do usufruto vidual quando este seja atribuído em testamento pelo autor da sucessão[238]. Analisando as normas supletivas, verificamos que recaem sobre o usufrutuário ordinário e, consequentemente, sobre o cônjuge sobrevivo, por força da sua legítima preenchida com o usufruto de uma parcela da herança, uma séria de faculdades e obrigações, sobre as quais passaremos a debruçar-nos.

Começando pelos direitos do cônjuge sobrevivo, verificamos que este adquire um direito à percepção de todos os frutos, sejam naturais, industriais ou civis, produzidos pelos bens sobre os quais recai o usufruto - art° 471° - constituindo este direito o seu núcleo fundamental. O disfrute

---

[238] Quanto aos direitos reais, o C.C esp. não consagra (ao contrário do que faz o C.C. port., no seu art° 1306°/1) um sistema de *numerus clausus* e, embora dê alguma projecção à autonomia da vontade nesta matéria, tão pouco opta expressamente por um sistema de *numerus apertus*, ou seja, de liberdade de configuração de novos direitos reais diferentes dos tipificados na lei. Não obstante, a doutrina e a jurisprudência dominantes estimam que vigora o sistema de *numerus apertus*, uma vez que se permite, através de pacto, a alteração do conteúdo típico dos direitos reais legalmente previstos, e é possível criar novos direitos reais não tipificados na lei; além das razões legais, invoca-se ainda que a segurança do tráfico jurídico é proporcionada pelo Registo de Propriedade, no caso dos imóveis, e pelo art° 464° e concordantes do C.C. esp., no caso dos móveis, e não pela tipicidade dos direitos reais, e que o sistema de *numerus apertus* decorre naturalmente do espírito liberal que está na base da organização da propriedade no C.C.. Contudo, a liberdade de criar direitos reais estaria sujeita a certos limites relativos ao objecto e ao conteúdo do direito como, por exemplo, a exigência de causa social que justifique a sua constituição ou o respeito pelas normas imperativas estruturais estabelecidas para os direitos reais típicos (Neste sentido, *Vid.*, por todos, PEÑA BERNALDO DE QUIRÓS, *Derechos Reales. Derecho Hipotecario*, T. I, Madrid, 1999, pp. 63-70). COSSÍO Y CORRAL, *Instituciones de Derecho Civil, op. cit.*, pp. 36-37, entende que, de qualquer forma, a atribuição de efeitos reais a uma relação jurídica postula a verificação dos elementos essenciais que considera fazerem parte do conceito de direito real, e que os tipos de direitos reais regulados no Código apresentam grande amplitude; por essa razão, seria difícil às partes criar um direito real novo não reconduzível aos tipificados, podendo concluir-se que, na prática, o sistema instituído no Código se apresenta mais próximo do sistema de *numerus clausus*.

proporcionado ao usufrutuário pode ser directo ou indirecto, uma vez que a lei lhe concede a faculdade de aproveitar por si mesmo a coisa usufruída ou, em alternativa, arrendá-la a um terceiro, ou ainda alienar, temporária ou definitivamente, o seu direito de usufruto, ainda que seja a título gratuito - art° 480°[239]. Funda-se igualmente neste artigo, em conjunto com o art° 108°/2 da *Ley Hipotecaria*, a hipotecabilidade do usufruto vidual.

A possibilidade de disfrute implica, para além do gozo dos bens, o poder de administrá-los, embora com certos limites: o cônjuge usufrutuário poderá vender os frutos, praticar actos de conservação dos bens, etc., embora sem nunca alterar a sua substância e agindo com a diligência de um bom pai de família; implica ainda a posse dos bens usufruídos, com todas as vantagens possessórias que envolve e a legitimidade para recorrer às acções que caibam em sua defesa. O art° 476° exclui do usufruto, salvo estipulação em contrário no título constitutivo ou tratando-se de usufruto universal, os produtos de minas denunciadas, concedidas ou em exploração à data da sua constituição. No entanto, a lei abre uma excepção no caso do cônjuge sobrevivo que, na sua qualidade de usufrutuário legal, poderá, nos termos do art° 477°, explorar as referidas minas existentes no prédio usufruído, fazendo sua a metade das utilidades obtidas depois de pagas as despesas, que serão suportadas a meias com o nu-proprietário.

Tem ainda o cônjuge sobrevivo direito a beneficiar do aumento de valor que a coisa usufruída sofra por acessão, das servidões que tenha a seu favor e, em geral, de todos os benefícios inerentes à mesma - art° 479° - ficando assim reconhecida a possibilidade de disfrutar do aumento que receba a propriedade e alargar o seu direito aos benefícios e aumentos da coisa usufruída, ainda que não se tratem de frutos[240].

---

[239] Outra situação em que há disfrute indirecto é a prevista no art° 494° do C.C. esp., em que se separam os direitos de gozar e de administrar a coisa, ficando o proprietário com a posse dos bens, na qualidade de administrador, posse essa que é em nome do usufrutuário, ao mesmo tempo que assume a obrigação de entregar a este os frutos (DORAL GARCIA, *Comentarios...*, T. VII, Vol. 1°, *op. cit.*, p. 255).

[240] DORAL GARCIA fala, a este propósito, de um direito de disfrute por extensão, ao qual entende não se aplicarem as regras dos art°s 471° e ss. relativos à percepção de frutos; no disfrute por extensão os aumentos são inseparáveis da coisa em termos materiais, económicos e jurídicos, ao contrário do que acontece nos restantes casos de disfrute, em

Legítima do Cônjuge Sobrevivo 141

A faculdade de transmitir o usufruto é admitida expressamente pelo artº 480º do C.C. esp. e pelo artº 107º/1º da *Ley Hipotecaria*, que autoriza a hipoteca do usufruto sobre imóveis[241]. No entanto, a doutrina divide-se quanto ao alcance dessa transmissão: permite-se alienar o próprio direito de usufruto, ou apenas o direito de receber os frutos? Alguns autores negam a possibilidade de transmissão do próprio direito de usufruto, baseando a sua posição em diversos argumentos: pessoalidade e temporalidade do direito; manutenção da responsabilidade do usufrutuário após cessão do direito, nos termos do artº 498º do C.C.; manutenção da fiança prestada inicialmente pelo usufrutuário, o que permitiria concluir pela subsistência da titularidade do usufruto - artº 491º do C.C.; analogia com outras situações sucessórias, como a do herdeiro, cuja cessão do direito hereditário não implica a transmissão daquela qualidade. Assim, estes autores apenas admitem a possibilidade de alienação do exercício do direito de usufruto, isto é, a alienação do direito de receber os frutos, mas não a alienação do próprio direito de usufruto[242].

Rebatendo os argumentos supracitados, DORAL GARCIA opta pela solução oposta, defendendo a transmissibilidade do usufruto, embora limitada pelo próprio título. Segundo o autor, o usufruto vidual do C.C. esp. é alienável, pois não está concebido como instituição familiar mas como direito hereditário que pode ser satisfeito por vários modos, ao contrário dos usufrutos viduais universais previstos nalgumas legislações forais, em que o viúvo é mero titular formal de um direito que, na realidade, pertence à comunidade familiar. O autor parece ir ainda mais longe, aceitando uma hipótese que é recusada pela maioria da doutrina: a da própria transmissi-

---

que o fruto natural resulta directamente da coisa, adquirindo autonomia patrimonial, ou resulta indirectamente de utilidades extraídas da coisa através de uma relação jurídica (*Comentarios...*, T. VII. Vol. 1º, *op. cit.*, pp. 232-235).

[241] O artº 108º/2º da LH proíbe a hipoteca dos usufrutos viduais, exceptuando, embora, da sua previsão o usufruto vidual concedido pelo Código Civil.

[242] *Vid.* BELTRÁN DE HEREDIA, "Usufructo Sobre Usufructo en la Legislación Espanõla", *R.D.P.*, 1954, pp. 300 e ss.; ROCA SASTRE, *Derecho Hipotecario*, T. IV, Barcelona, 1954, pp. 262 e ss.; Também ROCA-SASTRE MUNCUNILL defende a mera hipotecabilidade do exercício do direito de usufruto, e não a hipotecabilidade do próprio direito (*Vid. Derecho de Sucesiones*, T. II, *op. cit.*, p. 323).

bilidade *mortis causa* do usufruto[243]. Neste sentido manifestou-se também recentemente GUTIÉRREZ JEREZ, admitindo a disponibilidade do usufruto, quer por acto *inter vivos* quer por acto *mortis causa*, partindo do artº 480º do C.C. esp. e do carácter hipotecável do direito de usufruto - artºs 106º/2 e 107º/1 da LH. Para este último autor, o direito de usufruto é um direito real, disponível, renunciável, hipotecável, essencialmente temporal, embora não essencialmente vitalício, razão pela qual o limite temporal que lhe é característico não tem que coincidir necessariamente com a vida do usufrutuário[244]. Admitida a disponibilidade do usufruto ordinário[245], salvas as restrições constantes do título constitutivo, e uma vez que o artº 834º do C.C. esp. não se manifesta quanto a esta matéria, o usufruto vidual também será disponível por ter o conteúdo do usufruto ordinário, ressalvadas algumas particularidades[246]. A própria *Ley Hipotecaria* autoriza expressamente a hipoteca do usufruto vidual no seu artº 108º/2º, criado pela Reforma da *Ley Hipotecaria* de 1946, a qual veio a consagrar o critério acolhido na Resolução da DGRN de 11/05/1917[247]. A cessão tem-

---

[243] *Vid. Comentarios...*, T. VII, Vol. 1º, *op. cit.*, pp. 268-271. Também ALBALADEJO refere não haver, no C.C. esp., qualquer preceito que impeça a transmissibilidade *mortis causa* do usufruto, e acrescenta que os artºs 480º, 469º e 498º daquele diploma, bem como os artºs 107º/1º e 108º da LH confirmam que o usufruto é separável do seu titular e pode constituir-se sucessivamente a favor de várias pessoas, transmitindo-se *mortis causa* quando não seja vitalício (*Vid. Derecho Civil*, T. III, *Derecho de Bienes*, Vol. 1º, Barcelona, 1983, pp. 37-39).

[244] *Vid.* GUTIÉRREZ JEREZ, *El Legado de Usufructo...*, *op. cit.*, pp. 118 e ss., em especial pp. 121-122.

[245] Pronunciou-se neste sentido a Resolução da DGRN de 31 de Janeiro de 1979 (*ADGRN*, 1979, pp. 20-25).

[246] Contrariamente ao artº 834º do C.C. esp., o artº 83º da Compilação Aragonesa e a Lei 254 da Compilação Navarra consagram expressamente a indisponibilidade e, consequentemente, a não hipotecabilidade, dos respectivos usufrutos viduais.

[247] (*ADGRN*, 1917, pp. 187-191); Esta Resolução refere, aludindo ao artº 838º do C.C. esp., correspondente ao actual artº 839º, ..."*que sin encerrar el usufructo del viudo en los estrechos límites de una pensión alimenticia, favorece las soluciones más libérrimas de las cuestiones planteadas en las operaciones particionales, permitiendo que los herederos satisfagan los derechos del cónyuge supérstite, asignándole una renta vitalicia, los productos de determinados bienes o, un capital en efectivo;"* e acrescenta ..."*que sería incongruente la interpretación del mencionado artículo que negase al cónyuge propietario de los bienes entregados como valor de su cuota vidual, la facultad de hipotecarlos y ena-*

porária ou definitiva do direito não exonera o cônjuge usufrutuário das suas obrigações e responsabilidades perante o nu proprietário pelo que, apesar da cessão do usufruto, o usufrutuário-cedente mantém uma responsabilidade conjunta com o cessionário por danos na coisa ou pela violação do direito do nu-proprietário causada culposamente pelo cessionário - art° 498°[248].

Outra questão que se coloca é a de saber se o cônjuge usufrutuário poderá alienar os próprios bens sobre os quais recai o usufruto. Os art°s 467°, *in fine*, e 470° do C.C. esp. parecem permiti-lo quando o título constitutivo ou a lei o autorizem[249]. A lei nada excepciona para o caso do usufruto vidual legal, mas pode acontecer que, em testamento, o autor da sucessão institua o cônjuge como herdeiro, conferindo-lhe a faculdade de dispor dos bens, plenamente ou em caso de necessidade. A atribuição desta faculdade de disposição altera a natureza do usufruto ordinário, bem como os seus efeitos, designadamente no que respeita à exigência de fiança, a qual deixa de fazer sentido. A doutrina e a jurisprudência dominantes consideram que a atribuição da faculdade de dispor não faz surgir um direito distinto do usufruto, e que apenas se verifica a justaposição a este direito de uma faculdade dispositiva (ou a desvinculação do usufrutuário quanto à obrigação de conservar a forma e substância da coisa) que

---

jenarlos, puesto que reduciría, en cierta manera, el pleno dominio de la suma recibida en el concepto de usufructo capitalizado, a un derecho de goce de límites tanto más reducidos, arbitrários é inciertos, cuanto más exagerada sea la analogía entre los referidos derechos y las pensiones alimenticias, por lo que hace referencia, no a la causa que las produce, sino a la forma jurídica en que se desenvuelven;".

[248] Para DORAL GARCIA, esta responsabilidade fundar-se-á, não na fidúcia, mas em circunstâncias objectivas - dano - e resulta da própria liquidação da herança, mais concretamente do princípio "antes pagar que herdar" (*Comentarios...*, T. VII, Vol. 1°, *op. cit.*, pp. 232-235). A norma visa, essencialmente, o reforço da posição do nu proprietário, e pressupõe uma certa culpa do transmitente que cria um maior risco para o direito do nu proprietário ao alienar o direito de usufruto a uma pessoa pouco diligente (*Vid.* ALBALADEJO, *Derecho Civil*, T. III, *op. cit.*, p. 39, nota 54 bis).

[249] O art° 304° do CSC prevê expressamente, no seu 2° parágrafo, a possibilidade de o testador conferir faculdades dispositivas ao usufrutuário universal da herança, e manda aplicar neste caso, pela analogia da situação, as normas sobre o fideicomisso de resíduo. Encontra-se a mesma previsão nas Leis 250 e 264/2 do FNN relativamente ao legado de usufruto universal e ao usufruto legal de fidelidade.

144   *A Legítima do Cônjuge Sobrevivo - Estudo Comparado Hispano-Português*

não o desnaturaliza[250]. Alguma doutrina entende que a faculdade de disposição chega mesmo a transformar o usufrutuário num verdadeiro herdeiro, enquanto o nu proprietário se limita a ser titular de um direito meramente eventual aos bens que possam restar, o que aproximaria o usufruto com faculdade de dispor da figura da substituição fideicomissária[251]. No entanto, é entendimento generalizado que a substituição fideicomissária e o usufruto com faculdade de disposição são figuras que, embora apresentando semelhanças, não têm identidade entre si. Na substituição fideicomissária o fiduciário adquire a propriedade dos bens, embora fique limitado pela obrigatoriedade de esses bens reverterem, por sua morte, para determinada ou determinadas pessoas: é verdadeiro herdeiro, embora limitado pela obrigação de conservar e restituir os bens da herança a outras pessoas que a ela são também chamadas; além disso, existe duplo chamamento à mesma coisa, sendo um directo (fiduciário) e outro indirecto (fideicomissário); consequentemente, se o chamamento do fideicomissário for ineficaz, o fiduciário passa a ter o domínio pleno dos bens, e se o chamamento for eficaz mas o fideicomissário falecer antes do fiduciário, este não chega a transmitir aos seus herdeiros quaisquer direitos sobre os bens fideicomitidos - artº 784º do C.C.esp.. No usufruto com faculdade de disposição o usufrutuário não chega a ser proprietário dos bens, uma vez que a nua propriedade continua a pertencer a outrem, embora aliada ao usufruto exista uma faculdade adicional, que é a faculdade

---

[250] Sobre a natureza jurídica do usufruto com faculdade de dispor, *Vid.* FERNÁNDEZ-COSTALES, *El Usufruco Voluntario...*, *op. cit.*, pp. 84 e ss.; CASTILLO MARTÍNEZ, "Notas Sobre el Usufructo con Facultad de Disponer en la Jurisprudencia del Tribunal Supremo", *AC*, nº 40, 2000, pp. 1456 e ss.. LACRUZ BERDEJO, *Elementos de Derecho Civil*, T. III, *Derechos Reales*, Vol. 2º, Barcelona, 1991, pp. 97-98, considera que o poder de disposição é uma faculdade adicional que não desnaturaliza o usufruto, essencialmente caracterizado pelo direito de disfrutar bens alheios e não pelo dever de conservar esses bens. Cfr., neste sentido, as SSTS de 17 de Maio de 1962 (*RJA*, 1962, nº 2248), de 9 de Dezembro de 1970 (*RJA*, 1970, nº 5440), de 14 de Outubro de 1971 *(RJA*, 1971, nº 3954) e de 9 de Outubro de 1986 (*RJA*, 1986, nº 5335).

[251] *Vid.* LACRUZ BERDEJO, "Condición Universal o Particular de la Sucesion en el Usufructo de la Herencia", *Estudios Jurídicos en Homenaje a Tirso Carretero*, Madrid, 1985, p. 284. Também FERNÁNDEZ-COSTALES, *El Usufructo Voluntario...*, *op. cit.*, p. 92.

de disposição; aqui assiste-se a uma distribuição imediata entre duas pessoas das diferentes faculdades que integram o direito sobre uma coisa, e no caso de o nu proprietário falecer antes do usufrutuário a nua propriedade transmite-se aos herdeiros daquele[252]. Não obstante, não há como negar que a situação do fiduciário resulta muito idêntica à do usufrutuário que tenha faculdade de dispor dos bens, uma vez que, na prática, durante a sua vida aquele apenas detém a posse e o direito a disfrutar dos bens da herança, em princípio com a obrigação de os conservar e restituir ao fideicomissário - artº 781º C.C. esp..

Quando beneficie do usufruto legal, ou do usufruto universal com faculdade de dispor, o cônjuge sobrevivo poderá alienar livremente os bens usufruídos, por acto *inter vivos* ou *mortis causa*, de acordo com os limites expressados no título consitutivo. Em princípio, poderá vender os bens onerados com o seu usufruto ou, inclusive, permutá-los, poderá constituir garantias reais sobre eles, e ainda alienar apenas a nua propriedade dos mesmos (embora a aceitação desta última faculdade seja controversa), afectando quantitativamente a posição do nu proprietário. Contrariamente, parece que o cônjuge sobrevivo não vê o seu direito de usufruto afectado pelos actos realizados pelo nu proprietário[253].

Os artºs 481º e 482º do C.C. esp. conferem, respectivamente, a faculdade de usufruir de coisas não consumíveis e consumíveis. No primeiro caso estão abrangidas coisas não consumíveis mas que se deterioram pelo uso, ou seja, bens que sofrem desgaste e diminuição da sua utilidade mas que não chegam a desaparecer; o cônjuge usufrutuário poderá servir-se delas para o uso a que se destinam, limitando-se a ter que restituí-las no estado em que se encontrarem findo o usufruto, excepto se a deterioração for devida a culpa sua, caso em que terá que indemnizar o proprietário[254].

---

[252] *Vid.* PEÑA BERNALDO DE QUIRÓS, *Derechos Reales...*, T. I, *op. cit.*, p. 619, nota 25; LACRUZ BERDEJO, *Elementos...*, V, *op. cit.*, pp. 314-315; FERNÁNDEZ COSTALES, *El Usufructo Voluntario...*, *op. cit.*, pp. 90-92; CASTILLO MARTÍNEZ, "Notas sobre el Usufructo...", *loc. cit.*, pp. 1463-1465.

[253] *Vid.* CASTILLO MARTÍNEZ, "Notas sobre el Usufructo...", *loc. cit.*, pp.1473-1475.

[254] No entender de DORAL GARCIA, a norma contém uma presunção de que a deterioração sofrida pelo bem corresponde ao desgaste natural, decorrente do seu uso normal e prudente durante a vigência do usufruto; caberá ao nu proprietário afastar essa presunção, caso entenda que houve desgaste provocado por culpa do usufrutuário (*Vid. Comentarios...*, T. VII, Vol. 1º, *op. cit.*, pp. 282-283).

146 *A Legítima do Cônjuge Sobrevivo - Estudo Comparado Hispano-Português*

No segundo caso tratam-se de bens que se consomem e desaparecem com o uso; o regime aqui é diferente, devido à necessidade de conciliar a faculdade de uso da coisa com a obrigação de preservação da sua forma e substância que, não sendo da essência do usufruto, é uma das suas características - art° 467° *in fine* do C.C. esp.; assim, o cônjuge sobrevivo pode servir-se das coisas consumíveis mas fica obrigado a pagar o seu preço ao terminar o usufruto, se o mesmo tiver sido fixado; caso contrário, poderá restituir a coisa em espécie ou pagar o seu preço corrente à data da cessação do usufruto. Esta é uma situação excepcional de usufruto em que, além de não haver obrigação de conservar os bens, a obrigação de restituição dos mesmos, findo o usufruto, se transfigura pela impossibilidade de restituição das próprias coisas consumíveis, não podendo aplicar-se aqui as regras relativas à extinção do usufruto por perda do bem que constitui o seu objecto[255].

No caso de os bens usufruídos consistirem em vinhas, olivais ou outras árvores ou arbustos, o art° 483° do C.C. esp. concede ao cônjuge usufrutuário a faculdade de aproveitar os troncos mortos e os partidos ou arrancados por acidente, embora impondo-lhe a obrigação de substituí-los por outros. Considera-se que estão aqui em causa árvores que não constituam uma propriedade florestal, uma vez que estas caem na previsão do art° 485° do mesmo diploma. O art° 484° acrescenta que se, em resultado de acidente ou em caso de força maior, desaparecer um tal número de árvores que não seja exigível ao usufrutuário a sua reposição, este pode deixar os troncos mortos e exigir do proprietário que os retire do solo. Significa isto que, caso a obrigação de reposição das árvores seja de cumprimento impossível ou demasiado gravosa, o usufrutuário pode optar

---

[255] A doutrina moderna, na sua maioria, e alguma jurisprudência, consideram que o usufruto de coisas consumíveis transfere a propriedade das mesmas para o usufrutuário, na medida em que este não tem que restituir as próprias coisas mas apenas pagar o seu valor, se tiverem sido avaliadas, restituí-las em igual quantidade e qualidade, ou pagar o seu preço corrente à data da cessação do usufruto; existem, contudo, divergências quanto ao momento em que o usufrutuário se torna proprietário das coisas - momento do consumo ou momento da entrega - que pode conduzir a efeitos diferentes, uma vez que, no último caso, não teriam aplicação os art°s 467°, 497° e 522° do C.C. (*Vid.* DORAL GARCIA, *Comentarios...*, T. VII, Vol. 1°, *op. cit.*, pp. 308-309).

por deixar as árvores mortas ao dono, em vez de aproveitá-las. Por sua vez, o artº 485º dispõe quanto ao usufruto de um monte ou terreno florestal e aos aproveitamentos que dele poderão ser retirados, os quais podem envolver a faculdade de proceder, em certos casos e com certos limites, ao corte de árvores e ao desbaste necessário para que os viveiros de árvores possam desenvolver-se convenientemente. Aqui os frutos a que o usufrutuário tem direito são as próprias árvores, embora a sua percepção esteja limitada pela natureza da propriedade florestal.

No artº 486º o C.C. esp. regula uma situação denominada como usufruto de acção, mas em que, na realidade, ainda não existe usufruto por falta de posse da coisa reclamada. Estão aí abrangidos os casos em que o usufrutuário de um conjunto de bens tem direito a usufruir de um bem que está na posse de um terceiro, que não o proprietário, atribuindo-lhe a lei legitimidade para exercer, em substituição do proprietário, uma acção com vista à restituição do bem que se encontra indevidamente na posse de outrem, podendo, para o efeito, obrigar o proprietário a fornecer-lhe os elementos de prova de que disponha e a ceder-lhe a sua representação (substituição processual).

O artº 507º contempla os usufrutos de património onde existam créditos vencidos exigíveis à data da constituição do usufruto, e é mais um caso de legitimação processual por substituição, como o do artº 486º, que concede ao usufrutuário a faculdade de reclamar créditos vencidos que formem parte do usufruto, no pressuposto de que tenha sido prestada fiança ou de que o proprietário ou a autoridade judicial tenham concedido autorização para o efeito. No caso do cônjuge sobrevivo, o facto de estar dispensado de prestar fiança enquanto não contrair novas núpcias leva a que seja necessário o acordo do nu proprietário ou, na sua falta, autorização judicial, para a aplicação do capital.

Igualmente relevante é o direito que a lei concede ao usufrutuário de fazer benfeitorias úteis e voluptuárias nas coisas usufruídas[256], o que re-

---

[256] A diferença entre as benfeitorias úteis e as voluptuárias consiste em que aquelas implicam uma vantagem para a coisa, proporcionam um aumento do seu valor ou melhoram a sua produtividade, enquanto estas apenas aumentam a utilidade do bem em termos estéticos ou de comodidade.

148 *A Legítima do Cônjuge Sobrevivo - Estudo Comparado Hispano-Português*

vela que este possui também uma faculdade de transformação das coisas - art° 487°. Essas benfeitorias não deverão alterar a forma e substância da coisa e não dão ao usufrutuário direito a receber qualquer indemnização, podendo apenas retirá-las, se possível e sem detrimento dos bens, findo o usufruto[257].

Em matéria de dívidas hereditárias, o art° 510° do C.C. esp. regula a responsablidade do cônjuge usufrutuário pelas dívidas do autor da sucessão vencidas e não pagas à data da sua morte, atribuindo-lhe a faculdade de antecipar as quantias necessárias ao pagamento daquelas que correspondam aos bens usufruídos, extinguindo-as dessa forma, e ficando com direito a exigir do proprietário a restituição, sem juros, das quantias, ao cessar o usufruto. Depreende-se desta disposição normativa que o usufrutuário é responsável apenas pelos juros vencidos sobre o montante das dívidas da herança, na medida em que são dívidas que recaem sobre os frutos desta. Já quanto ao pagamento do capital, a lei não consagra uma obrigatoriedade na antecipação dessas quantias mas somente a possibilidade de o usufrutuário optar por essa antecipação, em vez de sujeitar-se a que o proprietário proceda à venda dos bens usufruídos necessários para o pagamento das dívidas (caso em que a propriedade desses bens passará a ter outro titular, ficando o objecto do usufruto limitado aos bens que não tenham sido necessários para pagá-las), ou efectue o seu pagamento com dinheiro próprio, vindo mais tarde exigir do usufrutuário os juros correspondentes. Constituindo o pagamento das dívidas uma faculdade do cônjuge sobrevivo não parece ser de admitir que os credores possam exigir dele a satisfação das mesmas. Poderemos perguntar-nos se o direito conferido no art° 510° do C.C. possibilitará, ou não, aos credores exigirem os seus créditos contra o cônjuge usufrutuário, demandando-o como responsável solidário juntamente com os herdeiros. A resposta passará necessariamente pela caracterização do sucessor no usufruto da herança e tem

---

[257] No sentido de que o usufrutuário tem direito a ser indemnizado pelas benfeitorias úteis que não possam ser retiradas, manifesta-se DORAL GARCIA, argumentando com base no enriquecimento sem causa; para este autor, o usufrutuário deve agir de boa fé, evitando fazer benfeitorias exorbitantes à custa do proprietário, mas este tão-pouco pode ver legitimada pelo direito uma conduta abusiva da sua parte (*Vid.*, *Comentarios...*, T. VII, Vol. 1°, *op. cit.*, pp. 355-357).

sérias implicações quanto ao alcance da sua responsabilidade. Sendo o cônjuge um legitimário usufrutuário, parece-nos que não poderão fazê-lo; contudo, a resposta torna-se mais duvidosa se, além de usufrutuário o cônjuge for também sucessor universal do autor da sucessão. Nesta matéria concordamos com GARCIA RUBIO que, no caso de o cônjuge usufrutuário ser chamado à herança a título particular, não se verifica qualquer alteração no regime normal da responsabilidade por dívidas e que o cônjuge sobrevivo não pode, portanto, ser demandado pelos credores, embora possa satisfazer voluntariamente as dívidas, extinguindo-as e ficando com direito de regresso sobre os herdeiros ao cessar o usufruto[258].

Quando o património usufruído seja uma herança, o usufrutuário da totalidade da herança ficará obrigado a pagar integralmente o legado de renda vitalícia ou de pensão de alimentos, por tratar-se de um encargo que recai sobre os frutos dos bens - artº 508º/1 C.C. - enquanto o usufrutuário de quota da herança tem a obrigação de pagá-los na proporção da sua quota - artº 508º/2. Poderá acontecer que o usufrutuário de uma ou mais coisas particulares seja também responsável pelo pagamento de qualquer um destes tipos de legado, mas apenas no caso de a renda ou pensão estar constituida determinadamente sobre elas - artº 508º/4. Estes são casos em que o usufrutuário é verdadeiro responsável por dívidas da herança, estando aqui em foco as chamadas dívidas testamentárias, ou seja, os encargos da herança impostos testamentariamente a favor de pessoas distintas do usufrutuário, que ficam a cargo dos seus frutos. Neste caso importa saber se o cônjuge sobrevivo fica obrigado, por força da sua quota legítima consistente no usufruto de uma porção da herança, a satisfazer o legado de renda vitalícia ou de pensão de alimentos, na proporção da sua quota ou na totalidade, quando estes tenham sido constituídos sobre os bens que lhe venham a caber em pagamento do seu direito, questão intimamente relacionada com o problema da intangibilidade qualitativa da legítima - artº 813º/2 do C.C. esp. - e que será focado noutro ponto deste trabalho[259].

---

[258] *Vid.* GARCIA RUBIO, *La Distribucion...*, *op. cit.*, pp. 372-373.
[259] Cfr. *Infra*, Cap. V, II, 2, alínea D).

150   *A Legítima do Cônjuge Sobrevivo - Estudo Comparado Hispano-Português*

No que respeita às obrigações, o artº 491º do C.C. esp. estabelece, nos seus números 1 e 2, duas obrigações distintas do usufrutuário: a de fazer inventário e a de prestar caução. Relativamente à primeira, trata-se de uma obrigação imposta pela lei no início do usufruto de, com conhecimento do proprietário, relacionar os bens, mencionando o estado dos imóveis e o valor dos móveis. Esta exigência, que surge como um encargo para o usufrutuário e é consequência do seu direito de usar e fruir os bens e da obrigação de conservá-los para restituí-los findo o usufruto, apresenta também certas vantagens para o usufrutuário, pois a relação de bens permite determinar os bens objecto do direito, evitando mais facilmente a sua perda, e funciona como uma garantia que permite avaliar o cumprimento dos limites a que o usufrutuário está sujeito no exercício do seu direito, nomeadamente os limites impostos pela conservação da forma e substância dos bens usufruídos[260]; por esta razão é uma exigência que recai igualmente sobre o cônjuge usufrutuário. A segunda é uma obrigação de prestar fiança, a qual poderá ser dispensada quando não resulte prejuízo para ninguém - artº 493º. O fundamento desta caução é o de garantir que o usufrutuário irá cumprir todas as obrigações derivadas do usufruto, nomeadamente quanto à conservação dos bens, reparação de danos ou pagamento de eventuais indemnizações da sua responsabilidade, e de que irá proceder à restituição dos bens findo o usufruto[261]; é uma garantia de tal modo importante para tutela do proprietário que a lei deriva da sua falta graves consequências[262]. Também neste ponto o usufruto vidual apresenta um desvio relativamente ao regime geral, na medida em que a lei dispensa o cônjuge sobrevivo da obrigação de prestar fiança

---

[260] *Vid.* BELUCHE RINCÓN, *La Relación Obligatoria de Usufructo*, *op. cit.*, pp. 20-21.

[261] Ao contrário do que poderia depreender-se do artº 491º/2º, *in fine*, do C.C. esp., a fiança visa garantir todas as obrigações que recaem sobre o usufrutuário, e não apenas as que resultam da Secção Terceira do Capítulo I do Título VI, e exige a constituição de garantia pessoal pelo usufrutuário; Neste sentido, *Vid.* BELUCHE RINCÓN, *La Relación Obligatoria de Usufructo*, *op. cit.,* pp. 46 e ss.. Manifestam-se contra, admitindo a hipótese de constituição de garantia real, entre outros, LACRUZ BERDEJO, *Elementos de Derecho Civil*, III, *Derechos Reales*, 2º, Barcelona, 1980, p. 19, e ALBALADEJO, *Derecho Civil*, III, *Derechos Reales en Cosa Ajena y Registro de la Propiedad*, 2º, Barcelona, 1991, p. 23.

[262] Cfr. o artº 494º do C.C. esp..

sobre os bens que venham a compor a sua quota legal usufrutuária, excepcionando apenas a hipótese de que venha a contrair novo casamento - artº 492º C.C. - porque aí poderá justificar-se a necessidade de uma garantia para os proprietários, particularmente quando estes sejam filhos do anterior casamento do cônjuge sobrevivo usufrutuário[263].

Traduzindo uma obrigação de carácter geral, o artº 497º do C.C. esp. regula a diligência com que o cônjuge usufrutuário deve actuar relativamente aos bens que disfruta, cumprindo as suas obrigações de conservar a forma e a substância da coisa de acordo com o modelo de conduta de um bom pai de família, caso outra imposição não resulte do título constitutivo do usufruto[264].

O artº 500º do C.C. esp. coloca as reparações ordinárias a cargo do usufrutuário, como consequência directa da obrigação de conservação da substância dos bens. Estão em causa todas aquelas reparações regulares exigidas pelo uso normal das coisas e que sejam indispensáveis para a sua conservação, razão pela qual se compreende que sejam da responsabilidade do cônjuge usufrutuário, na medida em que é ele que usa os bens e que sobre ele recai uma obrigação genérica quanto à sua conservação[265].

---

[263] *Vid.* BELUCHE RINCÓN, *La Relación Obligatoria de Usufructo, op. cit.*, p. 101.

[264] Segundo BELUCHE RINCÓN, *La Relación Obligatoria de Usufructo, op. cit.*, pp. 123-124., pode considerar-se que a obrigação imposta pelo artº 497º do C.C. esp. exige que o usufrutuário segure os bens objecto do usufruto, pelo menos quando, pela sua natureza, estejam sujeitos a determinados riscos; No mesmo sentido, *Vid.* ALBALADEJO, *Derecho Civil*, III, 2º, *op. cit.*, p. 55, e DORAL GARCIA, *Comentarios al Código Civil y Compilaciones Forales*, T. VII, Vol. 1º, Madrid, 1992, p. 552, embora estes considerem que a obrigação decorre do artº 518º do C.C. esp.; Contra esta posição, *Vid.* GARCIA CANTERO, *Comentario del Código Civil*, T. I, Madrid, 1991, p. 1334.

[265] No C.C. espanhol faz-se a distinção entre benfeitorias e reparações: as benfeitorias implicam uma mais-valia incorporada na coisa, mas económica e materialmente dissociável dela, enquanto as reparações são uma necessidade da coisa, por essa razão indissociáveis dela; a realização de benfeitorias é uma faculdade do usufrutuário - artº 487º - enquanto a realização das reparações ordinárias constitui uma obrigação - artº 500º. Relativamente às reparações extraordinárias, quando sejam urgentes o usufrutuário está obrigado a comunicar ao proprietário a necessidade da sua realização - artº 501º - sob pena de incorrer em responsabilidade por danos e prejuízos nos termos gerais e por aplicação analógica do artº 511º (*Vid.* DORAL GARCIA, *Comentarios...*, T. VII, Vol. 1º, *op. cit.*, pp. 443-444, e BELUCHE RINCÓN, *La Relación Obligatoria de Usufructo, op. cit.*, pp. 202-203). O fundamento das reparações ordinárias reside não só na obrigação de con-

152   *A Legítima do Cônjuge Sobrevivo - Estudo Comparado Hispano-Português*

Por força do artº 511º o cônjuge usufrutuário está obrigado a tolerar intervenções do proprietário nos bens e tem o dever de informá-lo de qualquer acto de terceiro de que tenha conhecimento e que seja susceptível de lesar o seu direito de propriedade; se o não fizer, responderá pelos danos e prejuízos sofridos pelo proprietário como se ele próprio os tivesse causado com culpa. Esta norma resulta do facto de, em regra, o usufrutuário só estar legitimado para reagir por si próprio contra actos que lesem o seu direito de usufruto; assim, a sua obrigação de custódia relativamente aos bens usufruídos impõe-lhe que avise o proprietário de qualquer acto que ponha em causa a propriedade, actos contra os quais ele não pode reagir[266].

O cônjuge usufrutuário é ainda responsável pelo pagamento dos encargos fiscais e dos encargos que recaiam sobre os frutos durante o período de duração do usufruto - artº 504º - bem como pelas despesas com a administração dos bens e com gastos, custas e condenações em acções que recaiam sobre o usufruto - artº 512º.

A caracterização do sucessor no usufruto da herança é uma tarefa difícil, na medida em que se apresenta numa posição híbrida, com particularidades dos regimes normais da herança e do legado. LACRUZ BERDEJO defendeu que o usufruto legal do cônjuge sobrevivo seria um caso anómalo de vocação legitimária, argumentando com base no antigo artº 814º do C.C. esp., que atribuía à preterição do cônjuge efeitos diferentes da preterição de outros legitimários, e nas expressões do artº 834º do mesmo dispositivo legal, que dão a impressão de que a lei atribui directamente ao cônjuge o usufruto de uma quota da herança[267]. Actualmente

---

servar a coisa com vista à sua entrega findo o usufruto, mas também na necessidade de manter a sua aptidão para produzir frutos durante o período em que aquele se mantenha (*Vid.* BELUCHE RINCÓN, *op. cit.*, pp. 157-158).

[266] Quando o acto de terceiro lesione apenas o direito do usufrutuário, este pode defender directamente os seus interesses sem estar obrigado a comunicar a lesão ao nu proprietário. Nos casos em que possam resultar danos quer para o usufruto quer para a nua propriedade, o usufrutuário deverá notificar o proprietário, mas poderá eventualmente exercer as acções de defesa que se mostrem adequadas, sempre que o faça também no interesse do proprietário (*Vid.* BELUCHE RINCÓN, *La Relación Obligatoria de Usufructo, op. cit.*, pp. 139 e ss).

[267] *Vid.* "Condición Universal o Particular...", *loc. cit.*, pp. 270 e ss..

esta posição tem vários seguidores, como PEÑA BERNALDO DE QUIRÓS[268], DE LA CÁMARA[269] e ESPEJO LERDO DE TEJADA[270], embora a doutrina maioritária siga a tese tradicional de que só existem dois tipos de vocação: a testamentária e a intestada. Voltaremos a debruçar-nos sobre esta questão ao tratar da natureza jurídica da legítima do cônjuge sobrevivo[271].

C) Formas subsidiárias de pagamento da legítima em usufruto

a) Introdução

Desde a versão originária que o C.C. espanhol admite, como forma subsidiária de satisfação da legítima do cônjuge sobrevivo, a possibilidade de comutação, actualmente prevista no artº 839º (artº 838º, antes da Lei de 24 de Abril de 1958). Com a Reforma levada a efeito pela Lei 11/1981, de 13 de Maio, foi introduzido um outro caso excepcional de comutação no artº 840º. As duas hipóteses traduzem uma característica particular da legítima vidual consagrada no C.C. espanhol, derivada da modalidade escolhida para atribuição da mesma, isto é, o usufruto. O acto de comutação caracteriza-se por ser uma declaração de vontade receptícia que constitui uma sub-rogação legal de valor, pois implica a substituição de uma coisa por um valor - uma renda vitalícia, os produtos de determinados bens ou um capital em dinheiro - mas não pode considerar-se um acto de partilha ou divisão da herança, na medida em que não pode ser solicitado pelo próprio cônjuge na sua qualidade de partícipe na comunhão hereditária[272].

---

[268] *Vid.* "La Naturaleza de la Legítima", *loc cit.*, pp. 870 e ss. e, em especial, p. 876, nota 85 bis.

[269] *Vid. Compendio...*, 2ª ed., *op. cit.*, pp. 184-185.

[270] *Vid. La Legítima en la Sucesión Intestada...*, *op. cit.*, pp. 271-278.

[271] Cfr. *Infra*, Cap. VI, III.

[272] *Vid.* VALLET DE GOYTISOLO, *Comentarios...*, T. XI, *op. cit.*, p. 482; MASIDE MIRANDA, *Legítima...*, *op. cit.*, pp. 150 e ss.; ROCA-SASTRE MUNCUNILL, *Derecho de Sucesiones*, II, *op. cit.*, pp. 334-335.

O C.C. esp. não estabelece, em nenhuma das normas que regulam a comutação do usufruto vidual, qual o prazo para o exercício deste direito. Contudo, tem havido unanimidade por parte da doutrina e da jurisprudência no sentido de entender que o direito deve ser exercido até à data da partilha, ou no momento desta, mas nunca depois de a mesma estar formalizada. Esta solução não tem um apoio expresso na lei mas parece ser a única logicamente possível, na medida em que, com a partilha, se procede à adjudicação com carácter definitivo dos bens a usufruir, nos termos do artº 1068º do C.C. esp.[273]. Outro aspecto importante no regime da comutação da legítima vidual é o da determinação do âmbito de aplicação desta faculdade, questionando a doutrina se a mesma também tem lugar na sucessão intestada. A dúvida coloca-se, sobretudo, porque as normas do C.C. espanhol sobre a comutação situam-se apenas em sede de sucessão testamentária, embora a norma inspiradora da figura - artº 809º do C.C. italiano de 1865 - consagrasse expressamente o seu funcionamento, quer na sucessão testamentária quer na intestada, permitindo que qualquer herdeiro, testamentário ou intestado, substituisse o usufruto do cônjuge sobre a generalidade dos bens por uma renda vitalícia ou pela afectação dos frutos dos bens imóveis ou capitais hereditários[274]. Contudo, o natural

---

[273] GULLON BALLESTEROS justifica a desnecessidade de norma que estabeleça o prazo de exercício da faculdade de comutação, pelo facto de se encontrar consagrada, no artº 839º/2 do C.C., uma garantia a favor do cônjuge sobrevivo, e de este poder intervir relativamente à valoração do seu usufruto e à determinação dos bens a atribuir para sua satisfação, para além de poder instaurar o *juicio de testamentaria* (*Vid.* "La Conmutación del Usufructo Legal del Cónyuge Viudo", *ADC*, 1964, p. 602). A STS de 28 de Março de 1924 (*JC*, T. 161, nº 163) decidiu também no sentido de que a faculdade de comutação "...*sólo puede tener efecto con anterioridad a la formalización de la partición y como medio de determinar de común acuerdo o por decisión judicial, en su defecto, el modo como ha de hacerse el pago de la cuota vidual mediante la adjudicación correspondiente, toda vez que, de subsistir esa facultad en los herederos hasta después de practicada legalmente la partición, la adjudicación nunca tendría carácter definitivo ni el viudo adquiriría jamás la exclusiva propiedad de lo que se le adjudicara en pago en la aludida partición, supuesto inadmisible dado el carácter de generalidad del precepto contenido en el citado artículo 1068, que es indiscutiblemente aplicable a la adjudicación referida, ya que no se establece excepción alguna en el Código respecto a las mismas:*"

[274] Este é um dos argumentos invocados por MEZQUITA DEL CACHO em defesa da operatividade da comutação apenas na sucessão testamentária (*Vid.* "La Conmutación del Usufructo Vidual", *R.D.N.*, 1957, p. 270).

reconhecimento da operatividade da legítima do cônjuge na sucessão intestada[275], e a consequente aplicação das normas legitimárias no seio desta, aceites pela generalidade da doutrina e da jurisprudência, conduzem inevitavelmente à admissão da possibilidade de comutação da legítima vidual no âmbito daquele chamamento sucessório[276].

b) A faculdade de comutação prevista no artº 839º do Código Civil espanhol

A possibilidade de comutação da legítima vidual prevista no artº 839º do C.C. esp. visa obviar às dificuldades e desvantagens resultantes da forma instituída para satisfação da legítima: pretende evitar o fraccionamento do domínio em usufruto e nua propriedade, afastando os inconvenientes económicos relativos à gestão e administração dos bens e os relacionados com a partilha, bem como os inconvenientes sociais decorrentes de um eventual convívio menos pacífico entre usufrutuário e nu proprietário, e, ao mesmo tempo, proporcionar maior facilidade de circulação dos bens, dando alguma flexibilidade à legítima do cônjuge sobrevivo[277].

A norma prevê três alternativas de pagamento, permitindo que a legítima do cônjuge seja satisfeita com uma renda vitalícia, com os produtos de determinados bens ou com um capital efectivo[278], e atribui aos herdei-

---

[275] Cfr. *Supra* PARTE SEGUNDA, Cap. II, II, 3.

[276] *Vid.* DE LA CÁMARA, *Compendio...*, 2ª ed., *op. cit.,,* p. 276; MASIDE MIRANDA, *Legítima...*, *op. cit.*, pp. 188-189; GULLON BALLESTEROS, "La Conmutación...", *loc. cit.*, pp. 595-596.

[277] *Vid.* DE LA CÁMARA, *Compendio...*, 2ª ed., *op. cit.*, p. 276; CARCABA FERNANDEZ, "Reflexiones Sobre la Conmutación del Usufructo Vidual", *R.G.L.J.*, 1986, pp. 566-567; VALLET DE GOYTISOLO, *Comentarios...*, T. XI, *op. cit.*, pp. 470 e ss.; RIVAS MARTINEZ, *Derecho de Sucesiones Común y Foral*, II, *op. cit.*, pp. 208-209; Alguns autores chegaram a apontar finalidades subjectivistas, como a de protecção das legítimas dos filhos e descendentes legítimos, as quais se consideram actualmente ultrapassadas (*Vid.* MEZQUITA DEL CACHO, "La Conmutación del Usufructo Vidual Común", *loc. cit.*, p. 241).

[278] DE LA CÁMARA considera que, em rigor, só existe comutação nos casos de atribuição de uma renda vitalícia ou de pagamento de um capital efectivo, pois só nestas hipóteses se escolhe uma forma diferente de satisfação da legítima do cônjuge; no caso de atribuição dos produtos de determinados bens, entende o autor que a quota usufrutuária é satisfeita de acordo com a regra geral prevista pelo legislador, através da determinação dos

ros a legitimidade para elegerem uma das formas de pagamento da legítima vidual aí previstas; contudo, de um modo geral, a doutrina tem entendido que só terão legitimidade para pedir a comutação os herdeiros, quer forçosos quer voluntários, que sejam afectados pela legítima vidual, e bem assim os legatários onerados pelo usufruto, já que procedem quanto a estes os motivos que fundamentam a comutação[279].

Para que possa verificar-se a comutação do usufruto, a lei exige "mútuo acordo", expressão que tem suscitado algumas dúvidas pois pode levar a pensar que seja necessário acordo entre os herdeiros e o cônjuge

---

bens a ser usufruídos pelo cônjuge (*Vid. Compendio...*, 2ª ed., *op. cit*, p.276); Contra a ideia de que a atribuição dos produtos de determinados bens consista num usufruto, *Vid.* DÍEZ-PICAZO y GULLÓN, os quais entendem tratar-se de uma hipótese de direito obrigacional (*Sistema...*, IV, *op. cit.*, p. 477), e MASIDE MIRANDA (*Legítima...*, *op. cit.* p. 182).

[279] *Vid.* DE LA CÁMARA, *Compendio...*, 2ª ed., *op. cit.*, p. 277; CARCABA FERNANDEZ, "Reflexiones Sobre la Conmutación del Usufructo Vidual", *loc. cit.*, p. 570; BELTRAN DE HEREDIA, *Derecho de Sucesiones*, *op. cit.*, p. 408. VALLET DE GOYTISOLO defende que a faculdade de comutação assiste aos herdeiros voluntários ou forçosos, quer sejam chamados por disposição testamentária ou por força da sucessão intestada, independentemente de serem descendentes, ascendentes ou colaterais do autor da sucessão e de o usufruto vidual recair sobre o terço de *mejora* ou sobre a quota disponível, reconhecendo também a mesma faculdade aos legatários onerados pelo usufruto (*Vid. Comentarios...*, T.XI, *op. cit.*, p.473-475); ROCA-SASTRE MUNCUNILL reconhece também legitimidade para requerer a comutação aos adjudicatários de bens na partilha efectuada pelo testador, pelo *contador-partidor*, ou pelos próprios herdeiros em cumprimento das regras ditadas pelo autor da sucessão, desde que sejam afectados pelo usufruto vidual, embora normalmente esses adjudicatários tenham sido previamente instituídos como herdeiros ou nomeados legatários (*Vid. Derecho de Sucesiones*, *op. cit.*, p. 338); Posição contrária, mas que não logrou reconhecimento, é a de MEZQUITA DEL CACHO, o qual interpreta restritivamente o termo "herdeiros" empregue no artº 839º, considerando que a faculdade de comutação só assiste aos herdeiros forçosos que sejam filhos ou descendentes do autor da sucessão (*Vid.* "Conmutación del Usufructo Vidual Común", *loc.cit.*, pp. 240 e ss.). A STS de 25 de Outubro de 2000 (*AC*, Fevereiro de 2001, nº 177), consagrou a opinião, generalizada na doutrina científica, de que "...*la facultad de eligir una de estas formas expresadas en el art. 839 corresponde a los herederos, sean voluntarios o forzosos, testados o abintestato, o, incluso, legatarios afectados por el usufructo legal del viudo, ya sean descendientes, ascendientes o colaterales del causante o, incluso, extraños al mismo, y tanto se dicha cuota vidual recae sobre el tercio de mejora como en el de libre disposición...*".

sobrevivo quanto à decisão de comutar e à escolha do meio de satisfação da legítima vidual[280]. No entanto, a doutrina tem entendido que a exigência de mútuo acordo apenas significa que as partes terão de coincidir quanto à valoração do usufruto, à determinação dos bens sobre os quais este irá recair, ou ao montante da renda ou do capital efectivo a atribuir ao cônjuge, e que só na falta de acordo quanto a estes aspectos haverá que recorrer à autoridade judicial. As decisões de comutar o usufruto e de optar por uma das formas previstas para satisfação da legítima correspondem somente aos herdeiros entre si e devem ser tomadas por unanimidade[281]. O cônjuge sobrevivo não é titular do direito de comutação atribuído pelo artº 839º, razão pela qual não poderá impor a comutação aos herdeiros nem participar na escolha do meio a adoptar, excepto no caso especial de os bens adjudicados em satisfação do seu usufruto serem improdutivos[282].

---

[280] Como refere VALLET DE GOYTISOLO, "mútuo acordo" pressupõe duas partes com interesses contrapostos a conciliar, que neste caso seriam, supostamente, os herdeiros e o cônjuge sobrevivo (*Vid. Comentarios...*, T.XI, *op. cit.* pp. 482-483).

[281] *Vid.* DE LA CÁMARA, *Compendio...*, 2ª ed., *op. cit.*,, pp. 276-277; VALLET, *Comentarios...*, T. XI, *op. cit.*, pp. 482 e s.; ROCA-SASTRE MUNCUNILL, *Derecho de Sucesiones*, II, *op. cit.*, p. 338 e ss.; DÍEZ-PICAZO y GULLÓN, *Sistema...*, IV, *op. cit.*, pp. 476 e ss..

[282] Assim, GULLON BALLESTEROS, "La Conmutación...", *loc. cit.*, pp. 593-594. A STS de 20 de Dezembro de 1911 (*JC*, T. 122, nº 172) admitiu, num caso em que a grande parte dos bens da herança eram infrutíferos, que a comutação fosse imposta pela autoridade judicial, a requerimento do *contador-partidor*; Lê-se, no seu Segundo Considerando, que "...*si bien, por regla general, corresponde al heredero ó herederos proponer la sustitución del usufructo vidual por alguno de los medios que comprende el artículo 838 del Código Civil, no puede entenderse esta disposición en términos tan absolutos que impidan, en el caso de resultar ilusorio en todo ó en gran parte el indicado derecho, que se haga dicha sustitución por la Autoridad judicial aplicando el expresado precepto legal, puesto que de otro modo no se acataría el pensamiento que informa la ley, según queda expuesto en el anterior fundamento, y com mayor razón si la sustitución se propone por uno de los contadores nombrados por una de las partes en un juicio de testamentaría y se decide por ella el contador dirimente, pues en este caso especial no se pueden negar á aquéllos las facultades necesarias al efecto de resolver los conflictos que ocurran en el ejercicio de su cargo para el mejor desempeño del mismo, siempre que no se justifique que se haya hecho en perjuicio de alguno interesado en la testamentaría.*".

Nesta matéria importa averiguar sobre a possibilidade de o próprio testador impor a comutação, e a modalidade concreta de pagamento da legítima, bem como de proibi-la. A maioria da doutrina entende que o testador pode impor a comutação ao cônjuge sobrevivo, na medida em que também lha podem impor os herdeiros, já que, do ponto de vista do cônjuge, é indiferente que a comutação resulte da espontânea vontade daqueles ou de uma vontade formada por imposição do testador[283]. Já a possibilidade de os herdeiros ficarem vinculados, num ou noutro sentido, por disposição do autor da sucessão, parece suscitar maiores problemas. Quanto aos herdeiros voluntários, DE LA CÁMARA admite que fiquem vinculados por disposição do autor da sucessão que lhes imponha a comutação, mas já se inclina para a negativa quanto aos herdeiros forçosos, uma vez que a obrigação de comutar representaria para estes um ónus ou encargo sobre a sua legítima não previsto na lei e que, embora disposto em substituição de um ónus legal (o usufruto do cônjuge sobrevivo), tem natureza diferente[284]. Opinião distinta tem VALLET DE GOYTISOLO que, além de admitir a vinculação dos herdeiros ou legatários afectados quando o autor da sucessão faça recair a sua atribuição na quota disponível, aceita que, no caso de haver descendentes e a quota vidual recair sobre o terço de *mejora*, o testador possa impor a comutação e a forma de satisfação da legítima, desde que com isso não defraude os direitos dos legitimários[285]. Quanto à proibição de comutar, DE LA CÁMARA admite-

---

[283] Assim, DE LA CÁMARA, *Compendio...*, 2ª ed., *op. cit.*, p. 277; MASIDE MIRANDA, *Legítima...*, *op. cit.*, p. 175; ROCA-SASTRE MUNCUNILL, *Derecho de Sucesiones*, II, *op. cit.*, p. 340; VALLET DE GOYTISOLO, *Comentarios...*, T. XI, *op. cit.*, pp. 476-477.

[284] DE LA CÁMARA, *Compendio...*, 2ª ed., *op. cit.*, pp- 277-278. O artº 813º do C.C. esp. consagra o direito de o legitimário receber a sua legítima livre de quaisquer encargos impostos, directa ou indirectamente, pelo testador, os quais se têm por não estabelecidos, exceptuando o disposto quanto ao usufruto vidual.

[285] *Vid.* VALLET DE GOYTISOLO, *Comentarios...*, T. XI, *op. cit.*, p. 477; Partilham esta mesma perspectiva, MASIDE MIRANDA, *Legítima...*, *op. cit.*, p. 176, e ROCA-SASTRE MUNCUNILL, *Derecho de Sucesiones*, II, *op. cit.*, p. 341; Para estes autores, a imposição de uma das formas de comutação é mera manifestação da liberdade dispositiva do autor da sucessão e não constitui qualquer ónus ou encargo para as legítimas, desde que não as prejudique; Também GULLON BALLESTEROS é da opinião que a ordem de comutação só indirectamente choca com o disposto no artº 813º do C.C. esp., e que a eficá-

a em qualquer caso, mas reconhece que a mesma poderá ser impugnada pelos interessados desde que prejudique a sua legítima[286]. GULLÓN BALLESTEROS nega validade à proibição de comutar dirigida ao cônjuge supérstite, mas aceita-a relativamente aos herdeiros, desde que não haja lesão das legítimas, baseando-se no mesmo argumento que justifica, na sua perspectiva, a possibilidade de o testador lhes impor a comutação, isto é, de que não há para os legitimários, em princípio, qualquer lesão da legítima por terem de suportar o usufruto do cônjuge, na medida em que este encargo lhes é imposto pela própria lei e o artº 813º o excepciona[287].

Existe igualmente controvérsia na doutrina a respeito da possibilidade de o *contador-partidor* exercer a faculdade de comutação. Uma determinada postura doutrinal nega ao *contador-partidor* a faculdade de proceder à comutação, na medida em que entende que este apenas está dotado de poderes para efectuar a partilha[288], enquanto outra lhe reconhece o exercício dessa faculdade, em cumprimento de disposição expressa do testador, nos casos em que caiba a este determinar a forma de satisfação da legítima[289]. A solução desta questão parece centrar-se na noção de par-

---

cia da imposição de comutar dirigida aos legitimários, quer sejam herdeiros ou legatários, depende de que não seja lesada a legítima (*Vid.* "La Conmutación...", *loc. cit.*, pp. 597-598).

[286] *Vid. Compendio...*, 2ª ed., *op. cit.*, p. 278; Também ROCA-SASTRE MUNCU-NILL, *Derecho de Sucesiones*, II, *op. cit.*, p. 341, e MASIDE MIRANDA, *Legítima...*, *op. cit.*, p. 176.

[287] *Vid.* "La Conmutación...", *loc. cit.*, pp. 598-599.

[288] DE LA CÁMARA recusa a possibilidade de o testador deixar a faculdade de comutação nas mãos do *contador-partidor*, e não considera válido o argumento fundado no artº 841º do C.C. esp., que possibilita ao *contador-partidor* expressamente autorizado pelo testador adjudicar a totalidade dos bens hereditários, ou parte deles, a algum filho ou descendente, ordenando que este proceda ao pagamento das legítimas dos demais com dinheiro extra-hereditário; esse artigo não seria aplicável à legítima do cônjuge sobrevivo, e o seu carácter excepcional e demasiado amplo não permitiria aplicação analógica (*Vid. Compendio...*, 2ª ed., *op. cit.*, p. 278); A mesma ideia é defendida por ROCA-SASTRE MUNCUNILL (*Vid. Derecho de Sucesiones*, II, *op. cit.*, p. 341).

[289] *Vid.* VALLET DE GOYTISOLO, *Comentarios...*, T. XI, *op. cit.*, pp. 477-478; MASIDE MIRANDA, *Legítima...*, *op. cit.* p. 178; DÍEZ PICAZO y GULLÓN, *Sistema...*, IV, *op. cit.*, p. 596; GULLON BALLESTEROS entende igualmente que o *contador-partidor* não pode decidir sobre a comutação sem consentimento dos herdeiros que podem exercer a faculdade, mas pode realizá-la em cumprimento da vontade do autor da sucessão,

160   *A Legítima do Cônjuge Sobrevivo - Estudo Comparado Hispano-Português*

tilha e no tipo de actos que esta engloba, por forma a determinar se a imposição de satisfação do direito de usufruto mediante a entrega dos produtos de determinados bens, de um capital ou de uma renda vitalícia, constitui, ou não, um acto da partilha. O C.C. esp. prevê que a legítima vidual seja satisfeita, em princípio, pela determinação dos bens concretos que terão de suportar o usufruto, mas admite outras formas de satisfação alternativas. Assim, partindo de um conceito amplo de partilha que englobe quaisquer actos de adjudicação de bens ou de dinheiro extra-hereditário[290], parece-nos que o acto de comutação pode qualificar-se como um acto de partilha, como tal expressamente delegável no *contador-partidor*, à semelhança do que é aceite por alguma doutrina para o pagamento em dinheiro da legítima dos descendentes, nos termos do artº 841º do C.C. esp.[291].

Atendendo à natureza da faculdade de comutar, questiona-se também se a mesma poderá ser exercida em caso de transmissão da herança pelo cessionário desta. Tratando-se de um direito subjectivo de carácter patrimonial, que permite sub-rogar o valor da quota usufrutuária por outras formas de pagamento, com vista a evitar as desvantagens da manutenção de um usufruto rígido, a maioria da doutrina entende que esse

---

expressa em testamento, nos estritos termos em que esta se encontre manifestada; assim, se o meio solutório não foi determinado pelo testador, só os herdeiros legitimados para pedir a comutação poderão proceder à sua escolha (*Vid.* GULLON BALLESTEROS, "La Conmutación...", *loc. cit.*, pp. 605-606).

[290] *Vid.*, neste sentido, CARBALLO FIDALGO, *Las Facultades del Contador-Partidor Testamentario*, *op. cit.*, pp. 45 e ss., em especial, pp. 62-63, e PANTALEON PRIETO, *Comentarios a las Reformas del Derecho de Família*, T. II, Madrid, 1984, p. 1372.

[291] Defendem igualmente o carácter partitivo dos poderes conferidos pelo testador ao *contador-partidor nos* termos do artº 841º do C.C. esp., os seguintes autores: DOMÍNGUEZ LUELMO, *El Pago en Metálico de la Legítima de los Descendientes*, Madrid, 1989, pp. 129 e ss., o qual refere que a ordem de pagamento em dinheiro pelo *contador-partidor* expressamente autorizado pelo testador inclui a faculdade de distribuir os bens, em caso de existência de vários adjudicatários e na falta de distribuição feita pelo testador, o cálculo do montante a pagar aos legitimários não adjudicatários e a formalização das adjudicações, todas faculdades meramente particionais; CARBALLO FIDALGO, *Las Facultades...*, *op. cit.*, p. 208, PANTALEON PRIETO, *Comentarios...*, II, *op. cit.*, pp. 1370-1373; Manifesta-se contra DE LA CÁMARA, *Compendio...*, 2ª edição, *op. cit.*, pp. 260-261.

direito se transmite aos herdeiros do herdeiro ou legatário afectado pela quota usufrutuária, no caso de ainda não ter sido exercido. Não há duvida de que, sendo um direito que a lei coloca exclusivamente à disposição dos herdeiros, poderá transmitir-se, por sua vez, aos herdeiros destes que venham a ocupar a sua posição jurídica, mas já não em caso de venda ou cessão da herança, uma vez que estas só implicam a transmissão do seu conteúdo patrimonial. Concordamos, assim, que não é possível aceitar a transmissão da faculdade de comutação para o cessionário da herança, uma vez que este apenas adquire os direitos de índole patrimonial, e não a qualidade de herdeiro em função da qual a faculdade se encontra delineada[292].

Por fim, a doutrina tem problematizado a questão da reservabilidade, ou não, dos bens recebidos pelo cônjuge sobrevivo em comutação do seu usufruto. Nos termos do artº 968º do C.C. esp., o cônjuge sobrevivo que contraia segundas núpcias está obrigado a reservar para os descendentes do primeiro casamento os bens que, por título lucrativo, tenha adquirido do seu falecido consorte. É consensual na doutrina a ideia de que o cônjuge não se encontra obrigado a reservar o disfrute dos bens sobre os quais venha a recair o seu direito de usufruto, uma vez que a reserva apenas se refere à propriedade, e esta pertence já aos reservatários, pois são eles os nus proprietários do bem ou bens que o cônjuge usufrui. Contudo, é mais controversa a questão de saber se o cônjuge que recebe um capital efectivo ou certos bens em propriedade em substituição do seu usufruto, por força do exercício da faculdade de comutação atribuída aos herdeiros e legatários pelo artº 839º do C.C., está igualmente obrigado a reservar a propriedade desses bens no caso previsto no artº 968º.

Actualmente são muito poucos os autores que ainda defendem a obrigação de reservar os bens naqueles casos[293], e a maioria da doutrina é claramente contrária à imposição dessa obrigação, por várias razões: porque, nos termos do artº 968º, só é reservável a propriedade e não o

---

[292] *Vid.* MASIDE MIRANDA, *Legítima...*, *op. cit.*, pp. 161-162; ROCA-SASTRE MUNCUNILL, *Derecho de Sucesiones*, II, *op. cit.*, pp. 339-340.

[293] *Vid.* MONTÉS PENADES, *Derecho de Sucesiones*, coord. por MONTÉS PENADÉS, Valencia, 1992, p. 464, e DÍEZ-PICAZO y GULLÓN, *Sistema...*, IV, *op. cit.*, p. 497, embora não exponham de forma muito demarcada a sua posição.

162   *A Legítima do Cônjuge Sobrevivo - Estudo Comparado Hispano-Português*

usufruto, e os bens recebidos em propriedade pelo cônjuge vêm substituir esse usufruto, isto é, correspondem ao valor do usufruto que não era reservável, não tendo, por isso, lógica que fiquem sujeitos à reserva; além disso, o cônjuge só está obrigado a reservar bens que tenha recebido do seu falecido consorte a título gratuito, o que não é o caso, porque os bens atribuídos ao cônjuge em comutação do seu usufruto são-lhe atribuídos em troca do seu direito de usufruto e, portanto, a título oneroso; não pode ainda esquecer-se que a imposição da referida obrigação de reservar implicaria nestes casos uma lesão da legítima do cônjuge, afectando amplamente a sua intangibilidade qualitativa e reduzindo os seus direitos legitimários contrariamente ao espírito da lei[294]. Importa acrescentar que a não reservabilidade dos bens recebidos pelo cônjuge em comutação do usufruto vidual se justifica ainda pelo facto de não se tratar de um encargo imposto pelo testador mas sim pelos próprios herdeiros e legatários onerados pelo usufruto, cuja verificação estaria dependente do exercício, ou não, por estes da faculdade de comutação do usufruto da herança por bens em propriedade; nestes termos, a comutação poderia ser, em muitos casos, mais vantajosa para os descendentes, que ao comutar os bens ficariam com a certeza de vir a recebê-los mais tarde[295].

c) A faculdade de comutação prevista no artº 840º do Código Civil espanhol

Excepcionalmente o C.C. espanhol atribui ao cônjuge sobrevivo a faculdade de comutação na hipótese prevista no artº 837º/2, isto é, quando os únicos legitimários que com ele concorram sejam os filhos não matrimoniais do autor da sucessão concebidos durante o casamento de ambos[296]. O fundamento desta hipótese de comutação não será já, em

---

[294] *Vid.* VALLET DE GOYTISOLO, *Comentarios al Código Civil y Compilaciones Forales*, T. XIII, Vol. 2º, Madrid, 1998, pp. 200-201; PUIG BRUTAU, *Fundamentos de Derecho Civil*, T. V, Vol. 3º, Barcelona, 1991, pp. 188-189; RIVAS MARTINEZ, *Derecho de Sucesiones Común y Foral*, II, *op. cit*, p. 571; DE LA CÁMARA, *Compendio de Derecho Sucesorio*, 1ª ed., Madrid, 1990, p. 325, e em especial ALBALADEJO, "Sobre si Son o No Reservables los Bienes Recibidos por el Viudo en Conmutación de su Usufructo Vidual", *R.D.P.*, 1994, pp. 3-14.

[295] Para mais argumentos contra a obrigação de reservar, Vid. ALBALADEJO, *ibidem*.

[296] ROCA-SASTRE MUNCUNILL entende que esta faculdade de comutação se mantém quando o cônjuge concorra apenas com descendentes dos ditos filhos extramatri-

primeira linha, o de obviar aos inconvenientes do usufruto, mas essencialmente dotar o cônjuge de meios para evitar um relacionamento permanente e, porventura, constrangedor, com os filhos extramatrimoniais do seu marido tidos durante o casamento de ambos.

Tem sido bastante controvertido o carácter constitucional ou inconstitucional desta norma, por proceder, alegadamente, a uma distinção entre os filhos extramatrimoniais do autor da sucessão e os restantes. As denúncias de inconstitucionalidade do art° 840° do C.C. esp. resultariam da sua aplicação ao caso previsto no art° 837°/2 do mesmo diploma legal, também acusado de inconstitucionalidade por discriminar os filhos não matrimoniais do autor da sucessão e os demais - contrariando, assim, o princípio de não discriminação por razão de filiação consagrado nos art°s 14° e 39°/2 da CE - e ainda por não ser aplicável a todos os filhos extramatrimoniais mas apenas aos que tivessem sido concebidos durante o casamento do autor da sucessão com o cônjuge sobrevivo[297]. São, no entanto, muitos os autores que afastam a hipótese de inconstitucionalidade do art° 840°, por considerarem tratar-se de uma excepção justificada ao princípio da igualdade proclamado no art° 14° da CE, cujo pressuposto é o concurso exclusivo entre o cônjuge sobrevivo e os filhos extramatrimoniais do autor da sucessão concebidos durante o casamento de ambos, e a qual pretende evitar um contacto permanente, certamente difícil e, por-

---

moniais do autor da sucessão concebidos durante o casamento com o cônjuge sobrevivo (*Vid. Derecho de Sucesiones*, II, *op.cit.* p. 348); Em sentido contrário, *Vid.* DE LA CÁMARA, *Compendio...*, 1ª ed., *op. cit.*, p. 239, por entender que os art°s 837°/2 e 840° do C.C. são excepcionais, e que o art° 837°/2 se refere apenas a filhos, e não a filhos e descendentes, como o art° 834°, ou a descedentes, como os art°s 837°/1 e 838°.

[297] Neste sentido, MIQUEL, *Comentarios a las Reformas del Derecho de Família*, II, *op. cit.*, pp. 1322 e ss.; O autor parece inclinar-se para a inconstitucionalidade do preceito, ao entender que o facto de se permitir a comutação apenas em caso de concurso do cônjuge sobrevivo com filhos não matrimoniais do autor da sucessão concebidos durante o casamento de ambos, produz uma desigualdade do ponto de vista dos outros filhos não comuns e do próprio cônjuge sobrevivo, que não possui a mesma faculdade quando concorre com filhos comuns; no entanto, considera possível, para afastar a eventual inconstitucionalidade, uma interpretação da norma que conceda a faculdade de comutação a todo o viúvo que concorra à herança do seu falecido consorte com filhos ou descendentes não comuns (*op. cit.*, p. 1329).

ventura, conflituoso, do cônjuge sobrevivo com essas pessoas[298]. Em nosso entender, a inconstitucionalidade do artº 840º poderá ser evitada mediante uma interpretação que alargue os horizontes da sua aplicação a todos os casos de concurso do cônjuge sobrevivo com filhos não comuns do autor da sucessão, a qual nos parece conforme com o espírito legislativo e a *ratio* da disposição legal[299].

A doutrina entende que esta faculdade envolve a possibilidade de optar pela comutação do usufruto, mas não já a de escolher a sua forma de pagamento, a qual caberá apenas aos filhos[300], autorizando a lei, neste, caso, o pagamento da legítima somente através de um montante em dinheiro ou da atribuição de um lote de bens. As hipóteses de pagamento através da atribuição de uma renda vitalícia ou do produto de determinados bens ficam afastadas pela própria *ratio* da norma, ao propiciarem justamente aquilo que se pretende evitar, ou seja, o convívio entre o cônjuge sobrevivo e os filhos extramatrimoniais do seu falecido consorte.

Porque o mecanismo de actuação desta faculdade especial de comutação é, *grosso modo*, o mesmo da faculdade geral prevista no artº 839º, também aqui se exige o acordo de ambas as partes na valoração do usufruto e na determinação dos bens que irão satisfazer o direito do cônjuge, bem como a actuação unânime dos filhos, quando sejam mais que um, quanto à forma de satisfação da legítima, e até mesmo quanto à opção de comutação caso se contemple a hipótese de os filhos imporem a comutação numa das duas formas previstas no artº 840º, o que parece ser admitida pela maioria da doutrina.

A faculdade de comutação que assiste ao cônjuge só procede relativamente à parte recebida pelos filhos não matrimoniais, o que pode originar, nos casos em que estes não sejam chamados a receber a quota disponível, que o usufruto só parcialmente seja comutado (comutação do

---

[298] *Vid.* DE LA CÁMARA, *Compendio...*, 2ª ed., *op. cit.*, pp. 278-279; VALLET DE GOYTISOLO, *Comentarios...*, XI, *op. cit.*, p. 438.

[299] Neste sentido, *Vid.* MIQUEL, *Comentarios a las Reformas...*, II, *op. cit.*, pp. 1322 e ss..

[300] *Vid.* DE LA CÁMARA, *Compendio...*, 1ª ed., *op. cit.*, p. 272; VALLET, *Comentarios...*, T. XI, *op. cit.*, p. 488; ROCA-SASTRE MUNCUNILL, *Derecho de Sucesiones*, II, *op. cit.*, p. 349.

usufruto sobre o terço de melhora), ou que fique sujeito a duas modalidades diferentes de pagamento - uma resultante da aplicação do artº 840º, e outra da aplicação do artº 839º, caso a faculdade de comutação seja exercida pelos herdeiros chamados à quota disponível - com as inegáveis dificuldades que tal situação introduz em termos particionais[301].

Nesta matéria tem sido colocado também, com alguma acuidade, o problema de saber se os filhos extramatrimoniais do autor da sucessão estão legitimados para requerer a comutação do artº 839º quando sejam os únicos herdeiros forçosos a concorrer com o cônjuge - caso previsto pelo artº 837º/2 - visto tratar-se de uma situação de aplicação do artº 840º que indicia uma necessidade de conjugação das hipóteses de comutação previstas na lei. RIVAS MARTINEZ entende que, depois da Reforma de 1981, com a criação do artº 840º, esta faculdade não assiste aos filhos não matrimoniais[302]. Contudo, a maioria da doutrina inclina-se para a orientação contrária. DE LA CÁMARA aceita aquela possibilidade, por não a considerar contrária à *ratio* do preceito contido no artº 840º, e por entender que afasta as acusações de eventual inconstitucionalidade da norma por alegada desigualdade de tratamento dos filhos extramatrimoniais relativamente aos demais[303]. Também VALLET DE GOYTISOLO parece entender que a opção do artº 840º não exclui a do artº 839º, pelo que poderão os filhos extramatrimoniais do autor da sucessão recorrer à faculdade de comutação aqui prevista, embora não deixe claro se poderão beneficiar de todas as opções de pagamento previstas no artº 839º ou só das previstas no artº 840º[304]. CÁRCABA FERNANDEZ é da opinião que

---

[301] *Vid.* DE LA CÁMARA, *Compendio...*, 2ª ed., *op. cit.*, pp. 279-280; VALLET DE GOYTISOLO, *Comentarios...*, T. XI, *op. cit.*, p. 488; ROCA-SASTRE MUNCUNILL, *Derecho de Sucesiones*, II, *op. cit.*, p. 352.

[302] *Vid. Derecho de Sucesiones Común y Foral*, II, *op. cit.*, p. 214.

[303] *Vid. Compendio...*, 2ª ed., *op. cit.*, p.279.

[304] VALLET parece admitir, no entanto, que, se o cônjuge exercer a sua faculdade, os filhos extramatrimoniais do autor da sucessão só poderão comutar a legítima vidual mediante a atribuição de um capital em dinheiro ou de um lote de bens hereditários, mas caso a não exerça, estes poderão eleger qualquer das modalidades de comutação autorizadas pelo artº 839º (*Vid. Comentarios...*, T. XI, *op. cit.*, pp. 487-488); Esta é também a opinião manifestada por BELTRAN DE HEREDIA, *La Conmutación de la Legítima*, Madrid, 1989, pp. 154 e ss..

o artº 840º não faz mais do que alargar ao cônjuge, naquele caso, a faculdade de comutação, sem limitar ou eliminar a faculdade concedida aos herdeiros pelo artº 839º, pelo que, verificado o caso previsto no artº 837º/2, a faculdade de comutação poderia ser exercida tanto por estes como por aquele[305]. ROCA-SASTRE MUNCUNILL é mais preciso, opinando que, nos casos abrangidos pelo artº 837º/2, a iniciativa de comutação poderá pertencer aos filhos extramatrimoniais do autor da sucessão, nos termos do artº 839º, não obstante a possibilidade de o cônjuge se opor ao meio solutório escolhido quando não seja nenhum dos previstos no artº 840º[306], teoria que a nosso juízo se apresenta mais acertada.

Quanto ao poder do testador para impor ou proibir a comutação, DE LA CÁMARA crê que não pode aceitar-se, no primeiro caso dada a qualidade de herdeiros forçosos das partes e o ónus que poderia representar a restrição de uma tal faculdade, e no segundo porque iria contra a própria razão de ser da norma[307]. Um outro autor socorre-se do carácter pessoalíssimo do direito de comutação para justificar a impossibilidade de o mesmo ser restringido por uma declaração de vontade do autor da sucessão, tanto mais que foi este quem originou a situação que pode reclamar a aplicação da norma[308].

d) A modalidade de preenchimento da legítima vidual prevista no artº 152º/2 da Lei de Direito Civil da Galiza

Embora, por força do artº 146º/2 da LDCG, a legítima do cônjuge sobrevivo revista no direito galego as mesmas características que tem no C.C. esp., conferindo igualmente o direito ao usufruto de uma quota da herança variável consoante os legitimários que concorram com o cônjuge, em matéria de pagamento da legítima vidual o artº 152º/2 da LDCG consagra uma inovadora modalidade, sem precedentes no direito comum e nas legislações forais, ao conferir ao cônjuge sobrevivo um direito de

---

[305] *Vid.* "Reflexiones Sobre la Conmutación del Usufructo Vidual", *loc. cit.*, p. 571.
[306] *Vid. Derecho de Sucesiones*, II, *op. cit.*, pp. 355-356.
[307] *Vid. Compendio...*, 2ª ed., *op. cit.*, p. 280.
[308] *Vid.* ROCA-SASTRE MUNCUNILL, *Derecho de Sucesiones*, II, *op. cit.*, pp. 351-352.

atribuição preferencial que lhe permite, em caso de concurso com descendentes ou ascendentes, preencher a sua quota legítima com os bens comuns que integrem a herança do autor da sucessão e, em caso de insuficiência destes, com os próprios bens privativos.

O fundamento desta forma de preenchimento da legítima do cônjuge reside na presunção de maior apego aos bens de que este era co-titular durante a constância do casamento e visa, porventura, permitir que o cônjuge sobrevivo continue a ter o disfrute da casa de morada da família que, na maioria dos casos, terá o carácter de bem comum do casal[309]. Trata-se de um direito potestativo e pessoalíssimo, cujo exercício compete exclusivamente ao cônjuge do autor da sucessão, estando vedado aos herdeiros, ao contrário da faculdade de comutação da legítima vidual prevista no artº 839º do C.C., sobre a qual prevalece[310]. Quando legalmente exercido, este direito não é susceptível de impugnação por descendentes ou ascendentes, assim como não pode ser vedado pelo próprio testador[311].

A aplicação desta norma depende de que o cônjuge concorra à sucessão apenas na qualidade de legitimário, seja por chamamento intestado seja por chamamento voluntário nos casos de preterição e deserdação[312], em concurso com descendentes, comuns ou não, ou ascendentes

---

[309] Sobre a *ratio* da norma, *Vid.* FERNÁNDEZ-CASQUEIRO DOMÍNGUEZ e GÓMEZ VARELA, *Derecho de Sucesiones de Galicia. Comentarios ao Título VIII de la Ley de 24 de mayo de 1995, op. cit.*, p. 218, e GARCIA RUBIO, *Comentarios...*, T. XXXII, Vol. 2º, *op. cit.*, p. 1210.

[310] *Vid.* FERNÁNDEZ-CASQUEIRO e DOMÍNGUEZ GÓMEZ VARELA, *ibidem*; GARCIA RUBIO, *Comentarios...*, T. XXXII, Vol. 2º, *op. cit.*, p. 1209.

[311] É esta a opinião manifestada por GARCIA RUBIO, *Comentarios...*, T. XXXII, Vol. 2º, *op. cit.*, pp. 1213 e ss., que considera que o carácter pessoalíssimo do direito e a natureza da própria norma afastam a possibilidade de o testador proibir o exercício da opção pelo cônjuge sobrevivo. FERNÁNDEZ-CASQUEIRO DOMÍNGUEZ e GÓMEZ VARELA admitem que o testador possa impor ou excluir a opção prevista no artº 152º/2 da LDCG; no primeiro caso estamos perante uma disposição testamentária para preenchimento da legítima, a qual o testador pode preencher por qualquer meio; o segundo caso será igualmente aceitável de acordo com o princípio de que a vontade do testador é lei da sucessão, sempre que fiquem salvaguardados os direitos legitimários (*Vid. Derecho de Sucesiones de Galicia, op. cit.*, pp. 220-221).

[312] Contra esta opinião poderia invocar-se o próprio enquadramento da norma em sede de sucessão intestada, o artº 146º/2, que remete para as normas do C.C. quanto à

do autor da sucessão, e parece pressupor também que o regime matrimonial de bens seja o da *sociedad de gananciales*. No entanto, concordamos com GARCIA RUBIO e GUTIERREZ ALLER, os quais se manifestam no sentido de que o exercício da opção não deverá ficar restringido ao regime da *sociedad de ganaciales*, mas ser admitido em todos os casos em que existam bens em co-titularidade sobre os quais o viúvo esteja interessado em exercê-la, independentemente do regime económico vigente durante o casamento; os autores fundamentam a sua opinião na própria *ratio* do preceito, que é a de proporcionar o pagamento da legítima vidual mediante a atribuição do usufruto sobre bens cuja titularidade pertencesse simultaneamente ao cônjuge viúvo e ao autor da sucessão[313]. FERNÁNDEZ-CASQUEIRO e GÓMEZ VARELA suscitam o problema da aplicação da norma quando no testamento o autor da sucessão se limite a reconhecer a quota usufrutuária do cônjuge viúvo, e chegam à conclusão de que tal reconhecimento não pode valer como disposição excludente da opção do cônjuge, uma vez que supõe a atribuição de um direito que o cônjuge tem já por força da própria lei[314].

---

determinação dos legitimários e da quantia das legítimas, bem como o carácter excepcional da norma contida no artº 152º/2, que exclui a aplicação do regime geral da comutação previsto no artº 839º do C.C. esp., o que impediria a sua interpretação extensiva. No entanto, não devemos deixar-nos influenciar pela incorrecta inserção sistemática do preceito no âmbito das normas sobre a sucessão intestada, uma vez que o seu conteúdo consiste numa disposição sobre a legítima, como tal susceptível de ser aplicada também na sucessão testamentária; Neste sentido, *Vid.* FERNÁNDEZ-CASQUEIRO e GÓMEZ VARELA, *Derecho de Sucesiones de Galicia, op. cit.*, p. 219; GARCIA RUBIO, *Comentarios...*, T. XXXII, Vol. 2º, *op. cit.*, pp. 1209-1210.

[313] *Vid.* GARCIA RUBIO, *Comentarios...*, T. XXXII, Vol. 2º, *op. cit.*, p. 1212 e nota 29; GUTIERREZ ALLER, *Dereito Civil de Galicia (Comentarios à Lei 4/1995 de 24 de Maio de Dereito Civil de Galicia)*, coord. por J.J. BARREIRO, E. SÁNCHEZ TATO e L. VARELA CASTRO, s.d., p. 413.

[314] *Vid. Derecho de Sucesiones de Galicia, op. cit.*, p. 219; Os autores consideram ainda que o efeito pretendido por esta atribuição preferencial, prevista no artº 152º/2 da LDCG, poderia ser igualmente conseguido com a atribuição directa, em primeiro lugar, da preferência sobre a casa de morada da família, se o usufruto tiver que concretizar-se sobre os bens privativos ou se não esgotar todos os bens comuns, e pelo reconhecimento expresso da opção no âmbito da sucessão testamentária quando o cônjuge apenas receba a sua quota vidual (*op. cit.*, p. 221).

Esta faculdade consubstancia uma forma de concretização do usufruto vidual sobre determinados bens - os bens comuns ao cônjuge sobrevivo e ao autor da sucessão durante a constância do casamento de ambos, completados, em caso de necessidade, pelos bens privativos deste - solução particularmente característica que, afastando as hipóteses de comutação do usufruto vidual previstas no artº 839º do C.C., parece poder coexistir com a comutação a pedido do cônjuge, prevista no artº 840º do mesmo diploma[315]. Tal como no caso da comutação, aquele direito terá que exercer-se até ao momento da partilha, e tanto a valoração do usufruto quanto a escolha dos bens que hão-de preenchê-lo exigem acordo entre o cônjuge sobrevivo e os herdeiros ou, na sua falta, decisão judicial[316].

e) Repercussão da faculdade de comutação na intangibilidade qualitativa da legítima vidual

De acordo com a sua formulação clássica o princípio da intangibilidade qualitativa confere ao legitimário o direito a que a sua legítima seja satisfeita em bens da herança, e que esses bens sejam atribuídos livres de qualquer ónus, encargo, condição ou substituição. No C.C. esp., a segunda regra resulta expressamente do artº 813º/2º, enquanto a primeira, não estando expressamente consagrada, é deduzida da conjugação de diversos preceitos do mesmo diploma[317], embora actualmente sejam várias as

---

[315] É esta a ideia propugnada por GARCIA RUBIO nos casos de concurso previstos no artº 837º/2 do C.C. (*Vid. Comentarios...*, T. XXXII, Vol. 2º, *op. cit.*, p. 1211, nota 27). FERNÁNDEZ-CASQUEIRO DOMÍNGUEZ e GÓMEZ VARELA, *Derecho de Sucesiones de Galicia*, *op. cit.*, pp. 219-220, também entendem que a norma é conciliável com o artº 840º do C.C. esp., pelo que, em caso de concurso com filhos não comuns do autor da sucessão, o cônjuge sobrevivo pode optar entre exigir o preenchimento da sua quota com os bens comuns ou exigir a comutação no termos daquele artigo.

[316] *Vid.* GARCIA RUBIO, *Comentarios...*, T. XXXII, Vol. 2º, *op. cit.*, p. 1213; FERNÁNDEZ-CASQUEIRO DOMÍNGUEZ e GÓMEZ VARELA, *Derecho de Sucesiones de Galicia*, *op. cit.*, pp. 220-221.

[317] LACRUZ BERDEJO afirma que o legislador do C.C. não abriu mão da regra geral de satisfação da legítima com bens da herança, a qual nem sequer desapareceu com a Reforma de 1981, apesar das mitigações sofridas (*Vid. Elementos...*, V, *op. cit.*, p. 410).

excepções que lhe estão consagradas e que contribuem para desvanecer, de algum modo, o próprio princípio[318].

Contudo, quando reportado à legítima vidual, o princípio da intangibilidade qualitativa parece perder ainda mais a sua consistência, por força do regime de comutação previsto na lei. A legítima do cônjuge sobrevivo apresenta-se como um usufruto comutável em qualquer caso pelos herdeiros e, segundo o entendimento maioritário da doutrina, pelo próprio testador, representando uma legítima mais flexível para aqueles do que as legítimas dos descendentes e dos ascendentes[319]. O seu conteúdo qualitativo não se encontra protegido com a mesma intensidade quando comparado com o das restantes legítimas, na medida em que se autoriza uma possibilidade de comutação generalizada, não apenas por força da vontade do autor da sucessão, como acontece nos outros casos em que a lei permite a comutação da legítima, mas também por força da vontade dos próprios herdeiros que, conforme já foi referido, podem ser voluntários ou forçosos, testamentários ou intestados, sejam descendentes, ascendentes, colaterais do autor da sucessão, ou, inclusive, estranhos, sem qualquer possibilidade de oposição do cônjuge sobrevivo à decisão de comutação.

Em conclusão, a lei não impõe a obrigatoriedade de que o cônjuge receba o seu direito legitimário em usufruto, e vai além do estabelecido para as legítimas de descendentes e ascendentes, uma vez que, nestes casos, só o testador pode afastar o princípio da intangibilidade da legíti-

---

[318] Cfr. os artºs 821º, 829º e 1056º/2º do C.C. esp., que já antes da Reforma de 1981 permitiam o pagamento das legítimas em dinheiro em situações específicas (caso do legado de prédio sujeito a redução que não admita cómoda divisão - artº 821º - da melhora em coisa determinada cujo valor exceda o terço de melhora e a parte legítima correspondente ao melhorado - artº 829º - ou da adjudicação de exploração agrícola, industrial ou fabril que o testador queira manter indivisa no interesse da família - artº 1056º/2), e ainda o artº 841º, introduzido pela Reforma de 1981, que veio alargar as possibilidades de satisfação da legítima em dinheiro extra-hereditário com base na vontade do testador e sem exigência de quaisquer requisitos objectivos; Segundo DOMÍNGUEZ LUELMO, *El Pago en Metalico...*, *op. cit.*, pp. 26-28 e 73, a legítima consiste essencialmente no direito a receber bens da herança, e as normas que regulam o seu pagamento em dinheiro têm carácter excepcional.

[319] Assim, ESPEJO LERDO DE TEJADA, *La Legítima en la Sucesión Intestada...*, *op. cit.*, p. 244.

ma. A legítima vidual beneficia de uma protecção mais forte no aspecto quantitativo (a sua quantia é imperativamente fixada pela lei) do que no aspecto qualitativo, o que desvirtua, de certa forma, alguns dos objectivos que estão na base desta modalidade de atribuição da legítima - nomeadamente possibilitar ao cônjuge sobrevivo a manutenção da situação existente antes da morte do seu falecido consorte, facultando-lhe o uso e fruição dos mesmos bens - e tem levado a afirmar que o fundamento do artº 839º do C.C. esp. seria o de proteger a intangibilidade qualitativa da legítima dos filhos ou descendentes em concurso com o cônjuge[320].

Somos da opinião que a faculdade de comutação concedida aos herdeiros, ao pretender evitar os inconvenientes resultantes do desmembramento do direito de propriedade em usufruto e nua propriedade, diminui o alcance do princípio da intangibilidade qualitativa da legítima relativamente ao cônjuge sobrevivo, proporcionando, em contrapartida, maior protecção aos herdeiros e aos legitimários das outras classes. Esta situação é, na nossa perspectiva, injustificável, por duas razões: em primeiro lugar porque a faculdade de comutação da legítima vidual deveria servir apenas a tutela de interesses familiares, o que não acontece uma vez que é reconhecida também a herdeiros estranhos ao autor da sucessão, permitindo, assim, que a vontade destes desnaturalize o direito de um legitimário; em segundo lugar porque esta situação resulta contraditória com as intenções do próprio legislador em melhorar a posição sucessória do cônjuge[321], o que revela que a Lei 11/1981, de 13 de Maio, não terá levado o espírito da reforma até às últimas consequências e que, ao invés de privilegiar a posição sucessória do cônjuge sobrevivo em matéria de legítimas, manteve uma faculdade, já de si anacrónica, como a de comutação da legítima vidual, cujo exercício pode caber a qualquer herdeiro. Esta situação traduz um nítido tratamento de desfavor do côn-

---

[320] Neste sentido, *Vid.* MEZQUITA DEL CACHO, "Conmutación del Usufructo Vidual Común", *loc. cit.*, p. 241. Discordamos, no entanto, que este possa ser o verdadeiro fundamento da faculdade de comutação da legítima vidual, uma vez que ela também é permitida a herdeiros que não sejam descendentes do autor da sucessão.

[321] Estas intenções são manifestadas na própria Exposição de Motivos do Projecto de Lei de Modificação do Código Civil em Matéria de Filiação, Poder Paternal e Regime Económico Matrimonial (*BOC*, nº 14, de Setembro de 1979).

172   *A Legítima do Cônjuge Sobrevivo - Estudo Comparado Hispano-Português*

juge sobrevivo comparativamente aos demais legitimários, os quais só podem ver comutada a sua legítima por vontade expressa ou ímplícita do testador, como sucede nos casos dos artºs 821º, 829º, 841º ou 1056º/2, todos do C.C. esp..

Além disso, a faculdade de comutação torna mais complexas as próprias operações particionais, designadamente no que respeita à necessidade de valoração do usufruto[322], e pode fazer tardar a percepção da legítima pelo cônjuge sobrevivo. O facto de o C.C. italiano ter eliminado tal faculdade com a Reforma de 1975 poderá representar um indício da menor bondade desta solução quanto à legítima do cônjuge viúvo, a qual deveria, porventura, ser ponderada no ordenamento sucessório delineado no C.C. esp..

2. Garantias de pagamento da legítima vidual no Código Civil espanhol

O artº 839º dispõe, no seu nº 2, que enquanto não se proceda ao pagamento da legítima vidual por uma das formas previstas no nº 1 "...*estarán afectos todos los bienes de la herencia al pago de la parte de usufructo que corresponda al cónyuge*". Este direito representa uma garantia geral de que todos os bens da herança respondem pela satisfação do usufruto vidual, enquanto não se concretizarem os bens sobre os quais este irá recair ou não se proceder ao seu pagamento por uma das formas permitidas nos artºs 839º/1 e 840º do C.C.. Enquanto tal não acontece, o cônjuge usufrutuário tem um direito de usufruto que afecta indiferenciadamente todos e cada um dos bens da herança, ainda que os mesmos passem para mãos de terceiros, e participa na comunhão hereditária como titular de uma quota do património hereditário líquido, se bem que em usufruto[323].

---

[322] Actualmente a valoração do usufruto vidual é deixada à apreciação do tribunal, tendo em conta a esperança de vida do usufrutuário, com base nos dados estatísticos mais recentes e credíveis, bem como os preços e quotizações dos bens à data da comutação (*Vid.* LACRUZ BERDEJO, *Elementos...*, V, *op. cit.*, p. 402; MASIDE MIRANDA, *Legítima...*, *op. cit.*, p. 187).

[323] *Vid.* RIVAS MARTINEZ, *Derecho de Sucesiones Común y Foral*, II, *op. cit.*, p. 217; MASIDE MIRANDA, *Legítima...*, *op. cit.*, pp. 195 e ss.; GULLON BALLESTEROS, "La Conmutación...", *loc. cit.*, pp. 618-619; CÁRCABA FERNANDEZ entende

Para protecção do direito do cônjuge sobrevivo alguns autores consideram necessário o recurso à *anotación preventiva* de direito hereditário[324]. Nos termos dos art°s 42°/6° e 46° da *Ley Hipotecaria* e do art° 146°/2° do *Reglamento Hipotecario*, os legitimários, entre os quais se inclui o cônjuge sobrevivo, estão facultados para solicitar a *anotación*, desde que a sua qualidade de legitimários resulte de testamento do autor da sucessão ou de declaração judicial que a reconheça. MASIDE MIRANDA é da opinião que esta é a garantia que o cônjuge possui para assegurar a sua legítima enquanto ela não seja especificada ou comutada, a qual, embora desnecessária em certas situações, como o da comutação por um capital pago em dinheiro, será indispensável nos casos de satisfação da legítima mediante renda vitalícia, pela atribuição dos produtos de determinados bens, ou quando seja fixado um prazo para pagamento de um capital em dinheiro, total ou parcialmente, em que o cônjuge e os herdeiros poderão acordar garantias ou poderá impô-las a própria autoridade judicial[325].

Pelo contrário, outros autores defendem que, após a concretização do usufruto mediante determinação dos bens sobre os quais irá recair, o próprio direito, como direito real, encerra uma garantia efectiva; mesmo nos casos de satisfação da legítima mediante uma renda vitalícia, os produtos de determinados bens ou pelo pagamento fraccionado de um capital em dinheiro, o cônjuge e os herdeiros poderão estipular garantias específicas de pagamento quando as mesmas se mostrem convenientes,

---

que a garantia geral do art° 839°/2 funciona apenas enquanto não seja requerida a comutação ou não esteja determinado o modo de pagamento da legítima vidual pois, uma vez determinado este, terão que funcionar as garantias especiais convencionadas pelo cônjuge e herdeiros ou as impostas, na falta de acordo, pela autoridade judicial (*Vid.* "Reflexiones Sobre la Conmutación del Usufructo Vidual", *loc. cit.*, p. 577).

[324] As *anotaciones preventivas* são assentos registrais provisórios que visam garantir a efectividade, contra terceiros, de certos direitos que não podem ser inscritos; uma das suas modalidades é a *anotación preventiva* do direito hereditário a favor dos co-partícipes no património da herança, que se destina a dar publicidade à mudança de titularidade do respectivo património, enquanto não se determinem os bens que irão caber a cada partícipe (*Vid.* PEÑA BERNALDO DE QUIRÓS, *Derechos Reales. Derecho Hipotecario*, T. II, Madrid, 1999, pp. 585 e ss.).

[325] *Vid.* MASIDE MIRANDA, *Legítima...*, *op. cit.*, p. 357.

174   *A Legítima do Cônjuge Sobrevivo - Estudo Comparado Hispano-Português*

sendo desnecessária a *anotación preventiva*[326]. Na falta de acordo entre eles quanto às garantias a constituir, as mesmas deverão ser impostas pela autoridade judicial. Estas garantias, que podem consistir numa hipoteca, num penhor, num depósito de garantia, ou qualquer outra garantia real ou pessoal, representam como que a concretização da garantia genérica detida pelo cônjuge antes da concretização ou pagamento do seu direito[327]. Por outro lado, esta afectação não pode qualificar-se, como fizeram durante algum tempo a doutrina e a jurisprudência, como uma hipoteca legal tácita, por não se enquadrar em nenhuma das hipotecas legais contempladas na *Ley Hipotecaria* e por estas só existirem nos casos que nela expressamente previstos[328]; a expressão vaga utilizada pelo legislador no artº 839º/2º do C.C. não autorizaria a qualificar a garantia aí atribuída como uma hipoteca legal.

Pode ainda colocar-se a questão de saber se o cônjuge sobrevivo pode garantir o seu direito através da garantia registral prevista no artº 15º da *Ley Hipotecaria*, designadamente no seu segundo parágrafo, o qual estabelece que "*La asignación de bienes concretos para pago o su afección en garantia de las legítimas se hará constar por nota marginal.*". Contudo, o artigo parece ter somente em vista a garantia dos direitos do legitimário de parte alíquota que não possa promover o *juicio de testamentaria* por estar o herdeiro autorizado a pagar as legítimas em dinheiro ou em bens não imóveis, e os dos legitimários sujeitos à legislação especial catalã - artº 15º/1 do mesmo diploma legal - não se enquadrando o cônjuge sobrevivo em nenhuma dessas categorias; em primeiro lugar, porque é herdeiro forçoso e não lhe pode ser vedada a possibilidade de solicitar a divisão judicial da herança, nos termos dos artºs 782º e ss. da LEC, nem de intervir na partilha hereditária em defesa do seu direito; em segundo lugar, porque o cônjuge sobrevivo já beneficia de garantia mais

---

[326] *Vid.* VALLET DE GOYTISOLO, *Comentarios...*, T. XI, *op. cit.*, p. 485.

[327] GULLÓN BALLESTEROS , "La Conmutación...", *loc. cit.*, pp. 616-618, é favorável à hipótese de estipulação da falta de pagamento de rendas como condição resolutória da comutação, a qual funcionaria como garantia. Contudo, ROCA-SASTRE MUNCUNILL entende que isto não é possivel, em rigor, e defende uma aplicação anlógica do artº 1805º do C.C. (*Vid. Derecho de Sucesiones*, II, *op. cit.,* p. 343).

[328] *Vid.* VALLET, *Comentarios...*, T. XI, *op. cit.*, p. 485; MASIDE MIRANDA, *Legítima...*, *op. cit.*, pp. 360-361.

forte, expressa no artº 839º/2 do C.C., que prevê a afectação de todos os bens da herança ao pagamento da sua legítima, sendo desnecessário o efeito que se pretende alcançar com a menção da inscrição nos bens hereditários ou a referida nota marginal[329].

No entender de MASIDE MIRANDA, também a intervenção na partilha opera como uma garantia acessória para o cônjuge sobrevivo, pois a necessidade dessa intervenção nas operações de liquidação e de comutação permite evitar que os seus interesses sejam prejudicados pela actuação unilateral dos herdeiros[330].

IV - Legítima do cônjuge sobrevivo e atribuições voluntárias

1. O usufruto vidual universal na Lei de Direito Civil da Galiza

Algumas legislações consagram a favor do cônjuge sobrevivo o usufruto, legal[331] ou voluntário[332], da totalidade da herança, também designado por usufruto universal[333]. Não é o que acontece no Código Civil espanhol, o qual, no seu artº 834º, se limitou a reconhecer ao cônjuge sobrevivo o usufruto de uma parte dos bens da herança (sobre o terço de

---

[329] Segundo DOMÍNGUEZ LUELMO, *El Pago en Metálico de la Legítima de los Descendientes*, *op. cit.*, p. 59, o objectivo desta menção é sujeitar todos os bens da herança, solidariamente, ao pagamento da legítima, efeito que, para o caso da legítima do cônjuge sobrevivo, já resulta directamente do artº 839º/2 do C.C. esp..

[330] *Vid. Legítima...*, *op. cit.*, p. 361.

[331] Caso do usufruto vidual aragonês, previsto e regulado nos artºs 72º e ss. da CDCA, e do usufruto universal de fidelidade, previsto na Lei 253 da CDCFN (Foro Novo de Navarra).

[332] Usufrutos viduais de origem contratual, regulados nos artº 69º do CSC e 68º da CDCB, usufruto universal de título testamentário do artº 61º da LDCFPV, e usufruto universal dos artºs 118º e ss. da LDCG.

[333] Tratam-se, todos eles, de usufrutos que perseguem a mesma finalidade: permitir a manutenção da unidade do património familiar através do controle que o cônjuge sobrevivo exerce sobre esse património, que simultaneamente assegura o seu padrão de vida; *Vid.*, por referência ao usufruto universal galego, GARCIA RUBIO, *Comentarios...*, T.XXXII, Vol. 2º, *op. cit.*, pp. 790-791.

176 A Legítima do Cônjuge Sobrevivo - Estudo Comparado Hispano-Português

melhora), tanto na sucessão testamentária como na intestada. É, contudo, frequente a atribuição do usufruto universal da herança ao cônjuge sobrevivo na sucessão testamentária, registando-se a figura num elevado número de testamentos, pese embora o seu reconhecimento no âmbito do direito comum conflituar, ou talvez não, com o princípio da intangibilidade da legítima[334].

O usufruto universal é dificilmente conciliável com o princípio da intangibilidade quantitativa e qualitativa da legítima - segundo o qual o legitimário deve receber a porção que por legítima a lei lhe assinale em bens ou direitos hereditários com tradução económica, livre de quaisquer ónus ou encargos, condições ou substituições - e envolve uma colisão entre a vontade do autor da sucessão, expressa em testamento, e as normas imperativas que estabelecem a intangibilidade da legítima.

O usufruto vidual universal foi consagrado, pela primeira vez no direito galego, pela Lei de Direito Civil da Galiza, de 24 de Maio de 1995, legalizando o costume, frequente no território e muito disseminado na prática notarial, de deixar ao cônjuge sobrevivo amplos poderes de direcção e gestão do património hereditário. Este instituto sucessório, de características marcadamente familiares[335], atribui ao cônjuge sobrevivo

---

[334] O que não acontece no caso do usufruto vidual do artº 834º do C.C. esp., que recai sobre o terço de melhora, uma vez que este compõe uma porção de bens que, embora com alguns limites, está ainda na disponibilidade do autor da sucessão, podendo ser sujeito a encargos em favor de legitimários e seus descendentes - artº 824º do C.C. - e a substituições fideicomissárias em favor de descendentes - artº 782º C.C.; Considera-se, portanto, que o princípio de intangibilidade qualitativa da legítima consagrado no artº 813º/2 do C.C. esp. abarca apenas a legítima estrita, excluindo a *mejora*.

[335] O carácter familiar é denunciado pela sua finalidade, que visa manter a unidade do património familiar sob a égide do cônjuge sobrevivo e garantir a sua autoridade e independência económica, bem como pelo facto de se extinguir pelo incumprimento grave e reiterado dos deveres familiares, ou ainda pelo novo casamento do usufrutuário - artº 127º, alíneas b) e d), da LDCG (*Vid.* GARRIDO DE PALMA, "El Usufructo Universal de Viudedad. Su Configuración Especial en Galicia", *ADC*, T. XXVI, 2, 1973, pp. 484-486 e 489); Concordamos, com GUTIÉRREZ ALLER, que esta conotação familiar é confirmada também pela atribuição ao cônjuge usufrutuário universal de faculdades e obrigações que excedem as atribuídas ao usufrutuário ordinário - artºs 122º, 123º/ 3º, e 125º LDCG; *Vid. Dereito Civil de Galicia, op. cit.*, p. 366.

um direito pessoal e inalienável - art° 119/1° LDCG[336] - que, embora renunciável[337], apenas é redimível por acordo entre o usufrutuário e os nus proprietários[338]. É um direito de origem voluntária, que pode constituir-se unilateral ou reciprocamente, por convenção antenupcial ou qualquer outra escritura pública, bem como por testamento, e cuja atribuição não afasta, portanto, o direito do cônjuge à sua legítima, reconhecido no art° 146°/2 da LDCG[339]. Uma primeira abordagem da Lei parece conduzir à conclusão de que apenas consagra o usufruto universal, excluindo o par-

---

[336] Este artigo estabelece a inalienabilidade do usufruto voluntário de viúvez, contrariamente ao que dispõe o art° 408° do C.C. esp., em virtude da finalidade e características do mesmo. No entanto, na senda de outras legislações forais - art°s 83°/2 da Compilação Aragonesa, 68° da Compilação Balear, e Lei 253 do Foro Novo de Navarra - prevê-se a alienação da propriedade plena de determinados bens conjuntamente pelo usufrutuário e os nus proprietários. Para GARCIA RUBIO, o usufruto não poderá, na mesma lógica, ser hipotecável ou penhorável (*Vid. Comentarios...*, T. XXXII, Vol. 2°, *op. cit.*, p. 821).

[337] Os art°s 119°/2 e 126° da LDCG autorizam a renúncia à totalidade do usufruto, ou apenas a parte dele, exigindo que a mesma conste de escritura pública. Em caso de renúncia ao usufruto sobre determinados bens, o usufruto universal passa a parcial, continuando a aplicar-se-lhe as regras do usufruto universal, com excepção das que estejam especialmente consagradas para este. GUTIÉRREZ ALLER, LATAS ESPIÑO e MONTERO PARDO parecem considerar que se trata de renúncia ao legado de usufruto voluntário de viúvez (*Vid., Derecho de Sucesiones de Galicia. Comentarios al Título VIII de la Ley de 24 de mayo de 1995*, *op. cit.*, p. 41), mas, como sublinha GARCIA RUBIO, não é a renúncia a este legado que está aqui em causa, uma vez que este se adquire, nos termos do art° 881° do C.C. esp., com a delação, que normalmente se produz no momento da abertura da sucessão, pese embora a faculdade de repúdio (art° 888°); do que se trata é da renúncia ao direito de usufruto sobre todos ou parte dos bens da herança (*Vid.* GARCIA RUBIO, *Comentarios...*, T. XXXII, Vol. 2°, *op. cit.*, pp. 824-825).

[338] A redenção do usufruto vidual universal na LDCG implica o acordo entre o usufrutuário e o nu proprietário, para que o direito real se extinga em troca de uma contraprestação. Este facto implica a impossibilidade, face à lei galega, de os herdeiros recorrerem à faculdade de comutação prevista no art° 839° do C.C. esp.; *Vid.* GUTIÉRREZ ALLER, LATAS ESPIÑO e MONTERO PARDO, *Derecho de Sucesiones de Galicia*, *op. cit.*, pp. 41-42, e GARCIA RUBIO, *Comentarios...*, T. XXXII, Vol. 2°, *op. cit.*, p. 827.

[339] Para os autores que negam que a legítima seja um terceiro tipo de delação e defendem que ela pode ser satisfeita por qualquer título, o usufruto universal absorverá, qualitativa e quantitativamente, a legítima, embora não retire ao cônjuge sobrevivo a sua qualidade de legitimário.

178   *A Legítima do Cônjuge Sobrevivo - Estudo Comparado Hispano-Português*

cial. No entanto, vários autores se manifestaram a favor do usufruto parcial com base nos seguintes argumentos: o artº 122º da LDCG faz referência aos direitos e faculdades do beneficiário do usufruto da totalidade da herança, pelo que, *a contrario*, parece admissível um usufruto sobre parte da herança que não implique já tais direitos; os artºs 120º e 126º da mesma Lei prevêem a possibilidade de renúncia a parte do usufruto, o que, ocorrendo, faria com que o usufruto universal se transformasse em parcial; admitindo que a LDCG só prevê o usufruto universal e que o Código Civil esp. prevê o usufruto parcial, neste caso os herdeiros poderiam exercer a faculdade que lhes é concedida pelo artº 820º/3 do C.C., de escolher entre respeitar o usufruto ou entregar ao cônjuge sobrevivo a parte de livre disposição, enquanto no caso do usufruto universal teriam que respeitá-lo, o que seria uma consequência absurda; a lei que permite o mais permite o menos: assim, se a lei concede a possibilidade de os cônjuges atribuirem o usufruto universal, terá que admitir, na mesma lógica, o usufruto parcial; o usufruto universal estaria regulado como tipo legal, por ser a situação mais frequente na Galiza, mas o usufruto parcial estaria igualmente sujeito a todas as normas não excepcionadas pelo legislador[340]. A atribuição do direito de usufruto pode ser revogada - artº 118º/2 da LDCG - exigindo-se, para que a revogação seja válida, que tenha obedecido à forma prescrita por lei para a revogação ou modificação do título constitutivo - artº 120º da mesma Lei[341]. Nos casos em que a atribuição

---

[340] *Vid.* GUTIÉRREZ ALLER, LATAS ESPIÑO e MONTERO PARDO, *Derecho de Sucesiones de Galicia, op. cit*, pp. 32-33; GARCIA RUBIO, *Comentarios...*, T.XXXII, Vol. 2º, *op. cit.*, pp. 793-794.

[341] No entanto, há que distinguir, por um lado, a revogação do legado testamentário de usufruto universal, essencialmente revogável por testamento posterior que assuma qualquer das formas permitidas pelo ordenamento jurídico (só para o usufruto recíproco constituído em testamento de mão comum se exige a revogação nos termos dos artºs 138º e 139º da LDCG), ou por pacto sucessório incompatível com testamento anterior (revogação tácita), e, por outro lado, a revogação do legado contratual de usufruto universal. Neste último caso, o artº 120º da LDCG parece remeter expressamente para o parágrafo 2º da Disposição Adicional Primeira da LDCG, exigindo que a revogação do pacto de usufruto universal de viúvez siga as formalidades do pacto que modifica ou extingue; assim, quando o usufruto universal seja concedido em convenção antenupcial, a atribuição poderá revogar-se por escritura pública ou transacção judicial que ponha termo ao processo de separação, divórcio ou nulidade, nos termos do artº 113º/1 da LDCG; quando seja outor-

Legítima do Cônjuge Sobrevivo

179

tenha sido feita em pacto sucessório, a vinculação característica deste tipo de contratos, de carácter irrevogável, fica desvirtuada pela consagração em termos gerais da revogabilidade da atribuição[342]. A eficácia da revogação depende de que vivam ambos os cônjuges à data em que ela é feita[343], quer o usufruto tenha carácter recíproco ou unilateral, e de que a mesma seja notificada *fehacientemente* ao outro cônjuge, no caso do usufruto recíproco, nos termos do artº 118º/2 da LDCG.

Como garantia para os nus proprietários, a lei estabelece as obrigações de o viúvo fazer inventário no prazo de seis meses a contar da morte do autor da sucessão, embora a lei não prescreva para ele qualquer forma especial, e de prestar fiança relativamente aos bens da herança. Contudo, são obrigações que podem variar na prática, uma vez que a obrigação de fazer inventário, à partida imposta por lei, pode ser afastada pela vontade do autor da sucessão expressa no acto de constituição do usufruto, enquanto a obrigação de prestar fiança, que a lei não exige por pressupor que existirá, na maioria dos casos, uma relação de confiança entre o cônjuge sobrevivo e o seu falecido consorte, ou entre aquele e os nusproprietários, poderá ser constituída pelo testador, ou pelo juíz, a pedido dos

---

gado noutro tipo de escritura pública, exige a intervenção de ambas as partes outorgantes; *Vid.*, neste sentido, GARCIA RUBIO, *Comentarios...*, T. XXXII, Vol. 2º, *op. cit.*, pp. 812 e ss.; Contra, manifestam-se GUTIÉRREZ ALLER, LATAS ESPIÑO e MONTERO PARDO, *Derecho de Sucesiones de Galicia, op. cit.*, p. 38, os quais consideram que o usufruto voluntário de viúvez atribuído em escritura pública não capitular pode também extinguir-se unilateralmente pelo concedente, caso em que o beneficiário teria que ser notificado, nos termos do artº 118º/2 da LDCG; GARCIA RUBIO, *ibidem*, considera inútil esta exigência, e acrescenta que a possibilidade de revogação unilateral cria uma situação de insegurança jurídica contrária ao fundamento de estabilidade do património familiar que é visado pelo instituto.

[342] Além disso, apresenta uma contradição relativamente ao artº 115º da LDCG, que restringe a revocabilidade das doações de bens futuros para o caso de morte feitas entre cônjuges em razão do casamento (*Vid.* GARCIA RUBIO, *Comentarios...* T. XXXII, Vol. 2º, *op. cit.*, p. 809).

[343] Segundo GARCIA RUBIO, esta regra revela outra imprecisão da Lei, uma vez que, falecendo um dos cônjuges, deixa de haver possibilidade de alteração do pacto: se falecer o cônjuge outorgante do usufruto vidual universal este já não pode revogar nada, se falecer o beneficiário da atribuição o usufruto não chega a nascer (*Vid. Comentarios...*, T. XXXII, Vol. 2º, *op. cit.*, pp. 809-810).

180 *A Legítima do Cônjuge Sobrevivo - Estudo Comparado Hispano-Português*

nusproprietários legitimários, com o objectivo de salvaguardar as suas legítimas[344]. Do ponto de vista do usufrutuário, tratam-se de obrigações que constituem condição para o disfrute dos bens.

Na LDCG as faculdades e obrigações do cônjuge contemplado com o usufruto voluntário da totalidade da herança são, em primeiro lugar, todas as que resultam, em termos gerais, do usufruto ordinário - artºs 471º e ss. do C.C. esp.[345] - às quais acrescem as que vêm referidas nos artºs 122º e 123º da LDCG por referência ao usufruto universal. Verifica-se, portanto, que as faculdades e deveres do cônjuge usufrutuário adquirem, neste caso, maior amplitude, conferindo ao cônjuge um poder alargado de direcção e controle do património hereditário e, consequentemente, da totalidade do património familiar, pese embora haja que referir que este regime só se aplica quando outro não resulte do título constitutivo do usufruto. Este regime decorre da própria *ratio essendi* do instituto, dos fins e necessidades que visa, os quais que não se lograria alcançar com o recurso exclusivo às normas do Código Civil sobre o usufruto ordinário.

Algumas das obrigações específicas que a LDCG faz recair sobre o cônjuge sobrevivo que beneficie do usufruto voluntário respeitam à liquidação da herança; assim, o cônjuge está encarregue de satisfazer as despesas com a última doença, enterro e funeral do *de cujus* - artº 122º/1[a346] - e de satisfazer o restante passivo da herança que seja exigível - artº 122º/2º

---

[344] *Vid.* GARCIA RUBIO, *Comentarios...*, T. XXXII, Vol. 2º, *op. cit.*, p. 837; GUTIÉRREZ ALLER, LATAS ESPIÑO e MONTERO PARDO, *Derecho de Sucesiones de Galicia, op.. cit.*, p. 43; Na opinião destes autores, a fiança poderá sempre ser exigida pelos nus proprietários legitimários, mesmo quando o testador tenha dispensado o cônjuge sobrevivo de prestá-la, porque o artº 121º/1 contém uma norma de protecção das legítimas, por isso mesmo de natureza imperativa.

[345] Cfr. *Supra*, PARTE TERCEIRA, Cap. II, III, 1, B).

[346] Os deveres relativos à satisfação de despesas, dívidas ou obrigações hereditárias ou testamentárias, não implicam que o cônjuge sobrevivo tenha responsabilidade quanto ao passivo da herança, pelo menos, partindo da ideia de que não é herdeiro e que não sucede, como tal, nos direitos e obrigações do autor da sucessão, mas apenas no activo da herança, não podendo o seu património pessoal ser afectado pelas dívidas da mesma. Não obstante, do regime específico que o artº 1894º/2 do C.C. esp. dedica ao pagamento das despesas funerárias - *"Los gastos funerarios proporcionados a la calidad de la persona y a los usos de la localidad deberán ser satisfechos, aunque el difunto no hubiese dejado bienes, por aquellos que en vida habrían tenido la obligación de alimentarle."*- poderá

- podendo, na falta de dinheiro da herança suficiente para o efeito, alienar determinado tipo de bens. Enquanto administrador de um património que não lhe pertence exclusivamente - património familiar - o cônjuge tem o dever de cumprir, de um modo geral, as obrigações impostas pelo testador (o qual resulta do carácter voluntário do usufruto universal), e o dever de administrar os bens com a diligência de um bom pai de família[347].

Também o dever de prestar alimentos a filhos e descendentes comuns que deles necessitem com os rendimentos do usufruto - art° 123°/3° da LDCG - faz transparecer o carácter marcadamente familiar do instituto[348].

---

resultar uma responsabilidade pessoal do cônjuge, uma vez excutido o património hereditário, visto que se dispõe que, na falta deste, a dívida recai sobre o património daqueles que em vida do falecido tivessem obrigação de o alimentar e o art° 134° do mesmo diploma legal, em sede de alimentos, institui como primeiro obrigado o cônjuge.

[347] Embora aparentemente este poder-dever seja uma duplicação do consagrado no art° 497° do C.C. esp., concordamos com GARCIA RUBIO que o mesmo tenha que ter um alcance diferente na LDCG: é que o comportamento exigível ao cônjuge usufruturário da totalidade da herança deve reger-se também pelos parâmetros que vinculam o administrador de um património alheio, implicando claramente o dever de não manter improdutivos os bens. Na opinião desta autora, aquele dever traduz-se, na prática, em muitos outros tendentes à conservação e frutificação dos bens, como o dever de aumentar a produtividade do património familiar em proveito de todos os seus membros (arrendando propriedades, alienando os produtos do património administrado e certos activos patrimoniais, pagando as devidas contribuições e impostos, defendendo, em juízo e fora dele, os bens objecto do usufruto, defendendo, nomeadamente, a posse dos mesmos, e podendo opôr-se a perturbações cujo alcance não se limite à posse), e o de segurar os bens ou, pelo menos, determinado tipo de bens usufruídos, na medida em que possam estar sujeitos a um maior risco, o qual constitui, em muitos casos, acto indispensável para garantir uma administração diligente; O incumprimento daquele dever, igualmente imposto ao cônjuge sobrevivo na Lei 259/1 da Compilação de Navarra, tem sérias consequências, como as de extinção do usufruto, caso o incumprimento seja grave e reiterado - art° 127°, al. d), da LDCG - ou de perda do usufruto quando exista dolo ou negligência do cônjuge sobrevivo - Lei 262/4 da Compilação Navarra. O dever de defesa da posse dos bens à sua custa, consagrado no art° 123°/4° da LDCG, que resulta de o cônjuge usufruturário ter, na maioria dos casos, a posse dos bens usufruídos, tomada, inclusive, por sua autoridade própria, incluir-se-á também, segundo aquela autora, no dever genérico de administração diligente, o que a leva a concluir pela inserviência desta previsão (*Vid.* GARCIA RUBIO, *Comentarios...*, T. XXXII, Vol. 2°, *op. cit.*, pp. 856-857 e 862).

[348] Não obstante, GARCIA RUBIO considera esta norma inútil, uma vez que, tratando-se de filhos e descendentes comuns do autor da sucessão com o cônjuge sobrevivo, este

182 A Legítima do Cônjuge Sobrevivo - Estudo Comparado Hispano-Português

O artº 125º da LDCG impõe ao cônjuge usufrutuário da totalidade da herança, atendendo à unidade do património familiar e aos amplos poderes de administração que tem sobre ele, uma obrigação de proceder, não só às reparações ordinárias mas também às extraordinárias nos bens usufruídos, quando os nus proprietários sejam seus descendentes. Assim, o cônjuge usufrutuário fica obrigado a efectuar as reparações que se mostrem necessárias, no cumprimento do dever de administração diligente que impende sobre ele, embora a sua vinculação esteja limitada às reparações que possam ser por ele realizadas, atendendo ao seu valor e aos rendimentos do património usufruído, pelo que, quando impliquem um encargo excessivo para o cônjuge viúvo, deverão ser realizadas de acordo com os nus proprietários ou, na falta de acordo, por determinação judicial[349]. Por força da remissão para o C.C., contida no nº 2 do artº 125º da LDCG, nos casos em que os nus proprietários não sejam descendentes do cônjuge sobrevivo segue-se o regime contido nos artºs 500º a 502º daquele diploma quanto à responsabilidade pela realização e pagamento das reparações ordinárias e extraordinárias[350].

No âmbito das faculdades, o artº 122º/3ª da LDCG autoriza o cônjuge sobrevivo a alienar coisas móveis e semoventes, desde que a sua alienação seja necessária de acordo com os critérios de uma boa administração, com a obrigação de repo-los, na medida do possível, se o pro-

---

estaria já obrigado à prestação de alimentos na qualidade de progenitor ou ascendente, por força dos artºs 110º, 111º e 154º do C.C. esp., quanto aos filhos menores, e 142º e ss. do mesmo diploma, quanto aos filhos maiores e aos descendentes, obrigação essa pela qual pode responder com o seu património pessoal; Assim, tal obrigação só terá sentido quando aplicada a filhos e descendentes do *de cujus* que o não sejam do cônjuge sobrevivo mas que integrem juntamente com este a comunidade familiar que se pretende preservar; entende ainda a autora que a norma deverá aplicar-se aos filhos unicamente do cônjuge sobrevivo, quando façam parte da comunidade familiar e enquanto subsistir a convivência e a unidade do património, uma vez que, em vida de ambos os cônjuges, eram potenciais beneficiários de um direito de alimentos à custa do património conjugal (*Vid. Comentarios...*, T. XXXII, Vol. 2º, *op. cit.*, pp. 860-861).

[349] Consagra-se, portanto, um regime diferente do previsto no C.C. esp. que coloca as reparações ordinárias a cargo do usufrutuário e as extraordinárias a cargo do proprietário - artºs 500º e 501º do C.C. esp..

[350] Sobre esta matéria, *Vid.* GARCIA RUBIO, *Comentarios...*, T. XXXII, Vol. 2º, *op. cit.*, pp. 870-873.

duto da alienação não se destinar ao pagamento do passivo da herança; esta faculdade decorre, uma vez mais, do dever geral de administração diligente imposto pelo nº 2 do mesmo artigo[351].

O cônjuge beneficiário do usufruto universal regulado na LDCG conta também com o direito de proceder ao corte de árvores madeireiras, e fazer seu o produto das mesmas, aparentemente com maior amplitude que a permitida ao usufrutuário ordinário pelo artº 485º do C.C., uma vez que pode proceder ao corte pelo pé, ainda que não seja para melhorar ou repor alguma das coisas usufruídas, sem estar obrigado a comunicá-lo previamente ao proprietário - artº 122º/4 da LDCG. No entanto, também o Código Civil faz a distinção entre o aproveitamento de árvores madeireiras, permitindo a sua exploração através do abate ordinário, inclusive pelo pé - artº 485º/2 - e o de árvores não madeireiras, em que a regra é a proibição de cortá-las pelo pé - artº 485º/5[352]. Portanto, considerando que o significado do termo *"maderable"* utilizado pelo artº 122/4ª da LDCG corresponde à expressão *"tallar o de maderas de construcción"* do artº 485º/2 do C.C., os dois regimes resultarão idênticos, sem que a LDCG venha acrescentar, neste aspecto, algo de novo ao regime do usufruto universal. Assim, a faculdade do cônjuge usufrutuário universal sofrerá, no caso das árvores não madeireiras, as mesmas limitações impostas pelo artº 485º/5 do C.C.[353].

O artº 122º/5ª, que regula o direito de explorar minas, também parece nada acrescentar relativamente ao previsto no artº 476º do C.C.: se o usufruto universal tiver por objecto uma mina, e não apenas o prédio onde esta está implantada, o cônjuge sobrevivo terá direito à totalidade dos produtos da mesma, caso contrário apenas terá direito à metade dos produtos, depois de deduzidas as despesas, conforme o previsto no C.C.[354].

O artº 122º/6ª prevê a faculdade de o usufrutuário universal realizar benfeitorias úteis e voluptuárias. Algum comentador da LDCG considera que as primeiras ficam a cargo do usufrutuário, por aplicação do regime

---

[351] *Vid.* GARCIA RUBIO, *Comentarios...*, T. XXXII, Vol. 2º, *op. cit.*, pp. 846-847.

[352] *Vid.* DORAL GARCIA, *Comentarios...*, T. VII, Vol. 1º, *op. cit.*, pp. 326-333.

[353] Neste sentido, GARCIA RUBIO, *Comentarios...*, T. XXXII, Vol. 2º, *op. cit.*, pp. 847-849.

[354] *Idem*, pp. 849-850.

do artº 487º do C.C., enquanto as segundas devem ser-lhe pagas como despesa útil, nos termos do artº 124º da LDCG, em relação com o artº 453º do C.C.[355]. GARCIA RUBIO, lembrando que o artº 124º da LDCG remete, sem distinguir entre benfeitorias úteis e voluptuárias, para as regras de liquidação do estado possessório, equiparando o cônjuge sobrevivo ao possuidor de boa fé, chama a atenção para que os regimes aplicáveis serão os dos artºs 453º do C.C., relativamente às benfeitorias úteis, e 454º do mesmo diploma, relativamente às benfeitorias voluptuárias, o que implica para o cônjuge viúvo usufrutuário da totalidade da herança uma faculdade mais ampla que a admitida pelo artº 487º do C.C. esp.. Assim, o cônjuge responderá pelas despesas necessárias com o património hereditário e os rendimentos deste, mas terá direito de realizar despesas úteis e benfeitorias tendentes a melhorar a produtividade dos bens usufruídos, sem concurso dos nus proprietários e à custa do património usufruído, alienando, inclusive, bens dentro dos limites permitidos pela lei; terá igualmente direito de exigir a restituição destas despesas se o usufruto se extinguir por outro motivo que não a morte do usufrutuário (artº 127º da LDCG), com direito de retenção da coisa enquanto não for indemnizado por elas - artº 453º do C.C., aplicável *ex vi* do artº 124º da LDCG. As despesas voluptuárias não são ressarcidas, reconhecendo-se apenas ao usufrutuário a faculdade de retirar as benfeitorias, desde que não implique deterioração para o bem nem prejuízo para ninguém - artº 454º do C.C., aplicável *ex vi* do artº 124º da LDCG, e artº 487º do C.C.[356].

Uma questão importante, relacionada com o usufruto vidual universal na LDCG, é a de saber se ele onera as legítimas, uma vez que aquele diploma determina os legitimários e a quantia das suas legítimas por remissão para as normas do C.C. esp., salvo no caso do *apartamiento*, e não contém qualquer norma que declare se o usufruto deve onerar as legítimas ou se deve ser reduzido para pagamento das mesmas. Na opinião de GUTIÉRREZ ALLER, LATAS ESPIÑO e MONTERO PARDO, a atribuição do usufruto universal nos termos da lei galega elimina a opção

---

[355] *Vid.* GUTIÉRREZ ALLER, *Dereito Civil de Galicia, op. cit.*, p. 378.

[356] *Vid. Comentarios...*, T. XXXII, Vol. 2º, *op. cit.*, pp. 851 e 864-868; É também este o regime adoptado, quanto às despesas e benfeitorias, pelo artº 84º/2 da Compilação Aragonesa.

concedida aos legitimários pelo art° 820°/3 do C.C., caso contrário, não teria havido com a nova lei qualquer alteração face ao direito anterior e o usufruto universal só se tornaria efectivo através da cautela sociniana[357]. Sobretudo quando o autor da sucessão tenha deixado a alguns legitimários a sua legítima estrita, faz sentido debater se ele poderá deixá-la onerada pelo usufruto universal; aqueles autores defendem que a faculdade de atribuir o usufruto de viúvez com carácter universal envolve que o mesmo recaia sobre a porção de bens da herança destinada a satisfazer a legítima estrita de algum legitimário. Portanto, a LDCG obriga a suportar o usufruto voluntário de viúvez, quando seja atribuído, retirando aos legitimários qualquer direito de opção, o que denota um desvanecimento da preocupação de protecção dos legitimários, normalmente reflectida pelo princípio da intangibilidade da legítima[358].

2. O usufruto vidual universal no Código Civil espanhol

O Código Civil espanhol limita-se a reconhecer ao cônjuge sobrevivo o usufruto de uma parte da herança, como forma de preenchimento da sua legítima, sem admitir expressamente a possibilidade de constituição

---

[357] *Vid. Derecho de Sucesiones de Galicia, op. cit.*, p. 34; Antes da LDCG, a validade do usufruto voluntário da totalidade da herança a favor do cônjuge sobrevivo resultava do art° 820°/3 do C.C. e do recurso às cláusulas compensatórias da legítima, uma vez que o princípio da intangibilidade da legítima impunha que se proporcionasse uma opção para o legitimário (*Vid.* GARRIDO DE PALMA, "El Usufructo Universal...", *loc. cit.*, pp. 486-487).

[358] *Vid., Derecho de Sucesiones de Galicia, op. cit.*, pp. 34-35; Opinião partilhada por GARCIA RUBIO, *Comentarios...*, T. XXXII, Vol. 2°, *op. cit.*, pp. 795 e 797, que, além disso, considera viável que o testador atribua ao seu cônjuge um legado alternativo, dando-lhe a escolher entre o usufruto vidual e a quota disponível (mesma opção que é concedida aos legitimários pelo art° 820°/3 do C.C.), ou entre o usufruto vidual e a quota disponível acrescida da sua quota legitimária, sendo qualquer uma das opções apropriada para satisfazer a legítima do cônjuge sobrevivo (GARRIDO DE PALMA, "El Usufructo Universal...", *loc. cit.*, p. 492, contemplava esta última hipótese quando propôs as linhas gerais do possível regime jurídico do usufruto voluntário de viúvez). Também ROCA-SASTRE MUNCUNILL, *Derecho de Sucesiones*, II, *op. cit.*, p. 441, afirma que o usufruto universal afecta as legítimas dos descendentes e ascendentes sem necessidade de cautela sociniana ou de qualquer cláusula compensatória.

186 A Legítima do Cônjuge Sobrevivo - Estudo Comparado Hispano-Português

do usufruto sobre a totalidade da herança na sucessão testamentária. Parte da doutrina nega que o usufruto vidual universal ordenado pelo testador possa vincular os legitimários, alegando violação do artº 813º/2 do C.C., que apenas admite, como excepção ao princípio da intangibilidade qualitativa da legítima, o usufruto legal concedido pelo artº 834º do mesmo diploma legal[359]. Não obstante, a doutrina maioritária é favorável ao usufruto universal na sucessão testamentária no âmbito do C.C. esp., mediante o recurso a mecanismos como a cautela sociniana[360] ou o dispositivo contido no artº 820º/3 do C.C.[361] que permitem a sua atribuição.

A cautela sociniana consiste numa cláusula mediante a qual o testador atribui ao legitimário uma porção da herança superior ao valor da legítima a que tem direito, onerada com um usufruto, pensão, fideicomisso,

---

[359] GÓMEZ MORÁN, "El Usufructo Vidual en el Código Civil", *RGLJ*, Madrid, 1949, pp. 305-319; MANRESA, *Comentarios al Código Civil Español*, T. VI, Vol. 1º, Madrid, 1973, pp. 959 e ss..

[360] Admitem o usufruto universal constituído directamente pelo testador, GONZALEZ PALOMINO, "El Usufructo Universal del Viudo y los Herederos Forzosos", *RDP*, Ano XXIII, 1936, pp. 160-165, para quem as legítimas podem ser pagas mediante a adjudicação de bens em nua propriedade (considera, no entanto, que o referido usufruto só é admissível quando o cônjuge concorra com descendentes, mas não com ascendentes, porque tornaria "ilusória" a legítima destes atendendo à diferença de idades entre o cônjuge e os ascendentes e às probabilidades de mortalidade); ROCA SASTRE, "El Usufructo Universal de Viudedad", *Estudios de Derecho Privado*, II, *Sucesiones*, Madrid, 1984, pp. 155 e ss., em especial, pp. 173-179; PUIG BRUTAU, *Fundamentos...*, V, 3º, *op. cit.*, pp. 115 e ss.; SAPENA TOMÁS, "Viabilidad del Usufructo Universal del Cónyuge Viudo: Su Inscripción Registral", *RCDI*, L, 1974, pp. 861 e ss.; D'ORS y BONET CORREA, "El Problema de la División del Usufructo (Estudio Romano-civilístico)", *ADC*, V, 1952, pp. 101 e ss.; SÁENZ DE SANTAMARIA, "Es Viable el Usufructo Universal a Favor del Cónyuge Viudo en Nuestro Derecho Civil Común Existiendo Herederos Forzosos?", *RDP*, XXXV, 1951, pp. 995 e ss., o qual propõe uma interpretação *sui generis* do artº 813º do C.C, segundo a qual, a parte final do segundo parágrafo contém uma referência ao usufruto voluntário; ROCA-SASTRE MUNCUNILL, *Derecho de Sucesiones*, II, *op. cit.*, pp. 293-294; REAL PEREZ, *Usufructo Universal del Cónyuge Viudo en el Código Civil*, Madrid, 1988, *passim*.

[361] Esta norma encerra uma outra excepção ao princípio da intangibilidade da legítima, permitindo que o testador faça recair sobre ela um encargo de usufruto ou renda vitalícia, e conferindo ao legitimário a faculdade de optar entre cumprir a disposição testamentária onerada ou entregar ao legatário a quota disponível; Cfr. também o artº 2164º do C.C. port..

condição ou outro tipo de encargo, com a expressa indicação de que, se o legitimário não aceitar o encargo, perderá o legado e apenas terá direito à sua legítima estrita[362]. Embora esta cláusula não seja expressamente reconhecida pelo C.C. esp.[363], a doutrina e a jurisprudência admitem-na, e é utilizada com frequência, nas regiões que se regem pelo direito comum, para atribuição do usufruto vidual universal, com a mesma finalidade de manutenção da unidade do património familiar enquanto for vivo, pelo menos, um dos cônjuges. No que respeita ao usufruto universal do cônjuge sobrevivo, esta cláusula coloca o legitimário perante a necessidade de optar entre aceitar a sua legítima estrita em plena propriedade ou uma porção hereditária quantitativamente superior àquela mas onerada com o usufruto universal.

Vários requisitos têm sido sugeridos pela doutrina para que a cautela sociniana possa ter eficácia enquanto mecanismo de atribuição do usufruto vidual universal: exigência de que o autor da sucessão faça a atribuição testamentária a título de legítima; atribuição ao legitimário de quantia superior àquela a que legalmente tem direito; imposição expressa sobre a legítima de um ónus que a altere qualitativamente; imposição ao legitimário da necessidade, claramente expressada, de escolher entre as alternativas que lhe são propostas, isto é, entre uma atribuição quantitativamente mais extensa que aquela a que tem direito, mas qualitativamente condicionada, ou os seus direitos legitimários estritos com indicação de que nada mais receberá; aceitação pelo legitimário da atribuição testamentária com o encargo[364]. Na perspectiva de REAL PEREZ, só os dois últimos são verdadeiros pressupostos da cautela sociniana: por um lado, se o testamento não expressar, de forma clara e absoluta, a necessidade de optar por uma

---

[362] *Vid.* ROCA SASTRE, "El Usufructo Universal de Viudedad", *op. cit.*, p. 174; VALLET DE GOYTISOLO, *Panorama...*, II, *op. cit.*, p. 146; ROCA-SASTRE MUNCUNILL, *Derecho de Sucesiones*, II, *op. cit.*, pp. 105-106; REAL PEREZ, *Usufructo Universal...*, *op. cit.*, pp. 174 e 179; MASIDE MIRANDA, *Legítima...*, *op. cit.*, pp. 392-393.

[363] Prevêem a cautela sociniana por disposição expressa do autor da sucessão, os artºs 49º da CDCB e 360º/2º do CSC.

[364] *Vid.* VALLET DE GOYTISOLO, *Las Legítimas*, II, *op. cit.*, pp. 149 e ss.; PUIG BRUTAU, *Fundamentos...*, T.V, 3º, *op. cit.*, p. 118; ROCA-SASTRE MUNCUNILL, *Derecho de Sucesiones*, *op. cit.*, pp. 111-113.

das alternativas, o legitimário poderá contornar a vontade do testador, recorrendo à regra do n° 3 do art° 820° do C.C. e entregando ao cônjuge sobrevivo a quota disponível[365]; por outro lado, se o legitimário não aceitar a atribuição testamentária com o encargo, esta não produz qualquer efeito e não chega a constituir-se o direito de usufruto universal[366].

A validade e eficácia desta cláusula, também designada por cautela sociniana *stricto sensu*, têm sido amplamente debatidas pela doutrina espanhola, em virtude do problema que representa, no C.C. esp., a sua conjugação com o princípio da intangibilidade qualitativa da legítima expresso no art° 813°/2 daquela lei. Face a este princípio a doutrina fragmentou-se entre os que defendem a validade da dita cláusula e os que entendem que deve ter-se por não escrita. Os argumentos esgrimidos contra a validade da cautela sociniana *stricto sensu* resumem-se, essencialmente, à ideia de que a mesma contraria a proibição do art° 813°/2 do C.C., por estabelecer um encargo ou condição ilícita sobre a legítima, ao colocar o legitimário na obrigação de escolher entre a sua legítima estrita totalmente desonerada e uma porção hereditária maior com encargo; além disso, representa uma fraude à lei, por possibilitar, indirectamente, aquilo que a lei directamente veda, ou seja, a imposição de encargos sobre a legítima, e uma sanção para o legitimário, ao impedir a livre formação da sua

---

[365] A maioria da doutrina e da jurisprudência não admitem a cautela sociniana tácita, na qual o testador não precisaria de expressar a necessidade de escolha entre uma das alternativas que são concedidas ao legitimário, sempre que o quantitativo atribuído fosse superior ao que lhe é devido e estivesse onerado; *Vid.* REAL PEREZ, *Usufructo Universal...*, *op. cit.*, p.190; ROCA SASTRE, *Notas al Derecho de Sucesiones de Theodor Kipp*, T. V, 1°, *op.cit.*, p.128; ROCA-SASTRE MUNCUNILL, *Derecho de Sucesiones*, II, *op. cit.*, p. 112.

[366] A necessidade de que a atribuição testamentária seja feita a título de legítima não faz sentido no C.C. esp., face ao seu art° 815° que permite a atribuição da legítima por qualquer título; não há qualquer obrigação para o autor da sucessão de atribuir quantia superior à que a lei atribui ao legitimário (pois apenas está obrigado a cumprir com a legítima estrita sem ónus ou encargos), embora esse factor possa ser um aliciante para que o legitimário aceite a atribuição onerada; no caso do usufruto universal, a imposição de um ónus ou encargo que altere qualitativamente a legítima não pode ser considerado um requisito, na medida em que este tipo de usufruto afecta necessariamente a legítima, mesmo que o testador nada diga (*Vid.* REAL PEREZ, *Usufructo Universal...*, *op. cit.*, pp. 188-190).

vontade; argumenta-se ainda que o legitimário não poderia aceitar limitações aos seus direitos que viessem a prejudicar os seus próprios sucessíveis legitimários[367]. A favor da operatividade da cláusula invoca-se que o legitimário tem sempre a faculdade de optar livremente entre receber uma legítima maior onerada e a sua legítima estrita sem qualquer encargo, pelo que nada lhe é imposto em violação da lei; tudo se passa após a abertura da sucessão e, nesse momento, o legitimário pode, com plena liberdade, optar por uma das alternativas que se lhe apresentam; se o legitimário pode optar por repudiar a herança há que reconhecer, por maioria de razão, que possa aceitá-la com algum ónus ou encargo; por outro lado, se o único dever que a lei impõe ao autor da sucessão é o de deixar ao legitimário a sua legítima estrita, há que admitir que ele possa fazê-lo indirectamente através da cautela sociniana; se, no art° 820°/3 do C.C. esp., a própria lei recorre ao mecanismo da cautela sociniana, maior razão há para considerar possível, válida e eficaz, no direito comum, a cautela sociniana *stricto sensu*; por último, a cautela sociniana não representa substancialmente qualquer sanção para o legitimário, embora, por vezes, possa aparentar sê-lo pela sua formulação. A própria vulgarização da cláusula na prática jurídica e o seu reconhecimento pelas instâncias judiciais, revelam a sua aceitação por parte da comunidade como instrumento plenamente válido e eficaz[368].

A maioria da doutrina distingue a cautela sociniana *stricto sensu* da faculdade concedida pelo art° 820°/3 do C.C. esp.[369]: aquela é uma cláusu-

---

[367] *Vid.* IGLÉSIAS LÓPEZ DE VIVIGO, "Una Cláusula de Estilo que Proclama el Usufructo Universal y Vitalício del Cónyuge Viudo", *RGLJ*, 1951, pp. 284 e ss.; FUENTES TORRES-ISUNZA, "El Usufructo Vidual Universal (Una Cláusula de Estilo)", *RGLJ*, 1961, pp. 706 e ss.; ESPINAR LAFUENTE, *La Herencia Legal y el Testamento*, Barcelona, 1956, p. 396, nota 189 e ss.; GÓMEZ MORÁN, "El Usufructo Vidual...", *loc. cit.*, pp. 314-315.

[368] *Vid.* ROCA SASTRE, "Usufructo Universal...", *loc. cit.*, pp. 174-177; PUIG BRUTAU, *Fundamentos...*, V, 3°, *op. cit.*, pp. 116-118; SAPENA TOMÁS, "Viabilidad del Usufructo Universal...", *loc. cit.*, pp. 867-868 e 874-875; ROCA-SASTRE MUNCUNILL, *Derecho de Sucesiones*, II, *op. cit.*, pp. 110-111.

[369] *"Si la manda consiste en un usufructo o renta vitalícia, cuyo valor se tenga por superior a la parte disponible, los herederos forzosos podrán escoger entre cumplir la disposición testamentaria o entregar al legatario la parte de la herencia de que podía disponer libremente el testador."* O art° 2164° do C.C. port. estabelece norma idêntica sob a epí-

la que, incluída entre as chamadas "cautelas de opção compensatória da legítima", coloca o legitimário perante a necessidade de optar entre aceitar uma legítima quantitativamente superior à que, por lei, tem direito, onerada com o usufruto universal ou outro encargo, ou a sua legítima estrita totalmente desonerada; por sua vez, o artº 820º/3 aplica-se quando o testador deixa o usufruto universal a favor do cônjuge sobrevivo sem dispor mais nada, ou seja, sem acolher expressamente a cautela sociniana[370]. Não obstante, os casos que cabem na previsão da norma são idênticos aos que o autor da sucessão pode dispor no testamento, pois, em ambas as hipóteses, o legitimário é colocado perante a obrigação de optar entre aceitar, ou não, a legítima com o encargo; no primeiro caso, a opção faz-se entre a atribuição testamentária onerada e a legítima estrita, no segundo, entre o respeito pelo usufruto universal (ou a pensão vitalícia) atribuído pelo testador e a entrega da parte disponível em pleno domínio. A diferença entre estas duas hipóteses é que na primeira o testador prevê duas vocações hereditárias alternativas, e se o legitimário escolher não respeitar o usufruto universal recebe somente a sua legítima estrita, cabendo ao cônjuge sobrevivo o usufruto do resto da herança; na segunda é a lei que proporciona uma alternativa ao cumprimento do legado, permitindo que o legi-

---

grafe *"Cautela Sociniana"*, consagrando uma ressalva à integridade qualitativa da legítima consagrada no artº 2163º: *"Se, porém, o testador deixar usufruto ou constituir pensão vitalícia que atinja a legítima, podem os herdeiros legitimários cumprir com o legado ou entregar ao legatário tão-sómente a quota disponível."*

[370] *Vid.* VALLET DE GOYTISOLO, "La Opción Legal del Legitimario Cuando el Testador Ha Dispuesto un Usufructo o una Renta Vitalicia que Sobrepase la Porción Disponible", *ADC*, XV, 1962, pp. 589 e ss.; GULLÓN BALLESTEROS, "El Párrafo 3º del Artículo 820º del Código Civil", *ADC*, XIV, 1961, pp. 875 e ss., em especial p. 877; PUIG BRUTAU, *Fundamentos...*, T. V, 3º, *op. cit.*, pp. 125-126; REAL PEREZ, *Usufructo Universal...*, *op. cit.*, p. 191; MASIDE MIRANDA, *Legítima...*, *op. cit.*, p. 399; Alguma doutrina atribui a este mecanismo a designação de cautela sociniana tácita, pese embora se trate de uma situação diferente, uma vez que aqui é a lei, e não o testador, que coloca o legitimário perante uma obrigação facultativa, possibilitando-lhe o cumprimento através da entrega da quota disponível em propriedade; REAL PEREZ refere que a verdadeira cautela sociniana tácita, a qual não é admitida no direito comum nem nos direitos forais, impõe ao herdeiro onerado com o usufruto universal a escolha entre aceitar o encargo ou conformar-se com a sua legítima estrita e pura, ainda que o testador não tenha disposto tal alternativa (*Op. cit.*, p. 272).

timário que não queira aceitar o usufruto universal entregue ao cônjuge sobrevivo a quota disponível em pleno domínio, ficando, assim, desobrigado de lhe proporcionar o usufruto do terço de melhora. Também o art° 2164° do C.C. port. permite que o autor da sucessão atribua ao cônjuge sobrevivo o usufruto da totalidade da herança: na prática este ficará com a sua quota legitimária em propriedade, com o usufruto da quota disponível e o usufruto das quotas dos demais legitimários. Estes, ou se conformam com a propriedade de raíz sobre a sua quota legitimária e com a quota disponível, ou optam por desonerar a sua legítima, entregando ao cônjuge sobrevivo a quota disponível.

O art° 820°/3 do C.C. esp. tem suscitado algumas divergências interpretativas. A primeira refere-se à fixação do sentido da palavra "valor". Uma posição mais arreigada à letra da lei entende que deve fixar-se o valor venal (valor capitalizado) do usufruto, para depois apurar se ele excede ou não a quota disponível; no caso de exceder a quota disponível, poderão os legitimários fazer uso da faculdade que lhes é concedida, entregando ao cônjuge sobrevivo a propriedade da mesma[371]. Outra corrente defende que, sendo o usufruto de difícil valoração, há que permitir ao herdeiro escolher o que mais lhe convenha, cabendo-lhe a valoração do ónus imposto; o art° 820°/3 pretenderia, efectivamente, evitar operações complexas de valoração, deixando ao arbítrio do legitimário a aceitação, ou não, do usufruto[372]. Duvidamos desta orientação no C.C. esp., na medida em que o art° 820°/3 faz expressa referência ao valor do encargo; contrariamente, o art° 2164° do C.C. port. consagra a cautela sociniana omitindo qualquer referência ao valor do encargo, o que parece indicar que a lei portuguesa considera atingida a legítima sempre que sobre ela seja imposto um encargo, independentemente do valor deste[373]. Algum

---

[371] D'ORS y BONET CORREA, "El Problema de la División del Usufructo", *loc. cit.*, p. 117; GONZALEZ PALOMINO, "El Usufructo Universal...", *loc. cit.*, pp. 162-163, defende a aplicação dos critérios da legislação fiscal (Lei do Imposto de Direitos Reais e Transmissão de Bens) para valoração do usufruto.

[372] Neste sentido, *Vid.* MANRESA, *Comentarios al Código Civil Español*, T. VI, Vol. 1°, *op. cit.*, p. 386, e SÁNCHEZ ROMAN, *Estudios de Derecho Civil*, T. VI, Vol. 2°, *op. cit.*, p. 967.

[373] *Vid.* OLIVEIRA ASCENSÃO, *Direito Civil, op. cit.*, p. 389.

192   *A Legítima do Cônjuge Sobrevivo - Estudo Comparado Hispano-Português*

autor defendeu já que um dos propósitos da cautela sociniana no C.C. port. é afastar a necessidade de recorrer a operações de avaliação complexas e aleatórias, finalidade que não nos parece ser prosseguida pelo artigo correspondente do C.C. esp.[374]. Identifica-se, na doutrina espanhola, uma outra posição, segundo a qual a norma se aplica no caso de o usufruto afectar os bens que excedam a parte de livre disposição, havendo que apurar o valor dos bens sobre os quais recai o usufruto, e não o valor de capitalização do próprio encargo, para compará-lo com o valor da quota disponível; de acordo com esta tese, o legado de usufruto universal ao cônjuge sobrevivo daria sempre aos legitimários a possibilidade de exercerem a faculdade atribuída pela norma[375]. Uma quarta opinião é a de que o legitimário tem o direito de apurar se o gozo dos bens ou os rendimentos objecto de legado excedem o gozo ou o rendimento da quota disponível, opinião que nos parece em tudo idêntica à segunda postura já aqui referida[376]. Uma última posição é a que defende que deve apurar-se o valor dos bens onerados relativamente ao valor total a atender para a fixação das legítimas; no caso de o usufruto não absorver a totalidade dos rendimentos dos bens especialmente onerados, deverá ser fixada a porção dos bens que fica onerada e a que fica livre, para fazer a comparação só com aquela parte[377].

---

[374] *Vid.* DUARTE PINHEIRO, *Legado em Substituição da Legítima*, *op. cit.*, pp. 185-186. No entanto, também na doutrina portuguesa esta questão não é pacífica, considerando alguns autores que há que proceder à valoração do legado de usufruto ou de pensão vitalícia, para determinar se excedem a quota disponível da herança, no primeiro caso, e os rendimentos desta, no segundo (*Vid.* PIRES DE LIMA/ANTUNES VARELA, *Código Civil Anotado*, VI, *op. cit.*, p. 266); outros entendem que o encargo atinge a legítima quando o património ou capital hereditário total ou parcialmente afecto à satisfação do legado ultrapasse o montante da quota disponível (*Vid.* PAMPLONA CORTE-REAL, *Direito da Família e das Sucessões*, *op. cit.*, p. 331, em tese idêntica à defendida por LACRUZ BERDEJO).

[375] LACRUZ BERDEJO, *Notas al Derecho de Sucesiones* de BINDER, Barcelona, 1953, p. 301.

[376] GULLÓN BALLESTEROS, "El Párrafo 3º del Artículo 820º...", *loc. cit.*, pp. 884 e ss..

[377] Esta é a solução preconizada por VALLET DE GOYTISOLO, "La Opción Legal del Legitimario...", *loc. cit.*, pp. 610-611.

Também a expressão "entregar ao legatário", constante do referido art° 820°/3 do C.C. esp., levanta algumas dúvidas quanto à natureza que assume a entrega da quota disponível ao legatário, e quanto ao estatuto jurídico deste após essa entrega. Poderá dizer-se que a qualificação do legatário dependerá, em última instância, do fundamento objectivo ou subjectivo do estatuto do herdeiro: se atendermos ao critério objectivo, o sucessor na quota disponível, em virtude da aplicação do art° 820°/3 do C.C., será herdeiro pois sucede numa quota da herança; se atendermos ao critério subjectivo, ele será mero legatário, salvo se o testador, prevendo essa hipótese, o tiver instituído como herdeiro. GULLÓN BALLES-TEROS entende que o legatário mantém essa qualidade, e que o seu título não pode ser alterado pelo arbítrio do legitimário e contra a vontade do autor da sucessão: o que existe é uma mera comutação do objecto legado, nascendo pela vontade dos legitimários um legado de parte alíquota[378].

Outro dos problemas suscitados pelo art° 820°/3 do C.C. esp. é o de saber se o exercício da opção concedida pela norma aos legitimários poderá ser feito individualmente ou, pelo contrário, exige o exercício conjunto, com o comum acordo de todos. A resposta da maioria da doutrina vai no sentido do exercício individual da opção, com o fundamento de que, constituindo o usufruto um encargo sobre a legítima, caberá a cada legitimário aceitá-lo ou não, sendo inadmissível a sua imposição pelo arbítrio dos outros co-legitimários[379]. Parece-nos particularmente rele-

---

[378] *Vid.* "El Párrafo 3° del Artículo 820°...", *loc. cit.*, pp. 894-895; No mesmo senti-do, VALLET DE GOYTISOLO, "La Opción Legal del Legitimario...", *loc. cit.*, p. 615; É também o entendimento da doutrina portuguesa que o facto de o beneficiário do legado receber a quota disponível não o transforma em herdeiro, visto que a qualidade de legatário não pode ser alterada por uma opção dos legitimários se não houver disposição do testador nesse sentido (*Vid.* PAMPLONA CORTE-REAL, *Direito da Família e das Sucessões*, *op. cit.*, p. 334; OLIVEIRA ASCENSÃO, *Direito Civil*, *op. cit.*, p. 390)..

[379] Partilham esta postura, entre outros, GULLÓN BALLESTEROS, "El Párrafo 3° del Artículo 820°...", *loc. cit.*, pp. 887 e ss., VALLET DE GOYTISOLO, "La Opción Legal del Legitimario...", *loc. cit.*, pp. 612-613, SAPENA TOMÁS, "Viabilidad del Usufructo Universal...", *loc. cit.*, pp. 869-870, PUIG BRUTAU, *Fundamentos...*, V, 3°, *op. cit.*, p. 127; Na doutrina portuguesa, manifesta expressamente esta opinião DUARTE PINHEIRO, *Legado em Substituição da Legítima*, *op. cit.*, p. 186; A favor do requisito da unanimidade, manifesta-se GONZALEZ PALOMINO, embora, curiosamente, não o exija para o exercício da opção mas para a entrega do legado, isto por considerar que, na falta

vante, na solução desta questão, o facto de os art°s 399° e 1067° do C.C. esp. e o art° 46° da *LH* (tal como os art°s 2124° e ss. do C.C. port.) permitirem ao legitimário a alienação do seu quinhão hereditário. Se a lei autoriza os legitimários a alienar individualmente a quota da herança a que têm direito, deverá concluir-se, por maioria de razão, que estes poderão exercer individualmente a opção de entregar a fracção que lhes cabe na parte da quota disponível que não tenha sido distribuída pelo autor da sucessão. No entanto, alguma doutrina portuguesa defende, face ao teor do art° 2164° do C.C. port., o qual não tomou posição nesta matéria, que, na falta de acordo entre os co-herdeiros legitimários quanto à opção a adoptar, se aplicam as regras da compropriedade - art°s 1406° e ss. do mesmo dispositivo legal - por se tratar de uma situação de contitularidade de direitos[380].

V - Pressupostos da legítima do cônjuge sobrevivo

1. Introdução

No âmbito das disposições gerais sobre a sucessão legítima, o art° 2133° do C.C. português, igualmente aplicável à sucessão legitimária por força do art° 2157° do mesmo diploma, determina os requisitos para o chamamento do cônjuge sobrevivo à herança, dispondo, no seu n° 3: "*O cônjuge não é chamado à herança se à data da morte do autor da sucessão se encontrar divorciado ou separado judicialmente de pessoas e bens, por sentença que já tenha transitado ou venha a transitar em julgado, ou ainda se a sentença de divórcio ou separação vier a ser proferida posteriormente àquela data, nos termos do n° 3 do art° 1785°.*" Deve, assim, considerar-se que o chamamento do cônjuge supérstite à sucessão

---

de unanimidade, o legado é directamente executório nos termos dispostos pelo testador (*Vid.* "Estudios de Arte Menor Sobre Derecho Sucesorio", *AAMN*, II, Madrid, 1946, pp. 549 e ss., em especial p. 554, nota 1).

[380] *Vid.* PIRES DE LIMA/ANTUNES VARELA, *Código Civil Anotado*, VI, *op. cit.*, pp. 266-267, e CARVALHO FERNANDES, *Lições...*, *op. cit.*, p. 386; Contra DUARTE PINHEIRO, *Legado em Substituição da Legítima*, *op. cit.*, p. 186.

legitimária do seu falecido consorte depende da existência de um casamento válido e da morte do autor da sucessão na constância do mesmo, requisitos que são igualmente exigidos pelo C.C. esp. - art°s 73° a 80°, 834° e 835°[381] - e que, de seguida, passaremos a analisar separadamente.

---

[381] **Art. 73.** *Es nulo cualquiera que sea la forma de su celebración:*

1° El matrimonio celebrado sin consentimiento matrimonial.

2° El matrimonio celebrado entre las personas a que se refieren los artículos 46 y 47, salvo los casos de dispensa conforme al artículo 48.

3° El que se contraiga sin la intervención del Juez o funcionario ante quien deba celebrarse, o sin la de los testigos.

4° El celebrado por erro en la identidad de la persona del otro contrayente o en aquellas cualidades personales que, por su identidad, hubieren sido determinantes de la prestación del consentimiento.

5° El contraído por coacción o miedo grave.

Art. 74. *La acción para pedir la nulidad de matrimonio corresponde a los cónyuges, al Ministerio Fiscal y a cualquier persona que tenga interés directo y legítimo en ella, salvo lo dispuesto en los artículos siguientes.*

Art. 75. *Si la causa de nulidad fuere la falta de edad, mientras el contrayente sea menor sólo podrá ejercitar la acción cualquiera de sus padres, tutores o guardadores y, en todo caso el Ministerio Fiscal.*

Al llegar a la mayoría de edad sólo podrá ejercitar la acción el contrayente menor, salvo que los cónyuges hubieren vivido juntos durante un año después de alcanzada aquélla.

Art. 76. *En los casos de error, coacción o miedo grave solamente podrá ejercitar la acción de nulidad el cónyuge que hubiera sufrido el vicio.*

Caduca la acción y se convalida el matrimonio si los cónyuges hubieren vivido juntos durante un año después de desvanecido el error o de haber cesado la fuerza o la causa del miedo.

Art. 78. *El Juez no acordará la nulidad de un matrimonio por defecto de forma, si al menos uno de los cónyuges lo contrajo de buena fe, salvo lo dispuesto en el número 3 del artículo 73.*

Art.79. *La declaración de nulidad del matrimonio no invalidará los efectos ya producidos respecto de los hijos y del contrayente o contrayentes de buena fe. La buena fe se presume.*

Art. 80. *Las resoluciones dictadas por los Tribunales eclesiásticos sobre nulidad de matrimonio canónico o las decisiones pontificias sobre matrimonio rato y no consumado tendrán eficacia en el orden civil, a solicitud de cualquiera de las partes, si se declaran ajustados al Derecho del Estado en resolución dictada por el Juez Civil competente conforme a las condiciones a las que se refiere el artículo 954 de la Ley de Enjuiciamiento Civil.*

Art. 834. *El cónyuge que al morir su consorte no se hallare separado o lo estuviere por culpa del difunto, si concurre a la herencia con hijos o descendientes, tendrá derecho al usufructo del tercio destinado a mejora.*

2. Existência de casamento válido

Os Códigos Civis português e espanhol fazem depender o reconhecimento de direitos sucessórios ao cônjuge sobrevivo da existência de um casamento validamente celebrado, embora esta exigência sofra excepções no caso do casamento putativo.

No C.C. esp. as nulidades matrimoniais, reguladas nos art°s 73° a 80°, na redacção introduzida pela Lei de 7 de Julho de 1981[382] , assumem a natureza de sanções civis por "*ausencia o imperfección de alguno de los requisitos o condiciones legalmente requeridos para la válida formación del vínculo*"[383]. Trata-se do único tipo de irregularidade matrimonial sujeita a sanção específica, uma vez que a inexistência matrimonial não está concebida como categoria distinta[384]. Declarada judicialmente a nulidade do casamento[385], a sentença conduz ao apagamento dos efeitos matrimoniais que se tenham produzido entre os cônjuges, como se o casamento nunca tivesse sido celebrado, readquirindo aqueles o estado civil que tinham ao tempo da sua celebração e ficando impedida a produção de novos efeitos, nomeadamente sucessórios, com excepção do casamento putativo.

Art. 835. *Cuando estuvieren los cónyuges separados en virtud de demanda, se esperará al resultado del pleito.*

Si entre los cónyuges separados hubiere mediado perdón o reconciliación, el sobreviviente conservará sus derechos.

[382] *BOE* n° 172, de 20 de Julho.

[383] *Vid*. GARCIA CANTERO, "Nulidad de Matrimonio", *A.C.*, 1993, 3, p. 539.

[384] A falta de consentimento e de forma no negócio matrimonial surgem incluídas no elenco das causas de nulidade do art° 73°. No C.C. esp. a identidade de sexo entre os contraentes não vem expressamente referida como causa de nulidade, mas também não se considera tratar-se de uma hipótese de inexistência, por não se enquadrar sequer no tipo negocial previsto na lei - os art°s 44° e 66° do C.C. esp., e o art° 32°/1 da CE, pressupõem que se trata de um negócio entre pessoas do sexo oposto; assim, a união entre pessoas do mesmo sexo consubstancia outro tipo de relação jurídica, que não a matrimonial. O C.C. esp. não acolhe também, relativamente às invalidades matrimoniais, a distinção entre nulidade e anulabilidade (*Vid*. GETE-ALONSO Y CALERA, *Comentarios a las Reformas del Derecho de Família*, I, Madrid, 1984, pp. 360-364).

[385] Uma das particularidades da nulidade nos negócios pessoais é que esta tem de ser declarada judicialmente, não podendo as partes desligar-se com plena autonomia dada a existência de efeitos que o negócio possa ter produzido apesar da sua invalidade (*Vid*. GETE-ALONSO y CALERA, *Comentarios a las Reformas...*,I, *op. cit.*, p. 361).

O C.C. português admite duas categorias de invalidade do casamento civil: a inexistência, que abrange determinadas faltas do negócio matrimonial consideradas mais graves, as quais se encontram especificadas no artº 1628º e tornam o casamento insusceptível de produzir quaisquer efeitos jurídicos, inclusive efeitos próprios, impedindo que o mesmo seja havido como putativo - artº 1630º [386]; e a anulabilidade que, correspondendo no essencial à nulidade prevista no direito anterior[387], abrange os casos de casamentos contraídos com algum impedimento dirimente[388], ce-

---

[386] Segundo o artº 1628º do C.C. port., o casamento é inexistente quando tenha sido celebrado perante quem não tinha competência funcional para o acto, excepto tratando-se de casamento urgente, quando, tratando-se de casamento urgente, não tenha sido homologado, quando na celebração tenha faltado a declaração de vontade de um ou ambos os contraentes ou do procurador de um deles, quando seja celebrado por procurador após a cessação dos efeitos da procuração ou quando esta não tenha sido outorgada por quem nela figura como constituinte, seja nula por falta de concessão de poderes especiais para o acto ou por falta de designação expressa do outro contaente e, finalmente, quando seja contraído entre duas pessoas do mesmo sexo; a inexistência pode ser invocada a todo o tempo, por qualquer interessado, independentemente de declaração judicial - artº 1630º, nº 2 do C.C.. *Vid.* PIRES DE LIMA/ANTUNES VARELA, *Código Civil Anotado*, IV, *op. cit.*, pp. 155 e ss..

[387] Destaca-se o Decreto nº 1, de 25 de Dezembro de 1910; Também pela doutrina a nulidade era aceite como sanção aplicável a alguns dos vícios mais graves de que podia padecer o casamento - vícios que se identificam com os que actualmente o Código aponta como causas de anulabilidade - mas entendia-se já que devia seguir um regime jurídico distinto do regime geral estabelecido em matéria de nulidade; *Vid.* PIRES DE LIMA/ANTUNES VARELA, *Código Civil Anotado*, IV, *op. cit.*, pp. 163-164. Actualmente a nulidade foi eliminada "como categoria dogmática autónoma do plano sistemático legislativo da invalidade do casamento civil" constituindo as referências à nulidade do casamento no C.C português uma alusão ao casamento católico (PIRES DE LIMA/ ANTUNES VARELA, *Código Civil Anotado*, Vol. IV, *ibidem*); Também PEREIRA COELHO, *Curso de Direito da Família*, Coimbra, 1986, pp. 330 e ss..

[388] Entendem-se por impedimentos dirimentes os factos, constantes dos artºs 1601º e 1602º do C.C., que obstam à celebração do casamento, e que, uma vez ignorados ou preteridos no momento da celebração deste, determinam a invalidade do contrato.
Artigo 1601º - Impedimentos dirimentes absolutos
São impedimentos dirimentes, obstando ao casamento da pessoa a quem respeitam com qualquer outra:
a) A idade inferior a dezasseis anos;
b) A demência notória, mesmo durante os intervalos lúcidos, e a interdição ou inabilitação por anomalia psíquica;

198 A Legítima do Cônjuge Sobrevivo - Estudo Comparado Hispano-Português

lebrados com falta de vontade, ou com vontade viciada por erro ou coacção de algum dos nubentes ou de ambos, ou celebrados sem a presença das testemunhas exigidas por lei - art° 1631°. A anulabilidade segue um regime particular, visto que não opera *ipso iure* - art° 1632° - só pode ser arguida por determinadas pessoas, dentro de certos prazos - art°s 1639 a 1646° - e é sanável em certos casos - art° 1633°. Assim, face à lei portuguesa, o casamento só será válido quando não incorra em qualquer dos vícios especificados naqueles artigos, ou quando, sendo anulável, o vício fique sanado nos termos do art° 1633°.

A) A situação do cônjuge putativo

Na linha das legislações anteriores ambos os Códigos Civis admitem a figura do casamento putativo - art°s 1647° e 1648° do C.C. port. e 79° do C.C. esp. - sujeitando a regime especial os efeitos do casamento invalidado e afastando a consequência, isto é, a negação de efeitos jurídicos, que resultaria da aplicação do regime geral da nulidade e anulabilidade dos negócios jurídicos - art° 289° do C.C. port.[389].

Pretendendo evitar as consequências gravosas que podem derivar, para os cônjuges e não só, de uma declaração de nulidade ou anulabilidade do casamento com efeitos retroactivos, admite-se a figura do casamento putativo, ou seja, do casamento nulo, mas em que a nulidade é

---

c) O casamento anterior não dissolvido, católico ou civil, ainda que o respectivo assento não tenha sido lavrado no registo do estado civil.

Artigo 1602° - Impedimentos dirimentes relativos

São também dirimentes, obstando ao casamento entre si das pessoas a quem respeitam, os impedimentos seguintes:

a) O parentesco na linha recta;

b) O parentesco no segundo grau da linha colateral;

c) A afinidade na linha recta;

d) A condenação anterior de um dos nubentes, como autor ou cúmplice, por homicídio doloso, ainda que não consumado, contra o cônjuge do outro.

[389] A aplicação dos regimes da nulidade ou anulabilidade dos negócios jurídicos em geral seria demasiado gravosa, por levar à consideração da relação matrimonial como mera relação de facto desde a celebração do casamento (*Vid.* ANTUNES VARELA, *Direito da Família*, 1° Vol., 1999, pp. 294-295).

desconhecida por um ou por ambos os cônjuges[390]. Esta situação de boa fé[391] de um ou de ambos os cônjuges no momento da celebração do casamento justifica uma suavização dos efeitos decorrentes da sentença de nulidade ou anulação, a qual só produzirá efeitos para o futuro, mantendo-se todos aqueles que já tenham sido engendrados pela relação matrimonial ou por causa dela[392]. Como refere PEREIRA COELHO, reportando-se ao direito português, invalidada a união conjugal esta converter-se--ía, por força do regime geral das invalidades, numa união de facto; se, após a morte de um dos cônjuges, o casamento viesse a ser declarado nulo ou anulado, o cônjuge sobrevivo ficaria sem qualquer outra protecção para além da concedida pelo artº 2020º do C.C. port. às uniões de facto, para já não falar das outras consequências desvantajosas que poderiam advir para os cônjuges, os filhos, e até para terceiros[393].

O objectivo deste instituto é, portanto, o de evitar os inconvenientes e injustiças que resultariam do não reconhecimento dos efeitos jurídicos produzidos até à data da declaração de invalidade do casamento, objectivo esse que é alcançado pela atribuição de efeitos análogos aos do casa-

---

[390] Esta figura exige, portanto, dois requisitos: um requisito objectivo que consiste na existência de um casamento nulo, e um requisito subjectivo que é a boa fé de um, ou de ambos os cônjuges.

[391] A boa fé exige a ignorância ou falta de consciência, no momento da celebração do casamento, do vício que origina a nulidade ou anulabilidade do mesmo, ou que não possa jurídicamente imputar-se ao cônjuge o facto de não se ter abstido de celebrar um negócio inválido, como acontece nos casos de coacção - cfr. o artº 1648º/1 do C.C. port. (*Vid.* ANTUNES VARELA, *Direito da Família, op. cit.*, p. 298; GETE-ALONSO y CALERA, *Comentarios a las Reformas...*, I, *op. cit.*, p. 420; GORDILLO CAÑAS, "La Protección de los Terceros de Buena Fe en la Reciente Reforma del Derecho de Familia", *ADC*, 1982, pp. 1148-1149).

[392] São variados os fundamentos a que a doutrina atribui o tratamento especial de que é alvo o casamento putativo. Alguns autores defendem que o regime de favor consagrado na lei resulta de razões de equidade e princípios de protecção do *ius connubit* e da família (*Vid.* GARCIA CANTERO, "Nulidad de Matrimonio", *loc. cit.*, p. 549); Outros atribuem-lhe um fundamento que denota uma vertente pública, de defesa de interesses familiares dos filhos e dos cônjuges inocentes, e uma vertente privada de defesa dos interesses privados destes e dos terceiros de boa fé (*Vid.* JORDANO BAREA, "El Matrimonio Putativo como Apariencia Jurídica Matrimonial", *A.D.C.*, 1961, p. 364; GORDILLO CAÑAS, "La Protección...", *loc. cit.*, pp. 1146 e ss.).

[393] *Vid.* PEREIRA COELHO, *Curso de Direito da Família, op. cit.*, pp. 342-343.

200   *A Legítima do Cônjuge Sobrevivo - Estudo Comparado Hispano-Português*

mento a uma situação de facto que reveste a mera aparência de um casamento[394]. Deste modo, permite-se que um casamento nulo produza, ao mesmo tempo, certos efeitos, autorizando a sua permanência a título de benefício para os filhos e para o cônjuge, ou cônjuges, de boa fé[395].

Perante o regime de salvaguarda dos efeitos produzidos anteriormente à declaração de nulidade do casamento, coloca-se a questão de saber se o cônjuge que de boa fé tenha contraído um casamento nulo pode ou não manter o direito à quota legítima na sucessão do seu falecido consorte. A doutrina espanhola é unânime quanto à necessidade de destrinçar duas hipóteses: quando a declaração de nulidade do casamento seja anterior à data da morte de um dos cônjuges, o "cônjuge" sobrevivo

---

[394] Os requisitos normalmente apontados para que possa operar a figura são: 1º- a existência jurídica de um casamento ao qual possam atribuir-se efeitos civis e que, portanto, obedeça aos requisitos formais mínimos (cfr. o artº 1628º do C.C. port.), uma vez que um casamento inexistente não pode produzir efeitos nem é havido como casamento putativo - artº 1630º do C.C. port.; no actual C.C. esp. parece que nenhuma causa de nulidade, exceptuando as que respeitam à falta de forma, impede a aplicação do regime do casamento putativo (Neste sentido, *Vid.*, entre outros, GETE-ALONSO y CALERA, *Comentarios a las Reformas...*, I, *op. cit.*, pp. 422-423, e GARCIA CANTERO, *Comentarios al Código Civil y Compilaciones Forales*, T. II, Madrid, 1982, p. 243); 2º- existência de uma declaração de nulidade ou anulação do casamento, uma vez que é uma invalidade que não opera *ipso iure*, necessitando de ser judicialmente declarada (cfr. os artºs 1647º do C.C. port. e 74º e ss. do C.C esp.); 3º- existência de boa fé de ambos os cônjuges, ou de apenas um deles, no momento da celebração do casamento (cfr. os artºs 1647º/1 e 2 do C.C. port. e 79º do C.C. esp.); Quanto à boa fé, há quem considere tratar-se de um requisito diferente dos restantes, uma vez que só é necessário para que possam manter-se os efeitos do casamento relativamente aos cônjuges e a terceiros; assim, acabaria por funcionar como critério para determinar apenas a amplitude dos efeitos da figura (Neste sentido, *Vid.* GETE-ALONSO y CALERA, *Comentarios a las Reformas...*, I, *op. cit.*, p. 420, e PEREIRA COELHO, *Direito da Família, op. cit.*, pp. 345-347). GORDILLO CAÑAS, "La Protección...", *loc. cit.*, p. 1149, considera que nem sempre a irretroactividade dos efeitos da nulidade do casamento tem como objectivo a protecção duma aparência jurídica, embora em certos casos de falta de forma do casamento, *v.g.*, por incompetência ou falta de nomeação legítima do funcionário celebrante, esta intervenha para sanar a nulidade, evitando-a, em atenção à boa fé de, pelo menos, um dos contraentes.

[395] Cfr. o artº 1647º/2 do C.C. port. e os artºs 95º/2, 98º, 1343º/3, 1ª parte, e 1395º do C.C. esp.; *Vid.* GETE-ALONSO y CALERA, *Comentarios a las Reformas...*, I, *op. cit.*, p. 424.

não possui quaisquer direitos sucessórios, pelo simples facto de o casamento ter deixado de existir e de terem desaparecido, quer o vínculo matrimonial entre os cônjuges, quer os direitos derivados desse vínculo. Se a declaração de nulidade for posterior à morte do outro cônjuge e o sobrevivo estiver de boa fé mantém-se o seu direito sucessório, por se entender que o chamamento à herança foi um efeito produzido antes da sentença de nulidade e, como tal, não afectado por ela[396]. Alguma doutrina espanhola defende também a aplicação do regime do casamento putativo, e a manutenção dos efeitos sucessórios produzidos, nos casos em que o autor da sucessão tenha falecido após a propositura da acção com vista à declaração de nulidade do casamento, mas antes de proferida a respectiva sentença judicial, por entender que esta situação se enquadra igualmente na letra e no sentido da lei[397]. Estas são também as soluções expressamente adoptadas pelo C.C. port., o qual determina que, em caso de o efeito sucessório se ter produzido antes da declaração de nulidade ou de anulação, isto é, caso o cônjuge autor da sucessão tenha falecido antes de proferida sentença de anulação do casamento, o cônjuge sobrevivo mantém os seus direitos sucessórios, desde que ambos estivessem de boa fé - artº 1647º, nº 1 - ou que estivesse de boa fé o cônjuge sobrevivo - artº 1647º, nº 2. A má fé de ambos os cônjuges faz com que a nenhum deles possam aproveitar os referidos efeitos sucessórios, o que implica, neste caso, a negação de quaisquer direitos hereditários ao cônjuge sobrevivo. Da mesma forma, nenhum dos cônjuges poderá ser chamado à sucessão do outro quando esta tenha sido aberta após o trânsito em julgado da sentença anulatória do casamento.

Assim, em ambos os ordenamentos o princípio geral quanto aos efeitos do casamento putativo é o de que se mantêm para o futuro os

---

[396] *Vid.* VALLET, *Comentarios...,* T. XI, *op. cit.,* p. 47; GARCIA CANTERO, "Nulidad de Matrimonio", *loc. cit.,* p. 550, e *Comentarios...,* T. II, *op. cit.,* p. 245; RIVAS MARTINEZ, *Derecho de Sucesiones Común y Foral,* II, *op. cit.,* p. 201; ROCA-SASTRE MUNCUNILL, *Derecho de Sucesiones,* II, *op. cit.,* p. 316; BOLÁS ALFONSO, "La Preterición Tras la Reforma de 13 de mayo de 1981", *A.A.M.N.,* T. XXV, p. 213; FUENMAYOR CHAMPÍN, "El Derecho Sucesorio del Cónyuge Putativo", *RGLJ,* 2, 1941, p. 472.

[397] *Vid.* FUENMAYOR CHAMPIN, "El Derecho Sucesorio del Cónyuge Putativo", *loc. cit.,* p. 451.

202 *A Legítima do Cônjuge Sobrevivo - Estudo Comparado Hispano-Português*

efeitos produzidos até à data do trânsito em julgado da sentença de nulidade[398] ou de anulação, mas que a partir dessa data não se produzem quaisquer outros.

3. Morte do autor da sucessão na constância do casamento

A) Introdução

Para que o cônjuge sobrevivo possa ser chamado à sucessão do seu falecido consorte é ainda necessário que, à data da morte deste, o casamento não se encontre dissolvido, nem tenha sofrido uma modificação fundamental ao nível dos seus efeitos pessoais e patrimoniais. Os ordenamentos português e espanhol admitem a dissolução do casamento por divórcio, morte e declaração de morte presumida, nos termos dos artºs 1788º e 116º do C.C. port. e do artº 85º do C.C. esp..

Quanto à situação de morte presumida de um dos cônjuges, ambos os ordenamentos acabam por equipará-la, de certa forma, à morte - cfr. artºs 85º, 193º e 194º do C.C. esp. e 115º e 116º do C.C. port. - embora no âmbito do C.C. port. se considere que a declaração de morte presumida só produz a dissolução, por divórcio, do casamento com o cônjuge ausente, quando o cônjuge presente casado civilmente tenha contraído novo casamento[399]. Declarada a morte presumida, o cônjuge do ausente pode invo-

---

[398] A referência à sentença de nulidade do casamento, constante de vários artigos do C.C. port. (*v.g.*, os artºs 1688º, 1696º, nº 1, e 2017º), visa apenas o casamento católico, pois só este pode pode ser declarado nulo, nos termos do artº 1625º.

[399] Com a alteração introduzida no artº 115º do C.C. port. pela Reforma de 1977 excepcionou-se a possibilidade, que se previa na sua redacção originária, de a declaração de morte presumida dissolver o casamento. Segundo a doutrina, a solução introduzida não foi feliz, ao vir permitir situações de "bigamia legal", uma vez que, não ficando o casamento dissolvido com a declaração de morte presumida, o cônjuge presente que contraír novo casamento fica numa situação de bigamia enquanto o cônjuge ausente não regressar ou não houver notícias se era vivo ou morto à data das segundas núpcias do seu consorte, pois só nestes casos se considera dissolvido, por divórcio, o primeiro casamento - cfr. o artº 116º daquele diploma legal (*Vid.* PIRES DE LIMA/ANTUNES VARELA, *Código Civil Anotado*, Vol. I, Coimbra, 1987, pp. 130-131; ANTUNES VARELA, *Direito da Família, op. cit.*, p. 235).

car os seus direitos sucessórios, nos termos dos art⁰s 101° e ss. do C.C. port., aplicáveis *ex vi* do art° 117° do mesmo diploma, e do art° 196° do C.C. esp., embora neste último caso existam restrições para o cônjuge sobrevivo, uma vez que, se for chamado a título de herdeiro, não poderá dispor gratuitamente dos bens senão cinco anos após a data da declaração de morte presumida, e se assumir a qualidade de legatário só decorrido o mesmo prazo poderá exigir a entrega dos legados - art° 196°/ 2 e 3 do C.C. esp..

B) Divórcio

O divórcio é uma causa de extinção do casamento que consiste na ruptura do vínculo conjugal pela ocorrência de um facto superveniente, e envolve a cessação, para o futuro, de todos os direitos e deveres entre os cônjuges, implicando, portanto, um corte total da relação matrimonial e a respectiva desvinculação dos cônjuges dos direitos e deveres familiares. Por esta razão, uma vez decretado o divórcio, e porque este dissolve o vínculo existente entre os cônjuges - art⁰s 85° e 89° do C.C. esp. e 1788° do C.C. port. - verificar-se-á, logicamente, a própria perda de direitos sucessórios relativamente à herança do ex-cônjuge - art⁰s 2133°, n° 3 do C.C. port. e 834° do C.C. esp., *a contrario* - bem como a caducidade das disposições testamentárias a favor do cônjuge do testador quando, à data da morte deste, estejam divorciados ou quando venha a ser proferida, posteriormente àquela data, sentença de divórcio - art° 2317°, alínea d), do C.C. port..

No C.C. esp. não se prevê qualquer efeito do divórcio (nem da nulidade ou da separação) sobre as disposições testamentárias, ao contrário do que acontece nalguns ordenamentos forais[400]. Uma vez que o Código Civil

---

[400] Cfr. a LSCMA, que determina, no seu art° 123°, a ineficácia das liberalidades testamentárias entre cônjuges, em caso de sentença de nulidade do casamento, separação ou divórcio, ou o art° 132° do CSC, que estabelece uma presunção de revogação das disposições testamentárias ordenadas a favor do cônjuge do testador, em caso de nulidade, separação ou divórcio posteriores à outorga, e em caso de separação de facto com ruptura da unidade familiar por alguma das causas que podem fundamentar a separação judicial ou o divórcio, ou por consentimento mútuo formalmente expresso.

204   *A Legítima do Cônjuge Sobrevivo - Estudo Comparado Hispano-Português*

espanhol não contém uma norma desta natureza, quando exista testamento válido que outorgue direitos ao cônjuge sobrevivo em momento anterior ao divórcio, separação ou nulidade do casamento, coloca-se o problema de saber se, para evitar a eficácia das disposições testamentárias efectuadas, o testador terá que lançar mão da revogação do testamento, nos termos dos artºs 737º e ss. do C.C.. Nos caso de declaração de divórcio ou de nulidade do casamento entendemos que será desnecessária a revogação das disposições testamentárias, uma vez que a declaração implica a perda da qualidade de cônjuge que é pressuposto da instituição. Já nos casos de separação legal ou de facto, só a interpretação do testamento poderá autorizar uma conclusão mais segura quanto à vontade do testador, quando este não revogue a atribuição feita em testamento[401]. Devemos, contudo, destacar que a doutrina da *Dirección General de los Registros y Notariado* já se manifestou noutro sentido. Na sua Resolução de 28 de Novembro de 1998[402], ao debruçar-se sobre um caso em que o autor da sucessão havia instituído herdeira a sua mulher, vindo o casamento a dissolver-se posteriormente por divórcio, cinco anos antes da morte do testador, sem que a referida disposição testamentária tivesse sido revogada, aquela Direcção Geral considerou que *"La revocación de los testamentos abiertos, en Derecho común, no puede tener lugar, sino a través del otorgamiento de un nuevo testamento válido. No se produce la revocación de los testamentos mediante actos o negocios jurídicos que no adopten las formas testamentarias, ni en virtud de causas no previstas legalmente (cfr. artículos 738, 739 y 743 del Código Civil). Debe resaltarse, a este respecto, que no está previsto como efecto de la separación o divorcio de los cónyuges la revocación por ministerio de la ley de las disposiciones testamentarias efectuadas por uno de ellos en favor del otro (a diferencia de lo establecido respecto de los poderes y consentimientos en los artículos 102 y 106 del Código Civil; o de lo dispuesto, respecto de las disposiciones testamentarias, en el mencionado artículo 132 del Código de Sucesiones de Cataluña, o de la ineficacia de las disposiciones prevenidas en códigos de otros países como, por ejemplo, el párrafo 2077 del BGB alemán o el*

---

[401] Neste sentido, *Vid.* GARCIA RUBIO, *Comentarios...*, T. XXXII, Vol. 2º, *op. cit.*, p. 805, por referência ao usufruto voluntário de viúvez da LDCG.

[402] *RJA*, 1998, nº 8541.

*artículo 2317 del Código Civil portugués). Por ello, cuando sea el víncu-
lo matrimonial existente lo que lleve al testador a disponer en favor de su
consorte, como ocurrirá de ordinario, y después se extinga el matrimonio,
únicamente por voluntad de aquél, expresada con las solemnidades necesarias para testar, podrá quedar revocada la disposición.".*

No C.C. esp. a acção de divórcio admite reconciliação dos cônjuges,
desde que esta seja expressa e se verifique antes de proferida sentença
definitiva de divórcio - artº 88º/1º. Se, após a reconciliação, ocorrer a
morte de um dos cônjuges, o cônjuge viúvo mantém os seus direitos legitimários. Contudo, a reconciliação posterior à sentença definitiva que
tenha decretado o divórcio não produz, segundo o artº 88º/2º quaisquer
efeitos legais, embora os cônjuges possam vir a contrair entre si novo
casamento. A reconciliação parece igualmente possível no C.C. port. até
ao momento da sentença de divórcio, uma vez que são várias as normas
que dão relevo à conciliação no âmbito do processo de divórcio - cfr. os
artºs 1774º, 1776º/1 e 1777º - e, a verificar-se, esta implicará a conservação dos direitos de cada cônjuge na sucessão do outro[403].

No direito espanhol MASIDE MIRANDA equipara os efeitos da
transacção entre o cônjuge sobrevivo e os herdeiros do autor da sucessão,
na acção de divórcio, aos efeitos da reconciliação ou perdão. Argumenta
que se, por força do artº 839º do C.C. esp., os interessados (cônjuge
sobrevivo e herdeiros do falecido) podem, de comum acordo, tornar efectivo o usufruto vidual nalguma das modalidades aí admitidas, não há
razão para que não possa aceitar-se que os mesmos, também de comum
acordo, possam transigir na acção de divórcio para tornar efectiva a quota
usufrutuária; acrescenta ainda que, sendo o usufruto vidual alienável, a
título gratuito ou oneroso, e renunciável, o mesmo deve ser também susceptível de transacção[404]. Não obstante, esta solução parece-nos duvidosa,
uma vez que a decisão quanto à atribuição do usufruto vidual passa,

---

[403] O artº 1774º do C.C. port. estabelece a obrigatoriedade da tentativa de conciliação
dos cônjuges no divórcio litigioso - artº 1407º do CPC - enquanto os artºs 1776º/1 e 1777º
do mesmo diploma impõem, no divórcio por mútuo consentimento, a realização de duas
conferências com o objectivo de conciliar os cônjuges e conseguir que estes restaurem a
plena comunhão de vida - artºs 1420º e ss. do CPC.

[404] *Vid.* MASIDE MIRANDA, *Legítima..., op. cit.,* pp. 253-254.

206 *A Legítima do Cônjuge Sobrevivo - Estudo Comparado Hispano-Português*

necessariamente, pela decisão proferida quanto ao divórcio, e que a acção de divórcio se extingue, nos termos do artº 88º do C.C. esp., ocorrida a morte de um dos cônjuges, não estando autorizados os herdeiros do *de cujus* para continuá-la.

Podemos concluir, portanto, que a pertinência dos direitos legitimários do cônjuge sobrevivo depende da manutenção do casamento com o autor da sucessão, à data da morte deste. Contudo, há que analisar as circunstâncias em que o casamento se mantém, uma vez que, por variadas razões, o mesmo pode ter sofrido alguma modificação nos seus efeitos pessoais e patrimoniais com consequências ao nível dos direitos sucessórios do cônjuge sobrevivo, razão pela qual se mostra indispensável a abordagem de algumas dessas situações.

C) Sentença de separação

A separação judicial de pessoas e bens, embora não provoque a ruptura do vínculo conjugal, afecta as relações pessoais e patrimoniais entre os cônjuges, de tal modo que, uma vez decretada, mantêm-se apenas, no entender de LEITE DE CAMPOS, uma forma e uns efeitos mínimos, desagregados e pouco significativos, do casamento[405]. O vínculo perdura, embora cesse a comunhão de vida entre os cônjuges e, com ela, alguns dos deveres que lhe são inerentes[406].

O artº 834º do C.C. esp. determina que, em caso de separação, só terá direito à legítima o cônjuge não culpado da mesma, solução que aponta

---

[405] *Vid.* LEITE DE CAMPOS, *Lições de Direito da Família e das Sucessões, op. cit.*, p. 278.

[406] No C.C. port. a separação judicial de pessoas e bens extingue os deveres de coabitação e assistência, mas mantêm-se os deveres de cooperação, alimentos, respeito e fidelidade entre os cônjuges; *Vid.* ANTUNES VARELA, *Direito da Família , op. cit.*, p. 533. Idênticos efeitos terá a separação judicial, segundo o artº 83º do C.C. esp., ao suspender o dever de coabitação e modificar o conteúdo de outros que decorrem directamente dele como, por exemplo, o dever de assistência, e ao fazer desaparecer o suporte da figura da *potestad doméstica*, regulada no artº 1319º, e, portanto, a possibilidade de um dos cônjuges vincular bens do outro no exercício desse poder (*Vid.* VALPUESTA FERNANDEZ, *Derecho de Família*, coord. por MONTÉS PENADÉS, Valencia, 1991, pp. 87-88; DÍEZ-PICAZO y GULLÓN, *Sistema..., IV, op. cit.*, p. 101).

Os argumentos invocados pelos autores prendem-se com a inter-

para a consideração do princípio da culpa nesta matéria e diverge, em larga medida, da actual redacção do artº 945º do mesmo diploma em matéria de sucessão intestada, bem como do previsto no artº 1795º - A do C.C. port..

Os artigos 834º e 835º do C.C. esp. mantêm até hoje a redacção que lhes foi dada pela Lei de 24 de Abril de 1958, não tendo sofrido alteração com a Reforma de 1981. Contudo, esta Reforma introduziu algumas modificações significativas no regime da separação matrimonial, tendo passado a aceitar duas modalidade de separação judicial: uma por mútuo acordo - artº 81º/1 do C.C. esp. - e outra que só pode ser invocada por um dos cônjuges quando o outro tenha incorrido em causa legal de separação - artº 81º/2 do mesmo diploma. Além disso, o novo regime pode qualificar-se de misto, porque passou a combinar causas objectivas de separação (v.g. as previstas no artº 82º, parágrafos 4º a 7º) com causas subjectivas ou culposas (v.g. as dos parágrafos 1º, 2º e 3º do mesmo artigo)[407]. Perante este sistema alguma doutrina tem continuado a entender que, embora a relevância da culpa tenha sido significativamente atenuada (segundo os artºs 81º e ss. do C.C., a sentença de separação não contém qualquer pronúncia em matéria de culpa) ela não foi totalmente eliminada, continuando a existir causas que implicam a sua apreciação, e que, portanto, o cônjuge sobrevivo poderá beneficiar dos direitos legitimários conferidos pelo artº 834º sempre que a causa de separação invocada implique um juízo de culpabilidade e nela tenha incorrido o cônjuge falecido[408]. Os argumentos invocados pelos autores prendem-se com a inter-

---

[407] Algum autor chama a atenção para o facto de o C.C. esp. ter mantido uma regulamentação da legitimidade activa para intentar a acção de separação algo desfazada do novo sistema, uma vez que o artº 81º/2 atribui a legitimidade atendendo exclusivamente às situações de divórcio-sanção e ignorando as de divórcio-remédio; *Vid.* PUIG FERRIOL, *Comentarios a las Reformas del Derecho de Família*, Vol. I, Madrid, 1984, p. 449.

[408] *Vid.* DE LA CÁMARA, *Compendio...*, 2ª ed., *op. cit.*, p. 245; LACRUZ BERDEJO, *Elementos...*, V, *op. cit.*, pp. 398-399; VALLET DE GOYTISOLO, *Comentarios...*, T. XI, *op. cit.*, pp. 46-48, 446 e 462-463; NUÑEZ BOLUDA, "El Orden de Suceder Abintestato..., *loc. cit.*, p. 754. Também ESPEJO LERDO DE TEJADA, *La Legítima...*, *op. cit.*, pp. 133-134, embora admita que a culpa perdeu o seu papel essencial na determinação dos efeitos económicos da separação, nomeadamente quanto à atribuição da pensão de separação (*Vid.*, *La Legítima...*, *op. cit.*, p. 131); Para FERNANDEZ GONZALEZ-REGUERAL, "Separación Conyugal: La Legítima del Cónyuge Viudo", *La Ley*, nº 4242,

208 A Legítima do Cônjuge Sobrevivo - Estudo Comparado Hispano-Português

pretação conjunta dos artºs 834º e 835º do C.C. esp., dos quais resulta que só a separação judicial implica perda da legítima, e buscam ainda apoio no artº 855º do mesmo dispositivo legal, por força do qual a vontade do autor da sucessão pode ganhar alcance em sede de legítima, através da deserdação, possibilitando que o testador separado de facto prive o cônjuge sobrevivo da legítima quando concorra alguma das causas legais de deserdação[409]. Há ainda quem alegue o carácter ambíguo, impreciso e excepcional da separação de facto, e o carácter taxativo com que ela é admitida por lei, para afastar a sua aplicação a outras situações[410]. A favor desta posição, BELTRAN DE HEREDIA chama a atenção para o facto de a Reforma de 1990 da Compilação de Direito Civil das Baleares ter mantido, no artº 45º, o critério dos artºs 834º e 835º do C.C.esp., e de o seu artº 53º remeter para este Código a regulação da sucessão intestada, sem prejuízo dos direitos reconhecidos no artº 45º ao cônjuge sobrevivo[411].

A Direcção Geral do Registos e Notariado pronunciou-se também sobre esta matéria na sua Resolução de 25/06/1997[412], manifestando-se a favor desta postura; por um lado, argumenta que o artº 945º do C.C. esp. não pôde supor a modificação do artº 834º do mesmo diploma, porque um e outro regulam hipóteses distintas: o primeiro prevê a sucessão na falta

---

Março, 1987, pp. 2-3, só existe separação culpável quando haja separação causal com base numa causa que implique culpa e esta tenha sido provada. MASIDE MIRANDA é também da opinião que, embora tenha sido eliminada a projecção da culpa sobre os efeitos da separação e do divórcio previstos nos artºs 96º e 97º do C.C., continua a poder distinguir-se duas hipóteses: a separação com origem numa causa subjectiva, em que o cônjuge inocente mantém o seu direito à quota legítima, e a separação com origem numa causa objectiva, ou não culpável, que implica a extinção do direito à legítima para ambos os cônjuges (*Vid.* MASIDE MIRANDA, *Legítima...*, *op. cit.*, p. 228).

[409] Neste sentido, CADARSO PALAU, *Comentarios a las Reformas del Derecho de Família*, II, *op. cit.*, p. 1472.

[410] Assim, BOLÁS ALFONSO, "La Preterición tras la Reforma...", *loc. cit.*, pp. 216-217.

[411] *Vid. Derecho de Sucesiones*, coord. por MONTES PENADÉS, *op. cit.*, p. 333; O artº 45º da CDCB reconhece a qualidade de legitimário ao cônjuge sobrevivo que, ao morrer o seu consorte, não esteja separado de facto ou em virtude de sentença transitada em julgado, excepto quando o esteja por causa imputável ao defunto.

[412] *ADGRN*, 1997, vol. I, pp. 112-118.

de manifestação de vontade do autor da herança, o segundo rege a sucessão contra a vontade do autor da herança; por outro lado, considera que a conjugação do artº 835º com o artº 834º do C.C. esp. conduz à conclusão de que a perda do direito à legítima terá que resultar de uma sentença, o que afasta a negação de direitos legitimários em caso de separação de facto.

Alguns autores propugnam uma certa interpretação do artº 834º do C.C. esp. que, apesar de manter o seu teor literal, considera que a referência ao cônjuge culpado se reporta, actualmente, ao cônjuge que dê causa legal à separação, uma vez que, com a Reforma de 1981, as normas sobre separação e divórcio deixaram de referir-se ao cônjuge culpado e passaram a referir-se ao cônjuge que dê causa à separação[413]. Assim, perderia sempre o direito à legítima o cônjuge que incorresse numa causa legal de separação, e mantê-lo-ía aquele que não lhe tivesse dado causa.

Um crescente sector da doutrina tem vindo a defender outra posição: a de que, com a Reforma de 1981, os pressupostos de chamamento do cônjuge à quota legítima teriam ficado desfazados relativamente ao regime da separação matrimonial nela estabelecido e ao artº 945º em matéria de sucessão intestada. Segundo estes autores, no actual regime de separação não há lugar à declaração de cônjuge culpado, derrogada pelo regime introduzido com a Reforma de 1981, mesmo que a causa de separação possa ser imputável a um dos cônjuges e, por essa razão, o artº 945º, que regula os pressupostos de chamamento do cônjuge à sucessão intestada, já não faz qualquer distinção entre cônjuge culpado e cônjuge inocente da separação. Assim, opinam que a excepção relativa ao cônjuge inocente, no chamamento à quota legítima, deve considerar-se eliminada desde a Reforma, uma vez que esta, ao modificar o sistema de separação matrimonial, terá modificado o próprio conteúdo do artº 834º, o qual deverá ser sujeito a uma interpretação actualista por forma a adaptá-lo às circunstâncias do tempo em que é aplicado[414]. Alegam, em defesa da sua

---

[413] *Vid.* DÍEZ-PICAZO Y GULLÓN, *Sistema...*, IV, *op. cit.*, p. 466.

[414] *Vid.* RIVAS MARTINEZ, *Derecho de Sucesiones Común y Foral*, II, *op. cit.*, p. 202; SANCHEZ CALERO, "Algunos Aspectos de los Derechos Sucesorios del Cónyuge Viudo", *A.C.*, 1992, 1, p. 192; VALLADARES RASCÓN, *Nulidad, Separación, Divorcio. Comentarios a la Ley de Reforma del Matrimonio*, Madrid, 1982, pp. 316-319; ROCA-SASTRE MUNCUNILL, *Derecho de Sucesiones*, II, *op. cit.*, p. 320. Relativamente à

210   *A Legítima do Cônjuge Sobrevivo - Estudo Comparado Hispano-Português*

posição, o facto de se encontrar consagrado o direito a uma pensão para fazer face às necessidades económicas do cônjuge viúvo separado - cfr. o art° 101°, § 2° do C.C. - a qual deixaria sem sentido a legítima vidual enquanto forma de protecção do cônjuge sobrevivo, visto que não seria, seguramente, intenção do legislador instituir uma dupla protecção nestes casos; acrescentam ainda que a não alteração do art° 834° pela Reforma de 1981 se deveu apenas à sua não inclusão no Projecto do Governo que deu origem à Lei, e que o facto de as sucessões legitimária e intestada partirem de uma mesma base - o laço de união matrimonial e o dever de convivência entre os cônjuges - justifica, por si só, um igual tratamento dos pressupostos para aquisição dos respectivos direitos, não obstante a consideração de que o direito à quota legítima é mais forte que o direito à sucessão intestada[415].

Alguns destes argumentos são, em nossa opinião, rebatidos de forma lúcida por ESPEJO LERDO DE TEJADA. Relativamente ao afastamento da ideia de culpa, este autor considera não ser um dado adquirido, uma vez que outras normas do C.C. continuam a recorrer à valoração da conduta pessoal dos cônjuges para efeitos de atribuição de direitos[416]. Quanto à alegada incompatibilidade entre a quota legítima e a pensão de separação que, nos termos do art° 101° do C.C., não se extingue com a morte do devedor, o autor considera forçado o entendimento de que a nova lei tenha derrogado a lei antiga, por não vislumbrar uma incompatibilidade entre elas, incompatibilidade essa que os defensores daquela posição tão pouco lograram provar. Pelo contrário, os dois direitos não serão, provavelmente, incompatíveis, por terem natureza diferente e poderem não coincidir os seus beneficiários, embora fosse desejável que o legislador tivesse

---

interpretação actualista do art° 834°, DIEZ BALLESTEROS chama a atenção para o facto de a mesma não autorizar uma modificação ou inaplicação do referido preceito, que é o que parecem fazer aqueles autores (*Vid.* "La Separación y sus Consecuencias sobre la Legítima del Cónyuge Viudo. Comentario a la Resolución de la Dirección General de los Registros y del Notariado de 25 de junio de 1997", *La Ley*, 1999-1, pp. 1760 e ss.).

[415] ROCA-SASTRE MUNCUNILL, *Derecho de Sucesiones*, II, *op. cit.*, p. 320.

[416] O autor refere, concretamente, o art° 152°/4° relativamente às causas que fazem cessar a obrigação de alimentos, e os art°s 756° e 855°/1 que determinam causas de indignidade e deserdação que são, simultaneamente, causas de separação.

esclarecido qual a solução em caso de concurso entre as duas normas[417]. Efectivamente, tendo em atenção que a pensão compensatória, consagrada no artº 97º do C.C. esp. e regulada nos artigos seguintes, visa fazer face a um eventual desequilíbrio patrimonial entre os cônjuges gerado pela separação, que pode colocar um deles em pior situação económica do que a detida durante o casamento[418], não nos parece que haja qualquer identidade de *ratio* entre este direito, que nem chegará a surgir se a separação não originar qualquer desequilíbrio económico, e o direito à legítima, muito menos a ponto de poder aceitar-se que o legislador tenha pretendido substituir este por aquele nos casos de separação judicial.

Estamos também em crer que, embora a aproximação dos pressupostos dos direitos viduais no caso dos artºs 834º e 945º do C.C. esp. seja desejável, não podemos esquecer-nos que a *ratio* dos dois preceitos é essencialmente diferente: o artº 945º regula o chamamento do cônjuge à sucessão intestada, indo buscar apoio na vontade presumida do autor da sucessão, e não se aplica, portanto, ao instituto da legítima, no qual a vontade da lei se sobrepõe à vontade do autor da sucessão e em que esta só releva excepcionalmente por força do instituto da deserdação. Por outro lado, parece-nos não existirem indícios suficientemente seguros de que o legislador da Reforma de 1981 tenha pretendido alterar a regulamentação estabelecida para a legítima; sendo esta uma figura de direito necessário, objecto de normas imperativas, dificilmente poderá aceitar-se uma alteração indirecta do seu regime através de uma interpretação correctiva dos artºs 834º e 835º do C.C. esp.[419].

---

[417] *Vid.* ESPEJO LERDO DE TEJADA, *La Legítima...*, *op. cit.*, pp. 131- 136; Também DIEZ BALLESTEROS é da opinião que, embora a introdução da pensão compensatória possa levar-nos a pensar que o legislador não pretendia atribuir simultaneamente ao cônjuge sobrevivo o direito à legítima, não existem razões suficientes para concluir pela perda desta em caso de separação (*Vid.* "La Separación y sus Consecuencias...", *loc. cit.*, p. 1762).

[418] *Vid.* GARCIA RUBIO, *Alimentos entre Cónyuges y entre Convivientes de Hecho*, Madrid, 1995, pp. 130-131.

[419] Neste sentido, CADARSO PALAU, *Comentarios a las Reformas...*, II, *op. cit.*, p. 1472. A interpretação correctiva é aquela que, em obediência ao pensamento legislativo, sacrifica uma parte ou a totalidade da norma, e deverá ter lugar apenas quando exista uma contradição insanável entre duas disposições legais, desde que, só por essa via, seja possível alcançar o fim pretendido pelo legislador (*Vid.* BAPTISTA MACHADO,

212 *A Legítima do Cônjuge Sobrevivo - Estudo Comparado Hispano-Português*

Em matéria de separação judicial o C.C. port. optou por estatuir que a separação judicial de pessoas e bens implica, para o cônjuge sobrevivo, a perda dos seus direitos sucessórios relativamente à herança do falecido, solução que alguns autores consideram justificada, porquanto a referida separação produz, no plano patrimonial, os mesmos efeitos que a dissolução, ou seja, faz cessar todas as relações patrimoniais entre os cônjuges, nos termos do artº 1795º-A.

Poderá, no entanto, questionar-se se a solução adoptada pelo legislador português será a mais adequada, atendendo a que o direito português consagra um regime de divórcio e de separação judicial de pessoas e bens amplamente baseado na violação culposa dos deveres conjugais - artºs 1779º e 1780º do C.C. - tendo o divórcio-sanção um vasto campo de actuação[420], e que, ao mesmo tempo, no divórcio-falência, fundado na ruptura da vida em comum - artº 1781º - ainda se atribui relevância à culpa nos casos em que o fundamento seja a separação de facto - artº 1782º/2[421]. Este apego ao princípio da culpa, que se verifica igualmente no caso da separação judicial de pessoas e bens, por força da remissão expressa para as causas de divórcio contida no artº 1794º [422], parece-nos suficiente para contestar a coerência do regime imposto quanto aos efeitos sucessórios da separação, uma vez que, à partida, pareceria mais coerente a consagração de um sistema sucessório que atendesse à culpa para atribuição ou negação de direitos sucessórios ao cônjuge sobrevivo, no caso de se-

---

Introdução ao Direito e ao Discurso Legitimador, Coimbra, 1991, p. 186); No caso em apreço, não ficamos convencidos de que a intenção do legislador da Reforma do Código Civil espanhol fosse no sentido de exigir para o chamamento do cônjuge sobrevivo à legítima os mesmos pressupostos instituídos para a sucessão intestada, nem cremos, tãopouco, que exista uma contradição insanável entre os artºs 834º e 945º do C.C. esp..

[420] *Vid.* LEITE DE CAMPOS, *Lições de Direito da Família e das Sucessões, op. cit.,* pp. 278 e ss..

[421] Este artigo determina que *"Na acção de divórcio com fundamento em separação de facto, o juíz deve declarar a culpa dos cônjuges, quando a haja, nos termos do artº 1787º."*

[422] Na partilha efectuada por força da separação judicial de pessoas e bens deverão observar-se igualmente as consequências que resultem da declaração de cônjuge único ou principal culpado da separação, não podendo este receber mais bens do que receberia se o casamento tivesse sido celebrado sob o regime da comunhão de adquiridos - artº 1790º do C.C. port..

Legítima do Cônjuge Sobrevivo 213

paração com base em causas subjectivas, quer quando esta já tivesse sido decretada, quer quando estivesse em trâmite acção nesse sentido.

Assim, atendendo à, ainda forte, ponderação das causas subjectivas na separação judicial de pessoas e bens, e à ingerência da culpa nalgumas hipóteses de ruptura da vida em comum, parece-nos pouco justa a solução consagrada de recusar direitos sucessórios legitimários ao cônjuge que, à data da morte do autor da sucessão, se encontre separado judicialmente de pessoas e bens ou esteja a aguardar a respectiva sentença, quando resulte provado que foi o cônjuge falecido quem deu origem à separação, por violação culposa dos deveres conjugais, ou que quebrou a comunhão de vida conjugal[423]. A opção de recusar direitos sucessórios ao cônjuge sobrevivo no caso de separação judicial de pessoas e bens poderá fundamentar-se na falta de normalidade da vida conjugal mas, sendo assim, a solução consagrada no nº 3 do artº 2133º do C.C. port. revela-se ainda mais injusta quando confrontada com o facto de a lei não determinar a perda de direitos sucessórios do cônjuge no caso da mera separação de facto, situação em que também a normalidade da vida em comum foi posta em causa[424]. Acresce que, face à lei actual, o único direito de que o cônjuge não culpado da separação pode lançar mão é o direito de alimentos - artº 2016º, nº 4 do C.C. port. - o qual uma vez extinto por morte do obrigado - artº 2013º, nº 1, alínea a) - deixará o cônjuge sobrevivo sem qualquer protecção.

No âmbito da separação judicial o C.C. port. prevê, além da separação judicial de pessoas e bens, a modalidade da simples separação judicial de bens - artºs 1767º a 1772º do C.C.. Contudo, esta modalidade de separação judicial não tem qualquer efeito ao nível da perda dos direitos sucessórios entre os cônjuges, na medida em que se trata de uma separação que apenas põe termo às relações patrimoniais entre eles e não afecta os direitos e deveres de carácter pessoal. Esta separação tem como fun-

---

[423] Foi esta a proposta do Conselheiro Mário Cardoso o qual, na qualidade de Membro da Comissão Revisora do Anteprojecto do Código Civil, preconizou a solução do artº 585º do C.C. italiano, que acabaria por não ser aprovada (*Vid. Direito das Sucessões - Trabalhos Preparatórios do Código Civil, op. cit.*, p. 239).

[424] Neste sentido, *Vid.* GOMES DA SILVA, "Posição Sucessória do Cônjuge Sobrevivo", *loc. cit.*, pp. 63-66.

damento exclusivo a má administração dos bens do casal por parte de um dos cônjuges, susceptível de colocar em risco o património do cônjuge requerente, e tem como efeito a partilha dos bens comuns do casal, de forma a que cada um dos cônjuges possa gerir e dispor livremente dos bens que lhe couberem, como se estivesse casado sob o regime da separação de bens.

D) Reconciliação e perdão

Nos termos do § 2º do artº 835º do C.C esp. e do artº 1795º-C do C.C. port., os direitos sucessórios entre os cônjuges separados renascem se tiver havido reconciliação[425]. Esta pressupõe um elemento objectivo - o restabelecimento da vida em comum - e um elemento subjectivo - a intenção de fazer cessar a situação de separação e retomar plenamente os efeitos do casamento[426]. Embora só a reconciliação venha prevista no artº 84º/1 do C.C. esp. como meio de pôr termo à acção de separação, o artº 835º do mesmo diploma vai mais longe, equiparando, quanto aos seus efeitos, o perdão e a reconciliação, e admitindo que o perdão do cônjuge ofendido restaure os direitos sucessórios do cônjuge sobrevivo culpado da separação[427]. Já no C.C. port., o perdão, como acto jurídico unilateral, não é susceptível de produzir este efeito, sendo-lhe reconhecida relevância

---

[425] VALLET DE GOYTISOLO considera que, quanto ao seu efeito sanador, a norma contida no artº 835º/2 do C. C. esp. é paralela à do artº 757º do mesmo diploma relativo à remissão da indignidade, e às dos artºs 855º/4 e 856º, também do mesmo diploma, relativos à reconciliação em caso de deserdação. Por essa razão, considera que tem aqui aplicação analógica o disposto no artº 855º, *in fine*, (*Vid. Comentarios...*, T. XI, *op. cit.*, p. 465); Manifesta-se também neste mesmo sentido, MASIDE MIRANDA, *Legítima...*, *op. cit.*, p. 235.

[426] *Vid.* PLAZA PENADÉS, *Derechos Sucesorios del Cónyuge Viudo Separado de Hecho, op. cit.*, p. 38.

[427] Apesar da sua equiparação quanto aos efeitos neste caso específico, reconciliação e perdão surgem, no C.C. esp., como figuras distintas, na medida em que, face ao actual regime da separação matrimonial, a reconciliação assume o carácter de negócio bilateral enquanto o perdão equivale a uma remissão unilateral por parte do cônjuge ofendido. Pelo menos parece ser esta a posição doutrinal maioritária; *Vid.* MASIDE MIRANDA, *Legítima...*, *op. cit.*, pp. 236-237; ROCA-SASTRE MUNCUNILL, *Derecho de Sucesiones*, II, *op. cit.*, p. 321.

unicamente como causa de exclusão do direito de requerer o divórcio - art° 1780°, alínea b)[428].

O C.C. português limita-se a reconhecer, nos termos do seu art° 1795°-C, a possibilidade de reconciliação dos cônjuges judicialmente separados de pessoas e bens, desde que estes restabeleçam a vida em comum e retomem o pleno exercício dos seus direitos e deveres conjugais, estando a reconciliação sujeita a homologação judicial e registo da sentença. A lei admite, assim, a revocabilidade da separação, permitindo que o casamento volte a produzir a plenitude dos direitos e deveres que haviam cessado, bem como daqueles cujo conteúdo se encontrava reduzido[429]. Implicando a reconciliação legalmente homologada e registada que os cônjuges retomem plenamente os seus direitos e deveres conjugais, parece lógico, embora a lei não solucione expressamente esta questão, que sejam retomadas as próprias expectativas sucessórias de cada cônjuge à herança do outro e que, em caso de morte de um deles, o cônjuge sobrevivo possa ser novamente chamado à sucessão.

A reconciliação tanto pode ocorrer depois de interposta a acção de separação mas antes de proferida a sentença, pondo, assim, termo ao processo, como depois de proferida a própria sentença, ou seja, pode ocorrer a todo o tempo - art°s 1795°-C, n° 1, do C.C port. e 84°/1 do C.C. esp. Em qualquer das hipóteses a reconciliação assume, em ambos os ordenamentos, a natureza de um acto formal - é lavrada por termo no processo de separação ou por escritura pública - art° 1795°-C, n° 2, do C.C port. - e tem que ser necessariamente comunicada ao juíz do processo ou ao conservador do registo civil para homologação - art°s 1795°-C, n°s 2 e 3, do C.C. port. e 84°/1 do C.C. esp. - para que, considerada procedente, sejam

---

[428] **Art° 1780° - Exclusão do direito de requerer o divórcio**
"O cônjuge não pode obter o divórcio, nos termos do artigo anterior:

....

b) Se houver revelado pelo seu comportamento posterior, designadamente por perdão, expresso ou tácito, não considerar o acto praticado como impeditivo da vida em comum.".

[429] O dever de coabitação retoma toda a sua plenitude, e os deveres de cooperação e assistência ressurgem; é igualmente retomado o regime de bens que vigorava entre os cônjuges antes da separação; *Vid.* ANTUNES VARELA, *Direito da Família, op. cit.,* p. 536.

216   *A Legítima do Cônjuge Sobrevivo - Estudo Comparado Hispano-Português*

declaradas sem efeito as medidas provisórias acordadas, ou para que a reconciliação confirmada por resolução judicial possa ser inscrita no Registo Civil. No C.C. esp. a reconciliação só reverte plenamente o estado de separados dos cônjuges - produzindo a plenitude dos seus efeitos, não só entre os cônjuges mas também relativamente a terceiros - após inscrição no Registo Civil[430], enquanto no C.C. port. começa a produzi-los a partir da homologação, nos termos do n° 4 do art° 1795°-C.

Os art°s 1795°-B do C.C. port. e 84°/1 do C.C. esp. determinam que a reconciliação põe termo ao processo de separação e deixa sem efeito ulterior o que nele tenha sido decidido. Concluindo, tudo se passa como se nunca tivesse chegado a haver separação, ou diligências nesse sentido, mantendo-se, assim, os respectivos direitos legitimários dos cônjuges.

E) Sentença de divórcio ou separação ainda não transitada em julgado no momento da morte de um dos cônjuges

Falecendo algum dos cônjuges na pendência da acção de divórcio, esta extingue-se, por força do art° 88° do C.C esp., uma vez que, atendendo ao seu carácter pessoalíssimo, não pode ser prosseguida pelos herdeiros. Nesta matéria o C.C. esp. não possui norma equivalente à do art° 1785°, n° 3, do C.C. port., que autoriza o prosseguimento da acção para efeitos patrimoniais, e, por isso, assistimos a soluções diferentes nos dois ordenamentos; assim, em caso de morte de um dos cônjuges na pendência da acção de divórcio no C.C. esp., o cônjuge sobrevivo conservará os direitos na sucessão do seu falecido consorte[431], enquanto no

---

[430] PLAZA PENADÉS é da opinião que a reconciliação produz efeitos por si só, mesmo nos casos de separação judicial, sem necessidade de qualquer requisito de forma, designadamente o do art° 84°, *in fine*, do C.C., que nem teria qualquer lógica em caso de separação de facto (*Vid. Derechos Sucesorios..., op. cit.*, p. 39). Este entendimento é o seguido por DÍEZ-PICAZO y GULLÓN, para quem a comunicação ao juíz não é constitutiva da reconciliação (*Sistema...*, IV, *op. cit.*, p. 108), e, em parte, por LACRUZ BERDEJO, *Elementos de Derecho Civil*, IV, *Derecho de Família*, Barcelona, 1997, pp. 139-140, que reconhece a produção imediata de certos efeitos legais da reconciliação, embora entenda que a comunicação ao juíz é requisito para a verificação de outros efeitos.

[431] Uma vez que a morte de um dos cônjuges dissolve o casamento, entende-se não fazer sentido prosseguir uma acção para obtenção de um resultado já alcançado, daí que a acção de divórcio se extinga, nos termos do art° 88° do C.C. esp., sem se transmitir aos

direito português o divórcio pode ainda vir a ser decretado para efeitos patrimoniais, nomeadamente sucessórios, e o cônjuge sobrevivo vir a ser excluído da herança em consequência da futura declaração de único culpado do divórcio[432].

---

herdeiros. Pela ocorrência da morte do outro cônjuge na pendência da acção de divórcio, o cônjuge sobrevivo não perde necessariamente os direitos legitimários que lhe possam corresponder; no entanto, pode perdê-los em resultado da aplicação dos art°s 834° e ss. do C.C., e do art° 855° do mesmo diploma, quando seja deserdado com base nalguma das causas que podem dar lugar à separação ou ao divórcio (*Vid.* MONTÉS PENADÉS, *Comentarios a las Reformas del Derecho de Família*, I, Madrid, 1984, pp. 88-89). VALLET DE GOYTISOLO é da opinião que deverá aplicar-se, por analogia, o previsto no actual art° 945° do C.C. em caso de acção de divórcio pendente à data da morte de um dos cônjuges, quando entre eles existisse mera separação de facto, sem que tivesse sido interposta acção de separação; neste caso o cônjuge sobrevivo perderá o direito à quota legítima se estiver separado de facto por mútuo acordo documentado notarialmente pois, segundo o autor, se a lei exclui o seu chamamento subsidiário à sucessão intestada, não poderá impor forçosamente a sua legítima nessa mesma sucessão (*Vid. Comentarios...*, T. XI, *op. cit.*, pp. 463-464); No mesmo sentido, ROCA-SASTRE MUNCUNILL, *Derecho de Sucesiones*, II, *op. cit.*, pp. 317-318.

[432] **Art° 1785° - Legitimidade**

....

"*3. O direito ao divórcio não se transmite por morte, mas a acção poderá ser continuada pelos herdeiros do autor para efeitos patrimoniais, nomeadamente os decorrentes da declaração prevista no art° 1787°, se o autor falecer na pendência da causa; para os mesmos efeitos pode a acção prosseguir contra os herdeiros do réu.*". Segundo o entendimento comum da doutrina (Vid. ANTUNES VARELA, *Direito da Família*, *op. cit.*, p. 508; PEREIRA COELHO, *Curso de Direito da Familia*, *op. cit.*, p. 554; LEITE DE CAMPOS, *Lições de Direito da Família e das Sucessões*, *op. cit.*, p. 283), a lei portuguesa consagra nesta norma uma excepção ao carácter pessoal do direito ao divórcio que, por se tratar de um direito relativo ao estado das pessoas, só pode ser exercido pessoalmente pelos cônjuges e é insusceptível de transmissão em vida ou por morte. Assim, o art° 1785°, n° 3, introduzido pela Reforma de 1977, veio permitir que a acção de divórcio já intentada seja continuada, pelos herdeiros do autor da acção ou contra os herdeiros do réu, para efeitos patrimoniais, designadamente os resultantes da declaração prevista no art° 1787° do C.C. (declaração do cônjuge culpado). Neste sentido, *Vid.* o Ac. do STJ de 15 de Abril de 1986 (*BMJ*, 356°, pp. 382 e ss.) que declarou, num caso em que o cônjuge que instaurou a acção de divórcio veio a falecer na pendência desta, "*... o citado art° 1785°, n° 3, do Código Civil, permite que a causa seja continuada pelos herdeiros do autor para efeitos patrimoniais, nomeadamente os decorrentes da declaração prevista no art° 1787° do Código Civil.*", entendendo-se por herdeiros aqueles que no momento da propositura da acção tenham essa qualidade, e não a de previsíveis herdeiros.

O nº 3 do artº 2133º do C.C. port. prevê também a perda dos direitos sucessórios por parte do cônjuge sobrevivo nos casos em que, posteriormente à data da morte do autor da sucessão, venha a ser proferida sentença de separação nos termos do nº 3 do artº 1785º. Assim, por força da remissão contida nos artºs 1794º e 2133º/3 do C.C. port., o artº 1785º/3 do mesmo diploma legal aplica-se à separação judicial de pessoas e bens, o que significa que a acção instaurada pelo cônjuge ofendido se extingue com a sua morte, ficando o cônjuge sobrevivo na situação de viúvo, mas que, não obstante, a mesma poderá ser prosseguida para efeitos patrimoniais, nomeadamente os que resultam da declaração de um dos cônjuges como único ou principal culpado da separação.

O § 1º do artº 835º do C.C. esp. regula igualmente as situações em que sobrevenha a morte de um dos cônjuges no decurso da acção de separação ainda não transitada em julgado, dispondo que, se à data da morte de um dos cônjuges, estes se encontrarem separados em virtude de demanda, esperár-se-á o seu resultado. Esta disposição destina-se a complementar a normativa do artº 834º do mesmo diploma, de forma a possibilitar a determinação do cônjuge culpado, quando proceda, e a conclusão quanto à atribuição, ou não, de direitos sucessórios ao cônjuge sobrevivo. Apurando-se que o culpado da separação foi o cônjuge falecido, o cônjuge sobrevivo manterá os seus direitos legitimários, nos termos do artº 834º. Têm sido manifestadas algumas opiniões no sentido de negar eficácia àquela disposição, considerando, com base no artº 81º do C.C. esp., que, tal como a acção de divórcio, também a acção de separação é pessoalíssima, não podendo ser prosseguida pelos herdeiros; esta possibilidade deixaria vazio de conteúdo o primeiro parágrafo do artº 835º, na medida em que não seria coerente prosseguir a acção, para que fosse decretada uma separação, quando a morte de um dos cônjuges havia já extinguido a relação matrimonial[433]. O único interesse persistente seria o de declarar a culpabilidade ou inocência do cônjuge sobrevivo, quando a mesma fizesse parte do pedido, o que supõe uma transmutação dos fins e da natureza da acção[434]. Seguindo esta mesma óptica, LACRUZ BERDEJO considera

---

[433] *Vid.* DIÉZ-PICAZO y GULLÓN, *Sistema* ..., IV, *op. cit.*, p. 466.

[434] *Vid.* DIÉZ-PICAZO y PONCE DE LEÓN, "La Situación Jurídica del Matrimonio Separado", *RDN*, 1961, p. 95; Cfr. a STS de 7 de Março de 1980 (*RJA*, 1980, nº558) ante-

que a acção pode prosseguir, embora exclusivamente para efeitos patri-moniais[435], enquanto VALLET DE GOYTISOLO admite que a acção possa prosseguir exclusivamente para o efeito de declarar qual o cônjuge culpado da separação, se tal houver sido solicitado no pedido[436].

Diferente é a posição manifestada por algum outro autor, o qual con-sidera que o artº 835º/1 do C.C. esp. constitui uma excepção à natureza pessoalíssima da acção e ao já citado artº 81º, implicando necessariamente a possibilidade de sucessão na acção de separação, uma vez que, de outro modo, não poderia mandar-se aguardar o seu resultado[437].

Independentemente de uma ou de outra postura, há que ressaltar que a eficácia do artº 835º/1 do C.C. esp. ficou condicionada, após a Reforma de 1981, à relevância que se atribua, ou não, à culpa no artº 834º do mesmo diploma: para a tese que continua a admitir a relevância da culpa na atribuição da legítima ao cônjuge sobrevivo o artº 835º/1 mantém-se necessário para o efeito de determinar a culpabilidade ou inocência do cônjuge sobrevivo quando o outro venha a falecer na pendência da acção; para a tese que recusa a distinção entre cônjuge culpado e cônjuge inocente para efeitos de atribuição da legítima o artº 835º/1 não terá apli-cabilidade[438].

---

rior à Reforma de 1981, que admite o prosseguimento da acção, após a morte de um dos cônjuges, para efeitos de determinação dos direitos legitimários do sobrevivo.

[435] *Vid. Elementos...*, V, *op. cit.*, p. 399.

[436] *Vid. Comentarios...*, XI, *op. cit.*, p. 464. DIEZ BALLESTEROS, "La Separacion y sus Consecuencias...", *loc. cit.*, p. 1763, hesita em aceitar esta opinião que, no seu ponto de vista, é criticável em termos processuais, porque o prosseguimento da acção pode conduzir à declaração de cônjuge culpado relativamente ao cônjuge faleci-do, o qual já não pode defender-se no processo, e porque não faz sentido que, depois da morte de um dos cônjuges, a acção prossiga para efeitos que estavam fora do seu âmbito; além disso, considera a solução duvidosa em determinados casos, nomeadamente os de acção de separação por mútuo acordo, seguindo de perto ESPEJO LERDO DE TEJA-DA.

[437] *Vid.* GUILARTE ZAPATERO, *Comentarios...*, T. XIII, Vol. 1º, *op. cit.*, pp. 260-261.

[438] *Vid.* PLAZA PENADÉS, *Derechos Sucesorios...*, *op. cit.*, pp. 87-90.

220   *A Legítima do Cônjuge Sobrevivo - Estudo Comparado Hispano-Português*

F) Separação de facto

A separação de facto pode definir-se como a situação de afastamento dos cônjuges, acompanhada da intenção, por parte de ambos ou de apenas um deles, de fazer cessar indefinidamente, senão mesmo definitivamente, a convivência conjugal[439]. A figura não se encontra expressamente prevista no artº 834º do C.C. esp., nem em qualquer artigo do C.C. port., como situação susceptível de privar o cônjuge da legítima. No direito português a separação de facto não tem qualquer efeito de negação de direitos sucessórios ao cônjuge sobrevivo, embora adquira relevância jurídica noutros domínios como, por exemplo, para efeitos de intransmissibilidade do direito ao arrendamento para o cônjuge sobrevivo - artº 85º, nº 1, al. a) do RAU, aprovado pelo Decreto-Lei nº 321-B/90, de 15 de Outubro - e, sobretudo, como fundamento do divórcio ou separação litigiosos - artºs 1781º, al. a), 1779º/1 e 1794º, todos do C.C..

Contudo, a questão já não é tão clara no C.C. esp., uma vez que o artº 945º, na nova redacção dada pela Lei 11/1981, de 13 de Maio, veio vedar a atribuição de direitos sucessórios *abintestato* ao cônjuge sobrevivo quando, à data da morte do autor da sucessão, se encontrem separados de facto por mútuo acordo *fehaciente*[440 441]. A aparente descoordenação entre

---

[439] *Vid.* LACRUZ BERDEJO, *Elementos...*, IV, *op. cit.*, p. 141; PLAZA PENADÉS, *Derechos Sucesorios...*, *op. cit.*, pp. 23-24.

[440] A exigência de mútuo acordo destaca a importância da distinção entre a separação de facto unilateral e a separação de facto por mútuo acordo, pois só esta priva o cônjuge sobrevivo da sucessão intestada. O mútuo acordo relativamente à separação de facto deve ser expresso, não sendo relevante, segundo a maioria da doutrina, a mera separação de facto consentida por ambos os cônjuges; Neste sentido, *Vid.* GUILARTE ZAPATERO, *Comentarios...*, T. XIII, Vol. 1º, *op. cit.*, pp. 266 e ss., SANCHEZ CALERO, "Algunos Aspectos de los Derechos Sucesorios del Cónyuge Viudo", *loc. cit.*, pp. 190-191; Contra esta ideia, *Vid.* PLAZA PENADÉS, *Derechos Sucesorios...*, *op. cit.*, p. 58.

[441] O fundamento do requisito da *fehaciencia* reside na intenção de o legislador revestir a situação de separação por mútuo acordo de determinadas garantias, por forma a que a privação dos direitos intestados do cônjuge sobrevivo se produza apenas nos casos que apresentam um elevado grau de certeza (*Vid.* PLAZA PENADÉS, *Derechos Sucesorios...*, *op. cit.*, p. 59). GIMÉNEZ DUART, "Los Desajustes de la Reforma sobre Legítimas y Reservas", *R.D.N.*, 1985, pp. 148-149, define o mútuo acordo *fehaciente* como aquele que é acordado em documento público, o qual será, pelo teor do arti-

os art°s 834° e 945° do C.C. esp. gerou uma divisão na doutrina entre duas correntes opostas: uma que propugna a diferença entre os pressupostos de facto de chamamento do cônjuge sobrevivo à sucessão legitimária e à sucessão intestada, e outra que defende a coincidência dos pressupostos de chamamento nos dois casos, considerando que, além de perder a qualidade de herdeiro na sucessão intestada, o cônjuge separado de facto por mútuo acordo *fehaciente* perde também o direito à legítima.

Para a primeira corrente[442], a separação de facto não pode privar da legítima, visto que a modalidade de separação prevista nos art°s 834° e 835° do C.C. só pode ser a separação judicial[443], além de que, do último

---

go 945°, um documento notarial; Também se refere a ele como acordo documentado notarialmente, SANCHEZ CALERO, "Algunos Aspectos de los Derechos Sucesorios del Cónyuge Viudo", *loc.cit.*, pp. 190-191; Contra, manifestam-se FERNANDEZ GON-ZALEZ-REGUERAL, "Llamamiento Abintestato del Cónyuge Separado de Hecho", *La Ley*, n° 4160, Novembro, 1996, pp. 3-4, e NUÑEZ BOLUDA, a qual defende que o mútuo acordo *fehaciente* tem que ter a sua origem num acordo entre o cônjuge sobrevivo e o falecido, mas que não necessita de constar de documento notarial para fazer fé (*Vid.* "El Orden de Suceder Ab Intestado...", *loc. cit.*, p. 724). Adoptam uma postura ainda mais ampla, ao admitir qualquer meio de prova do qual possa derivar-se a autenticidade da separação mutuamente acordada, MASIDE MIRANDA, *Legítima...*, *op. cit.*, p. 234, e VALPUESTA FERNÁNDEZ, *Derecho de Sucesiones*, coord. por MONTÉS PENADÉS, Valencia, 1992, *op. cit.*, p. 493. PLAZA PENADÉS apenas aceita que a prova se produza por meios objectivos, como é o caso da prova documental por documento público ou particular, sempre que o mútuo acordo na separação não seja contrariado por outras circunstâncias, e considera que a locução "mútuo acordo *fehaciente*" assume o significado de mútuo acordo formalmente expressado, tal como acontece nos art°s 132°, *in fine*, e 334°/2 do CSC (*Vid. Derechos Sucesorios...*, *op. cit.*, p. 60).

[442] *Vid.* LACRUZ BERDEJO, *Elementos...*, V, *op. cit.*, p. 399; VALLET DE GOYTISOLO , *Comentarios...*, T. XI, *op. cit.*, pp. 47; DE LA CÁMARA, *Compendio...*, 2ª ed., *op. cit.*, p. 315; NÚÑEZ BOLUDA, "El Orden de Suceder Ab Intestado...", *loc. cit.*, p. 754; DIEZ BALLESTEROS, "La Separación y sus Consecuencias...", *loc. cit.*, pp. 1760 e ss.; BOLÁS ALFONSO, "La Preterición Tras la Reforma...", *loc. cit.*, pp. 216-219; FERNANDEZ GONZALEZ-REGUERAL, "La Desheredacion del Cónyuge Separado de Hecho", *A.C.*, 1997-4, pp. 1031-1032; GUILARTE ZAPATERO, *Comentarios...*, T. XIII,Vol. 1°, *op. cit.*, p. 264.

[443] Embora o art° 834° não o diga expressamente, a conclusão impõe-se pela sua interpretação juntamente com o art° 835°.

222   *A Legítima do Cônjuge Sobrevivo - Estudo Comparado Hispano-Português*

parágrafo do art° 855° do mesmo diploma pode deduzir-se que os cônjuges separados de facto só perdem os seus direitos legitimários caso sejam deserdados[444]. O art° 945° estabelece uma norma, baseada na vontade presumida do autor da sucessão, que não tem qualquer incidência sobre a legítima, pois neste domínio a única vontade relevante é a expressamente manifestada pelo testador através da deserdação[445]. Além disso, repugna a alguns dos seus defensores reconhecer, sem mais, à separação de facto - a qual pode derivar de causas muito diversas - um efeito tão

---

[444] O art° 855° do C.C. constitui um argumento de peso a favor do reconhecimento da legítima do cônjuge sobrevivo separado de facto, porquanto se a lei prevê, relativamente a ele, a possibilidade de deserdação com base em qualquer das causas que dão lugar à separação, é porque lhe atribui, à partida, um direito à legítima, visto que só os legitimários podem ser deserdados. Neste sentido, *Vid.* BOLÁS ALFONSO, "La Preterición Tras la Reforma...", *loc. cit.*, p. 219. FERNANDEZ GONZALEZ-REGUERAL coloca em evidência que nem toda a separação de facto pode fundamentar deserdação, uma vez que, para o efeito, é necessário que essa separação dê lugar à violação dos deveres conjugais - art° 855°/1 do C.C.; estando os cônjuges separados por mútuo acordo, não haverá, segundo a autora, violação do dever conjugal de convivência nem causa de deserdação, o que só acontecerá quando um dos cônjuges abandone o domicílio conjugal, unilateral e injustificadamente, sem a aceitação do outro (*Vid.* "La Desheredación del Cónyuge Separado de Hecho", *loc. cit.*, pp. 1035- 1039).

[445] SANCHEZ CALERO considera estes argumentos pouco consistentes, porque entende que o art° 834° não especifica qual o tipo de separação a que se refere; assim, desde a Reforma de 1981, tanto poderá referir-se à separação judicial como à separação de facto por mútuo acordo documentado notarialmente; por outro lado, na sua opinião, o último parágrafo do art° 855° do C.C. não tem actualmente aplicação, e não pode continuar a especificar a interpretação do novo n° 1, cujo enquadramento e sentido são diferentes dos que tinha na redacção anterior; (*Vid.* "Algunos Aspectos...", *loc. cit.*, pp. 192-193). FERNANDEZ GONZALEZ-REGUERAL, referindo-se às alterações operadas no art° 855° do C.C. pelas Leis 30/81, de 7 de Julho, e 1/96, de 15 de Janeiro, é da opinião que o último parágrafo daquele artigo, agora suprimido pela Lei 1/96, servia apenas para reforçar que em caso de reconciliação entre os cônjuges não podia haver lugar à deserdação, facto que estava já previsto no art° 856° do mesmo diploma e que tornava inútil o referido parágrafo; para a autora, a sua supressão apenas introduziu uma alteração formal, de adequação relativamente ao art° 87°, introduzido pela Reforma de 1981, e ao n° 1 do art° 855° tal como ficou redigido após a mesma reforma, não tendo modificado substancialmente o regime da deserdação (*Vid.* "La Desheredacion del Cónyuge Separado de Hecho", *loc. cit.*, pp. 1032-1035.

grave como o de excluir os direitos sucessórios do cônjuge sobrevivo[446]. A diferença de tratamento legal entre as sucessões testamentária e intestada fica justificada, portanto, pelo diferente fundamento dos dois tipos de sucessão[447]. Em favor desta tese pode invocar-se o teor literal do artº 834º do C.C. e a sua interpretação histórica, uma vez que a sua redacção e aprovação ocorreram num momento em que a lei não reconhecia quaisquer efeitos à separação de facto (Reforma de 1958) e que os antecedentes legais parecem indicar uma falta de vontade legislativa em incluir a separação de facto como causa de perda da legítima[448].

A Direcção Geral dos Registos e Notariado aponta igualmente para esta solução na sua Resolução de 25 de Junho de 1997[449], ao determinar que *"...el artículo 945 del Código Civil no ha podido suponer la modificación del artículo 834 del propio Código, toda vez que uno y otro regulan hipótesis distintas: el artículo 945, la sucesión en defecto de voluntad del causante; el 834, la sucesión aun contra la voluntad del causante.".*

Contudo, são vários os autores que defendem, *de lege ferenda*, a perda da condição de legitimário pelo separado de facto por mútuo acordo *fehaciente*, apesar de reconhecerem que a situação do cônjuge separado de facto não está directa, nem indirectamente, contemplada no artº 834º do C.C. esp.[450].

---

[446] Manifestam-se neste sentido, LACRUZ BERDEJO, o qual partilha a opinião já manifestada por PUIG BRUTAU antes da Reforma de 1981 (Vid. *Elementos...*, V, *op. cit.*, p. 399), e MASIDE MIRANDA, *Legítima...*, *op. cit.*, p. 232.

[447] *Vid.* GARRIDO DE PALMA, *Derecho de Família (y la Sucesion Mortis Causa)*, *op. cit.*, p. 202.

[448] DÍEZ BALLESTEROS refere que nos trabalhos parlamentares de reforma do C.C. foi recusada a emenda apresentada pelo Grupo de Socialistas Catalães, que propunha dar ao artº 834º a seguinte redacção: "el cónyuge que al morir su consorte no se hallara legalmente separado o de hecho, o lo estuviera por culpa del difunto, si concurre a la herencia con hijos o descendientes, tendrá derecho al usufructo." (*Vid.* "La Separación y sus Consecuencias...", *loc. cit.*,p. 1761).

[449] *ADGRN*, 1997, Vol. I, pp. 112-118.

[450] Neste sentido, BOLÁS ALFONSO, "La Preterición Tras la Reforma...", *loc. cit.*, pp. 219-220; FERNÁNDEZ GONZALEZ-REGUERAL, "La Separación de Hecho Conyugal y la Legítima del Cónyuge Viudo", *loc. cit.*, p. 889; PLAZA PENADÉS, *Derechos Sucesorios...*, *op. cit.*, p. 100.

224   *A Legítima do Cônjuge Sobrevivo - Estudo Comparado Hispano-Português*

A segunda corrente, apoiando-se no art° 945° do C.C. e interpretando amplamente o termo "separado" do art° 834° do mesmo diploma, por forma a abranger não só a separação judicial mas também a separação de facto por mútuo acordo que conste documentalmente, considera que o cônjuge viúvo não terá direito à sucessão legítimária (tal como não tem à sucessão intestada) quer esteja separado judicialmente, quer se encontre separado de facto por mútuo acordo documentado notarialmente[451]. Quanto a este ponto, reconhecemos razão nos argumentos aduzidos por ESPE-JO LERDO DE TEJADA[452], e consideramos que é excessivo pretender fazer uma interpretação extensiva do termo empregue no art° 834°, sem qualquer elemento que permita fundamentá-la e, inclusive, contra o argumento histórico da evolução do preceito que aponta em direcção oposta[453].

---

[451] *Vid.* RIVAS MARTINEZ, *Derecho de Sucesiones Común y Foral*, II, *op. cit.*, pp. 204-205; ROCA-SASTRE MUNCUNILL, *Derecho de Sucesiones*, II, *op. cit.*, p. 324; REAL PÉREZ, *Usufructo Universal...*, *op. cit.*, p. 106; MASIDE MIRANDA, *Legítima...*, *op. cit.*, pp. 234-235; SANCHEZ CALERO, "Algunos Aspectos...", *loc. cit.*, p. 192-194; GIMÉNEZ DUART, "Los Desajustes...", *loc. cit.*, p. 150; Os dois últimos autores consideram que o art° 834° não pressupõe que a separação tenha que ser sempre judicial, pois limita-se a prever o caso concreto da separação imputável a um só dos cônjuges.

[452] *Vid. La Legítima...*, *op. cit.*, pp. 138 e ss..

[453] Face à redacção originária do Código Civil a doutrina era unânime em considerar que a separação de facto não excluía o direito à legítima. Após a reforma de 1958, o termo divórcio foi substituído, nos art°s 834° e 835°, pelo termo separação sem que, ainda assim, se tivesse entendido haver modificação de sentido dos preceitos. Por último, a reforma de 1981 introduziu mudanças significativas, nomeadamente passou a atribuir relevância à separação de facto, uma vez que o art° 945° passou a privar da sucessão intestada o cônjuge separado por mútuo acordo documentado notarialmente; Contudo, esta reforma parece não ter alterado o regime das legítimas, designadamente no caso de separação de facto, como reconhece SÁNCHEZ CALERO, embora depois defenda conclusões contrárias (*Vid.* "Algunos Aspectos...", *loc. cit.*, p. 193). BOLÁS ALFONSO considera que a lei atribui uma eficácia restrita à separação de facto apenas em casos taxativos que, por implicarem, alguns deles, restrições de direitos, como é o caso do art° 945° do C.C., não admitem interpretação extensiva, embora preveja que em futuras alterações legislativas venha a triunfar a tese que nega direitos legitimários ao cônjuge sobrevivo separado de facto (*Vid.* "La Preterición Tras la Reforma...", *loc. cit.*, pp. 219-220). DÍEZ BALLESTEROS entende que, embora encerre deficiências criticáveis, a lei não autoriza uma interpretação contrária, e invoca como argumento o próprio processo legislativo que conduziu à criação da Lei 11/1981, de 13 de Maio, o qual permite afirmar que foi intenção do legislador não incluir a separação de facto entre as causas de perda da legítima (*Vid.* "La Separación y sus Consecuencias...", *loc. cit.*, p. 1761).

Argumentam ainda alguns defensores daquela posição que, na falta de testamento, a quota legítima é atribuída na sucessão intestada e que a regra que, no âmbito desta sucessão, exclui o cônjuge desse chamamento serve igualmente para excluí-lo da legítima; consequentemente, se não existe quota legítima na sucessão intestada do separado de facto por mútuo acordo documentado notarialmente, a mesma não poderá existir na sucessão testamentária, pois não faz sentido que o autor da sucessão fique sujeito a regras diferentes, consoante faça ou não testamento[454]. No entanto, parece-nos que estes autores partem da ideia de que, na falta de testamento, a quota legítima é atribuída nos termos da sucessão intestada, esquecendo-se que ela existe sempre, por ser um instituto imperativo, e que obedece a regras próprias, distintas das daquela sucessão. Por esta razão, não seria possível aceitar uma aplicação analógica do artº 945º à situação regulada no artº 834º[455]. SANCHEZ CALERO lança mão de um outro argumento: a separação de facto por mútuo acordo *fehaciente* exclui o direito à legítima, por interpretação extensiva do artº 834º e pelas semelhanças existentes entre a separação judicial de mútuo acordo e a separação de facto por mútuo acordo *fehaciente*[456].

Mais estranha ainda é, quanto a nós, a posição defendida por MASIDE MIRANDA que, não hesitando em reconhecer o direito do cônjuge sobrevivo à quota legítima na sucessão testamentária quando exista separação judicial por culpa do falecido cônjuge ou separação de facto, parece não reconhecer o mesmo direito no âmbito da sucessão intestada

---

[454] Assim, ROCA-SASTRE MUNCUNILL, *Derecho de Sucesiones*, II, *op. cit.*, p. 324, o qual entende que, embora os fundamentos dos dois chamamentos sejam diferentes, a razão que leva a excluir o direito do cônjuge à legítima é a mesma num e noutro caso e reside na falta de convivência conjugal; Este autor alega ainda que é idêntica a razão que serve de base à privação do chamamento intestado e da legítima vidual, a qual consiste, uma vez mais, na falta de convivência entre os cônjuges (*Derecho de Sucesiones*, II, *op. cit.*, p. 319); Na mesma linha, *Vid.* SÁNCHEZ CALERO, "Algunos Aspectos...", *loc. cit.*, p. 193, e RIVAS MARTINEZ, *Derecho de Sucesiones Común y Foral*, II, *op. cit.*, pp. 204-205.

[455] Neste sentido, *Vid.* DIEZ BALLESTEROS, "La Separación y sus Consecuencias...", *loc. cit.*, pp. 1761-1762, e BOLÁS ALFONSO, "La Preterición Tras la Reforma...", *loc. cit.*, p. 219.

[456] *Vid.* "Algunos Aspectos de los Derechos Sucesorios del Cónyuge Viudo", *loc. cit.*, pp. 183 e ss..

em qualquer destes casos, senão quando haja separação imposta unilateralmente, por força de uma interpretação correctora do art° 834° à luz do art° 945°[457]. Estas conclusões parecem-nos contraditórias porquanto, reconhecendo direitos legitimários ao cônjuge sobrevivo nos casos de separação judicial por culpa do autor da sucessão e de separação de facto, o autor teria que aceitá-los igualmente na sucessão intestada, uma vez que não é lógico admitir que o instituto da legítima, imposto por lei contra a própria vontade do autor da sucessão, não opere com base nos mesmos pressupostos no âmbito de uma modalidade de sucessão subsidiária, destinada a aplicar-se na falta de manifestação daquela vontade. Sublinhamos, uma vez mais, que a atribuição da legítima rege-se por regras próprias e imperativas, as quais não podem ser afastadas por mero efeito do tipo de designação sucessória que venha a operar em cada caso.

Contra a equiparação das hipóteses contempladas nos art°s 834° e 945° do C.C. esp. pode ainda objectar-se que elas são distintas tanto no seu fundamento quanto no seu conteúdo, pois enquanto a primeira atribui uma legítima em usufruto, a segunda atribui um direito de propriedade sobre a quota disponível da herança[458].

A jurisprudência pouco se tem pronunciado a respeito da condição de legitimário do cônjuge separado de facto. A STS de 7 de Março de 1980[459] decidiu a favor da qualidade de legitimário do cônjuge sobrevivo separado de facto, considerando que a expressão *"no se hallare separado"*, contida no art° 834°, se refere à separação judicial e não à separação de facto ou consentida pelos cônjuges; esta conclusão é reforçada pelo art° 835°/1 do mesmo diploma legal o qual, ao prever que, quando os cônjuges estiverem separados em virtude de acção judicial, se esperará o resultado da mesma, dá a entender que a referência do art° 834° à separação se dirige, precisamente, à separação judicial. Contudo, esta sentença foi proferida anteriormente à Reforma do Código Civil pela Lei 30/1981, de 7 de Julho[460], num momento em que não se reconheciam efeitos à separação de

---

[457] *Vid. Legítima...*, *op. cit.*, pp. 232-234.
[458] DÍEZ-PICAZO y PONCE DE LEÓN, "La Situación Jurídica...", *loc. cit.*, p. 97.
[459] *RJA*, 1980, n° 1558.
[460] *BOE* n° 172, de 20 de Julho.

facto e o art° 945° não tinha a actual redacção, daí que a sua importância deva ser relativizada. Após a Reforma de 1981 nenhuma sentença acolheu a mencionada interpretação extensiva ou correctora do art° 834° do C.C.. A STS de 13 de Junho de 1986 negou os direitos legitimários do cônjuge separado de facto, mas por aplicação do princípio da boa fé, contido no art° 7° do C.C., e não por força da aludida interpretação do art° 834°[461]; neste caso, ao negar direitos legitimários à viúva separada de facto com base na figura do abuso do direito, o TS acaba por reconhecer abstractamente o direito do cônjuge sobrevivo à legítima[462]. Não obstante, ao contrário da Sentença anteriormente citada, esta não interpreta o Código Civil espanhol pois teve em vista a aplicação do direito aragonês. Uma outra sentença do TS, de 10 de Junho de 1988[463], negou também direitos legitimários ao cônjuge sobrevivo separado de facto, embora não se tenha pronunciado directamente sobre este aspecto por não ter sido impugnada a negação dos direitos legitimários, limitando-se a acolher os argumentos da sentença recorrida que procedeu à interpretação correctora do art° 834° após a Reforma de 1981.

---

[461] *RJA*, 1986, n° 3549. O recurso apreciou o caso de uma viúva aragonesa, separada de facto do seu marido há mais de quarenta anos, que pedia o reconhecimento do seu direito de viúvez aragonesa. A separação de facto era mutuamente consentida, porque havia originado o pagamento de uma pensão mensal durante vinte e cinco anos e porque o filho comum do casal, nascido em 1932, passou a viver com o pai a partir de 1938. O Tribunal Supremo considerou que, no caso concreto, a pretensão da viúva era contrária à boa fé pois, estando rompida a convivência conjugal há mais de 40 anos e vivendo o autor da sucessão desde 1938 com outra pessoa, a reivindicação dos seus direitos legais para a obtenção de bens para cuja aquisição não contribuiu constituía um abuso do direito.

[462] Neste sentido, *Vid.* ESPEJO LERDO DE TEJADA, *La Legítima...*, *op. cit.*, p. 138. De facto, a figura do abuso do direito surge nos casos em que o exercício de um direito extravasa dos limites da boa fé, dos bons costumes e da conformidade com o fim social e económico para que foi conferido, e pressupõe, portanto, a existência de um verdadeiro direito subjectivo (*Vid.* MENEZES CORDEIRO, *Tratado de Direito Civil Português, I, Parte Geral*, T. I, Coimbra, 1999, pp. 191 e ss.).

[463] *RJA*, 1988, n° 4813.

CAPÍTULO TERCEIRO
LEGÍTIMA DO CÔNJUGE SOBREVIVO E COLAÇÃO

I - Introdução

A colação pode definir-se como a operação pela qual determinadas pessoas, legitimários do *de cujus*[464], ficam obrigadas, caso queiram entrar na sucessão, a restituir à massa da herança os bens ou valores que este lhes tenha doado em vida. O instituto encontra-se regulado nos artᵒs 2104º e ss. do C.C. português, sistematicamente enquadrado numa das Secções do Capítulo X, relativo à partilha da herança, e nos artᵒs 1035º e ss. do C.C. espanhol, em secção distinta da dedicada à partilha, enquadramento este que nos parece mais correcto tendo em conta que se trata de uma operação que não terá necessariamente lugar em toda e qualquer partilha.

Nem sempre é fácil distinguir a colação de outras operações como, por exemplo, a reunião fictícia ou a imputação, até porque, consagrando os dois códigos, como regra, um sistema de colação do valor dos bens doados (a chamada colação por imputação), ela acaba por se efectuar através da imputação das doações colacionáveis numa das parcelas que compõem a herança. Este problema, de delimitação do âmbito da colação relativamente a outras figuras, ganha especial relevo no C.C. esp., na medida em que o teor dos artᵒs 818º e 1035º gera alguma confusão entre a colação e a reunião fictícia, fazendo crer que aquela tem também por objecto a protecção da legítima. Não obstante, uma análise mais detalhada das várias figuras permite-nos concluir que, apesar de estreitamente relacionadas entre si, elas se movem em campos distintos, apresentando sujeitos, objectos, e fins diferentes. Assim, a reunião fictícia, enquanto operação ideal de cálculo da massa da herança, é necessária em qualquer herança, ainda que a ela só concorra um legitimário, e actua sobre todas as doações, quer a legitimários quer a estranhos, pois visa o cálculo da parcela de que o autor da sucessão podia dispor e da quota indisponível, por forma a evitar a inoficiosidade - artᵒs 818º/2 do C.C. esp. e 2162º do

---

[464] São sujeitos da colação, segundo o artᵒ 1035º do C.C. espanhol, os herdeiros forçosos e, segundo o artᵒ 2104º do C.C. português, os descendentes.

C.C. port.. Quanto à imputação, recai sobre qualquer herdeiro, mesmo que não se trate de um legitimário sujeito à colação, e abrange, para além das doações, os legados deixados pelo autor da sucessão aos seus legitimários[465], tendo como objectivo reportar as liberalidades feitas pelo autor da sucessão às parcelas em que se divide a herança, para tentar fazer respeitar a vontade deste e, simultaneamente, proteger as legítimas - cfr. os art°s 819° e 825° do C.C. esp., 2168° e 2171° a 2173° do C.C. port., relativamente a terceiros que não sejam legitimários ou a terceiros legitimários não prioritários, bem como os art°s 2108°/1, 2114°/1 e 2 e 2165°/4 do C.C. port.. Comparativamente, a colação só opera no caso de concurso à herança de, pelo menos, dois legitimários ou dois descendentes, quando algum deles tenha recebido uma doação em vida do autor da sucessão; trata-se de uma operação prévia à partilha, que abrange apenas determinados legitimários e que é necessária desde que concorram à herança, pelo menos, dois herdeiros forçosos do autor da sucessão que tenham recebido deste doações em vida não dispensadas da colação.

II - Pressupostos e fundamento da colação

São pressupostos da colação: o concurso de vários herdeiros forçosos (legitimários) - art° 1035° do C.C. esp. - ou de vários descendentes - art° 2104° do C.C. port.[466] - partícipes do caudal hereditário, quer na sucessão testamentária quer na sucessão legal, incluindo os descendentes de segundo ou ulterior grau que queiram entrar na sucessão por direito de representação[467], desde que tenham recebido do autor da

---

[465] Segundo ESPEJO LERDO DE TEJADA, no direito espanhol também as instituições de herdeiro e as atribuições intestadas são objecto de imputação, na medida em que são meios aptos à satisfação das legítimas (*Vid. La Legítima..., op. cit.*, p. 169).

[466] Também os art°s 43° e 44° do CSC determinam que a colação tem como sujeitos apenas os descendentes que concorram como herdeiros à sucessão de um ascendente comum, não aproveitando a co-herdeiros que não sejam descendentes do autor da sucessão, nem a legatários e credores da herança.

[467] Estes terão que colacionar o que o seu ascendente teria que colacionar se fosse vivo - art°s 1038° do C.C. esp. e 2106° do C.C. port. - bem como o que tenham recebido em vida do autor da sucessão, após a morte do ascendente, segundo o art° 2105° do C.C. port. e o entendimento generalizado da doutrina espanhola.

230   *A Legítima do Cônjuge Sobrevivo - Estudo Comparado Hispano-Português*

sucessão, em vida deste, bens ou valores por título lucrativo - artºs 1035º do C.C. esp. e 2104º do C.C. port.; a inexistência de dispensa da colação no acto da doação ou em momento posterior - artºs 1036º do C.C. esp. e 2113º do C.C. port.; e, por último, a aceitação da herança pelo beneficiário da doação - artºs 1036º do C.C. esp. e 2104º e 2106º do C.C. port. - ficando excluído da obrigação de colacionar o donatário repudiante[468].

Algo controversa é a questão do fundamento do instituto, proliferando as mais diversas teorias a este respeito. A doutrina divide-se entre os que defendem que o instituto visa a protecção das legítimas, os que entendem que ele assenta na vontade presumida do autor da sucessão, ou na vontade da lei em igualar a posição sucessória dos legitimários prioritários, e os que consideram que as doações colacionáveis constituem mera antecipação da herança. O primeiro fundamento, defendido por alguns doutrinários espanhóis, parece actualmente ultrapassado[469]; as teorias que reúnem maior número de seguidores são as que baseiam a colação na vontade presumida do autor da sucessão[470], bem como as que a

---

[468] *Vid.* por todos, CAPELO DE SOUSA, *Lições...*, Vol. II, *op. cit.*, pp. 263 e ss., e PUIG BRUTAU, *Fundamentos...*, T. V, Vol. 3º, *op. cit.*, pp. 509 e ss.. Este último, aponta ainda um outro pressuposto: a necessidade de que a colação não prejudique a legítima do colacionante (*op. cit.*, p. 515); No mesmo sentido, *Vid.* RIVAS MARTINEZ, *Derecho de Sucesiones Común y Foral*, T. II, *op. cit.*, p. 740.

[469] *Vid.* DE LA CÁMARA, *Compendio...*, 2ª ed., *op. cit.*, p. 394; LACRUZ BERDEJO, *Elementos...*, V, *op. cit.*, p. 153, e VALLET DE GOYTISOLO, *Panorama de Derecho de Sucesiones*, II, Madrid, 1984, p. 778; Ao que parece, a teoria terá resultado da confusão, que o próprio C.C. gerou, entre as operações de colação e as de cálculo e pagamento da legítima, patente nos seus artºs 1035º e 818º. MUÑOZ GARCIA refere que a ideia de que a colação constitui um instrumento de defesa da legítima é contraditada pela própria natureza supletiva das normas que regulam a colação e pela possibilidade de dispensa prevista no artº 1036º do C.C. esp. (*Vid. La Colación como Operación Previa a la Partición*, Pamplona, 1998, p. 119); Não obstante, GARCÍA-RIPOLL MONTIJANO considera que, embora não tenha como fim a defesa da legítima, a colação pode, na prática, contribuir para ela, isto é, contribuir para que sejam cobertas as legítimas dos co-herdeiros não donatários que beneficiam da colação do donatário (*Vid.* "El Fundamento de la Colación Hereditaria y su Dispensa", *A.D.C.*, T. XLVIII, 1995, pp. 1141 e ss.).

[470] Apesar de se falar em presunção, as normas que regulam a colação são normas dispositivas, não existindo uma presunção em sentido restrito, porque nem a lei portuguesa nem a espanhola falam em prova genérica em contrário, como fariam no caso da presunção, e o seu comando não produz efeitos quando haja dispensa pelo testador, isto é,

alicerçam numa vontade legal de igualar a posição sucessória dos legitimários prioritários[471].

Como acabámos de referir, a doutrina mais generalizada considera que a colação se funda na vontade presumida do autor da sucessão[472], a qual pode traduzir um desejo de manutenção da igualdade entre co-

---

quando haja manifestação de uma vontade negocial que afaste a aplicação da norma. Eventualmente, procura-se o fundamento da colação na vontade presumida do *de cujus* porque as normas que regulam a sucessão legítima se fundam nessa vontade presumida, mas o que existe, neste caso, é uma presunção em sentido amplo que intervém directamente no processo de formação da norma dispositiva (*Vid.* LABORINHO LÚCIO, *Do Fundamento e da Dispensa da Colação*, Lisboa, 1999, pp. 19 e ss.); No sentido de que nem sempre a norma dispositiva se funda na vontade presumida do particular, surgindo muitas vezes como manifestação da vontade típica da lei, que admite, ela própria, o seu afastamento em caso de manifestação de vontade do particular, *Vid.* GARCÍA-RIPOLL MONTIJANO, "El Fundamento de la Colación...", *loc. cit.*, pp. 1137-1138.

[471] DE LOS MOZOS argumenta que, dependendo do ponto de vista adoptado, qualquer das teorias será válida no plano dos princípios, mas que nenhuma serve para apoiar o fundamento técnico que está na base da *ratio legis* do instituto nem para explicar a adaptabilidade da regulação positiva a uma diversidade de situações; O autor considera que o fundamento da colação reside no próprio jogo da norma dispositiva que a estabelece, consistindo numa ordenação típica das quotas hereditárias levada a cabo por essa norma (*Vid. La Colación*, Madrid, 1965, pp. 166- 170); Também ESPEJO LERDO DE TEJADA considera que cada uma das teorias tem um contributo a dar, pelo que, teoricamente, todas são igualmente válidas, embora não consigam explicar o fundamento técnico da colação nos seus aspectos concretos (*Vid. La Legítima...*, *op. cit.*, p. 163).

[472] DE LOS MOZOS afirma que este não pode ser o fundamento do instituto, uma vez que a colação é imposta sem qualquer referência à vontade do autor da sucessão, excepto no que concerne à dispensa, e porque esta opera através de um acto jurídico do autor da sucessão que afasta a aplicação da norma dispositiva e não através de presunção; quando muito, poderá dizer-se que a norma dispositiva parte da vontade que a lei presume ser a de um autor da sucessão médio, nestes casos, (*Vid. La Colación*, *op. cit.*, pp. 157-158). Opondo-se à ideia de que a colação tenha o seu fundamento exclusivo na vontade presumida do autor da sucessão, GARCÍA-RIPOLL MONTIJANO argumenta com o exemplo de algumas legislações forais que não consagram a colação como regra geral por permitirem a desigualação dos legitimários; estas levariam a concluir que a colação não se fundamenta na presunção de que o autor da sucessão tenha querido a igualação, mas sim no facto de a própria lei a pretender, (*Vid.* "El Fundamento de la Colación Hereditaria...", *loc. cit.*, pp. 1129-1131). Segundo o artº 47º da LSCMA, a colação só opera quando o autor da sucessão expressamente o ordene em testamento, pacto sucessório ou outro documento público, e o mesmo acontece em Navarra, onde a Lei 332 da CDCFN (FNN) estabelece

232 A Legítima do Cônjuge Sobrevivo - Estudo Comparado Hispano-Português

herdeiros[473], ou de mera antecipação da quota hereditária do donatário[474]. Contudo, tem vindo a ganhar terreno a doutrina que vê a colação como resultado de uma vontade da própria lei em igualar a posição sucessória dos sujeitos obrigados a colacionar, embora essa vontade não se sobreponha à do autor da sucessão, daí o carácter dispositivo da figura[475].

Alguns autores têm-se manifestado contra a ideia de que a colação visa necessariamente a igualdade entre legitimários, quer ela se baseie numa vontade presumida do autor da sucessão, quer na vontade da própria lei. Para LACRUZ BERDEJO aquela operação limita-se a permitir a formação de uma massa hereditária que, para além dos bens efectivamente existentes, vai incluir os bens doados aos herdeiros forçosos, por estes recebidos a título de antecipação da parte que lhes corresponderá na he-

---

que não se presume a obrigação de colacionar, sendo necessário que o autor da sucessão a ordene expressamente ou, tratando-se de co-herdeiros descendentes, que, pelos menos, se deduza claramente da sua vontade; também o artº 62º/3 da CDCFPV determina que as doações a favor de sucessores forçosos não serão colacionáveis, excepto quando o autor da sucessão disponha o contrário ou não faça *apartamiento* expresso. Face à ideia da vontade presumida do autor da sucessão, não se compreenderia também a regra do artº 1038º/2 do C.C. esp., segundo a qual os netos que sucedam na herança do avô em representação do pai terão que colacionar o que tiverem recebido do autor da sucessão durante a vida deste, uma vez que o avô quando doa ao neto, sendo vivo o pai, certamente não o faz com a intenção de que o neto tenha de trazer o bem à colação (*Vid.* "El Fundamento de la Colación Hereditaria...", *loc. cit.*, pp. 1129-1131).

[473] *Vid.* CAPELO DE SOUSA, *Lições...*, II, *op. cit.*, pp. 334-335; CORREIA RAMIREZ, *O Cônjuge Sobrevivo...*, *op. cit.*, pp. 22-23; FRANÇA PITÃO, *A Posição do Cônjuge Sobrevivo...*, *op. cit.*, p. 61.

[474] *Vid.* PEREIRA COELHO, *Direito das Sucessões*, *op. cit.*, p. 290; DÍEZ-PICAZO y GULLÓN, *Sistema...*, IV, *op. cit.*, p. 583; VALLET DE GOYTISOLO, *Panorama...*, T. I, *op. cit.*, pp. 765 e 778; DE LA CÁMARA, *Compendio...,*2ª ed., *op. cit.*, p. 395; LACRUZ BERDEJO, *Elementos...*, V, *op.cit.*, p.152; MUÑOZ GARCIA, *La Colación...*, *op. cit.*, p. 124.

[475] *Vid.* OLIVEIRA ASCENSÃO, *Direito Civil*, *op. cit.*, p. 543; PAMPLONA CORTE-REAL, *Direito da Família e das Sucessões*, *op. cit.*, pp. 310-311, e *Da Imputação de Liberalidades na Sucessão Legitimária*, *op. cit.*, p. 991; GARCÍA-RIPOLL MONTI-JANO, "El Fundamento...", *loc. cit.*, pp.1129 e 1141. PIRES DE LIMA e ANTUNES VARELA falam numa presunção, da própria lei, de que a desigual distribuição de benefícios em vida não traduz um desigual afecto relativamente aos descendentes prioritários e visa apenas fazer face a situações específicas ou a dificuldades económicas (*Código Civil Anotado*, Vol. VI, *op. cit*, p. 173).

rança[476]. LABORINHO LÚCIO, por sua vez, chega à conclusão de que a igualação da partilha será, na maioria dos casos, meramente tendencial ou relativa, na medida em que o autor da sucessão pode instituir os seus herdeiros em partes desiguais e que, frequentemente, a colação vem agravar ainda mais as desigualdades. Por esta razão, entende que o objectivo da colação não poderá ser a igualação, ainda que tendencial, da partilha, porque esta não se verifica na generalidade dos casos[477]. Este aspecto revela-se ainda mais significativo no C.C. esp., em que o testador goza de uma maior liberdade na distribuição das quotas hereditárias, podendo recorrer a institutos como, por exemplo, a *mejora*. Saliente-se, aliás, que a ideia de que a colação pretende uma igualação absoluta é recusada pela generalidade dos que apontam a igualdade entre co-herdeiros como fundamento da colação. Recusam-na alguns autores portugueses, por entenderem que o artº 2108º/2 do C.C. só autoriza que a colação realize a igualação enquanto existam bens suficientes na herança, daí que ela possa não ser totalmente conseguida nalguns casos[478]. Certos autores espanhóis defendem igualmente que o intento de igualação não pode ser absoluto face ao C.C. esp. (o artº 1061º fala apenas na igualdade possível), uma vez que, operando a colação também na sucessão testamentária, a própria lei permite que o autor da sucessão distribua a herança de forma desigual, recorrendo ao instituto da *mejora*, e que os herdeiros forçosos sejam instituídos por qualquer título[479]. Assim, para estes autores, a colação terá, essencialmente, o objectivo de manter a proporcionalidade entre as quotas atribuídas em testamento pelo autor da sucessão, e a desigualação apenas poderá surgir como resultado da vontade do testador quando os herdeiros forçosos sejam instituídos em quotas desiguais, e não por mero efeito do próprio instituto (na sucessão intestada a colação proporciona a igualdade entre os herdeiros)[480].

---

[476] *Vid. Elementos...*, V, *op. cit.*, pp. 153-154.

[477] *Vid. Do Fundamento...*, *op. cit.*, pp. 27-28.

[478] *Vid.* PAMPLONA CORTE-REAL, *Direito da Família e das Sucessões.*, *op. cit.*, p. 311; Também, OLIVEIRA ASCENSÃO, *Direito Civil*, *op. cit.*, pp. 547-549.

[479] DE LOS MOZOS, *La Colación*, *op. cit.*, p. 159, refere que a igualdade entre co-herdeiros vai depender do tipo de doações colacionáveis e da distribuição das quotas a que proceda o testador.

[480] *Vid.* DE LOS MOZOS, *La Colación*, *op. cit.*, p. 126; GARCIA-RIPPOL MONTIJANO, "El Fundamento...", *loc. cit.*, pp. 1132-1134; MUÑOZ GARCIA, *La Colación...*,

A tese que vê o fundamento da colação na vontade presumida do *de cujus*, traduzida na intenção de mera antecipação da herança, parece-nos a mais correcta e aquela que reúne maior número de seguidores. De acordo com esta ideia, o legislador parte do pressuposto de que a doação feita em vida pelo autor da sucessão a um seu legitimário prioritário não é feita com intenção de o avantajar relativamente aos demais, mas apenas como antecipação da sua quota hereditária, colocando-o numa posição mais favorável apenas pelo facto de lhe permitir o gozo e a fruição antecipada do bem. No entanto, algum autor questiona se este poderá continuar a ser o fundamento no caso de haver sujeição à colação na sucessão por direito próprio resultante de repúdio[481].

III - Objecto da colação

Dos art°s 1035° do C.C. esp. e 2104° do C.C. port. resulta a regra geral da colacionabilidade de todos os bens ou valores doados ou recebidos a título gratuito, isto é, bens cuja titularidade foi transmitida, a título gratuito, para os legitimários sujeitos à colação, e ainda de certas despesas gratuitas feitas em vida pelo autor da sucessão em proveito dos legitimários sujeitos à colação, mesmo que estas não impliquem um enrique-

---

op. cit., pp. 120 e ss.. PUIG BRUTAU também entende ser mais correcta a afirmação de que, com a colação, o legislador pretendeu manter a proporcionalidade entre as quotas dos herdeiros forçosos, respeitando a igualdade ou desigualdade estabelecidas pelo autor da sucessão (*Vid. Fundamentos...*, T. V, 3°, *op. cit.*, p. 506).

[481] Reportando-se à hipótese da sujeição à colação do filho de pai repudiante que em vida tenha recebido doação de seu avô, LABORINHO LÚCIO é da opinião que não procede o fundamento da vontade presumida de mera antecipação da herança pelo autor da sucessão porque, para fundamentar-se a colação na vontade presumida do *de cujus*, o colacionante tem que ser presuntivo herdeiro legitimário ao tempo da doação; se o não for, como acontece no caso referido, o fundamento da colação terá que ser outro. Para o autor, melhor seria que a lei exigisse, para haver colação, uma manifestação expressa de vontade do autor da sucessão nesse sentido no próprio acto da doação, regime que, como já vimos, foi consagrado nalgumas legislações territoriais espanholas; as doações de ascendentes a descendentes ficariam sujeitas ao regime geral das doações, afastando-se dele através da "reserva expressa da colação, querida pelo doador e permitida por lei", (*Do Fundamento...*, *op. cit.*, pp. 32-37).

cimento patrimonial do donatário - cfr. os artºs 2110º/1 do C.C. port. e 1043º do C.C. esp.[482]. No entanto, existem três situações em que as liberalidades e despesas efectuadas em vida pelo autor da sucessão, a favor de um seu legitimário ou descendente, não ficam sujeitas à colação: quando tenham sido dispensadas da colação pelo próprio doador, quando o donatário repudie a herança para se escusar da colação, ou quando a própria lei as exclua do regime da colação.

Nos termos dos artºs 2113º do C.C. port. e 1036º do C.C. esp., tratando-se a colação de um instituto supletivo, as suas normas só se aplicarão na falta de manifestação da vontade do autor da sucessão quanto ao significado de uma doação feita a um legitimário prioritário. Assim, fica afastado o seu regime quando o autor da sucessão, no momento da doação ou em momento posterior, dispense o donatário da colação[483], manifestando uma intenção de pura liberalidade e não de mera antecipação da quota hereditária, caso em que a liberalidade será imputada na quota disponível do doador, como refere expressamente o artº 2114º/1 do C.C. port..

Relativamente ao C.C. português, são vários os autores que defendem que a dispensa da colação tanto poderá ser feita por declaração expressa como por declaração tácita, na medida em que o artº 217º do mesmo diploma admite as duas modalidades de declaração negocial[484]. No caso de a doação ter observado alguma formalidade externa o C.C. port. exige que a dispensa posterior ao acto da doação obedeça à forma desta ou seja feita em testamento - artº 2113º, nºs 1 e 2. O nº 3 do mesmo artigo presume a dispensa da colação quer para as doações manuais quer

---

[482] A jurisprudência e a doutrina espanholas incluem nos bens ou valores recebidos do autor da sucessão a título lucrativo - artº 1035º do C.C. esp. - toda e qualquer atribuição gratuíta que tenha um intuito de liberalidade, independentemente da forma ou objecto, e mesmo que não seja realizada sob o esquema típico da doação; Cfr. a STS de 3/06/1965 (*RJA*, 1965, nº 3812).

[483] Contrariamente, e como já referimos, nalguns direitos forais a obrigação de colacionar tem que ser expressamente estabelecida pelo autor da sucessão (Cfr. os artºs 47º da LSCMA, 62º/3 da LDCFPV, e a Lei 332 da CDCFN).

[484] *Vid.* CAPELO DE SOUSA, *Lições...*, II, *op. cit.*, p. 270 e nota 1015; LABORINHO LÚCIO, *Do Fundamento...*, *op. cit.*, p. 88; CORREIA RAMIREZ, *O Cônjuge Sobrevivo...*, *op. cit.*, p. 30.

236   *A Legítima do Cônjuge Sobrevivo - Estudo Comparado Hispano-Português*

para as doações remuneratórias, uma vez que, em regra, pela sua especial finalidade, não terão subjacente uma intenção de antecipação da herança[485]. Já o C.C. esp., no seu artº 1036º, parece admitir apenas a dispensa expressa, o que implicará a necessidade de uma disposição directa do autor da sucessão que manifeste a vontade de dispensar o donatário da colação, ou de uma disposição indirecta que, embora com outra finalidade, pressuponha igualmente essa vontade[486]. O artigo nada dispõe quanto à forma que deve revestir a dispensa feita em acto posterior à doação que não seja o testamento. Contudo, a tese maioritária em Espanha propugna a solução acolhida pelo C.C port. no seu artº 2113º, nº 2, a qual resulta também das normas de outros ordenamentos espanhóis, nomeadamente da Lei 332, último parágrafo, da Compilação de Navarra, e do artº 47/2º da Lei de Sucessões por Causa de Morte de Aragão[487]. Portanto, a dispensa feita posteriormente ao acto de doação terá que sujeitar-se à forma exigida para a doação, caso não seja feita em testamento[488].

---

[485] No caso das doações remuneratórias a doutrina espanhola tem entendido que estão igualmente dispensadas da colação, caso contrário perderiam a sua natureza remuneratória (*Vid.* J. ROCA JUAN, *Comentarios al Código Civil y Compilaciones Forales*, T. XIV, Vol. 2º, Madrid, 1989, pp. 24-25, e LACRUZ BERDEJO, *Elementos...*, V, *op. cit.*, p. 156).

[486] Neste sentido, GARCÍA- RIPOLL MONTIJANO, "El Fundamento...", *loc. cit.*, pp. 1188-1189, o qual dá como exemplo de declaração não expressa, aquela que se deduz do conjunto das disposições testamentárias.

[487] Este último exige que a dispensa seja disposta em testamento ou escritura pública. *Vid.* MUÑOZ GARCIA, *La Colación...*, *op. cit.*, p. 133.

[488] Neste sentido, DE LOS MOZOS, *La Colación*, *op. cit.*, pp. 271-272; J. ROCA JUAN, *Comentarios...*, T. XIV, Vol. 2º, *op. cit.*, p. 41. Coloca-se ainda a questão de saber se a dispensa da colação pode, ou não, ser revogável. No caso da dispensa feita em testamento parece não haver dúvidas quanto à sua revocabilidade, dado o carácter de disposição de última vontade atribuído ao testamento; contudo, a solução já não é tão linear no caso da dispensa *inter vivos* ou não testamentária. Face à proibição genérica dos pactos sucessórios no C.C. esp. e no C.C. port., alguns autores consideram que a dispensa não testamentária é irrevogável. É esta a posição maioritária na doutrina portuguesa, perante a regra geral de irrevogabilidade unilateral das doações contemplada nos artºs 969º e 406º do C.C. (*Vid.* LABORINHO LÚCIO, *Do Fundamento...*, *op. cit.*, pp. 71 e ss., e CORREIA RAMIREZ, *O Cônjuge Sobrevivo...*, *op. cit.*, p. 30). Contudo, no direito espanhol alguns consideram-na revogável desde que conste claramente que foi essa a intenção do doador (Vid. MUÑOZ GARCIA, *La Colación...*, *op. cit.*, p. 134, que, nesta matéria, segue VAL-

Não haverá igualmente lugar à colação se os legitimários donatários chamados à herança, ou os seus representantes, não quiserem ou não puderem aceitar a herança, conservando, assim, plenamente as liberalidades em causa, cujo valor deverá ser imputado, segundo o art° 2114°/2 do C.C. port., na quota indisponível do autor da sucessão, ou seja, na legítima subjectiva fictícia do donatário. Ao repudiar o donatário não chega a ser herdeiro, razão pela qual não fica obrigado a colacionar a doação, conservando-a, embora esta possa vir a ser reduzida em caso de inoficiosidade - art°s 1036° do C.C. esp. e 2168° e ss. do C.C. port.. Nos termos do art° 1008° do C.C. esp., o repúdio obedece a uma forma solene, devendo ser feito por documento público ou autêntico, ou por documento escrito apresentado ao juíz com competência para conhecer da testamentaria ou do *abintestato*, enquanto, por sua vez, o art° 2063° do C.C. port. sujeita-o à forma exigida para a alienação da herança, ou seja, escritura pública ou documento particular, consoante os bens que estejam em causa - art° 2126°. O repúdio tem ainda que ser total e não pode ficar sujeito a termo ou condição, segundo rezam os art°s 990° do C.C. esp., 2064° e 2249° do C.C. port..

Por último, existem algumas doações e despesas que, mesmo na falta de dispensa do doador, são exceptuadas do regime da colação pela prória lei. Assim, as doações *mortis causa* e as disposições testamentárias, a título de legado ou herança, não estão sujeitas à colação - cfr. os art°s 946°/1, 1755°/2 e 1700°/1, als. a) e b), todos do C.C. port., e o art° 1037° do C.C. esp.. Também não se consideram doações, ficando, assim, excluídos da colação, os donativos conformes aos usos sociais, isto é, aqueles que são feitos de acordo com as regras de cortesia e de decoro, como os que se fazem, por exemplo, nos aniversários, casamentos e festas familiares - art°s 940°/2, *in fine*, do C.C. port., e 1041°, *in fine*, do C.C. esp. -

---

LET DE GOYTISOLO). GARCIA-RIPOLL MONTIJANO considera que a dispensa da colação é sempre revogável, quer seja feita em testamento ou não, uma vez que consiste num acto de disposição de última vontade; para este autor a dispensa da colação irrevogável é um pacto sucessório cujo objecto é a composição do caudal hereditário a partilhar pelos co-herdeiros legitimários após a morte do doador, o qual incorre na proibição dos pactos sucessórios prevista no art° 1271° do C.C. esp.; (*Vid.* "El Fundamento...", *loc. cit.*, pp. 1171- 1175). Para DE LOS MOZOS o carácter não colacionável da doação só será irrevogável quando tenha sido disposto em convenção antenupcial, dada a força vinculante que este tipo de contrato assume (*Vid. La Colación, op. cit.*, p. 273).

238   *A Legítima do Cônjuge Sobrevivo - Estudo Comparado Hispano-Português*

bem como a renúncia a direitos ou o repúdio de herança ou legado - art°s 940°/2, 2057°/1 e 2249° do C.C. port.. As despesas com o casamento, alimentos, estabelecimento e colocação de descendentes, ficam isentas da colação, nos termos do art° 2110°/2 do C.C. port., dentro de certos limites, ou seja, na medida em que se harmonizem com os usos e com o padrão de vida social e económico do autor da sucessão[489]. Paralelamente, o art° 1041° do C.C. esp. exclui da colação as despesas com alimentos, educação, tratamento de doenças, ainda que sejam extraordinárias, instrução e equipamentos ordinários, embora não imponha qualquer limite justo ou razoável para que essas despesas não sejam sujeitas à colação[490]. O art° 1042° do mesmo diploma exclui também, sem qualquer limite, excepto quando o pai assim o disponha ou quando prejudique as legítimas, as despesas efectuadas para dar aos filhos uma carreira profissional ou artística[491]; quando sujeitas à colação, deduzir-se-ão destas despesas os montantes dispendidos com o filho se este tivesse vivido em casa e na companhia dos pais - art° 1042°, 2ª parte, do C.C. esp.. Por sua vez, o art° 1044° determina que as prendas de casamento consistentes em jóias, vestidos e enxoval não se reduzirão como inoficiosas, excepto na parte em que excedam 1/10 ou mais da quota disponível por testamento, o que, à partida, levanta dúvidas sobre se são ou não colacionáveis: se, porventura,

---

[489] Para além das despesas com o casamento - enxoval, boda, prenda de casamento - com o estabelecimento e colocação dos filhos, com alimentos - sustento, vestuário, instrução e educação - incluem-se aqui também as despesas no combate a doenças graves, nomeadamente a toxicodependência. Para PIRES DE LIMA e ANTUNES VARELA, há que distinguir entre o máximo exigível, correspondente aos usos, padrão de vida, condição económica e social dos ascendentes, e o excedente, uma vez que a primeira parcela está excluida da colação, e a segunda fica sujeita a ela (*Código Civil Anotado*, VI, *op. cit.*, p. 185).

[490] Todas as despesas impostas por deveres morais ou efectuadas em cumprimento de deveres jurídicos que impendem sobre os pais, como é o caso dos deveres inerentes ao exercício do poder paternal, estão isentas da colação, ainda que o autor da sucessão estabeleça expressamente que têm de colacionar-se (*Vid.* DE LOS MOZOS, *La Colación, op. cit.*, pp. 249-250).

[491] Segundo a Lei 332 da CDCFN nunca se colacionam, nem mesmo mediante vontade do autor da sucessão nesse sentido, as despesas com alimentação, vestuário e assistência na doença, as ofertas módicas de acordo com os usos e as despesas com educação, aprendizagem ou carreira.

forem incluídas nos donativos conformes aos usos sociais - art° 1041° do C.C. - poderá entender-se que estas despesas também não são colacionáveis; caso contrário sê-lo-ão[492].

Encontram-se igualmente exceptuados do regime da colação os bens ou valores doados e as despesas feitas gratuitamente a favor do cônjuge do legitimário - art°s 2107° do C.C. port. e 1040° do C.C. esp.. A opção da lei justifica-se na medida em que o donatário não é legitimário prioritário do autor da sucessão, pelo que a liberalidade nunca lhe será feita com o intuito de antecipar um quinhão hereditário, ao qual não tem direito, nem faz sentido qualquer ideia de igualação relativamente aos descendentes. Contudo, se a doação for feita conjuntamente a ambos os cônjuges, o descendente estará obrigado a colacionar a parte que lhe couber - art° 2107°/2 do C.C. port. - ou a metade - art° 1040°, 2ª parte, do C.C. esp..

Segundo o art° 2105° do C.C port., só estão sujeitos à colação os descendentes do autor da sucessão que, à data da doação, fossem presuntivos herdeiros legitimários do doador. Esta norma leva a excluir da obrigação as doações e despesas gratuitas feitas a favor de descendentes que à data da doação ou despesa não eram presuntivos herdeiros legitimários, uma vez que, não sendo àquela data sucessores legais do doador, há da parte deste um inequívoco *animus donandi*. É o que se passa com as doações feitas a netos em vida dos pais, sendo estes os presumíveis herdeiros legitimários do doador à data da liberalidade. Neste caso, se o neto donatário for mais tarde chamado à herança do avô, em representação do pai, não terá que trazer à colação a doação, porque não era, à data desta, presuntivo herdeiro legitimário do avô e não há que presumir relativamente a ele qualquer intenção de antecipação de uma eventual quota hereditária.

---

[492] *Vid.* LACRUZ BERDEJO, *Elementos...*, V, *op. cit.*, p. 155; PUIG BRUTAU, *Fundamentos...*, T. V, 3°, *op.cit.*, p. 517; J. ROCA JUAN, *Comentarios...*, T. XIV, Vol. 2°, *op. cit.*, pp. 54-55. VALLET DE GOYTISOLO, *Estudios de Derecho Sucesorio*, Vol. IV, *Computación, Imputación, Colación*, Madrid, 1982, pp. 460-466, entende que estas ofertas não são colacionáveis, na medida em que não excedam a décima parte da quota disponível. DE LOS MOZOS, *La Colación*, *op. cit.*, pp. 146-147, é da opinião que o art° 1044° do C.C. esp. é uma norma de redução que derroga o limite normal da oficiosidade, e que, apesar da sua inserção sistemática, não é susceptível de aplicação analógica no domínio da colação, por não se enquadrar na *ratio* deste instituto.

Por sua vez, o C.C. esp. estabelece uma solução diferente, e quanto a nós discutível, para estes casos, uma vez que o artº 1038º/2 obriga os netos chamados à herança do avô em representação do pai, e em concurso com tios e primos, a colacionar tudo o que tiverem recebido do autor da sucessão em vida deste, excepto quando o testador disponha o contrário, havendo, portanto, necessidade de dispensa. Alguma doutrina tem-se manifestado precisamente no sentido de que há que distinguir consoante a doação tenha sido realizada antes ou depois da morte do pai (ou antes ou depois de o pai ter sido deserdado), pois quando tenha sido feita antes daquele momento não faz sentido sujeitar o neto à colação, uma vez que não pode presumir-se que o avô tenha pretendido uma antecipação da quota hereditária de um neto que não era, à data da doação, seu presuntivo legitimário. Tal conclusão só seria possível existindo disposição do autor da sucessão nesse sentido[493]. Assim, para estes autores, cuja opinião partilhamos, o neto apenas tem obrigação de colacionar as doações que lhe tenham sido feitas pelo avô após a morte do pai, pois só neste caso ele se assume como legitimário prioritário do autor da sucessão.

O artº 1039º do C.C esp. dispõe também que os pais, quando concorrem à herança dos seus ascendentes, não estão obrigados a colacionar os bens doados por estes aos seus filhos; o legislador terá partido, provavelmente, do pressuposto de que os netos não são, em vida dos pais, presuntivos legitimários dos avós e que as doações que lhes sejam feitas em vida daqueles se apresentam como verdadeiras liberalidades. Esta solução decorre também da regra geral disposta no artº 2105º do C.C. port.. Quando o neto seja chamado à herança do avô em representação do pai, existindo doações feitas a este, terá que trazê-las à colação, ainda que

---

[493] *Vid.* DE LOS MOZOS, *La Colación, op. cit.,* pp. 220-221; DÍEZ-PICAZO y GULLÓN, *Sistema...,* IV, *op. cit.,* p. 584; PUIG BRUTAU, *Fundamentos...,* T.V, 3º, *op. cit.,* p. 512. VALLET DE GOYTISOLO defende uma interpretação restritiva do artº 1038º/2, por considerar que, nestes casos, a doação se apresenta, do ponto de vista do doador, como uma *mejora* em sentido lato, e que não perde esse carácter pela premoriência do pai relativamente ao avô, não lhe sendo aplicáveis os artºs 819º/1 e 825º do C.C.; para além disso, considera também que a dispensa a que alude o artº 1038º/2 só faz sentido relativamente às doações realizadas a partir do momento em que o neto fosse já presuntivo herdeiro forçoso do autor da sucessão (*Vid. Comentarios...,* T. XI, *op. cit.,* p. 278).

Legítima do Cônjuge Sobrevivo

não tenha herdado a coisa doada ou retirado dela qualquer benefício - portanto, mesmo que ela já tenha perecido, tenha sido consumida, alienada ou destruída[494] - solução que resulta dos art°s 2106° do C.C. port. e 1038°/1 do C.C esp..

Relativamente às situações de perda do bem doado, a lei portuguesa dispõe que não é colacionável a coisa doada que tenha perecido em vida do autor da sucessão por facto não imputável ao donatário - art° 2112° do C.C.. Distinguem-se, por um lado, as situações em que a coisa doada pereceu por culpa do donatário, antes ou depois da morte do doador, em que o valor do bem doado continua sujeito à colação - art° 2109°/2 do C.C. port. - e, por outro, aquelas em que a coisa pereceu sem culpa do donatário antes da morte do doador; neste último caso, sendo o objectivo da colação, segundo a lei portuguesa, a igualação da partilha, não teria sentido que o donatário que, sem culpa sua, se viu privado da coisa doada, fosse prejudicado na partilha face aos restantes descendentes. O C.C. esp. não faz qualquer distinção em matéria de perda do bem doado, impondo a sua colacionabilidade em qualquer caso, quer haja ou não culpa do donatário e quer a perda do bem tenha sido anterior ou posterior à morte do doador - art° 1045°/2[495].

Por último, também não serão colacionáveis os frutos dos bens doados sujeitos à colação que estes tenham produzido antes da data da abertura da sucessão, os quais pertencem exclusivamente ao donatário - art° 2111° do C.C. port., a contrario, e art° 1049° do C.C. esp.[496].

---

[494] Vid. PIRES DE LIMA/ANTUNES VARELA, Código Civil Anotado, VI, op. cit., p. 175.

[495] Nos termos do art° 2116° do C.C. port., está também sujeito à colação o valor das diminuições patrimoniais que o donatário, por deteriorações, tenha causado, culposamente, nos bens doados. Neste caso, os bens doados são avaliados como se aquelas deteriorações não se tivessem registado, somando-se ao valor real dos bens o montante das despesas necessárias à sua reparação, e atendendo a esse valor global para igualação da partilha (Vid. PIRES DE LIMA/ANTUNES VARELA, Código Civil Anotado, VI, op. cit., p. 192); Regra idêntica resulta do art° 1045°/2 do C.C. esp., que faz recair sobre o donatário, em qualquer caso, isto é, haja ou não culpa deste, o risco das deteriorações que sofra o bem doado.

[496] Cfr. os art°s 212° e ss. do C.C. port. e 354° e ss. do C.C. esp.; Nos termos do art° 215°/1 do C.C. port., o donatário que tenha que colacionar frutos tem o direito a ser in-

IV - Modo de efectuar a colação

Teoricamente são possíveis dois modos de efectuar a conferência dos bens doados: mediante o sistema de restituição em espécie ou substância, restituindo à massa da herança os próprios bens doados, ou através da mera imputação do valor desses bens na quota hereditária do donatário. Este último sistema é o adoptado, quer no C.C. espanhol - art°s 1045° e 1047° - quer no C.C. português - art° 2108°/1 - embora este último preveja, excepcionalmente, a possibilidade da conferência em substância, se tal for acordado entre todos os herdeiros. Alguma autorizada doutrina espanhola também considera possível a colação *in natura* sempre que haja acordo dos co-herdeiros nesse sentido[497], e o Tribunal Supremo manifestou-se já a favor desta postura[498].

A opção pela conferência do valor procura manter a propriedade do bem doado na titularidade do donatário e facilitar, enquanto mera operação contabilística, a própria colação e a partilha; traz-se à colação o valor dos bens doados, de forma a que o donatário receba a menos do *relictum* o que já recebeu a título de doação - art°s 2108°/2 do C.C. port. e 1047° do C.C. esp.. O valor dos bens doados relevante para efeitos de

---

demnizado das despesas de cultura, sementes, e matérias-primas, e dos restantes encargos de produção e colheita, desde que não sejam superiores ao valor dos próprios frutos. Também o art° 356° do C.C. esp. determina a obrigação, por parte de quem recebe os frutos, de fazer face às despesas efectuadas por terceiro para a sua produção, recolha e conservação.

[497] *Vid.* VALLET DE GOYTISOLO, *Estudios...*, Vol. IV, *op. cit.*, pp. 516-517; PUIG BRUTAU, *Fundamentos...*, T.V, 3°, *op. cit.*, p. 520. DE LOS MOZOS, *La Colación*, *op. cit.*, p. 292, o qual refere um direito dos co-herdeiros a que o donatário fique com os bens doados e não participe na divisão senão no estritamente necessário para acabar de preencher a sua quota, se for caso disso. A Lei 335 da CDCFN dispõe que, cabe ao obrigado à colação a opção quanto à forma pela qual há-de proceder-se a ela, se mediante a restituição em espécie do objecto da liberalidade, ou mediante a conferência do valor que os bens tinham à data da morte do autor da sucessão; quando se colacionem os próprios bens há que colacionar também os frutos que eles tenham produzido desde a morte do autor da sucessão, e quando se colacione o valor dos bens são devidos juros legais sobre ele a partir do mesmo momento.

[498] Cfr. a STS de 17/12/1992 (*RJA*, 1992, n° 10696), que admitiu excepcionalmente a colação *in natura* mediante pacto entre os herdeiros.

Legítima do Cônjuge Sobrevivo   243

colação há-de apurar-se, segundo a lei portuguesa, à data da abertura da sucessão - art° 2109°/1 do C.C. port. - mandando o C.C. esp. atender ao momento em que se avaliem os bens hereditários - art° 1045°/1; neste caso considera-se o valor que os bens tiverem no momento da partilha da herança, ao proceder-se a uma das suas operações típicas que é a avaliação dos bens - art° 786° da LEC.

Sendo o objectivo da colação a igualação da partilha - art°s 2104°/1 do C.C. port., 1035° e 1047° do C.C. esp. - coloca-se o problema de saber como proceder se no *relictum* não existirem bens suficientes para igualar os legitimários não donatários aos donatários. A maioria da doutrina espanhola inclina-se para a solução que apenas obriga o donatário a receber a menos na partilha o que já tenha recebido a mais por doação, podendo chegar ao ponto de nada receber, mas mantendo-se eficaz a doação na sua totalidade[499]. De facto, o C.C. esp. não parece autorizar a redução da doação, excepto quando ela seja inoficiosa - art° 1036°, *in fine*, do C.C. esp. - e o art° 1407° prevê apenas uma compensação em termos contabilísticos, que permite ao colacionante conservar em seu poder o bem doado e não implica qualquer dever de reintegrar o excesso para igualação com os restantes herdeiros forçosos[500]. No C.C. port. a solução é inequívoca e vem contemplada no art° 2108°/2, o qual determina que a falta, na herança, de bens suficientes para igualar todos os herdeiros não afecta as doações, que só podem ser reduzidas por inoficiosidade[501].

---

[499] Segundo DE LOS MOZOS, a restituição do excesso só é própria das instituições que visam a defesa da legítima, que não é o caso da colação (*La Colación, op. cit.*, p. 298).

[500] *Vid.* DE LOS MOZOS, *La Colación, op. cit.*, p. 187; DE LA CÁMARA, *Compendio...*, 2ª ed., *op. cit.*, p. 398; DÍEZ-PICAZO y GULLÓN, *Sistema...*, IV, *op. cit.*, p. 588; PUIG BRUTAU, *Fundamentos...*, T. V, 3°, *op. cit.*, p. 521.

[501] Alguns autores aceitam a possibilidade de o regime contido no art° 2108°/2 do C.C. port. ser afastado mediante vontade expressa do autor da sucessão, por forma a que seja assegurada a igualação absoluta, numa figura normalmente designada por colação absoluta. Esta implica uma declaração do doador, de que não teve intenção de avantajar quantitativamente o descendente ao efectuar a liberalidade, e pode traduzir-se, nomeadamente, na manifestação de que a liberalidade é feita por conta da legítima ou da quota indisponível, por conta do quinhão hereditário, com colação ou igualação total, completa e absoluta. Sendo assim, procede-se à igualação absoluta entre os legitimários donatários e os não donatários quanto à quota legítima e à própria sucessão intestada, quer existam ou não bens da herança, quer existam ou não liberalidades a estranhos, quer haja ou não inofi-

Existe, no entanto, outro problema, que tem sido debatido pela doutrina espanhola e é igualmente pertinente no direito português, que é o de saber se deve colacionar-se a parte do valor do bem doado que exceda a quota hereditária do colacionante nos casos em que a doação em vida tenha valor superior à quota hereditária que ele teria direito a receber. VALLET DE GOYTISOLO pugna pela necessidade de colacionar o excesso, restituindo os bens à massa da herança, e invoca a possibilidade de o colacionante lançar mão do repúdio da herança caso não queira fazê-lo[502]. Adoptam a postura oposta, entre outros, ROCA SASTRE e LACRUZ BERDEJO, para quem o silêncio da lei quanto a esta questão - o artº 1047º do C.C. esp. apenas manda que o donatário "tome de menos" e não que "restitua" - não obriga a concluir que o herdeiro forçoso tenha que colacionar o excesso, o qual ficará sujeito ao regime das liberalidades não colacionáveis[503]. Pensamos ser esta a solução mais viável, uma vez que nem o C.C. espanhol nem o português prevêm, para estes casos, a possi-

---

ciosidade, podendo a doação ter que ser reduzida a fim de prosseguir a igualação absoluta. Assim, CAPELO DE SOUSA, *Lições...*, II, *op. cit.*, pp. 306 e ss.; ainda a favor da colação absoluta, *Vid.* PEREIRA COELHO, *Direito das Sucessões*, *op. cit.*, p. 294, e OLIVEIRA ASCENSÃO, *Direito Civil, op. cit.*, pp. 548-549. Não admitem a colação absoluta, PAMPLONA CORTE-REAL, *Direito da Família e das Sucessões, op. cit.*, pp. 311-312, e CARVALHO FERNANDES, *Lições..., op. cit.*, p. 370, por entenderem que a possibilidade de o autor da sucessão emitir uma tal declaração se situa no âmbito da sua liberdade dispositiva *mortis causa* e não no âmbito do mecanismo da colação; aquela liberdade não altera o recorte legal do instituto, o qual consiste numa presunção *iuris tantum* de igualação, com base no pressuposto de que, ao fazer uma doação a um descendente, o autor da sucessão não pretende beneficiá-lo relativamente aos demais, mas apenas antecipar o preenchimento do seu quinhão hereditário. CARVALHO FERNANDES acrescenta um outro argumento: o de que a estipulação do autor da sucessão no sentido de pretender a igualação absoluta só pode ter eficácia obrigacional, caso contrário, violaria o princípio da tipicidade dos limites reais ao direito de propriedade, consagrado no artº 1306º do C.C. port.; assim sendo, a estipulação só terá eficácia se o donatário aceitar livremente a redução.

[502] *Vid.* VALLET DE GOYTISOLO, "Apuntes de Derecho Sucesorio", *A.D.C*, 1955, pp. 596-600.

[503] ROCA SASTRE, *Notas al Derecho de Sucesiones de Theodor Kipp*, T. V, Vol. 2º, *op. cit.*, p. 312; LACRUZ BERDEJO, *Derecho de Sucesiones, op. cit.*, p. 159; ALBALADEJO, *Curso..., op. cit.*, p. 191; Também se inclina para esta solução, PUIG BRUTAU, *Fundamentos...*, T. V, 3º, *op. cit.*, p. 523.

bilidade de invalidar a doação, nem qualquer obrigação de restituição dos bens doados fora do âmbito da inoficiosidade. Os legitimários não beneficiados em vida são contemplados, após o preenchimento das suas quotas legítimas, com o remanescente da herança, quando exista, por conta da quota disponível do autor da sucessão, tentando-se, assim, a menor desigualação possível; quando, após o preenchimento das legítimas, não restem bens na herança a lei renuncia a qualquer tentativa de igualação ou de menor desigualação possível, contentando-se com o prenchimento das legítimas dos legitimários não donatários e mantendo as doações em vida que excedam as legítimas subjectivas dos donatários[504].

V - Os sujeitos activos e passivos da colacão

1. Introdução

O artº 1035º do C.C. esp. sujeita à colação os herdeiros forçosos do autor da sucessão que dele tenham recebido doações em vida, quando concorram à mesma sucessão com outros herdeiros também forçosos. A maioria da doutrina considera que estes herdeiros têm que sê-lo em sentido restrito, isto é, têm que ser sucessores a título universal do autor da sucessão, quer o sejam por o testador os ter instituído como tal - herdeiros testamentários - quer por chamamento da lei - herdeiros *abintestato*. Em conformidade com esta posição, não estarão obrigados a colacionar o legitimário legatário, na medida em que seja instituído em coisa certa e não numa quota da herança[505], nem o herdeiro *ex re certa*[506], nem outros sucessores a titulo singular, como é o caso dos fideicomissários e dos donatários não instituídos[507]. ALBALADEJO considera que só colacionam os herdeiros co-partícipes na comunhão hereditária que recebam

---

[504] Assim, CAPELO DE SOUSA, *Lições...*, II, *op. cit.*, pp. 301-303.

[505] *Vid.* DE LA CÁMARA, *Compendio...*, 2ª ed., *op. cit.*, p. 399.

[506] *Vid.* LACRUZ BERDEJO, *Elementos...*, V, *op. cit.*, pp. 154.

[507] *Vid.* DE LOS MOZOS, *La Colación*, *op. cit.*, p. 205; MONTÉS PENADÉS, *Derecho de Sucesiones*, coord. por MONTÉS PENADÉS, *op. cit.*, p. 621; PUIG BRUTAU, *Fundamentos...*, T. V, 3º, *op. cit.*, p. 510.

246   *A Legítima do Cônjuge Sobrevivo - Estudo Comparado Hispano-Português*

a sua legítima em propriedade, o que exclui da colação, não só o legatário de parte alíquota e o herdeiro em coisa certa, mas também o cônjuge sobrevivo, pelo facto de este não suceder como herdeiro por força da sua quota legal usufrutuária[508]. Também para REAL PÉREZ só os legitimários-herdeiros têm que colacionar, uma vez que, segundo afirmações da autora, os efeitos da colação só procedem entre co-herdeiros, ou seja, *"entre quienes son partes en el proceso de partición de una herencia"*, além de que os artºs 1050º e 1035º do C.C. esp. se referem aos co-herdeiros e à *"cuenta de la partición"*, respectivamente[509]. Por outro lado, estão igualmente livres da obrigação de colacionar os herdeiros forçosos que renunciem à herança - artº 1036º.

No C.C. port. a análise dos artºs 2104º/1 e 2105º leva a concluir que nem todos os herdeiros legitimários estão sujeitos à colação, mas apenas os descendentes, à maneira da colação do Direito romano, e ainda assim apenas os descendentes que, à data da doação, fossem presuntivos herdeiros legitimários do doador, desde que a colação não tenha sido dispensada[510]. Além disso, estes herdeiros têm que concorrer à herança, pelo que não terão que colacionar as doações em caso de repúdio. Nos termos

---

[508] *Vid. Curso...*, V, *op. cit.*, pp. 187-188; Também ALVAREZ CAPEROCHIPI, *Curso de Derecho Hereditario, op. cit.,* p. 115, considera que o cônjuge não tem o dever de colacionar.

[509] *Vid.* REAL PÉREZ, *Intangibilidad Cualitativa de la Legítima*, Madrid, 1988, p. 126. ESPEJO LERDO DE TEJADA entende que aquela posição, defendida unanimemente pela doutrina e jurisprudência, não se encontra devidamente esclarecida; Para o autor o determinante é o chamamento do legitimário a uma quota da herança e não o chamamento na qualidade de herdeiro *stricto sensu*, pelo que considera que também o legatário de parte alíquota está obrigado a colacionar as doações que, porventura, tenha recebido em vida do autor da sucessão (*Vid. La Legítima..., op. cit.*, p. 165-166).

[510] Os ascendentes não são obrigados a conferir os bens doados, uma vez que não procede relativamente a eles o fundamento do instituto: pela ordem natural da vida não é previsível que os ascendentes venham a sobreviver ao doador e não faz sentido presumir, relativamente a eles, que a intenção deste tenha sido a de proceder a uma antecipação da sua quota hereditária; acresce ainda que os ascendentes apenas entram na segunda classe de sucessíveis - artºs 2133º/1 b) e 2157º. Assim, relativamente aos ascendentes só haverá obrigação de colacionar com base na vontade declarada do autor da sucessão e não com base na sua vontade presumida; *Vid.* CAPELO DE SOUSA, *Lições..., II, op. cit.*, p. 334, nota 1120; FRANÇA PITÃO, *A Posição do Cônjuge Sobrevivo..., op. cit.*, p. 54.

do disposto no artº 2106º, a obrigação de conferir recai, em concreto, sobre o próprio donatário que venha a suceder ao *de cujus* ou sobre os seus representantes, ainda que não tenham beneficiado da liberalidade.

2. O problema da sujeição do cônjuge sobrevivo à colação

A) No Código Civil português

Problema algo complexo face ao C.C. port. é o de determinar se o cônjuge, enquanto legitimário, está ou não sujeito à colação. Antes de 1977 o cônjuge não era herdeiro legitimário, razão pela qual não havia dúvidas de que não estava sujeito ao instituto da colação. Contudo, o Dec.-Lei nº 496/77, de 25 de Novembro, que reformou o Código Civil, veio elevar o cônjuge sobrevivo à categoria de herdeiro legitimário prioritário, em concurso com descendentes, mas sem introduzir qualquer alteração directa ao regime da colação. Assim, os artºs 2104º e 2105º continuaram a sujeitar à colação apenas os descendentes do donatário que, fossem seus presuntivos herdeiros legitimários à data da doação, resultando do teor literal do preceituado não existir para o cônjuge que tenha recebido em vida doações do seu consorte o dever de conferir esses bens quando concorra à herança deste. No entanto, esta questão, de solução aparentemente simples e inequívoca, tem suscitado alguma polémica e divisão na doutrina portuguesa. Em traços largos, há quem entenda que o cônjuge sobrevivo não é sujeito activo da colação, não tendo o dever de conferir os bens que lhe tenham sido doados pelo seu consorte, enquanto outros autores defendem a sua sujeição à obrigação de colacionar, exactamente nos mesmos termos que os descendentes presuntivos herdeiros legitimários do autor da sucessão. Dentro da primeira posição divergem ainda os autores, considerando uns que, embora não estando obrigado a conferir, o cônjuge beneficiará da conferência a que estejam obrigados os descendentes[511], enquanto algum outro autor entende ser mais justo que o

---

[511] *Vid.* PEREIRA COELHO, *Direito das Sucessões*, *op. cit.*, pp. 292-293; PAMPLONA CORTE-REAL, *Da Imputação...*, *op. cit.*, pp. 1033 e ss., e *Direito da Família e das Sucessões*, *op. cit.*, pp. 310-311 e 318-320; CORREIA RAMIREZ, *O Cônjuge Sobrevivo...*, *op. cit.*, pp. 94 e ss. e, em especial, p.125; PIRES DE LIMA/ANTUNES VARELA, *Código Civil Anotado*, VI, *op. cit.*, pp. 181-182.

248   *A Legítima do Cônjuge Sobrevivo - Estudo Comparado Hispano-Português*

cônjuge não venha a beneficiar da conferência, procedendo-se à igualação apenas entre descendentes[512].

Para PEREIRA COELHO, o cônjuge não está obrigado a conferir, nem mesmo após a Reforma de 1977 que passou a considerá-lo herdeiro legitimário, integrando com os descendentes a primeira classe de sucessíveis - artºs 2139º e ss.. As razões que invoca são as seguintes: se o legislador manteve inalteradas as disposições relativas à colação e, em particular, o artº 2104º, foi porque não teve qualquer intenção de sujeitar o cônjuge sobrevivo à colação (admitir a conclusão contrária seria considerar inepto o legislador); a experiência revela que na origem das doações feitas ao cônjuge está, normalmente, a intenção de o beneficiar, sendo estas imputáveis na quota disponível do autor da sucessão, não podendo aceitar-se a mesma presunção de antecipação da quota hereditária que a lei admite para os descendentes; o facto de o cônjuge sobrevivo ter direito a uma quota da herança igual à dos filhos não permite concluir que, tal como estes, seja obrigado a conferir os bens doados pelo seu consorte para efeitos de igualação na partilha[513]. O autor conclui que o cônjuge sobrevivo não está obrigado a conferir e que, tendo o autor da sucessão feito, em vida, a um dos seus descendentes, doação sujeita à colação, o cônjuge beneficia dessa conferência nos termos gerais, tal como os outros descendentes - artº 2108º do C.C.[514]. PIRES DE LIMA e ANTUNES VARELA entendem que, no plano do direito constituído, o cônjuge sobrevivo não está sujeito à colação, embora seja herdeiro legitimário em concurso com os descendentes do autor da sucessão, e que beneficia da obrigação de conferência que recai sobre os descendentes, em face da interpretação literal do artº 2108º do C.C.. Não obstante, acham a referida solução criticável, de *iure constituendo*, e consideram preferível a sua alteração, por forma a suavizar a posição de excessivo favor em que é colocado o cônjuge sobrevivo nesta matéria[515].

---

[512] *Vid*. FERNANDO NOGUEIRA, "A Reforma de 1977...", *loc. cit.*, pp. 690 e ss..

[513] A equiparação entre cônjuge e descendentes não procede na totalidade, uma vez que, nalguns aspectos, a própria lei dá ao cônjuge um tratamento mais favorável que aos filhos - cfr. o artº 2139º/1, 2ª parte - e noutros dá-lhe um tratamento menos favorável - por exemplo, nos termos do artº 2133º/1, al. b), e 2, e do artº 2142º, o cônjuge não afasta os ascendentes, enquanto os descendentes sim.

[514] *Vid*. PEREIRA COELHO, *Direito das Sucessões, op. cit.*, pp. 292-293;

[515] *Vid. Código Civil Anotado*, VI, *op. cit.*, pp. 181-182.

Também PAMPLONA CORTE-REAL partilha a ideia de que o cônjuge não está, *de iure constituto*, sujeito à colação, o que revela uma clara intenção de o avantajar, apesar de ser sucessível legitimário prioritário em concurso com descendentes, beneficiando da conferência a que estes estejam sujeitos. Contudo, chega à conclusão de que, embora não sujeito à colação, o cônjuge sobrevivo acaba por se ver envolvido nos seus mecanismos, ao poder ter que suportar as consequências patrimoniais da tentativa de igualação, conseguida, ou não, à custa da quota disponível; assim, por força do mecanismo da imputação, a vantagem decorrente da sua não sujeição à colação não será substancial[516]. Achando injusta a não sujeição do cônjuge à colação, o autor parece sugerir que uma possível solução seria a de, na falta de disposição do autor da sucessão, imputar as doações feitas ao cônjuge, em primeiro lugar na sua quota legitimária, e o excedente na quota disponível onde não terá lugar qualquer igualação ou tentativa de igualação, equilibrando as posições do cônjuge sobrevivo e dos descendentes em sede de imputação. Portanto, na perspectiva deste autor, a não sujeição do cônjuge sobrevivo à colação não terá que implicar necessariamente a imputação das doações recebidas em vida do seu consorte na quota disponível, nos termos do art^{o} 2114°/1 do C.C.. Em primeiro lugar, entende o autor que o art^{o} 2114°/1 tem que ser objecto de uma interpretação sistemática, por conexão com o art^{o} 2113° que regula a dispensa da colação, de forma a que, onde refere, *"não havendo lugar à colação"*, deverá entender-se, *"não havendo lugar à colação nos termos do artigo anterior"*, isto é, em caso de dispensa; acresce que as doações ao cônjuge (bem como aos ascendentes), embora não sujeitas à colação, não podem fugir ao regime geral da imputação, nomeadamente da

---

[516] Refere o autor que a colação, para poder operar, pressupõe a existência de bens livres na quota disponível, sendo a igualação possível entre descendentes tentada ou conseguida no âmbito da sucessão legítima. Contudo, também nesta o cônjuge ocupa uma posição como sucessível legítimo, parecendo não poder receber menos do que um descendente donatário por via do instituto da colação: doutra forma, o cônjuge, herdeiro legal, poderia ver a sua quota legítima posta em causa pelo instituto da colação - *v. g.*, no caso de uma doação vultosa que ultrapassasse o quinhão hereditário do descendente donatário, o cônjuge veria diminuida a sua quota abstracta como herdeiro legítimo - o que não é consentido pelo espírito da Reforma de 1977 (*Vid. Direito da Família e das Sucessões*, *op. cit.*, pp. 310-311 e 320, *Da Imputação de Liberalidades...*, *op. cit.*, pp. 923-924).

250   *A Legítima do Cônjuge Sobrevivo - Estudo Comparado Hispano-Português*

imputação *ex se* (imputação na quota indisponível), sob pena de originarem uma grave restrição à liberdade de disposição do autor da sucessão. Em segundo lugar, do artº 2114º/2 poderá retirar-se um argumento *a minori ad maius*: se o descendente donatário que repudia a herança vê a liberalidade que recebeu ser imputada na sua hipotética legítima subjectiva para salvaguarda da quota disponível, a mesma razão procederá quanto à imputação de liberalidades em vida feitas pelo autor da sucessão ao cônjuge e aos ascendentes, quando estes sejam legitimários prioritários[517].

Na mesma linha, CORREIA RAMIREZ pensa que cônjuge e descendentes ocupam planos diferentes no sistema sucessório, mantendo posições desiguais, não obstante a aproximação de estatuto que resultou da Reforma de 1977. Por um lado, são de diferente natureza os laços afectivos que unem o autor da sucessão ao cônjuge e aos descendentes, e se é possível presumir que um pai terá igual afecto por todos os seus filhos, já não será possível presumir uma igualdade de afectos do autor da sucessão relativamente ao cônjuge e aos descendentes; pelo contrário, os diferentes afectos que ligam o cônjuge ao autor da sucessão, e a comunhão de vida entre eles, fazem presumir o contrário, ou seja, que a doação é feita com intenção de avantajar o cônjuge, independentemente do que este tenha direito a receber por sucessão. Por outro lado, as doações entre cônjuges estão sujeitas a um regime específico, traçado nos artºs 1761º a 1766º do C.C., do qual pode concluir-se pela diferença das relações entre cônjuges e entre pais e filhos, indiciando o artº 1765º que as doações feitas ao cônjuge terão, normalmente, a intenção de o avantajar, e autorizando o artº 1685º/3, alínea c), a conclusão de que as doações recebidas pelo cônjuge do seu consorte passam a integrar o seu património, como se de um terceiro se tratasse, só podendo ser reduzidas por inoficiosidade[518]. Na

---

[517] *Vid. Da Imputação de Liberalidades..., op. cit.*, pp. 927-928 e 1035-1046. CORREIA RAMIREZ entende que esta solução bastaria, sendo prosseguido o equilíbrio de posições sucessórias entre o cônjuge sobrevivo e os descendentes mediante a reestruturação da posição do cônjuge no âmbito do fenómeno sucessório global, e não através da colação (*Vid. O Cônjuge Sobrevivo..., op. cit.*, p. 118).

[518] **Artº 1765º - Livre revogabilidade.**

1. *As doações entre casados podem a todo o tempo ser revogadas pelo doador, sem que lhe seja lícito renunciar a esse direito.*

opinião do autor, estes argumentos, aplicados à colação, reforçam o facto de esta apenas abranger os descendentes[519]. O autor conclui, na esteira de PAMPLONA CORTE-REAL, que, relativamente às doações feitas a herdeiros legitimários não sujeitos à colação (cônjuge e ascendentes), existe um mero problema de imputação, isto é, de saber em que parcela da herança deverão ser imputadas essas doações, problema esse que no caso do cônjuge sobrevivo deverá ser resolvido em sede de doações entre casados; no silêncio do doador, defende que a imputação deverá ser feita na quota disponível, até porque é o próprio legislador quem assim o determina no artº 2114º/1 do C.C. port.[520].

Já FERNANDO NOGUEIRA, embora considere igualmente que o cônjuge sobrevivo não está sujeito à colação por não proceder relativamente a ele o seu fundamento, defende ser mais justo que ele não venha a beneficiar da conferência que os descendentes donatários tenham que fazer à massa da herança porque, em sua opinião, também será de presumir que, se o autor da sucessão doa em vida bens a um filho quer favorecê-lo relativamente ao cônjuge. A solução que propõe não resulta

---

2. *A faculdade de revogação não se transmite aos herdeiros do doador.*
Artº 1685º - Disposições para depois da morte
1. *Cada um dos cônjuges tem a faculdade de dispor, para depois da morte, dos bens próprios e da sua meação nos bens comuns, sem prejuízo das restrições impostas por lei em favor dos herdeiros legitimários.*
2. *A disposição que tenha por objecto coisa certa e determinada do património comum apenas dá ao contemplado o direito de exigir o respectivo valor em dinheiro.*
3. *Pode, porém, ser exigida a coisa em espécie:*
a) Se esta, por qualquer título, se tiver tornado propriedade exclusiva do disponente à data da sua morte;
b) Se a disposição tiver sido préviamente autorizada pelo outro cônjuge por forma autêntica ou no próprio testamento;
c) Se a disposição tiver sido feita por um dos cônjuges em benefício do outro.
[519] Em sede de Direito Comparado o autor faz também referência aos artºs 737º e 738º do C.C. italiano, introduzidos com a Reforma de 1975, para concluir que também aí, embora sujeitando o cônjuge sobrevivo à colação na sua qualidade de herdeiro legitimário, o legislador não procurou uma igualação entre as posições do cônjuge e dos descendentes, tendo consagrado limites no sentido de excepcionar da colação os bens de módico valor que o cônjuge tivesse recebido do autor da sucessão - artº 737º (*Vid.* CORREIA RAMIREZ, *O Cônjuge Sobrevivo...*, *op. cit.*, pp. 103-111 e 114-119).
[520] *Vid. O Cônjuge Sobrevivo...*, *op. cit.*, pp. 120-121.

252 A Legítima do Cônjuge Sobrevivo - Estudo Comparado Hispano-Português

expressamente da lei, mas o autor crê que ela é defensável de *iure consti-tuto*, decorrendo de uma interpretação restritiva da locução "*todos os herdeiros*" empregue no art° 2108°/2, que deverá ser entendida no sentido de "*todos os descendentes*". Justifica esta interpretação com o facto de o cônjuge não ser herdeiro legitimário na redacção originária do C.C., pelo que, na altura, ao fazer menção a todos os herdeiros, o legislador teria pretendido referir os descendentes, na medida em que a colação é um instituto próprio da partilha entre descendentes[521].

A tese oposta às anteriormente referidas, que considera que o cônjuge está igualmente obrigado a colacionar as doações que lhe sejam feitas em vida pelo seu consorte, é defendida por vários autores, que são da opinião que a actual redacção do C.C., a propósito da colação, apresenta uma lacuna, ao não prever nem regular o caso de concurso do cônjuge sobrevivo com descendentes quando existam liberalidades em vida do autor da sucessão a favor de tais sucessíveis[522].

---

[521] *Vid.* FERNANDO NOGUEIRA, "A Reforma de 1977...", *loc. cit.*, pp. 690 e ss.. PIRES DE LIMA e ANTUNES VARELA recusam a solução, proposta por aquele autor, de proceder à interpretação restritiva do art° 2108°/2, por entenderem que ela não pode ser aceite: é contrária à letra da lei, que manda, implicitamente, proceder à igualação de todos os herdeiros e não só dos descendentes; afasta-se manifestamente do espírito da Reforma, que é de protecção do cônjuge sobrevivo; é uma solução artificial, na medida em que contabiliza, para o cálculo do valor global da herança e do valor da legítima do cônjuge, as doações feitas aos descendentes que, ao mesmo tempo, são consideradas parcialmente irrelevantes para o efeito da sua superação (*Vid. Código Civil Anotado*, VI, *op. cit.*, p. 182). Também CAPELO DE SOUSA não aceita a solução de só obrigar a conferir os descendentes donatários, com a correcção de a igualação de quotas se processar apenas a favor dos restantes descendentes, quer a igualação seja feita com base no remanescente da herança, quer com base nos quinhões legítimos que caberiam no remanescente da herança aos descendentes e ao cônjuge, uma vez que, nestes casos, haveria uma redução do quinhão hereditário do cônjuge, particularmente face aos descendentes a igualar, o que exorbita do âmbito da Reforma (*Lições...*, II, *op. cit.*, pp. 348-349).

[522] *Vid.* CAPELO DE SOUSA, *Lições...*, II, *op. cit.*, p. 342, e nota 1136; OLIVEIRA ASCENSÃO, *Direito Civil, op. cit.*, pp. 546-547. É também esta a posição manifestada por FRANÇA PITÃO, o qual considera que o espírito do instituto da colação, que transparece essencialmente no art° 2104° do C.C., justifica que se contemple o art° 2105° como norma meramente exemplificativa, que se limita a explicar a intenção que o legislador teve em mente com a colação na redacção originária do C.C., quando só os descendentes eram herdeiros legitimários; ao elevar o cônjuge sobrevivo à categoria de herdeiro legitimário

CAPELO DE SOUSA, o primeiro autor a debruçar-se mais aprofundadamente sobre o problema, justifica a existência dessa lacuna pelo recurso aos elementos de interpretação disponíveis, nomeadamente os nºs 50 e 51 do Preâmbulo do Dec.-Lei n.º 496/77, de 25 de Novembro, os quais, em sua opinião, traduzem uma intenção de atribuir ao cônjuge um título sucessório idêntico, em dignidade, ao dos descendentes, e de que lhe seja atribuída, em caso de concurso com estes, "uma parte de filho". Por outro lado, alega que a Reforma de 1977 teve um carácter pontual, pelo que seria normal que não estivesse prevista a revisão de um instituto complexo como é o da colação, e que, se o legislador tivesse querido excluir o cônjuge sobrevivo do instituto da colação no caso de concurso com descendentes, deveria ter exprimido o seu pensamento em termos adequados[523].

Para este doutrinador é inconcebível que o cônjuge, chamado à herança juntamente com os descendentes do autor da sucessão, não fique, tal como eles, sujeito à colação, e que lhe possa aproveitar o aumento da massa hereditária pela imputação das liberalidades nos quinhões hereditários dos descendentes donatários sujeitos à colação. Segundo ele, este regime não teria fundamento, nem mesmo numa ideia de tratamento sucessório mais favorável do cônjuge, manifestado através dos artºs

---

prioritário, a par dos descendentes, o legislador deveria ter alterado os artºs 2104º e 2105º, por forma a abrangê-lo na sua letra (*Vid. A Posição do Cônjuge Sobrevivo...*, *op. cit.*, pp. 62-64).

[523] CORREIA RAMIREZ rebate estes argumentos, alegando que o legislador da Reforma de 1977 pretendeu aproximar, nalguns aspectos, a posição sucessória do cônjuge sobrevivo à dos filhos, nomeadamente atribuindo-lhe a legítima em propriedade (sendo apenas em relação a este aspecto que o Preâmbulo do Dec.-Lei n.º 496/77 utiliza a expressão "parte de filho"); contudo, seria excessivo admitir uma intenção de equiparação total, razão pela qual é perfeitamente aceitável que o instituto da colação se tenha mantido inalterado; além disso, refere que a não alteração do regime da colação foi uma decisão tomada conscientemente pela Comissão Revisora, a qual expressou a sua intenção de não adoptar uma posição específica sobre a matéria, em virtude das divergências entre os seus membros; por fim, menciona que as alterações introduzidas pela Reforma nas sucessões legitimária e legítima em nada modificaram o fim da colação: aquelas visaram a aproximação das posições sucessórias de cônjuge e descendentes, mediante estas o legislador continuou a proceder a uma interpretação da vontade do autor da sucessão presumindo que, por ter igual afecto a todos os seus descendentes, apenas quis com a doação antecipar a quota hereditária respectiva, daí o objectivo da igualação continuar a atingir apenas os descendentes (*Vid. O Cônjuge Sobrevivo...*, *op. cit.*, pp. 99- 102).

254   *A Legítima do Cônjuge Sobrevivo - Estudo Comparado Hispano-Português*

2139º/1, 2142º, 2157º e 2103º - A e ss. do C.C., porque estas normas constituem excepções à regra da vocação conjunta e igualitária dos cônjuges em concurso com os descendentes (nºs 50 e 51 do Preâmbulo do Dec.-Lei 496/77); como tal, não podem ser analogicamente aplicáveis, nem objecto de interpretação extensiva, para efeitos de exonerar o cônjuge da colação e de o beneficiar com a colação dos descendentes, por falta do mínimo de correspondência verbal para tais efeitos. Do ponto de vista da vontade presumida do autor da sucessão, considera razoável admitir, agora que o cônjuge sobrevivo é também herdeiro legitimário, que as liberalidades feitas em vida ao cônjuge têm o intuito de mera antecipação do seu quinhão hereditário[524].

Em nossa opinião, é excessivo o entendimento de que o cônjuge sobrevivo se encontre sujeito à colação no C.C. port., pois, se tivesse sido essa a intenção do legislador, o mesmo teria, certamente, procedido às necessárias adaptações da normativa colatícia. Além disso, a não sujeição do cônjuge sobrevivo à colação apresenta-se-nos conforme com a intenção clara da Reforma de 1977 em avantajá-lo, dando-lhe um tratamento diferenciado relativamente aos descendentes, e colocando-o numa posição sucessória distinta[525]. Estamos também em crer que o fundamento e o objectivo da colação condicionam o problema da sujeição, ou não, do cônjuge sobrevivo. Se o fundamento da colação é, como já admitimos, o de considerar a liberalidade como antecipação da quota hereditária, com vista a conduzir à igualação da partilha como expressamente refere a lei - artºs 2104º do C.C. port. e 1047º e 1048º do C.C. esp. - não parece justificável, à sua luz, a sujeição do cônjuge sobrevivo, o qual não tem porque ser igualado com os descendentes visto encontrar-se num plano sucessório diferente. Manifestamo-nos a favor de que, embora não estando sujeito à colação, o cônjuge sobrevivo beneficia da conferência a que estejam obrigados os outros legitimários, face ao teor do artº 2108º do C.C.. Questão distinta será a de saber quais os reparos que possa merecer a solução consagrada no Código Civil português, atendendo a que coloca

---

[524] *Vid. Lições...*, II, *op. cit.*, pp. 342 e ss..

[525] Entendemos que não pode presumir-se uma igualdade de afectos entre cônjuges e entre pais e filhos, e que só essa igualdade poderia fazer presumir uma igualdade de tratamento do cônjuge relativamente aos descendentes, quer fosse pretendida pelo autor da sucessão, quer fosse pretendida pela própria lei.

o cônjuge sobrevivo numa situação de extremo privilégio em comparação com os descendentes.

B) No Código Civil espanhol

No C.C. esp., o artº 1035º começa por sujeitar à colação os herdeiros forçosos que, tendo recebido em vida do *de cujus* bens ou valores a título gratuito, queiram concorrer à sucessão com outros herdeiros do mesmo tipo. No conceito de herdeiros forçosos insere-se, desde a Reforma de 1981 do Código Civil, o cônjuge sobrevivo, por força do seu artº 807º. Perante a redacção originária do C.C. já a doutrina entendia que o cônjuge não estava sujeito à colação, uma vez que o artº 1334º daquele diploma proibia as doações entre cônjuges, à excepção dos *"regalos de costumbre"*, ofertas módicas e usuais que estavam isentas da colação - artº 1041º do C.C.[526]. Após a Reforma de 1981 este argumento deixou de ter pertinência para excluir o cônjuge sobrevivo da colação, na medida em que o novo artº 1323º do C.C. passou a admitir a validade das doações, bem como de outro tipo de contratos entre cônjuges, na constância do casamento[527]. A doutrina adoptou então outro argumento: o de que a expressão "herdeiro forçoso" é utilizada no artº 1035º do C.C. em sentido técnico, como sinónimo de sucessor universal, e que o cônjuge sobrevivo, em concurso com outros sucessores, não é um herdeiro ou sucessor universal, uma vez que sucede sempre em usufruto e os herdeiros podem comutar-lhe a legítima nos termos do artº 839º do C.C.[528].

---

[526] *Vid.* ROCA JUAN, *Comentarios...*, T. XIV, Vol. 2º, *op. cit.*, p. 17; PUIG BRUTAU, *Fundamentos...*, T. V, 3º, *op. cit.*, pp. 512-513.

[527] PUIG BRUTAU refere que, antes da Reforma do C.C. operada pela Lei 11/1981, de 13 de Maio, se excluía o cônjuge sobrevivo da colação, ainda que tivesse sido instituído herdeiro, porque o artº 1334º do C.C. proibia, em regra, as doações entre casados e as únicas doações permitidas - os *"regalos de costumbre"* - não estavam, segundo o artº 1401º do C.C., sujeitas à colação. Uma vez que, após a Reforma de 1981, o artº 1323º do C.C. permite plenamente as doações entre cônjuges, o autor afirma que caiu por terra o fundamento invocado pela doutrina para não sujeitar o cônjuge à colação (*Vid. Fundamentos...*, T. V, 3º, *op. cit.*, pp. 512-513).

[528] *Vid.* J. ROCA JUAN, *Comentarios...*, T. XIV, Vol. 2º, *op. cit.*, pp. 17-18. O'CALLAGHAN MUÑOZ, *Compendio...*, V, *op. cit.*, pp. 411-412, entende que só têm dever de colacionar, e direito de exigir e beneficiar da colação, os legitimários cuja legíti-

A doutrina e a jurisprudência continuam, portanto, a defender, unanimemente, que só estão sujeitos à colação os herdeiros forçosos que sejam sucessores universais do autor da sucessão, quer tenham sido instituídos por este, quer por chamamento da lei. Assim, atendendo à especial forma como a legítima vidual é atribuída, surgem dois panoramas: para aqueles que consideram que o cônjuge é herdeiro, não existem dúvidas quanto à sua sujeição à colação; entre aqueles que defendem que o cônjuge é um mero legatário, alguns negam que esteja obrigado a colacionar, enquanto outros admitem o seu dever de colacionar em certos termos.

ALBALADEJO considera que o cônjuge não é herdeiro quando sucede numa quota legal, e que nem sequer na hipótese de ser instituído herdeiro pelo autor da sucessão, caso em que seria simultaneamente herdeiro e legitimário, terá que colacionar as doações que lhe sejam feitas em vida pelo seu consorte, pois enquanto legitimário não tem direito a bens da herança em propriedade[529]. Parece adoptar a mesma posição VALLET DE GOYTISOLO, o qual considera ter sido um erro do Código Civil alargar o instituto aos herdeiros forçosos, afastando-se do regime clássico que apenas sujeitava à colação os descendentes que à data da doação fossem presuntivos legitimários do doador[530]. Contudo, para este eminente doutrinador, apesar da sua não sujeição à colação, as doações feitas em vida ao cônjuge deverão ficar submetidas às mesmas regras de imputação que se aplicam às doações a filhos - art° 819°/1 do C.C. - isto é, deverão ser imputadas na respectiva legítima, salvo disposição em contrário do doador[531].

---

ma consista em bens da herança em propriedade e que sucedam ao autor da sucessão como herdeiros. Neste sentido, manifesta-se também LACRUZ BERDEJO, *Elementos...*, V, *op. cit.*, p. 154.

[529] *Vid.* ALBALADEJO, *Curso...*, V, *op. cit.*, pp. 187-188 e nota 1 da p. 188; ROCA SASTRE, *Notas al Derecho de Sucesiones de Theodor Kipp*, T.V, 2°, *op. cit.*, p. 308.

[530] *Vid. Panorama...*, II, *op. cit.*, p. 779 e 786.

[531] Quando o autor era da opinião que a legítima vidual era atribuída directamente por lei, sugeria a imputação das doações em vida feitas pelo consorte na quota disponível, acrescendo, assim, à própria legítima; actualmente, tendo modificado a sua posição quanto à existência de um chamamento legitimário autónomo do cônjuge sobrevivo, entende que as referidas doações devem imputar-se na quota vidual, desde que não seja outra a vontade do autor da sucessão (*Vid. Comentarios...*, T. XI, *op. cit.*, p. 282).

REAL PÉREZ, partindo do princípio de que só os legitimários-herdeiros estão obrigados a colacionar, porque só entre co-herdeiros procedem os efeitos da colação[532], admite, sem quaisquer reservas, que deve colacionar o cônjuge sobrevivo instituído herdeiro pelo autor da sucessão, embora duvide da sua sujeição ao instituto quando a qualidade de herdeiro lhe seja atribuída por lei no chamamento à sucessão intestada[533]. Diferentes são as posições de MUÑOZ GARCIA e ROCA JUAN, os quais não consideram que o cônjuge esteja sujeito à colação, nem mesmo no caso de ser instituído herdeiro pelo autor da sucessão, na totalidade ou numa quota da herança; a primeira, porque entende que a colação só tem lugar entre herdeiros forçosos da mesma classe ou grupo, e que o cônjuge sobrevivo não concorre com herdeiros da mesma classe ou grupo, ainda que seja instituído pelo autor da sucessão[534]; o segundo porque entende que, mesmo sendo herdeiro testamentário, a quota legal do cônjuge enquanto legitimário continuaria a ser em usufruto, não tendo direito a bens em propriedade[535].

O principal argumento utilizado para justificar a não sujeição do cônjuge sobrevivo à colação é o de que este, na sua qualidade de legitimário, não é herdeiro, uma vez que não sucede na totalidade dos direitos e obrigações do *de cujus*, mas apenas num direito de gozo resultante de um desmembramento da propriedade, limitado, vitalício e intransmissível *mortis causa*. A STS de 17 de Março de 1989[536] pareceu reconhecer o carácter de herdeiro forçoso da viúva para efeitos de colação, admitindo-a como sujeito passivo da colação beneficiado pela obrigação de colacionar a que estavam sujeitos os demais herdeiros forçosos. Mais recentemente, a STS de 25 de Outubro de 2000[537] afirmou expressamente, no seu Terceiro Fundamento de Direito, que o artº 1035º do C.C. esp. só impõe a obrigação de colacionar aos herdeiros forçosos, e não reconheceu esta

---

[532] *Vid.*, no mesmo sentido, PUIG BRUTAU, *Fundamentos...*, T. V, 3º, *op. cit.*, pp. 509-510.

[533] REAL PÉREZ, *Intangibilidad Cualitativa...*, *op. cit.*, pp. 126-127.

[534] MUÑOZ GARCIA, *La Colación...*, *op. cit.*, p. 149.

[535] ROCA JUAN, *Comentarios...*, T. XIV, Vol. 2º, *op. cit.*, p. 18.

[536] *RJA*, 1989, nº 2161.

[537] *AC*, Nº 8, 2001, nº 177.

258   *A Legítima do Cônjuge Sobrevivo - Estudo Comparado Hispano-Português*

qualidade ao cônjuge sobrevivo, apesar de possuir a condição de herdeira universal do seu falecido consorte, por considerar que não se enquadrava naquela categoria ao abrigo do disposto nos artºs 834º a 840º do C.C. esp., acrescentando que "...*el cónyuge viudo, en lo que se refiere a la cuota usufructuaria, tal como considera la doctrina en general, parece excluido de esta obligación tanto por su peculiar situación jurídica en la sucesión, como por la finalidad de la colación, que no es otra que la de igualar a los iguales.*".

Parece-nos, contudo, que, sendo instituído herdeiro pelo autor da sucessão numa quota em propriedade, o cônjuge sobrevivo passará a preencher os pressupostos subjectivos do instituto colatício apontados pela doutrina: trata-se de herdeiro forçoso que passa a suceder em bens hereditários em propriedade e é co-partícipe na herança, pelo que, neste caso, deveria colacionar, bem como beneficiar da colação a que estivessem obrigados outros legitimários[538]. No caso de ser herdeiro por força da lei na sucessão intestada, parece-nos que falta um dos requisitos da colação que é o concurso com outros herdeiros forçosos, uma vez que o seu chamamento à sucessão intestada pressupõe a inexistência de descendentes e ascendentes do autor da sucessão, ou que estes tenham sido deserdados. Na qualidade de mero legatário parece-nos que o cônjuge sobrevivo não terá que colacionar. Todavia, se a qualificação do cônjuge sobrevivo como legatário não suscita dúvidas no caso do chamamento voluntário ao usufruto universal ou de uma quota da herança[539], já no caso do chamamento legal ao usufruto poderá questionar-se se estare-

---

[538] Não nos devemos esquecer, no entanto, que o cônjuge sobrevivo também é maioritariamente considerado co-partícipe, não podendo a partilha ser efectuada sem a sua intervenção, mesmo nos casos em que só tem direito à sua legítima em usufruto.

[539] Neste caso resulta claro que o usufrutuário não passa a ocupar a posição do *de cujus*, uma vez que sucede num único direito que se constitui *ex novo* por vontade daquele - direito de usufruto - o qual é difícil de conciliar com a ideia de quota; o usufruto universal está, além disso, sujeito a um regime distinto de responsabilidade por dívidas (o usufrutuário universal só sucede na parte activa do património e só contribui para pagar as dívidas da herança e obrigações testamentárias que estejam a cargo dos frutos da herança) e, por outro lado, o titular do usufruto só responde perante o herdeiro e não directamente perante os credores da herança (*Vid.* GARCIA RUBIO, *La Distribucion...*, *op. cit.*, pp. 103-105).

mos perante um verdadeiro legado, atendendo a que uma das característi-cas deste é a voluntariedade[540].

CAPÍTULO QUARTO
DIREITOS E DEVERES DO CÔNJUGE SOBREVIVO
LEGITIMÁRIO

I - Introdução

Neste Capítulo passaremos à análise da posição sucessória do côn-juge sobrevivo nos Códigos Civis português e espanhol, na expectativa de que a mesma nos permita dar mais um passo na busca de resposta para o problema da natureza jurídica da legítima do cônjuge supérstite. No direi-to português esta questão é bem mais linear, na medida em que o cônjuge sobrevivo possui direitos como herdeiro, embora deva realçar-se que lhe assistem alguns direitos exclusivos que demarcam a sua posição relativa-mente aos demais[541]. No Código Civil espanhol, apesar de a maioria da doutrina recusar ao cônjuge a qualidade de herdeiro forçoso ou entender, pelo menos, que se trata de um herdeiro completamente diferente dos demais, não podemos deixar de reconhecer-lhe uma série de direitos, deveres e proibições - os mesmos que compõem a posição normal de qual-

---

[540] Neste sentido, GARCIA RUBIO considera que com a atribuição legal do usufru-to vidual a lei pretende atingir objectivos diferentes daqueles que se alcançam com a apli-cação da figura do legado. A autora qualifica o legado legal como uma sucessão anómala (*Vid. La Distribucion...*, *op. cit.*, p. 121), o que, de alguma forma, parece coincidir com a ideia de LACRUZ BERDEJO de que o usufruto, quer legal quer voluntário, será um *tertium genus* entre a herança e o legado.

[541] Por exemplo, o direito a receber, pelo menos, uma quarta parte da quota legi-timária, ou de toda a herança se não houver testamento, quando concorra com descen-dentes do autor da sucessão, o direito, no momento da partilha, às atribuições preferen-ciais dos direitos de habitação da casa de morada da família e uso do respectivo recheio, ou ainda o facto de não ter de colacionar as doações recebidas em vida do autor da sucessão e beneficiar da colação dos descendentes.

260   *A Legítima do Cônjuge Sobrevivo - Estudo Comparado Hispano-Português*

quer legitimário - que o colocam em posição muito próxima à dos herdeiros, sobretudo no plano activo. Alguns autores fazem, no entanto, questão de advertir que a esfera de direitos, faculdades e deveres do cônjuge sobrevivo não resulta da qualidade de herdeiro forçoso, que não possui, mas do importante interesse que detém na herança do seu falecido consorte, por ser titular de uma quota que, embora em usufruto, é uma quota ideal e abstracta do património hereditário[542].

Deixando para outra ocasião a questão da qualidade a atribuir ao cônjuge sobrevivo por força da sua legítima - herdeiro forçoso, mero legatário, ou outra - não há como negar que ele é detentor de uma forte posição jurídica, semelhante à dos herdeiros em variadíssimos aspectos. A doutrina espanhola é unânime em considerá-lo um partícipe na comunhão hereditária[543], uma vez que participam dela todos os sucessores do autor da sucessão que tenham um direito hereditário não concretizado sobre bens determinados[544]. Além disso, o reconhecimento da sua posição de copartícipe na herança justifica-se ainda mais pela forte probabilidade de, além de sucessor, se apresentar também como meeiro, e resulta reforçada pela garantia que representam todos os bens da herança para satisfação da sua quota em usufruto, enquanto esta não seja concretizada ou comutada - artº 839º/2 do C.C. esp.. Assim, independentemente de apurar o título pelo qual se considera chamado à sua quota legitimária, o cônjuge sobre-

---

[542] Neste sentido, PUIG BRUTAU, *Fundamentos...*, T. V, 3º, *op. cit.*, pp. 62 e ss., e ROCA-SASTRE MUNCUNILL, *Derecho de Sucesiones*, II, *op. cit.*, pp. 311-312.

[543] Em sentido amplo pode entender-se que existe comunhão hereditária não só quando concorram à sucessão dois ou mais herdeiros, mas também nos casos em que um único herdeiro concorra com legitimários, ou de concurso de vários legitimários não existindo qualquer herdeiro, uma vez que o critério a considerar é o da existência de direitos a uma quota dos bens da herança. Basta que exista mais do que um sucessor com direito a uma quota de bens da herança para que exista comunhão hereditária; (*Vid.* ESPEJO LERDO DE TEJADA, *La Legítima...*, *op. cit.*, pp. 316-317).

[544] *Vid.* ALBALADEJO, *Curso...*, V, *op. cit.*, p. 120; PUIG BRUTAU, *Fundamentos...*, T. V, 3º, *op. cit.*, p. 62; BELTRÁN DE HEREDIA, *Derecho de Sucesiones*, coord. por MONTÉS PENADÉS, *op. cit.*, p. 407. Também a jurisprudência considera o cônjuge sobrevivo legitimário como sujeito da comunhão hereditária, com base no direito abstracto que ostenta sobre uma quota da herança, e porque esse direito necessita de ser fixado e concretizado na partilha; Cfr. as SSTS de 11 de Janeiro de 1950 (*RJA*, 1950, nº 21), de 30 de Janeiro de 1960 (*CLJC*, t. 85, nº 48), e de 24 de Janeiro de 1978 (*JC*, 1978, nº 24).

vivo deve participar em todos os actos que exijam intervenção dos co-partícipes o que, desde logo, lhe confere uma posição de destaque.

A posição do cônjuge sobrevivo na comunhão hereditária é, portanto, idêntica à dos restantes comunheiros[545]: tem direito a administrar e usar as coisas da herança - artºs 398º e 394º do C.C. esp.- e, consequentemente, a possuí-las em nome da comunidade, estando igualmente legitimado para exercer as acções possessórias que tenham cabimento em defesa da sua posse contra estranhos e até contra os outros co-possuidores; tem o direito de adoptar as medidas que se revelem necessárias para a conservação dos bens e de obrigar os demais partícipes a contribuir para as despesas de conservação na proporção das respectivas quotas - artºs 393º e 395º do C.C. esp.; tem o direito de, em conjunto com todos os outros co-partípes, fazer alterações nos bens, ou dispor de bens determinados da herança ou de quotas da mesma - artº 397º do C.C. esp. - podendo ainda dispor individualmente da sua quota como um todo - artºs 1067º do C.C. esp. e 46º/3 da LH; a sua intervenção é necessária para a alienação de bens pertencentes à comunhão hereditária e para a entrega dos legados, mesmo que não seja herdeiro testamentário ou legal[546].

---

[545] O C.C. espanhol não oferece uma regulação da comunhão hereditária enquanto tal, razão pela qual a doutrina e a jurisprudência pendem para uma aplicação analógica dos artºs 392º a 406º do C.C., que regulam a comunhão de bens em geral; alguma jurisprudência tem considerado que a comunhão hereditária é composta também pelos bens provenientes da sociedade conjugal, na medida em que ainda não tenham sido partilhados, incluindo os bens sub-rogados no lugar daqueles, em data posterior à da abertura da sucessão, por quem tenha a administração da herança (*Vid.* ROCA SASTRE, *Notas al Derecho de Sucesiones de Kipp*, V, 2º Vol., *op,. cit.*, p. 254, citando a STS de 12 de Dezembro de 1958).

[546] Os artºs 885º do C.C. esp. e 2265º do C.C. port. dispõem como regra geral que os legatários não adquirem automaticamente o direito a ocupar as coisas legadas, tendo que reclamar a sua entrega dos herdeiros. Esta regra tem essencialmente em vista a protecção dos credores do autor da sucessão e dos próprios legitimários, evitando a frustração do seu direito pela dispersão do património hereditário. A existência de legítimas impõe, assim, a necessidade de intervenção dos legitimários na entrega dos legados e, no caso do C.C. esp., implica o afastamento das excepções ao artº 885º (excepções à necessidade de entrega dos legados pelos herdeiros nos casos de o testador facultar ao legatário a possibilidade de ocupar por si próprio a coisa legada, de distribuição de toda a herança em legados quando o testador não tenha incumbido *contador-partidor* ou *albacea* da entrega dos bens, de pré-legado, ou quando o legatário esteja já na posse do próprio bem legado), não

A falta de intervenção do cônjuge sobrevivo na entrega dos legados, ou a entrega efectuada sem o seu consentimento ou sem que o *albacea* autorizado para o efeito tenha realizado a partilha, em contravenção do disposto no artº 885º do C.C. esp., conduz à impugnabilidade da entrega, podendo os efeitos da impugnação ser opostos a terceiros adquirentes dos bens legados que não estejam protegidos pelos artºs 464º do C.C esp. ou 34º da LH. Resumindo, o cônjuge sobrevivo deverá participar de quaisquer actos que exijam a intervenção dos comunheiros, mesmo que não seja herdeiro testamentário ou legal, o que o coloca em posição muito próxima à dos herdeiros. Mas, mais do que isso, ele possui, pela sua posição específica, determinados direitos e deveres relativamente à herança, alguns deles expressamente atribuídos por lei, outros reconhecidos pela mais autorizada doutrina e pela jursprudência.

II - Gestão e administração dos bens da herança

1. Introdução

O cônjuge sobrevivo pode assumir um papel importante na gestão e administração do património hereditário[547], beneficiando, nalguns casos, de uma preferência para ocupar o cargo de administrador da herança - artºs 795º/2º da Lei 1/2000, de 7 de Janeiro, de *Enjuiciamiento Civil*[548], e 2080º/ 1, al. a), do C.C. port..

---

podendo, em caso algum, os legatários ocupar por si os próprios bens legados. A intervenção do cônjuge sobrevivo na entrega dos legados constitui uma garantia dos seus direitos, a cujo cumprimento o património hereditário está afecto. Neste sentido, *Vid.* GARCIA RUBIO, *La Distribucion...*, *op. cit.*, pp. 168 e ss..

[547] A administração da herança não recebeu tratamento unitário no C.C. esp., o que dificulta a sua análise; o instituto está previsto pontualmente para certas situações - *v.g.* os artºs 801º a 804º, 965º a 967º e 999º, último parágrafo - encontrando a sua regulamentação mais ampla no âmbito da aceitação a benefício de inventário - artºs 1020º e 1026º a 1032º; a nova lei adjectiva espanhola - *Ley* 1/2000, de 7 de Janeiro, *de Enjuiciamiento Civil* - contém também normas que, embora regulando casos específicos de administração no âmbito do procedimento para divisão judicial da herança, proporcionam uma visão mais globalizante do instituto e para as quais o Código Civil remete frequentemente.

[548] Artºs 976º e 1069º/3º da LEC revogada.

Segundo o art° 795°/2° da nova LEC, atender-se-á, em primeiro lugar, às disposições testamentárias sobre a administração da herança e, na sua falta, é o Tribunal que designa o administrador judicial, figurando o cônjuge sobrevivo como preferente, desde que possua capacidade de administração. A lei continua a dar preferência ao cônjuge sobrevivo na administração judicial da herança, quer durante a tramitação da declaração de herdeiros, quer durante a tramitação da divisão judicial da herança.

No período de jacência da herança, em que o património hereditário se encontra desprovido de sujeito enquanto não se verifica a aceitação pelo herdeiro, o cônjuge sobrevivo possui poderes alargados, uma vez que o art° 798° da LEC confere ao administrador, para além do poder de representação da herança no que respeita à sua administração, conservação e custódia - art° 798°/2 - legitimidade para representá-la judicialmente, actuando em defesa dos direitos da mesma - art° 798°/1[549].

---

[549] Na antiga *Ley de Enjuiciamiento Civil*, promulgada por Real Decreto de 3 de Fevereiro de 1881, o cônjuge podia ser chamado a desempenhar provisoriamente o cargo de administrador judicial, nos termos do art° 976° que, durante a providência de *abintestato*, mandava nomear depositário-administrador dos bens da herança o cônjuge sobrevivo que habitasse em companhia do *de cujus*, quando tivesse capacidade legal para os administrar. O *juicio de abintestato* aplicava-se às situações de herança jacente sempre que o autor da sucessão houvesse falecido sem testamento, ignorando-se quais as pessoas com direito à herança, e também nos casos em que o testamento não contivesse instituição de herdeiro na totalidade ou em parte dos bens, ou se limitasse a dispor de parte dos bens do testador, dando, assim, lugar à abertura da sucessão legítima ou intestada - art° 912°/2° do C.C.; este processo assumia duas finalidades: preventiva, com vista à adopção de medidas para custódia, conservação e regular administração dos bens - art°s 959° a 976° da LEC revogada - e declarativa, destinada à determinação das pessoas com direito à herança - art°s 977° a 1004° da LEC; podia ser promovido oficiosamente ou a pedido de parte interessada, designadamente o cônjuge sobrevivo, nos termos do art°s 973°/2° da LEC; a administração dos *abintestatos* estava regulada na Secção IV, do Título IX, do Livro II da LEC - art°s 1005° e ss. Actualmente esta finalidade é prosseguida no âmbito do processo especial de divisão judicial da herança - art°s 782° e ss. da nova LEC - com recurso à *Intervención del Caudal Hereditario* - art° 790° e 791° do mesmo diploma legal. As normas da antiga LEC sobre o procedimento de *abintestato* - art°s 977° e ss. - mantêm-se em vigor e são necessariamente aplicáveis para proceder à divisão da herança quando não haja testamento, por força do n° 1, 2ª, da Disposição Derrogatória Única da Lei 1/2000, de 7 de Janeiro.

Também no *juicio de testamentaria* a lei dispunha que, na falta de nomeação testamentária de administrador e na falta de acordo entre os interessados quanto à adminis-

264 *A Legítima do Cônjuge Sobrevivo - Estudo Comparado Hispano-Português*

Por sua vez, o C.C. port. dá preferência na administração da herança jacente ao cabeça-de casal - art° 2048°/1 - dispondo que só terá cabimento a nomeação de curador da herança jacente na falta de quem legalmente administre os bens, ou seja, na falta de cabeça-de-casal; isto significa que, existindo cabeça-de-casal, este terá a seu cargo a administração da herança também na fase de jacência. Este aspecto torna-se extremamente relevante, na medida em que o cônjuge sobrevivo surge a encabeçar a lista de pessoas a quem cabe, em princípio, o cabeçalato - art° 2080°/1, al. a), do C.C. port. - sempre que não se encontre separado judicialmente de pessoas e bens e seja herdeiro ou tenha meação nos bens do casal[550]. Assim, para que o cônjuge sobrevivo seja cabeça-de-casal é necessário que o casamento se tenha dissolvido pela morte do outro cônjuge. Nos casos de divórcio e de declaração judicial de nulidade ou anulabilidade do casamento o ex-cônjuge não pode ser cabeça-de-casal, porque já não tem a qualidade de cônjuge nem de herdeiro - art° 2133° do C.C. - nem possui já direito à meação dos bens do casal - art°s 1688°, 1689° e 1789° do mesmo diploma. Também o ex-cônjuge divorciado cuja sentença tenha transitado em julgado à data da abertura da sucessão, venha a transitar após essa data, ou seja proferida nos termos do art° 1785°/3 do C.C., fica afastado da sucessão legal como herdeiro e do referido cargo, ainda que declarado não culpado - art°s 2133°/3 e 2157° do C.C.. Somente nos casos de casamento putativo (declaração judicial de anulação de casamento

---

tração e gestão da massa hereditária - art° 1068° LEC - o juíz nomeasse administrador o cônjuge sobrevivo, se entendesse que era idóneo e reunia a capacidade necessária para o exercício do cargo - art° 1069/3° LEC. O *juicio de testamentaria* visava executar a última vontade do *de cujus* expressa em testamento e podia ser instaurado oficiosamente - art° 1041° da LEC - ou a pedido de qualquer interessado - art° 1037° da LEC - incluindo o cônjuge sobrevivo, nos termos do art° 1038°/2° do mesmo diploma; a administração das testamentarias estava regulada na Secção IV, do Título X, do Livro II da LEC - art°s 1096° e ss..

[550] PIRES DE LIMA/ANTUNES VARELA chamam a atenção para o facto de actualmente o cônjuge ser chamado com maior frequência ao exercício do cargo, relativamente à versão primitiva do C.C. de 1966, pois, tendo sido elevado à categoria de herdeiro legitimário, possui a qualidade de herdeiro na generalidade dos casos enquanto antes só podia sê-lo por chamamento legítimo ou testamentário (*Vid. Código Civil Anotado*, VI, *op. cit.*, pp. 137-138).

civil, ou de nulidade do casamento católico, que transite em julgado após a abertura da sucessão e em que haja boa fé de pelo menos um dos cônjuges) se mantêm os efeitos sucessórios, podendo o cônjuge putativo ser cabeça-de-casal. O cargo também não pode recair sobre o cônjuge sobrevivo separado judicialmente de pessoas e bens, na medida em que este não é herdeiro do *de cujus* - artºs 2133º/3 e 2157º do C.C. - e deixaram de existir bens comuns por força da separação, isto apesar da manutenção do vínculo conjugal em certos moldes - artº 1795º-A do C.C.. A simples separação judicial de bens e a separação de facto não obstam ao exercício do cabeçalato porque, embora possa não existir já meação nos bens do casal, (o que acontece no primeiro caso) os cônjuges continuam a ser herdeiros entre si.

Na fase da comunhão hereditária, ou seja, no período que medeia a aceitação da herança e a partilha, a administração dos bens no ordenamento sucessório português cabe, em princípio, ao cabeça-de-casal, que será o cônjuge sobrevivo, quando exista - artºs 2079º e 2080º/1, al. a), do C.C. port. - embora o carácter supletivo dos artºs 2080º a 2083º do C.C., expressamente afirmado no artº 2084º do mesmo diploma, possibilite aos interessados na herança a escolha de um cabeça-de-casal sem obediência às regras legais[551]. Quanto ao ordenamento espanhol, o C.C. e a LEC con-

---

[551] Questão pertinente é a de saber se as disposições contidas nos artºs 2080º a 2083º do C.C. podem ser afastadas pelo autor da sucessão mediante a nomeação de cabeça-de-casal em testamento. Embora algum autor admita a relevância da vontade do testador na nomeação de administrador hereditário, para além do caso específico de nomeação de testamenteiro, o qual, nos termos do artº 2080º/1, al. b), do C.C., pode exercer as funções de administrador na falta de cônjuge sobrevivo (*Vid.* OLIVEIRA ASCENSÃO, *Direito Civil...*, *op. cit.*, pp. 489-490), outros negam ao autor da sucessão, por não ser interessado na herança, qualquer hipótese de afastar as regras dos artºs 2080º e ss., impedindo a nomeação de cabeça-de-casal resultante da lei, do acordo dos interessados ou de decisão judicial. (Neste sentido, *Vid.* CAPELO DE SOUSA, *Lições...*, II, *op. cit.*, pp. 64 e ss., e PIRES DE LIMA/ANTUNES VARELA, *Código Civil Anotado*, VI, *op. cit.*, pp. 142-143). CAPELO DE SOUSA alega que a *ratio* do artº 2084º do C.C. não abrange a hipótese de designação do cabeça-de-casal por testamento, o que, a seu ver, é desde logo evidenciado pela epígrafe do artigo, e que as suas regras exprimem objectivos legais dificilmente conciliáveis com a estipulação unilateral e sem reservas do cabeçalato pelo *de cujus*. Embora seja possível que o testamenteiro nomeado pelo *de cujus* venha a ser cabeça-de-casal - artº 2080º/1, al. b) - ele surge apenas em segundo plano após o cônjuge sobrevivo, e, perante a existência deste ou de inventário obrigatório, não pode ser encarregado pelo testador do cumprimento de legados e outros encargos - artº 2327º C.C. - estando a liberdade testa-

266   *A Legítima do Cônjuge Sobrevivo - Estudo Comparado Hispano-Português*

sagram várias modalidades possíveis de administração durante a fase da comunhão hereditária. A regra no C.C. esp. é a de que prevalece sempre a vontade manifestada em testamento pelo autor da sucessão acerca da administração da herança e da designação de administrador - administração testamentária; seguidamente, a forma de administração mais comum é a levada a cabo pelos próprios herdeiros enquanto executores naturais da herança, nos termos dos artºs 911º e 999º, parágrafo 3º, do C.C. esp.- administração legal; por último, pode haver lugar à administração do património hereditário por acordo entre as pessoas chamadas à herança, que confiam a administração dos bens a um sujeito, que tanto pode ser um dos co-herdeiros ou um estranho - administração convencional. Os herdeiros, os legatários de parte alíquota, os credores, ou mesmo o cônjuge sobrevivo, podem ainda colocar a herança em administração judicial, solicitando a intervenção judicial na mesma, nos termos do artº 792º da LEC[552]. Na falta de qualquer das referidas modalidades de

---

mentária limitada nestes casos pela própria lei. Assim, para este autor a designação de cabeça-de-casal pelo testador só pode ocorrer no espaço deixado em aberto para o testamenteiro. Embora a lei não preveja aquela situação, tendemos a concordar com OLIVEIRA ASCENSÃO que, se ela permite que o autor da sucessão designe indirectamente administrador da herança, através da nomeação de um testamenteiro, não há porque negar-lhe a possibilidade de nomeá-lo directamente. Por outro lado, parece-nos perfeitamente aceitável a aplicação do disposto pelo testador quanto à nomeação de cabeça-de-casal, quando seja unanimemente aceite pelos herdeiros e pelo Ministério Público nos casos em que este intervenha.

Vislumbramos, no entanto, algum consenso na doutrina quanto à impossibilidade de o autor da sucessão impor a inexistência de cabeça-de-casal, uma vez que isso iria prejudicar os próprios interesses que a lei visa tutelar com a figura, nomeadamente os dos credores (*Vid.* CAPELO DE SOUSA, *Lições...*, II, *op. cit.*, pp. 64 e ss.).

[552] A intervenção judicial da herança envolve um conjunto de medidas, como o inventário, depósito, e administração dos bens, destinadas a preservar os mesmos. A formação de inventário implica a definição pelo orgão judicial das condições de conservação, custódia, e administração dos bens inventariados, devendo o juíz ter em conta a vontade manifestada a este respeito em testamento pelo autor da sucessão e, na falta desta, o disposto no artº 795º/2 da LEC.

O mesmo acontecia na anterior LEC face aos seus artºs 973º e 1038º; Em caso de administração judicial do caudal hereditário, quando a mesma fosse exigida por algum partícipe através da instauração dos *juicios de testamentaria* ou de *abintestato*, podiam aplicar-se as regras dispostas pelo autor da sucessão quanto à nomeação de administrador,

administração da herança - testamentária, legal, convencional ou judicial - aplica-se o artº 398º do C.C. esp., procedendo-se à administração dos bens segundo a decisão tomada pelos partícipes que representem a maioria do capital[553].

Do exposto ressalta a ideia de que o cônjuge sobrevivo, designado legalmente para o exercício do cargo no artº 795º/2º da LEC, só chega a ele através de nomeação judicial, excepto nos casos em que seja nomeado pelo testador ou por acordo dos interessados na herança. Além disso, o juíz não está obrigado a atribuir o cargo a determinadas pessoas e, embora seja conveniente que, antes de nomear um estranho como administrador da herança, siga os critérios estabelecidos no artº 795º da LEC, possui um amplo poder de decisão na avaliação da capacidade do administrador a designar[554]. Ao estabelecer os critérios de acesso ao cargo - que continuam a ser os mesmos por que se pautavam os artºs 976º e 1069º/3ª e 4ª da anterior LEC - o legislador partiu do princípio de que a administração deve ser desempenhada, preferentemente, pelas pessoas que, devido a um presumível afecto para com o autor da sucessão e a um interesse mais directo na herança, possam efectuar uma gestão mais eficaz e ponderada da mesma, daí que, na falta de herdeiro-administrador, o cônjuge surja como um dos maiores interessados na administração da herança; no entanto, isso não impede o arbítrio do juíz na escolha de outra pessoa, se entender que o cônjuge sobrevivo não possui capacidade para o efeito, ou na substituição do cônjuge sobrevivo já nomeado, caso este venha a revelar-

---

caso fossem unanimemente aceites pelos co-partícipes, ou podiam os interessados chegar a acordo quanto à administração, nos termos do artº 1068º da LEC revogada; na falta de unânimidade dos co-partícipes quanto à administração da herança o juíz tinha poder para nomear como administrador o cônjuge sobrevivo, se entendesse que este possuía a capacidade suficiente para o desempenho do cargo - artº 1069º/3º do mesmo diploma legal.

[553] Sobre as diferentes modalidades de administração hereditária, *Vid.* GITRAMA, *La Administración de Herencia en el Derecho Español*, Madrid, 1950, p. 94.

[554] O artº 795º/2º da LEC tem a seguinte redacção: "*Se nombrará administrador al viudo o viuda y, en su defecto, al heredero o legatario de parte alícuota que tuviere mayor parte en la herencia. A falta de éstos, o si no tuvieren, a juicio del tribunal, la capacidad necesaria para desempeñar el cargo, podrá el tribunal nombrar administrador a cualquiera de los herederos o legatarios de parte alícuota, si los hubiere, o a un tercero.*"

268   *A Legítima do Cônjuge Sobrevivo - Estudo Comparado Hispano-Português*

se inapto ou negligente para proceder à administração[555]. No C.C. port., conforme decorre do disposto nos nºs 1 e 2 do seu artº 2082º, a incapacidade do cônjuge sobrevivo não impede a sua designação como cabeça-de-casal, exercendo as funções o seu representante legal, o qual, curiosamente, passa a agir não apenas em nome do representado, mas de todos os interessados na sucessão.

O usufruto universal disposto em testamento a favor do cônjuge sobrevivo origina também uma figura especial de administração hereditária que não vem contemplada no C.C. esp.. Neste caso concreto o cônjuge sobrevivo recebe a sua meação em propriedade nos bens comuns, se os houver, a sua quota vidual em usufruto e ainda o usufruto do remanescente da herança, disposto pelo testador e consentido pelos demais legitimários. Uma vez que o usufruto implicará, normalmente, faculdades de administração, faz todo o sentido que o cônjuge sobrevivo usufrutuário fique encarregue da administração dos bens da herança. No entanto, esta administração não é levada a cabo exclusivamente em nome próprio mas também em nome dos legitimários que tenham consentido o usufruto das suas porções legítimas, estando em causa a gestão e administração de um património familiar. A Lei de Direito Civil da Galiza contempla precisamente esta situação, atribuindo ao cônjuge sobrevivo um papel importante na administração da herança quando seja beneficiário do usufruto voluntário de viúvez - artº 123º/2[556] - e ainda no caso da partilha realizada pela maioria dos interessados na herança - artºs 165º e ss. - em que, nos termos do artº 167º, é chamado a administrar o lote de bens adjudicado em partilha ao herdeiro que, sendo seu descendente, não tenha domicílio conhecido.

---

[555] *Vid.* GITRAMA, *La Administración...*, *op. cit.*, pp. 111-122. Face à antiga LEC o autor entendia que, embora só o artº 976º/3º fizesse alusão à capacidade do cônjuge sobrevivo para administrar os bens, e faltasse referência análoga no artº 1069º/3º do mesmo diploma, a exigência de capacidade para ser nomeado administrador devia ser apreciada pelo juíz também neste caso.

[556] A Lei 259 da CDCFN atribui igualmente ao cônjuge usufrutuário poderes-deveres de administração do património hereditário em benefício da família.

2. Direitos e deveres do cônjuge sobrevivo administrador da herança

Uma vez nomeado administrador da herança, cabe ao cônjuge sobrevivo um papel geral de administração, traduzido na atribuição de poderes para a prática de actos jurídicos dirigidos à conservação e normal frutificação dos bens e demais actos de administração ordinária[557]. O conteúdo desses poderes nem sempre será o mesmo, admitindo que possam ser fixados pelo testador, por mandato dos interessados na herança, ou por mandato judicial, como acontece no ordenamento jurídico espanhol, embora seja possível proceder a uma análise das atribuições do administrador com base nas regras contidas nas leis substantivas e processuais.

No C.C. esp. e na LEC os poderes do administrador hereditário resultam melhor delineados do que no C.C. port., uma vez que este não contém uma definição geral do seu conteúdo, limitando-se a lei, praticamente, a conceder faculdades concretas ao cabeça-de-casal[558]. Não obstante, entre o elenco de direitos e obrigações, civis e processuais, que recaem sobre o cônjuge sobrevivo enquanto administrador da herança, avultam alguns denominadores comuns a ambos os ordenamentos jurídicos.

Uma das faculdades mais importantes do cônjuge sobrevivo-administrador é a de representação da herança - art°s 1026° do C.C. esp., 2088°/1 e 2089° do C.C. port. Ao administrador, qualquer que seja a modalidade da sua designação, cumpre representar a herança nas acções em curso ou

---

[557] O art° 2087°/1 do C.C. port. atribui-lhe a administração dos bens próprios do falecido, bem como dos bens comuns do casal se o autor da sucessão estivesse casado nalgum regime de comunhão, excepcionando apenas os bens doados em vida pelo autor da sucessão, os quais permanecem na administração dos donatários - art° 2087°/2.

[558] Não existe no actual C.C. port. norma equivalente à do art° 2054° do Código Civil de 1867, o qual dispunha: "*O administrador da herança, quer seja o próprio herdeiro, quer outra pessoa, não poderá exercer, sem autorização judicial, actos que não sejam de mera administração.*". CAPELO DE SOUSA é da opinião que os poderes do cabeça-de-casal se situam entre os poderes-deveres mais limitados do curador da herança jacente - que se destinam a evitar a perda ou deterioração dos bens da herança - e os do administrador dos bens comuns do casal, que não está obrigado a prestar contas e possui faculdades de alienação-art°s 1681° e 1682°/ 1 e 2 do C.C. port. (*Vid. Lições..., II, op. cit.*, p. 77).

que se tenham iniciado à data da morte do autor da sucessão[559], exercer aquelas que pudessem corresponder ao *de cujus* até ao trânsito em julgado da declaração de herdeiros - artº 798º/1º par. da LEC - bem como todas as acções necessárias para a administração, custódia, e conservação do caudal hereditário - artº 798º/2º par. da LEC[560]. Também no C.C. port. o administrador tem legitimidade para representar a herança em tudo o que diga respeito à sua administração, custódia, e conservação, inclusive na fase de jacência, e para exercer as acções procedentes para esse efeito, nomeadamente para reclamar a entrega de bens da herança, mesmo perante os próprios herdeiros, e ser mantido na posse dos bens sujeitos à sua administração - artº 2088º/1 do C.C. port.[561] - ou cobrar dívidas activas da mesma - artº 2089º do C.C. port.[562]. A maior amplitude de atribuições conferidas ao administrador enquanto a herança não seja aceite - artº 798º/1º par. da LEC - justifica-se pelo facto de não existir, até à declaração de herdeiros, alguém com personalidade para representar a herança, ficando encarregue de tal representação o administrador; quando os herdeiros já são conhecidos têm que poder intervir em defesa dos seus interesses, ficando os poderes do administrador limitados à custódia e conservação dos bens[563].

Os preceitos legais costumam reconhecer ao administrador a faculdade de dar de arrendamento certos bens da herança - artº 1024º do C.C. port.[564]. Actualmente a LEC não alude directamente a essa faculdade,

---

[559] Cfr. a STS de 10 de Janeiro de 1920 (*JC*, 1920, nº 11), a qual aceitou que o cônjuge sobrevivo pode ser demandado por dívidas da herança, na qualidade de administrador da mesma, quando tenha a representação do caudal hereditário.

[560] O artº 798º da nova LEC coincide, em traços gerais, com o disposto nos artºs 1008º e 1098º da LEC revogada, no âmbito da administração dos *abintestatos* e das testamentarias, respectivamente.

[561] Cfr. o Ac. RC, de 29 de Julho de 1970 (*JR*, 16º, p. 815), e o Ac. RE, de 21 de Novembro de 1991 (*BMJ*, 411º, p. 675).

[562] Cfr. o Ac. STJ, de 25 de Outubro de 1974 (*BMJ*, 240º, p. 205) e o Ac. RL, de 4 de Julho de 1975 (*BMJ*, 251º, p. 200).

[563] *Vid.* GITRAMA, *La Administración...*, *op. cit.*, pp. 172-173, por referência à situação anterior à entrada em vigor da actual LEC.

[564] Este artigo estabelece, no seu nº 1, que "*A locação constitui, para o locador, um acto de administração ordinária, excepto quando for celebrada por prazo superior a seis anos.*"

embora ela seja indissociável de um dos deveres que impendem sobre o administrador, que é o de procurar que os bens proporcionem *"...rentas, productos o utilidades..."* - artº 801º/1 da LEC[565]. Torna-se, assim, mais difícil determinar o tipo de contratos que podem ser validamente celebrados pelo administrador no exercício desta faculdade, embora os limites sejam fornecidos, em última instância, pelo próprio conceito de acto de administração[566]. O C.C. port., assim como o C.C. esp. e a nova LEC, não

---

[565] A LEC actualmente em vigor não contém normas equivalentes aos artºs 1020º e ss. da LEC revogada (aplicáveis também aos *juicios de testamentaria*, por força do artº 1097º do mesmo diploma); O artº 1029º da LEC antiga estabelecia como regra geral que todas as propriedades da herança deviam dar-se de arrendamento, com excepção daquelas que o *de cujus* explorasse ou cultivasse por sua conta e das que, pelas suas circunstâncias especiais ou por questões de produtividade, o administrador optasse por não arrendar, com o acordo dos herdeiros se estes fossem já conhecidos. O arrendamento dos bens descritos no artº 1022º do mesmo diploma devia fazer-se em hasta pública, mediante proposta do administrador, e a faculdade de dar de arrendamento sem ter que recorrer à autoridade judicial e sem qualquer tramitação especial resumia-se às casas de habitação, em conformidade com os usos e preços do lugar, e às propriedades rústicas de pequena importância - artºs 1021º e 1022/2º da LEC revogada. A lei facultava ainda o administrador para autorizar a continuação dos arrendamentos suspensos à data da morte do autor da sucessão ou a renovação dos que tivessem caducado, pelas mesmas condições acordadas com o autor da sucessão e pelo mesmo ou melhor preço, qualquer que fosse o valor da propriedade.

[566] Segundo a maioria da doutrina, a actividade de administração visa a conservação do património e a obtenção dos seus rendimentos normais (*Vid.* TORRES GARCIA, "La Administración de los Bienes Comunes en la Sociedad de Gananciales", *RDP*, 1985, p. 742). Para GITRAMA o acto de administração é o acto jurídico que, recaindo sobre um bem determinado ou sobre um conjunto patrimonial de elementos igualmente individualizados, visa a exploração dos bens, assim como a percepção e utilização dos seus rendimentos, sem prejuízo do seu valor, individualização e permanência no seio do património; o autor aponta como exemplo típico de acto de administração o arrendamento do bem administrado (*Vid. La Administración..., op. cit.,* pp. 11 e 18-19). Assim, o acto de administração caracteriza-se por visar a conservação e o normal aproveitamento do património, respeitando a sua integridade, embora para a concreta fixação do conceito seja necessário atender ao tipo de património a que respeita (*Vid.* TORRES GARCIA, *ibidem*). Os actos de administração podem ter por objecto um património - administração geral - ou bens individualizados - administração singular (*Vid.* GARCIA RUBIO, "La Ausencia no Declarada en la Ley de Derecho Civil de Galicia de 24 de mayo de 1995", *RDP*, 1996, pp. 355 e 358).

272   *A Legítima do Cônjuge Sobrevivo - Estudo Comparado Hispano-Português*

impõem quaisquer restrições relacionadas com o objecto do contrato, estabelecendo um único limite a esta faculdade, que é o de o prazo do arrendamento não ultrapassar os seis anos, nos termos dos artºs 1024º/1 do C.C. port.[567] e 1548º do C.C. esp.; este último conduz à conclusão de que para celebrar validamente arrendamentos por prazo superior a seis anos o administrador terá que estar munido de poderes especiais[568]. Nenhum dos ordenamentos exige formalidades, como o recurso à hasta pública e à autoridade judicial, contrariamente ao que acontecia durante a vigência da anterior LEC[569].

Outra importante faculdade do cônjuge sobrevivo administrador hereditário é a de dispor de certos bens. Assim, a LEC autoriza o administrador a vender os frutos cuja alienação possa fazer-se em circunstâncias consideradas vantajosas - artº 803º/2/3º da LEC[570]; no C.C. port. a alienação dos frutos, incluindo os não deterioráveis, é permitida apenas na

---

[567] O Ac. RP, de 11 de Dezembro de 1974 (*BMJ*, 242º, p. 357) reconheceu que o cabeça-de-casal tem legitimidade para locar por tempo não superior a seis anos. Cfr.. também os Acórdãos da RP, de 7 de Janeiro de 1986 (*CJ*, 1986, 1º, p. 155), e de 22 de Maio de 1990 (*BMJ*, 397º, p. 562).

[568] A Lei espanhola de Arrendamentos Rústicos - Lei 83/1981, de 31 de Janeiro de 1981 (*BOE*, nº 26, de 30 de Janeiro de 1981) - estabelece, nos seus artºs 12º e 13º, regras específicas quanto aos prazos de arrendamento de propriedades rústicas. O artº 12º admite que os pais ou tutores possam dar de arrendamento as propriedades de menores sujeitos ao seu poder paternal ou tutela, por prazo não superior ao que falte para que atinjam a maioridade; assim, o cônjuge sobrevivo com filhos menores comuns com o autor da sucessão terá de sujeitar-se a esta norma, podendo, consoante os casos, arrendar por prazos que fiquem aquém ou vão além do de seis anos previsto no artº 1548º do C.C. esp.. O artº 13º da citada Lei prevê a resolução do arrendamento outorgado por usufrutuário de prédio rústico no momento da extinção do direito do arrendador, mantendo-se o arrendamento apenas durante o correspondente ano agrícola, salvo se o contrato de arrendamento for outorgado também pelo proprietário, caso em que subsistirá durante o prazo contratado.

[569] Cfr. os artºs 1022º e ss. da antiga LEC, que subordinavam a validade de certos arrendamentos à sua celebração em hasta pública judicial.

[570] A LEC revogada concebia esta faculdade com maior amplitude porque, além de o artº 1030º/3º permitir a alienação de frutos em condições vantajosas, o artº 1020º autorizava, em qualquer caso, a venda dos frutos recolhidos como produto da administração e dos que recebesse a título de rendas dos bens da herança, embora com a obrigação de depositar a sua importância líquida juntamente com os demais fundos.

medida necessária para fazer face ao pagamento das despesas com o funeral e os sufrágios do autor da sucessão e dos encargos com a administração, nos termos do artº 2090º/2. Além disso, o administrador pode dispor dos bens inventariados nos seguintes casos: quando os mesmos sejam deterioráveis - artºs 803º/2/1º da LEC e 2090º/1 do C.C. port. - faculdade que representa, simultaneamente, um dever para o administrador; quando a sua conservação seja difícil e dispendiosa - artº 803º/2/2º LEC; quando a sua alienação seja necessária para fazer face ao pagamento de dívidas da herança, ou para cobrir outras depesas com a administração - artºs 1030º do C.C. esp. e 803º/2/4º da LEC. Nos termos do nº 3 do artº 803º da LEC, o cônjuge sobrevivo administrador da herança poderá solicitar, em qualquer momento, autorização judicial para a venda dos bens que julgue necessária de forma a garantir uma correcta administração, venda essa que deverá fazer-se em hasta pública ou através dos mecanismos do mercado.

GITRAMA reconhece ao administrador hereditário algumas faculdades quanto aos direitos eventuais da herança, como é o caso do direito de aceitar, a benefício de inventário, uma herança a que o autor da sucessão tivesse sido chamado, sempre que os herdeiros não existam, sejam desconhecidos, ou ocorra qualquer outra causa durante a jacência da herança, e de aceitá-la simplesmente ou repudiá-la com autorização judicial[571]. Entre a doutrina portuguesa, há ainda quem reconheça ao administrador a faculdade de prosseguir certos negócios do *de cujus* como, por exemplo, a actividade comercial ou industrial, a exploração agrícola ou pecuária e a movimentação dos seus depósitos bancários[572].

Na lei espanhola o exercício do cargo de administrador da herança confere o direito a uma retribuição, traduzida em determinadas percentagens sobre o produto líquido da venda de determinados bens e sobre ou-

---

[571] *Vid. La Administración...*, *op. cit.*, pp. 239 e ss..

[572] Neste sentido, CAPELO DE SOUSA, *Lições...*, II, *op. cit.*, p. 79; Face ao C.C. espanhol o entendimento parece ser o de que a continuação do negócio mercantil do autor da sucessão só poderá ser levada a cabo pela comunhão hereditária, mediante o regime das sociedades irregulares ou de facto, não consistindo uma atribuição do administrador da herança (*Vid.* ROCA SASTRE, *Notas al Derecho de Sucesiones de Kipp*, V, 2º, *op. cit.*, p. 256).

274   A Legítima do Cônjuge Sobrevivo - Estudo Comparado Hispano-Português

tras receitas, assistindo este direito quer aos administradores herdeiros quer aos estranhos - art° 804° da LEC[573]. Em contraste, o art° 2094° do C.C. port. estabelece a gratuitidade do cargo de cabeça-de-casal, excepto no caso de ser exercido por testamenteiro; o principal argumento invocado para explicar o seu carácter gratuito é o de tratar-se de um cargo normalmente exercido em interesse próprio, uma vez que a lei o defere, sucessivamente, a possíveis titulares dos diferentes chamamentos à sucessão. O legislador português entendeu que, em regra, a função não há-de ser remunerada, admitindo a retribuição somente no caso específico do testamenteiro, como forma de o compensar pelo dispêndio de tempo no desenvolvimento da actividade e pelas responsabilidades que lhe são inerentes, uma vez que neste caso poderá tratar-se de um estranho à herança.

Segundo o art° 804°/2 da LEC, o administrador poderá receber ainda as despesas de viagens que tenha de realizar no exercício do cargo, se o tribunal assim o determinar. Este direito parece não ter já a natureza de remuneração, funcionando como indemnização das aludidas despesas, consideradas necessárias para o desempenho do cargo, ao jeito da gestão de negócios alheios (art° 1893° do C.C. esp.), isto apesar de o administrador da herança não caber nesta figura por estar mandatado para o exercício do cargo. Também no C.C. port. o administrador tem direito ao reembolso das despesas que tenha efectuado no exercício das suas atribuições, nos termos dos art°s 2068° e 2090°. Porque são despesas efectuadas no interesse da própria sucessão com a administração dos bens, o inventário, a defesa dos direitos da herança, etc., é lógico que sejam satisfeitas à custa desta. Parece igualmente aceitável que, por analogia com os art°s 453° e 1730° do C.C. esp., e conforme a regra geral do art° 754° do C.C. port., se reconheça ao administrador hereditário um direito de retenção sobre os bens hereditários administrados e sobre as quantias em seu poder para prosseguir a administração, como garantia da sua posição relativamente

---

[573] Na LEC revogada regia o art° 1033° a propósito da administração do *abintestato*, aplicável à administração das testamentarias *ex vi* do art° 1097°, embora se admitisse o seu afastamento por vontade expressa do testador - art° 1096° - ou dos interessados - art° 1068° do mesmo corpo legal; Manifestou-se neste sentido, GITRAMA, *La Administración...*, *op. cit.*, pp. 202-203.

Legítima do Cônjuge Sobrevivo

ao pagamento das despesas e indemnizações por danos e prejuízos a que possa ter direito, bem como das retribuições que possa exigir pelo exercício do cargo. Somos da opinião que o administrador da herança poderá invocar e exercer este direito, ainda que a lei o não preveja expressamente, uma vez verificados os pressupostos da sua aplicação: detenção lícita de coisa que deva entregar-se a outrem; que o detentor da coisa seja, simultaneamente, credor daquele a quem a coisa deve ser entregue; que o crédito do detentor da coisa resulte de despesas efectuadas por causa dela ou de danos por ela causados[574].

No campo das obrigações é possível identificar obrigações civis, processuais e, por vezes, obrigações fiscais, que recaem sobre o cônjuge administrador, embora muitas delas se apresentem, simultaneamente, como faculdades suas.

Assim, no âmbito das obrigações civis uma das mais importantes é a obrigação genérica de conservação dos bens, expressamente prevista e regulada no artº 801º da LEC, embora nem o C.C. esp. nem o C.C. port. lhe façam qualquer referência. Esta obrigação implicará, por um lado, a conservação e defesa física do património hereditário, destinada a evitar que este se deteriore e se perca, nomeadamente através da realização das reparações ordinárias nos bens, e, por outro, a sua conservação e defesa jurídica, estreitamente relacionada com os poderes de representação da herança que a lei atribui ao administrador[575].

Outra importante obrigação de carácter genérico, que constitui o próprio cerne do conceito de acto de administração, é a de normal frutificação dos bens e racional emprego dos rendimentos por eles produzidos. O destino a atribuir aos frutos resultantes da administração hereditária poderá ser definido pela vontade do testador, expressa em testamento,

---

[574] Também GITRAMA, *La Administración...*, *op. cit.*, pp. 213 e ss..

[575] Acerca desta distinção, *Vid.* GITRAMA, *La Administración...*, *op. cit.*, pp. 247-251. O artº 6º/4º da LEC atribui legitimidade activa às massas patrimoniais ou patrimónios separados, transitoriamente desprovidos de titular, como é o caso da herança entre o momento da abertura da sucessão e o momento da aceitação. O artº 7º/5 do mesmo diploma legal determina que as massas patrimoniais, ou patrimónios separados, referidos no artº 6º/4º, comparecerão em juízo através de quem legalmente os administre. Também o art.º 6.º, al. a), do CPC reconhece personalidade judiciária à herança jacente e aos patrimónios autónomos semelhantes cujo titular não esteja determinado.

276 · A Legítima do Cônjuge Sobrevivo - Estudo Comparado Hispano-Português

pelo acordo dos interessados, por determinação judicial, ou pela própria lei, como acontece nos casos dos artºs 802º da LEC ou 2090º do C.C. port.. O artº 802º da LEC impõe ao cônjuge sobrevivo-administrador a obrigação de depositar, à ordem do tribunal, as quantias apuradas no desempenho do cargo, autorizando-o a reter apenas as necessárias para fazer face a despesas processuais, pagamento de contribuições e outras despesas ordinárias. No entanto, mediante requerimento, o tribunal poderá colocar à disposição do administrador a quantia necessária para custear despesas extraordinárias, ou para custear despesas ordinárias quando não disponha de montante suficiente procedente da administração da herança. O artº 2090º do C.C. port. impõe ao cônjuge sobrevivo que exerça o cabeçalato a obrigação de aplicar o produto da venda dos frutos e de bens deterioráveis no pagamento das despesas com o funeral e sufrágios do autor da sucessão e no cumprimento dos encargos da administração.

Recai também sobre o cônjuge sobrevivo-administrador a obrigação de proceder ao pagamento das dívidas hereditárias e dos legados - artºs 966º, 1030º e 1031º do C.C. esp.[576] - embora, no caso português, a obrigação de pagamento das dívidas fique limitada ao pagamento das despesas com o funeral e sufrágios do autor da sucessão e aos encargos da administração - artº 2090º do C.C. port. - enquanto as restantes dívidas hereditárias e a entrega dos legados têm que ser exigidas contra todos os herdeiros, por força do artº 2091º do mesmo diploma. Nos termos do disposto no artº 964º do C.C. esp. (tal como o previsto no artº 1100º da antiga LEC), o administrador pode também ficar obrigado a cumprir com prestações de alimentos para com alguns interessados na sucessão; por seu lado, o C.C. port. prevê, no artº 2092º, desde que seja exigida pelos

---

[576] Em caso de concurso, os credores são pagos preferentemente aos legatários - artºs 1027º e 1029º do C.C esp.. A satisfação dos credores pode fazer-se conforme a graduação de créditos acordada pelos interessados ou estabelecida pelo juíz - artº 1028º/1 do C.C. - mas na falta de uma e de outra, o parágrafo 2º do mesmo artigo dispõe que sejam pagos pela ordem da sua apresentação. Havendo créditos preferentes, o administrador só pagará os credores cujo crédito não goze de preferência mediante a entrega de uma caução. Uma vez pagos os credores e deduzidas as legítimas dos herdeiros forçosos, pode o administrador proceder à entrega dos legados pela ordem que lhe seja solicitada, ou pela ordem disposta no artº 887º do C.C. quando a herança seja insuficiente para o cumprimento de todos.

herdeiros ou pelo cônjuge meeiro, uma obrigação de distribuição prévia de rendimentos que pode ascender a metade dos rendimentos a que aqueles tenham direito, excepto quando sejam necessários para a satisfação de encargos da administração.

No ordenamento espanhol o administrador hereditário está sujeito a uma obrigação de prestar caução, a qual vem prevista nalguns preceitos do C.C. - artºs 800º, 801º e 804º - e da LEC - artº 795º/3º - para a qual o C.C. remete[577]. Embora esta caução possa ser dispensada pelos herdeiros e legatários de parte alíquota - artº 795º/4º - ela é exigida a todos os administradores, sejam, ou não, estranhos à herança, e funciona como garantia do cumprimento das suas obrigações. No caso do cônjuge sobrevivo, este poderá ser dispensado de prestar caução pelo tribunal quando tenha bens suficientes para responder pelos que lhe são entregues em administração - artº 795º/3º, 2ª parte. A prestação de fiança não é exigida ao cabeça-de-casal, provavelmente porque, em regra, o cargo recai sobre alguém com interesse directo na herança; em nosso entender, o mesmo deveria ocorrer no ordenamento espanhol quanto ao cônjuge sobrevivo-administrador, atendendo ao interesse que detém relativamente ao caudal hereditário e aos bens comuns que, antes da determinação das respectivas meações, interessam igualmente à partilha.

Ambos os ordenamentos impõem ao administrador hereditário a prestação de contas, obrigação típica que, para além de defender os interesses dos chamados à sucessão, confere transparência à actuação do administrador e ao cumprimento dos seus deveres. Vem regulada nos artigos 907º, 1031º e 1032º/2º do C.C. esp., bem como nos artºs 799º e 800º da LEC[578], 2093º do C.C. port. e 1014º e ss. do CPC. O artº 1031º do C.C. esp. e as normas da LEC consagram-na como obrigação de carácter genérico que recai sobre qualquer administrador, seja ou não herdeiro, com a diferença de que o administrador-herdeiro só tem que prestar contas quando na herança aceite a benefício de inventário não existam bens

---

[577] Na antiga LEC a obrigação estava regulada nos artºs 966º, 967º, 1007º, 1009º e 1069º/ 5º e 6º.

[578] Anteriormente a matéria estava regulada, a propósito da administração dos *abintestatos*, nos artºs 1002º e 1010º a 1016º da antiga LEC, aplicáveis às testamentarias por força do artº 1097º da mesma Lei.

suficientes para pagar todos os encargos hereditários - art° 1031° do C.C. esp. - enquanto o administrador estranho tem que prestá-las em qualquer caso, depois de pagos os credores e os legatários - art° 1032°/2 do mesmo dispositivo legal. O cônjuge sobrevivo poderá ficar sujeito a um ou outro regime de prestação de contas, consoante seja herdeiro testamentário ou legal, ou mero legitimário. Quanto ao período, a prestação de contas deverá ser apresentada regularmente, em regra uma vez por ano - art°s 799° da LEC e 2093° do C.C. port.[579] - mas o art° 800° da LEC exige ainda uma prestação final no momento da extinção do cargo, que não será mais do que o somatório das contas parciais prestadas até à data.

Sobre o cônjuge sobrevivo recai também, enquanto cabeça-de-casal, o importante dever de não sonegar bens da herança, imposto pelos art°s 2086°/ 1, al. a), e 2096°, ambos do C.C. port.; o cabeça-de-casal não pode, portanto, ocultar dolosamente bens da herança, sob pena de a sua falta ser punida com as sanções de remoção do cargo e de perda do direito a qualquer parte dos bens sonegados. No caso de ocultação dolosa de doações realizadas pelo *de cujus* ou de denúncia de doações ou encargos inexistentes apenas lhe é aplicável a sanção de remoção.

Nos deveres processuais destacam-se os referentes ao processo de inventário - art°s 1326° e ss. do CPC. O inventário consiste numa relação descritiva e detalhada dos bens, direitos, e créditos que compõem a herança, bem como do respectivo passivo. É um instrumento útil para o administrador, uma vez que facilita a sua tarefa, proporcionando um conhecimento do estado da sucessão, e limita as suas obrigações e responsabilidades aos bens inventariados; no entanto, é também de manifesta utilidade para os interessados na sucessão e para o juíz, que poderão, com base nele, fiscalizar melhor os actos de administração, evitando a má gestão e os abusos. A lei portuguesa faz recair sobre o administrador hereditário as obrigações de requerer, quando for caso disso, inventário obrigatório, no prazo de três meses a contar do conhecimento da abertura

---

[579] O saldo positivo deverá ser distribuído pelos interessados na proporção do seu direito e sem prejuízo de dedução do montante necessário para fazer face aos encargos de administração do novo ano, nos termos do art° 2093°/3 do C.C. port..

da sucessão - artº 2086º/1, al. c), do C.C. - bem como de fornecer os elementos necessários ao prosseguimento do inventário - artºs 1338º/2 e 1340º do CPC e 2086º/1, al. c), do C.C. port.. Na LEC o inventário é formado previamente à nomeação do administrador da herança, com intervenção dos interessados referidos no nº 3 do artº 793º, pelo que não faz parte das obrigações que àquele incumbem - artº 794º -. Embora não seja responsável pela elaboração do inventário, o cônjuge sobrevivo deverá participar na sua formação e fornecer os elementos de que dispõe relativamente aos bens do autor da sucessão - artº 793º/3/1º da LEC.

Na Lei de Direito Civil da Galiza o cônjuge sobrevivo titular do usufruto voluntário da totalidade da herança possui especiais poderes de administração, os quais não se limitam ao património hereditário, abarcando o património familiar na sua totalidade. Por esta razão, o dever que lhe é imposto, de administrar os bens com a diligência de um bom pai de família, embora mais não pareça que a duplicação do disposto no artº 497º do C.C. esp. para o usufruto ordinário, ganha, na realidade, um alcance diferente, uma vez que o comportamento exigível ao cônjuge beneficiário do usufruto voluntário de viúvez deverá reger-se também pelos parâmetros que vinculam um diligente administrador de um património alheio[580]. Neste caso, o cônjuge sobrevivo fica encarregue ainda de algumas obrigações específicas, nomeadamente quanto à liquidação da herança: está incumbido de satisfazer as despesas com a última doença, funeral e enter-

---

[580] *Vid.* GARCIA RUBIO, *Comentarios...*, T. XXXII, 2º Vol., *op. cit.*, pp. 855-857. Segundo a Autora, esta obrigação traduz-se, na prática, em muitas outras destinadas à conservação e frutificação dos bens; assim, o cônjuge sobrevivo terá o dever de manter e aumentar a produtividade do património familiar em proveito de todos os seus membros, arrendando propriedades, alienando os produtos do património administrado e certos activos patrimoniais, pagando as devidas contribuições e impostos, e defendendo, judicial e extrajudicialmente, a posse dos bens, podendo opôr-se, inclusive, a perturbações cujo alcance não se limite à posse (embora a alínea d) do artº 123º da LDCG se refira expressamente a este último poder-dever, GARCIA RUBIO entende que ele está já contemplado no dever genérico de administração diligente, pelo que este dispositivo resulta desnecessário); a Autora reconhece ainda o dever de segurar os bens objecto do usufruto, ou pelo menos alguns deles, na medida em que possam estar sujeitos a maiores riscos, como acto indispensável para garantir, em certos casos, uma administração diligente; *Vid. Comentarios...*, T. XXXII, 2º Vol., *op. cit.*, pp. 855-857.

280   *A Legítima do Cônjuge Sobrevivo - Estudo Comparado Hispano-Português*

ro do autor da sucessão - art° 122°/1ª LDCG - e de pagar as dívidas exigíveis do *de cujus* com dinheiro da herança, podendo, na falta de dinheiro hereditário, alienar para o efeito determinado tipo de bens - art° 122°/2ª LDCG. Além disso, está obrigado a satisfazer as dívidas hereditárias que correspondam aos bens usufruídos, e a contribuir para o pagamento das dívidas e obrigações hereditárias ou testamentárias que recaiam sobre os frutos da herança (juros, legados de renda, pensões de alimentos), nos termos dos art°s 508° e 510° do C.C.[581].

Um último aspecto que convém referir, no que respeita ao estatuto do administrador da herança, é o da responsabilidade pessoal pelo património que tem em seu poder e pelo cumprimento das suas obrigações, responsabilidade essa que é tanto mais relevante quanto maiores forem os poderes que se lhe concedem para o exercício do cargo. A responsabilidade pessoal do administrador poderá surgir, quer por acção quer por omissão, sempre que pratique actos de má gestão e administração da herança, comprometendo os interesses do património inventariado, e verifica-se face a todos os interessados na herança e, em certos casos, face à autoridade judicial. O C.C. esp. faz referência à responsabilidade civil do administrador hereditário nos art°s 1031°, *in fine*, e 1032°, e, apesar de aí se aludir somente à responsabilidade por mera culpa ou negligência, deve entender-se, por maioria de razão, que o administrador responde pelos prejuízos que cause intencionalmente. Também poderá ser-lhe exigível responsabilidade quando não actue de boa fé no exercício das suas funções e coloque os seus próprios interesses à frente dos interesses do património hereditário, por analogia com o art° 1726° do C.C. esp., quan-

---

[581] No entanto, a maior amplitude destes deveres não significa, segundo a doutrina, que o cônjuge seja responsável pelas dívidas da herança, uma vez que a maioria dos autores lhe nega a qualidade de herdeiro, considerando que sucede apenas no activo da herança e que o seu património pessoal não pode ser afectado pelas dívidas desta. Não obstante, do regime específico que a segunda parte do art° 1894° do C.C. esp. dedica ao pagamento das despesas funerárias poderá resultar uma responsabilidade pessoal do cônjuge sobrevivo uma vez esgotado o património hereditário, visto que se dispõe que, na falta deste, a dívida recai sobre o património daqueles que em vida tivessem obrigação de alimentar o *de cujus*, e o art° 143° do C.C. institui como primeiro obrigado o cônjuge (*Vid.* GARCIA RUBIO, *La Distribucion...*, *op. cit.*, p. 172, e *Comentarios...*, T. XXXII, 2° Vol., *op. cit.*, pp. 842-843).

do tenha efectuado pagamentos a credores e legatários cujos direitos não estejam devidamente comprovados, ou quando proceda à delegação do cargo noutra pessoa, uma vez que se trata de um cargo pessoalíssimo[582]. A responsabilidade imputável ao cônjuge sobrevivo administrador da herança, a título de dolo ou negligência, é de tipo contratual, por resultar da violação de obrigações previamente impostas, seja pela lei, seja pela autoridade judicial - artºs 1101º e ss. e 1089º do C.C. esp. - [583], e apurar-se-á, normalmente, com a prestação de contas pelo administrador. Quando não seja reconhecida por este face aos interessados na herança tem que ser apreciada pelos tribunais, que determinarão a sua existência e medida atendendo à situação do administrador e às circunstâncias concretas da sua actuação. No ordenamento português o cônjuge sobrevivo administrador pode responder civilmente por perdas e danos resultantes da prática, dolosa ou negligente, de actos de má administração; pode ainda ser removido, a requerimento de qualquer interessado e, em certos casos, do Ministério Público, nos termos das alíneas a) a d) do nº 1 do artº 2086º do C.C., se ocultar dolosamente a existência de bens da herança ou de doações feitas pelo autor da sucessão ou denunciar dolosamente doações ou encargos inexistentes, se não administrar a herança com prudência e zelo, se não cumprir com os seus deveres no inventário, e se revelar ineptidão para o exercício do cargo. Apurada a responsabilidade, o administrador fica obrigado a indemnizar os danos e prejuízos causados ao património hereditário. Nos casos em que haja prestação de fiança o ressarcimento dos danos far-se-á, normalmente, imputando o valor da indemnização nas garantias prestadas a esse título pelo administrador, e só no caso de estas serem insuficientes, ou inexistentes, haverá que executar o património pessoal deste. Para além da indemnização, o administrador poderá ainda ficar sujeito a sanções que resultem da vontade expressa do testador, desde que não sejam contrárias à lei, e a sanções penais quando seja caso disso.

---

[582] Neste sentido, GITRAMA, *La Administración..., op. cit.*, pp. 307-308.

[583] Assim, a acção para exigir a referida responsabilidade prescreve no prazo de quinze anos, previsto pelo artº 1964º do C.C. esp., e não no prazo de um ano do artº 1902º do mesmo diploma legal.

III - Partilha da herança

1. O direito de exigir a partilha

Os Códigos Civis português e espanhol admitem as modalidades de partilha extrajudicial e judicial. No primeiro caso incluem-se a partilha realizada pelo testador, ou encomendada por este a um *contador-partidor* - art°s 1056° e 1057° do C.C. esp. - bem como a partilha resultante de negócio jurídico celebrado entre os partícipes - art°s 1058° do C.C esp. e 2102°, n°1, 1ª parte, do C.C. port.. A partilha judicial terá lugar na falta de acordo entre os partícipes quanto à forma de partilha dos bens, sempre que não seja efectuada por *contador-partidor* testamentário, por *contador-partidor* designado por acordo dos co-herdeiros, ou por resolução judicial - art°s 1059° do C.C. esp. e 782°/1 da LEC - quando, na falta de acordo para a partilha extrajudicial, algum dos interessados pretenda fazer cessar a indivisão - art°s 2101° e 2102°, n° 1, 2ª parte, do C.C. port. - ou haja lugar a inventário judicial, nos termos do n° 2 do art° 2102° deste mesmo diploma legal.

Qualquer co-herdeiro ou partícipe tem o direito de exigir partilha dos bens quando lhe aprouver - art°s 2101°/ 1 do C.C. port. e 1052° do C.C. esp. - estando este direito consagrado como um direito imprescritível[584] e irrenunciável[585], embora se admita que os partícipes convencionem a indivisão por certo prazo - art°s 2101°/2 do C.C. port. e 400° do C.C. esp.[586].

---

[584] O art° 2101°/1 do C.C. port. diz que o herdeiro pode pedir a partilha "*quando lhe aprouver*" enquanto no art° 1052° do C.C. esp. se declara que a partilha poderá ser pedida "*en cualquier tiempo*".

[585] O art° 2101°/2 do C.C. port. refere-o expressamente na sua 1ª parte; quanto ao C.C esp., não existe uma norma específica que proíba a renúncia ao direito de pedir a partilha da herança, mas algumas disposições parecem revelar que o Código é avesso às situações de indivisão duradoura ou permanente: em primeiro lugar, o art° 1051°, ao prever a hipótese de o testador proibir a divisão, acrescenta que esta sempre poderá ter lugar por uma das causas pelas quais se extingue a sociedade (cfr. os art°s 1700° a 1708°); em segundo lugar, no âmbito da comunhão de bens, o art° 400° também não acolhe situações de indivisão permanente.

[586] Admite-se, em qualquer dos diplomas, a possibilidade de as partes convencionarem transitoriamente a indivisão por um prazo, que no caso do C.C. port. não poderá exceder

O C.C. esp. consente maiores limitações ao direito de pedir a partilha, uma vez que o seu art° 1051° prevê a possibilidade de os herdeiros serem obrigados a permanecer na indivisão quando esta seja imposta pelo testador[587]. No direito português a condição imposta pelo testador de não proceder à partilha dos bens e, portanto, não requerer inventário, tem-se por não escrita, nos termos do art° 2232° do C.C., por ser contrária à lei.

À partilha têm que concorrer todos os herdeiros e os partícipes que, não o sendo, possuam direitos sobre uma quota de bens da herança que necessite de determinação e concretização - caso do cônjuge sobrevivo no C.C. esp.[588], ou do cônjuge meeiro no C.C. port.. Seja ou não herdeiro, o cônjuge sobrevivo terá sempre interesse em intervir na partilha para cálculo do seu direito, para atribuição dos bens sobre os quais ele irá recair e para efeitos de protecção do património hereditário contra eventuais lesões que possam prejudicar a satisfação da sua legítima, orientação que tem sido aceite pela doutrina e reforçada pela jurisprudência espanhola[589].

---

cinco anos - art° 2101°/2 - e no caso do C.C. esp. não poderá ser superior a dez anos - art° 400°, aplicado por analogia à comunhão hereditária - embora ambos sejam renováveis mediante nova convenção, o que, na prática, poderá propiciar situações de indivisão prolongada.

[587] Durante a vigência da LEC revogada esta proibição parecia não ser válida quando dirigida aos legitimários - cfr. os art°s 1039° e 1045°, segundo os quais o testador só podia proibir a intervenção judicial na sua testamentaria aos herdeiros voluntários e aos legatários de parte alíquota; Neste sentido, *Vid.* ESPEJO LERDO DE TEJADA, *La Legítima..., op. cit.,* p. 325. Actualmente a *Ley* 1/2000, *de Enjuiciamiento Civil,* não restringe essa proibição a certos sucessíveis, o que permite pensar que o testador pode impor a indivisão mesmo aos legitimários, com as consequências que isso possa implicar ao nível do princípio da intangibilidade da legítima.

[588] Referindo-se aos legitimários em geral, ESPEJO LERDO DE TEJADA defende, inclusive, que a sua intervenção na partilha se mantém em casos em que não existe comunhão hereditária, como os de partilha pelo testador ou de distribuição de toda a herança em legados, visto que, ainda assim, é necessária a manutenção da unidade do património hereditário enquanto os direitos dos credores e dos legitimários não estejam satisfeitos (*Vid. La Legítima..., op. cit.,* pp. 318-322).

[589] O Tribunal Supremo declarou o direito do cônjuge sobrevivo a promover a partilha da herança, e a intervir na liquidação da mesma para defesa da sua meação e quota vidual, nas Sentenças de 28 de Março de 1924 (*JC*, T. 161, n° 163), e de 20 de Junho de 1932 (*JC*, T. 204, n° 83). As SSTS de 11 de Janeiro de 1950 (*RJA*, n° 21), de 30 de Janeiro de 1960 (*CLJC*, T. 85, n° 48), e de 24 de Janeiro de 1978 (*JC*, n° 24), ao debruçarem-se

284   *A Legítima do Cônjuge Sobrevivo - Estudo Comparado Hispano-Português*

No direito português o cônjuge sobrevivo está legitimado, na sua qualidade de herdeiro legitimário, para requerer o inventário divisório, nos termos do artº 1327º do C.P.C.[590].

A partilha judicial tem lugar, no direito espanhol, através do procedimento para a divisão da herança, previsto e regulado nos artºs 782º e ss.
da nova LEC, que, tal como acontecia anteriormente com *os juicios de
testamentaria* ou *de abintestato*, se destina a superar as dificuldades suscitadas pela exigência de unanimidade dos co-herdeiros para a partilha
contratual - artºs 1058º do C.C. e 164º da LDCG[591] - e cujo objecto é a

---

sobre o dever do cônjuge sobrevivo suportar proporcionalmente as despesas da partilha,
pressupõem a sua intervenção na mesma, inclusive nos casos em que seja chamado à
sucessão como legatário de coisa determinada e não esteja, como tal, obrigado a suportar
o pagamento das despesas resultantes da partilha (Cfr. a citada STS de 24/01/1978).
Também a Direcção Geral dos Registos e Notariado se pronunciou neste sentido na sua
Resolução de 6 de Fevereiro de 1970 (*RJA*, T. XXXVII, nº 3008), reiterando as Resoluções
de 14 de Março de 1903 e de 12 de Junho de 1930 (*ADGRN*, 1930, pp. 229 e ss.), ao considerar *"Que la presencia del cónyuge viudo es siempre necesaria en las operaciones de
liquidación de una herencia, y ello tanto si se trata del supuesto de existencia de plurali-
dad de herederos, como en el caso de heredero único, bien porque éste lo sea desde el
primer momento, bien por haber reunido por cesión la totalidad de las cuotas hereditarias, pues la naturaleza especial de la legítima vidual y el carácter de heredero forzoso
que al viudo reconoce el artº 807, 3º del C. Civ., impone que se dé cumplimiento al prin-
cipio de unanimidad en la partición, sancionado en el art. 1059 del mismo Cuerpo legal."*

[590] Este artigo confere legitimidade aos interessados directos na partilha para reque-
rerem inventário e intervirem no processo como partes principais; Assim, o inventário
poderá ser requerido, nomeadamente, pelo cônjuge sobrevivo, ainda que este não seja
herdeiro (actualmente o cônjuge sobrevivo é herdeiro legitimário privilegiado, com direito a, pelo menos, 1/4 da herança), desde que, havendo uma comunhão, tenha interesse em
pôr-lhe termo; Considera-se, no entanto, que não têm interesse directo na partilha, não
podendo como tal requerer inventário, os legatários, excepto o legatário do usufruto de
parte da herança sem determinação de valor ou objecto, os donatários, e os credores da
herança, os quais apenas podem intervir no processo nos termos do disposto nos nºs 2 e 3
do mesmo artigo; *Vid.* LOPES CARDOSO, *Partilhas Judiciais*, I, Coimbra, 1990, p. 89.

[591] Excepção ao princípio da unanimidade na partilha, afirmado pelos artºs 1058º do
C.C. e 164º da LDCG, constituem os artºs 165º e ss. da LDCG que regulam a partilha realizada pela maioria dos interessados na herança, cuja finalidade seria a de facilitar a partilha numa sociedade em que existe grande número de emigrantes e ausentes (*Vid.* LETE
ACHIRICA, *Comentarios al Código Civil y Compilaciones Forales*, T.XXXII, Vol. 2º, *op.
cit.*, p. 1337).

realização das operações de partilha. Contudo, a partilha mediante o recurso a esta forma processual é subsidiária, e dela só se deve lançar mão quando a mesma não tenha sido efectuada pelo próprio testador, ou encomendada por este, pelos co-herdeiros, de comum acordo, ou por decisão judicial, a um *contador-partidor*, estando a decorrer prazo para efectuá-la, quando não tenha já sido realizada pelos partícipes através de contrato, e sempre que a divisão não esteja condicionada, nos termos do artº 1051º do C.C. esp.[592]. Neste caso também o cônjuge sobrevivo está legitimado para promover o procedimento de divisão da herança - artº 782º/1 da LEC[593] - configurando-se esta faculdade como mais uma garantia do seu direito[594].

---

[592] A Exposição de Motivos da nova LEC alude expressamente ao carácter subsidiário do procedimento, no seu motivo XIX, quando refere que o objectivo do mesmo é permitir *"solventar cuestiones de esa índole que no se hayan querido o podido resolver sin contenda judicial"*.

[593] Embora o artigo apenas faça alusão aos co-herdeiros e legatários de parte alíquota, já se entendia, face à idêntica redacção do artº 1038º/2 da antiga LEC, que o cônjuge sobrevivo estava igualmente legitimado para o efeito. VALLET DE GOYTISOLO entendia que o cônjuge estava legitimado para promover o *juicio de testamentaria*, ainda que o seu único objectivo fosse o de proceder à liquidação da sociedade conjugal; na sua opinião, se, nos termos do artº 1038º/2 , os credores tinham legitimidade para instaurá-lo, também o cônjuge poderia fazê-lo, ainda que não fosse legitimário, uma vez que tem direito a determinar os bens que lhe correspondem em virtude do regime económico matrimonial, para que aqueles lhe sejam entregues e assim deixem de estar confundidos com os bens da herança do seu falecido cônjuge; Incluía nesta hipótese as situações de separação por culpa do cônjuge sobrevivo - artº 834º do C.C. - em que este não tem direito à legítima, de separação por sentença transitada em julgado à data da morte do autor da sucessão, ou ainda de separação de facto por mútuo acordo documentado notarialmente - artº 945º C.C. - casos em que, na falta de descendentes e ascendentes do autor da sucessão, o cônjuge não possui direitos na sucessão intestada (*Vid. Comentarios al Código Civil y Compilaciones Forales*, T. XIV, Vol. 2º, Madrid, 1989, pp. 113-114). Actualmente, na falta de acordo entre os cônjuges, a LEC consagra um procedimento específico para a liquidação do regime económico matrimonial, o qual está previsto nos seus artºs 806º e ss.

[594] Face à LEC revogada a doutrina entendia que o autor da sucessão não podia vedar ao cônjuge sobrevivo a faculdade de instaurar o *juicio de testamentaria* - artº 1039º da LEC, *a contrario* - embora pudesse proibi-la expressamente aos herdeiros voluntários e aos legatários de parte alíquota; *Vid.* LACRUZ BERDEJO, *Elementos...*, V, *op. cit.*, pp. 463-464. Em sentido contrário, DE LA CÁMARA opinava que, no caso de partilha feita pelo testador, o legitimário não estava legitimado para instaurar o *juicio de testa-*

A posição do cônjuge sobrevivo na partilha resulta reforçada também pelo facto de, além do seu direito sucessório, poder possuir um interesse no cálculo e concretização da sua meação nos bens do casal sempre que, à data da abertura da sucessão, esteja casado sob um regime de comunhão, sempre que, tendo estado casado sob um desses regimes, não se tenha efectuado ainda, à data da morte do ex-cônjuge, a partilha dos bens do casal, ou quando, independentemente do regime matrimonial de bens vigente durante o casamento, os cônjuges tenham convencionado que em caso de dissolução do casamento por morte de um deles, existindo descendentes comuns, a partilha se efectuaria de acordo com o regime da comunhão geral de bens - art° 1719° do C.C. port. - autorizando, assim, uma cláusula sobre a partilha[595].

Nestes casos há que atender, para cálculo da herança, às meações respectivas do cônjuge falecido e do cônjuge sobrevivo, e proceder à partilha prévia dos bens comuns do casal, para cálculo e determinação dos bens que caberão em propriedade ao cônjuge sobrevivo em preenchimento da sua meação, e dos que irão preencher a meação do *de cujus*, os quais irão compor a herança a partilhar[596].

---

mentaria (*Vid.* "Estudio Sobre el Pago con Metálico de la Legítima en el Código Civil", *Centenario de La Ley del Notariado*, Sec. 3ª, Vol. I, Madrid, 1964, p. 864). Actualmente os art°s 782° e ss. da LEC não fazem qualquer referência a esta possibilidade; não obstante, parece-nos que continua a ser defensável a ideia, manifestada por ESPEJO LERDO DE TEJADA, de que o direito do legitimário é mais forte que a liberdade de disposição do autor da sucessão, pelo que não seria aceitável que o testador, efectuando por si próprio a partilha, ou encomendando-a a um *albacea* ou *contador-partidor*, afastasse o exercício da faculdade de instaurar o *juicio de testamentaria*, o mesmo podendo dizer-se relativamente ao procedimento para divisão da herança (*Vid. La Legítima..., op. cit.*, p. 326).

[595] Os regimes de comunhão previstos no caso português são a comunhão geral de bens - art°s 1732° e ss. do C.C. - ou a mera comunhão de adquiridos - art°s 1721° e ss. do mesmo diploma legal, enquanto no C.C. esp. se consagram o regime de participação - art°s 1411° e ss. - e a *sociedad de gananciales* - art°s 1344° e ss..

[596] O art° 1381°/1 do CPC determina que, no caso de existir cônjuge meeiro, o mapa da partilha constará de dois montes; num primeiro mapa separam-se as meações entre os ex-cônjuges, preenchendo-as com as verbas constantes do inventário; num segundo mapa preenchem-se os quinhões hereditários dos chamados à herança, entre os quais estará necessariamente o cônjuge sobrevivo, enquanto sucessível prioritário quer na sucessão legitimária quer na sucessão legítima.

2. Os direitos de atribuição preferencial na partilha

No âmbito da partilha deparamo-nos com outro importante direito do cônjuge sobrevivo: o direito a ser encabeçado, para preenchimento da sua meação ou da quota hereditária, em direitos sobre determinados bens comuns, dos quais destacamos a casa de morada da família e o respectivo recheio - art°s 1406°/4° e 1407° do C.C. esp.. e 2103°-A e ss. do C.C. port.[597]. Também o art° 152°/2 da LDCG, ao regular um direito de atri-

---

[597] No que respeita ao recheio da casa de morada da família o C.C. esp. confere ao cônjuge sobrevivo a sua propriedade, nos termos do art° 1321° introduzido pela Reforma de 1981, independentemente do regime matrimonial de bens, como complemento da manutenção da casa de morada da família e do nível de vida a que está habituado; Segundo este artigo: *"Fallecido uno de los cónyuges, las ropas, el mobiliario y enseres que constituyan el ajuar de la vivienda habitual común de los esposos se entregarán al que sobreviva, sin computárselo en su haber. No se entenderán comprendidos en el ajuar las alhajas, objetos artísticos, históricos y otros de extraordinario valor."* Trata-se de uma atribuição legal *mortis causa* - impropriamente designada por alguns como legado legal - que visa satisfazer necessidades essenciais da vida do cônjuge supérstite, transferindo para este os direitos que o *de cujus* tivesse sobre esses bens e vedando qualquer liberdade de disposição testamentária sobre eles. Este direito *ex lege*, de carácter pessoalíssimo, é atribuído em caso de dissolução do casamento por morte e abrange certos elementos que compõem a casa de morada da família, independentemente de que estes sejam comuns ou privativos do autor da sucessão. Os bens atribuídos por força desta disposição normativa, sejam comuns ou privativos do cônjuge falecido, entregam-se ao cônjuge sobrevivo sem imputá-los na quota a que este tenha direito por força da dissolução da *sociedad de gananciales*, caso seja este o regime matrimonial aplicável, nem na quota que lhe corresponda na partilha da herança (*Vid.* MARTÍN MELÉNDEZ, *La Liquidación de la Sociedad de Gananciales. Restablecimiento del Equilibrio entre Massas Patrimoniales*, Madrid, 1995, pp. 236-241). Segundo a doutrina, esta norma faz parte do regime matrimonial primário, integrando-se num conjunto de normas que versam sobre a economia matrimonial e se aplicam a todo e qualquer casamento, independentemente do concreto regime matrimonial - comunhão ou separação - a que ele esteja sujeito (*Vid.* LACRUZ BERDEJO, *Elementos de Derecho Civil*, IV, *op. cit.*, p. 198; LÓPEZ y LÓPEZ, *Derecho de Família*, coord. por MONTÉS PENADÉS, Valencia, 1991, p. 175; DÍEZ-PICAZO, *Comentarios a las Reformas del Derecho de Família*, II, Madrid, 1984, p. 1507). Segundo MARTÍN MELÉNDEZ, *La Liquidación...*, *op. cit.*, pp. 241-243, os bens atribuídos por força do art° 1321° do C.C. esp. convertem-se automaticamente, no momento da morte de um dos cônjuges, em bens próprios do cônjuge sobrevivo, não chegando sequer a compor a massa *ganancial* ou a massa da herança, nem entrando, portanto, em nenhuma dessas partilhas, razão pela qual optámos por fazer-lhe uma abordagem sumária. De qualquer modo, esta

buição preferencial a favor do cônjuge sobrevivo com direito à legítima, que o autoriza a preencher a sua quota usufrutuária com os bens comuns pertencentes à herança do *de cujus*, e ainda com os bens privados, caso os comuns sejam insuficientes para o preenchimento do seu direito hereditário, poderá, na prática, servir a finalidade de permitir que o cônjuge sobrevivo continue a usufruir da casa de morada da família e do seu recheio, uma vez que estes surgem, na grande maioria dos casos, como o único ou principal bem comum[598].

Estão aqui em causa direitos que apenas têm cabimento quando os bens que constituem o seu objecto não são propriedade própria do cônjuge sobrevivo ou quando, tratando-se de bens comuns, não venham a ser-lhe atribuídos em propriedade para preenchimento da sua meação ou da sua quota hereditária, como pode acontecer no caso do C.C. port. e da LDCG[599]. Além disso, é necessário que o autor da sucessão não tenha disposto válida e eficazmente desses bens a favor de terceiro, e que essa disposição não afecte os direitos impostos por lei a favor dos legitimários, ou

---

autora é da opinião que esses bens devem figurar no inventário da *sociedad de gananciales* (se forem comuns), ou da herança (se forem privativos), contemplando a hipótese de poderem vir a ser necessários para a sua liquidação. Nos casos em que o não sejam, o inventário destes bens revela-se como uma mera operação pré-liquidatória.

[598] O preceito contido no artº 152º/2 da LDCG é totalmente inovador no ordenamento sucessório galego e não encontra paralelo no Código Civil nem em nenhum outro ordenamento civil autonómico. O direito aí atribuído ao cônjuge sobrevivo influencia o modo de pagamento da legítima vidual e, uma vez exercido, afasta a faculdade concedida aos herdeiros pelo artº 839º do C.C. esp., propiciando a manutenção da situação de indivisão do domínio sobre a quota hereditária entre o usufrutuário e o nu proprietário. Sobre esta norma, *Vid.* GARCIA RUBIO, *Comentarios...*, T. XXXII, Vol. 2º, *op. cit.*, pp. 1209-1210.

[599] Reportando-se ao C.C. português, SALTER CID entende que estarão igualmente abrangidas as situações em que os cônjuges eram os únicos comproprietários da casa, em que o *de cujus* era titular de um direito de superfície que tivesse por objecto a casa, ou em que esse direito era comum, e ainda aquelas em que os cônjuges eram co-superficiários. No caso dos cônjuges serem comproprietários da casa ou co-superficiários e de um deles atribuir a sua quota a terceiro, refere o autor que o cônjuge sobrevivo pode continuar a usá-la e habitá-la, embora não possa impedir o exercício do mesmo direito pelo terceiro (*Vid. A Protecção da Casa de Morada da Família no Direito Português*, Coimbra, 1996, pp. 370 e 373).

seja, que o valor dos bens não ultrapasse a quota de que o autor da sucessão podia dispor consoante os casos. No C.C. port. as atribuições preferenciais a favor do cônjuge sobrevivo não terão lugar no caso de o testador ter disposto dos bens, a título de legado, em benefício de outrem, de acordo com o art° 1685° desse diploma.; esta norma permite ao testador dispor dos seus bens próprios, e ainda dos comuns, desde que, por qualquer título, estes se tornem sua propriedade exclusiva à data da morte, ou tenha existido autorização prévia do cônjuge meeiro em documento autêntico ou no próprio testamento[600]. A lei comum espanhola é mais restritiva, pois exige sempre o consentimento de ambos os cônjuges para disposição desses bens - art° 1320° do C.C. esp.- conferindo, na prática, uma protecção mais eficaz à casa de morada da família e respectivo recheio do que o C.C. port.; este só protege os referidos bens quando, à data da abertura da sucessão, sejam bens comuns do casal - art° 1685°/2 - uma vez que, neste caso, o contemplado pela disposição testamentária apenas pode exigir o seu valor em dinheiro, excepto se a disposição for previamente consentida pelo outro cônjuge, por forma autêntica ou no próprio testamento, ou se for feita em benefício do outro cônjuge - als. a), b) e c), do n° 3 do art° 1685°.

Estas atribuições legais preferenciais constituem uma faculdade que a lei atribui ao cônjuge sobrevivo, a qual se apresenta como um direito potestativo relativamente aos restantes intervenientes na partilha, podendo ser exercido tanto na partilha judicial como na extrajudicial, embora nesta última apenas com o acordo dos outros intervenientes[601], e que não pode ser vedada pelo autor da sucessão através de testamento[602]. Trata-se de um direito a que o cônjuge sobrevivo pode renunciar expressa ou tacitamente, e que, no caso do C.C. esp., constitui excepção ao princípio particional de igualdade qualitativa e quantitativa dos lotes, previsto no art° 1061°[603].

---

[600] *Vid*. CAPELO DE SOUSA, *Lições...*, II, *op. cit*., p. 242, nota 962; SALTER CID, *A Protecção da Casa de Morada...*, *op. cit*., pp. 370 e 372.

[601] Na falta deste acordo parece que o cônjuge sobrevivo terá que lançar mão do inventário judicial, para nele poder exigir o encabeçamemto nesses direitos (*Vid*. CAPELO DE SOUSA, *Lições...*, II, *op. cit*., p. 238, nota 952).

[602] Neste sentido, GARCIA RUBIO, *Comentarios...*, T. XXXII, Vol. 2°, *op. cit*., p. 1213.

[603] Algum autor considera, no entanto, que cessa o direito do cônjuge sobrevivo às atribuições preferenciais se à data da abertura da sucessão este já não mantinha na casa a

290   *A Legítima do Cônjuge Sobrevivo - Estudo Comparado Hispano-Português*

No entanto, a natureza das atribuições preferenciais previstas nos artºs 2103º-A e ss. do C.C. português e 152º/2 da LDCG, é diferente da natureza das que estão reguladas nos artºs 1406º e 1407º do C.C. espanhol. Aquelas têm a natureza de um verdadeiro direito sucessório, uma vez que não se aplicam a qualquer caso de dissolução do casamento mas apenas à dissolução por morte de um dos cônjuges, quando os bens sobre os quais pode exercer-se a preferência façam parte da herança do *de cujus*. Assim, no caso de dissolução do casamento por divórcio, ou ainda nos casos de separação judicial de pessoas e bens e de invalidade do casamento em consequência de um vício originário, considera-se não haver lugar a estas atribuições preferenciais[604]. O direito do cônjuge sobrevivo separado de facto relativamente à casa de morada da família mantém-se, ainda que seja o único ou principal culpado da separação, uma vez que não perde a qualidade de sucessível nem o direito às atribuições preferenciais, desde que a casa continue a poder qualificar-se como casa de morada da família[605].

As atribuições preferenciais reguladas nos artºs 1406º e 1407º do C.C. esp. estão concebidas, essencialmente, como uma operação possível da partilha da sociedade conjugal[606], conclusão que é corroborada pela sua inserção sistemática na Secção Quinta do Capítulo IV do Título III, dedicada à dissolução e liquidação da *sociedad de gananciales*[607], embora uma

---

sua residência permanente (*Vid.* SALTER CID, *A Protecção da casa de Morada...*, *op. cit.*, p. 377).

[604] *Vid.* CAPELO DE SOUSA, *Lições...*, II, *op. cit.*, p. 236, nota 948; Este autor parece considerar, ao referir-se às situações de invalidade inicial do casamento, que o cônjuge putativo não acredita direito às atribuições preferenciais.

[605] *Vid.* CAPELO DE SOUSA, *Lições...*, II, *op. cit.*, pp. 247 e ss.; GOMES DA SILVA, "Posição Sucessória...", *loc. cit.*, pp. 75-76.

[606] O mesmo sucede com as atribuições previstas no artº 1731º do C.C. port. que, incluídas na regulamentação do regime matrimonial da comunhão de adquiridos (aplicável à comunhão geral de bens *ex vi* do artº 1734º), parecem, pelo seu enquadramento sistemático, ter lugar apenas na partilha dos bens comuns do casal, não podendo ser exercidas na partilha hereditária. O artigo atribui ao cônjuge utilizador de instrumentos de trabalho que tenham entrado no património comum por força do regime de bens, o direito a ser encabeçado neles no momento da partilha do património comum, quando deles necessite para o exercício da profissão.

[607] A liquidação e partilha dos bens comuns do casal revela-se igualmente complexa, não só pelas relações jurídicas que os cônjuges estabeleceram com terceiros durante a

das atribuições - a prevista no art° 1406°/4° - tenha conexão sucessória, visto que é pressuposto do seu exercício a morte do outro cônjuge. Estas atribuições preferenciais aplicam-se, em geral, a qualquer caso de dissolução da sociedade conjugal - art° 1392° - nomeadamente aos de dissolução do casamento nos termos do art° 85°, excepto o direito à casa de morada da família, que apenas nasce em caso de morte do outro cônjuge. Contudo, apesar da inclusão destes direitos de encabeçamento no regime de dissolução da sociedade conjugal e de não se consubstanciarem como verdadeiros direitos sucessórios, por não serem concedidos no âmbito da herança do cônjuge pré-morto, o certo é que o seu exercício poderá ser extremamente importante e influenciar a própria partilha hereditária, nomeadamente pela limitação qualitativa dos bens que irão compor a herança, verificando-se, assim, um desvio ao princípio de igualdade qualita-

---

vigência do regime de comunhão de bens como pelas que se estabeleceram entre os próprios cônjuges, envolvendo o património comum e os patrimónios privativos de cada um deles. Com a liquidação da *sociedad de gananciales*, ou de qualquer outro regime de comunhão, pretende determinar-se, de acordo com as normas que qualificam os bens como comuns ou próprios - art°s 1346° a 1361° do C.C. esp. e art°s 1722° a 1730° e 1733° do C.C. port. - quais os bens que formam o património comum, afecto ao pagamento das dívidas e encargos comuns do casal para com terceiros, e apurar, após satisfação das mesmas, o remanescente a ser dividido, procedendo-se à adjudicação dos bens entre os cônjuges. Esta liquidação envolve uma série de operações - inventário, avaliação, liquidação, divisão, e adjudicação - por forma a garantir as expectativas dos cônjuges e dos credores comuns ou privativos.

O art° 1410° do C.C. esp. remete a partilha da *sociedad de gananciales* para as normas que regulam a partilha da herança, atendendo à idêntica natureza que apresentam as duas formas de comunhão. A determinação das pessoas facultadas para requerer a partilha da *sociedad de gananciales* faz-se nos termos dos art°s 1051° e 1052° do C.C.: em caso de dissolução do casamento por morte estarão facultados o cônjuge sobrevivo ou os herdeiros do cônjuge falecido, e a partilha será efectuada entre o cônjuge sobrevivo e os herdeiros, directamente ou através de terceiro designado por estes, ou entre o cônjuge sobrevivo e o *contador-partidor* testamentário. Na LEC revogada, quando a causa de dissolução do casamento fosse a morte de um dos cônjuges, a liquidação da *sociedad de gananciales* era feita no âmbito do *juicio de testamentaria*, embora não se confundisse com as suas operações. Actualmente, a Lei 1/2000, de *Enjuiciamiento Civil*, consagra, nos art°s 806° e ss., um procedimento especificamente concebido para o efeito. Sobre o assunto, *Vid.* MARTÍN MELENDEZ, *La Liquidación de la Sociedad de Gananciales, op. cit.*, pp. 7-31.

292   A Legítima do Cônjuge Sobrevivo - Estudo Comparado Hispano-Português

tiva da partilha, previsto no art° 1061° do C.C. esp. (e também no art° 1374°, al. b), do CPC), cujo objectivo é proporcionar a cada interveniente uma participação em todo o tipo de bens que compõem o património hereditário.

Quanto ao conteúdo dos direitos a atribuir em virtude do exercício da preferência, parece ser possível, face ao art° 1407° do C.C. esp., a constituição de um de três tipos de direitos sobre a casa de morada da família: o cônjuge sobrevivo pode pedir que a casa de morada da família lhe seja atribuída em propriedade, optar simplesmente por um direito de habitação, ou então por um direito de uso desse bem[608]. O direito português limita-se a atribuir os direitos reais menores de habitação e uso dos bens - art° 2103°-A - permitindo unicamente um direito de habitação da casa de morada da família e/ou um direito de uso do respectivo recheio; estes direitos estão consagrados com independência um do outro, podendo o cônjuge sobrevivo requerer apenas o encabeçamento no direito de habitação da casa ou no uso do recheio - aliás, esta última será a única preferência que o cônjuge poderá exercer quando a casa de morada da família não faça parte da herança, nomeadamente quando se trate de casa arrendada[609].

Em ambos os casos os direitos são imputados no haver do cônjuge - meação ou quota hereditária - constituindo uma mera forma de preenchimento e concretização dos seus direitos na partilha, uma vez que os

---

[608] *Vid.* RAMS ALBESA, *Uso, Habitación y Vivienda Familiar*, Madrid, 1987, pp. 103-104; Refere este autor que a opção pelo direito de habitação limita a utilização da casa de morada da família às partes necessárias para a habitação do morador usuário e sua família - art° 524°/2 do C.C. esp. - enquanto que o direito de uso permite ao cônjuge satisfazer todas as necessidades que a utilização directa do imóvel seja capaz de lhe proporcionar, desde que não altere o seu destino económico e a sua forma e substância. A sua opinião resulta de uma concepção contrária à consagrada no C.C. português, o qual considera o direito de habitação como um tipo particular de uso referido às casas de morada - Cfr. o art° 1484°/2 deste diploma.

[609] *Vid.* CAPELO DE SOUSA, *Lições...*, II, *op. cit.*, pp. 244-245; PIRES DE LIMA/ANTUNES VARELA manifestam algumas reticências quanto à hipótese de o cônjuge requerer apenas o direito de uso do recheio sem o direito de habitação da casa a que ele pertence, e parecem admitir esta possibilidade unicamente quando haja acordo de todos os interessados ou na hipótese prevista no art° 2103°-B (*Vid. Código Civil Anotado*, VI, *op. cit.*, p. 170).

art°s 1407°, *in fine*, do C.C. esp. e 2103°-A do C.C. port. determinam que as atribuições não resultarão num acréscimo da sua quota hereditária e/ou meação[610], impondo a obrigação de pagamento de tornas aos restantes co-herdeiros ou interessados se o valor dos direitos exceder a parte que lhe cabe[611].

Em regra, os referidos direitos de uso e habitação seguem o regime geral contido nos art°s 523° e ss. do C.C. esp. e 1484° e ss. do C.C. port.[612][613], embora com algumas particularidades no ordenamento português,

---

[610] Diferente é a atribuição prevista no art° 1321° do C.C. esp., que não implica a imputação dos bens que são seu objecto na quota hereditária do cônjuge sobrevivo, pois, como já vimos, estes são atribuídos para além da porção hereditária.

[611] No direito português existem algumas dúvidas e dificuldades quanto à forma como deve proceder-se à valoração dos direitos de uso e habitação e, na falta de critérios legais específicos, a doutrina divide-se quanto a esta questão; FRANÇA PITÃO defende a aplicação dos critérios do art° 31°, n° 4, do Código da Sisa e do Imposto Sobre Sucessões e Doações (*Vid. A Posição do Cônjuge Sobrevivo..., op. cit.*, p. 52, nota 66); CAPELO DE SOUSA, é da opinião que aquele critério se restringe a finalidades fiscais pelo que não deverá ser aplicado, sendo prioritário o critério resultante do art° 603°, al. e), do CPC, para o uso e habitação em geral (*Vid. Lições...*, II, *op. cit.*, p. 243, nota 963).

[612] O art° 524° do C.C. esp. determina: "*El uso da derecho a percibir de los frutos de la cosa ajena los que basten a las necesidades del usuario y de su familia, aunque ésta se aumente. La habitación da a quien tiene este derecho la facultad de ocupar en una casa ajena las piezas necesarias para sí y para las personas de su familia.*" . O art° 1484°/1 do C.C. port. define o uso como "*... faculdade de se servir de certa coisa alheia e haver os respectivos frutos, na medida das necessidades, quer do titular, quer da sua família.*"; Segundo o n° 2 do mesmo artigo, o direito de habitação consiste num uso referido a casas de morada.

Estes direitos têm, portanto, conteúdo idêntico ao usufruto, embora limitado pelas necessidades do seu titular e respectiva família (razão pela qual são intransmissíveis, nos termos dos art°s 1488° do C.C. port. e 525° do C.C. esp.) regendo-se supletivamente pelas normas deste - art°s 1485° do C.C. port. e 528° do C.C. esp.. *Vid.* MENEZES CORDEIRO, *Direitos Reais*, Lisboa, 1993 (Reprint 1979), pp. 664-665.

[613] Sempre que o cônjuge solicite o encabeçamento nos direitos de uso ou habitação sobre os bens, passam a compor a sua esfera jurídica uma série de faculdades e deveres que, na generalidade, são os mesmos que a lei atribui a qualquer usuário, por exemplo, direi-to de servir-se directamente da coisa e, no caso do direito de uso, de receber os frutos na medida das suas necessidades ou na medida estabelecida no título constitutivo - art°s 1484°/1 do C.C. port. e 524° do C.C. esp. (RAMS ALBESA refere que estes direitos pressupõem o direito de exigir do proprietário a entrega da coisa objecto dos direitos de uso ou habitação;

designadamente quanto à caducidade do direito - artº 2103º-A, n.º 2, do C.C.. A atribuição destes direitos ao cônjuge sobrevivo que exerça a preferência revela que o seu objectivo é continuar a proporcionar-lhe o ambiente e tipo de vida a que estava habituado durante a vigência da relação conjugal, mantendo a sua ligação a certos bens intimamente associados a ela[614]. Para compreensão do limite a que estes direitos estão sujeitos - medida das necessidades do cônjuge sobrevivo e sua família, nos termos dos artºs 1487º do C.C. port. e 524º do C.C. esp. - torna-se necessário averiguar qual o conceito de família que as referidas normas têm em vista. O artº 1487º do C.C. port. faz expressa referência a esta questão, considerando compreendidos na família do usuário, ou morador usuário, o cônjuge não separado judicialmente de pessoas e bens, os filhos solteiros, outros parentes a quem sejam devidos alimentos, e as pessoas que, convivendo com o titular do direito, se encontrem ao seu serviço ou de qualquer uma das pessoas já designadas. O C.C esp. não contém norma semelhante, o que dificulta a aplicação do artº 524º no que se refere ao aspecto da delimi-

---

Vid. Uso, Habitación..., *op. cit.*, p. 63). Tal como o usufrutuário, o usuário com direito a haver os frutos de determinado bem (embora limitados às suas necessidades e da sua família) poderá adoptar as diligências necessárias à frutificação do mesmo - artºs 1490º do C.C. port. e 528º do C.C esp.; Deverá entender-se que o usuário tem as mesmas faculdades que o usufrutuário no que respeita às acessões, benfeitorias, e coisas deterioráveis - artºs 1449º, 1450º e 1452º do C.C. port., aplicáveis *ex vi* do artº 1490º do C.C., e artºs 479º, 487º e 481º do C.C. esp., aplicáveis *ex vi* do artº 528 do mesmo diploma; No capítulo das obrigações verifica-se que sobre o usuário e o morador usuário recaem, por força dos citados artºs 1490º do C.C. port. e 528º do C.C. esp., as mesmas obrigações que a lei impõe ao usufrutuário: está obrigado a realizar inventário dos bens - artºs 1468º do C.C. port. e 491º do C.C. esp. - bem como a prestar caução, se a mesma lhe for exigida por qualquer dos proprietários e o tribunal o considerar justificado - artº 2103º-A do C.C. port. - ou se não for dispensada no título constitutivo - artºs 493º do C.C. esp. e 1469º do C.C. port.; está obrigado a realizar as reparações ordinárias nos bens, a pagar as despesas com a sua administração e os impostos e demais encargos que incidam sobre os rendimentos que produzam - artºs 1489º do C.C. port. e 500º e 504º do C.C esp.; está obrigado a avisar o proprietário dos bens de qualquer acto de terceiro que os ameace ou lesione - artºs 1475º do C.C. port. - e a agir, de um modo geral, como um bom pai de família - artºs 1489º do C.C. port. e 497º do C.C. esp..

[614] *Vid.* GOMES DA SILVA, "Posição Sucessória...", *loc. cit.*, pp. 71 e 75; CAPELO DE SOUSA, *Lições...*, II, *op. cit.*, p. 237, nota 949; FRANÇA PITÃO, *A Posição do Cônjuge...*, *op. cit.*, pp. 54-55.

Legítima do Cônjuge Sobrevivo 295

tação negativa do conteúdo dos direitos. RAMS ALBESA discorda da configuração legislativa que é dada ao conceito, nomeadamente pelo direito português, porque entende que a sua determinação terá que ser feita na perspectiva do titular do direito, atendendo ao seu modo e estilo de vida; no entanto, considera válido o conceito amplo, afirmado na STS de 23 de Março de 1925, que abrange as pessoas que normalmente devam conviver em companhia do titular do direito[615].

Um problema que tem sido algo discutido pela doutrina portuguesa é o da extinção ou manutenção do direito de habitação da casa de morada da família, e de uso do seu recheio, quando o cônjuge sobrevivo contraia segundas núpcias. GOMES DA SILVA é da opinião que, não obstante o regime geral do uso e habitação incluir no conceito de família o cônjuge do usuário - art° 1487° do C.C. - o direito é atribuído também com o fim ético de proporcionar ao cônjuge sobrevivo a manutenção do ambiente existente à data da morte do autor da sucessão. Para aquele autor, esse fim deixa de merecer protecção legal quando o cônjuge sobrevivo celebre segundas núpcias, por consubstanciar um abuso do direito - art° 334° do C.C. - solução que considera enquadrada no espírito da lei se atendermos ao que estatui o n° 2 do art° 2233° do C.C., que permite ao testador dispor que certas deixas, entre as quais as de uso e habitação, só produzam efeitos enquanto durar o estado de solteiro ou viúvo do legatário[616]. Contrariamente a esta posição manifesta-se CAPELO DE SOUSA, o qual considera que, para além de o novo consorte do cônjuge sobrevivo ser considerado seu familiar, o cônjuge sobrevivo não excede manifestamente os limites impostos pela boa fé, pelos bons costumes, ou pelo fim social ou económico dos direitos em causa quando continue a habitar a casa de morada da família e a usar o respectivo recheio na qualidade de bínubo; qualquer solução que pretenda fazer depender a atribuição e manutenção desses direitos do facto de o cônjuge se manter viúvo contraria o princípio de liberdade de celebração de casamento, consagrado no art° 36°, n° 1, da CRP. O autor acrescenta ainda que o n° 2 do art° 2233° do C.C. port. contém uma excepção que opera apenas na sucessão testamentária, sem pre-

---

[615] *Vid. Uso, Habitación...*, *op. cit.*, pp. 35-37.
[616] *Vid.* "Posição Sucessória...", *loc. cit.*, pp. 73-75.

juízo dos direitos de meação e de sucessão legitimária do cônjuge sobrevivo, não estando as deixas testamentárias ao cônjuge sujeitas a quaisquer limites legais. Por último, conclui que os direitos de habitação e de uso resultantes do exercício das preferências legais possuem um valor próprio, que é imputado na meação e na quota legítima do cônjuge sobrevivo, e não podem extinguir-se pelo exercício de um direito de personalidade como o de celebração de casamento[617].

Uma das especialidades dos direitos de habitação da casa de morada da família e de uso do respectivo recheio no direito português consiste no facto de o artº 2103º-A do C.C. estipular, no seu nº 2, uma hipótese de caducidade do direito se o cônjuge sobrevivo não habitar a casa por prazo superior a um ano, salvo nos casos previstos no nº 2 do artº 1093º do mesmo diploma[618]. Outra particularidade reside na possibilidade de os proprietários da casa e do recheio poderem solicitar ao Tribunal a fixação de caução a ser prestada pelo cônjuge sobrevivo quando as circunstâncias o justifiquem, por forma a garantir a restituição dos bens no estado de conservação exigível[619].

---

[617] *Vid.* CAPELO DE SOUSA, *Lições...*, II, *op. cit.*, pp. 240-241, nota 958.

[618] A remissão para este artigo deve considerar-se feita para o artº 64º, nº 2, do Decreto-Lei nº 321-B/90, de 15 de Outubro, que aprovou o Regime do Arrendamento Urbano (RAU) e veio revogar os artºs 1083º a 1120º do C.C. port.. O legislador aplicou aos direitos de habitação da casa de morada da família e de uso do respectivo recheio uma das causas de resolução do arrendamento pelo senhorio, que consiste em conservar o prédio desabitado por mais de um ano (alínea i) do nº 1 do artº 64º do RAU). No entanto, o nº 2 do mesmo preceito legal reza o seguinte: *"Não tem aplicação o disposto na alínea i) do número anterior:*

a) *Em caso de força maior ou de doença;*

b) *Se o arrendatário se ausentar por tempo não superior a dois anos, em cumprimento de deveres militares, ou no exercício de outras funções públicas ou de serviço particular por conta de outrem, e bem assim, sem dependência de prazo, se a ausência resultar de comissão de serviço público, civil ou militar, por tempo determinado;*

c) *Se permanecerem no prédio o cônjuge ou parentes em linha recta do arrendatário ou outros familiares dele, desde que, neste último caso, com ele convivessem há mais de um ano."*

[619] *Vid.* PIRES DE LIMA/ANTUNES VARELA, *Código Civil Anotado*, VI, *op. cit.*, p. 170; SALTER CID, *A Protecção da Casa de Morada...*, *op. cit.*, p. 378, é da opinião que a caução serve como garantia para pagamento das tornas que sejam devidas pelas atribuições preferenciais.

3. Deveres do cônjuge sobrevivo na partilha

No âmbito da partilha, a doutrina imperante sujeita o cônjuge sobrevivo ao dever de participar proporcionalmente nas despesas comuns da mesma, nos termos dos art°s 1064° do C.C. esp. e 2068° do C.C. port., uma vez que participa igualmente nos benefícios da herança. A jurisprudência espanhola tem corroborado esta postura, invocando que, apesar de a posição do cônjuge sobrevivo não ser exactamente idêntica à do sucessor universal, especialmente no que respeita à responsabilidade por dívidas, existe identidade quanto à responsabilidade pelas despesas comuns da partilha porque o cônjuge é igualmente parte interessada nela. A STS de 11 de Janeiro de 1950[620] declarou, no seu Segundo Considerando, que a posição jurídica da viúva usufrutuária da herança não é "...*absolutamente idéntica a la del genuíno sucesor universal, particularmente en el aspecto de responsabilidad por deudas hereditarias, pero es indudable que tal identidad existe en punto a responsabilidad por razón de gastos comunes de la partición porque el artículo 1074 del Código Civil no establece distinción en este respecto, en el cual estàn situados en el mismo plano el usufructuario y los nudo-proprietarios por el interés común que les liga en la liquidación de la herencia...*". Também a STS de 30 de Janeiro de 1960[621] afirmou, no Segundo Considerando, "...*que la viuda como cónyuge superviviente, es una heredera más, copartícipe de la herencia o interessada en la sucesión del causante, cualidad que le ha servido primero para promover el juicio de testamentaria, más tarde, para sostener unos derechos en el mismo, y últimamente para llegar a la impugnación del cuaderno de partición practicado para dirimir la discordia suscitada con los que anteriormente la formalizaron, cualidad hereditaria que ostenta y que le impone la obligación señalada en el artículo 1064, de contribuir proporcionalmente al haber que se le adjudique en los gastos que origina, dado que en el citado precepto legal no se esteblece distinción para los que están interesados en ella y el estar dicho acuerdo conforme con la doctrina proclamada por esta Sala en sus sentencias de 13 de enero y 26 de abril de 1911, 23 de marzo de 1924, 9*

---

[620] *RJA*, 1950, n° 21.
[621] *CLJC*, T. 85, n° 48.

de junio de 1949 y 11 de enero de 1950, debido a que el cónyuge viudo no puede ser calificado de condición superior a los demás herederos...". A STS de 24 de Janeiro de 1978[622] reforça igualmente esta doutrina, mas excepciona o dever de suportar proporcionalmente as despesas da partilha num caso em que o cônjuge sobrevivo foi chamado à herança como legatário de coisa determinada, por entender que esse dever só existe quando o cônjuge se apresente como partícipe de um direito abstracto no *universum ius defuncti*, ou numa quota do mesmo, como acontece quando é chamado à sua quota vidual em usufruto ou como legatário de parte alíquota.

IV - Exercício de faculdades possessórias relativamente aos bens da herança

Na qualidade de partícipe na comunhão hereditária o cônjuge sobrevivo participa também da posse dos bens da herança, ainda que não a administre. O cônjuge tem, como qualquer legitimário, o direito a defender os bens hereditários de agressões e a recuperar para a massa da herança bens que, após a abertura da sucessão, se mantenham na posse de terceiros. Essa faculdade justifica-se pelo interesse que detém sobre a herança, mesmo quando não tenha sido instituído herdeiro pelo autor da sucessão, uma vez que o seu direito necessita de ser determinado e é afectado, pelo menos indirectamente, pelas próprias dívidas da herança, que diminuem o valor da sua quota. Por esta razão, o cônjuge sobrevivo tem legitimidade para exercer uma série de acções, nomeadamente possessórias, em defesa da comunhão hereditária, enquanto esta se mantenha. Uma vez que se entende que o cônjuge sobrevivo deve participar na entrega dos legados, reconhecendo-lhe, com isso, a sua posse sobre os bens hereditários como se fosse um dos co-proprietários, é natural que se lhe reconheça a faculdade de recorrer aos procedimentos judiciais que coubessem ao autor da sucessão para defender os bens de agressões ou recuperar para a massa hereditária bens que estivessem na posse de ou-

---

[622] *JC*, 1978, nº 24,

trem[623]. No C.C. esp. alguns autores vão ainda mais longe, reconhecendo ao legitimário-legatário - qualificação que a maioria da doutrina aplica ao cônjuge sobrevivo em razão do seu direito à legitima - o direito de tomar posse do bem legado por sua autoridade própria, em virtude de a lei lhe reservar uma quota líquida da herança que o autor da sucessão apenas terá que limitar-se a cumprir através de atribuições[624].

As acções que visam requerer a posse de bens adquiridos a título hereditário, quando não estejam na posse de alguém a título de proprietário ou usufrutuário - *interdicto de adquirir* - as dirigidas à reintegração na posse de bens imóveis e à sua defesa relativamente a terceiros em caso de esbulho ou de perturbações no disfrute - *interdictos de recobrar y de retener* - bem como as que se destinam a reivindicar a propriedade -

---

[623] Reconhecem este direito ao cônjuge sobrevivo, entre outras, as SSTS de 16 de Novembro de 1929 (*JC*, T. 191, nº 42), e de 30 de Junho de 1950 (*JC*, T. 15, nº 296); Aquela refere nos 1º e 2º Considerandos que *"...la interpretación justa dada, no sólo por este Tribunal, sino por la Dirección de los Registros, es el de que el cónyuge viudo es un heredero forzoso, con todos los derechos e deberes de tal ..."* e *"...si el cónyuge viudo es un heredero forzoso y la herencia está indivisa y aquél pretende reivindicar una finca del causante para la herencia, tiene completa su acción para solicitarla de los Tribunales, porque no reivindica para sí, sino para la universalidad hereditaria; porque no perjudica los derechos de los demás herederos, sino que los defiende, y, por último, porque la jurisprudencia de este Tribunal ha declarado apotegma jurídico, que mientras la herencia se halle indivisa, puede cualquiera de los herederos ejercitar las acciones que correspondan al causante, quedando sometido, al ejercitarlas, a las reglas establecidas para la comunidad de bienes."* A segunda Sentença, após destacar o carácter de herdeiro forçoso do cônjuge sobrevivo, expressamente estabelecida pelo artº 807º/3º do C.C. esp., reafirmada pelos artºs 814º e 855º do mesmo diploma, e declarada por várias sentenças daquele Tribunal, diz que *..."es doctrina constante y uniforme la de que, mientras la herencia esté pro indivisa, puede cualquiera de los herederos ejercitar, en benefício de la massa común, las acciones que corresponderían al difunto (sentencias de 24 de octubre y 23 de noviembre de 1903, 26 de enero de 1909 y 17 de diciembre de 1934); doctrina que viene a reafirmar la establecida en el sentido de que cualquiera de los partíces tiene acción y personalidad para acudir a los Tribunales defendiendo y reclamando derechos del causante, que aprovecharán a todos ellos (sentencias de 6 de abril de 1896, 27 de octubre de 1900, 30 de mayo de 1906, 5 de junio de 1918, 4 de abril de 1921, 17 de junio de 1927 y 18 de diciembre de 1933,entre otras)...".*

[624] *Vid.* VALLET DE GOYTISOLO, *Las Legítimas*, II, *op. cit.*, pp. 814 e ss..

300 A Legítima do Cônjuge Sobrevivo - Estudo Comparado Hispano-Português

artº 250º/1, 3º, 4º e 7º da LEC[625] - seguem a forma de processo declarativo sumário, com a tramitação do *juicio verbal*, No direito português o cônjuge sobrevivo pode lançar mão dos meios de defesa da posse previstos nos artºs 1276º e ss. do C.C., sendo admitidas as acções judiciais de manutenção e de restituição na posse e a acção de restituição provisória na posse em caso de esbulho violento[626], cujo regime segue, desde a Reforma processual de 1995, o processo comum na forma que ao caso couber[627]. O artº 1281º do C.C. port. reconhece legitimidade activa para as referidas acções ao perturbado ou esbulhado e aos seus herdeiros, que surgem em substituição do possuidor originário se este já tiver falecido. Fora dos meios processuais admite-se expressamente que o possuidor

---

[625] Actualmente podem continuar a designar-se algumas destas acções como *interdictos*, embora haja quem considere mais adequada a sua designação como processos possessórios (*Vid.* CORTÉS DOMINGUÉZ, *La Nueva Ley de Enjuiciamiento Civil*, T. V, coord. por Cortés Dominguéz, V. e Moreno Catena, V., Madrid, 2000, p. 65). Na antiga LEC a defesa dos bens relativamente a agressões também era exercida através dos *interdictos de retener* ou *de recobrar*, e a sua recuperação, quando estivessem indevidamente na posse de outra pessoa, fazia-se através do *interdicto de adquirir* - artºs 1651º e ss., e 1633º e ss. da LEC. Os *interdictos* tiveram origem no Direito romano; aí a posse era defendida através de *interdicta* e não de *acciones*, e aqueles consistiam em ordens sumárias dadas pelo pretor, baseadas no seu *imperium*, para resolver de momento uma situação que tinha a protegê-la, pelo menos, uma aparência jurídica, ficando, porém, essa ordem condicionada a uma possível apreciação ulterior. Os interditos possessórios eram expedientes do pretor destinados a proteger a posse, uma vez que o *ius civile* não lhe concedia protecção; existiam os *interdicta retinendae possessionis*, destinados a obter o reconhecimento da posse em caso de perturbação por terceiros, e os *interdicta recuperandae possessionis* que se destinavam à recuperação da posse perdida em determinadas circunstâncias (*Vid.* SEBASTIÃO CRUZ, *Direito Romano*, *op. cit.*, pp. 327 e 329-331).

[626] A providência de reacção contra o esbulho violento não impede o normal exercício da acção de restituição da posse; tendo como finalidade a restituição provisória da posse, encontra-se regulada no CPC como procedimento especificado - artºs 393º e ss. - e implica que nos trinta dias subsequentes à notificação da decisão que ordene a providência o possuidor tenha que instaurar a acção de restituição, sob pena de caducidade - alínea a) do nº 1 do artº 389º do CPC.

[627] A Reforma processual introduzida pelo Decreto-Lei nº 329-A/95, de 12 de Dezembro, alterou o regime das acções possessórias; anteriormente as acções possessórias estavam autonomizadas como processo especial nos artºs 1033º a 1036º do CPC.

Legítima do Cônjuge Sobrevivo   301

perturbado ou esbulhado possa manter-se ou restituir-se na posse por sua própria força e autoridade, nos termos do artº 336º do C.C.[628].

V - Direito de preferência na alienação da herança

A doutrina e a jurisprudência espanholas reconheceram desde sempre o direito, expressamente previsto no artº 2124º do C.C. port., de os co-partícipes disporem da sua quota na herança em momento anterior à partilha[629]. Deste direito decorre a faculdade, conferida nos artºs 1067º do C.C. esp. e 2130º do C.C. port., de sub-rogação dos restantes herdeiros, ou de um deles, no lugar do comprador em caso de alienação de um quinhão hereditário, faculdade que assiste ao cônjuge sobrevivo no C.C. port. na sua qualidade de herdeiro. Contudo, a opinião doutrinal maioritária, face ao C.C. esp., é a de que está vedado ao cônjuge sobrevivo usufrutuário o exercício do direito de preferência na alienação do direito hereditário por algum dos co-partícipes, uma vez que não é um partícipe em propriedade[630], pese embora algum autor seja da opinião que o cônjuge, na sua condição de co-partícipe, tem a possibilidade de exercer o direito de preferência na compra de uma quota hereditária quando estejam em regime de comunhão a herança e a *sociedad de gananciales* por liquidar, desde que a venda seja feita a um estranho e os demais herdeiros não exerçam o seu direito de preferência[631]. Pela nossa parte entendemos que,

---

[628] Admitida a acção directa para garantir a relação possessória, terá que admitir-se também, por maioria de razão, a sua defesa nos termos da legítima defesa, regulada no artº 337º do C.C..

[629] Cfr., entre outras, as SSTS de 11 de Abril de 1953 (*RJA*, 1953, nº 1262), e de 30 de Dezembro de 1996 (*RJA*, 1996, nº 9124). O que está vedado aos comunheiros ou co-herdeiros antes da partilha é a venda de bens determinados da herança sem o consentimento dos restantes comunheiros, o que implica a nulidade da venda, na medida em que nesse momento os seus direitos ainda estão indeterminados; Cfr., nomeadamente, as STS de 14 de Abril de 1986 (*RJA*, 1986, nº 1849), de 25 de Setembro de 1995 (*RJA*, 1995, nº 6669), e de 6 de Outubro de 1997 (*RJA*, 1997, nº 7356).

[630] *Vid.*, por todos, LACRUZ BERDEJO, *Elementos...*, V, *op. cit.*, p. 165. Não sucede assim no C.C. port., em que o cônjuge sobrevivo é co-herdeiro chamado a uma quota da herança em propriedade.

[631] *Vid.* VALLET DE GOYTISOLO, *Comentarios...*, T. XI, *op. cit.*, p. 456.

302 *A Legítima do Cônjuge Sobrevivo - Estudo Comparado Hispano-Português*

embora no C.C. esp. seja duvidosa a qualificação do cônjuge sobrevivo como herdeiro por força da sua quota legitimária, não há dúvida de que ele é um co-sucessor e um interessado directo na herança, pelo que, atenta a finalidade da norma[632], não vislumbramos obstáculo a que possa exercer a preferência na alienação de quinhão hereditário a um estranho quando o direito não seja exercido por nenhum dos co-herdeiros, mesmo que na comunhão hereditária apenas lhe caiba a sua quota legítima.

No caso de aquisição de quota hereditária pelo cônjuge sobrevivo, VALLET DE GOYTISOLO parece entender, citando LACRUZ BERDEJO, que os herdeiros podem exercer contra ele o direito de preferência nos casos em que só lhe corresponda a quota legítima, impedindo que o cônjuge ingresse na comunhão hereditária com um direito mais forte e em propriedade, visto que a lei também lhes permite afastá-lo da comunhão hereditária nos termos do artº 839º do C.C. esp.[633]. Julgamos, no entanto, que as situações são distintas: a finalidade da comutação do usufruto vidual é evitar os possíveis inconvenientes do fraccionamento do domínio sobre certos bens da herança, enquanto o direito de preferência na alienação da herança tem a finalidade de manter os quinhões hereditários na titularidade do menor número possível de co-herdeiros ou co-partícipes. Por outro lado, o cônjuge sobrevivo só forçadamente poderia ser considerado um estranho para os efeitos do artº 1067º do C.C. esp., de forma a possibilitar o exercício da preferência contra ele. Na Sentença de 16 de Junho de 1961[634] o Tribunal Supremo reconheceu ao cônjuge sobrevivo a faculdade de adquirir para si uma quota da herança sem que os outros partícipes pudessem opôr-lhe o direito de *retracto* previsto no artº 1067º do C.C. esp., por não ser um estranho a ela.

---

[632] O direito de preferência na alienação da herança resulta de um interesse da lei em manter os quinhões hereditários na titularidade do menor número possível de co-herdeiros ou co-partícipes, daí que o C.C. port. não permita o exercício da preferência na venda ou dação em cumprimento do quinhão hereditário entre co-herdeiros (*Vid.* PIRES DE LIMA/ANTUNES VARELA, *Código Civil Anotado*, VI, *op. cit.*, p. 211).

[633] *Vid.* VALLET DE GOYTISOLO, *Comentarios...*, T.XI, *op. cit.*, pp. 455-456.

[634] *JC*, T. 100, nº 481.

VI - A faculdade de exercício do cargo de *contador-partidor*

1. Introdução

Apesar de o artº 1057º/1 do C.C. esp. vedar o cargo de *contador-partidor* apenas aos co-herdeiros[635], a maioria da doutrina e da jurisprudência interpreta extensivamente a norma, tendo-se generalizado o entendimento de que o cônjuge sobrevivo legitimário não pode ser *contador-partidor* na herança do falecido consorte, por ser detentor de um interesse contraposto ao dos herdeiros quanto à sua quota legal em usufruto[636]. Assim, apesar de não reconhecer ao cônjuge sobrevivo a qualidade de herdeiro por força da sua quota legítima[637], a doutrina imperante considera-o um co-sucessor afectado pela partilha e com interesses contrapostos aos dos demais co-sucessores, o que diminui as hipóteses de um desempenho imparcial do cargo e o afasta necessariamente do seu exercício[638]. Declararam a proibição de exercício do cargo de *contador-partidor* pelo cônjuge sobrevivo,

---

[635] O artº 159º/1 da LDCG é mais claro nesta matéria, ao inabilitar qualquer partícipe para proceder à partilha da herança, abrangendo, assim, o cônjuge sobrevivo; outras legislações forais proíbem expressamente o cônjuge viúvo de exercer o cargo de *contador-partidor*, como acontece com a Lei 341 da CDCFN.

[636] *Vid.* ROCA-SASTRE MUNCUNILL, *Derecho de Sucesiones*, II, *op. cit.*, pp. 311 e ss., RIVAS MARTINEZ, *Derecho de Sucesiones Común y Foral*, II, *op. cit.*, pp. 199-200, VALLET DE GOYTISOLO, *Comentarios...*, T XI, *op. cit.*, pp. 454 e ss., e PUIG BRUTAU, *Fundamentos...*, T. V, 3º, *op. cit.*, pp. 62 e ss., o qual faz uma análise detalhada das orientações do Tribunal Supremo sobre a matéria.

[637] Em sentido contrário manifesta-se a doutrina tradicional, que considera herdeiro o cônjuge sobrevivo em virtude de o artº 807º do C.C. o designar como tal, e também porque o artº 814º/2 do C.C. regulava especificamente a sua preterição e o artº 855º do mesmo diploma, previa, como ainda prevê, as causas para a sua deserdação; Neste sentido, *Vid.*, por todos, SCAEVOLA, *Código Civil*, T. XIV, Madrid, 1944, p. 666, e MANRESA, *Comentarios al Código Civil Español*, T. VI, Vol. 1º, *op. cit.*, p. 470.

[638] A proibição contida no artº 1057º/1 do C.C. esp. deve-se à exigência de imparcialidade no exercício do cargo e leva a excluir todos aqueles que possam ter interesse directo na partilha, ou seja, todos os que tenham direito sobre uma quota da herança, quer sejam sucessores voluntários ou legitimários; *Vid.* ALBALADEJO e DÍAZ ALABART, *Comentarios al Código Civil y Compilaciones Forales*, T. XIV, Vol. 2º, Madrid, 1989, pp. 206-207, e VALLET DE GOYTISOLO, *Comentarios...*, T. XI, *op. cit.*, p. 405.

as Sentenças do TS de 8 de Fevereiro de 1892[639], e de 13 de Junho de 1898[640]. Esta última expõe, no seu Primeiro Considerando, "...*que desde el momento en que la ley señala al viudo ó viuda una parte alícuota de los bienes del cónyuge premuerto en la forma y medida que establece el Código Civil vigente, cuyo art. 807 les da reciprocamente el carácter de herederos forzosos, no puede ponerse en duda que se encuentran incluídos en la prohibición establecida en el art. 1057, y se hallan, por tanto, incapacitados para ser nombrados partidores cuando concurren á la herencia con otros herederos del cónyuge difunto*;"*. Esta tese foi igualmente afirmada pela Direcção Geral dos Registos e Notariado, na sua Resolução de 12 de Novembro de 1895[641]. No entanto, atendendo ao carácter excepcional do artº 831º do C.C. esp. relativamente ao artº 1057º/1 do mesmo diploma, vários autores têm vindo a defender que o cônjuge sobrevivo está facultado para proceder à partilha dos bens da herança entre os filhos comuns com o autor da sucessão, segundo as quotas dispostas por este, quer seja chamado à herança a título universal ou meramente na qualidade de legitimário[642]; outros vão ainda mais longe aceitando não existir qualquer impedimento legal para que nestes casos o cônjuge proceda à partilha, mesmo fora do âmbito do artº 831º do C.C. esp. (ou do artº 141º da LDCG)[643].

---

[639] *JC*, T. 1, p. 157.

[640] *JC*, T. 2, nº 108.

[641] *JC*, T. 3, p. 234.

[642] *Vid*. VALLET DE GOYTISOLO, *Comentarios...*, T. XI, *op. cit.*, p. 417; CARBALLO FIDALGO, *Las Facultades del Contador-Partidor Testamentario*, *op. cit*, pp. 96-97 e 113 e ss., em especial, pp. 117-118.

[643] Neste sentido, PUIG BRUTAU, *Fundamentos...*, T. V, 3º, *op. cit.*, pp. 411-412, e MANRESA, *Comentarios...*, T. VI, Vol. 1º, *op. cit.*, p. 615.

2. As excepções contidas no Código Civil espanhol e na Lei de Direito Civil da Galiza

A) Os art⁰s 831⁰ do Código Civil espanhol e 141⁰ e ss. da Lei de Direito Civil da Galiza

Uma primeira excepção à proibição do exercício pelo cônjuge sobrevivo das funções de *contador partidor* na herança do seu falecido consorte é a que parece resultar das disposições contidas nos art⁰s 831⁰ do C.C. esp. e 141⁰ e ss. da LDCG[644], que o facultam para distribuir os bens do defunto, a seu prudente arbítrio, e para melhorar neles os filhos comuns[645].

Pela ubicação sistemática do art⁰ 831⁰ do C.C. esp., poderíamos ser levados a pensar que o preceito apenas consagra uma excepção à indelegabilidade da faculdade de melhorar, disposta no art⁰ 830⁰ do mesmo diploma. Contudo, uma análise mais cuidada conduziu à conclusão, par-

---

[644] Apesar da sua inclusão na Secção Terceira do Capítulo Segundo, cujo título é "*Del Testamento por comisario*", os artigos 141⁰ e ss. da LDCG não têm em vista a regulação desta figura, admitida com maior ou menor intensidade noutras legislações forais; estas normas visam consagrar uma fidúcia sucessória de carácter familiar, por força da qual apenas se habilita o disponente a delegar num comissário as faculdades de melhorar e distribuir os bens.

[645] Alguma doutrina tem defendido que os destinatários podem ser também outros descendentes do autor da sucessão. Defendem-no, face à LDCG, CORA GUERREIRO e GIL CABALLERO, *Derecho de Sucesiones de Galicia. Comentarios al Título VIII de la Ley de 24 de mayo de 1995*, Madrid, 1996, p. 152, e PEREZ ALVAREZ, *Comentarios al Código Civil y Compilaciones Forales*, T. XXXII, Vol. 2⁰, *op. cit.*, pp. 1111-1113; o argumento invocado é a referência contida no art⁰ 159⁰/2 da LDCG relativo à partilha pelo *contador-partidor*, que reporta a faculdade não só aos filhos mas também aos descendentes comuns. Afirmam a mesma postura no seio do C.C. esp.: ALBALADEJO, *Curso...*, V, *op. cit.*, p. 374, VALLET DE GOYTISOLO, *Comentarios...*, XI, *op. cit.*, pp. 419-420, RIVAS MARTINEZ, *Derecho de Sucesiones Común Y Foral*, II, *op. cit.*, p. 305, e BERMEJO PUMAR, *El Artículo 831 del Código Civil*, Tesis Doctoral, Santiago de Compostela, 1999, pp. 218 e ss., em especial p. 226. Contra, *Vid.* CARBALLO FIDALGO, *Las Facultades...*, *op. cit.*, pp. 111-112. LACRUZ BERDEJO, *Elementos...*, V, *op. cit.*, p. 382, só aceita a melhora dos netos quando sejam legitimários de primeiro grau, ou seja, na falta de filhos. Os filhos e descendentes são admitidos como destinatários do exercício da faculdade de melhorar delegada pelo autor da sucessão nos art⁰s 71⁰ da CDCB e 148⁰/1 do CSC; não impõem quaisquer limites subjectivos a Lei 281 da CDCFN e o art⁰ 32⁰ da LDCFPV.

306   *A Legítima do Cônjuge Sobrevivo - Estudo Comparado Hispano-Português*

tilhada por um vasto sector doutrinário, de que o termo "melhorar" parece referir-se, de modo genérico, à faculdade de distribuir de forma desigual os bens do pré-falecido, procedendo a atribuições, quer do terço de melhora quer do terço de livre disposição, enquanto o vocábulo "distribuir" assume o significado de repartir, ou seja, determinar os bens que devem integrar a quota de cada sucessor[646]. E embora alguns autores interpretem estritamente o vocábulo "melhorar", reportando-o ao terço de melhora, e considerem que o terço de livre disposição está abrangido pelo termo "distribuir", não deixam de coincidir que a faculdade atribuída por força do art° 831° do C.C. abrange, além do terço de melhora, o terço disponível, excluindo apenas a legítima estrita[647]. Também os art°s 141° e ss. da LDCG seguem a mesma linha do art° 831° do C.C. esp.[648], sendo os termos melhorar e distribuir aí utilizados com o mesmo significado que têm no art° 831° do C.C.[649].

---

[646] *Vid.* VALLET DE GOYTISOLO, *Comentarios...*, T. XI, *op. cit.*, pp. 413-414; RIVAS MARTINEZ, *Derecho de Sucesiones Común y Foral*, T. II, *op. cit.*, pp. 181-182; ALBALADEJO, *Curso...*, V, *op. cit.*, p. 374, REY PORTOLÉS, "Comentarios a Vuela Pluma de los Artículos de Derecho Sucesorio Reformados por la Ley 11/1981 de 13 de mayo de Modificación del Código Civil en Matéria de Filiación, Patria Potestad y Regimén Económico del Matrimonio", *R.C.D.I.*, 1982, p. 575; ASÚA GONZALEZ, *Designación de Sucesor a Través de Tercero*, Madrid, 1992, p. 97; LACRUZ BERDEJO, *Elementos...*, V, *op. cit.*, p. 382, o qual considera que o texto legal autoriza a distribuição de todos os bens do autor da sucessão de que este não tenha disposto, com excepção das legítimas, interpretação que é confirmada pelos antecedentes forais e por certos textos históricos.

[647] *Vid.* SECO CARO, *Partición y Mejora Encomendadas al Cónyuge Viudo. Estudio Sobre el Artículo 831 del Código Civil Español*, Barcelona, 1960, pp. 190-192; DÍAZ FUENTES, "Excepciones Legales al Personalísmo de las Disposiciones Mortis Causa", *A.D.C.*, 1965, pp. 141-173 e 878-909.

[648] O único desvio de regime em relação ao art° 831° do C.C. esp. está na previsão expressa da indelegabilidade da função cometida ao cônjuge sobrevivo, contida no art° 142° da LDCG.

[649] *Vid.* PEREZ ALVAREZ, *Comentarios al Código Civil y Compilaciones Forales*, T. XXXII, Vol. 2°, Madrid, 1997, p. 1122.

a) Pressupostos da delegação da faculdade de melhorar

Os pressupostos para delegação da faculdade de melhorar ao cônjuge sobrevivo são basicamente os mesmos no C.C. esp. e na LDCG. Assim, exige-se o casamento entre o delegante e o comissário, impondo um campo de funcionamento do instituto mais restrito do que o admitido noutros ordenamentos territoriais[650], o que faz com que a fidúcia sucessória não seja possível entre casais ligados por mera união de facto e se extinga se, em momento posterior ao da sua constituição, for declarada a nulidade do casamento ou o divórcio[651]. Um importante sector doutrinal considera que também se extingue a fidúcia em caso de existir sentença de separação transitada em julgado, por força do disposto nos artºs 102º, 834º, *a contrario*, 835º e 945º, todos do C.C. esp.[652]. Mais ainda, sendo a fidúcia sucessória uma figura fundada na confiança mútua, pode entender-se que a mesma perde eficácia com a mera interposição da acção de nulidade, divórcio ou separação, a qual representa um indício de perda da confiança que constitui o seu fundamento, e produz, nos termos do artº 102º/2 do C.C. esp., a revogação dos consentimentos e poderes que qualquer dos cônjuges tenha outorgado ao outro; poderes e

---

[650] Assim, as Leis 281 e ss. da CDCFN (FNN) e os artºs 32º e ss. da LDCFPV, que não exigem qualquer vínculo ou parentesco entre o comitente e o comissário, bem como os artºs 148º e ss. do CSC que permitem a fidúcia não só entre cônjuges mas também entre certas pessoas unidas pelo parentesco.

[651] No entanto, há quem entenda que, em caso de nulidade do casamento, poderia manter-se a faculdade concedida ao cônjuge de boa fé (*Vid.* DÍEZ GOMEZ, "El Nuevo Artículo 831 del Código Civil", *RDN*, nºs 117 e 118, 1982, pp. 414-415).

[652] *Vid.* LACRUZ BERDEJO, *Elementos...*, V, *op. cit.*, p. 382; A mesma posição é defendida, face à LDCG, por CORA GUERREIRO y GIL CABALLERO, *Derecho de Sucesiones de Galicia, op. cit.*, p. 150, e PEREZ ALVAREZ, *Comentarios...*, T. XXXII, Vol. 2º, *op. cit.*, p. 1103; Era esta a solução expressamente consagrada no revogado artº 110º/3 da Compilação Aragonesa, que também regulava a fidúcia por referência aos cônjuges; actualmente o artº 125º/2 da LSCMA continua a prever a perda de eficácia da fidúcia em caso de nulidade do casamento, divórcio, ou separação entre os cônjuges à data da morte do comitente, ou quando se encontre em tramitação algum dos processos dirigidos a esse fim. Contra, considera DÍEZ GOMEZ, *loc. cit.*, *ibidem*, que o cônjuge inocente na separação deveria manter a faculdade.

308 *A Legítima do Cônjuge Sobrevivo - Estudo Comparado Hispano-Português*

consentimentos esses cuja revogação é definitiva, nos termos do art°
106°/2° do C.C. esp., o que impede que a fidúcia venha a readquirir eficácia nos casos de reconciliação dos cônjuges[653]. Quanto à mera separação
de facto, mesmo partindo da ideia de que a fidúcia se baseia na confiança,
não pode aceitar-se que produza a sua extinção, uma vez que a lei não
permite concluir nesse sentido[654].

O segundo pressuposto da delegação da faculdade de melhorar consiste na persistência da condição de viúvez do cônjuge sobrevivo, exigência que parece resultar do desfavor e desconfiança com que o legislador
tratou as segundas núpcias na versão originária do C.C. esp., e tem como
objectivo evitar que o carácter pessoalíssimo do exercício do cargo resulte
adulterado por influência daquele com quem o comissário contrai novas
núpcias[655]. Contudo, a solução não demonstra grande coerência pois, por
um lado, não se veda o exercício do cargo nos casos de união não matrimonial, em que o comissário corre igualmente o risco de vir a ser in-
fluenciado[656], e, por outro, seria aceitável que esta exigência pudesse ficar
afastada por disposição expressa do autor da sucessão, tal como admitem
algumas legislações forais[657]. No entanto, a condição de viúvez só terá de

---

[653] *Vid.* LACRUZ BERDEJO, *ibidem*; PEREZ ALVAREZ, *ibidem*; RIVAS MAR-
TINEZ, *Derecho de Sucesiones Común y Foral*, T. II, *op. cit.*, pp. 179-180. Também a
LDCFPV prevê expressamente, no seu art° 48°/3, a extinção da fidúcia entre cônjuges no
caso de ser proposta acção de separação, divórcio, ou nulidade do casamento após a outorga dos poderes delegados.

[654] *Vid.* LACRUZ BERDEJO, *ibidem*; RIVAS MARTINEZ, *ibidem*; CORA GUER-
REIRO y GIL CABALLERO, *Derecho de Sucesiones de Galicia*, *op. cit.*, p. 150.

[655] *Vid.* PEREZ ALVAREZ, *Comentarios...*, T. XXXII, Vol. 2°, *op. cit.*, p. 1109;
RIVAS MARTINEZ, *Derecho de Sucesiones Común y Foral*, T.II, *op. cit.*, pp. 180-181,
aponta outro possível fundamento: o de que, com o novo casamento, o cônjuge sobrevivo
perca o carinho para com os filhos do casamento anterior e isso venha a influenciar o exercício da faculdade. ALVAREZ CAPEROCHIPI, *Curso de Derecho Hereditario*, *op. cit*, p.
221, nota 17, chama a atenção para a duvidosa constitucionalidade desta exigência.

[656] CORA GUERREIRO e GIL CABALLERO, *Derecho de Sucesiones de Galicia*,
op. cit., p. 150, consideram que esta situação deveria ser assimilada à de celebração de
novas núpcias.

[657] Cfr. o art° 48°/4 da LDCFPV; também o art° 110°/2 da Compilação Aragonesa,
agora revogado, admitia esta possibilidade; Neste sentido, *Vid.* PEREZ ALVAREZ,
Comentarios..., T. XXXII, Vol. 2°, *op. cit.*, p. 1108.

manter-se durante o período de exercício do cargo, que normalmente será de um ano, contado da data da abertura da sucessão ou da emancipação do último dos filhos comuns - art⁰s 831°/ 2° do C.C. esp. e 143° da LDCG - uma vez que só no decurso daquele prazo o casamento do cônjuge sobrevivo poderá ter alguma repercussão sobre as funções exercidas na qualidade de comissário[658].

b) Conteúdo do poder do cônjuge sobrevivo

Para determinar se os poderes concedidos ao cônjuge sobrevivo, em consequência das referidas normas, implicam ou não a derrogação parcial do art° 1057°/1 do C.C. esp., há que apurar se eles englobam também a faculdade de realização da partilha.

As funções atribuídas ao cônjuge sobrevivo por força do art° 831° do C.C. esp. e dos art⁰s 141° e ss. da LDCG, autorizam-no, antes de mais, a determinar o *quantum* das quotas de cada filho comum, com o único limite de respeitar as legítimas, as melhoras instituídas pelo autor da sucessão e suas demais disposições, o que implica o exercício de uma verdadeira função dispositiva, que, em princípio, cabe ao autor da sucessão, mas que é delegável no cônjuge sobrevivo dentro dos limites previstos pelas citadas normas. Embora o cônjuge-fiduciário não seja proprietário dos bens da herança, dispõe deles segundo a sua vontade e não a do autor da sucessão, podendo alterar as posições jurídicas relativas dos descendentes e integrando, dessa forma, o título sucessório. Portanto, a delegação da faculdade de melhorar apresenta-se como um negócio jurídico *mortis causa* que confere ao cônjuge sobrevivo um poder dispositivo sobre os bens do seu falecido consorte, autorizando-o a distribuir os terços de melhora e de livre disposição - aspecto quantitativo - a escolher os seus destinatários de entre os filhos comuns com o autor da sucessão, a determinar a quota que a cada um há-de caber, bem como o título pelo qual hão-de suceder se este não tiver sido já determinado pelo autor da sucessão - aspecto qualitativo[659].

---

[658] *Vid.* CORA GUERREIRO y GIL CABALLERO, *Derecho de Sucesiones de Galicia, op. cit.*, p. 151.

[659] CARBALLO FIDALGO, *Las Facultades..., op. cit.*, p. 94; RIVAS MARTINEZ caracteriza-o como um verdadeiro poder testatório, embora de âmbito mais limitado, que

310   *A Legítima do Cônjuge Sobrevivo - Estudo Comparado Hispano-Português*

O reconhecimento deste poder dispositivo não envolve necessariamente a recusa de faculdades partitivas com vista à determinação dos bens que, em concreto, irão integrar as respectivas quotas, e o entendimento da maioria da doutrina relativamente ao artº 831º do C.C. esp. é o de que este engloba, simultaneamente, faculdades dispositivas e divisórias[660]. Aliás, não faria sentido que, autorizando a delegação no cônjuge sobrevivo de uma faculdade pessoal do autor da sucessão como é a de dispor da melhora e da quota disponível, a lei vedasse o exercício de uma faculdade que lhe é complementar e que pode ser encomendada, em qualquer caso, pelo autor da sucessão - faculdade de proceder à partilha. No exercício da faculdade de proceder à partilha o cônjuge sobrevivo está submetido aos princípios e às regras que vinculam o autor da sucessão, beneficiando, nomeadamente, do princípio de liberdade total na partilha e podendo exercer os poderes previstos nos artºs 841º e 1056º/2 do C.C. esp. e 149º da LDCG, sem sujeitar-se ao artº 1057º do C.C esp. e aos

---

implica que o cônjuge sobrevivo delegado ocupe a posição do autor da sucessão relativamente às quotas de melhora e disponível (*Vid. Derecho de Sucesiones Común y Foral*, II, *op. cit.*, p. 182).

[660] *Vid.* VALLET DE GOYTISOLO, *Comentarios...*, T. XI, *op. cit.*, p. 406; LACRUZ BERDEJO, *Elementos...*, V, *op. cit.*, p.382; CARBALLO FIDALGO, *Las Facultades...*, *op. cit.*, p. 100; RIVAS MARTINEZ, *ibidem*, considera que o cônjuge viúvo é mais que um *contador-partidor*, na medida em que se encontra equiparado ao falecido; Também é esta a opinião manifestada por PEREZ ALVAREZ, *Comentarios...*, T. XXXII, Vol. 2º, *op. cit.*, pp. 1122-1123, relativamente aos artºs 141º e ss. da LDCG. Contra, *Vid.* BERMEJO PUMAR, *El Artículo 831 del Código Civil*, *op. cit.*, pp. 266 e ss., a qual considera que a faculdade de distribuir referida no artº 831º do C.C. esp. não corresponde à faculdade de proceder à partilha da herança; A autora entende que o acto de melhora é um acto de disposição com efeitos substantivos, cujo exercício não implica o reconhecimento para o cônjuge da faculdade de efectuar a partilha; o acto de partilha da herança é mais amplo, uma vez que não abarca apenas os bens do autor da sucessão - *relicta* - como acontece na melhora, mas também outras atribuições - *donatum* - envolvendo o activo e o passivo hereditário; o exercício da faculdade de melhorar pelo cônjuge sobrevivo constitui uma base para a partilha, o que não significa que ele tenha que praticá-la. Embora deva ser levado em conta na partilha, o artº 831º do C.C. não é uma norma particional, porque o acto de melhorar não esgota as operações de partilha. A autora conclui, assim, que a melhora praticada pelo cônjuge sobrevivo é um acto dispositivo distinto do acto de partilha (*Op. cit.*, pp. 302-317).

princípios particionais previstos nos art°s 1061° e 1062° deste mesmo texto legal[661].

Concluindo, as faculdades delegadas ao cônjuge sobrevivo assumem um âmbito mais vasto que as reconhecidas ao *contador- partidor* no art° 1057°/1 do C.C. esp.[662], e podem equiparar-se às conferidas ao testador pelos art°s 667° e 1056° do mesmo diploma, que o autorizam a dispor das quotas hereditárias e a proceder à partilha, com o único limite dos direitos relativos à legítima estrita[663].

Apesar da amplitude da função atribuída ao cônjuge por força dos art°s 831° do C.C. esp. e 141° e ss. da LDCG, parece possível que a delegação envolva apenas uma das faculdades aí previstas. Sendo assim, nos casos de mera delegação da faculdade de realizar a partilha ou de determinação, pelo autor da sucessão, das quotas dos sucessores em momento posterior ao da delegação da faculdade de melhorar, o cônjuge limitar-se-ía a ser um mero *contador-partidor* da herança, agindo de acordo com os chamamentos determinados pelo autor da sucessão, hipótese que chocaria com a interpretação que tem vindo a ser feita do art° 1057°/1 do C.C. esp..

Contudo, ressalta aqui, uma vez mais, a contradição entre a autorização da delegação de um amplo poder ao cônjuge sobrevivo, nos termos dos art°s 831° do C.C. esp. e 141° e ss. da LDCG, e a recusa do exercício de uma faculdade mais restrita, como é a de ser *contador-partidor*, por força do art° 1057°/1 do C.C. esp.. E tão pouco pode afastar-se essa contradição mediante o argumento falaz dos diferentes campos de actuação das normas, consentindo o exercício do cargo de *contador-partidor* pelo

---

[661] *Vid.* CARBALLO FIDALGO, *Las Facultades...*, *op. cit.*, pp. 100-103; RIVAS MARTINEZ, *ibidem.*

[662] Os próprios poderes particionais do cônjuge sobrevivo, no âmbito dos art°s 831° do C.C e 141° e ss. da LDCG, são mais amplos que os que cumprem ao *contador-partidor* por força do art° 1057°/1 do C.C., uma vez que o habilitam a determinar os bens que hão-de integrar cada quota, segundo o seu prudente arbítrio.

[663] Assim, LACRUZ BERDEJO, *Elementos...*, V, *op. cit.*, p. 382, BLASCO GASCÓ, *Derecho de Sucesiones*, coord. por MONTÉS PENADES, *op. cit.*, pp. 343-344, CARBALLO FIDALGO, *Las Facultades...*, *op. cit.*, pp. 100-101; Também RIVAS MARTÍNEZ, *Derecho de Sucesiones Común y Foral*, II, *op. cit.*, p. 182, considera que o cônjuge sobrevivo se encontra equiparado ao autor da sucessão.

cônjuge sobrevivo apenas quando os poderes divisórios lhe fossem delegados ao abrigo dos artºs 831º do C.C. ou 141º e ss. da LDCG[664].

A possibilidade de o cônjuge sobrevivo realizar a partilha no âmbito dos artºs 831º do C.C. esp. e 141º e ss. da LDCG implica sempre uma excepção ao artº 1057º/1 do C.C. esp., excepção essa que permite ao cônjuge sobrevivo que se mantenha viúvo proceder à partilha dos bens da herança entre os filhos comuns, de acordo com as quotas dispostas pelo autor da sucessão, quer seja chamado na qualidade de legitimário ou a título universal[665]. O poder atribuído ao cônjuge sobrevivo por estas normas implica uma derrogação parcial da regra da inaptidão para a prática da partilha, contida no artº 1057º/1 do C.C. esp., que lhe permite realizar a partilha, quer se apresente como herdeiro ou como interessado directo na mesma por força do seu direito legitimário[666]. Não obstante, parece-nos possível ir mais longe e advogar não existir qualquer impedimento legal para que o cônjuge sobrevivo desempenhe o cargo de *contador-partidor* nos casos em que tenha que realizar a partilha entre os filhos comuns com o autor da sucessão, uma vez que nesta circunstância parece não existir a incompatibilidade de interesses que conduz ao afastamento do cônjuge do cargo, e que a solução vai ao encontro do regime instituído nos artºs 831º do C.C. esp. e 141º da LDCG[667].

B) O artº 159º/2 da Lei de Direito Civil da Galiza

Uma outra excepção à regra do nº1 do artº 159º da LDCG, e em certa medida ao artº 1057º/1 do C.C. esp., é a contida no nº2 do artº 159º daquela Lei, o qual, a propósito das partilhas, permite ao testador nomear *contador-partidor* o cônjuge ao qual tenha concedido o usufruto universal de

---

[664] *Vid.* CARBALLO FIDALGO, *Las Facultades...*, *op. cit.*, pp. 116-117.

[665] *Vid.* ALBALADEJO GARCIA e DÍAZ ALABART, *Comentarios...*, T. XIV, Vol. 2º, *op. cit.*, pp. 205-206; LACRUZ BERDEJO, *Elementos...*, V, *op. cit.*, pp. 380 e ss., e *Derecho de Sucesiones*, T. II, *op. cit.*, p. 68; VALLET DE GOYTISOLO, *Comentarios...*, T. XI, *op. cit.*, p. 417; CARBALLO FIDALGO, *Las Facultades...*, *op. cit.*, pp. 116-117.

[666] *Vid.* CARBALLO FIDALGO, *Las Facultades...*, *op. cit.,* pp. 96-97.

[667] Neste sentido, *Vid.* PUIG BRUTAU, *Fundamentos...*, T. V, 3º, *op. cit.*, pp. 411-412, e MANRESA, *Comentarios al Código Civil Español*, T. VI, Vol. 1º, *op. cit.*, p. 615.

viúvez, para o efeito de praticar a partilha entre os filhos comuns[668]. Embora alguns autores condicionem a nomeação do cônjuge como *contador-partidor* à prévia atribuição do usufruto universal de viúvez, talvez por considerarem não existir neste caso o perigo de uma actuação imparcial[669], há quem considere que a referência ao usufruto universal deve ser interpretada no sentido de que o cônjuge sobrevivo pode ser nomeado para o cargo pelo testador, ainda que este lhe tenha atribuído o usufruto universal nos termos dos art°s 118° e ss. da LDCG[670]. Esta faculdade do cônjuge sobrevivo está condicionada pelo disposto no n° 3 do art° 159° da LDCG, cabendo a determinação do prazo de exercício do cargo, em primeiro lugar, ao testador, e aplicando-se, na falta de estipulação deste, o prazo de um ano previsto na lei. A sua contagem faz-se, não a partir da data de aceitação do cargo pelo cônjuge sobvrevivo ou da data em que este tome conhecimento da sua nomeação, mas desde o momento da abertura da sucessão ou desde a emancipação do último dos filhos menores, se os houver.

3. Alguns aspectos do exercício das funções divisórias pelo cônjuge sobrevivo

Uma vez aceite a faculdade do cônjuge sobrevivo para levar a efeito a partilha nos casos anteriormente analisados, poderemos perguntar-nos se é viável, nesta perspectiva, que, exercendo as faculdades reconhecidas ao *contador-partidor*, ele proceda por si próprio à partilha da *sociedad de*

---

[668] O facto de o mesmo dispositivo legal fazer referência ao direito de delegar no cônjuge sobrevivo a faculdade de melhorar é, no entendimento dos comentadores da Lei de Direito Civil da Galiza, redundante, uma vez que já vem prevista com carácter geral nos art°s 141° a 143° da mesma Lei; *Vid.* CORA GUERREIRO e GIL CABALLERO, *Derecho de Sucesiones de Galicia, op. cit.*, p. 149; PEREZ ALVAREZ, *Comentarios...*, T. XXXII, Vol. 2°, *op. cit.*, pp. 1099-1100 e 1105.

[669] *Vid.* CORA GUERREIRO e GIL CABALLERO, *ibidem*, e ALONSO VISO, *Comentarios al Código Civil y Compilaciones Forales*, T. XXXII, Vol. 2°, Madrid, 1997, pp. 1280-1281, o qual considera que o cônjuge sobrevivo só pode ser *contador-partidor* no caso específico de lhe ter sido atribuído o usufruto voluntário de viúvez e para o efeito de proceder à partilha entre os descendentes comuns; Fora desta previsão o cônjuge não pode, em princípio, exercer o cargo, excepto no caso de delegação da faculdade de melhorar nos termos dos art°s 141° e ss. da LDCG.

[670] *Vid.* PEREZ ALVAREZ, *Comentarios...*, T XXXII, Vol. 2°, *op. cit.*, p. 1105.

314   *A Legítima do Cônjuge Sobrevivo - Estudo Comparado Hispano-Português*

gananciales, que pague em dinheiro a legítima dos demais interessados na sucessão, ou que concretize o conteúdo material do seu próprio direito legitimário nos termos do artº 839º do C.C. esp..

Quanto à primeira questão sabemos já que, nos casos em que o autor da sucessão seja casado sob o regime da *sociedad de gananciales*, se coloca a necessidade de proceder à liquidação desta, numa operação distinta da faculdade de proceder à partilha da herança. A jurisprudência e a doutrina têm aceite, quase unanimemente, que a partilha da *sociedad de gananciales* seja feita com a mera intervenção do cônjuge sobrevivo e do *contador-partidor*, embora, em rigor, nos pareça que devessem intervir também nas operações tendentes à sua liquidação os restantes partícipes na comunhão hereditária[671]. Quando o cônjuge exerce funções de *contador-partidor* em consequência do disposto nos artºs 831º do C.C. e 141º e ss. da LDCG, ele acaba por acumular esta qualidade com a de cônjuge sobrevivo e, sendo assim, a exigência de consentimento dos outros co-herdeiros apresenta-se como a solução justa neste caso e a única capaz de evitar eventuais abusos do cônjuge na concretização da respectiva meação e dos bens da herança, atendendo à contraposição de interesses entre este e os demais co-herdeiros.

Relativamente à segunda questão (possibilidade de o cônjuge sobrevivo pagar em dinheiro não hereditário as legítimas de alguns dos interessados na sucessão), o artº 841º do C.C. esp., excepcionando o artº 806º do mesmo diploma, permite o pagamento da legítima em dinheiro não hereditário e autoriza para o efeito o *contador-partidor* ao qual essa faculdade tenha sido expressamente atribuída pelo testador. A doutrina divide-se entre aqueles que consideram que é o testador quem deve designar os adjudicatários dos bens[672] e aqueles que reconhecem ao *contador-partidor*

---

[671] Neste sentido pronunciou-se já, embora de passagem, a STS de 8 de Março de 1995 (*RJA*, 1995, nº 2157). A não intervenção dos demais co-herdeiros assume-se como uma solução criticável, sobretudo quando se confundam as operações de liquidação da *sociedad de gananciales*, em que intervêm cônjuge sobrevivo e *contador-partidor*, e de partilha da herança, a qual deve ser realizada unilateralmente por este (*Vid.* CARBALLO FIDALGO, *Las Facultades...*, *op. cit.*, pp. 126 e ss.).

[672] Assim, DOMÍNGUEZ LUELMO, *El Pago en Metálico de la Legítima de los Descendientes*, *op. cit.*, pp. 130-133, e VALLET DE GOYTISOLO, *Comentarios...*, XI, *op. cit.*, p. 840.

a faculdade de proceder à escolha dos adjudicatários dos bens da herança e do dinheiro extra-hereditário[673]. Os poderes do *contador-partidor* resumem-se à eleição do descendente ou dos descendentes que poderão exercer a comutação e, consequentemente, nos casos em que a faculdade de comutação seja efectivamente exercida, às operações de determinação do caudal hereditário, sua valoração, determinação das quotas dos excluídos e respectiva redução a dinheiro. São os próprios descendentes aos quais a faculdade é oferecida que decidem se fazem, ou não, uso dela e comunicam a sua decisão aos perceptores do dinheiro, assim como são eles que procedem ao pagamento da quota em dinheiro[674]. Por esta razão, entendemos que o *contador-partidor* não pratica um acto dispositivo, limitando-se apenas a exercer uma faculdade de adjudicar bens a certos filhos ou descendentes do testador, segundo considere mais conveniente, no exercício de uma faculdade meramente partitiva que obedece às quotas previamente fixadas pelo testador ou pela lei, faculdade essa que não contraria o disposto no artº 670º do C.C. esp.[675]. Mas ainda que se defenda que o exercício desta faculdade pelo cônjuge sobrevivo se traduz num acto dispositivo, ela enquadra-se perfeitamente na linha da delegação da faculdade de melhorar concedida pelo artº 831º do C.C. esp., implicando menores poderes do que esta, pelo que não encontramos razão para negá-la quando seja expressamente conferida pelo testador[676]. No âmbito da Lei de Direito Civil da Galiza, CORA GUERREIRO e GIL CABALLERO vão mais longe, ao defender que o viúvo poderá pagar as legítimas em dinheiro não hereditário em qualquer dos casos previstos no artº 149º/1 do

---

[673] *Vid.* PANTALEÓN PRIETO, *Comentarios a las Reformas del Derecho de Família*, II, *op. cit.*, pp. 1425-1427, DÍEZ-PICAZO y GULLÓN, *Sistema...*, IV, *òp. cit.*, p. 482, e DE LA CÁMARA, *Compendio...*, 2ª ed., *op. cit.*, pp. 261-262.

[674] *Vid.* DE LA CÁMARA, *Compendio...*, 2ª ed., *op. cit.*, p. 264.

[675] *Vid.* CARBALLO FIDALGO, *Las Facultades...*, *op. cit.*, pp. 203 e 207-208; Contra manifesta-se DE LA CÁMARA, *Compendio...*, 2ª ed., *op. cit.*, p. 261, o qual considera que o artº 841º não encerra um acto divisório.

[676] VALLET DE GOYTISOLO reconhece a possibilidade de os cônjuges concederem entre si a faculdade de comutação da legítima em dinheiro no caso de existirem apenas descendentes comuns, e parece admitir que possa caber ao cônjuge sobrevivo, em tal caso, a faculdade de escolher os adjudicatários dos bens (*Vid. Comentarios...*, XI, *op. cit.*, p. 481).

316   *A Legítima do Cônjuge Sobrevivo - Estudo Comparado Hispano-Português*

referido diploma e, portanto, sempre que a faculdade seja expressamente conferida pelo autor da sucessão em testamento ou pacto sucessório[677]. Contrariamente ao que acontece no C.C. esp., em que a faculdade de comutação das legítimas em dinheiro extra-hereditário é concedida directamente aos herdeiros, legatários ou adjudicatários de determinados bens, na LDCG ela tem que ser expressamente imposta pelo testador.

Parece-nos igualmente aceitável que o cônjuge sobrevivo proceda à comutação da sua própria legítima quando lhe caibam funções de partilha da herança. O art° 839° do C.C. esp. propõe, para o momento da partilha, uma solução que se destina a evitar as dificuldades derivadas do fraccionamento do domínio sobre uma parte dos bens da herança. Esta faculdade, uma vez exercida pelos herdeiros, é vinculativa para o cônjuge sobrevivo. A decisão quanto ao exercício da faculdade de comutar e aos meios de pagamento da legítima vidual cabe, como já vimos, aos herdeiros e, na falta de acordo entre eles, à autoridade judicial, podendo nalguns casos ser imposta pelo autor da sucessão desde que não afecte os direitos dos legitimários, incluindo o cônjuge, e os direitos por si dispostos[678]. Nesta perspectiva, não vislumbramos razões suficientes para negar que o cônjuge sobrevivo proceda às operações tendentes à determinação e satisfação da sua quota de acordo com a vontade do testador, dos herdeiros ou do tribunal, e nos termos por eles expressamente definidos, visto que estará simplesmente a executar directivas que lhe são impostas e não a fazer actuar a sua própria vontade[679]. Contrariamente ao que sucede quando o cônjuge sobrevivo exerce a faculdade de melhorar nele delegada nos termos do art° 831° do C.C., nem sequer pode invocar-se a possibilidade de este retirar vantagens do facto de executar a comutação, uma vez que está vinculado a efectuá-la de acordo com o que for previamente

---

[677] A sua posição baseia-se não só na amplitude de poderes que o art° 141° da LDCG confere ao cônjuge sobrevivo, como na ideia de que, devendo este actuar em benefício dos filhos comuns, pode, segundo o seu arbítrio, considerar preferível a satisfação em dinheiro da legítima de alguns deles. (*Vid. Derecho de Sucesiones de Galicia, op. cit.*, p. 156).

[678] Cfr. *supra*, Capítulo II, III, 1, C).

[679] Contra a possibilidade de o cônjuge sobrevivo satisfazer, por acto individual, a sua própria legítima, manifesta-se BERMEJO PUMAR, *op. cit.*, p. 362, uma vez que não lhe reconhece a faculdade de proceder à partilha no âmbito do art° 831° do C.C. esp..

definido pelo testador, pelos herdeiros ou pela autoridade judicial. Quando exerce a faculdade de melhorar que lhe foi delegada o cônjuge sobrevivo pode atribuir o terço de melhora aos filhos que entender, ponderando inclusive o seu próprio interesse, e pode, no uso das suas faculdades de liquidação e partilha da herança, delimitar os bens que irão preencher aquela quota, bens esses que constituirão o objecto do seu direito de usufruto. Estas parecem ser consequências normais, legalmente previstas e aceites, da delegação da faculdade de melhorar, a qual, em certa medida, pode entender-se atribuída não só no interesse dos filhos comuns com o autor da sucessão mas também, pelo menos indirectamente, no interesse do próprio cônjuge sobrevivo delegado[680]. Ora, nem sequer é isto que acontece quando o cônjuge sobrevivo procede à comutação da sua legítima, porquanto esta operação meramente partitiva é plenamente controlada pelos herdeiros.

VII - Responsabilidade por dívidas hereditárias

Um dos problemas específicos que se colocam relativamente à posição sucessória do cônjuge sobrevivo, bem como dos legitimários em geral, é o da sua responsabilidade pelas dívidas e encargos da herança. No direito português a doutrina é unânime em qualificar a legítima como parte da herança (*pars hereditatis*) e, consequentemente, em responsabilizar os legitimários pelas dívidas hereditárias. O facto de o legitimário ter direito a receber, nessa qualidade, uma quota do activo patrimonial líquido, que, à partida, parece contradizer a sua responsabilidade[681], é suplan-

---

[680] *Vid*. BERMEJO PUMAR, *op. cit.*, p. 361, embora não concordemos com a sua afirmação, algo excessiva, de que o que se pretende com o artº 831º do C.C. esp. é uma melhora do cônjuge sobrevivo.

[681] A responsabilidade do legitimário parece chocar também com o facto de o cálculo da sua quota se fazer através de um sistema diferente do que é utilizado para o cálculo da herança, isto é, com base na agregação do *donatum* ao *relictum*, embora alguma doutrina entenda que essa agregação é um mecanismo que visa apenas garantir ao legitimário uma participação acrescida no *relictum* (Neste sentido, *Vid*. PAMPLONA CORTE-REAL, *Da Imputação..., op. cit*, p. 883).

tado pelo seu direito a fazer parte da comunhão hereditária até à partilha, participando nesta como herdeiro, igualmente sujeito à variação de valor da sua quota no período que medeia a data da abertura da sucessão e a realização da partilha. Assim, tal como o herdeiro, o legitimário responde, em regra, pelo passivo, qualquer que seja o modo de preenchimento da legítima. Antes da partilha o passivo é subtraído ao *relictum* e diminui proporcionalmente as quotas que cabem aos herdeiros legitimários; os art°s 2071° e 2097° do C.C. port., ao estabelecerem que a herança responde pelo passivo, fazem com que respondam também por ele, externamente, os herdeiros, legitimários ou não. Após a partilha cada legitimário responde na proporção da sua quota - art° 2098° do C.C. port. - desde que fique salvaguardado o seu direito à legítima[682]. O cônjuge sobrevivo tem a mesma responsabilidade que os demais legitimários, na medida em que também vê a sua legítima satisfeita mediante atribuições em propriedade.

No C.C espanhol a questão apresenta-se mais complexa atendendo à conjugação dos seus art°s 806°, 813°/2 e 814°, que parecem apontar no sentido da qualidade de herdeiro do legitimário, com os art°s 815° e 819°/1, que admitem uma pluralidade de meios de satisfação da legítima[683]. A doutrina dominante nega ao legitimário a condição de herdeiro, concebendo a legítima como uma *pars bonorum*, e não podemos deixar de concordar que o principal, senão único, obstáculo à tese do legitimário-herdeiro se prende com a sua irresponsabilidade pelas dívidas da herança; isto porque, apesar de ser indirectamente afectado por elas por via da pré-dedução do passivo, nos termos do art° 818°, segundo o entendimento da melhor doutrina a dedução contabilística do passivo ao património here-

---

[682] PAMPLONA CORTE-REAL classifica o legitimário como o herdeiro por excelência, pois, para além do regime da responsabilidade por dívidas, beneficia da agregação do *donatum* ao *relictum* como forma de assegurar-lhe uma quota mais alargada deste, e porque estão vedados ao autor da sucessão outros modos de satisfação da legítima sem o consentimento do legitimário; *Vid. Da Imputação...*, *op. cit.*, pp. 883 e ss..

[683] De facto, o art° 815°, ao permitir a satisfação da legítima por qualquer título, nomeadamente através de doação (art° 819°/1), parece contrariar a qualificação legal do legitimário como herdeiro forçoso, contida, entre outros, no art° 806°, bem como o art° 814°, que aparentemente impõe a obrigação de instituição do legitimário como herdeiro sob pena de preterição.

ditário não equivale necessariamente a responsabilidade pelo passivo. Deve ainda sublinhar-se que o princípio da intangibilidade qualitativa da legítima é menos forte, uma vez que o Código autoriza o autor da sucessão a preencher a legítima por qualquer meio idóneo para a satisfazer, sem necessidade de consentimento do legitimário.

O problema da responsabilidade por dívidas hereditárias complica-se ainda mais no caso do cônjuge sobrevivo que, embora sendo legitimário, tem direito a uma legítima em usufruto. Por esta razão o cônjuge sobrevivo é normalmente qualificado pela doutrina como legatário e não como herdeiro. A favor da sua qualidade de legatário joga o facto de ser mero adquirente de um direito real de gozo sobre coisa alheia, de não entrar directamente na posse dos bens que integram o usufruto, e de ser titular de um direito limitado e intransmissível *mortis causa*.

A doutrina tem sido unânime em considerar que o cônjuge sobrevivo não responde, enquanto usufrutuário, pelas dívidas da herança, e que, mesmo no caso previsto no artº 510º/2 do C.C. esp., não responde por elas senão com os bens usufruídos, partindo, portanto, do princípio de que não pode ser herdeiro porque não está sujeito a responsabilidade *ultra vires hereditatis*[684]. Contudo, face à moderna teoria da separação de patrimónios, é discutível que a responsabilidade *ultra vires* constitua a regra, mais parecendo que esta solução é adoptada apenas como forma de garantir os credores contra a falta de cumprimento de certas formalidades, o que não implica que o herdeiro responda necessariamente daquela forma, ao contrário do que aconteceria com o legitimário[685].

Em regra o cônjuge sobrevivo usufrutuário será sempre responsável pelos juros vencidos sobre os montantes das dívidas de uma herança em usufruto, os quais recaem sobre os frutos desta. Quanto ao capital em dívi-

---

[684] Neste sentido, *Vid.* MUÑOZ GARCIA, *La Colación...*, *op. cit.*, pp. 148-149.

[685] Embora o C.C. esp. não preveja uma limitação automática da responsabilidade aos bens da herança, como fazem os artºs 2068º e 2071º do C.C. port., não deixa de haver uma separação de patrimónios que se verifica qualquer que seja a forma de aceitação, e nenhuma das hipóteses de aceitação parece apresentar-se com prioridade lógica relativamente à outra. Para GARCIA RUBIO, *La Distribución...*, *op. cit.*, p. 201, a separação de patrimónios é sustentada pelo artº 1911º do C.C. esp., cuja *ratio* obsta a que os credores fiquem prejudicados pela mudança de titularidade dos bens.

da não tem o cônjuge usufrutuário qualquer responsabilidade, embora possa adiantar o seu pagamento, extinguindo a dívida e ficando com direito de reembolso findo o usufruto, nos termos do art° 510° do C.C. esp.. Este preceito parece contemplar uma situação de verdadeira responsabilidade do usufrutuário pela parte das dívidas hereditárias que correspondam aos bens usufruídos, e, embora esta hipótese esteja delineada como mera faculdade do cônjuge usufrutuário, essa faculdade pode converter-se num ónus quando o cônjuge pretenda evitar a venda dos bens que usufrui, uma vez que, se não antecipar as quantias para pagamento das dívidas, o nu proprietário pode decidir-se pela sua venda[686].

No entanto, em nenhum destes casos se altera o regime normal da responsabilidade por dívidas, visto que os credores continuam a ter somente a possibilidade de accionar os herdeiros, e que, embora possa proceder ao pagamento voluntário das dívidas, o cônjuge sobrevivo mero usufrutuário não pode ser accionado directamente pelos credores, nem mesmo como responsável solidário juntamente com os herdeiros, excepto quando, além de legitimário, também tenha sido instituído herdeiro[687]. A única situação em que parece haver uma responsabilidade directa e pessoal do cônjuge sobrevivo pelo pagamento de dívidas hereditárias reporta-se às despesas com o funeral e enterro do autor da sucessão. Neste caso, na falta de património hereditário, o art° 1894° do C.C. esp. impõe que a dívida recaia sobre o património daqueles que em vida do autor da sucessão tivessem a obrigação de o alimentar, surgindo à cabeça destes o cônjuge, nos termos do art° 143° do mesmo diploma legal.

Quanto à responsabilidade do cônjuge sobrevivo, titular da quota legal usufrutuária, por dívidas testamentárias, nomeadamente pelo cumprimento dos legados de renda vitalícia ou de pensão de alimentos que recaem sobre os frutos da herança, a mesma não será exigível, na medida em que contraria o princípio da intangibilidade da legítima consagrado no art° 813° do C.C. esp.. A imposição, nos termos do art° 508° do C.C. esp., de dívidas testamentárias sobre o usufruto do terço de melhora atribuído por lei ao cônjuge sobrevivo não pode admitir-se, por violar a intangibilidade da legítima vidual, quer a nível qualitativo quer a

---

[686] *Vid.* GARCIA RUBIO, *La Distribución...*, *op. cit.*, pp. 371-373.
[687] *Vid.* GARCIA RUBIO, *ibidem.*

nível quantitativo, uma vez que reduziria o valor capitalizável do referido usufruto. Quando existam tais encargos o cônjuge sobrevivo pode opôr-se a eles com base no artº 813º do C.C. esp..

Concluindo, no C.C. port., porque é herdeiro e recebe bens em propriedade, o cônjuge sobrevivo responde, em regra, pelo passivo da herança, apesar de essa responsabilidade estar limitada aos bens hereditários no momento anterior à partilha, ou à proporção da sua quota após esta - responsabilidade *intra vires hereditatis*. No C.C. esp. não parece poder afirmar-se que o regime seja muito diferente: o cônjuge sobrevivo legitimário não é responsável pelos encargos testamentários, por força da proibição de intangibilidade da legítima, e só será responsável, nos limites do seu direito de usufruto, pelas dívidas que recaem sobre os bens que usufrui. O argumento de que a sua responsabilidade é meramente *intra vires hereditatis* não parece suficiente para obstar à aceitação de uma verdadeira responsabilidade pelas dívidas da herança, pois já se questiona actualmente que a regra para os herdeiros seja a da responsabilidade *ultra vires*. Quanto a nós, o único entrave à confirmação de uma verdadeira responsabilidade do cônjuge sobrevivo legitimário por dívidas hereditárias parece resumir-se ao facto de ele não responder externamente, ou seja, de não poder ser directamente accionado pelos credores hereditários.

As inúmeras sentenças do Tribunal Supremo nesta matéria negam, embora com base em raciocínios distintos, a responsabilidade do cônjuge sobrevivo por dívidas do autor da sucessão. A doutrina do Tribunal Supremo regista duas correntes: aquela que nega, com carácter geral, a qualidade de herdeiro do cônjuge sobrevivo, pelo menos nos casos em que este recebe a sua meação nos bens comuns, a quota vidual em usufruto e o legado deixado em testamento pelo autor da sucessão[688], e a que parte da consideração do cônjuge sobrevivo como herdeiro forçoso, com base no artº 807º/3 do C.C. esp., embora negue esse carácter para o efeito específico de declará-lo responsável por dívidas do autor da sucessão[689].

---

[688] Cfr. as Sentenças de 4 de Julho de 1906 (*JC*, T.23, nº 5), de 28 de Janeiro de 1919 (*JC*, T. 63, nº 34), de 9 de Junho de 1949 (*JC*, T.10, nº 145) e de 9 de Janeiro de 1974 (*RJA*, 1974, nº 163).

[689] Cfr. as Sentenças de 26 de Outubro de 1904 (*JC*, T.17, nº 39), de 25 de Janeiro de 1919 (*JC*, 1919, nº 38), de 10 de Janeiro de 1920 (*JC*, T.149, nº 11), de 17 de Abril de 1950

Para a primeira corrente o cônjuge sobrevivo pode ser demandado por dívidas contra a herança quando seja herdeiro universal do autor da sucessão ou se repute em situação equivalente à dos herdeiros universais, ocupando a posição do autor da sucessão nos direitos e deveres detidos por este, mas nunca quando se apresente como mero usufrutuário da herança, ainda que cumule esta qualidade com a de legatário, pois, em qualquer dos casos, é detentor de um simples direito de crédito contra a herança. As Sentenças do TS de 4 de Julho de 1906 e de 9 de Janeiro de 1974 qualificam o cônjuge sobrevivo como mero credor da herança por ser chamado singularmente ao disfrute temporário de uma quota da mesma, razão pela qual não lhe cabe qualquer responsabilidade por dívidas do autor da sucessão. A STS de 28 de Janeiro de 1919 concluiu, num caso em que a viúva era demandada como herdeira e adjudicatária do bem a que se referia a obrigação não cumprida e reclamada na acção, que, ..."*aunque según jurisprudencia no es dable atribuir a la viuda el carácter de heredera, sucesora en todos los derechos y obligaciones del causante, tal doctrina, como regla general, es aplicable a los casos en que únicamente recibe los gananciales que la corresponden, la cuota vidual y el legado que le fuese dejado en testamento, pero no cuando haya de reputársele, como ocurre en el caso presente, por las adjudicaciones que le fuesen hechas, en situación equivalente a la de los herederos universales cuya personalidad sustituyó al recibir y aceptar inmuebles y derechos reales en propiedad, de los que pertenencían a la herencia; pues en tal caso, y con el concepto que se deduce de los artículos 838 y 807 del Código Civil, debe ser tenida como heredera a los efectos de la responsabilidad que le exige el actor, por obligación nacida en la comunidad de bienes que formaban los sucessores antes de la partición...*". A STS de 9 de Junho de 1949 considerou que não pode ser responsabilizado por dívidas o cônjuge sobrevivo mero usufrutuário da herança; contudo, não absolveu a demandada desta responsabilidade por entender que a mesma aceitou, pelo menos tacitamente, a sua condição de herdeira universal por disposição testamentária de seu marido, uma vez que não impugnou na acção essa qualidade e a sua defesa não se fundou no facto de ser mera usufrutuária da herança do marido.

(*JC*, T. 14, nº 187), de 14 de Maio de 1958 (*RJA*, 1958, nº 2481), de 28 de Outubro de 1970 (*JC*, 1970, nº 475) e de 20 de Setembro de 1982 (*JC*, 1982, nº 363).

A segunda corrente jurisprudencial parece aceitar a qualidade de herdeiro forçoso do cônjuge sobrevivo, sublinhando-a para certos efeitos, mas nega-a para o efeito específico de o responsabilizar por dívidas do autor da sucessão, denotando, aparentemente, uma contradição, ao dissociar do estatuto do herdeiro um dos aspectos que o caracterizam. A STS de 26 de Outubro de 1904 afirmou que "... *por regla general, la viuda que á la defunción de su marido sólo recibe los gananciales que la corresponden, su cuota viudal y el legado que le fuera dejado en testamento, no puede ostentar el carácter de heredera para el efecto de poder ser demandada por razón de deudas existentes contra la herencia...*"; No mesmo sentido, e perante caso idêntico, se pronunciou a STS de 10 de Janeiro de 1920, a qual concluiu que o cônjuge sobrevivo só pode ser demandado por dívidas da herança na qualidade de administrador da herança não liquidada, pois, quando assim seja, representa a massa hereditária, nos termos dos art°s 1026° e 1027° do C.C. esp.. As SSTS de 25 de Janeiro de 1911 e de 17 de Abril de 1950 reiteraram que não é possível atribuir ao cônjuge viúvo, por força da sua quota vidual, o carácter de herdeiro para o efeito de ser demandado por dívidas existentes contra a herança. A STS de 14 de Maio de 1958, num caso de sucessão num direito de arrendamento, concluiu "*Que, en términos absolutos, no es dable aducir, a los fines del precepto que se acaba de mencionar, que el viudo no tenga la condición de heredero; porque el artículo 807 del Código Civil - no citado en el recurso - le atribuye tal carácter, que asimismo le reconoce la doctrina jurisprudencial - tampoco combatida - salvo para uno de los específicos efectos de la sucesión a título universal, cual es el pago de deudas;*". As SSTS de 28 de Outubro de 1970 e de 20 de Setembro de 1982 reconheceram expressamente a qualidade de herdeiro forçoso do cônjuge sobrevivo para o efeito de permitir a sua actuação em defesa dos seus direitos legitimários, ainda que a sua legítima seja paga mediante um legado, intervindo, nomeadamente, nas acções em que se cobrem dívidas hereditárias, mas negaram a responsabilidade *ultra vires* do cônjuge legitimário pelo pagamento das dívidas da herança.

CAPÍTULO QUINTO
TUTELA DA LEGÍTIMA DO CÔNJUGE SOBREVIVO

I - O princípio da intangibilidade da legítima: alcance actual

A intangibilidade da legítima é um dos aspectos que permite fundamentar uma determinada concepção sobre a legítima, consoante surja mais ou menos reforçado no ordenamento jurídico. Os ordenamentos português e espanhol consagram, sem margem para dúvidas, o referido princípio, nas suas vertentes quantitativa e qualitativa. Significa isto que a lei garante ao legitimário a percepção de uma certa parcela ou quota da herança - *quantum* - assim como procura assegurar que essa percepção assuma determinado conteúdo ou contorno qualitativo - *quale*. No entanto, a intangibilidade da legítima pode apresentar-se com diferentes graus[690], o que precisamente acontece nas codificações civis portuguesa e espanhola, sobretudo no aspecto qualitativo. A doutrina acolhe, com maior ou menor expressão na letra da lei, a ideia de que a legítima deverá, em princípio, ser satisfeita com bens da herança - crf., *v.g.*, os artºs 2156º e 2174º/1 do C.C. port., e 806º, 817º, 819º/3, 820º e 841º e ss. do C.C. esp. - ideia que é inquestionável no direito português atendendo ao carácter de herdeiro do legitimário, e que continua a ser aceite no C.C. esp. mesmo por aqueles que lhe negam a necessária condição de herdeiro. Por sua vez, a lei proíbe expressamente que o testador prive o legitimário da legítima contra a sua vontade e imponha encargos ou outros tipos de limitações sobre a mesma - artºs 2163º, 1ª parte, do C.C. port. e 813º/2 do C.C esp..

Apesar dos traços comuns, o Código Civil português defende a intangibilidade qualitativa da legítima de forma mais intensa, impedindo ainda o testador de preenchê-la com bens determinados sem o assentimento do legitimário - artº 2163º, 2ª parte. Contudo, também é possível encontrar no direito português algumas figuras que, embora inintencionalmente, acabam por limitar, em certa medida, o alcance do princípio da intangi-

---

[690] Neste sentido, *Vid.* DUARTE PINHEIRO, *Legado em Substituição da Legítima*, *op. cit.*, p. 188.

bilidade da legítima: assim, através dos legados por conta da legítima e em substituição da legítima - artºs 2163º e 2165º do C.C. - o autor da sucessão pode fazer atribuições de bens que, uma vez aceites pelos seus destinatários, vão limitar indirectamente a composição das quotas dos legitimários não legatários; verifica-se o mesmo no caso das doações, uma vez que, em princípio, a colação não opera em substância - artº 2108º/1 - mantendo-se os bens doados em vida na titularidade dos donatários, o que consitui igualmente um limite indirecto à composição dos quinhões dos legitimários não donatários; por último, embora com carácter excepcional, o artº 2029º/2 do C.C. permite a satisfação da legítima em dinheiro não hereditário, e o artº 2174º/2 autoriza, em certos casos, a redução de liberalidades inoficiosas em valor.

No Código Civil espanhol é maior a tangibilidade da legítima. Em primeiro lugar porque o seu artº 815º autoriza o autor da sucessão a satisfazer as legítimas por qualquer título - herança, legado ou doação - não reconhecendo ao legitimário o direito de reagir contra um acto unilateral do *de cujus* para preenchimento da sua legítima com bens determinados; o legitimário tem de conformar-se com essa atribuição sempre que seja qualitativamente apta à concretização da legítima, restando-lhe apenas o direito de exigir o complemento da mesma caso a atribuição seja quantitativamente insuficiente para preenchê-la; se o legitimário não concordar com o acto de preenchimento unilateral da sua legítima, a recusa dos bens concretos atribuídos pelo testador equivale a um repúdio desta quota, a qual não pode ser posteriormente reclamada. Em segundo lugar, foi extremamente importante no afrouxamento do princípio da intangibilidade qualitativa a introdução e o alargamento das hipóteses de pagamento da legítima em dinheiro não pertencente à herança, reguladas nos artºs 821º e 822º, 829º, 1056º/2, 1062º, e nos artºs 841º e ss., após a redacção introduzida pela Reforma de 13 de Maio de 1981. O próprio artº 149º da LDCG alarga o pagamento da legítima em dinheiro ao cônjuge sobrevivo pois, ao contrário do C.C. esp., não limita esta faculdade, reservada ao autor da sucessão, à legítima dos descendentes. Estas situações, apesar de excepcionais segundo o entendimento da doutrina mais avalizada, vieram reduzir o alcance do princípio da intangibilidade qualitativa da legítima, ao permitir em certos casos o seu pagamento em dinheiro não existente na herança. Também a possibilidade de comutação da legítima do cônjuge sobrevivo, prevista nos artºs 839º e 840º do C.C. esp., afrouxa a sua protecção qualitativa, não garantindo a sua percepção na modalidade elegida por lei.

Desconhecem-se no C.C. port. quaisquer figuras que se assemelhem ao pagamento da legítima em dinheiro ou à partilha efectuada pelo testador, regulada no artº 1056º/1 do C.C esp.. Não sendo admissível a hipótese do testamento-partilha, por não se enquadrar na previsão do artº 2102º/1[691], a situação mais próxima será a da partilha em vida regulada no artº 2029º do C.C. port., que se produz por meio de doações entre vivos e em que os legitimários não donatários poderão ver as suas legítimas satisfeitas mediante tornas a pagar pelos legitimários donatários. No entanto, a composição dos quinhões de cada legitimário não é feita unilateralmente pelo doador, uma vez que se exige o consentimento de todos os presumíveis herdeiros legitimários.

II - Meios de protecção da legítima do cônjuge sobrevivo

1. Introdução

As conclusões quanto à natureza jurídica da legítima do cônjuge sobrevivo passam necessariamente pela apreciação do direito que a lei lhe concede e das faculdades que ele envolve[692], mas, para além disso, dependem especialmente dos meios que a ordem jurídica coloca à sua disposição para defesa da legítima, os quais são susceptíveis de revelar a força e densidade desse direito. É a análise desses meios de tutela que ora nos propomos fazer, partindo da distinção entre meios directos e indirectos de protecção da legítima, no intuito de obter mais alguns indícios quanto à natureza jurídica da legítima do cônjuge sobrevivo nos ordenamentos analisados.

Antes de nos debruçarmos concretamente sobre os meios de tutela da legítima que o cônjuge sobrevivo tem ao seu dispor, convém advertir que existe uma divergência doutrinal a propósito das acções de que o legi-

---

[691] Este artigo apenas reconhece duas modalidades de partilha: a partilha judicial, e a realizada por acordo entre os interessados.

[692] Cfr. *supra*, Capítulo IV.

timário pode lançar mão no Código Civil espanhol para se opor a um título sucessório que entre em conflito com o seu. PEÑA BERNALDO DE QUIRÓS defende um sistema unitário para as acções de impugnação de um título que se oponha ao título legitimário[693]. Partindo do pressuposto de que o legitimário é herdeiro, defende que a acção para defesa da legítima é a de petição da herança, que denomina acção de reclamação da legítima, através da qual o legitimário faz valer a sua condição de herdeiro forçoso a respeito dos bens da herança atribuídos a outro sujeito por disposição do autor da sucessão[694]. A sanção prevista para este caso não é de nulidade absoluta, porque o chamamento testamentário só é invalidado quando impugnado pelo legitimário na medida estritamente necessária para o preenchimento da sua legítima. O prazo para interposição da acção é o mesmo da *petitio hereditatis*, tendo a sentença uma eficácia *ipso iure*, na medida em que se limita a declarar a ineficácia originária da disposição testamentária frente ao legitimário, mas sem a anular. A par da acção de reclamação da legítima, aquele doutrinário admite a acção de redução de doações. Nesta o legitimário não faz valer já a sua condição de herdeiro, uma vez que a acção respeita a bens que não compõem a herança e que, nessa medida, são recebidos pelo legitimário por outra via que não a hereditária[695]. Em oposição a este sistema surge a perspectiva mais tradicional, defendida por VALLET DE GOYTISOLO, para quem a diversidade de acções para defesa da legítima resultaria da diversidade de situações em que pode encontrar-se o legitimário[696]. Consequentemente, para VALLET e para um vasto sector doutrinal que assume este posicionamento[697], as acções ao dispor do legitimário para defesa da sua legítima podem assumir natureza e prazos diferentes, consoante a posição concreta que o legitimário ocupe na sucessão.

---

[693] *Vid.* "La Naturaleza de la Legítima", *loc. cit.*, pp. 885 e ss..

[694] *Vid.* "La Naturaleza de la Legítima", *loc. cit.*, p. 887.

[695] De acordo com o entendimento generalizado, o Autor considera tratar-se de uma acção rescisória, cujo prazo de caducidade é de quatro anos, nos termos do art° 1299° do C.C. esp. ("La Naturaleza...", *loc. cit.*, p.893).

[696] *Vid.* "Observaciones en Torno a la Naturaleza de la Legítima", *loc. cit.*, pp. 61 e ss..

[697] *Vid.*, entre outros, ROCA-SASTRE MUNCUNILL, *Derecho de Sucesiones*, II, *op. cit.*, pp. 674 e ss., e ESPEJO LERDO DE TEJADA, *La Legítima...*, *op. cit.*, p. 200.

2. Meios directos de protecção da legítima

A) Impugnação de negócios simulados que prejudiquem a legítima

Os Códigos Civis português e espanhol definem a legítima como porção de bens de que o testador não pode dispor. Desta definição resulta que a quota legítima envolve, para o autor da sucessão, a indisponibilidade de certos bens *mortis causa* - os necessários para cobrir as legítimas - ou, quando muito, a possibilidade de dispor deles a favor dos legitimários pelo título que entender atribuir-lhes, mas sem lesionar o seu *quantum* nem o seu *quale* - artº 815º do C.C. esp.. No entanto, podemos questionar-nos se o alcance dessa indisponibilidade não vai mais longe, afectando, inclusive, os actos gratuitos praticados em vida pelo autor da sucessão. Será que podemos admitir uma posição sucessória do cônjuge sobrevivo na qualidade de legitimário, ainda em vida do autor da sucessão? A resposta exige que nos debrucemos sobre as faculdades que podem, ou não, assistir aos legitimários em vida do autor da sucessão, nomeadamente faculdades de reacção em defesa dos seus interesses na herança, e prende-se com a qualificação da posição do sucessível legitimário em função dessas faculdades.

A doutrina relaciona frequentemente a posição do sucessível legitimário com o problema da expectativa jurídica. A expectativa jurídica consiste numa posição juridicamente protegida do sujeito que se apresenta como potencial adquirente de um futuro direito subjectivo, numa fase em que se verificaram já alguns dos factos conducentes à aquisição deste direito[698]. A expectativa jurídica surge quando o facto constitutivo do direito subjectivo é complexo e de produção sucessiva; nestes casos o direito só nasce após a produção de todos os elementos do facto jurídico complexo, mas pode acontecer que, após a verificação de algum ou alguns desses elementos, a lei atribua uma certa protecção jurídica ao potencial futuro adquirente desse direito subjectivo. A doutrina corrente e maio-

---

[698] CASTRO MENDES, *Teoria Geral do Direito Civil*, I, AAFDL, Lisboa, 1978, p. 375; GALVÃO TELLES, *Direito das Sucessões*, *op. cit.*, pp. 110-111; CAPELO DE SOUSA, *Lições...*, I, *op. cit.*, pp. 226-227; PEREIRA COELHO, *Direito das Sucessões*, *op. cit.*, p. 144; ANTUNES REI, "Da Expectativa Jurídica", *loc. cit.*, p. 151.

ritária em Portugal reconhece a existência de uma expectativa jurídica dos sucessíveis legitimários[699], nomeadamente do cônjuge sobrevivo, que é, desde o casamento com o autor da sucessão, um seu potencial sucessor[700], apresentando-se a sua posição em vida deste como um reflexo do próprio instituto legitimário[701]. Um poder importante, que evidencia a relevância da designação legitimária em vida do autor da sucessão, é o previsto no artº 242º/2 do C.C. port., que permite aos sucessíveis legitimários invocar, ainda antes da abertura da sucessão, a nulidade dos negócios simulados celebrados em vida pelo autor da sucessão com o intuito de prejudicá--los[702].

---

[699] Os sucessíveis legitimários possuem já um dos elementos de que depende a futura aquisição do seu direito à legítima, que é a relação de descendência, ascendência, ou casamento com o autor da sucessão, embora essa aquisição dependa ainda da verificação de mais dois elementos, que são a morte do autor da sucessão e a aceitação da herança pelo sucessível legitimário (*Vid.* CASTRO MENDES, *Teoria Geral..., op. cit.,* p. 376; GALVÃO TELLES, *ibidem;* CAPELO DE SOUSA, *ibidem).* EWALD HÖRSTER, *A Parte Geral do Código Civil Português. Teoria Geral do Direito Civil,* Coimbra, 1992, p. 224, parece não admitir, neste caso, a existência de uma expectativa jurídica em sentido próprio (ou direito em expectativa), mas apenas de uma situação protegida pela lei atendendo a razões de justiça.

[700] Assim, PEREIRA COELHO, *Direito das Sucessões, op. cit.,* pp. 145 e ss.; OLIVEIRA ASCENSÃO, *Direito Civil, op. cit.,* pp. 122-123; GALVÃO TELLES, *Direito das Sucessões, op. cit.,* pp. 109 e ss.; PAMPLONA CORTE-REAL, *Direito da Família e das Sucessões, op. cit.,* pp. 72 e ss., em especial p. 79, ANTUNES REI, "Da Expectativa Jurídica", *loc. cit.,* pp. 155-156.

[701] Segundo ANTUNES REI, esta expectativa jurídica resulta do facto de o ordenamento português acolher o instituto da legítima baseado, designadamente, num princípio de protecção da família, e implica, para os envolvidos, uma falta de liberdade em relação à eventual efectivação do direito do expectante ("Da Expectativa Jurídica", *loc. cit.,* p. 153).

[702] A maioria da doutrina entende que só releva a simulação fraudulenta, isto é, feita com o intuito de prejudicar os herdeiros legitimários (*animus nocendi);* Assim, CAPELO DE SOUSA, *Lições..., Vol. I, op. cit.,* p. 225, e MOTA PINTO, *Teoria Geral do Direito Civil,* Coimbra, 1996, p. 482. Por sua vez, CARVALHO FERNANDES é da opinião que a tutela preventiva dos interesses assegurados pela atribuição da quota legitimária, efectiva-da através da figura da expectativa jurídica, apenas exige uma intenção de prejuízo e não um prejuízo efectivo, o qual em muitos casos seria impossível de provar em vida do autor da sucessão (*Simulação e Tutela de Terceiros,* Separata dos Estudos em Memória do Prof. Dr. Paulo Cunha, Lisboa, 1988, pp. 39-40). Pelo contrário, ANTUNES REI considera que o legislador foi infeliz ao exigir a intenção de prejudicar. Tratando-se de uma norma que

330   *A Legítima do Cônjuge Sobrevivo - Estudo Comparado Hispano-Português*

No direito espanhol a figura da expectativa legitimária não surge tão divulgada, apesar de ser admitida por vários autores[703], e de o C.C. lhe ter já dedicado meios de defesa. Aceita-se, inclusive, que os presumíveis legitimários têm, em vida do autor da sucessão, a possibilidade de recorrer a instrumentos que, directa ou indirectamente, propiciam a defesa da legítima futura. Na redacção originária do Código Civil o instituto da prodigalidade constituía um desses instrumentos, embora se tratasse de um meio de defesa excepcional[704]. Também o artº 140º/2 do C.C. esp. produz, embora indirectamente, uma protecção da expectativa legitimária[705].

---

visa a protecção do sucessível legitimário, a sua *ratio* é a de permitir a arguição de todo o negócio simulado que efectivamente o prejudique; se houve intenção de prejudicar mas esta não resultou em qualquer prejuízo para o legitimário, este não tem qualquer legi-timidade para arguir a simulação ("Da Expectativa Jurídica", *loc. cit.*, p. 156), O Tribunal da Relação de Lisboa declarou, no seu Acórdão de 3 de Fevereiro de 1983 (*CJ*, 1983, 1º, pp. 121 e ss.) que o alcance do artº 242º/2 do Código Civil português é o de que *"...para além dos casos gerais do artº 286º do C. Civil, também os herdeiros podem intentar a acção mesmo em vida do autor da sucessão, em relação aos negócios feitos com o intuito de os prejudicar."* O Ac. da RL, de 23 de Fevereiro de 1984 (*CJ*, 1984, 1º, pp. 142 e ss.) reiterou que *"Os herdeiros legitimários em vida do autor da sucessão, podem agir por direito próprio contra negócios por ele simuladamente feitos em seu prejuízo."*

[703] Admitem a expectativa legitimária no direito espanhol, PEÑA BERNALDO DE QUIRÓS, "La Naturaleza ...", *loc. cit.*, p. 890; LACRUZ BERDEJO, *Derecho de Sucesiones*, II, *op. cit.*, p. 31; BELTRÁN DE HEREDIA, *Derecho de Sucesiones*, coord. por MONTÉS PENADÉS, *op. cit.*, p. 309; ESPEJO LERDO DE TEJADA, *La Legítima...*, *op. cit.*, p. 79 e 239, nota 265; O'CALLAGHAN MUÑOZ, "La Renuncia a la Legítima", *Libro en Homenaje a R.Mª ROCA SASTRE*, Vol. III, Madrid, 1977, pp. 340-342; GARCIA RUBIO, *La Renuncia Anticipada ...*, *op. cit.*, a qual afirma: *"Pero que no exista legítima en vida del causante ni derecho del legitimário a reclamarla no implica que no exista una situación jurídicamente tutelada que puede considerarse un derecho de nacimiento futuro si se cumplen determinadas condiciones (premuerte del causante, ausencia de causas de privación de la legítima, y relictum y/o donatum) o derecho eventual, o incluso, si se prefiere, una expectativa jurídica cuyo grado de seguridad es muy elevado y, por ello, muy próximo a la idea de derecho subjetivo (eso si, futuro)."*.

[704] Neste sentido, *Vid.* LACRUZ BERDEJO, *ibidem*; BELTRAN DE HEREDIA, *ibidem*, ESPEJO LERDO DE TEJADA, *ibidem*; O'CALLAGHAN MUÑOZ, "La Prodigalidad como Institución de Protección de la Legítima", *RDP*, 1978, pp. 253-268; VALLET DE GOYTISOLO , *Las Legítimas*, II, *op. cit.*, p. 1189. Após as alterações introduzidas no instituto pela Lei 13/1983, de 24 de Outubro, a sua finalidade parece ter pas-

O Tribunal Supremo declarou, em várias sentenças, a legitimidade dos legitimários para impugnar os actos praticados pelo autor da sucessão com simulação absoluta ou relativa, considerando nulos os contratos por falta de causa ou por causa ilícita. No entanto, quanto à simulação relativa, questiona-se se o cumprimento das exigências de forma da compra e venda de imóveis é suficiente para preencher as formalidades da doação[706]. Na jurisprudência e doutrina tem vindo a ganhar terreno a opinião de que a escritura de compra e venda simulada não é suficiente para preencher a forma da doação de bens imóveis[707], com a consequência da nulidade da compra e venda simulada e da doação dissimulada quando esta é feita com o intuito de prejudicar os legitimários, embora a jurisprudência pareça mitigar a exigência da forma no caso das doações remune-

---

sado a ser a de protecção dos titulares do direito de alimentos, e não de protecção do património familiar e das expectativas que sobre este possam ter os parentes mais próximos (*Vid.*, por todos, GARCIA RUBIO, *La Renuncia Anticipada..., op. cit.*). Esta mesma ideia foi asseverada pela STS de 17 de Dezembro de 1996 *(RJA*, 1996, nº 8973), que referiu, no Segundo Fundamento de Direito, "*... así como en la antigua legislación la prodigalidad defendía expectativas hereditarias de los herederos forsozos, lo que les facultaba para controlar actos dispositivos de los ascendientes en vida de los mismos, desde 1983 la prodigalidad no defiende más que el derecho de alimentos actual, o que esté en situación de pasar a actual, del cónyuge, descendientes o ascendientes. No hay ahora, por tanto, ningún patrimonio familiar que defender para que pueda transmitirse a los hijos.*" Algum autor entendeu, no entanto, que as expectativas dos herdeiros legitimários continuaram a ser protegidas, ainda que não tenha sido essa a intenção do legislador, uma vez que os sujeitos legitimados para pedir a declaração de prodigalidade - artº 294º do C.C. esp. - coincidiam com aqueles que o artº 807º do mesmo diploma qualifica de herdeiros forçosos (*Vid.* LETE DEL RÍO, *Comentarios al Código Civil y Compilaciones Forales*, T. IV, Madrid, 1985, p. 452). O artº 757º/5 da *Ley de Enjuiciamiento Civil* (Lei de 7 de Janeiro de 2000), que revogou o artº 294º do C.C. esp., não introduziu quaisquer alterações quanto aos sujeitos legitimados para requerer a declaração de prodigalidade.

[705] Cfr. *infra*, 3, D)

[706] Sobre o assunto, *Vid.* DE LA CÁMARA, *Compendio...*, 2ª ed., *op. cit.*, pp. 227 e ss., e VALLET DE GOYTISOLO, "Las Legítimas, II, op. cit., p. 1192. A simulação absoluta não levanta dificuldades, uma vez que o negócio simulado é inexistente.

[707] Esta orientação resulta de várias Sentenças do TS, como as de 14 de Maio de 1966 *(RJA*, 1966, nº 2425), 2 de Janeiro de 1978 *(RJA*, 1978, nº 3), 13 de Novembro de 1987 *(RJA*, 1987, nº 7881), 24 de Fevereiro de 1992 *(RJA*, 1992, nº 1512), 20 de Outubro de 1992 *(RJA*, 1992, nº 8088), 5 de Maio de 1995 *(RJA*, 1995, nº 3897) ou 13 de Novembro de 1997 *(RJA*, 1997, nº 7881).

332   *A Legítima do Cônjuge Sobrevivo - Estudo Comparado Hispano-Português*

ratórias[708]. Contudo, o TS também já deliberou no sentido de reconhecer a validade de doações de imóveis dissimuladas sob a forma de compra e venda[709], embora esta corrente ainda seja minoritária. A posição que se adopte quanto a este problema é crucial, na medida em que vai condicionar os próprios efeitos do negócio dissimulado. Se considerarmos a doação dissimulada formalmente válida poderá haver apenas um problema de inoficiosidade, como acontece no caso das doações celebradas sem simulação, assistindo somente ao cônjuge legitimário a faculdade de rescindir a doação na medida em que esta afecte a sua legítima[710]. Se a doação encoberta se considerar inválida por ter sido celebrada com o intuito de defraudar a legítima do cônjuge sobrevivo, prejudicando-o, ela sofrerá, tal como o negócio simulado, de nulidade por ilicitude da causa, nos termos dos artºs 1275º e 1276º do C.C. esp.[711].

De qualquer modo, mesmo nos casos em que o Tribunal Supremo admitiu e declarou, no direito espanhol, a nulidade absoluta da doação por ilicitude da causa, nunca houve lugar à impugnação do negócio simulado pelo presumível legitimário em vida do autor da sucessão, como pode suceder no direito português por força do artº 242º/2 do C.C.. A doutrina

---

[708] *Vid*. ESPEJO LERDO DE TEJADA, *La Legítima...*, *op. cit.*, p. 235. Cfr., a título de exemplo, as SSTS de 7 de Março de 1980 (*CLJC*, 1980, nº 93), 9 de Maio de 1988 (*RJA*, 1988, nº 4048), 22 de Janeiro de 1991 (*RJA*, 1991, nº 306) e 21 de Janeiro de 1993 (*RJA*, 1993, nº 481).

[709] É particularmente relevante a STS de 23 de Setembro de 1989 (*RJA*, 1989, nº 6352) que contempla um caso de doação simples; Cfr. também as SSTS de 29 de Março de 1993 (*RJA*, 1993, nº 2532), 20 de Julho de 1993 (*RJA*, 1993, nº 6168) e 13 de Dezembro de 1993 (*RJA*, 1993, nº 9615); Esta orientação já foi também assumida pela jurisprudência portuguesa, de forma directa no Acórdão da Relação do Porto de 26 de Novembro de 1989 (*CJ*, 1989, V, pp. 195-197), e indirectamente no Acórdão do Supremo Tribunal de Justiça de 25 de Novembro de 1992 (*BMJ*, 421, pp. 380-391).

[710] Manifestam-se neste sentido, VALLET DE GOYTISOLO, *Panorama...*, I, *op. cit.*, p. 683; BELTRAN DE HEREDIA, *Derecho de Sucesiones*, coord. por MONTÉS PENADÉS, *op. cit.*, p. 384; LACRUZ BERDEJO, *Elementos...*, V, *op. cit.*, p. 434; LERDO DE TEJADA, *La Legítima...*, *op. cit.*, p. 238.

[711] Defendem esta solução, PUIG BRUTAU, *Fundamentos*, T. V, 3º, *op. cit.*, pp. 143-144; CÁRCABA FERNÁNDEZ, *La Simulación en los Negócios Jurídicos*, Barcelona, 1986, pp. 82 e ss.; NUÑEZ IGLESIAS, "La Donación de Inmuebles Encubierta como Compraventa", *RCDI*, 1991, p. 1840; FUENMAYOR CHAMPÍN, "Intangibilidad de la Legítima", *ADC*, 1948, pp. 56 e ss..

e a jurisprudência espanholas consideram que até à data da morte do autor da sucessão o legitimário não possui um verdadeiro direito digno de protecção[712], sendo entendimento generalizado que só após a abertura da sucessão pode falar-se de legitimários e de protecção da legítima, embora, como já vimos, alguns autores admitam a existência duma expectativa do legitimário em vida do autor da sucessão. É bastante elucidativa a este respeito a STS de 23 de Setembro de 1992[713], em que o filho do autor da sucessão pedia, em vida deste, a declaração de nulidade do contrato em que cedia onerosamente a uma sua irmã e cunhado todos os direitos que lhe correspondessem na herança de seu pai e, em consequência, a declaração de nulidade do contrato de compra e venda de um imóvel compreendido entre os bens dessa sucessão, celebrado entre os co-demandados e um terceiro. No sexto fundamento de direito o Tribunal Supremo frisou que "... *en el sistema existente de protección de las legítimas en nuestro ordenamiento jurídico, no es posible admitir que se dé una protección o tutela de los derechos de los legitimarios hasta que realmente no tengan la cualidad de tales, y eso, sólo puede ocurrir cuando se haya producido el óbito del causante o ascendiente en cuya sucesión, como tales descendientes les corresponde la sucesión forzosa o legitimaria ... de tal suerte que, en vida, en el mecanismo jurídico de nuestro derecho positivo, sólo se dan las correspondientes acciones de protección bien a tenor de la deuda alimenticia, al socaire de la prodigalidad...*".* Relativamente às restantes medidas de protecção da legítima "...*son previsiones a concretar tras la muerte del disponente en los términos antes establecidos, por lo que no cabe pues, entender que esté legitimada cualquier persona por su presunta cualidad de futuro heredero forzoso para poder impugnar o ejercitar la acción correspondiente de nulidad de un acto dispositivo...*".* A mesma ideia foi reforçada nas SSTS de 30 de Março de 1993[714], e de 24 de Janeiro de 1998[715]. Nesta última, perante o

---

[712] *Vid.* LACRUZ BERDEJO, *Derecho de Sucesiones*, T. II., *op. cit.*, p. 31; BELTRÁN DE HEREDIA, *Derecho de Sucesiones*, coord. por MONTÉS PENADÉS, *op., cit.*, p. 309; Contra, manifesta-se VIRGILI SORRIBES, "Heredero Forzoso y Heredero Voluntário: Su Condición Jurídica", *RCDI*, 1945, p. 482.

[713] *RJA*, 1992, nº 7019.

[714] *RJA*, 1993, nº 2541; Nesta acção o pai é demandado pelos filhos, que pedem a declaração de nulidade da escritura de liquidação e partilha da sociedade conjugal e da he-

pedido de declaração de nulidade, por simulação absoluta, de um contrato de compra e venda em que os pais declaram vender a um filho a nua propriedade dos respectivos bens privativos, o Tribunal Supremo negou legitimidade activa *ad causam* à filha dos outorgantes vendedores "... *ya que ningún hijo, con el único y exclusivo objeto, al parecer, de defender sus posibles y futuros derechos legitimarios, está facultado para poder impugnar, en vida de sus padres, los actos dispositivos que éstos, en uso de sus plenos y indiscutibles derechos, hayan realizado de sus bienes o de algunos de ellos en favor de otro de sus hijos, lo cual no impide, como es obvio, que, una vez muertos sus referidos padres, pueda impugnar tales actos dispositivos, si resulta que con los mismos se han perjudicado sus derechos legitimarios...*". Para casos como este o artº 877º do C.C. português contém uma proibição que visa evitar a simulação, sob a forma de venda, de doações feitas a filhos ou netos, susceptíveis de lesar as legítimas dos demais descendentes. O nº 1 deste artigo estabelece que "*Os pais e avós não podem vender a filhos ou netos, se os outros filhos ou netos não consentirem na venda; o consentimento dos descendentes, quando não possa ser prestado ou seja recusado, é susceptível de suprimento judicial.*" O seu nº 2 determina que "*A venda feita com quebra do que preceitua o número anterior é anulável; a anulação pode ser pedida pelos filhos ou netos que não deram o seu consentimento, dentro do prazo de um ano a contar do conhecimento da celebração do contrato, ou do termo da incapacidade, se forem incapazes.*" Estamos, portanto, perante um outro meio específico de protecção da legítima antes da abertura da sucessão, cuja aplicação resulta alargada a outros contratos onerosos por força do artº 939º do C.C.[716].

---

rança de sua mãe, bem como a declaração de que as alienações de bens realizadas por aquele a favor da segunda esposa encobriam doações sujeitas a possível redução por inoficiosidade. O Tribunal afirmou que "...*los hijos no tienen interés en vida de sus padres para accionar solicitando declaraciones judiciales que concluyen, a fin de proteger sus expectativas sucesorias. Sólo cuando efectivamente sean legitimarios (lo que supone la muerte del progenitor, y capacidad para sucederle) pueden acudir a la acción de reducción de las donaciones que en vida hayan hecho, si merman sus derechos legitimarios. Pero en vida de los padres carecen de todo interés protegible mediante el acceso a la jurisdicción para controlar el uso y disposición del patrimonio de éstos a tales efectos.*" (sublinhado nosso).

[715] *RJA*, 1998, nº 152.

[716] *Vid*., neste sentido, RIBEIRO MENDES, "Considerações Sobre a Natureza Jurídica da Legítima no Código Civil de 1966", *O Direito*, Ano, 1973, p. 104.

Em nossa opinião compreende-se que, perante a tese da validade formal da doação dissimulada, que apenas conduz à faculdade de rescisão da doação na medida em que prejudique a legítima, somente se admita este meio de reacção após a abertura da sucessão, pois só então é possível determinar se existe ou não inoficiosidade. No entanto, na lógica da teoria, já afirmada e reconhecida por parte da doutrina e por uma forte corrente jurisprudencial, de que a doação dissimulada é nula por ilicitude da causa - intenção de prejudicar o legitimário - seria mais vantajoso que o legitimário tivesse no ordenamento espanhol o direito de invocar a nulidade da doação ainda em vida do autor da sucessão, mediante a demonstração de que esta lhe traz um efectivo prejuízo[717].

B) Renúncia antecipada à legítima

a) Regime-regra

O princípio da intangibilidade da legítima opera não só mediante limitações impostas ao autor da sucessão, mas também ao próprio legitimário para protecção dos seus direitos. As limitações à disponibilidade da legítima traduzem-se especificamente numa proibição de o legitimário dispor da legítima antes da abertura da sucessão, reconhecendo a lei, também aqui, a existência de uma expectativa legitimária que tenta proteger através da proibição de renúncia ou transacção sobre a legítima futura. A

---

[717] A protecção da posição do legitimário não tem que fazer-se só através do reconhecimento de direitos subjectivos. É inegável que, ainda em vida do autor da sucessão, existem interesses dos sucessíveis legitimários, e é igualmente certo que a ordem jurídica possui outros meios para tutela de interesses, para além dos direitos subjectivos. Ao admitir-mos a existência de uma expectativa legitimária teremos que admitir possibilidades de reacção dos legitimários ainda em vida do autor da sucessão. A situação dos sucessíveis legitimários, mesmo na fase de mera designação sucessória, tem já uma consistência significativa, não só devido à limitação que sofre, por força da lei, a liberdade do autor da sucessão, mas também por algumas faculdades atribuídas aos sucessíveis, directa ou indirectamente, para defesa das suas legítimas (*Vid.* GALVÃO TELLES, *Direito das Sucessões, op. cit.*, pp. 108 e ss.); Admite igualmente a possibilidade de protecção indirecta da expectativa do legitimário no C.C. esp., LETE DEL RIO, *Comentarios..., T. IV, op. cit.*, p. 457.

renúncia à legítima em vida do autor da sucessão encontra-se regulada nos artᵒs 816º do C.C. esp. e 2028º/2 do C.C. port.[718], bem como no artº 146º/3 da LDCG[719]. Os dois Códigos proíbem, em princípio, os pactos sucessórios - artᵒs 658º, 991º e 1271º do C.C. esp. e 2028º do C.C. port. - nomeadamente na modalidade de pacto renunciativo ou pacto de *non succedendo*, contrato por força do qual uma das partes renuncia à sucessão de uma pessoa viva, designadamente à quota legítima ou indisponível a que pudesse ter direito nessa sucessão[720].

Perante o C.C. port. há quem questione se, apesar de qualificada na lei como acto de doação *inter vivos*, a partilha em vida, regulada no artº 2029º, pode revestir a natureza de um pacto renunciativo, por ter características que a aproximam bastante dos pactos sucessórios[721]. Aquele artº estabelece no seu nº 1 *"Não é havido por sucessório o contrato pelo qual alguém faz doação entre vivos, com ou sem reserva de usufruto, de todos os seus bens ou parte deles a algum ou alguns dos presumidos herdeiros legitimários, com o consentimento dos outros, e os donatários pagam ou se obrigam a pagar a estes o valor das partes que proporcionalmente lhes*

---

[718] Esta norma limita a previsão do artº 2026º do C.C. port., que, aparentemente, admite com carácter geral os pactos sucessórios de *succedendo* e de *non succedendo*, por forma a reconhecer apenas os pactos expressamente previstos na lei, os quais são de conteúdo positivo e só podem celebrar-se em convenção antenupcial.

[719] Admitem também a validade da renúncia ou transacção sobre a legítima futura, as Leis 155 e 156 da CDCFN, o artº 177º da LSCMA, o artº 135º da LDCFPV, o artº 377º do CSC, e os artᵒs 50º e 51º da CDCB, embora só as duas últimas leis prevejam uma renúncia à legítima material não deferida.

[720] A renúncia à legítima após a abertura da sucessão é perfeitamente admissível e válida, sendo normalmente designada por repúdio - artᵒs 988º e ss. do C.C. esp. e 2062º e ss. do C.C. port. - uma vez que neste caso o sucessível é já titular de um benefício patrimonial do qual pode dispor livremente; *Vid.* VALLET DE GOYTISOLO, *Comentarios...*, T. XI, *op. cit.*, p. 227; PUIG BRUTAU, *Fundamentos...*, T. V, 3º, *op. cit.*, p. 113; LACRUZ BERDEJO, *Derecho de Sucesiones*, II, *op. cit.*, p. 40. Nos Códigos Civis português e espanhol o repúdio da herança assume contornos de negócio jurídico unilateral, embora a jurisprudência e a doutrina espanholas aceitem que possa ser feita mediante uma contrapartida ou compensação (Neste sentido, LACRUZ BERDEJO, *Elementos...*, V, *op. cit.*, p. 82). A utilização frequente de contratos sobre a legítima após a abertura da sucessão, designadamente para realizar distribuições susceptíveis de preencher as legítimas de sucessíveis preteridos, é destacada por GARCIA RUBIO, *La Renuncia Anticipada...*, *op. cit.*.

[721] *Vid.* OLIVEIRA ASCENSÃO, *Direito Civil*, *op. cit.*, p. 113.

tocariam nos bens doados." A partilha em vida é, portanto, um acto que envolve uma renúncia dos sucessíveis legitimários ao direito à intangibilidade da legítima consagrado no artº 2163º do mesmo diploma, e consiste, segundo a lei, numa doação em vida, de parte ou da totalidade do património do autor da sucessão, a favor de algum ou alguns legitimários, cabendo aos outros as respectivas tornas[722]. Aparentemente este negócio jurídico poderá envolver uma renúncia antecipada à legítima, uma vez que os legitimários que recebem tornas renunciam à percepção da legítima em bens do património do autor da sucessão - intangibilidade qualitativa - renunciam a uma eventual colação no caso de valorização de algum ou alguns dos bens partilhados, e parecem renunciar também à redução por inoficiosidade caso essa valorização seja suficientemente significativa que possa ofender a sua legítima - intangibilidade quantitativa. Porém, a partilha em vida, à primeira vista inderrogável por força do artº 2029º do C.C., não é definitiva, podendo ser modificada para além dos casos expressamente previstos no seu nº 2 (aparecimento de outros legitimários não intervenientes na partilha)[723], estipulando a lei que a renúncia ao direi-

---

[722] Segundo CAPELO DE SOUSA, de acordo com o princípio da imperatividade da legítima - artºs 2027º e 2156º do C.C. port. - e com a regra da irrenunciabilidade da legítima antes da abertura da sucessão - artº 2028º do mesmo diploma - a partilha em vida de todos os bens do casal só será válida se nela forem compostas as legítimas que cada um dos cônjuges tenha direito a receber do outro, embora o seu pagamento possa efectuar-se através de tornas e ser deferido no tempo, nos termos do artº 2029º/1 e 3, ou possa haver doação ou renúncia posteriores do montante das tornas (*Vid. Lições...*, I, *op. cit.*, p. 52, nota 58).

[723] Neste sentido, PAMPLONA CORTE-REAL, *Direito da Família e das Sucessões*, *op. cit.*, pp. 324-325, considera que os herdeiros legitimários igualados ao tempo da partilha mantêm o direito de recorrer ao instituto da inoficiosidade sempre que haja uma valorização significativa de um dos bens doados que atinja a sua legítima, embora a redução deva operar por tornas. e também quando o autor da sucessão faça doação a terceiro ou institua legatário relativamente a bens que não sejam objecto da partilha; Contra, *Vid.* CAPELO DE SOUSA, *Lições...*, I, *op. cit.*, pp. 55-57, para quem a revogação da partilha em vida pelo doador deixou de ser possível após a alteração introduzida no nº 2 do artº 2029º pelo Decreto-Lei nº 496/77, de 25/11, excepto nos casos previstos nos artºs 969º/1, 970º e 974º do C.C., ou seja, enquanto não for aceite a doação ou quando haja ingratidão do donatário. O nº 2 do artº 2029º do C.C. port. prevê o seguinte: "*Se sobrevier ou se tornar conhecido outro presumido herdeiro legitimário, pode este exigir que lhe seja composta em dinheiro a parte correspondente.*".

338   *A Legítima do Cônjuge Sobrevivo - Estudo Comparado Hispano-Português*

to de reduzir liberalidades é nula - artº 2170º do C.C. port.. Assim, a posição do legitimário que recebe tornas em virtude da partilha em vida não parece equiparável à do renunciante à legítima; em primeiro lugar porque a própria lei considera satisfeito o valor da legítima mediante o pagamento das tornas, adequado, pelo menos tendencialmente, para cobrir o direito do legitimário (seria uma espécie de pagamento da legítima em dinheiro não hereditário, embora em fase anterior à abertura da sucessão); em segundo lugar porque a percepção das tornas pelo legitimário não lhe veda a possibilidade de pedir, após a abertura da sucessão, a redução por inoficiosidade das doações feitas aos outros co-legitimários, caso os bens doados tenham sofrido uma valorização. Podemos afirmar, portanto, que os efeitos produzidos pela figura são essencialmente os mesmos da doação feita a um legitimário: se os bens que couberem ao legitimário na partilha forem insuficientes para cobrir a sua legítima, este pode, após a abertura da sucessão, lançar mão dos meios ao seu alcance para defesa da mesma, o que conduz à conclusão de que pela partilha em vida se produz um mero pagamento antecipado por conta da legítima que não afasta necessariamente o legitimário da sucessão[724].

O artº 816º do C.C. esp. dispõe: *"Toda renuncia o transacción sobre la legítima futura entre el que la debe y sus herederos forsozos es nula, y éstos podrán reclamarla quando muera aquél; pero deberán traer a colación lo que hubiesen recibido por la renuncia o transacción."* Proíbe, portanto, quer a renúncia sobre a legítima futura, quer qualquer outra negociação entre quem deve a legítima e quem tem direito a ela[725], embora se venha entendendo que o sentido do artº 816º do C.C. esp. abarca também a proibição de renúncia, em vida do autor da sucessão, às acções des-

---

[724] *Vid.* GARCIA RUBIO, *La Renuncia Anticipada...*, *op. cit.*.

[725] No entendimento da doutrina mais autorizada, a proibição de renúncia à legítima apenas afecta a legítima estrita, uma vez que os artºs 826º e 827º do C.C. esp. admitem a validade dos pactos sobre a *mejora; Vid.* VALLET DE GOYTISOLO, *Comentarios...*, XI, *op. cit.*, p. 227. GARCIA RUBIO, *La Renuncia Anticipada...*, *op. cit.*, é da opinião que o artº 826º do C.C. esp. valida os pactos abdicativos de uma futura e eventual melhora, sempre que celebrados em convenção matrimonial, e que o contrato oneroso de renúncia à melhora, referido no artº 827º do mesmo diploma, pode ser aquele que o melhorante celebre com um co-legitimário do melhorado que renuncia definitivamente à melhora que eventualmente pudesse vir a corresponder-lhe.

tinadas à protecção dos direitos legitimários[726]. Por sua vez, a LDCG admite a sucessão pactícia com maior amplitude, embora apenas reconheça validade aos pactos sucessórios tipificados na lei. O legislador galego consagrou também, no artº 146º/3, uma proibição genérica de renúncia ou transacção sobre a legítima não deferida, num regime que resulta idêntico ao do C.C. esp.. Para a lei galega são nulos quaisquer actos de renúncia à legítima, qualquer que seja a forma ou as características que revistam ou os sujeitos que neles intervenham, bem como as transacções entre o autor da sucessão e o presumível legitimário que tenham como objecto a legítima[727].

Nos sistemas de ambos os Códigos e, em princípio, no da LDCG, os pactos de renúncia à legítima encontram-se feridos de nulidade - artºs 816º do C.C. esp., 2028º/2 do C.C. port., e 146º/3 da LDCG - vício este que parece resultar, basicamente, da aversão da lei relativamente à irrevogabilidade das disposições *mortis causa* característica destes pactos, mas que, no caso da legítima, resulta ainda de esta estar sujeita a uma regulação imperativa, de ordem pública, que subtrai a sua negociação à vontade dos interessados[728]. Trata-se de uma nulidade absoluta que produz efeitos *ex tunc*, apreciável de ofício ou a pedido de qualquer pessoa, insanável pelo

---

[726] Para os que defendem a dualidade de acções de protecção da legítima, a renúncia à acção de reclamação da legítima estaria ínsita no próprio artº 816º do C.C. esp. (...)" *y éstos podrán reclamarla quando muera aquél...*"), enquanto o artº 655º/2 do mesmo diploma vedaria a renúncia à acção de redução de doações por inoficiosidade; para quem acolhe o sistema de pluralidade de acções de defesa da legítima, a irrenunciabilidade destas decorreria duma interpretação extensiva do artº 816º, no sentido de que este proíbe a renúncia do legitimário à sua posição jurídica, o que retiraria eficácia ao artº 655º/2; *Vid.*, neste sentido, GARCIA RUBIO, *La Renuncia Anticipada..., op. cit.*, pp. 108-111.

[727] Os actos de renúncia antecipada à legítima podem ter como partes o autor da sucessão e o presumível legitimário, mas podem também celebrar-se entre presumíveis legitimários, renunciando um ou alguns deles a favor dos outros, ou entre o presumível legitimário e um terceiro, implicado, ou não, na sucessão. Em contrapartida, a transacção sobre a legítima futura só pode ser celebrada entre o autor da sucessão e aqueles que tenham direito à legítima, isto é, só podem extinguir o direito e a correspectiva obrigação os presumíveis sujeitos activo e passivo da futura relação jurídico-sucessória.

[728] *Vid.* PUIG BRUTAU, *Fundamentos...*, T. V, 3º, *op. cit.*, p. 113; O'CALLAGHAN MUÑOZ, *Compendio... V, op. cit.*, pp. 284-285, o qual destaca a sentença do TS de 23 de Outubro de 1992.

340   *A Legítima do Cônjuge Sobrevivo - Estudo Comparado Hispano-Português*

decurso do tempo, isto é, imprescritível, e que não necessita ser declarada judicialmente[729]. Consequentemente, a nulidade da renúncia faculta o legitimário-renunciante para reclamar a legítima após a abertura da sucessão, e obriga-o a "trazer à colação" qualquer contraprestação que tenha recebido em troca da renúncia ou transacção, nos termos do artº 816º do C.C. esp.[730]. O artº 289º/1 do C.C. port. manda restituir em espécie ou, subsidiariamente, em valor, tudo o que tiver sido prestado pelas partes. Restituem-se, assim, as prestações realizadas, como se o negócio não tivesse sido celebrado. A acção através da qual o legitimário-renunciante pode efectivar a sua legítima será, para os que defendem no C. C. esp. um sistema de dualidade de acções, a de reclamação da legítima. Para os que defendem a pluralidade de acções, a acção de reclamação da totalidade da legítima é o meio idóneo quando a atribuição feita em contrapartida da renúncia esteja ferida de nulidade, mas no caso de aquela atribuição ser considerada válida apenas haverá que recorrer à acção de suplemento[731].

A obrigação de o renunciante trazer à colação o que tenha recebido pela renúncia é alvo de diferentes interpretações pela doutrina espanhola. Se o

---

[729] Cfr. os artºs 285º e ss. do C.C. port.; *Vid.* PIRES DE LIMA/ANTUNES VARELA, *Código Civil Anotado*, VI, *op. cit.*, p. 18; VALLET DE GOYTISOLO, *Comentarios...*, T. XI, *op. cit.*, p. 227; RIVAS MARTINEZ, *Derecho de Sucesiones Común y Foral*, T. II, *op. cit.*, p. 116; DÍEZ PICAZO y GULLÓN, *Sistema...*, IV, *op. cit.*, p. 490; O'CALLAGHAN MUÑOZ, *Compendio...*, V, *op. cit.*, p. 293; GARCIA RUBIO, *La Renuncia Anticipada...*, *op. cit.*.

[730] Este artigo reflecte o regime geral da nulidade dos contratos, previsto no artº 1303º do mesmo diploma, o qual obriga as partes a devolver tudo o que tenham recebido. GARCIA RUBIO, *La Renuncia Anticipada...*, *op. cit.*, chama, no entanto, a atenção para o facto de a nulidade absoluta, que supõe a não produção dos efeitos do negócio jurídico e a eliminação retroactiva dos efeitos eventualmente produzidos até à declaração de nulidade, contrastar com os restantes efeitos atribuídos pelo artº 816º do C.C. à renúncia proibida, que são a possibilidade de reclamar a legítima após a abertura da sucessão e o dever de trazer à colação o recebido em virtude da renúncia. O lógico seria que, sendo nula a renúncia onerosa, fosse igualmente nula a transmissão da contrapartida recebida pelo legitimário, o qual manteria o direito a reclamar a totalidade da sua legítima uma vez aberta a sucessão. Aquele é também o regime aplicável no âmbito da LDCG, por remissão para as normas do C.C. esp.. GARCIA RUBIO admite, contudo, que a atribuição feita em contrapartida da renúncia possa convalidar-se, em certos casos, como acto *inter vivos* ou através de disposição *mortis causa*.

[731] *Vid.* GARCIA RUBIO, *La Renuncia Anticipada...*, *op. cit.*.

recebido for proveniente do património do autor da sucessão, o legitimário renunciante que queira exigir a sua legítima poderá mantê-lo. Mas,
enquanto para alguns deverá colacioná-lo como se fizesse parte da massa
da herança, exigindo-se aqui a colação em sentido técnico no caso de
concurso de vários legitimários[732], para outros, ao utilizar a expressão
colação o legislador fê-lo em sentido impróprio, para referir-se à imputação, o que significa que o recebido pela renúncia deverá imputar-se na
legítima do renunciante[733]. A opção por uma das soluções terá que atender
ao objectivo do artº 816º/2 do C.C. esp.: se esse objectivo é, antes de mais,
o de evitar um enriquecimento sem causa do renunciante[734], a solução mais
consentânea com essa finalidade será a de imputar o recebido a título de
legítima[735].

A admitir que a lei se refere à colação em sentido técnico, o regime
criaria uma divergência de tratamento quanto ao cônjuge sobrevivo, na
medida em que este não se encontra, segundo a doutrina mais reiterada,
sujeito à colação. Consequentemente, o cônjuge sobrevivo que para
renunciar à legítima tivesse recebido uma contraprestação em património
do autor da sucessão, poderia reclamar esta após a morte daquele, sem ter

---

[732] *Vid.* BELTRAN DE HEREDIA, *Derecho de Sucesiones, op. cit.*, p. 323; PUIG
BRUTAU, *Fundamentos...*, T. V, 3º, *op. cit.*, p. 113; REAL PEREZ, *Intangibilidad
Cualitativa..., op. cit.*, p. 106.

[733] Parece ser este o entendimento da maioria da doutrina; *Vid.* VALLET DE GOYTI-
SOLO, *Comentarios...*, XI, *op. cit.*, p. 228, e *Las Legítimas...*, II, *op. cit.*, p. 1147;
ALBALADEJO, *Curso...*, V, *op. cit.*, p. 380; DÍEZ-PICAZO y GULLÓN, *Sistema...*, IV,
op. cit., p. 90; ESPEJO LERDO DE TEJADA, *La Legítima..., op. cit.*, pp. 151-152;
ROCA-SASTRE MUNCUNILL, *Derecho de Sucesiones*, T. II, *op. cit.*, p. 103.

[734] *Vid.* PUIG BRUTAU, *Fundamentos...*, T. V, 3º, *op. cit.*, p. 113; GARCIA RUBIO,
La Renuncia Anticipada..., op. cit., p. 121.

[735] GARCIA RUBIO é da opinião que há que distinguir entre os casos em que a
atribuição feita em contrapartida da renúncia pode convalidar-se, e aqueles em que essa
atribuição é nula. No primeiro caso, se o autor da sucessão não tiver feito atribuições testamentárias a favor do legitimário-renunciante e o atribuído por força da renúncia for suficiente para preencher a legítima ou se a exceder, estamos apenas perante um caso de
imputação; pelo contrário, se o legitimário-renunciante for herdeiro testamentário ou intestado e concorrer com outros que também o sejam, há lugar à colação em sentido técnico -
artº 1035º do C.C.. Neste caso o legitimário-renunciante tem que devolver à herança tudo
o que tenha recebido por força da renúncia ou transacção, com os respectivos frutos, ou o
valor equivalente devidamente actualizado (*Vid. La Renuncia Anticipada..., op. cit.*).

342   *A Legítima do Cônjuge Sobrevivo - Estudo Comparado Hispano-Português*

que trazer à colação os bens recebidos e sem que estes fossem imputados na sua legítima, o que conduziria ao resultado que se pretende evitar com a 2ª parte do artº 816º do C.C. esp.. Embora possa duvidar-se da figura do herdeiro usufrutuário de herança, o cônjuge sobrevivo só teria que colacionar em sentido técnico - artº 1035º do C.C. esp. - quando fosse chamado à sucessão como herdeiro por disposição do autor da sucessão (hipótese que dificilmente se verificará após uma renúncia antecipada à legítima), desde que concorresse com outros herdeiros forçosos[736].

Somos da opinião que o recebido pelo cônjuge sobrevivo legitimário a título de renúncia terá de ser imputado na sua legítima. No entanto, também a solução de imputar o recebido na legítima do cônjuge sobrevivo pode suscitar algumas peculiaridades relacionadas com a forma de preenchimento da legítima vidual que a lei prevê (usufruto de parte da herança) nos casos em que o cônjuge tenha recebido bens em pleno domínio. Partindo do princípio de que estes bens tenham que ser imputados na legítima do cônjuge sobrevivo, este verá a sua quota satisfeita com bens em plena propriedade num desvio à forma de preenchimento prevista na lei. Neste caso poderemos perguntar-nos se isso afecta, ou não, e em que medida, as legítimas dos demais legitimários.

b) O apartamiento na Lei de Direito Civil da Galiza

No que concerne à Lei de Direito Civil da Galiza, há que advertir, no entanto, que ela apresenta um desvio relativamente ao regime da renúncia no C.C esp., ao admitir, excepcionalmente, uma figura que permite ao autor da sucessão atribuir bens em vida aos presumíveis legitimários, despojando-os definitivamente desta condição seja qual for o valor da herança no momento da abertura da sucessão. Este instituto, designado por *apartación* ou *apartamiento*, encontra-se duplamente regulado nos artºs 134º e 135º (Secção 4ª do Capítulo II do Livro VIII) e 155º e 156º da Lei (Cap. VI do Livro VIII, dedicado às Partilhas)[737] como excepção à

---

[736] Não assim quando seja herdeiro intestado, uma vez que só o é na falta de descendentes e ascendentes, não concorrendo, portanto, com outros herdeiros forçosos.

[737] A reprodução literal dos preceitos em diferentes capítulos da Lei é redundante, e deve-se à deficiente técnica legislativa utilizada (*Vid.* LOIS PUENTE, *Comentarios al Código Civil y Compilaciones Forales*, T. XXXII, Vol. 2º, Madrid, 1997, p. 949).

proibição de renúncia ou transacção sobre a legítima futura contida no seu artº 146º/3.

Este negócio jurídico consiste num pacto sucessório pelo qual o *apartado* recebe do *apartante* bens ou valores em troca da renúncia à sua legítima futura[738], configurando-se como uma renúncia bilateral, única admitida pela lei galega face ao teor dos artºs 146º/3 e 134º[739]. O *apartamiento* afasta da sucessão qualquer legitimário nessa qualidade[740], como se não existisse ou tivesse repudiado a herança após a abertura da sucessão, tal como afasta os seus próprios sucessores e legitimários - artº 134º/2[741]. Nos termos do artº 148º/2 da LDCG, a legítima global continua a ser a mesma, mas o *apartado* não conta para o cálculo das legítimas individuais, beneficiando, assim, os restantes legitimários[742]. Por sua vez,

---

[738] Proíbe-se o *apartamiento* sem nenhum tipo de contraprestação económica; *Vid.* LOIS PUENTE, *Comentarios...*, T. XXXII, Vol. 2º, *op. cit.*, p. 956; GARCIA RUBIO, "El Apartamiento Sucesorio en el Derecho Civil Gallego", *ADC*, 2000, pp. 1398 e 1409.

[739] Neste sentido, GARCIA RUBIO, "El Apartamiento...", *loc. cit.*, pp. 1404 e 1407-1408.

[740] Ao contrário de outras legislações forais, que apenas permitem o pacto de renúncia antecipada celebrado com legitimários descendentes - cfr. os artºs 377º/2 do CSC e 50º da CDCB - a LDCG permite que qualquer legitimário possa ser afastado da sucessão. Atendendo à remissão do artº 146º da LDCG para o C.C. em matéria de legítimas, o elenco de legitimários será o constante do artº 807º deste diploma.

[741] A doutrina tem entendido prevalentemente que a literalidade do artº 134º da LDCG, o seu carácter excepcional, e a tipicidade dos pactos sucessórios - artº 117º/1 da mesma Lei - não permitem concluir que o *apartamiento* possa envolver uma renúncia antecipada à herança futura, isto é, a quaisquer eventuais direitos sucessórios de carácter legal na herança do *apartante*; assim, aberta a sucessão intestada, o *apartado* poderá ser chamado a ela, embora não tenha já a qualidade de legitimário, o que, no caso do cônjuge sobrevivo, só acontecerá na falta de descendentes e ascendentes do autor da sucessão (*Vid.*, por todos, GARCIA RUBIO, "El Apartamiento...", *loc. cit.*, pp. 1435-1436 e 1450 e ss.).

[742] O legislador seguiu a solução preconizada pelo artº 985º/2 do C.C. esp. para os casos de renúncia de um legitimário, que funciona como uma espécie de direito de acrescer a favor dos legitimários não renunciantes; *Vid.* O'CALLAGHAN MUÑOZ, *Compendio...*, V, *op. cit.*, p. 308; Contudo, na maior parte dos casos este resultado parece afastar-se da finalidade pretendida pelo instituto e pela vontade dos *apartantes* - aumentar a sua quota disponível - só havendo alargamento dessa liberdade dispositiva quando o *apartante* exclua da sucessão uma ordem completa de legitimários. São desta opinião, LOIS PUENTE, *Derecho de Sucesiones de Galicia. Comentarios al Título VIII de la Ley de 24 de mayo de 1995*, Madrid, 1996, pp. 103-104, e *Comentarios al Código Civil y*

344   *A Legítima do Cônjuge Sobrevivo - Estudo Comparado Hispano-Português*

o *apartamiento* de todos os legitimários torna possível o alargamento da liberdade dispositiva do autor da sucessão, mediante a extinção da legítima global[743].

Ficando o legitimário renunciante afastado da herança do *apartante*, há quem entenda que ele deve ser tratado como um estranho face a ela e que o recebido pelo *apartamiento* deve ser imputado na quota disponível, até ao limite desta, e não na legítima, uma vez que já não tem direito a ela; a parte que exceder a quota disponível do autor da sucessão terá que ser reduzida por inoficiosidade[744], uma vez que não pode imputar-se no terço de *mejora*, salvo previsão expressa na própria escritura de *apartamiento*, por tratar-se de uma *mejora* tácita proibida pelo artº 825º do C.C. esp., igualmente aplicável no ordenamento galego[745]. Há, não obstante, quem critique esta interpretação porque desta forma a instituição se afasta da finalidade que lhe está subjacente, que é a de alargar a liberdade dispositiva do autor da sucessão, defendendo, como regra geral, a imputação na legítima da atribuição recebida pela renúncia[746]. Uma vez perdido o direito à legítima por força do *apartamiento*, o legitimário nada mais poderá vir a receber por morte do autor da sucessão, visto que perde o direito a

---

Compilaciones Forales, T. XXXII, Vol. 2º, *op. cit.*, pp. 975-976, ESPINOSA DE SOTO e GARCÍA BOENTE-SÁNCHEZ, *Derecho de Sucesiones de Galicia*, *op. cit.*, pp. 189-190, e GARCIA RUBIO, "El Apartamiento...", *loc. cit.*, pp. 1465-1466.

[743] *Vid.* DÍAZ FUENTES, *Dereito Civil de Galicia. Comentarios á Lei 4/1995*, A Coruña, 1997, p. 260; LOIS PUENTE, *Comentarios...*, T. XXXII, Vol. 2º, *op. cit.*, p. 976; GARCIA RUBIO, "El Apartamiento...", *loc. cit.*, pp. 1467-1468.

[744] Esta é a solução que, à partida, resultaria do facto de a lei afastar total e definitivamente o carácter de legitimário do *apartado*, com imputação das atribuições que lhe tenham sido feitas no terço disponível.

[745] Neste sentido, GARCIA RUBIO, *Comentarios...*, T. XXXII, Vol. 2º, *op. cit.*, p. 1172; LOIS PUENTE, *Comentarios...*, T. XXXII, Vol. 2º, *op. cit.*, pp. 972-973.

[746] *Vid.* GARCIA RUBIO, "El Apartamiento...", *loc. cit.*, pp. 1462-1463. LOIS PUENTE propõe um outra solução, que distingue entre as situações em que o *apartado* viria a ser legitimário à data da abertura da sucessão se não tivesse havido *apartamiento* - caso em que o recebido a título de renúncia fica sujeito ao tratamento das atribuições feitas a legitimários - e aquelas em que o *apartado* não chegaria a ser legitimário à data da abertura da sucessão, independentemente do *apartamiento* - em que a atribuição é imputada na quota disponível, procedendo-se à redução do restante (*Vid. Derecho de Sucesiones de Galicia*, *op. cit.*, pp. 102-103).

reclamar o suplemento entre o que recebeu em vida do autor da sucessão e o que poderia vir a receber por morte deste, e bem assim o direito de exercer qualquer acção com vista à defesa dos direitos legitimários[747]. Do parágrafo 2º do artº 134º parece resultar que o *apartamiento* afasta, em todo o caso, os descendentes do *apartado*, opinião que é maioritária na doutrina[748].

Sendo o cônjuge sobrevivo um legitimário, quer haja chamamento isolado ou em concurso com descendentes ou ascendentes, a sua renúncia à legítima, nos termos dos artºs 134º e 135º da LDCG, envolve da mesma forma o afastamento da quota legítima, tudo se passando como se o mesmo não existisse. Em consequência, os beneficiados com a renúncia serão os destinatários do terço de *mejora* onerado pelo usufruto vidual, os quais nem sempre coincidirão com os restantes legitimários, atendendo a que o terço de *mejora* pode ser utilizado pelo testador para melhorar qualquer descendente, mesmo que não seja seu legitimário. Os sucessíveis com direito àquele terço da herança vêem, assim, desonerada aquela parcela e consolidam o pleno domínio sobre ela. Caso o autor da sucessão não tenha descendentes nem ascendentes, a renúncia do cônjuge sobrevivo à sua legítima proporciona àquele o alargamento da sua quota disponível, passando a poder dispor da herança na sua totalidade[749].

---

[747] *Vid.* LOIS PUENTE, *Derecho de Sucesiones de Galicia, op. cit.*, p. 97, e *Comentarios...*, T. XXXII, Vol. 2º, *op. cit.*, p. 967; GARCIA RUBIO, "El Apartamiento...", *loc. cit.*, p. 1434; Esta autora defende ainda que a extinção dos direitos legitimários do *apartado* poderá implicar a impossibilidade de exercício de qualquer direito sucessório como, por exemplo, o de promover a partilha, a acção de divisão da herança, ou qualquer outro derivado da condição de sucessor, sempre que também não seja herdeiro nem legatário.

[748] Contra, *Vid.* LOIS PUENTE, *Comentarios...*, T. XXXII, Vol. 2º, *op. cit.*, pp. 953-954, o qual defende que o pacto de *apartamiento* só vincula a estirpe do *apartado* se este chegar a ter a condição de legitimário no momento da abertura da sucessão (o que não acontece se o *apartado* falecer antes do *apartante*).

[749] Quando sejam *apartados* todos os descendentes ou ascendentes, o cônjuge sobrevivo, único legitimário, verá alargada a sua quota? GARCIA RUBIO entende que não se produz esse alargamento, pelo menos de forma automática, já que nada impede que o *apartante* exerça posteriormente a sua alargada liberdade dispositiva a favor do cônjuge sobrevivo, evitando, assim, situações de conflito como as que podem ocorrer entre os fi-

346   A Legítima do Cônjuge Sobrevivo - Estudo Comparado Hispano-Português

Quanto à imputação dos bens recebidos pelo cônjuge *apartado*, as opiniões dividem-se igualmente entre a imputação na quota disponível até ao montante comportável e redução por inoficiosidade do que exceder, e a imputação na legítima. Afastando-se da regra da imputação na legítima, sugerida para a generalidade dos casos, GARCIA RUBIO propõe, em princípio, a imputação da atribuição na quota disponível nas hipóteses de divórcio e de pré-morte do cônjuge *apartado*[750]. LOIS PUENTE é da opinião que nos casos de separação e divórcio há um incumprimento contratual, uma vez que a prestação a que o cônjuge se vinculou por força do *apartamiento*, a qual consiste na exclusão da sua condição de legitimário, não se cumpre, não por sua vontade mas por força de vicissitudes do casamento; defende, assim, a aplicação analógica do artº 1124º do C.C esp., que possibilita a resolução de obrigações recíprocas em caso de incumprimento de uma das partes e que facultaria os herdeiros do *apartante* a reclamar do cônjuge sobrevivo a restituição do recebido pela renúncia[751]. Também GARCIA RUBIO considera ineficaz a atribuição, baseando-se num argumento - a aplicação analógica do artº 116º/2 da LDCG - que, quanto a nós, conduz a resultados mais acertados: assim, quando ocorra separação ou divórcio, a atribuição feita em contrapartida da renúncia ficará sem efeito se os factos que originaram a separação ou divórcio forem imputados ao cônjuge *apartado*, caso contrário, manter-se-á a sua eficácia e, uma vez que esta se mantém, a atribuição feita ao cônjuge inocente será imputada na quota disponível[752].

O conteúdo da atribuição a favor do *apartado* consiste, segundo a lei, na ..."*plena titularidad de determinados bienes de cualquier classe, sin*

---

lhos de um anterior casamento do autor da sucessão e o cônjuge. Somos levados a concordar com a autora, atendendo ao argumento invocado - o de que a referência contida no artº 148º da LDCG, de que o *apartado* "*no hace número*", só tem sentido quando haja que determinar a legítima individual de legitimários da mesma ordem, pelo que só se aplica aos descendentes e ascendentes (*Vid. La Renuncia Anticipada, op. cit.*).

[750] *Vid.* "El Apartamiento...", *loc. cit.*, p. 1464; A autora argumenta que, ocorrendo o divórcio ou a morte do cônjuge *apartado*, não tem lógica a imputação na quota legitimária, uma vez que se o cônjuge *apartante* celebrar novas núpcias o cônjuge viúvo não pode ver diminuída a sua legítima por força da atribuição feita ao ex-cônjuge.

[751] *Vid. Comentarios...*, T. XXXII, Vol. 2º, *op. cit.*, p. 978.

[752] *Vid. La Renuncia Anticipada..., op. cit..*

ninguna excepción...". O alcance da expressão "*plena titularidad*" tem, no entanto, gerado controvérsia: para alguns, determina uma atribuição de bens em pleno domínio, afastando as hipóteses de renúncia em troca de bens em usufruto ou em nua propriedade[753]; contudo, a maioria dos comentadores da Lei considera que a expressão apenas visa exigir uma atribuição actual ou incondicionada a favor do *apartado*[754]. Relativamente ao cônjuge sobrevivo parece-nos perfeitamente admissível que a sua renúncia possa ser compensada com a atribuição do usufruto sobre determinados bens, na medida em que é esta a modalidade legalmente prevista para a satisfação da legítima vidual; o mesmo já não sucederá relativamente aos legitimários cujas legítimas devam ser preenchidas por bens em plena propriedade[755]. Contudo, parece-nos que a atribuição de bens em usufruto como contraprestação da renúncia à legítima não propicia um dos objectivos da figura, que é o de afastar o legitimário da sucessão por forma a evitar futuros conflitos sucessórios; isto porque se o usufruto recair sobre bens do *apartante*, o *apartado* poderá, após a morte daquele, continuar a partilhar o domínio sobre esses bens com outros chamados à sucessão.

Não menos pertinente é a exigência de que a prestação que o legitimário receba pela renúncia tenha um verdadeiro valor económico, porventura aproximado à legítima a que nesse momento teria direito. Esta exigência visa evitar que sejam acordadas contraprestações simuladas ou

---

[753] Assim, GUTIÉRREZ ALLER, *Réxime Económico-Familiar e Sucesorio na Lei de Dereito Civil de Galicia*, Vigo, 1997, p. 94.

[754] *Vid.* LOIS PUENTE, *Derecho de Sucesiones de Galicia, op. cit.*, p. 95, e *Comentarios...*, T. XXXII, vol. 2º, *op. cit.*, p. 965; DÍAZ FUENTES, *Dereito Civil de Galicia, op. cit.*, p. 253; GARCIA RUBIO sublinha que a atribuição de bens em nua propriedade com reserva de usufruto a favor do *apartante* conduz, por morte deste, à consolidação do pleno domínio a favor do *apartado* - artº 513º/1 C.C. - e não à transmissão do usufruto aos herdeiros ou legitimários não *apartados* (*Vid.* "El Apartamiento...", *loc. cit.* pp. 1438-1439).

[755] Esta parece ser a conclusão coerente se perspectivarmos, como alguns autores, que o *apartamiento* tem a natureza de um pacto aleatório de antecipação da legítima em que o *apartante* cumpre antecipadamente com o seu dever legitimário (*Vid.* LOIS PUENTE, *Derecho de Sucesiones de Galicia, op. cit.*, pp. 89 e ss., e *Comentarios...*, T. XXXII, Vol. 2º, *op. cit.*, p. 965).

348   A Legítima do Cônjuge Sobrevivo - Estudo Comparado Hispano-Português

fictícias em prejuízo do renunciante[756]. No entanto, a LDCG é omissa a respeito da possibilidade de rescisão da renúncia por lesão nos casos em que a atribuição seja inferior, ou manifestamente inferior, ao valor da legítima no momento da adjudicação[757]. Algum autor expressou já a opinião de que a rescisão por lesão retiraria eficácia ao instituto do *apartamiento*, privilegiando situações de insegurança e litígios de difícil resolução devido à complexidade de proceder, decorridos vários anos, à avaliação do património do *apartante* e do recebido pelo *apartado* à data da renúncia; no entanto, haveria que aceitar, em todo o caso, a possibilidade de invalidação do *apartamiento* pelo próprio *apartado*, pelos seus legitimários ou pelos credores, em caso de simulação ou de adjudicação de bens sem valor económico ou de valor diminuto[758]. A aleatoriedade do pacto de *apartamiento*, consagrada no próprio texto do art° 134° da LDCG - "*...quedando éste totalmente excluido de tal condición de legitimario con carácter definitivo, cualquiera que sea el valor de la herencia en el momento de deferirse.*"- veda a possibilidade de rescisão por lesão quando o *apartado* receba pela renúncia menos do que a legítima a que teria direito no momento da abertura da sucessão[759]. A doutrina também não considera possível a rescisão quando o atribuído ao *apartado* seja inferior à legítima que lhe caberia se a sucessão se abrisse nesse momento[760].

---

[756] Quando isso aconteça, o legitimário *apartado* e, por sua morte, os seus próprios legitimários, podem propôr uma acção de simulação destinada a declarar a ineficácia do pacto sucessório de *apartamiento*.

[757] O CSC admite, no seu art° 377°/2, a rescisão da renúncia por lesão quando a contraprestação obtida pelo renunciante seja inferior a metade da legítima a que teria direito à data da renúncia.

[758] Neste sentido, LOIS PUENTE, *Derecho de Sucesiones de Galicia, op. cit.*, pp. 93-94, e *Comentarios...*, T. XXXII, Vol. 2°, *op. cit.*, pp. 960-962..

[759] *Vid.* GARCIA RUBIO, "El Apartamiento...", *loc. cit.*, p. 1476.

[760] *Vid.* LOIS PUENTE; *Derecho de Sucesiones, op. cit.*, p. 93; GARCIA RUBIO "El Apartamiento...", *ibidem*; Para esta autora, o *apartado* apenas pode lançar mão da declaração de nulidade do pacto sucessório nos casos em que não se estipule contrapartida para a renúncia ou em que haja simulação absoluta, ou da sua anulabilidade quando o prejuízo fosse dolosamente causado ou se verificasse a existência de um erro-vício na formação da sua vontade ("El Apartamiento...", *loc. cit.*, pp. 1471 e 1477).

Parece-nos, no entanto, que a rescisão por lesão seria a solução mais adequada, se nos lembrarmos que uma das traves mestras do direito sucessório reside na protecção da legítima e dos legitimários e que, face à proibição genérica dos pactos renunciativos da legítima, os casos excepcionais em que esta renúncia é autorizada deverão revestir-se de todas as garantias para os legitimários renunciantes.

C) Rescisão da partilha realizada em vida pelo testador

A rescisão da partilha realizada em vida pelo testador, regulada nos artºs 1075º e ss. do C.C. esp., pode funcionar também como meio de protecção para o cônjuge viúvo na qualidade de legitimário. Entre as modalidades de partilha da herança, o C.C. esp. reconhece, nos termos do artº 1056º[761], a chamada partilha pelo testador, que confere a este a faculdade de distribuir o seu próprio património da forma que julgue mais adequada, evitando, assim, os inconvenientes da comunhão hereditária e os eventuais litígios decorrentes da partilha[762]. A Lei de Direito Civil da Galiza

---

[761] Dispõe este artigo: *"Cuando el testador hiciere, por acto entre vivos o por última voluntad, la partición de sus bienes, se pasará por ella, en cuanto no perjudique a la legítima de los herederos forzosos.*

El padre que en interés de su família quiera conservar indivisa una explotación agrícola, industrial o fabril, poderá usar de la facultad concedida en este artículo, disponiendo que se satisfaga en matálico su legítima a los demás hijos."

[762] Fazendo a lei referência à partilha por acto entre vivos - par. 1º do artº 1056º - parece que a mesma poderia ser feita por contrato entre o autor da sucessão e os seus sucessores, o que estaria conforme com a previsão do artº 1271º do C.C., ao proibir os contratos sobre a herança futura, excepto *"aquellos cuyo objeto sea practicar entre vivos la división de un caudal, conforme al artículo 1056.".* Não obstante, a doutrina maioritária, bem como a jurisprudência, defendem que um dos requisitos da partilha pelo testador é a existência de testamento, seja este anterior ou posterior à partilha, e que esta, mesmo quando realizada por acto *inter vivos*, tem natureza sucessória, produzindo efeitos apenas após a morte do autor da sucessão, sem que antes disso haja aquisição da titularidade dos bens pelos adjudicatários; *Vid.* DE LA CÁMARA, *Compendio...*, 2ª ed., *op. cit.*, pp. 419-420; LACRUZ BERDEJO, *Elementos...*, V, *op. cit.*, pp. 146-148; DÍEZ-PICAZO y GULLÓN, *Sistema...*, IV, *op. cit.*, p. 592; CLEMENTE MEORO, *Derecho de Sucesiones*, coord. por MONTÉS PENADÉS, *op. cit.*, p. 626; PUIG BRUTAU, *Fundamentos...*, T. V, 3º, *op. cit.*, pp. 381 e ss.. Esta figura não se identifica, portanto, com a *donación-partage* do Código Civil francês - artºs 1076º e ss. - nem com a partilha em vida regulada no artº 2029º do C.C por-

350 A Legítima do Cônjuge Sobrevivo - Estudo Comparado Hispano-Português

contém uma disposição idêntica no seu art° 157°/1, o qual autoriza o testador a fazer a partilha da herança no próprio testamento ou noutro documento.

O art° 1075° do C.C. esp. consagra a regra da inimpugnabilidade, por lesão, da partilha feita pelo testador, afastando-se do regime do art° 1074°. No entanto, abre uma excepção, em consonância com o disposto no art° 1056°/1 do mesmo diploma, ao permitir a rescisão deste tipo de partilha quando a mesma prejudique as legítimas[763]. Nestes casos será de aceitar, em conformidade com o princípio da intangibilidade quantitativa da legítima, que qualquer lesão da legítima vidual, ainda que de montante reduzido, possa autorizar à rescisão da partilha sem que haja que atender ao limite instituído no art° 1074° para a generalidade dos casos de rescisão por lesão[764].

A rescisão da partilha deve ser solicitada em acção destinada a esse fim, e poderá ser intentada pelos co-herdeiros prejudicados na partilha e pelos legitimários, quando seja afectado o seu direito à legítima, contra os restantes legitimários ou contra os herdeiros. A acção rescisória por lesão está sujeita a um prazo de caducidade igual ao estabelecido no art° 1299°/1° do C.C. esp. para a rescisão dos contratos, que é de quatro anos a contar da data da realização da partilha - art° 1076° do C.C. esp.[765].

---

tuguês, em que há uma verdadeira antecipação, em termos definitivos ou, pelo menos, tendencialmente definitivos, dos direitos sucessórios dos legitimários ou reservatários, os quais ingressam, desde logo, na titularidade dos bens.

[763] O art° 158°/1 da LDCG impõe também ao testador que procede à partilha da sua herança o limite derivado da existência de legítimas. Embora não deixe sem efeito a partilha realizada pelo autor da sucessão, a lesão da legítima autoriza o legitimário a reclamar o seu suplemento.

[764] Este artigo só permite a rescisão por lesão em mais da quarta parte, atendendo ao valor dos bens na data da adjudicação; No sentido de que a rescisão por lesão da legítima não está sujeita a este limite, *Vid.* DÍEZ-PICAZO y GULLÓN, *Sistema...*, IV, *op. cit.*, p. 613, e ORDUÑA MORENO, *Derecho de Sucesiones*, coord. por MONTÉS PENADÉS, Valencia, 1992, p. 688.

[765] Cfr. as SSTS de 6 de Junho de 1990 (*RJA*, 1990, n° 4739), e de 8 de Julho de 1992 (*RJA*, 1992, n° 6267). A primeira sentença pressupõe que o prazo de exercício da acção rescisória da partilha por lesão é de caducidade e *"...decae fatal y automáticamente sin que admita causa alguna de interrupción..."*. A segunda afirma, no 4° Fundamento de Direito, *"La acción rescisoria del art. 1076, como la más genérica del art. 1299 ambas del CC, son plazos de caducidad, no de prescripción, y por ello no son susceptibles de interrupción..."*.

Solicitada a rescisão da partilha e comprovada a lesão alegada pelo cônjuge sobrevivo legitimário, o artº 1077º do C.C prevê duas hipóteses, ambas divergentes do regime geral da rescisão dos contratos previsto no artº 1295º do mesmo diploma. O demandado tem duas alternativas: pode indemnizar o dano causado ao legitimário, procedendo a uma indemnização em espécie (com a entrega de um bem da mesma natureza, qualidade e quantidade) ou em dinheiro; ou pode consentir na realização de nova partilha[766]. Aquela alternativa traduz um princípio de conservação da partilha (reflexo do princípio geral de aproveitamento dos negócios jurídicos) claramente manifestado no artº 1077º/3 do C.C. esp., que não estende o efeito rescisório da partilha aos que não tenham sido prejudicados nem àqueles que tenham recebido mais do que o justo. No caso do cônjuge sobrevivo, atendendo a que o seu direito é de usufruto sobre parte dos bens da herança, parece que a indemnização deverá incluir os frutos e juros de que tenha sido privado por não usufruir dos bens desde a data da abertura da sucessão.

D) Proibição de encargos

A proibição de lesão da legítima através de disposições testamentárias que impeçam recebê-la da forma estabelecida por lei encontra-se consagrada nos artºs 813º/2 do C.C esp. e 2163º do C.C. port.. O artº 813º/2 do C.C esp. proíbe, em conformidade com outras normas do mesmo diploma[767], que o autor da sucessão imponha encargos, condições, substituições ou limitações de qualquer espécie sobre as legítimas[768]. De acordo com este dispositivo legal, o cônjuge sobrevivo não fica , na qualidade de legitimário, sujeito aos encargos impostos pelo testador sobre o seu usufruto legal, os quais se terão por inexistentes. No C.C. port. o artº 2163º

---

[766] Este artº 1077º do C.C. parece ser igualmente aplicável aos casos em que o legitimário tem direito a reclamar o suplemento da legítima nos termos da Lei galega.

[767] Cfr. os artºs 777º, 782º, 817º e 863º/2..

[768] Os encargos, substituições, ou condições que se proíbem são os impostos no caso de cumprimento da legítima a título de herança ou legado, mas não por doação; nesta hipótese é necessária a intervenção do legitimário, que é livre de aceitar os ónus ou encargos que recaiam sobre os bens doados, embora o valor destes seja descontado para cálculo do montante da legítima efectivamente recebido.

352 A Legítima do Cônjuge Sobrevivo - Estudo Comparado Hispano-Português

só proíbe os encargos sobre a legítima, sem fazer referência a outro tipo de limites. Alguma doutrina tem entendido que a proibição é válida, por maioria de razão, para as substituições[769], e somos da opinião que será igualmente válida para as condições e outros tipos de limitações; os encargos e as limitações sobre a legítima implicam uma diminuição do valor dos bens que a integram e uma modificação substantiva ao nível dos aproveitamentos que devem proporcionar ao legitimário, o que justifica a sua proibição.

No entanto, o princípio da intangibilidade da legítima não impede que no C.C. esp. a lei autorize encargos sobre a *mejora*. Esta não se encontra abrangida por aquele princípio e pode suportar determinados encargos, como o usufruto legitimário do cônjuge sobrevivo - art°s 834° e 837° - as substituições fideicomissárias sobre a *mejora*, quando sejam fideicomissários os descendentes - art° 782° - a reserva linear, que afecta a legítima dos ascendentes - art° 811° - ou outros encargos sobre a *mejora* impostos em favor de legitimários ou seus descendentes - art° 824°[770].

Por outro lado, não podemos afirmar sequer que a proibição de encargos sobre a legítima estrita tenha o carácter absoluto que o art° 813°/2 do C.C. esp. faz antever, uma vez que noutras normas desse diploma a lei admite expressamente alguns encargos. Assim acontece com o usufruto universal do cônjuge sobrevivo[771], com o encargo que, nos termos do art° 1056°/2, o testador pode impor a um dos filhos, de pagar em dinheiro as legítimas dos restantes, ou com a idêntica obrigação que recai sobre o melhorado em coisa determinada na hipótese prevista no art° 829°[772]. No que

---

[769] *Vid.* PIRES DE LIMA/ANTUNES VARELA, *Código Civil Anotado*, VI, *op. cit.*, p. 265.

[770] Pelo contrário, O'CALLAGHAN MUÑOZ, *Compendio...*, V, *op. cit.*, p. 320, considera que o princípio da intangibilidade da legítima também se aplica à *mejora*, embora excepcionalmente se permitam alguns encargos sobre ela, como os previstos nos art°s 824° e 782°.

[771] Pelo menos para aqueles que consideram que a referência ao usufruto do viúvo, contida na parte final do art° 813°/2, respeita ao usufruto imposto pelo testador, ou seja, ao usufruto universal (*Vid.* SÁENZ DE SANTAMARIA TINTURÉ, "Es Viable el Usufructo Universal...", *loc. cit.*, pp. 996-998, e REAL PEREZ, *Intangibilidad Cualitativa...*, *op. cit.*, pp. 102-103).

[772] Neste sentido, REAL PEREZ, *Intangibilidad Cualitativa...*, *op. cit.*, pp. 104-105; Para VALLET DE GOYTISOLO a decisão do testador nos casos dos art°s 1056°/2 e 829°

respeita à legítima galega, a proibição de o testador impor encargos ou substituições sobre ela, decorrente da aplicação do artº 813º do C.C. esp., encontra-se bastante mitigada. Por um lado, o instituto do usufruto universal de viúvez que os cônjuges podem conceder entre si, e que recai, inclusive, sobre a legítima estrita - artºs 118º e ss. da LDCG - impede que os legitimários entrem na posse dos bens herdados enquanto viva o cônjuge sobrevivo. Por outro lado, o disposto no artº 158º/2[773], que, na partilha conjunta dos cônjuges, autoriza a satisfação dos direitos do legitimário de ambas as heranças, quer com bens das duas heranças, quer com bens de apenas uma delas, pode originar que o legitimário não adquira quaisquer bens em pagamento da legítima que lhe corresponde por morte de um dos progenitores, sempre que os bens que lhe sejam adjudicados em pagamento dessa legítima pertençam ao progenitor que ainda está vivo[774].

Embora os artigos 813º/2 do C.C. esp. e 2163º do C.C. port. não o digam, os encargos, condições, substituições ou outros limites que incidam sobre a legítima devem ter-se por não escritos. Atenta a proibição constante daqueles artigos, qualquer imposição por parte do testador será contrária à lei e, como tal, parece que a solução mais acertada será a de considerá-la não escrita, por analogia com os artºs 792º do C.C. esp. e 2230º do C.C. port.[775], pese embora a lei introduza um desvio a esse

---

do C.C. esp. envolve uma disposição modal, em que o modo consiste no pagamento em dinheiro das legítimas dos restantes interessados (*Vid. Comentarios...*, T. XI, *op. cit.*, p. 329).

[773] O artº 158º/2 reza o seguinte: "*En la partija conjunta por ambos cónyuges, el haber correspondiente a cualquier heredero o partícipe en las dos herencias, aunque sea legitimario, podrá ser satisfecho con bienes de un solo causante.*"

[774] *Vid.* ALBA PUENTE, *Derecho de Sucesiones de Galicia. Comentarios al Título VIII de la Ley de 24 de mayo de 1995*, Madrid, 1996, pp. 245-246, o qual destaca que, neste caso, o legitimário fica sujeito aos negócios de disposição de bens *inter vivos* que o cônjuge sobrevivo queira realizar (limitando-se a poder pedir o suplemento da sua legítima quando não restem bens suficientes para satisfazê-la), bem como à possibilidade de o cônjuge sobrevivo revogar o testamento e, consequentemente, a partilha, quando não haja testamento mancomunado.

[775] PIRES DE LIMA/ANTUNES VARELA, *Código Civil Anotado*, VI, *op. cit.*, p. 265, consideram que estas cláusulas se têm por não escritas até ao preenchimento da porção legitimária; Também O'CALLAGHAN MUÑOZ, *Compendio...*, V, *op. cit.*, pp. 290-291, e REAL PEREZ, *Intangibilidad Cualitativa...*, *op. cit.*, p. 105, partilham da doutrina

354 A Legítima do Cônjuge Sobrevivo - Estudo Comparado Hispano-Português

regime nos art°s 2164° do C.C. port. e 820°/3 do C.C esp. - nos termos dos quais se considera válido o encargo de usufruto ou renda vitalícia imposto sobre a legítima e se deixa o seu cumprimento à opção do legitimário - embora no C.C. esp. não fique afectada a legítima do cônjuge sobrevivo.

E) Acção de reclamação da legítima

Trata-se de uma acção admitida por escassa doutrina no âmbito do C.C. esp.[776], que visa repor o legitimário na posição jurídica que tem direito a ocupar enquanto tal, nos casos em que o seu direito não tenha sido reconhecido e em que nada tenha recebido em antecipação da legítima. Esta acção identifica-se, de alguma forma, com a acção de petição da herança que está à disposição dos herdeiros, e que no C.C. port. é o meio adequado para o cônjuge sobrevivo, herdeiro legitimário, pedir o reconhecimento desta sua qualidade e exigir de terceiros possuidores a resti-

---

comum de que o encargo fica sem efeito, mantendo-se a validade da atribuição testamentária, e que o legitimário pode actuar como se o encargo não existisse; a última autora considera, no entanto, que o legitimário não pode actuar como se o ónus ou encargo não exista quando ele consista num usufruto ou renda vitalícia de valor superior à quota disponível, situação que cabe no art° 820°/3 do C.C. esp.. Contudo, alguns autores são avessos à ineficácia automática da cláusula; ROCA-SASTRE MUNCUNILL, *Derecho de Sucesiones*, II, *op. cit.*, p. 92, é a favor da necessidade de apreciação judicial do encargo, para que se declare se deve ou não ter-se por não posto; Também OLIVEIRA ASCENSÃO, *Direito Civil, op. cit.*, p. 388, parece não aceitar a ineficácia automática, na medida em que a faz depender de oposição do legitimário, e afirma que, no caso de o encargo abranger toda a herança, deverá reduzir-se de forma a onerar apenas a quota disponível, se a houver, para permitir que o legitimário receba a legítima sem quaisquer limitações. Segundo VALLET DE GOYTISOLO, a ineficácia automática era a sanção adoptada no direito anterior ao Código Civil e é aquela que resulta do regime vigente; no entanto, considera que ela não afasta a necessidade de o legitimário accionar quando não seja o possuidor dos bens hereditários. Na prática, em sua opinião, o legitimário só poderá considerar por não postos os encargos quando seja o possuidor dos bens hereditários, caso contrário terá necessidade de instaurar um processo com vista à declaração da sua nulidade (*Vid. Comentarios...*, *op. cit.*, XI, p. 148, e *Las Legítimas*, II, *op. cit.*, p. 1054).

[776] *Vid.* PEÑA BERNALDO DE QUIRÓS, "La Naturaleza de la Legítima", *loc. cit.*, pp. 886-888; ESPEJO LERDO DE TEJADA, *La Legítima...*, *op. cit.*, p. 239 e ss..

tuição dos bens hereditários - art°s 2075° e ss.[777]. A Lei de Direito Civil da Galiza consagra expressamente a acção de reclamação no n° 1 do seu art° 151°[778]; a ela poderá recorrer qualquer legitimário cuja legítima não tenha sido satisfeita[779].

À semelhança da acção de petição da herança, a acção de reclamação da legítima destina-se à obtenção da declaração da qualidade de legitimário e à concretização do seu direito mediante a atribuição de bens hereditários em partilha. Também os seus efeitos são idênticos aos da *petitio hereditatis*, pois, se for exercida após a alienação dos bens hereditários, os terceiros adquirentes dos bens serão afectados quando não estejam protegidos por uma aquisição a título oneroso e de boa fé - cfr. o art° 2076° do C.C. port.; caso contrário, a responsabilidade é exigível apenas ao disponente e o recebido pela alienação fica sub-rogado no lugar dos bens alienados, podendo ser atacado pelo legitimário. O prazo para reclamação da legítima seria também o mesmo da *petitio hereditatis*, ou seja, trinta anos, segundo o entendimento generalizado da doutrina e jurisprudência espanholas[780]. O recurso a esta acção parece possível, de acordo com a ideia de

---

[777] A maioria da doutrina espanhola considera, no entanto, que, para defesa da sua legítima, o legitimário detém o recurso a acções específicas, sujeitas a prazos de prescrição geralmente mais reduzidos que o da acção de petição da herança, só podendo recorrer a esta acção, com base na sua qualidade de herdeiro, quando os seus direitos na sucessão excedam a legítima (*Vid.*, por todos, GASPAR LERA, *La Acción de Petición de Herencia*, Elcano, 2001, pp. 69-70); Cfr., neste sentido, a STS de 23 de Novembro de 1971 (*RJA*, 1971, n° 5401).

[778] Prevêem-na também o art° 83°/2 da CDCB, e os art°s 366° e 378° do CSC.

[779] Esta acção tem carácter real, dando ao legitimário a possibilidade de perseguir os bens para cobrar a sua legítima, e deverá ser exercida no prazo de seis anos, relativamente a bens móveis da herança, e no prazo de trinta, relativamente a bens imóveis - art°s 1962° e 1963° do C.C. esp.; Discordam desta solução GUTIÉRREZ ALLER, *Dereito Civil de Galicia*, op. cit., p. 411, e GARCIA RUBIO, *Comentarios...*, T. XXXII, Vol. 2°, *op. cit.*, p. 1199, os quais consideram mais aconselhável a aplicação do prazo de vinte anos previsto no art° 1964° do C.C. para a acção hipotecária.

[780] Não é pacífica na doutrina espanhola a questão acerca do prazo de prescrição da acção de petição da herança, despoletada pela falta de norma que o estabeleça no C.C. esp.. A doutrina divide-se, em função da natureza atribuída à acção de petição, entre aqueles que a consideram imprescritível, por ser de natureza declarativa, os que, por considerá-la de natureza real, lhe aplicam os prazos de prescrição de seis ou trinta anos das acções reais,

delação legal e directa da legítima vidual, nos casos em que o cônjuge sobrevivo não veja reconhecido o seu direito legitimário, nada tenha recebido a título de legítima, ou quando não lhe tenham sido atribuídos bens na partilha[781].

F) Acção de suplemento da legítima

a) Introdução

Os art°s 815° do C.C. esp. e 151°/2 da LDCG atribuem ao herdeiro forçoso a quem o testador tenha deixado, por qualquer título, menos do que a legítima que lhe corresponda, a faculdade de pedir o complemento da mesma. Assim, ambas as leis reconhecem ao legitimário que tenha recebido uma atribuição de bens insuficiente para cobrir a sua legítima o direito de reclamar o complemento, através da chamada acção de suplemento da legítima. Alguma doutrina não reconhece autonomia a esta

---

previstos nos art°s 1962° e 1963° do C.C. esp., ou o prazo de quinze anos do art° 1964° do mesmo diploma legal, ou ainda, independentemente da natureza da acção de petição, o prazo de prescrição unitário de trinta anos (para uma resenha das diferentes teorias sobre o assunto, *Vid.* GASPAR LERA, *La Acción de Petición...*, *op. cit.*, pp. 107 e ss.). A tese maioritária é a que postula o prazo unitário de trinta anos para prescrição da acção de petição da herança (*Vid.* ROCA SASTRE, *Notas al Derecho de Sucesiones de Theodor Kipp*, V, 2°, *op. cit.*, p. 197; PUIG BRUTAU, *Fundamentos de Derecho Civil*, T. V, Vol. 1°, Barcelona, 1975, pp. 351-352; ALBALADEJO, *Curso...*, V, *op. cit.*, p. 203; GASPAR LERA, *La Acción de Petición...*, *op. cit.*, p. 109); esta solução tem vindo a ser reiterada também pela jurisprudência nas SSTS de 2 de Junho de 1987 (*RJA*, 1987, n° 4024), 10 de Abril de de 1990 (*RJA*, 1990, n° 2712), e 27 de Novembro de 1992 (*RJA*, 1992, n° 9597), entre muitas outras. O prazo de prescrição de trinta anos foi também o adoptado pela Lei 324 do CDCFN, e pelo art° 64° do CSC, contando-se, neste caso, desde a data da morte do autor da sucessão. O art° 2075°/2 do C.C port. determina que a acção de petição da herança pode ser intentada a todo o tempo, salvaguardando, contudo, as regras da usucapião relativamente a cada um dos bens hereditários possuidos por terceiro e o prazo de caducidade do direito de aceitação da herança, previsto no art° 2059° do mesmo diploma.

[781] A LDCG consagra expressamente, no art° 151°/1, a acção de reclamação da legítima para todos os legitimários cuja legítima não tenha sido satisfeita, atribuindo-lhe carácter real.

acção face à acção de redução de disposições testamentárias[782]. No entanto, a opinião maioritária entende tratar-se de uma acção peculiar e autónoma, que não se encontra regulada como acção de redução; uma das diferenças relativamente à acção de redução residiria no facto de esta se dirigir contra um acto dispositivo do autor da sucessão que lesa as legítimas, visando a impugnação desse acto, enquanto a acção de suplemento seria dirigida contra os herdeiros com o ojectivo de atacar não o título mas o seu conteúdo patrimonial[783].

---

[782] *Vid.* DÍEZ-PICAZO y GULLÓN, para quem a *ratio* da norma seria a de afastar a preterição no caso de atribuições insuficientes do testador, e permitir ao legitimário o exercício da acção de redução de disposições testamentárias ou da acção de redução de doações, se for caso disso (*Sistema...*, IV, *op. cit.*, IV, p. 487); Também BELTRÁN DE HEREDIA parece inclinar-se nesse sentido, ao escrever: "*Realmente, cualquier acción que tienda a completar cuantitativamente el importe de la legítima es una acción de suplemento, tanto si para lograrlo se pretende la reducción de la institución de heredero, como si se dirige a la reducción de legados o donaciones, y toda acción de suplemento es también acción de reducción, pues el complemento se consigue mediante la reducción de las disposiciones inoficiosas.*"; No entanto, acaba por aderir à doutrina maioritária e caracterizar a acção de suplemento como aquela que visa a redução do conteúdo patrimonial da instituição de herdeiro (*Vid. Derecho de Sucessiones*, coord. por MONTÉS PENADÉS, *op. cit.*, p. 375).

[783] Assim, VALLET DE GOYTISOLO, *Las Legítimas*, II, *op. cit.*, pp. 1021-1022: " *Si separamos, de un lado, el derecho a reclamar el suplemento al heredero o a los coherederos, y del otro, el derecho a pedir la reducción de los legados y donaciones inoficiosos y centramos la cuestión en un ámbito más estricto, tampoco necesitaremos reducir la cuota de institución de ningún instituido para pagar el complemento. ...el complemento se concreta a cubrir un déficit...que debía satisfacerse en bienes de la herencia.*"; Igualmente, DE LA CÁMARA, *Compendio...*, 2ª ed., *op. cit.*, p. 215, que considera a acção de redução subsidiária da acção de suplemento nos casos em que o legitimário não seja integralmente ressarcido através desta; LACRUZ BERDEJO, *Elementos...*, V, *op.cit.*, p. 421; BELTRÁN DE HEREDIA, *ibidem*; ESPEJO LERDO DE TEJADA, *La Legítima...*, *op. cit.*, pp. 211-212. Antes da partilha a acção deve dirigir-se contra a comunhão hereditária, e após a partilha contra os co-herdeiros, que respondem solidáriamente pela satisfação do complemento da legítima na proporção das respectivas quotas; *Vid.* DÍEZ-PICAZO y GULLÓN, *Sistema...*, IV, *op. cit.*, p. 487; LACRUZ BERDEJO, *Elementos...*, V, *op. cit.*, p. 423; O'CALLAGHAN MUÑOZ, *Compendio...*, V, *op. cit.*, p. 291; BELTRÁN DE HEREDIA não vê como, antes da partilha, a acção de suplemento possa intentar-se contra a comunhão hereditária, pois considera improvável conseguir provar, nessa fase, que as eventuais adjudicações de bens a favor dos herdeiros lesionem

358   *A Legítima do Cônjuge Sobrevivo - Estudo Comparado Hispano-Português*

Ao contrário do C.C. esp. e da LDCG, o direito civil português prevê, no art° 2172° do C.C., a redução das disposições testamentárias, sem fazer qualquer distinção entre a redução do conteúdo patrimonial da instituição de herdeiro e a redução de deixas ou legados. Assim, o C.C. port. reuniu sob uma única acção a possibilidade de reduzir todo e qualquer tipo de disposição testamentária, e não só a redução de legados como acontece por força dos art°s 820° e ss. do C.C. esp.. Daí que na lei portuguesa não faça sentido o conceito de suplemento da legítima, embora a acção de redução vise o preenchimento das legítimas lesionadas por atribuições excessivas do autor da sucessão[784].

Acontece também que a sucessão legítimária está concebida no C.C. port. como um chamamento autónomo que opera directamente por força da lei e não pela vontade do testador[785]. Assim, mesmo no caso do cônjuge sobrevivo, a legítima é deferida pela lei no momento da morte do autor da sucessão, antes do exercício da acção de redução, conforme resulta do art° 2178°. A liberdade de testar encontra-se fortemente restringida no aspecto do preenchimento das legítimas, uma vez que o art° 2163° não permite ao testador designar, contra a vontade dos herdeiros legitimários, os bens que devam preencher a legítima[786]. Daí a impossibilidade de se registarem situações de atribuições insuficientes para preenchimento da legítima que obriguem o cônjuge sobrevivo legitimário a aceitar a atribuição e a exigir o complemento. Excepcionalmente a lei portuguesa autoriza a figura do

---

a legítima, invocando como argumento o facto de o C.C. esp. não se referir à acção de suplemento mas apenas à redução de legados e doações; Por outro lado, a faculdade, que já vimos assistir ao legitimário, de participar na partilha na qualidade de co-partícipe na comunhão hereditária, independentemente do título de atribuição da legítima, permite-lhe opôr-se à partilha e exigir, nessa fase, a adjudicação de bens suficientes para o prenchimento da sua legítima (*Derecho de Sucesiones*, coord. por MONTÉS PENADÉS, *op. cit.*, pp. 377-378).

[784] Também neste sentido, ESPEJO LERDO DE TEJADA, *La Legítima...*, *op. cit.*, pp. 203 e 212.

[785] Cfr. a definição de legítima dada pelo art° 2156°, como *porção de bens de que o testador não pode dispor, por ser legalmente destinada aos herdeiros legitimários* (sublinhado nosso).

[786] Excepcionalmente o art° 2165° admite de forma expressa a figura do legado em substituição da legítima, mas a sua efectividade depende sempre da aceitação do legitimário.

legado por conta da legítima (embora não se encontre expressamente regulado, a sua admissibilidade resulta do próprio artº 2163º, 2ª parte, do C.C.), o qual só será válido com o consentimento do legitimário. Contudo, a aceitação deste legado não retira ao cônjuge legitimário o direito a receber o necessário para preenchimento integral da sua legítima directamente deferida por lei, sem necessitar de lançar mão de um meio processual, porque, neste caso, ele não deixa de ser herdeiro nem o repúdio do legado lhe retira o direito de exigir a legítima. Só na hipótese de o testador atribuir um legado em substituição da legítima - artº 2165º C.C. - a aceitação deste implica a perda do direito à legítima, nada mais podendo receber o cônjuge sobrevivo a este título, ainda que o legado seja de valor inferior à quota de legítima a que teria direito; no entanto, o cônjuge legitimário pode sempre recusar o legado e exigir a sua legítima[787].

b) A tutela da legítima vidual através da acção de suplemento no Código Civil espanhol

A legítima do cônjuge sobrevivo apresenta, no C.C. esp., diversas particularidades relativamente às demais, especialmente o facto de tratar-se de uma legítima em usufruto. Partindo do princípio de que existe um chamamento legal directo do cônjuge à legítima, ideia que é aceite por boa parte da doutrina[788] apesar da negação de um chamamento legal de carácter geral à legítima[789], coloca-se a questão de saber em que medida a

---

[787] Sobre os legados por conta da legítima e em substituição da legítima, *Vid.* PEREIRA COELHO, *Direito das Sucessões, op. cit.,* pp. 322-324; OLIVEIRA ASCENSÃO, *Direito Civil, op. cit.,* pp. 382-385; DUARTE PINHEIRO, *Legado em Substituição da Legítima, op. cit.,* pp. 200 e ss..

[788] *Vid.* DE LA CÁMARA, *Compendio...,* 2ª ed., *op. cit.,* pp. 177 e ss., ESPEJO LERDO DE TEJADA, *La Legítima..., op. cit.,* p. 278.

[789] Actualmente só aceita o chamamento legal à legítima com carácter geral, PEÑA BERNALDO DE QUIRÓS, "La Naturaleza de la Legítima", *loc. cit.,* pp. 849 e ss.; Também ESPEJO LERDO DE TEJADA apresenta, por referência à sucessão intestada, vários argumentos, dos quais conclui que a legítima funciona autonomamente como um potencial título sucessório e, portanto, como um terceiro tipo de delação, cujo carácter normal ou excepcional resultará do carácter normal ou excepcional que se atribua à legítima (*Vid. La Legítima..., op. cit.,* pp. 271 e ss. e 369-370).

acção de suplemento se apresenta como meio de protecção da legítima vidual.

Pressupondo o chamamento legal do cônjuge à quota usufrutuária, poderíamos pensar que a sua legítima estaria, à partida, mais protegida que as restantes quotas legitimárias. No entanto, ainda que consideremos que a legítima vidual é deferida *ex lege*, há que atender à possibilidade, que a lei reconhece ao autor da sucessão, de atribuí-la por qualquer título. Assim, também a legítima do cônjuge sobrevivo poderá ser cumprida, total ou parcialmente, mediante atribuições do autor da sucessão, a título de doação, herança ou legado. As doações feitas ao cônjuge sobrevivo pelo autor da sucessão só poderão ser imputadas na legítima daquele quando essa intenção resulte expressa na doação e esta seja aceite pelo cônjuge sobrevivo; neste caso, perante uma doação insuficiente para cobrir o valor da quota usufrutuária, o cônjuge terá que lançar mão da acção de suplemento se quiser receber íntegra a sua porção legitimária. Em qualquer outro caso a imputação da doação não deverá fazer-se na legítima, por não existir no C.C. esp. norma que o autorize, pelo que à doação acrescerá a quota em usufruto a que o cônjuge tem direito. Também em matéria de legados dispostos pelo cônjuge falecido a favor do seu supérstite, mais especificamente no caso dos legados em pagamento da legítima, pode ser necessário o recurso à acção de suplemento. Aceitando a existência de um chamamento legal do cônjuge à legítima, este terá três hipóteses face a um legado atribuído pelo autor da sucessão para preenchimento desta: pode aceitar o legado e abrir mão da quota legitimária; pode recusar o legado e exigir a sua legítima - faculdade que decorre do chamamento legal à sua quota legitimária e da qual não beneficiam os demais legitimários; e, por último, pode aceitar o legado quantitativamente insuficiente para o preenchimento da sua legítima e exigir o complemento desta através da acção de suplemento. Assim, o cônjuge sobrevivo que tenha recebido, por disposição do autor da sucessão, uma porção inferior àquela a que tem direito a título de legítima, tem legitimidade activa para a acção de suplemento[790].

---

[790] No entanto, atendendo ao carácter meramente vitalício do seu direito ao usufruto de parte da herança, essa legitimidade não é transmissível aos seus próprios herdeiros nos casos em que a acção não tenha sido instaurada.

Atendendo às várias opções que o cônjuge sobrevivo tem à sua disposição, o recurso à acção de suplemento será, porventura, menos relevante para ele do que para os restantes legitimários. Os descendentes e ascendentes, quando contemplados com um legado disposto pelo testador que seja qualitativamente apto ao preenchimento das suas legítimas mas quantitativamente insuficiente para esse efeito, só têm um remédio, que é o de aceitar o legado e pedir o complemento da legítima através da acção de suplemento; o cônjuge sobrevivo goza de um poder adicional, que é o de recusar o legado sem perder com isso o direito à legítima, o que denota uma maior protecção deste direito.

c) Título de atribuição do complemento

Extremamente controvertida na doutrina espanhola é a questão do título de atribuição do complemento. Atendendo a que o objecto da acção de suplemento é o complemento da legítima, há que apurar a que título este é recebido pelo cônjuge sobrevivo legitimário em resultado do exercício da referida acção. *Grosso modo* a doutrina divide-se entre os que consideram que o complemento é parte da herança atribuída directamente pela lei ao herdeiro forçoso, os que defendem que é uma *pars hereditatis* ou participação na herança, os que a reconduzem a uma participação efectiva na quota dos bens da herança reservada por lei (artº 806º do C.C.), ou ainda os que entendem que é um simples direito de crédito para reclamar o suplemento, embora reforçado com uma garantia real que permitiria o seu preenchimento com bens da herança[791].

Alguns autores consideram que o legitimário recebe o complemento pelo mesmo título que a parte recebida por vontade do autor da sucessão; assim, se tivesse sido instituído herdeiro receberia o complemento a título de herança, e se tivesse sido contemplado com um legado receberia o complemento a título de legatário[792]. No entanto, esta perspectiva não nos parece de todo correcta, uma vez que, se o chamamento testamentário não

---

[791] Para uma resenha das diferentes posições nesta matéria, *Vid.* VALLET DE GOYTISOLO, *Las Legítimas*, II, op. cit., pp. 1018-1021.

[792] LACRUZ BERDEJO, *Derecho de Sucesiones*, II, Barcelona, 1973, p. 147, faz alusão a esta perspectiva, embora não esteja de acordo com ela.

é suficiente para cobrir os direitos do legitimário, não tem lógica que estes se considerem satisfeitos por esse chamamento e com o mesmo título que foi insuficiente para atribuí-los. Nos casos em que tenha havido instituição como herdeiro ainda poderá aceitar-se esta solução, dada a expansividade do título de herdeiro, mas o mesmo já não acontece nos casos em que a legítima seja atribuída a título de legado ou doação[793]. Há ainda quem considere que o legitimário adquire o complemento a título de herdeiro quando tenha sido instituído como tal no testamento, e que o recebe a título de sucessão intestada quando não tenha sido instituído herdeiro[794]. No entanto, é duvidoso que os pressupostos do artº 815º do C.C. esp. possam dar lugar à abertura da sucessão intestada, além de que esta não se apresenta adequada para satisfação da legítima pois são diferentes as aquisições que derivam da abertura da sucessão intestada e da actuação dos meios de tutela da legítima[795]. Afigura-se-nos que o título de percepção do suplemento sequer pode ser o chamamento intestado, uma vez que a sucessão intestada não cumpre o propósito de defesa da legítima. Esta conclusão impõe-se no caso do cônjuge sobrevivo, atendendo, designadamente, às posições em que é chamado e ao conteúdo das atribuições, razão pela qual devemos considerar a existência de um título legitimário autónomo a favor do cônjuge supérstite[796].

DE LA CÁMARA sustenta que a aquisição do complemento se faz através de um título singular autónomo, idêntico a um legado legal[797]. Contudo, esta posição também suscita objecções: por um lado, a figura do legado legal não existe, uma vez que a lei só produz chamamentos a título de herança e nunca a título de legado[798]; por outro lado, mesmo que tal

---

[793] Assim, ESPEJO LERDO DE TEJADA, *La Legítima...*, *op. cit.*, p. 271.

[794] GARCÍA-BERNARDO LANDETA, *La Legítima en el Código Civil*, Oviedo, 1964, pp. 142-143.

[795] Estes são os argumentos aduzidos por ESPEJO LERDO DE TEJADA, *La Legítima...*, *op. cit.*, p. 216, com os quais concordamos.

[796] Assim, ESPEJO LERDO DE TEJADA, *La Legítima...*, *op. cit.*, pp. 217-218 e 277-278; DE LA CÁMARA, *Compendio...*, 2ª ed., *op. cit.*, pp. 184-185 e 197; Também LACRUZ BERDEJO entende que a acção de suplemento é um dos casos em que opera uma vocação legitimária forçosa, distinta da sucessão *abintestato* (Vid. *Elementos...*, V, *op. cit.*, pp. 363-364).

[797] *Vid. Compendio...*, 2ª ed., *op. cit.*, p. 217.

[798] *Vid.* GARCIA RUBIO, *La Distribución...*, *op. cit.*, pp. 133 e ss., em especial pp. 129-131.

figura seja aceite, implica o preenchimento do remanescente de uma quota legal mediante a atribuição de bens a título singular, o que não parece adequado.

Nesta matéria inclinamo-nos para a tese de ESPEJO LERDO DE TEJADA, e consideramos, juntamente com ele, que a percepção do complemento da legítima é feita através do próprio título legitimário não satisfeito pela atribuição do autor da sucessão. O complemento implica o chamamento legal a uma quota que se pretende completar e não o chamamento a bens singulares; esta solução está conforme com a ideia de que os chamamentos sucessórios por força da lei são sempre, na falta ou insuficiência de outro título, a título de herança e com a designação legal dos legitimários como herdeiros forçosos[799]. Consideramos mais coerente com o sistema a ideia de que o complemento é recebido por lei, a qual torna, assim, efectivas as suas normas imperativas desrespeitadas pelo autor da sucessão; no caso de o direito do legitimário não ser satisfeito, total ou parcialmente, surge uma terceira vocação sucessória - a legitimária - que a lei sobrepõe à vontade, ou falta de vontade, do autor da sucessão, para conseguir a sa-tisfação dos direitos legitimários de natureza imperativa[800]. Concretamente no caso do cônjuge sobrevivo afigura-se que o título de percepção do complemento só pode ser o legitimário: tratando-se de uma legítima directamente deferida pela lei, as atribuições do autor da sucessão acabam por funcionar como meros actos particionais que não têm o poder de determinar o próprio título de atribuição.

d) Natureza da acção de suplemento

Quanto à natureza da acção de suplemento no C.C. esp., a doutrina também flutua entre três posturas diferentes, considerando-a como acção pessoal, real, ou mista, consoante a eficácia dos direitos do legitimário perante os terceiros adquirentes dos bens hereditários.

---

[799] *La Legítima...*, *op. cit.*, pp. 217-218. BELTRÁN DE HEREDIA, *Derecho de Sucesiones*, coord. por MONTÉS PENADÉS, *op. cit.*, p. 377, parece ser da mesma opinião, ao afirmar que na acção de suplemento o objectivo do legitimário é completar a quantia da sua legítima, mediante a atribuição de bens correspondentes à instituição de herdeiro.

[800] *Vid.* ESPEJO LERDO DE TEJADA, *La Legítima...*, *op. cit.*, p. 276.

A opinião maioritária é a de que a acção possui natureza real, a qual resulta do carácter real do próprio direito do legitimário, que goza de garantia sobre os bens que compõem o *relictum* enquanto não lhe seja satisfeita a quota a que tem direito[801]. Esta tese parece-nos a mais correcta tendo em atenção a posição do legitimário que não vê o seu direito preenchido com a atribuição testamentária, o título pelo qual é chamado a receber o suplemento e as próprias afinidades da acção com a de petição da herança. Algumas das afinidades que a acção de suplemento da legítima apresenta relativamente à acção de petição da herança são as seguintes[802]: ambas têm por objecto todo o activo da herança; ambas apresentam carácter real, na medida em que os bens da herança, que num dos casos se destinam ao preenchimento da legítima e no outro à reintegração do herdeiro na posse, podem ser "perseguidos" pelo autor da acção mesmo que estejam na posse de terceiros adquirentes, uma vez que, em princípio, o direito daquele se sobrepõe ao direito destes.

VALLET DE GOYTISOLO defende tratar-se de uma acção de carácter pessoal, porque se dirige contra os herdeiros, mas com características reais que exprimem o carácter real do direito do legitimário, consistente na afectação dos bens da herança à satisfação da legítima, na limitação da liberdade de disposição dos herdeiros instituídos enquanto a legítima não esteja preenchida, bem como na possibilidade de o legitimário invocar o seu

---

[801] *Vid.*, entre outros, BELTRÁN DE HEREDIA, *Derecho de Sucesiones, op. cit.*, p. 377; O'CALLAGHAN MUÑOZ, *Compendio...*, V, *op. cit.*, p. 292; ROCA SASTRE, "Naturaleza Jurídica de la Legítima", *RDP*, 1944, pp. 184 e ss., em especial p. 206; Para LACRUZ BERDEJO o carácter da acção de suplemento está intimamente ligado ao carácter do direito do legitimário, que varia consoante a situação dos bens afectos à satisfação desse direito; a acção de suplemento tem, no mínimo, eficácia rescisória, tal como a acção de redução, mas a partir daí a sua maior eficácia real resulta da própria natureza da legítima e deve resolver-se com base nos argumentos gerais invocados nesta sede (*Elementos...*, V, *op. cit.*, p. 424); Para uma noção geral do estado do problema, *Vid.* VALLET DE GOYTISOLO, *Las Legítimas*, II, *op. cit.*, pp. 1029 e ss..

[802] A acção de petição da herança não vem expressamente regulada no C.C. esp., apesar de vários dos seus artigos - art°s 192°, 1016°, 1021° - aludirem a ela, o que fez com que o seu regime fosse o resultado do labor jurisprudencial e da aplicação de certas normas relativas à acção de reivindicação que com ela apresentam algumas semelhanças.

direito perante terceiros adquirentes dos bens, quando estes não se encontrem protegidos pelas normas de direito hipotecário ou do tráfico mobiliário[803]. No fundo, a natureza mista da acção, defendida por este autor, não se afasta significativamente da posição anterior.

A natureza pessoal da acção de suplemento encontra escassos defensores. DE LA CÁMARA apoia esta tese[804], embora advirta que não considera, por isso, que o direito do legitimário consista num simples crédito contra o herdeiro. Na nossa perspectiva esta tese não se coaduna com a posição assumida pelo legitimário e com as faculdades que lhe são reconhecidas, que mais o aproximam da posição do herdeiro.

No entanto, há que ter em conta que, no seu artº 151º/2, a LDCG atribui natureza pessoal à acção de suplemento da legítima galega, razão pela qual não se colocam aqui as dúvidas que grassam no C.C. esp. quanto a esta matéria. Consequentemente, o legitimário galego detém apenas um crédito sobre o herdeiro relativamente ao que se mostre necessário para cobrir a sua legítima, e pode exercer o direito de acção no prazo de quinze anos a contar da data da abertura da sucessão (trata-se do prazo de prescrição previsto no artº 1964º do C.C. esp. para a generalidade das acções pessoais que não gozem de prazo específico).

De qualquer modo, a opção assumida pela lei galega quanto à natureza da acção de suplemento parece-nos algo desfasada, atendendo ao carácter real reconhecido à acção de reclamação da legítima no artº 151º/1 da mesma lei. Assim, a LDCG acaba por conceder maior protecção ao legitimário que não tenha beneficiado de qualquer atribuição do autor da sucessão do que àquele que tenha a sua legítima parcialmente preenchida por uma disposição *inter vivos* ou *mortis causa*, como se o direito que se visa tutelar encerrasse, consoante os casos, diversos graus de eficácia[805].

---

[803] *Vid.* VALLET DE GOYTISOLO, *Las Legítimas*, II, *op. cit.*, pp. 1030-1031; PUIG BRUTAU, *Fundamentos...*, T. V, 3º, *op. cit.*, pp. 146-148, parece seguir VALLET nesta matéria.

[804] *Vid. Compendio...*, 2ª ed., *op. cit.*, p. 221.

[805] Chama a atenção para este aspecto, GARCIA RUBIO, *Comentarios...*, T. XXXII, Vol 2º, *op. cit.*, p. 1200, o qual se verificava também na Compilação Catalã antes da reforma de 1990 atribuir natureza pessoal quer à acção de reclamação da legítima quer à de suplemento. Reportando-se ao anterior direito catalão, VALLET DE GOYTISOLO justifica que a perda da garantia real sobre todos os bens da herança e o facto de o legitimário

A natureza atribuída à acção de suplemento condiciona o prazo de prescrição da mesma, visto que a lei não prevê prazo algum. Aqueles que consideram que a acção reveste carácter real ou misto, atribuem-lhe um prazo de prescrição de trinta anos, que seria o prazo da acção de petição da herança[806]. Assim, a equiparação da acção de suplemento à acção de petição da herança faz-se também quanto ao prazo previsto para esta última pela doutrina e pela jurisprudência. A identidade de prazos justificar--se-á por forma a permitir que o legitimário instituído herdeiro possa defender a sua legítima enquanto puder reclamar a herança[807].

G) Acção de redução de liberalidades inoficiosas

A acção de redução recebeu um tratamento unitário nos artºs 2168º e ss. do C.C port., e foi aí concebida para abranger quaisquer liberalidades inoficiosas, quer se trate de disposições testamentárias a título de herança ou legado, ou de liberalidades feitas em vida, designadamente doações. Assim, o regime legal é exactamente o mesmo quer esteja em causa a redução da instituição de herdeiro, a redução de um legado ou a redução de uma doação. Em contrapartida, no C.C esp. distingue-se a acção de redução de legados, regulada nos artºs 817º e 820º, da acção de redução de doações, regulada em sede de doação, nos artºs 636º e 654º[808], o que torna bem mais complexa a harmonização, porventura desejável, destes dois instrumentos de protecção da legítima do cônjuge sobrevivo[809].

---

não possuir acção real para exigir o complemento da sua legítima é determinado por um facto próprio do legitimário (*Las Legítimas*, II, *op. cit.*, pp. 1037-1038), afirmação que não compreendemos, uma vez que o recurso a uma ou outra acção (acção de reclamação ou acção de suplemento) não depende do legitimário mas da atribuição, ou falta de atribuição, pelo testador de bens para preenchimento da legítima.

[806] *Vid.* ESPEJO LERDO DE TEJADA, *La Legítima*, *op. cit.*, p. 218; O'CALLAGHAN MUÑOZ, *Compendio...*, V, *op. cit.*, p. 292; VALLET DE GOYTISOLO, *Las Legítimas*, II, *op. cit.*, p. 1033.

[807] *Vid.* ESPEJO LERDO DE TEJADA, *idem*, pp. 218 e 243.

[808] Como já vimos, a redução da instituição de herdeiro faz-se através da acção de suplemento da legítima, admitida pelo artº 815º do C.C. esp..

[809] A LDCG não contém norma que regule esta matéria, pelo que se aplicam as normas do C.C. esp., por força da remissão contida no artº 3º/1 da Lei.

De qualquer modo, a redução por inoficiosidade pressupõe, em ambos os casos, a existência de actos de disposição do autor da sucessão, por morte ou entre vivos[810], cujo valor, computado à data da sua morte nos termos dos artºs 818º do C.C. esp. e 2162º do C.C. port., venha a afectar a plena satisfação dos direitos legitimários do cônjuge sobrevivo[811]. A inoficiosidade dessas disposições autoriza-o a exercer a acção de redução, nos termos dos artºs 654º ou 819º do C.C. esp. e do artº 2169º do C.C. port..

a) Legitimidade para a acção de redução

Destinando-se esta acção à defesa da legítima, a legitimidade activa cabe, como não podia deixar de ser, aos legitimários cuja legítima esteja a ser prejudicada por uma liberalidade excessiva realizada pelo autor da sucessão, na medida do necessário para o seu preenchimento, e, em regra, aos seus sucessores, uma vez que nada parece obstar à transmissibilidade do direito económico em que consiste a legítima - artºs 2169º do C.C. port., 817º e 655º do C.C. esp.[812]. Não existem, pois, dúvidas de que o côn-

---

[810] Apesar de a lei não impor quaisquer limitações à liberdade de disposição do autor da sucessão através de actos *inter vivos*, mesmo que tenha cônjuge sobrevivo ou outros legitimários, o facto de os artºs 818º do C.C. esp. e 2162º do C.C port. mandarem atender, para o cálculo da legítima, ao valor dos bens doados, pode originar que essas doações venham a prejudicar as legítimas. No C.C. esp. a legítima do cônjuge sobrevivo poderá ser lesada, nomeadamente quando o autor da sucessão tenha feito doações cujo montante ultrapasse o da quota disponível e não existam bens relictos para preencher a legítima larga, uma vez que o usufruto vidual recai sobre o terço de *mejora* e, portanto, sobre os bens que venham a compor esta quota.

[811] O artº 636º do C.C esp. dispõe que ninguém poderá dar ou receber, através de doação, mais do que possa dar ou receber por testamento, enquanto o artº 817º determina a redução das disposições testamentárias que prejudiquem a legítima, na medida em que sejam inoficiosas; quanto ao C.C. port., o artº 2168º classifica como inoficiosas as liberalidades, *inter vivos* ou *mortis causa*, que ofendam a legítima dos herdeiros legitimários.

[812] Assim, PIRES DE LIMA/ANTUNES VARELA, *Código Civil Anotado*, VI, *op. cit.*, p. 274; PUIG BRUTAU, *Fundamentos...*, T. V, 3º, *op. cit.*, pp. 134-135; ESPEJO LERDO DE TEJADA, *La Legítima...*, *op. cit.*, p. 224. A referência, contida no artº 655º do C.C. esp., àqueles que tenham direito a uma parte alíquota da herança é ignorada pela doutrina e pela jurisprudência, por se entender que resultou de uma má tradução do artº 1092º do C.C. italiano de 1865 e que pretendia referir-se a pessoas que não eram consideradas legitimários na redacção originária do código mas que o são actualmente, como é o caso do

368   *A Legítima do Cônjuge Sobrevivo - Estudo Comparado Hispano-Português*

juge sobrevivo está legitimado para proceder à redução sempre que o autor da sucessão tenha feito uma disposição excessiva de bens que impeça o preenchimento integral da sua legítima. Não obstante, duvidamos que a legitimidade para intentar a acção se transmita aos herdeiros do cônjuge sobrevivo no caso do C.C. esp., em virtude da extinção por morte do respectivo direito de usufruto.

A doutrina é unânime em considerar que a faculdade de redução é concedida no interesse de cada legitimário concretamente prejudicado na sua legítima. Daí concluem alguns autores que a acção deverá ser exercida individualmente por cada legitimário prejudicado, em defesa da sua legítima, e que a acção intentada por um não poderá aproveitar aos demais[813]. Acreditamos, no entanto, que a acção possa ser exercida em litisconsórcio voluntário activo, abrangendo uma pluralidade de pedidos essencialmente idênticos no seu conteúdo e fundamento - art°s 27° do CPC e 12° da LEC[814]. Somos também da opinião que o cônjuge sobrevivo, quando con-

---

cônjuge sobrevivo. Assim, segundo esta posição, os legatários de parte alíquota só poderão recorrer à acção de redução de doações quando sejam legitimários; *Vid.* LACRUZ BERDEJO, *Elementos...,* V, *op. cit.,* p. 429; ESPEJO LERDO DE TEJADA, *ibidem;* DÍEZ-PICAZO y GULLÓN, *Sistema...,* IV, *op. cit.,* p. 484. Contra, *Vid.* NUÑEZ MUÑIZ, *El Legado de Parte Alícuota, op. cit.,* pp. 139 e ss., a qual considera que o legatário de parte alíquota tem legitimidade para pedir a redução de doações inoficiosas nos termos do art° 655° do C.C. esp., na qualidade de adquirente de parte alíquota da herança, da qual faz parte o *ius transmissionis* (art° 1001° do mesmo diploma legal), podendo exercer a acção de redução de doações efectuadas pelo primeiro falecido que lesionem a legítima do segundo; ainda terá essa legitimidade quando o segundo falecido tenha aceite a herança sem ter chegado a exercer a acção de redução. O parágrafo 2° do art° 655° confirma esta perspectiva, ao vedar expressamente o exercício da acção aos legatários que não o sejam de parte alíquota. Por outro lado, a nova LEC continua a conter referências ao legatário de parte alíquota, reconhecendo-lhe o direito de requerer judicialmente a divisão da herança - art° 782°/1 - impondo a sua citação quando seja promovida a divisão judicial da herança - art° 783°/2 - bem como para a formação de inventário - art° 793°/3° - e prevendo, inclusive, a possibilidade de vir a ser nomeado administrador da herança - art° 795°/2°.

[813] Assim, LACRUZ BERDEJO, *Elementos...,* V, *op. cit.,* pp. 429 e 430; Em sentido contrário, parecem admitir que a acção possa ser exercida por um dos legitimários também em benefício dos demais, DÍEZ-PICAZO y GULLÓN, *ibidem.*

[814] PIRES DE LIMA/ANTUNES VARELA, *Código Civil Anotado,* VI, *op. cit.,* pp. 274-275, admitem que a faculdade de redução possa ser exercida por acordo dos interessados ou, na falta de acordo, por decisão judicial.

corra com outros legitimários, poderá aproveitar as acções intentadas por estes, na medida em que sejam recuperados bens que venham a preencher a quota sobre a qual recai o seu direito de usufruto. Por exemplo, se através da acção de redução os legitimários, filhos ou descendentes do autor da sucessão, aos quais tenha sido atribuído o terço de *mejora*, recuperarem os bens que hão-de integrá-lo ou receberem o valor correspondente, o cônjuge sobrevivo beneficiará dessa acção, na medida em que fica reflexamente preenchida a sua quota legitimária consistente no usufruto desses bens ou no seu valor de capitalização. Por outro lado, ao intentar uma acção de redução de doações ou legados com o objectivo de obter a satisfação da sua legítima, o cônjuge sobrevivo vai recuperar para a herança os bens suficientes para o prenchimento da parcela sobre a qual recai a sua quota usufrutuária, resultado do qual nos parece poderem vir a beneficiar igualmente os legitimários aos quais caiba a nua propriedade desses bens.

b) Objecto da acção de redução

São objecto da acção de redução, por um lado, as doações computáveis para o cálculo da legítima, ou seja, quaisquer liberalidades realizadas pelo autor da sucessão em nome próprio e à custa do seu património, incluindo, no caso do C.C. port., as despesas sujeitas à colação - artº 2162º/1 - e desde que não constituam doações de uso nem estejam isentas de computação por qualquer outra razão, no caso do C.C. esp.. Requisito para o exercício da acção é que essas doações excedam a porção de que podia dispor o autor da sucessão, prejudicando a legítima. O preceito contido no artº 1044º do C.C. esp. parece encerrar também uma regra que isenta da redução por inoficiosidade os presentes de casamento que consistam em jóias, roupas e outros acessórios, sempre que não excedam a décima parte da quantia disponível por testamento[815]. Estas doações podem, portanto,

---

[815] Embora o preceito esteja incluído entre as normas da colação, é unânime o entendimento de que, além de relevar nesta matéria, isenta de inoficiosidade este tipo de doações sempre que não ultrapassem um décimo da porção disponível pelo testador; *Vid.* LACRUZ BERDEJO, *Elementos...*, V, *op. cit.*, p. 432; ESPEJO LERDO DE TEJADA, *La Legítima..., op. cit.*, p. 230.

considerar-se equiparadas às liberalidades de uso, na parte em que não excedam um décimo da porção disponível[816]. Quando excedam o referido montante, o excesso ficará sujeito a redução, nos mesmos termos e pela mesma ordem que qualquer outra doação.

Tanto o Código Civil espanhol como o português excluem da acção de redução os frutos produzidos pela coisa doada até à data de interposição da acção de redução. Esta opção é perfeitamente coerente com o facto de a redução da doação não apagar retroactivamente os efeitos produzidos por esta: estando em causa uma doação válida, só poderá suprimir-se a produção de efeitos para o futuro e, ainda assim, parcialmente, naqueles casos em que apenas seja necessário reduzir uma parte da doação. Os frutos obtidos até à data da interposição da acção de redução são adquiridos pelo donatário, não só enquanto possuidor de boa fé dos bens doados - artº 2177º do C.C. port. - mas, mais do que isso, na qualidade de proprietário desses bens[817].

No caso do cônjuge sobrevivo duvidou-se já que este tivesse direito a pedir a redução de doações efectuadas antes de contrair casamento com o autor da sucessão, questão que está intimamente relacionada com o momento em que deve ser aferida a inoficiosidade da doação: se no momento da doação ou no momento da abertura da sucessão. A data da abertura da sucessão parece ser o momento decisivo, uma vez que é nele que se determina verdadeiramente quem tem a condição de legitimário e que só então se pode apurar a eventual inoficiosidade de doações, ao contabilizar os bens existentes e adicionar-lhes o valor das doações feitas pelo autor da sucessão[818]. Assim, é de admitir que o cônjuge sobrevivo possa requerer a redução de doações efectuadas anteriormente ao seu casamento com o autor da sucessão, desde que afectem a sua legítima.

Para além das doações, podem reduzir-se também as disposições testamentárias, incluindo, no caso do C.C port., quer as disposições a título de herança quer a título de legado - cfr. o artº 2171º. Já o artº 817º do C.C

---

[816] *Vid.* ALBALADEJO, *Comentarios al Código Civil y Compilaciones Forales*, T. VIII, Vol. 2º, Madrid, 1986, pp. 498-499.

[817] *Vid.* LACRUZ BERDEJO, *Elementos...*, V, *op. cit.*, p. 430.

[818] *Vid.* VALLET DE GOYTISOLO, *Las Legítimas*, II, *op. cit.*, p. 1168.

esp. parece resumir-se à redução de disposições testamentárias a título singular, uma vez que a redução da instituição de herdeiro se processa por meio da acção de suplemento da legítima.

c) Ordem de redução

Na ordem de redução de liberalidades há que considerar, em primeira linha, o critério imperativo de prevalência das doações relativamente às disposições testamentárias - artº 2171º do C.C. port. - e aos legados - artº 820º/1º do C.C. esp. - cujo fundamento decorre do princípio de irrevogabilidade das doações - artºs 969º e ss. do C.C. port. e 644º e ss. do C.C esp.. O artº 2171º do C.C. port. determina ainda uma prioridade de redução das disposições testamentárias a título de herança relativamente aos legados; ambas serão reduzidas proporcionalmente, nos termos do artº 2172º, à semelhança do que dispõe o artº 820º/2 do C.C. esp., que manda proceder rateadamente à redução dos legados. Os artºs 820º/2 do C.C esp. e 2172º/2 do C.C port. autorizam ainda o autor da sucessão a afastar a regra da redução rateada das disposições testamentárias, determinando que certas disposições prevaleçam sobre outras.

A redução das doações faz-se reduzindo, em primeiro lugar, a doação celebrada em data mais recente e, sucessivamente, as restantes, por ordem cronológica descrescente - artºs 2173º/1 do C.C. port. e 656º do C.C. esp.. O fundamento deste regime reside, essencialmente, no carácter irrevogável que têm, em princípio, as doações e na regra de indisponibilidade, consagrada nos artºs 2156º do C.C. port. e 636º do C.C esp.. No entanto, o C.C. esp. admite que, no próprio acto de doação, o autor da sucessão imponha uma prioridade de redução - artº 820º/2º, 2ª parte, aplicável por remissão do artº 654º - regra que no C.C port. é privativa das deixas testamentárias (artº 2172º/2).

Existindo doações realizadas na mesma data, a sua redução far-se-á rateadamente nos termos dos artºs 2173º/2 do C.C port. e 820º/2 do C.C esp., aplicável *ex vi* do artº 654º do mesmo diploma, embora a norma do C.C. port. excepcione as deixas remuneratórias, que gozam de preferência por força da aplicação do artº 2172º/3, o que implica que, havendo várias doações realizadas num mesmo acto ou na mesma data, se uma delas for remuneratória esta é a última a ser reduzida.

d) Termos em que opera a redução

O C.C português e o C.C. espanhol privilegiam a redução *in natura* ou em espécie, razão pela qual a acção de redução se dirige, em princípio, à restituição do próprio bem doado ou de parte dele. É o que parece resultar da letra dos artºs 654º e 817º do C.C. esp., quando relacionados com os artºs 818º/2 e 1045º do mesmo diploma (que prevêem expressamente a restituição em valor) e do artº 2174º/1 do C.C. port.. Só subsidiariamente se estipula a redução em valor, nalguns casos previstos nos artºs 821º do C.C esp. (também aplicável às doações por força da remissão do artº 654º do mesmo diploma legal), e nos artºs 2174º/2 e 3 e 2175º do C.C port.. Estas disposições prevêem a redução em valor quando, sendo o bem indivisível, a importância da redução não exceda metade do seu valor, caso em que o bem ficará a pertencer ao legatário ou donatário, recebendo o legitimário o valor da doação - artºs 821º do C.C. esp. e 2174º/2 do C.C. port., quando, por força da redução, haja lugar à reposição de liberalidades realizadas em benefício de herdeiros legitimários - artº 2174º/3 do C.C. port., ou ainda quando os bens já não se encontrem em poder do donatário - artº 2175º do C.C. port..

Tratando-se de legado ou doação de um bem indivisível[819], a lei atribui ao legitimário, ou ao legatário/donatário, a faculdade de ficar com a propriedade do bem sujeito a redução, consoante o valor desta ultrapasse, ou não, a metade do valor do bem, mediante a obrigação de abonar em dinheiro o excesso redutível - artºs 821º do C.C. esp. e 2174º/2 do C.C. port.. O artº 822º do C.C. esp. permite que o direito concedido pelo artº 821º do mesmo diploma possa ser utilizado pela parte a quem a norma não o reconhece caso a parte originariamente legitimada não queira exercê-lo; assim, se o legitimário com legitimidade para fazer sua a propriedade, mediante a obrigação de entrega do excesso em dinheiro, não quiser

---

[819] O artº 2174º/2 do C.C. port. atende apenas à indivisibilidade dos bens legados ou doados, sem distinguir entre bens móveis e imóveis, pelo que é aplicável a qualquer dos casos; quanto ao artº 821º do C.C. esp., limita-se a regular os casos em que o bem legado ou doado seja uma propriedade que não admita cómoda divisão, mas a doutrina entende que a norma deverá aplicar-se, por analogia, aos bens móveis indivisíveis (Assim, LACRUZ BERDEJO, *Elementos...*, V, *op. cit.*, p. 431).

exercer esse direito, fica legitimado para fazê-lo o legatário ou donatário, entregando o valor correspondente à parte do legado ou da doação que se mantenha eficaz, e vice-versa[820]. Se não interessar a nenhuma das partes o pagamento do excesso redutível em dinheiro, pode proceder-se à obtenção do valor do bem através da venda em hasta pública. Nenhuma destas hipóteses recebeu acolhimento no C.C. port., pelo que poderemos questionar-nos sobre a solução a adoptar no caso de os legitimados não exercerem o direito que lhes é conferido.

Questão extremamente debatida é a da insolvência do donatário, uma vez que os bens doados podem ser alienados, onerosa ou gratuitamente, por este, na qualidade de seu proprietário - art°s 954°, al. a), do C.C. port. - bem como podem ser sujeitos a hipoteca - art° 688° do C.C. port. - ou ser penhorados em acção executiva para pagamento de dívidas do donatário - art°s 822° e 823° do CPC, *a contrario*. Assim, pode ocorrer que, à data da abertura da sucessão, o donatário não seja já o proprietário dos bens doados, nem possua quaisquer meios que lhe permitam assumir a responsabilidade por uma eventual redução da doação. Segundo o art° 2176° do C.C. port., a insolvência do donatário que tenha de suportar a redução da doação não determina a responsabilidade dos restantes donatários quando os bens tenham perecido, tenham sido alienados ou onerados, ou quando, em consequência da redução, haja lugar à reposição de liberalidades feitas a favor dos herdeiros legitimários. Contrariando o sistema legitimário do C.C., o legislador português aproxima-se aqui de uma concepção da legítima como mero direito de crédito do herdeiro legitimário, o qual, por isso, deve suportar o risco de insolvência do donatário responsável pelo preenchimento da legítima. A solução não nos parece a mais correcta nem a mais coerente, pois se a lei atribui ao legitimário a faculdade de proceder à redução de doações na medida necessária ao preenchimento da sua legítima é porque entende que o direito dos herdeiros legitimários deve prevalecer sobre o direito dos donatários; contudo, ao estabelecer semelhante regime para a insolvência do donatário, beneficia este em detrimento dos direitos daqueles.

Esta temática suscita ainda mais polémica no C.C. esp., porque não existe uma norma que a regule expressamente e a doutrina costuma fazer

---

[820] *Vid*. DÍEZ-PICAZO y GULLÓN, *Sistema...*, IV, *op. cit*., p. 486.

374   *A Legítima do Cônjuge Sobrevivo - Estudo Comparado Hispano-Português*

derivar a sua solução da natureza atribuída à acção de redução de doações. VALLET DE GOYTISOLO defende a solução consagrada no C.C. port., pois considera que os legitimários têm, em resultado da acção de redução, um mero direito de crédito sobre o donatário, contra o qual podem exercer uma acção rescisória de carácter meramente pessoal, correndo, assim, o risco da insolvência deste; a insolvência não extingue, contudo, a acção contra o donatário, uma vez que, no futuro, este pode vir a ter bens[821].

Mas há quem proponha outras soluções. Alguma doutrina acredita que, na impossibilidade de restituição *in natura* e em caso de insolvência do donatário, se impõe a redução das doações anteriores, embora os donatários que suportam a acção do legitimário fiquem com direito de regresso contra o insolvente para reclamar a importância satisfeita[822]. Salvo melhor opinião, pensamos que esta é a solução mais correcta, tendo em atenção que a acção de redução visa a protecção do direito do legitimário, e que, como afirma algum autor, o legitimário surge como titular preferente porque tem uma expectativa juridicamente tutelada que lhe permite satisfazer o seu direito independentemente das consequências que daí derivem para o donatário[823].

e) Natureza da acção de redução

A doutrina mais divulgada atribui natureza rescisória às acções de redução de legados e doações, incluindo-as no elenco das acções pes-

---

[821] *Vid. Comentarios...*, T.XI, *op. cit.*, p. 287, e *Las Legítimas*, II, *op. cit.*, pp. 1165 e ss.; O autor entende ser este o remédio indicado, uma vez que não considera correcta a opção de não computar a doação na massa de cálculo da legítima, e entende que a solução de proceder à redução das doações anteriores não encontra apoio nos art°s 636° e 654° do C.C.. No mesmo sentido, *Vid.* LACRUZ BERDEJO, *Elementos...*, V, *op. cit.*, p. 432.

[822] *Vid.* DÍEZ-PICAZO y GULLÓN, *Sistema...*, IV, *op. cit.*, p. 485; Também ESPEJO LERDO DE TEJADA, *La Legítima...*, *op. cit.*, p. 228, defende esta opção, independentemente de que se mantenha a acção contra o donatário insolvente; esta seria a solução conforme com o espírito da lei, que pretende a satisfação do direito do legitimário à custa de qualquer dos donatários.

[823] *Vid.* OLIVEIRA ASCENSÃO, "O Herdeiro Legitimário", *ROA*, Ano 57, T. I, 1997, pp. 12-13.

soais[824]. Essa natureza implica que a acção não possa dirigir-se contra os terceiros adquirentes dos bens legados ou doados que estivessem de boa fé no momento da aquisição. Esta regra obedece a princípios básicos do direito dos contratos que prescrevem o respeito pela posição dos terceiros de boa fé, afastando a sua responsabilidade[825].

Há, no entanto, uma situação, no C.C. port., em que a responsabilidade pela alienação dos bens doados se transmite ao próprio adquirente, que é a de estes estarem sujeitos à colação. O artº 2118º daquele diploma consagra como ónus real o eventual encargo de redução de doações sujeitas à colação, e determina que não possa proceder-se ao registo da doação de bens imóveis sujeitos à colação sem registar simultaneamente o ónus. Através do registo os terceiros adquirentes dos bens doados tomam conhecimento de que poderão ser chamados a restituir o excesso recebido pelo donatário. No acto da compra do bem doado transmite-se ao comprador o encargo de conferir em caso de insolvência do donatário, encargo esse que, em virtude do registo, acompanha o bem adquirido[826].

Embora aceitando a ideia de que a acção de redução de doações tem natureza rescisória, alguns autores ousam duvidar da natureza pessoal da acção de redução de legados, recorrendo aos argumentos de que o direito que se pretende defender através do seu exercício - direito do legitimário - parece não ser pessoal, e de que a acção não é rescisória pois nem sempre visa impugnar um acto válido que efectivamente se tenha produzido, nomeadamente nos casos em que o legado não tenha chegado a ser

---

[824] Justifica-se esta caracterização porque as doações são actos perfeitos e válidos, e porque os seus efeitos só cessam por facto superveniente verificado à data da abertura da sucessão (*Vid.* OLIVEIRA ASCENSÃO, "O Herdeiro Legitimário", *loc. cit.*, p. 10, o qual acrescenta que a acção de redução de doações não é uma acção de nulidade ou anulação, uma vez que o regime dos artºs 2168º e ss. do C.C. port. é incompatível com a destruição retroactiva de efeitos, típica da invalidade, nem uma acção resolutória porque se mantêm, nos termos do artº 2177º do mesmo diploma, certos efeitos já produzidos quanto a frutos e benfeitorias; Também ALBALADEJO, *Comentario del Código Civil*, T. I, Ministerio de Justicia, Madrid, 1991, p. 1650, e *Comentarios...*, T. VIII, Vol. 2º, *op. cit.*, p. 491).

[825] *Vid.* VALLET DE GOYTISOLO, *Las Legítimas*, II, *op. cit.*, pp. 1172 e ss.; LACRUZ BERDEJO, *Elementos...*, V, *op. cit.*, pp. 536-537; DE LA CÁMARA, *Compendio...*, 2ª ed., *op. cit.*, p. 226; DÍEZ-PICAZO y GULLÓN, *Sistema*, IV, *op. cit.*, p. 484; PEÑA BERNALDO DE QUIRÓS, "La Naturaleza de la Legítima", *loc cit.*, p. 893.

[826] *Vid.* LOPES CARDOSO, *Partilhas Judiciais*, II, Coimbra, 1990, pp. 272-273.

376   A Legítima do Cônjuge Sobrevivo - Estudo Comparado Hispano-Português

entregue. Na realidade, em muitos destes casos a defesa da legítima não será levada a efeito por via de acção mas opondo a excepção de inoficiosidade ao legatário que reclama a entrega do legado[827]. Outro argumento invocado é o da incoerência de esta acção ficar sujeita a um prazo de prescrição mais reduzido que o da acção de suplemento, uma vez que o direito tutelado é o mesmo nos dois casos. Por isso há quem entenda que, pela qualidade de herdeiro forçoso que o legitimário pretende fazer valer, esta acção deve ser assimilada à de petição da herança[828].

f) Prazos de exercício da acção

O artº 2178º do C.C. port. estabelece para a acção de redução um prazo de caducidade de dois anos a contar da aceitação da herança pelo herdeiro legitimário[829], quer se tratem de disposições testamentárias ou de doações, pelo que não se levantam, a propósito desta matéria, as dúvidas que grassam no seio do C.C. esp.. No âmbito deste, embora todos sejam unânimes em proceder à sua contagem a partir da data da abertura da sucessão, discutem-se os prazos de exercício das acções de redução de doações e de redução de legados, e ainda se os referidos prazos são de prescrição ou de caducidade.

Parte da doutrina sujeita a acção de redução de legados ao prazo de prescrição de quinze anos, previsto no artº 1964º do C.C. esp. para as acções de natureza pessoal que não possuam prazo específico, embora considere que o prazo deverá ser de quatro anos (artº 1299º do C.C.) quando, por haver sido entregue o legado, a acção tenha carácter meramente

---

[827] *Vid.* LACRUZ BERDEJO, *Derecho de Sucesiones*, II, *op. cit.*, p.149, e *Elementos...*, V, *op. cit.*, p. 425; ESPEJO LERDO DE TEJADA, *La Legítima...*, *op. cit.*, p. 221; No mesmo sentido, PIRES DE LIMA/ANTUNES VARELA consideram que o direito à legítima tem carácter real, bem como o direito à redução de liberalidades inoficiosas, não obstante o C.C. port. ter-se preocupado também com a protecção a conceder aos terceiros adquirentes dos bens (*Código Civil Anotado*, VI, *op. cit.*, pp. 282-283).

[828] *Vid.* ESPEJO LERDO DE TEJADA, *La Legítima...*, *op. cit.*, p. 221.

[829] CARVALHO FERNANDES chama a atenção de que não se trata, na realidade, de um prazo de caducidade da acção, mas de caducidade do direito à redução (*Lições de Direito das Sucessões*, *op. cit.*, p. 391).

rescisório[830]. Há, no entanto, quem, negando a natureza pessoal da acção de redução de legados, defenda a sua sujeição a um prazo igual ao da *petitio hereditatis*, ou seja, trinta anos[831].

Alguns autores aplicam à acção de redução de doações o prazo de prescrição de quatro anos das acções rescisórias, previsto no artº 1299º do C.C. esp.[832], enquanto outros entendem ser-lhe aplicável o prazo geral de prescrição, previsto no artº 1964º do mesmo texto legal para as acções pessoais que não tenham assinalado um prazo especial, e que é de quinze anos[833]. Outros ainda são da opinião que, na falta de estipulação de prazo pela lei, a solução mais lógica é, preferencialmente, a da aplicação analógica do artº 646º do C.C. esp., que regula conflitos de interesses idênticos[834]. Toda esta doutrina parte da ideia de que a acção de redução de doações tem natureza rescisória e, portanto, é uma acção pessoal.

---

[830] *Vid.* DE LA CÁMARA, *Compendio...*, 2ª ed., *op. cit.*, p. 226; ROCA-SASTRE MUNCUNILL, *Derecho de Sucesiones*, II, *op. cit.*, p. 625. Estes autores aceitam que possa proceder à redução o legitimário que consentiu na entrega do legado (neste sentido, também ESPEJO LERDO DE TEJADA, *La Legítima...*, *op. cit.*, p. 220).

[831] *Vid.* ESPEJO LERDO DE TEJADA, *La Legítima...*, *op. cit.*, p. 221, o qual argumenta que, estando em causa a defesa da quota legal do legitimário, o prazo da acção de redução de legados deve ser o mesmo da acção de suplemento, que, por sua vez, é o prazo da acção de petição da herança.

[832] *Vid.* DÍEZ-PICAZO y GULLÓN, *Sistema...*, IV, *op. cit.*, p. 485; PEÑA BERNALDO DE QUIRÓS, "La Naturaleza de la Legítima", *loc. cit.*, p. 893. REAL PEREZ, "Comentario a la Sentencia del Tribunal Supremo de 4 de marzo de 1999", *CCJC*, Setembro-Dezembro, T. 51, 1999, 1378, pp. 954-955, sustenta o prazo de 4 anos, com base na natureza rescisória, amplamente reconhecida, da acção de redução de doações e nas exigências de segurança do tráfico jurídico. BELTRAN DE HEREDIA, *Derecho de Sucesiones*, coord. por MONTÉS PENADÉS, *op. cit.*, p. 384, também parece considerar ser este o prazo mais adequado.

[833] *Vid.* ALBALADEJO, *Comentario del Código Civil*, T. I, *op. cit.*, pp. 1652-1653, e *Comentarios...*, T. VIII, Vol. 2º, *op. cit.*, pp. 490 e ss.. Contra, *Vid.* LACRUZ BERDEJO, *Elementos...*, V, *op. cit.*, p. 432; Para este autor, o artº 1964º do C.C. esp. não deverá aplicar-se, por ser uma regra de carácter geral que não tem em conta as circunstâncias de cada caso e à qual só deverá atender-se em última instância.

[834] Contra esta solução pronuncia-se ALBALADEJO, *Comentarios...*, T. VIII, Vol. 2º, *op. cit.*, pp. 490-492, por entender que a aplicação analógica de algum dos prazos de revogação de doações exige que se chegue à conclusão de que o espírito da lei é o mesmo nos dois casos, conclusão essa que não é segura; Acrescenta ainda que o artº 654º/2 do C.C.

Embora aceitando a natureza rescisória da acção de redução de doações, ESPEJO LERDO DE TEJADA, coerentemente com a sua concepção da legítima como *tertium genus* e com a qualidade de herdeiro que reconhece ao legitimário (embora se trate de um herdeiro com peculiares características), defende que a acção de redução de doações deverá beneficiar do mesmo prazo de trinta anos da acção de petição da herança ou da acção de reclamação da legítima. O autor considera que a acção de redução de doações deve seguir o prazo da redução de legados, pois não se justifica uma maior protecção do legitimário frente aos legados quando os direitos, quer do legatário quer do donatário, devem ceder perante o direito mais forte do legitimário[835]. A incongruência da aceitação de diferentes prazos para as duas acções é tanto maior se pensarmos que a própria acção de suplemento pode conduzir também à redução de liberalidades *mortis causa*, ou seja, das deixas testamentárias a título de herança[836].

A jurisprudência do Tribunal Supremo pronunciou-se recentemente sobre esta matéria na Sentença de 4 de Março de 1999[837]. No Segundo Fundamento de Direito, esta sentença refere que *"El problema del plazo*

---

esp., ao preceituar que *"Para la reducción de donaciones se estará a lo dispuesto en este capítulo y en los artículos 820 y 821 del presente Código."*, não está a remeter para as regras de revogação de doações constantes desse capítulo mas para as regras sobre redução que o mesmo também contém.

[835] *Vid.* ESPEJO LERDO DE TEJADA, *La Legítima...*, *op. cit.*, pp. 233-234.

[836] Neste ponto, há que ressaltar a correcta opção do legislador português em uniformizar o regime, os prazos, e os procedimentos da acção de redução de quaisquer liberalidades.

[837] Podem ver-se comentarios a esta sentença, a cargo de REAL PÉREZ, em *CCJC*, t. 51, 1999, nº 1378, pp. 945 e ss.. Anteriormente, apenas a STS de 12 de Julho de 1984 (*RJA*, 1984, nº 3944) havia abordado o assunto de forma marginal, numa acção em que as demandantes interpuseram acção de redução de doações, realizadas pelos pais a favor de um irmão, quinze anos após a morte da mãe e vinte cinco anos após a morte do pai, razão pela qual a acção foi considerada prescrita. Na Sentença de 12 de Julho de 1984 o TS afirmou, *obiter dicta*, no seu Segundo Considerando, que *"El plazo para la prescripción de la acción ciertamente ejercitada no es con seguridad el de quince años que la Audiencia le reconoce apoyándose en la generalidad del mismo según los términos del artículo 1.964 («las personales que no tengan señalado término especial de prescripción»), cabiendo pensar en otro plazo menor, así el de un año del artículo 652 o acaso mejor elde cuatro años del 1.299 y más próximamente aún el de cinco años del 646 que contempla un caso semejante al caso litigioso y entre los que se aprecia identidad de razón por lo que procedería su aplicación analógica.".*

de ejercicio de la acción de reducción tiene solución dentro de la regulación legal de las donaciones, atendiendo a la letra del párrafo 2º del artículo 654º, según la cual «para la reducción de las donaciones se estará a lo dispuesto en este capítulo...». Por tanto, es en las normas contenidas en los artículos 644 a 656 donde se deben remediar las lagunas e insuficiencias en la acción de reducción, y para ello ha de utilizarse necessariamente el procedimiento analógico (art. 4.1 CC).". O TS conclui, no Quinto Fundamento de Direito, que a acção de redução de doações "*... debe regirse por su analogia con la de revocación de donaciones por supervivencia o superveniencia de hijos, luego no ha de tener naturaleza distinta su plazo de ejercicio, que es de caducidad.".* Verifica-se, portanto, que a jurisprudência do Supremo considera aplicável à acção de redução de doações o prazo de cinco anos, previsto no artº 646º para a acção de revogação de doações aí regulada, consagrando, assim, a solução defendida por LACRUZ BERDEJO[838].

Relativamente à natureza do prazo de exercício da acção de redução, um sector significativo da doutrina defende que se trata de um prazo de prescrição[839], enquanto alguns outros autores e a jurisprudência entendem tratar-se de um prazo de caducidade[840].

---

[838] REAL PEREZ faz uma crítica à posição adoptada pelo TS, recorrendo aos argumentos aduzidos por ALBALADEJO para a interpretação do artº 654º/2 do C.C. (*Vid. supra*, nota 817), mas também por considerar não existir identidade de razão entre a regulação da revogação de doações por supervivência ou superveniência de filhos e a redução de doações: esta é concedida aos legitimários em geral para defesa das suas legítimas, enquanto aquela apenas pode ser exercida pelos filhos do doador com base na presunção legal de que o doador não teria feito a doação se soubesse da existência do filho ou filhos; Além disso, a autora entende que a solução para o problema deve procurar-se através do enquadramento da acção no seu espaço próprio, que é o das legítimas e não o das doações (*Vid.* "Comentario a la Sentencia del Tribunal Supremo de 4 de marzo de 1999", *loc. cit.*, pp. 953-954).

[839] *Vid.* VALLET DE GOYTISOLO, *Comentarios...*, T. XI, *op. cit.*, p. 294; LACRUZ BERDEJO, *Elementos...*, V, *op. cit.*, p. 432; ALBALADEJO, *Comentarios...*, T. VIII, Vol. 2º, *op. cit.*, pp. 493-494; BELTRAN DE HEREDIA, *Derecho de Sucesiones, op. cit.*, pp. 383-384; ESPEJO LERDO DE TEJADA, *La Legítima..., op. cit.*, pp. 232-233.

[840] *Vid.* DÍEZ-PICAZO y GULLÓN, *Sistema...*, IV, *op. cit.*, p. 485; REAL PEREZ, "Comentario...", *loc. cit.*, pp. 956-957. Esta autora alude às seguintes razões para o qualificar como prazo de caducidade: maior segurança na aquisição do donatário e, conse-

380   *A Legítima do Cônjuge Sobrevivo - Estudo Comparado Hispano-Português*

H) Deserdação

a) Introdução

A deserdação pode definir-se como o acto formal pelo qual o testador, invocando uma causa legal e certa[841], exclui do seu direito a um legitimário devidamente identificado - artºs 849º do C.C. esp. e 2166º do C.C port.[842] Desta noção resulta que a deserdação justa só pode fazer-se em testamento - requisito formal -[843] e exige menção expressa de causa legal que a fundamente e que, em princípio, terá que ser certa - requisito material[844]; assim, nenhuma causa de deserdação pode operar automaticamente - nem mesmo no caso das als. a) e b) do artº 2166º do C.C. port. - porque é sempre exigível uma manifestação de vontade do deserdante, que deve indicar expressamente no testamento a causa em que se funda a deserdação. É de

---

quentemente, no tráfico jurídico; o poder do legitimário para proceder à redução de doações é uma faculdade modificativa de um negócio jurídico, e estas faculdades caducam em vez de prescrever; a revogação de doações é uma acção rescisória, e a opinião comum é de que as acções rescisórias caducam. Não há que pensar que, em matéria de redução de doações, a lei tenha querido privilegiar o legitimário em detrimento de interesses de carácter geral, nomeadamente a segurança jurídica, uma vez que, frequentemente, a lei sacrifica os interesses dos legitimários perante outros que nem sequer são gerais. Também a citada STS, de 4 de Março de 1999, qualifica o prazo de exercício da acção de redução como prazo de caducidade.

[841] A certeza da causa vem expressamente exigida no artº 850º do C.C. esp. e é pressuposta no C.C. port. relativamente às causas que exigem a condenação do deserdado; *Vid.* CAPELO DE SOUSA, *Lições...*, I, *op. cit.*, pp. 257-258.

[842] Embora o termo "deserdação" possa significar também a privação da qualidade de herdeiro - era o que acontecia no *ius civile* romano, em que os *heredes sui* tinham que ser instituídos ou deserdados e a deserdação equivalia à privação do título de herdeiro - actualmente, tanto o C.C. port. como o C.C. esp. concebem a deserdação em sentido técnico, como mera privação do direito à legítima e não como privação do título de herdeiro, seja este voluntário ou legal. Neste sentido, cfr. as SSTS de 23 de Janeiro de 1959 (*RJA*, 1959, nº 125), e de 20 de Fevereiro de 1981 (*RJA*, 1981, nº 543); *Vid.* PIRES DE LIMA/ANTUNES VARELA, *Código Civil Anotado*, VI, *op. cit.*, p. 270.

[843] Cfr. as SSTS de 4 de Novembro de 1904 (*JC*, 1904, nº 43), 9 de Julho de 1974 (*JC*, 1974, nº 348), e 7 de Março de 1980 (*RJA*, 1980, nº 1558).

[844] Cfr. as SSTS de 8 de Novembro de 1967 (*RJA*, 1967, nº 4114) e de 9 de Julho de 1974, citada na nota anterior.

salientar ainda o carácter restritivo das causas de deserdação, as quais se encontram taxativamente enumeradas na lei, não produzindo qualquer efeito a deserdação com base em causa distinta das previstas[845].

Uma vez que o C.C. espanhol não o proíbe, há quem considere viável a deserdação parcial sempre que o deserdante tenha atribuído algum bem ao deserdado, o qual será imputável na quota indisponível[846]. Cremos, no entanto, que esses autores não se referem nesta hipótese à deserdação *stricto sensu*: esta só pode privar da totalidade da legítima, uma vez que a deserdação parcial vai contra o princípio da intangibilidade da legítima previsto nos art°s 2163° do C.C port. e 813° do C.C. esp.[847]. Parece-nos, portanto, que o que discutem aqueles autores é a questão de saber se a deserdação afecta apenas a legítima, ou se os seus efeitos se alargam igualmente às atribuições, *inter vivos* ou *mortis causa*, a favor do deserdado e à sucessão intestada, aceitando que, uma vez privado da legítima, o deserdado venha a receber algo a título de sucessor voluntário[848]. No C.C. port. situações idênticas, de atribuição de bens em testamento após a deserdação, também não são consideradas como deserdação parcial,

---

[845] Cfr. as SSTS de 9 de Julho de 1974 e 8 de Novembro de 1967, já citadas, bem como as de 20 de Junho de 1959 (*RJA*, 1959, n° 2922), 6 de Dezembro de 1963 (*RJA*, 1963, n° 5207) e 19 de Dezembro de 1988 (*RJA*, 1988, n° 9479).

[846] VALLET DE GOYTISOLO, "El Apartamiento y la Desheredación", *ADC*, 1968, p. 25, e *Las Legítimas*, II, *op. cit.*, p. 669. Alguns autores manifestam-se contra a admissibilidade da deserdação parcial, por considerarem que a deserdação não pode servir para reduzir a legítima que caberia ao legitimário e porque os art°s 815°, 851° e 857° do C.C. esp. apontam para a ideia de deserdação total. No entanto, admitem que se possa alcançar o mesmo efeito quando o autor da sucessão atribui algo da herança ao deserdado de forma indirecta, por exemplo, através de um encargo modal imposto a um herdeiro (*Vid.* PUIG BRUTAU, *Fundamentos...*, T. V, 3°, *op. cit.*, p. 162), ou através de uma atribuição voluntária que se sobreponha à própria deserdação (*Vid.* LACRUZ BERDEJO, *Elementos...*, V, *op. cit.*, p. 447).

[847] Neste sentido, CARVALHO FERNANDES, *Lições de Direito das Sucessões*, *op. cit.*, p. 169; OLIVEIRA ASCENSÃO, "As Actuais Coordenadas da Indignidade Sucessória", sep. *O Direito*, 1969, n°s 101 e 102, pp. 293 e ss.; MARTINS DA CRUZ, *Reflexões Críticas sobre a Indignidade e a Deserdação*, Coimbra, 1986, pp. 88-89. PAMPLONA CORTE-REAL, *Direito da Família e das Sucessões*, *op. cit.*, p. 213, inclui ainda como impedimento à deserdação parcial o princípio da indivisibilidade da vocação sucessória, traduzido nos art°s 2055° e 2250° do C.C. port..

[848] *Vid.* LACRUZ BERDEJO, *Elementos...*, V, *op. cit.*, p. 447.

382   A Legítima do Cônjuge Sobrevivo - Estudo Comparado Hispano-Português

porque o impede o artº 2163º e, nos termos do artº 2038º/2, aplicável *ex vi* do artº 2166º/2, correspondem a uma reabilitação parcial do deserdado, imputável na quota disponível[849].

Também é discutível se pode haver deserdação sob condição, embora alguma doutrina a aceite quando condicionada à prova da causa legal que possa fundamentar a deserdação, à proferição de sentença de condenação que fundamente a causa de deserdação, como acontece no caso do artº 2166º, als. a) e b), do C.C. port., ou quando o testador condicione a deserdação a um acto ou conduta posterior do deserdado[850]. No primeiro caso a eficácia da deserdação fica condicionada à prova da causa invocada, a qual já constitui requisito legal de eficácia quando seja impugnada a existência da causa nos termos do artº 850º do C.C. esp.; no segundo caso essa eficácia vai depender de sentença que condene o deserdado pelos actos que constituem causa de deserdação; por fim, na terceira hipótese, admite-se que a eficácia da deserdação fique condicionada a um facto ou conduta, anterior ou posterior à morte do testador, que, estando relacionado com a causa de deserdação, seja revelador do arrependimento do deserdado, existindo, na realidade, uma remissão ou perdão condicionado à verificação desse facto ou conduta[851]. O que não é de todo possível é a deserdação condicionada a que o legitimário incorra, posteriormente à feitura do testamento, em causa legal de deserdação, uma vez que a privação da legítima tem que fundamentar-se numa causa que já se tenha verificado à data da feitura do testamento e que seja conhecida do testador. Não obstante, há quem rejeite totalmente a ideia de deserdação condicional e acolha apenas a última hipótese referida, isto é, o perdão condicionado a uma conduta ou acto de arrependimento do deserdado[852]. No C.C. port. apenas se aceita a deserdação condicional quando dependa de uma posterior condenação do deserdado[853].

---

[849] Nesta matéria nos deteremos mais atempadamente na alínea c).

[850] *Vid.* VALLET DE GOYTISOLO, *Las Legítimas*, II, *op. cit.*, pp. 672-673.

[851] *Vid.* VALLET DE GOYTISOLO, "El Apartamiento y la Desheredación", *loc. cit.*, p. 28. O autor considera que, nesta última hipótese, existe uma deserdação justa e, simultaneamente, uma atribuição a favor do deserdado, imputável na sua legítima mas condicionada à rectificação da sua conduta.

[852] *Vid.* PUIG BRUTAU, *Fundamentos...*, T. V, 3º, *op. cit.*, pp. 161-162.

[853] *Vid.*, por todos, PAMPLONA CORTE-REAL, *Direito da Família e das Sucessões*, *op. cit.*, p. 213.

Legítima do Cônjuge Sobrevivo   383

b) Causas de deserdação do cônjuge sobrevivo

As causas de deserdação do cônjuge sobrevivo no C.C. port. vêm reguladas no artº 2166º e são as mesmas que procedem para deserdar qualquer outro legitimário. Em contrapartida, o C.C. esp. prevê, no seu artº 855º, causas específicas para a sua deserdação. O elenco de causas legais de deserdação do cônjuge é bastante mais vasto no C.C. esp. que no C.C. port., embora algumas apresentem semelhanças.

O artº 855º do C.C. esp. sofreu diversas alterações, especialmente no seu nº 1. Originariamente este consagrava como justas causas de deserdação as que davam lugar ao divórcio, segundo o artº 105º do mesmo diploma. A Lei de 24 de Abril de 1958 modificou-o ligeiramente, substituindo o termo "divórcio" pela expressão "separação pessoal", sem que isso tivesse implicado grandes repercussões. Em ambas as redacções o artº 855º dispunha, no último parágrafo, *"Para que las causas que dan lugar a la separación personal lo sean también de desheredación, es preciso que no vivan los cónyuges bajo un mismo techo.".* Com a Lei 30/1981, de 7 de Julho, substituiu-se a causa 1ª, que consagrava como fundamento da deserdação todas as causas que, segundo o artº 105º do C.C., davam lugar à separação pessoal pelo incumprimento grave ou reiterado dos deveres conjugais, por forma a coincidir com a causa 1ª de separação consagrada no novo artº 82º do mesmo diploma. Curiosamente, o parágrafo final do artº 855º manteve-se após a Reforma e a referida alteração da causa 1ª, apesar de já não servir para interpretá-la visto que as causas de separação pessoal deixaram de ser consideradas pela Reforma de 1981[854]. Por fim, a Lei 1/1996, de 15 de Janeiro[855], suprimiu o último parágrafo do artº 855º do C.C. esp., deixando de exigir a falta de coabitação para que pudesse haver deserdação; no entanto, há quem seja da opinião que a supressão deste parágrafo não modificou realmente o sentido do preceito, pois ele apenas pretendia excluir a deserdação quando, apesar de algum dos cônjuges ter incorrido em causa de separação,

---

[854] *Vid.* CADARSO PALAU, *Comentarios a las Reformas del Derecho de Familia*, Vol. II, *op. cit.*, p. 1461.

[855] BOE, n.º 15, de 17 de Janeiro de 1996.

384 *A Legítima do Cônjuge Sobrevivo - Estudo Comparado Hispano-Português*

tivesse havido reconciliação entre eles, presumindo-se esta em caso de restabelecimento da vida em comum[856].

O art° 855° do C.C. esp. começa por remeter para as causas de indignidade assinaladas nos n°s 2°, 3°, 5° e 6° do art° 756° do mesmo diploma legal. O n° 2 do art° 756° institui como causa de deserdação a condenação por atentado contra a vida do testador, do seu cônjuge, descendentes ou ascendentes. Aplicado ao cônjuge sobrevivo, o preceito possibilita a sua deserdação sempre que seja condenado por atentado contra a vida do testador, dos seus descendentes ou ascendentes. Aquela norma identifica-se, em certa medida, com a alínea a), do n° 1, do art° 2166° do C.C. port.. No entanto, por um lado, esta estabelece critérios mais amplos, ao permitir que a deserdação se funde na condenação por crime doloso[857] não só contra a pessoa do autor da sucessão, seus descendentes, ascendentes, adoptante ou adoptado, mas também contra os bens ou a honra de qualquer destas pessoas; por outro lado, institui o limite da medida da pena, pois só a condenação por crime a que corresponda pena de prisão superior a seis meses pode fundamentar a deserdação. No que diz respeito ao cônjuge sobrevivo, a eficácia do n° 2 do art° 756° do C.C. esp. cede perante a causa 4ª do art° 855° do mesmo diploma[858]. Esta, prevendo igualmente a hipótese, já resultante do art° 856° do C.C. esp., de a causa de deserdação ficar sem efeito em caso de reconciliação, vai mais longe, ao permitir a deserdação quando o cônjuge sobrevivo tenha atentado contra a vida do cônjuge testador, sem exigir que tenha havido sentença de condenação.

O n° 3 do art° 756° do C.C esp. permite a deserdação do cônjuge que tenha feito acusação caluniosa contra o testador, desde que a pena aplicá-

---

[856] *Vid.* VALLET DE GOYTISOLO, *Comentarios...*, T. XI, *op. cit.*, p. 580; FERNÁNDEZ GONZÁLEZ-REGUERAL, "La Desheredación del Cónyuge Separado de Hecho", *loc. cit.*, p. 1034.

[857] Costumam exigir-se dois elementos essenciais para a existência de dolo: o elemento intelectual, consistente no conhecimento pelo autor de que está a praticar uma conduta que consubstancia um tipo legal de crime, e o elemento volitivo, que exige que o autor tenha querido essa conduta (*Vid.* EDUARDO CORREIA, *Direito Criminal*, Vol. I, Coimbra, 1993, pp. 367 e ss.).

[858] *Vid.* VALLET DE GOYTISOLO, *Comentarios...*, T. XI, *op. cit.*, p. 579.

vel ao delito seja de prisão maior[859]. A al. b), do nº 1, do artº 2166º do C.C. port. autoriza a deserdação sempre que o cônjuge seja condenado por denúncia caluniosa ou por falso testemunho contra o testador, seus descendentes, ascendentes, adoptantes ou adoptados.

O nº 5º do artº 756º do C.C. esp. autoriza a deserdar o cônjuge que, mediante fraude ou recurso a ameaça ou violência, tenha obrigado o testador a fazer testamento ou a modificá-lo.

Embora o artº 855º do C.C. esp. não tenha remetido para o nº 6º do artº 756º do mesmo diploma após a Reforma de 1981, a doutrina entendeu, por identidade de razão, que deveria poder deserdar-se o cônjuge que, através de ameaça, fraude ou violência, impedisse o outro cônjuge de fazer testamento ou de revogar testamento anterior, pois também aqui estamos perante ofensas à liberdade de disposição do autor da sucessão que podem ser do conhecimento deste. Relativamente aos actos que visem falsear a vontade do testador - suplantar, ocultar ou alterar o testamento[860] - faz sentido considerá-los como causa de deserdação quando ocorridos antes da morte do testador, pois tratando-se de actos ocorridos após a sua morte não poderiam ser conhecidos na data da feitura do testamento[861]. Actualmente o problema está ultrapassado, uma vez que a Lei

---

[859] A Disposição Transitória Décima Primeira da Lei Orgânica 10/1995, de 23 de Novembro (*BOE* nº 281, de 24 de Novembro de 1995), que aprovou o Código Penal espanhol, determinou, no seu nº 1, alínea b), que quando *"...se hayan de aplicar Leyes penales especiales o procesales por la jurisdicción ordinaria, se entenderán sustituidas: ... La pena de prisión mayor, por la de prisión de tres a ocho años.".*

[860] Suplantar equivaleria a apresentar um testamento falso como sendo do autor da sucessão; Sobre a matéria, *Vid.* ALBALADEJO GARCIA, *Comentarios al Código Civil y Compilaciones Forales*, T. X, Vol. 1º, Madrid, 1987, pp. 236-237.

[861] CADARSO PALAU, *Comentarios a las Reformas del Derecho de Família*, II, *op. cit.*, p. 1460, entende que as mesmas justificações que levavam a considerar a causa 5ª como causa de deserdação se aplicavam à causa 6ª, e alega que não se exige que a alteração, suplantação ou ocultação do testamento seja referida ao último testamento outorgado pelo autor da sucessão, sendo perfeitamente possível que este descubra a conduta do legitimário relativamente ao seu testamento e outorgue outro em que, nomeadamente, o deserde com base nessa causa. No mesmo sentido, pronunciaram-se ALBALADEJO, *Curso...*, V, *op. cit.*, p. 386-387, e BELTRÁN DE HEREDIA, *Derecho de Sucesiones*, coord. por MONTÉS PENADÉS, *op. cit.*, pp. 430-431.

386   *A Legítima do Cônjuge Sobrevivo - Estudo Comparado Hispano-Português*

1/1996, de 15 de Janeiro, de Protecção Jurídica do Menor, aproveitou para modificar, na disposição final 18ª, o texto dos artºs 852º e 855º do C.C. esp., passando a remeter em ambos para os nºs 5º e 6º do artº 756º do mesmo diploma.

O artº 2034º do C.C. port. reconhece também como causas de indignidade certos atentados à liberdade de testar e ao testamento do *de cujus*. As suas alíneas c) e d) coincidem praticamente com os nºs 5º e 6º do artº 756º do C.C. esp. mas, ao contrário deste diploma, o C.C. port. não contém, em matéria de deserdação, qualquer remissão para as causas de indignidade. Contudo, isso não impede que alguns autores sejam da opinião que estas causas se aplicam igualmente à sucessão legitimária[862], tendo esta tese sido igualmente afirmada no Acórdão da Relação do Porto de 19 de Novembro de 1992[863].

A al. c) do artº 2166º do C.C. port. prevê, como última causa de deserdação, a recusa, sem justa causa, de prestação de alimentos ao outro cônjuge[864]. Corresponde, no fundo, ao nº 3º do artº 855º do C.C. esp., embora

---

[862] *Vid.* CAPELO DE SOUSA, *Lições...*, I, *op. cit.*, pp. 271-272, nota 389; Para este autor, as normas não terão recebido consagração em matéria de deserdação *"porque o emprego de dolo ou coacção por parte do sucessível indigno prejudica a aptidão testamentária do de cuius; porque algumas dessas ocorrências podem ter lugar após a morte do autor da sucessão; porque várias dessas ocorrências podem integrar crimes que entrem no âmbito da alínea a) do nº 1 do artº 2166º e que portanto também darão lugar à deserdação; porque o de cuius nos casos em que possa e queira agir contra o sucessível tem legitimidade para a acção declarativa de indignidade a partir da data da prática do facto indigno (artº 2036º do CCiv); e finalmente, e sobretudo, porque estamos perante situações que contendem com as posições, relativas, de todos os sucessíveis e não numa relação directa e exclusiva entre o de cuius e o legitimário e daí que nos pareça que o instituto da indignidade seja o mais apropriado para regular tais situações.".*
Defendem igualmente a aplicação da incapacidade sucessória por indignidade na sucessão legitimária, PEREIRA COELHO, *Direito das Sucessões, op. cit.*, pp. 215 e ss., e, de forma mitigada, LEITE DE CAMPOS, *Lições de Direito da Família e das Sucessões, op. cit.*, p. 519.

[863] *CJ*, 1992, V, pp. 226-228.

[864] O Ac. RC de 20 de Outubro de 1991 (*CJ*, 1991, IV, pp. 124-125), concluiu, no entanto, que *"O disposto no artº 2166º 1 al. c) do C.Civil não consente que o testador deserde o seu sucessível com fundamento na recusa de alimentos devidos ao autor da sucessão, desde que jamais foi fixada judicialmente, ou convencionada, qualquer prestação alimentar a pagar pelo sucessível ao autor da sucessão.",* considerando que a

a causa aqui prevista seja mais ampla, pois contempla a possibilidade de deserdação do cônjuge sobrevivo também quando este tenha negado alimentos aos filhos. A hipótese de recusa de alimentos a filhos compreenderá, neste caso, os filhos maiores ou emancipados, uma vez que a deserdação por recusa de alimentos a filhos menores está já enquadrada na violação dos deveres decorrentes do exercício do poder paternal - n° 2 do art° 855°. Uma vez que o art° 1362° do C.C. esp. coloca a cargo da *sociedad de gananciales* os alimentos e a educação dos filhos de um só dos cônjuges que vivam no lar conjugal, esta causa de deserdação poderá operar quer quando o cônjuge sobrevivo tenha negado alimentos aos filhos comuns com o autor da sucessão, quer quando tenha negado alimentos aos filhos unicamente do cônjuge falecido que vivessem em comunhão de habitação com ambos; assim não acontece quando a recusa de alimentos diga respeito a filhos somente do cônjuge sobrevivo, uma vez que não existe aqui o fundamento que justifica a deserdação como meio de sancionar uma ofensa dirigida ao *de cujus* e aos seus parentes mais próximos. Apesar de o n° 3 do art° 855° do C.C esp. não o referir, há-de entender-se, por identidade de razão com o n° 1 do art° 853° e com o n° 2 do art° 854°, que só a recusa sem motivo legítimo constitui causa de deserdação. Assim, sempre que se verifique algum dos motivos legítimos assinalados nos art°s 152° do C.C. esp. ou 2013° do C.C. port., a recusa de alimentos não pode fundamentar a deserdação[865].

Privativas do C.C esp. são as causas previstas nos n°s 1 e 2 do art° 855°, cuja apreciação passaremos a fazer. O n° 1 do art° 855° determina que o incumprimento grave ou reiterado dos deveres conjugais dá lugar à deserdação do cônjuge sobrevivo. Esta norma tem especial repercussão sobre as situações de separação de facto, embora também tenha interesse nos casos de separação judicial, uma vez que esta suspende o dever de coabitação mas não exonera os cônjuges do cumprimento de outros deveres. Contudo, no caso de separação judicial, os estreitos limites em

---

referência a "alimentos devidos" contida no aludido preceito terá que reportar-se àqueles que, nos termos do art° 2006° do mesmo diploma legal, "...*são devidos desde a proposição da acção ou, estando já fixados pelo tribunal ou por acordo, desde o momento em que o devedor se constituiu em mora...*".

[865] *Vid.* PUIG BRUTAU, *Fundamentos*..., T. V, 3°, *op. cit.*, p. 169.

que se mantém o direito do cônjuge viúvo à legítima (no melhor dos casos, apenas tem direito a ela se estiver separado por culpa do *de cujus*, e actualmente são já em menor número as causas que implicam um juízo de culpa) retiram algum efeito prático ao instituto da deserdação. Em caso de separação judicial parece, portanto, que o cônjuge que tenha direito à legítima, ou seja, que não tenha sido culpado da separação, poderá ainda ser deserdado por incumprimento grave e reiterado dos deveres de ajuda e socorro mútuos, de respeito, de fidelidade, e de actuar no interesse da família, uma vez que o artº 83º do C.C. esp., ao suspender a vida em comum, somente o isenta do dever de coabitação[866].

No caso de separação de facto continua a ser entendimento comum que os cônjuges conservam o direito à legítima e poderão ser deserdados pelo incumprimento de algum dos deveres matrimoniais. Esta hipótese suscita, inclusive, algumas dúvidas sobre se o dever de coabitação pode funcionar, e em que termos, como causa de deserdação, quando haja separação de facto. Atendendo ao intuito sancionatório dos actos ofensivos praticados contra o autor da sucessão, característico da deserdação, pode concluir-se que esta se destina a reagir contra uma actuação culposa de um dos cônjuges, designadamente a violação de deveres conjugais. Consequentemente, para que a separação de facto possa fundamentar a deserdação do cônjuge sobrevivo, é necessário que ela implique violação do dever de coabitação por parte deste, isto é, que tenha sido o cônjuge sobrevivo a impor injustificadamente a separação ao autor da sucessão[867].

Contudo, o actual sistema de separação do C.C. esp. prevê causas objectivas de separação, tal como admite a separação por mútuo acordo - artº 81º/1º. O primeiro tipo de casos, ou seja, a separação motivada por causas objectivas, parece privar a ambos os cônjuges da legítima, uma vez que não é possível determinar culpabilidades, e, portanto, não nos interessa.

Quanto à separação de facto por mútuo acordo, impõe-se saber se esta se enquadra no conceito de violação de deveres conjugais e se poderá, ou

---

[866] *Vid.* FERNÁNDEZ GONZALEZ-REGUERAL, "La Desheredación del Cónyuge Separado de Hecho", *loc. cit.*, pp. 1039-1040.

[867] Neste sentido, FERNÁNDEZ GONZÁLEZ-REGUERAL, "La Desheredación del Cónyuge Separado de Hecho", *loc. cit.*, p. 1037.

não, servir de fundamento para deserdar qualquer dos cônjuges. Embora o art° 82°/1° do C.C. esp. inclua entre as causas de separação o abandono injustificado do lar, existe uma ampla corrente da doutrina que considera que o mútuo acordo na separação de facto não envolve violação do dever de coabitação[868]. Esta corrente busca o seu fundamento no facto de o art° 105° do C.C. esp. excepcionar o incumprimento do dever de coabitação quando o abandono do domicílio se produz por causa razoável, e encontra igualmente apoio na 5ª causa de separação do art° 82°, que legitima a ambos os cônjuges para pedir a separação quando tenha mediado separação de facto por mútuo acordo durante seis meses, pois, quando comparada com a causa 1ª do mesmo artigo, esta pressupõe que o mútuo acordo exclui o abandono e, como tal, o dever de coabitação. Concluindo, a solução que mais se adequa ao actual sistema de separação do C.C. esp. é a de considerar que a separação de facto por mútuo acordo não permite a deserdação mútua dos cônjuges, uma vez que não envolve qualquer comportamento ofensivo de um deles relativamente ao outro e que suspende o dever de coabitação. Aceita-se da mesma forma que, caso a separação seja imposta por um dos cônjuges e meramente tolerada ou aceite pelo outro, também não poderão estes deserdar-se mutuamente. Parece-nos válido, quanto a este assunto, o raciocínio de FERNÁNDEZ GONZÁLEZ-REGUERAL, baseado no parágrafo segundo, da causa 5ª, do art° 82° do C.C. esp.; esta norma considera haver consentimento para a separação e, portanto, separação por mútuo acordo, sempre que, requerido por um dos cônjuges o consentimento para a separação, o outro não se oponha ou venha a pedir a separação ou as medidas provisórias do art° 103° do C.C. [869].

O n° 2 do art° 855° do C.C. esp. possibilita também a deserdação com base nas causas que, nos termos do art° 170° do mesmo diploma, dão lugar à privação total ou parcial do poder paternal, as quais consistem na violação dos deveres inerentes ao exercício desse poder. Em conformidade, o

---

[868] *Vid.* VALLADARES RASCÓN, *Nulidad, Separación, Divórcio, op. cit.*, p. 120, GETE ALONSO y CALERA, *Comentarios a las Reformas de Derecho de Família*, Vol.I, *op. cit.*, pp. 334 e 336 e FERNÁNDEZ GONZÁLEZ-REGUERAL, "La Desheredación del Cónyuge Separado de Hecho", *loc. cit.*, pp. 1037-1038.

[869] *Vid.* "La Desheredación del Cónyuge Separado de Hecho", *loc. cit.*, p. 1039.

390 *A Legítima do Cônjuge Sobrevivo - Estudo Comparado Hispano-Português*

cônjuge sobrevivo poderá ser deserdado quando tenha violado os deveres de guarda e custódia, alimentos, educação e formação integral, representação e administração de bens, relativamente aos filhos menores sobre os quais detenha o poder paternal.

Como já vimos, a causa 4ª do artº 855º permite a deserdação com base no atentado do cônjuge sobrevivo contra a vida do cônjuge testador, sem exigir que tenha havido sentença de condenação, e contempla ainda a hipótese de a causa de deserdação ficar sem efeito, se tiver mediado reconciliação entre os cônjuges.

c) Efeitos da deserdação do cônjuge sobrevivo

c') Na deserdação justa

O efeito principal da deserdação justa é, como resulta da própria definição do artº 2166º/1 do C.C. port., o de privar o deserdado da legítima; a lei afasta, nestes casos, a protecção que concede ao legitimário mesmo contra a vontade do autor da sucessão, e permite que este o sancione por actos graves praticados contra si ou contra os seus familiares mais próximos, privando-o da legítima[870], tudo se passando, então, como se o deserdado fosse inexistente.

Para alguns poucos autores os efeitos da deserdação limitam-se, em princípio, à sucessão legitimária[871]. Os fundamentos desta postura partem do próprio teor legal das normas que regulam o instituto, das diferenças que a deserdação apresenta relativamente à indignidade - esta, sim, priva o indigno de qualquer direito na sucessão - e da concepção da legítima como limite à liberdade de testar e, consequentemente, da deserdação

---

[870] O testador fica como que dispensado por lei de continuar vinculado ao dever de atribuição da legítima (*Vid.* PUIG BRUTAU, *Fundamentos...*, T. V, 3º, *op. cit.*, p. 153).

[871] *Vid.* ROCA SASTRE, *Notas al Derecho de Sucesiones de Theodor Kipp*, V, Vol. 1º, *op. cit.*, p. 167. PIRES DE LIMA/ANTUNES VARELA, *Código Civil Anotado*, VI, *op. cit.*, p. 271. FRANÇA PITÃO, *A Posição do Cônjuge Sobrevivo...*, *op. cit.*, pp. 58-59, defende que o cônjuge sobrevivo deserdado pode ser chamado na sucessão legítima à quota disponível ou ao seu remanescente, excepto se houver acção judicial que, com base na mesma causa, faça operar a indignidade sucessória.

Legítima do Cônjuge Sobrevivo 391

como eliminação desse limite[872]. Outros consideram que a deserdação pode privar o deserdado de todo e qualquer direito na sucessão do deserdante, se a causa de deserdação constituir simultaneamente causa de indignidade, sempre que a mesma tenha sido provada e declarada judicialmente[873].

Contudo, a postura maioritária considera que, além de privar da legítima, a deserdação justa conduz ao afastamento do deserdado da sucessão legítima ou intestada[874]. Esta apresenta-se como a solução que melhor se concilia com a vontade normal do deserdante, que, ao querer privar o deserdado de um direito forçoso, certamente não pretenderá que este venha a suceder-lhe num direito que pode afastar por sua vontade; por outro lado, se por força da deserdação o sucessível legitimário pode ser afastado de um direito indisponível, deverá, por argumento *a fortiori*, ver-se igualmente afastado da quota disponível que pudesse caber-lhe[875]. A deserdação do cônjuge sobrevivo, para além de privá-lo da legítima, terá, assim, o efeito de excluí-lo tacitamente da sucessão legal, excepto quando haja uma clara manifestação de vontade do testador noutro sentido. Em conformidade, pronunciou-se já a doutrina jurisprudencial do Tribunal

---

[872] Recolhe estes argumentos CÁMARA LAPUENTE , *La Exclusión Testamentaria de los Herederos Legales*, Madrid, 2000, pp. 98-99.

[873] *Vid.* RIVAS MARTINEZ, *Derecho de Sucesiones Común y Foral*, II, *op. cit.*, p. 447; PUIG BRUTAU, *Fundamentos...*, T. V, 3°, *op. cit.*, pp. 236-237; ROCA SASTRE, *Notas al Derecho de Sucesiones de Theodor Kipp*, V, Vol. 1°, *op. cit.*, p. 169; ROMÁN GARCIA, *Derecho de Sucesiones. Instituciones de Derecho Civil Español*, VII, Madrid, 1999, pp. 258-259; EDUARDO DOS SANTOS, *O Direito das Sucessões*, *op. cit.*, p. 106. Parece ser este também o entendimento de DÍEZ-PICAZO y GULLÓN, para quem o deserdado apenas ficará privado dos seus direitos como herdeiro intestado na qualidade de indigno quando a causa de deserdação seja simultaneamente causa de indignidade (*Vid. Sistema...*, IV, *op. cit.*, p. 495).

[874] *Vid.* PAMPLONA CORTE-REAL, *Direito da Família e das Sucessões*, *op. cit.*, p. 212; CARVALHO FERNANDES, *Lições...*, *op. cit.*, p. 169; VALLET DE GOYTISOLO, *Comentarios...*, XI, *op. cit.*, p. 589; LACRUZ BERDEJO, *Elementos...*, V, *op. cit.*, p. 448; ESPEJO LERDO DE TEJADA, *La Legítima en la Sucesion Intestada...*, *op. cit.*, pp. 94, 111 e 258; RIVERA FERNÁNDEZ, *La Preterición en el Derecho Común Español*, Valencia, 1994, p. 280; CÁMARA LAPUENTE, *La Exclusión Testamentaria...*, *op. cit.*, p. 100.

[875] *Vid.* PAMPLONA CORTE-REAL, *ibidem*, e CÁMARA LAPUENTE, *ibidem*.

392   *A Legítima do Cônjuge Sobrevivo - Estudo Comparado Hispano-Português*

Supremo nas Sentenças de 20 de Maio de 1931[876] e de 11 de Fevereiro de 1988[877].

Na deserdação justa a devolução da sucessão ao cônjuge sobrevivo é considerada inexistente, retroagindo à data da abertura da sucessão. Segundo o artº 2037º/1, 2ª parte, do C.C. port., aplicável *ex vi* do artº 2166º/2, que equipara a deserdação à indignidade quanto aos efeitos legais, o cônjuge fica na posição do possuidor de má fé relativamente aos bens da herança que, em princípio, lhe pertenceriam. Consequentemente, sujeita-se à obrigação de restituir os frutos produzidos pelos bens desde a data da abertura da sucessão, e responde pelo valor daqueles que um proprietário diligente poderia ter obtido - artº 1271º do C.C. port. - submetendo-se igualmente ao regime do levantamento de benfeitorias, previsto nos artºs 1273º a 1275º do C.C. port.. O C.C. esp. consagra uma regra idêntica no artº 760º, embora não a declare extensível aos casos de deserdação. Esta norma, que a doutrina considera aplicável aos indignos,[878] estabelece que "*El incapaz de suceder, que, contra la prohibición de los anteriores artículos, hubiese entrado en la posesión de los bienes hereditarios, estará obligado a restituirlos con sus acesiones y con todos los frutos y rentas que haya percebido.*", e aplica-se sempre que a indignidade seja declarada judicialmente na sequência da acção a que alude o artº 762º do mesmo diploma legal. Somos da opinião que, apesar de as normas do C.C. esp. sobre deserdação não remeterem para aquele preceito, ele deve ser aplicado, por identidade de razão, nos casos em que o justamente deserdado tenha entrado na posse dos bens hereditários. Apesar dos diferentes mecanismos de actuação, tanto a deserdação quanto a indignidade visam reagir contra actos reprováveis de um sucessível face ao autor da sucessão, de forma a afastá-lo da sucessão com base numa vontade expressa deste - deserdação - ou com base na sua vontade presumida - indignidade - o que vem justificar uma identidade de consequências ou efeitos[879].

---

[876] *RJA*, 1931, nº 2054.

[877] *RJA*, 1988, nº 939.

[878] *Vid.* DÍAZ ALABART, *Comentarios al Código Civil y Compilaciones Forales*, T. X, Vol. 1º, Madrid, 1987, p. 266; DÍEZ-PICAZO y GULLÓN, *Sistema...*, IV, *op. cit.*, p. 343.

[879] Relativamente à restituição de frutos o artº 760º do C.C. esp. tem proporcionado diferentes posturas doutrinais, uma vez que o regime previsto se afasta das regras gerais

Normalmente o efeito de privar da legítima não afecta os descendentes do deserdado, que gozam do direito de representação nos termos dos artºs 857º do C.C. esp. e 2037º/2 do C.C. port., aplicável *ex vi* do artº 2166º/2 do mesmo diploma[880]. Este direito de representação tem diferentes amplitudes nos dois casos, pois, enquanto o artº 857º do C.C. esp. apenas autoriza os filhos ou descendentes do deserdado a ocupar o lugar deste e conservar os direitos sobre a quota legítima, o artº 2037º/2 do C.C. port. vai mais longe, ao reconhecer o direito de representação na sucessão legal, que engloba, portanto, as sucessões legitimária e legítima.

Contudo, a maioria da doutrina espanhola considera o artigo 857º do C.C. esp. inaplicável ao caso de deserdação do cônjuge sobrevivo. Embora este artigo aluda aos filhos do deserdado, sem fazer qualquer referência ao parentesco deste com o deserdante, VALLET DE GOYTI-SOLO considera evidente que o cônjuge viúvo não detém um direito legitimário transmissível, posto que se trata de um direito pessoalíssimo e em usufruto: sendo deserdado, a sua quota legal usufrutuária desaparece, beneficiando os titulares da nua propriedade sobre o terço de mejora[881].

O cônjuge deserdado tem, no entanto, o direito de manter as doações que tenha recebido em vida do autor da sucessão, mesmo que fossem

---

sobre restituição de frutos consagradas nos artºs 451º e ss. do mesmo diploma. Assim, enquanto uns entendem que a devolução dos frutos pelo indigno se rege exclusivamente pelo artº 760º, e que tanto o possuidor de boa fé como o de má fé têm que devolver os frutos recebidos, outros consideram que o artº 760º só se aplica ao caso aí contemplado, havendo que recorrer, subsidiariamente, às regras gerais de restituição de frutos pelo possuidor; por último, há quem defenda que o artº 760º regula apenas as situações em que o indigno, possuidor de bens da herança, esteja de má fé. DÍAZ ALABART é da opinião que o artº 760º consagra uma excepção à regra do artº 451º/1, e obriga todo o indigno, esteja de má fé ou não, a restituir os frutos recebidos, salvaguardando, contudo, a restituição dos frutos recebidos mas consumidos, da qual considera liberado o indigno possuidor de boa fé (*Vid. Comentarios...*, T. X, *op. cit.*, pp. 269-270 e 273).

[880] O nº 2 do artº 2166º do C.C. port. equipara o deserdado ao indigno para todos os efeitos legais, conduzindo, assim, à aplicação dos artºs 2034º e 2035º em sede de deserdação. Segundo PIRES DE LIMA/ANTUNES VARELA, não há qualquer razão para atribuir efeitos mais leves à deserdação do que à indignidade, pois, apesar do menor grau de gravidade das causas de deserdação, há uma clara intenção do testador em afastar o deserdado da sucessão (*Código Civil Anotado*, VI, *op. cit.*, p. 271).

[881] *Vid. Comentarios...*, XI, *op. cit.*, pp. 591 e 592-593.

394   *A Legítima do Cônjuge Sobrevivo - Estudo Comparado Hispano-Português*

imputáveis na legítima, uma vez que estas doações só podem ser revogadas nos termos dos artºs 648º do C.C. esp., e 974º do C.C. port. - com as excepções previstas no artº 975º deste diploma[882]. Ainda que, nalguns casos, haja coincidência entre as causas de deserdação e as que permitem a revogação de doações[883], esta última exige o exercício da acção de revogação por ingratidão, nos termos dos artºs 652º do C.C. esp. e 976º do C.C. port.[884 885].

As situações em que o cônjuge sobrevivo tenha incorrido em causa de deserdação mas, ainda assim, não tenha sido deserdado pelo testador conhecedor da ofensa, não consubstanciam uma reabilitação tácita mas antes a ausência de deserdação, ou uma indignidade se a causa de deserdação constituir também causa de indignidade[886].

---

[882] Este artigo não permite revogar por ingratidão as doações feitas para casamento, designadamente entre esposados, e as doações remuneratórias, além de impedir a revogação de qualquer doação sempre que tenha havido perdão do doador ao donatário.

[883] O que é bem patente na causa 3ª do artº 855º do C.C. esp. e na causa com o mesmo número do artº 648º do mesmo diploma, bem como no artº 974º do C.C. port., que dispõe: *"A doação pode ser revogada por ingratidão, quando o donatário se torne incapaz, por indignidade, de suceder ao doador, ou quando se verifique alguma das ocorrências que justificam a deserdação.".*

[884] *Vid.* PUIG BRUTAU, *Fundamentos...,* T. V, 3º, *op. cit.,* p. 171.

[885] Além disso, o cônjuge que tenha incorrido nalguma causa de deserdação poderá sofrer um outro efeito, de carácter não sucessório, que é a perda do direito a alimentos, nos termos do nº 4º do artº 152º do C.C. esp..

[886] Os efeitos da indignidade sucessória implicam, além da perda dos direitos na sucessão intestada, uma perda da legítima - artº 761º do C.C. esp. - tornando inexistente a vocação sucessória do indigno incluindo a legitimária - artºs 2032º/1, *in fine,* e 2037º do C.C. port.; *Vid.* DE LA CÁMARA, *Compendio...,* 2ª ed., *op. cit.,* pp. 49-51; LACRUZ BERDEJO, *Elementos...,* V, *op. cit.,* p. 66; CAPELO DE SOUSA, *Lições...,* I, *op. cit.,* p. 267; OLIVEIRA ASCENSÃO, *Direito Civil, op. cit.,* pp. 165 e ss.; Neste sentido pronunciou-se também o Ac. STJ, de 23 de Julho de 1974 (*BMJ,* nº 239, p. 224). Na indignidade a delação produz-se a favor do indigno mas os seus efeitos não ficam consolidados, uma vez que podem decair pelo exercício da declaração de ineficácia, que destrói retroactivamente o seu chamamento à sucessão (*Vid.* MARTINS DA CRUZ, *Reflexões Críticas Sobre a Indignidade e a Deserdação, op. cit.,* pp. 69 e ss.; LÓPEZ Y LÓPEZ, *Derecho de Sucesiones,* coord. por MONTÉS PENADÉS, Valencia, 1992, p. 70). A favor do carácter automático da actuação da indignidade quando o indigno não tenha em seu poder os bens da herança, *Vid.* OLIVEIRA ASCENSÂO, *Direito Civil, op. cit.,* pp. 160-161, e CAPELO DE SOUSA, *Lições...,* I, *op. cit.,* pp. 262 e ss..

c") Na deserdação injusta

Nos casos em que se deserde sem expressão de causa, com base numa causa cuja certeza não se prove, ou numa causa que a lei não admita, está-se perante uma deserdação injusta. O C.C. esp. atribui-lhe os mesmos efeitos da preterição, que consistem na anulação da instituição de herdeiro na medida em que prejudique a legítima estrita do deserdado, bem como dos legados, melhoras e demais disposições testamentárias, enquanto se mostrem necessárias para o mesmo fim - artº 851º do C.C. esp.. A expressão "... *anulará la institución de heredero...*" utilizada no artº 851º do C.C. esp. sugere, em princípio, uma anulação parcial da instituição de herdeiro, e a consequente abertura da sucessão intestada na exclusiva e necessária medida da satisfação do direito do legitimário injustamente deserdado, solução que é defendida por um autorizado sector da doutrina[887]. Para outros, no entanto, a deserdação injusta não produz como consequência a abertura da sucessão intestada, já que a mesma é desnecessária. Tal como acontece nos demais casos de protecção da legítima material, o prejuízo ilícitamente causado ao deserdado é ressarcido através da redução da instituição de herdeiro, que opera por força do chamamento à legítima mediante título sucessório distinto dos chamamentos testamentário e intestado[888]. A satisfação do direito do legitimário

---

[887] *Vid.* VALLET DE GOYTISOLO, *Comentarios...*, T. XI, *op. cit.*, p. 554, e "Observaciones en Torno a la Naturaleza de la Legítima", *loc. cit.*, pp. 43 e ss.; DE LA CÁMARA, *Compendio...*, 2ª ed., *op. cit.*, p. 213; PUIG BRUTAU, *Fundamentos...*, T. V, 3º, *op. cit.*, p. 172; ROCA SASTRE, *Notas al Derecho de Sucesiones de Theodor Kipp*, T. V, Vol. 1º, *op. cit.*, p. 171; RIVERA FERNANDEZ, *La Preterición en el Derecho Común Español*, *op. cit.*, pp. 235-238 e 282.

[888] *Vid.* LACRUZ BERDEJO, *Elementos...*, V, *op. cit.*, pp. 448-449; ESPEJO LERDO DE TEJADA, *La Legítima...*, *op. cit.*, pp. 217 e 267 e ss.; ROCA-SASTRE MUNCU-NILL, *Derecho de Sucesiones*, II, *op. cit.*, p. 575; CÁMARA LAPUENTE, *La Exclusión Testamentaria...*, *op. cit.*, pp. 104-106; Este último autor reúne os seguintes argumentos a favor desta perspectiva: que, embora o chamamento intestado seja susceptível de satisfazer qualitativamente a legítima, pode não satisfazê-la quantitativamente; que não existe fundamento legal para sustentar que a sucessão intestada se abra exclusivamente a favor do legitimário lesado, o que, além do mais, conflitua com o próprio fundamento desta modalidade de sucessão ; que o legitimário não tem necessariamente que receber a sua participação na herança a título de herdeiro, por força do artº 815º do C.C. esp. (*op. cit.*, p. 105).

deserdado opera por força do próprio chamamento legitimário, que, neste caso, surge autonomamente a par daqueles dois[889]. O cônjuge sobrevivo injustamente deserdado mantém o direito à legítima que lhe corresponde, quer haja testamento, quer se abra a sucessão intestada na totalidade[890]. No entanto, a deserdação injusta que tenha obedecido aos requisitos formais exclui os direitos intestados do cônjuge sobrevivo deserdado, quando existam[891].

Atendendo aos duros efeitos produzidos pela deserdação, a lei confere ao legitimário um meio de protecção contra ela, nos casos em que haja deserdação injusta. Assim, qualquer legitimário deserdado, incluindo o cônjuge sobrevivo, poderá instaurar acção para impugnar a deserdação, com vista à declaração de invalidade da instituição de herdeiro na medida em que prejudique a sua legítima - artºs 851º do C.C. esp. e 2167º do C.C. port.[892]. Esta acção, dirigida contra os herdeiros, tem natureza

---

As SSTS de 23 de Janeiro de 1959 (RJA, 1959, nº 125), 9 de Outubro de 1975 (RJA, 1975, nº 3583), 5 de Outubro de 1991 (BOE, 4º Trimestre, 1993, nº 679) e 6 de Abril de 1998 (RJA, 1998, nº 1913), concluiram que o direito do legitimário deve limitar-se à legítima estrita, sempre que existam outros descendentes do autor da sucessão que possam considerar-se melhorados com a referida deserdação.

[889] A jurisprudência do Tribunal Supremo pronunciou-se a favor da desnecessidade de abertura da sucessão intestada nas citadas Sentenças de 23 de Janeiro de 1959 e de 9 de Outubro de 1975.

[890] Vid. ESPEJO LERDO DE TEJADA, La Legítima..., op. cit., pp. 111-112; RIVERA FERNÁNDEZ, La Preterición en el Derecho Común Español, op. cit. p. 282; CÁMARA LAPUENTE, La Exclusión Testamentaria..., op. cit., pp. 101-102.

[891] Contudo, a doutrina tem entendido, por analogia com o artº 767º/1 do C.C. esp., que, na deserdação injusta realizada por erro, a falsa causa de deserdação se tem por não escrita quando do testamento possa concluir-se que o testador não teria deserdado se tivesse conhecido a falsidade da causa em que se baseou; provando-se o erro na formação da vontade do testador, a deserdação é totalmente anulada, não produzindo qualquer efeito sequer em relação à sucessão intestada (Neste sentido, Vid. VALLET DE GOYTISOLO, "El Apartamiento y la Desheredación", loc. cit., p. 86, CÁMARA LAPUENTE, La Exclusión Testamentaria..., op. cit., pp. 108-109).

[892] A STS de 10 de Junho de 1988 (RJA, 1988, nº 4813), considerou, face a um caso em que declarou não haver direito do cônjuge sobrevivo à legítima, por se encontrar separado do autor da sucessão, que o mesmo tem legitimidade para o exercício da acção de impugnação de deserdação, ainda que a mesma não vise a protecção dos seus direitos legitimários por não possuir já direito à legítima.

declarativa e é pessoalíssima, transmitindo-se apenas aos descendentes do deserdado[893]. Os prazos previstos para o seu exercício são de dois anos a contar da abertura do testamento, quando o fundamento resida na inexistência da causa invocada - art° 2167° do C.C. port. - e igualmente de dois anos, mas a contar da data em que o interessado teve conhecimento do testamento e da causa de anulabilidade, quando a impugnação se baseie noutro fundamento, por aplicação do prazo geral de impugnação do testamento, previsto no art° 2308°/2 da mesma lei. No caso do C.C. esp., a falta de norma específica originou divergências na doutrina quanto aos prazos de prescrição da acção de impugnação. Já foi apontado que tal prazo seria de trinta anos se na herança existissem imóveis, e de seis se apenas fosse composta por móveis, ou ainda que seria de cinco anos, com base no art° 15°, n° 4, alínea b), da *Ley Hipotecaria*[894]. No entanto, há ainda quem considere que a acção está sujeita ao prazo de prescrição de quinze anos do art° 1964° do C.C. esp., por tratar-se de uma acção pessoal[895], e quem defenda a aplicação do prazo de prescrição de quatro anos previsto no art° 1299° do mesmo diploma legal, que regula as acções rescisórias[896].

d) Reabilitação do cônjuge sobrevivo deserdado

Ambos os ordenamentos admitem a reabilitação do deserdado. No C.C. port. esta é aceite nos termos em que se admite a reabilitação do indigno, por força da equiparação expressa no n° 2 do art° 2166°, que conduz à aplicação do art° 2038° do mesmo diploma[897]. Este artigo admite as modalidades de reabilitação expressa e tácita do indigno e, portanto, do deserdado. Assim, o cônjuge sobrevivo deserdado considera-se reabilita-

---

[893] *Vid.* VALLET DE GOYTISOLO, *Comentarios...*, T. XI, *op. cit.*, p. 546.

[894] Para uma perspectiva doutrinal sobre o tema, *Vid.* VALLET DE GOYTISOLO, *Comentarios...*, T. XI, *op. cit.*, pp. 546 e ss.. Também MÉNDEZ TOMÁS e VILALTA NICUESA, *Acción de Impugnación de la Desheredación*, Barcelona, 1998, pp. 18-19.

[895] *Vid.* LACRUZ BERDEJO, *Elementos...*, V, *op. cit.*, p. 449; ROMÁN GARCÍA, *Derecho de Sucesiones*, *op. cit.*, p. 260;

[896] *Vid.* VALLET DE GOYTISOLO, *Comentarios...*, T. XI, *op. cit.*, p. 547.

[897] *Vid.* OLIVEIRA ASCENSÃO, *Direito Civil*, *op. cit.*, p. 163; CARVALHO FERNANDES, *Lições...*, *op. cit.*, p. 170.

398   *A Legítima do Cônjuge Sobrevivo - Estudo Comparado Hispano-Português*

do quando o autor da sucessão declare expressamente, em testamento ou escritura pública, que quer reabilitá-lo - reabilitação expressa - ou quando, sem o declarar, o contemple no testamento, apesar de conhecer a causa de deserdação - reabilitação tácita. Ao contemplar o cônjuge sobrevivo em testamento o autor da sucessão pode restituir-lhe o direito à legítima, o que traduz uma reabilitação expressa, ou pode contemplá-lo com uma deixa que poderá ser entendida como uma reabilitação parcial tácita, por analogia com o artº 2038º/2, aplicável *ex vi* do artº 2166º/2, ambos do C.C. port.; não obstante, esta deixa será imputável na quota disponível, uma vez que o legitimário continua privado da legítima pelo facto de não ser admitida a deserdação parcial. Portanto, esta situação, idêntica à que VALLET DE GOYTISOLO qualifica de deserdação parcial, assume no C.C. port. o carácter de uma reabilitação tácita. A reabilitação expressa tem de constar de testamento ou escritura pública, e proporciona a reaquisição da plena capacidade sucessória do deserdado relativamente a qualquer título de vocação (testamentário, contratual, legitimário ou legítimo); a reabilitação tácita é feita através de disposição testamentária que, depois do conhecimento da causa de deserdação, chame o cônjuge sobrevivo deserdado à sucessão, e só tem eficácia parcial, uma vez que o deserdado só pode suceder dentro dos limites dessa disposição testamentária e não a título de sucessor legal ou contratual - nº 2 do artº 2038º do C.C. port.[898].

No C.C. esp. o artº 856º regula expressamente a reconciliação entre deserdante e deserdado, prevendo-se as hipóteses de reconciliação posterior à ocorrência da causa de deserdação mas anterior à sua formalização em testamento - que envolve a perda do direito a deserdar com base nessa causa - e de reconciliação posterior à deserdação - que deixa sem efeitos a deserdação já formalizada, embora não impeça uma futura exclusão do injustamente deserdado relativamente à sucessão intestada, da qual o testador pode afastá-lo sem ter que invocar qualquer causa[899]. Para o efeito, a

---

[898] *Vid.* CAPELO DE SOUSA, *Lições...*, I, *op. cit.*, p. 268; PIRES DE LIMA/ANTUNES VARELA, *Código Civil Anotado*, VI, *op. cit.*, pp. 45-47.

[899] No caso da deserdação ficar sem efeito em virtude de uma reconciliação posterior, a exclusão tácita do deserdado da sucessão intestada deverá ser apurada face à vontade do testador, revelada pelas circunstâncias do caso; *Vid.* CÁMARA LAPUENTE, *La Exclusión Testamentaria...*, *op. cit.*, pp. 109-110.

lei apenas exige que a reconciliação transpareça das relações familiares, sem necessidade de que a mesma conste de documento público ou testamento posterior ao acto que constitui causa de deserdação.

Antes da Lei 1/1996, de 15 de Janeiro, o parágrafo final do art° 855° do C.C. esp. dispunha, relativamente aos cônjuges, que o restabelecimento da sua vida em comum implicava reconciliação, isto é, entendia-se que o facto de os cônjuges "viverem sob o mesmo tecto" era, até prova em contrário, indício do restabelecimento da vida em comum que fazia presumir a reconciliação e, portanto, deixava sem efeito a deserdação. Contudo, apesar da supressão deste parágrafo pela referida Lei 1/1996, o facto de os cônjuges continuarem a fazer vida em comum, ou de a terem restabelecido depois de um deles ter incorrido numa causa de deserdação, continua a fazer presumir a reconciliação prevista no art° 856° do C.C. esp., pois mantém-se como indicador da normalização das suas relações e da existência de uma reconciliação de facto.

Atendendo a que algumas causas de indignidade são, simultaneamente, causas para deserdar o cônjuge sobrevivo, há que determinar o âmbito de aplicação dos art°s 856° e 757° do C.C. esp.. O art° 757° dispõe acerca da reabilitação do indigno, condicionando a validade da remissão da causa de indignidade a que a mesma conste de documento público, regime que se afasta do previsto no art° 856°, que não exige qualquer formalidade para a reconciliação. Não existe dúvida de que, sempre que a deserdação do cônjuge sobrevivo opere com base numa causa de indignidade, o regime a aplicar será o da reconciliação, mas também parece que nada obsta à sua aplicação no caso de indignidade do cônjuge sobrevivo com base numa das causas 2ª, 3ª ou 5ª do art° 756°, tal como nada impede que as partes façam constar a reconciliação de um documento, solene ou não[900].

A par da reconciliação, a doutrina espanhola atribui também eficácia ao perdão como causa extintiva da deserdação,[901] reconhecendo a existên-

---

[900] *Vid.* VALLET DE GOYTISOLO, *Comentarios...*, XI, *op. cit.*, p. 584.

[901] A diferença entre as duas figuras reside, essencialmente, em que a reconciliação é um acto bilateral e recíproco entre deserdante e deserdado, que envolve o restabelecimento e a regularização das relações familiares, sendo suficiente a verificação de factos que traduzam essa regularização, enquanto o perdão é um acto unilateral do deserdante, que

cia de um perdão na doação ou na disposição testamentária do autor da sucessão que, posteriormente à causa de deserdação, venha a beneficiar o legitimário[902]. Nestes casos, a doutrina exige que o perdão (expresso ou tácito, solene ou não solene) seja especial, recaia concretamente sobre o facto que constitui causa de deserdação,[903] e que conste de documento público ou testamento, sempre que não tenha como suporte uma reconciliação de facto susceptível de prova, de forma a que resulte clara e inequívoca a intenção de perdoar[904].

O nº 2 do artº 2038º do C.C. port., aplicável *ex vi* do artº 2166º do mesmo diploma, contemplando exclusivamente a possibilidade do perdão, reconhece igualmente a existência de uma reabilitação tácita do deserdado sempre que este seja contemplado em testamento após o conhecimento da causa de deserdação pelo autor da sucessão. Não obstante, a lei portuguesa continua a reprovar, nestes casos, a conduta do deserdado, reconhecendo unicamente ao perdão o efeito limitado de permitir a sucessão no âmbito da disposição testamentária, e nunca no âmbito das outras modalidades de designação sucessória como acontece no C.C. esp.[905].

Assim, a relevância e os efeitos do perdão relativamente ao cônjuge sobrevivo deserdado ou que tenha incorrido em causa de deserdação, são diferentes no C.C. esp. e no C.C. port.: no primeiro caso o perdão permite

---

não implica qualquer relação de facto entre este e o deserdado; admite-se o perdão expresso ou tácito, *v.g.* se, posteriormente à causa de deserdação, o testador faz doação ou disposição testamentária, solene ou não, que beneficie o legitimário, desde que se reporte especificamente ao facto que constitui causa de deserdação; *Vid.* VALLET DE GOYTISOLO, *Comentarios...*, XI, *op. cit.*, p. 581 e 586; LACRUZ BERDEJO, *Elementos...*, V, *op. cit.*, p. 447; PUIG BRUTAU, *Fundamentos...*, T. V, 3º, *op. cit.*, pp. 173-174.

[902] Neste sentido, VALLET DE GOYTISOLO, *ibidem*; PUIG BRUTAU, *Fundamentos...*, T. V, 3º, *op. cit.*, p. 174.

[903] *Vid.* LACRUZ BERDEJO, *Elementos...*, V, *op. cit.*, p. 447; Cfr. as SSTS de 4 de Novembro de 1904 (*JC*, nº 43) e de 24 de Outubro de 1972 (*RJA*, 1972, nº 4253).

[904] *Vid.* VALLET DE GOYTISOLO, *Comentarios...*, T. XI, *op. cit.*, p. 586.

[905] No C.C. port. a reabilitação expressa tem eficácia plena e apaga retroactivamente a deserdação, proporcionando o chamamento do deserdado a título testamentário ou legal, enquanto a reabilitação tácita só produz efeitos parciais, sucedendo o deserdado apenas dentro dos limites da disposição testamentária (CAPELO DE SOUSA, *Lições...*, I, *op. cit.*, p. 268).

o chamamento do cônjuge à sucessão sem quaisquer restrições, por força da lei ou do testamento, enquanto no segundo o cônjuge só pode suceder nos estritos limites resultantes da disposição testamentária, e a deixa testamentária com que tenha sido contemplado terá que ser imputável na quota disponível, uma vez que continua privado da legítima[906].

I) Preterição

A preterição do direito espanhol é um instrumento de protecção da legítima que não conhece idêntica consagração no C.C. port.. A inexistência da figura no direito português resulta da própria forma como é deferida a legítima, pois, face aos artºs 2026º, 2027º e 2156º do C.C. port., ninguém duvida que a mesma é deferida por lei, não podendo ser afastada por vontade do autor da sucessão, nem podendo este dispor da porção indisponível, legalmente destinada aos herdeiros legitimários. Atente-se, inclusive, que, em regra, o autor da sucessão não pode sequer determinar, contra a vontade dos respectivos herdeiros legitimários, os bens que hão-de preencher os seus quinhões legitimários - artº 2163º[907]. Em contraparti-

---

[906] Não será assim se o autor da sucessão instituir o cônjuge sobrevivo deserdado em testamento posterior, restituindo-lhe o direito à legítima, o que implica revogação da deserdação anterior, nos termos do artº 2313º/1 do C.C. port. , podendo consubstanciar uma reabilitação expressa (*Vid.* MARTINS DA CRUZ, *Reflexões Críticas sobre a Indignidade e a Deserdação, op. cit.*, pp. 88-89).

[907] CAPELO DE SOUSA, *Lições...*, I, *op. cit.*, p. 39, define a sucessão legitimária nos seguintes termos: "... *aquela que é deferida por lei, que não pode ser afastada pela vontade do de cuius e que respeita à porção de bens de que o autor da sucessão não pode dispor, por ser legalmente destinada aos herdeiros legitimários.*". Segundo PIRES DE LIMA/ANTUNES VARELA, *Código Civil Anotado*, VI, *op. cit.*, p. 252, "*A sucessão legitimária (necessária ou forçosa) é precisamente caracterizada pela existência de certas pessoas com direito a determinada quota de bens da herança, de que o de cuius não pode dispor livremente , por ser destinada a essas pessoas.... À quota de bens de que o de cuius não pode dispor livremente, porque a lei a afecta, em princípio, a certas pessoas, dá-se, por seu turno a designação de quota legitimária, porção legitimária, ou pura e simplesmente de legítima.*" (sublinhado nosso). GALVÃO TELLES, *Direito das Sucessões, op. cit.*, p. 154, afirma também que a sucessão legitimária se defere por força de lei imperativa.

402   *A Legítima do Cônjuge Sobrevivo - Estudo Comparado Hispano-Português*

da, esta figura recebe consagração expressa no C.C. esp. e nalgumas leis de direito civil foral[908], de modo que o estudo dos meios directos de protecção da legítima vidual no ordenamento jurídico espanhol não ficaria completo sem a sua análise.

a) Evolução legislativa do instituto no Código Civil espanhol

O instituto da preterição sofreu significativas alterações de regime com a redacção do artº 814º do C.C. esp. introduzida pela Lei 11/1981, de 13 de Maio. Antes desta reforma a preterição dos herdeiros forçosos em linha recta dava lugar à nulidade da instituição de herdeiro, mantendo-se os legados, melhoras e outras disposições testamentárias, na medida em que não prejudicassem as legítimas. Já a preterição do cônjuge sobrevivo não anulava a instituição de herdeiro, embora se mantivessem os seus direitos legitimários[909]. A peculiaridade da solução adoptada em caso de preterição do cônjuge sobrevivo gerou a posição favorável de alguma doutrina quanto à existência de uma delação forçosa da legítima do viúvo no sistema do C.C. esp.[910].

---

[908] Artºs 188º a 193º da LSCMA, Lei 271 da CDCFN, artº 46º da CDCB, e artº 367º do CSC.

[909] A redacção originária do artº 814º C.C. era a seguinte:

"La preterición de algunos o de todos los herederos forzosos en línea recta, sea que vivan al otorgarse el testamento o sea que nazcan después de muerto el testador, anulará la institución de heredero; pero valdrán las mandas e mejoras en cuanto no sean inoficiosas.

La preterición del viudo o viuda no anula la institución; pero el preterido conservará los derechos que le conceden los artículos 834, 835, 836 y 837 de este Código.

Si los herederos forzosos preteridos mueren antes que el testador, la institución surtirá efecto."

O artigo viria a sofrer ainda uma alteração pela Lei de 24 de Abril de 1958 que, além de retocar o texto, eliminou a referência ..."*sea que vivan al otorgarse el testamento o sea que nazcan después de muerto el testador...*", deixando bem clara a possibilidade de preterição do herdeiro forçoso em linha recta, nascido depois de outorgado o testamento e antes da morte do autor da sucessão.

[910] *Vid.* VALLET DE GOYTISOLO, "El Apartamiento y la Desheredación", *loc. cit.*, p. 101; RIVERA FERNANDEZ, *La Preterición..., op. cit.*, p. 80.

Com a Reforma de 1981 a lei passou a distinguir duas modalidades de preterição - a intencional e a não intencional - e aproximou os seus efeitos aos da deserdação injusta, isto é, a preterição passou a originar, em regra, a mera redução da instituição de herdeiro na parte necessária para satisfazer o pagamento das legítimas[911]. Os dois tipos de preterição que o C.C. actualmente consagra são conceptualmente diferentes, não se aplicam aos mesmos sujeitos, nem partilham dos mesmos requisitos, funções e efeitos.

A preterição intencional abrange as situações em que o testador, sabendo que tem herdeiros forçosos, os priva deliberadamente da porção legitimária a que têm direito; tem como sujeitos quaisquer herdeiros forçosos, incluindo também o cônjuge sobrevivo[912], e a sua função é de protecção da legítima[913], daí que a preterição intencional não a prejudique e tenha como efeito a mera redução da instituição de herdeiro, dos legados, melhoras e demais disposições testamentárias, na medida necessária para garantir o quinhão legitimário do preterido.

Perante os efeitos atribuídos por lei à preterição intencional, parece-nos que não pode continuar a defender-se que ela produz a abertura da sucessão intestada, uma vez que não anula a instituição de herdeiro, pese embora continue a assegurar a percepção da quota mínima que a lei dispõe a favor do legitimário; pelo contrário, os seus efeitos pressupõem a consagração da vocação legitimária como título autónomo que se sobrepõe ao testamento e que opera exclusivamente a favor do legitimário preterido[914].

---

[911] As alterações introduzidas no artigo resultaram, em grande medida, da corrente manifestada por certos doutrinários ainda na vigência da sua redacção originária; *Vid.* ALBALADEJO, "Para Una Interpretación del Artículo 814º/1º del Código Civil", *RDP*, 1967, pp. 1025-1026, e DE LA CÁMARA, "El Derecho de Representación en la Herencia Testada y la Preterición de Herederos Forzosos", *RDN*, 1955, p. 65; O regime proposto encontrava-se já consagrado nalgumas legislações forais durante a redacção originária do artº 814º do C.C., nomeadamente no artº 141º da Compilação Catalã.

[912] *Vid.* RIVERA FERNANDEZ, *La Preterición...*, *op. cit.*, p. 131.

[913] RIVERA FERNANDEZ discorda que esta seja a finalidade directa, pois entende que a preterição visa proporcionar ao herdeiro forçoso, ilegitimamente privado da sua legítima, um fundamento para aceder à sucessão; contudo, acaba por admitir que o principal objectivo do nº 1 do artº 814º do C.C. esp. é o de garantir o direito à legítima (*Vid. La Preterición...*, *op. cit.*, pp. 138-141).

[914] *Vid.* DE LA CÁMARA, *Compendio...*, *op. cit.*, pp. 184-185; ESPEJO LERDO DE TEJADA, *La Legítima...*, *op. cit.*, pp. 278 e ss., em especial, p. 308.

Quanto à preterição não intencional, trata-se de uma preterição involuntária, pois resulta da omissão do legitimário por erro, esquecimento, ou falta de previsão; opera apenas relativamente a filhos e descendentes do autor da sucessão, e a sua função não é de protecção da legítima mas de defesa de uma correcta formação da vontade testamentária, razão pela qual se apresenta como reacção a um vício da vontade[915]. Os seus efeitos variam consoante sejam preteridos todos ou só alguns dos descendentes: no primeiro caso apenas há lugar à anulação das disposições testamentárias de conteúdo patrimonial, no segundo anula-se a instituição de herdeiros, mantendo-se válidos os legados e melhoras ordenados por qualquer título na medida em que não sejam inoficiosos. Nestes casos há quem considere que a preterição não intencional conduz à abertura da sucessão intestada, garantindo o direito à legítima através do chamamento legal, que se sobrepõe à vontade viciada do autor da sucessão[916].

b) Conceito de preterição

Têm sido muito discutidos pela doutrina e pela jurisprudência os requisitos exigíveis para que haja preterição, faltando actualmente um consenso quanto a este aspecto que se reflecte no próprio conceito da figura. Embora seja comum a afirmação de que existe preterição quando o legitimário é omitido pelo autor da sucessão, discute-se qual seja o alcance dessa omissão, e se a preterição exige o mero incumprimento do requisito formal de mencionar o legitimário no testamento - preterição formal - ou também a inexistência de qualquer atribuição de bens em pagamento da legítima - preterição material[917].

---

[915] *Vid*. ESPEJO LERDO DE TEJADA, *La Legítima...*, *op. cit.*, pp. 295 e ss.. RIVERA FERNANDEZ, *La Preterición...*, *op. cit.*, p. 141, considera que a sua finalidade é a de atribuição de título para suceder, obrigando a que, no testamento, o autor da sucessão manifeste a sua vontade em relação aos herdeiros forçosos. VALLET DE GOYTISOLO acentua também o carácter formal da preterição não intencional (*Vid. Panorama...*, I, *op. cit.*, p. 449).

[916] *Vid*. GARCIA MORENO, "La Preterición de Herederos Forzosos en el Derecho Comun tras la Reforma de 1981", *AC*, 1995, 4, pp. 888-889.

[917] Na Compilação do Direito Civil Foral de Navarra só há preterição quando falte a atribuição formal dos "*cinco sueldos febles o carlines y una robada de tierra en los montes*

Na opinião de alguns, há preterição sempre que o legitimário não seja mencionado no testamento, mesmo que tenha beneficiado de doações em vida para pagamento da legítima[918]. Outros consideram que só há preterição quando falta a atribuição, *mortis causa* ou *inter vivos*, de bens imputáveis na legítima, uma vez que o artº 815º do C.C. esp. autoriza a satisfação da legítima por qualquer meio, inclusive através de doações, e, como tal, não se adequa a um sistema de legítima formal[919]. Partindo da ideia de delação directa da legítima, pode ainda defender-se que a preterição é afastada pela mera menção do legitimário no testamento, mesmo que não se lhe atribuam bens; a delação legal directa da legítima tornaria desnecessária a disposição de bens a favor do legitimário, uma vez que o

---

comunes", ou seja, nos termos dos artºs 267º e 271º deste diploma legal, há preterição na falta de atribuição desta legítima, que é meramente formal e sem conteúdo patrimonial exigível segundo a lei; Também nos termos dos artºs 188º e 189º da Lei de Sucessões por Causa de Morte de Aragão, a simples menção no testamento parece bastar, ainda que seja para excluir os legitimários, para que fique afastada a preterição.

[918] Este era o conceito tradicionalmente fixado por referência à chamada legítima formal, que implicava para o testador o dever de mencionar os legitimários no testamento, fosse para instituí-los ou para deserdá-los. Alguns autores continuam a aceitar este dever de menção formal do legitimário no testamento; assim, ROCA-SASTRE MUNCUNILL, *Derecho de Sucesiones*, II, *op. cit.*, pp. 584 e ss., MIQUEL, *Comentarios a las Reformas del Derecho de Familia*, II, *op. cit.*, pp. 1285 e ss., e, mais recentemente, MARTINEZ DE AGUIRRE, *Preterición y Derecho de Representación en el Artículo 814.3 del Código Civil*, Madrid, 1991, pp. 143 e ss.; Diz este autor que se a função da preterição fosse a mera defesa da legítima material, não haveria porque dispor a anulação da instituição de herdeiro e das disposições testamentárias de carácter patrimonial no caso de preterição não intencional de filhos ou descendentes, uma vez que essa defesa se obteria pela sua mera redução (*Vid. op. cit.*, p. 144); Também o Tribunal Supremo parece orientar-se neste sentido (Cfr. as sentenças do TS de 16/01/1895, 21/02/1900, 27/02/1909, 11/05/1909, 19/11/1910, 28/01/1914, 25/05/1917 e 23/04/1932, citadas por COBACHO GÓMEZ, "Notas Sobre la Preterición", *loc. cit.*, p. 407, nota 19).

[919] *Vid.* RIVERA FERNANDEZ, *La Preterición...*, *op. cit.*, pp. 219-220 e 232-233; DE LA CÁMARA, *Compendio...*, 2ª ed., *op. cit.*, pp. 192-193; BOLÁS AFONSO, "La Preterición...", *loc. cit.*, p. 204; BELTRAN DE HEREDIA, *Derecho de Sucesiones*, coord. por MONTÉS PENADÉS, *op. cit.*, pp. 417-418; ESPEJO LERDO DE TEJADA, *La Legítima...*, *op. cit.*, p. 294; LACRUZ BERDEJO, *Elementos...*, V, *op. cit.*, pp. 435 e ss., o qual salienta, na p. 436, que a imposição do dever de mencionar o legitimário no testamento se apresenta como uma exigência inútil, face à possibilidade que se dá ao autor da sucessão de satisfazer a legítima por qualquer título.

406   *A Legítima do Cônjuge Sobrevivo - Estudo Comparado Hispano-Português*

seu direito deriva da lei e não do testamento. Esta seria a postura correcta do ponto de vista daqueles que consideram que a legítima vidual é deferida *ex lege*[920].

A jurisprudência do Tribunal Supremo orienta-se no sentido de que só não há preterição quando o acto de disposição do autor da sucessão, a favor do legitimário, seja feito em testamento, não admitindo, portanto, que a preterição fique afastada pela simples existência de doações em vida imputáveis na legítima do donatário, tal como ficou declarado nas Sentenças de 17 de Junho de 1908[921], de 25 de Maio de 1917[922], e de 23 de Abril de 1932[923]. Contudo, mais recentemente, as SSTS de 20 de Fevereiro de 1981[924], e de 30 de Novembro de 1987[925] limitaram-se a exigir que o testamento fizesse referência à doação em pagamento da legítima, rompendo com a jurisprudência anteriormente citada, que exigia um acto de disposição testamentário para afastar a preterição[926].

A doutrina maioritária mais recente exige dois requisitos simultâneos para que haja preterição: que o legitimário não tenha sido (intencional ou inintencionalmente) mencionado no testamento, e que nada tenha recebido do autor da sucessão, *inter vivos* ou *mortis causa*[927]; tendo recebido

---

[920] *Vid.* DE LA CÁMARA, *Compendio...*, 2ª ed., *op. cit.*, pp. 183 e ss..

[921] *CLJC*, 1908, Abril-Septiembre, nº 95. Nesta sentença o autor da sucessão havia feito uma doação em antecipação da legítima, a favor da sua filha única, que posteriormente omitiu no testamento. Embora não concordem com ela, vários autores parecem conformar-se com esta solução, na medida em que tem sido imposta na prática pela jurisprudência do Tribunal Supremo (*Vid.* LACRUZ BERDEJO, *Elementos...*, V, *op. cit.*, pp. 436-437; ROCA-SASTRE MUNCUNILL, *Derecho de Sucesiones*, II, *op. cit.*, pp. 584 e ss.).

[922] *CLJC*, 1917, Abril-Junio, nº 70.

[923] *CLJC*, 1932, Marzo-Abril, nº 95.

[924] *CLJC*, 1981, Enero-Febrero, nº 69.

[925] *RJA*, 1987, nº 8707.

[926] Esta é igualmente a opinião de GARCIA-BERNARDO LANDETA, *La Legítima en el Código Civil*, *op. cit.*, pp. 101 e ss..

[927] *Vid.* RIVERA FERNANDEZ, *La Preterición...*, *op. cit.*, pp. 218 e ss.; ALBALADEJO, *Curso...*, V, *op. cit.*, pp. 382 e 384-385; DÍEZ-PICAZO y GULLÓN, *Sistema*, IV, *op. cit.*, p. 491; PUIG BRUTAU, *Fundamentos...*, T. V, 3º, *op. cit.*, p. 149; COBACHO GÓMEZ, "Notas Sobre la Preterición", *loc. cit.*, pp. 409-410; MASIDE MIRANDA, *Legítima...*, *op. cit.*, p. 200.

algo do autor da sucessão, ainda que este não o mencione no testamento, considera-se que apenas poderá pedir o complemento da legítima nos termos do artº 815º do C.C. esp., caso a atribuição seja insuficiente para satisfazê-la; sendo mencionado no testamento, sem que haja a seu favor qualquer atribuição, *inter vivos* ou *mortis causa*, não existirá preterição mas sim deserdação sem indicação expressa de causa legal, nos termos do artº 851º[928].

Actualmente há que contar, sem dúvida, com o artº 815º do C.C., que confere ao autor da sucessão uma ampla liberdade no preenchimento das legítimas, e é de notar também que a lei acabou por prescindir das formalidades exigidas para o conteúdo do testamento, nomeadamente do dever de instituir herdeiros os legitimários - cfr. o artº 764º do C.C. esp.. Neste contexto, parece-nos assistir razão àqueles que negam relevância à legítima formal no âmbito do actual sistema sucessório do C.C. esp. e consideram que a preterição está associada, sobretudo, à defesa da legítima material[929]. Prescindindo da preterição não intencional, relacionada com os vícios da vontade testamentária e não directamente com a protecção da legítima, ESPEJO LERDO DE TEJADA elabora um conceito único de preterição que correspode à total ausência de disposição, *mortis causa* ou *inter vivos*, a favor do legitimário, resultante da vontade consciente do autor da sucessão em omiti-lo testamentariamente[930].

---

[928] *Vid.* RIVERA FERNÁNDEZ, *La Preterición...*, *op. cit.*, p. 225, o qual considera que, se o legitimário é mencionado no testamento sendo conhecida a sua qualidade, mas não lhe é feita qualquer atribuição material, há uma clara exclusão da herança, que seria antes uma deserdação injusta. Outros autores tendem a considerar tratar-se também de um caso de preterição. (*Vid.* BELTRAN DE HEREDIA, *Derecho de Sucesiones*, coord. por MONTÉS PENADÉS, *op. cit.*, p. 419). De qualquer modo, o resultado alcançado é o mesmo em ambos os casos, pois actualmente os efeitos da preterição e da deserdação injusta são os mesmos

[929] *Vid.* RIVERA FERNÁNDEZ, *La Preterición...*, *op. cit.*, p. 179; BOLÁS ALFONSO, "La Preterición...", *loc. cit.*, p. 204; MIQUEL, *Comentarios a las Reformas del Derecho de Família*, II, *op. cit.*, pp. 1286-1287; ESPEJO LERDO DE TEJADA, *La Legítima...*, *op. cit.*, p. 286.

[930] *Vid. La Legítima...*, *op. cit.*, p. 295.

408   A Legítima do Cônjuge Sobrevivo - Estudo Comparado Hispano-Português

c) Preterição não intencional do cônjuge sobrevivo

Conforme ficou exposto, a preterição não intencional é uma figura que não tem directamente como fim a protecção das legítimas e que actua no domínio dos vícios da vontade testamentária, de forma a assegurar a sua correcta formação[931]. Convém, no entanto, que nos perguntemos sobre a solução a adoptar no caso de o autor da sucessão não mencionar o cônjuge sobrevivo no testamento, por ignorar a sua supervivência, uma vez que, aparentemente, não se lhe aplicam os preceitos da preterição não intencional.

Nesta matéria, alguns são da opinião que deverá aplicar-se igualmente o artº 814º/1º do C.C. esp., uma vez que contém uma regra geral que se aplica a todos os casos de preterição não contemplados pelo par. 2º do mesmo artigo[932]. De acordo com esta perpectiva, o pimeiro parágrafo do artº 814º do C.C. será aplicável à preterição não intencional do cônjuge sobrevivo, implicando a redução da instituição de herdeiro sem que se produza a abertura da sucessão intestada.

Outros autores consideram que, embora à primeira vista esta pareça ser a solução, há que ponderar a aplicação do artº 767º do C.C.[933], nos casos em que o erro sobre a existência do cônjuge tenha sido determinante da instituição de herdeiro[934]. A aplicação do artº 767º exige a prova do erro,

---

[931] *Vid.* ESPEJO LERDO DE TEJADA, *La Legítima...*, *op. cit.*, p. 296; RIVERA FERNANDEZ, *La Preterición...*, *op. cit.*, p. 141, diz que não é a legítima que se visa proteger com a preterição não intencional, embora esta, em última instância, também resulte protegida.

[932] *Vid.* VALLET DE GOYTISOLO, *Comentarios...*, T. XI, *op. cit.*, p. 199; COBACHO GÓMEZ, "Notas Sobre la Preterición", *loc. cit.*, p. 413; RIVERA FERNÁNDEZ, *La Preterición...*, *op. cit.*, pp. 131-132; BELTRÁN DE HEREDIA, *Derecho de Sucesiones*, coord. por MONTÉS PENADÉS, *op. cit.*, p. 423; CÁMARA LAPUENTE, *La Exclusión Testamentaria...*, *op. cit.*, p. 118.

[933] **Art.º 767º:** "*La expresión de una causa falsa de la institución de heredero o del nombramiento de legatario, será considerada como no escrita, a no ser que del testamento resulte que el testador no habría hecho tal institución o legado si hubiese conocido la falsedad de la causa.*

La expresión de una causa contraria a derecho, aunque sea verdadera, se tendrá también por no escrita."

[934] *Vid.* BOLÁS AFONSO, "La Preterición...", *loc. cit.*, p. 227; GARCIA MORENO, "La Preterición de Herederos Forzosos..." *loc. cit.*, pp. 891-892; MIQUEL, *Comentarios a las Reformas del Derecho de Família*, II, *op. cit.*, pp. 1291.

representado pelo desconhecimento da existência do cônjuge, mas também a interpretação da vontade do testador no sentido de apurar se o facto sobre o qual recai o erro - a existência do cônjuge sobrevivo - foi determinante na formação da sua vontade (exigência que não consta do par. 2° do art° 814°); trata-se, portanto, de determinar se a vontade do testador teria sido a mesma se não estivesse em erro quanto à existência do cônjuge sobrevivo. Uma vez provado o erro e o seu carácter determinante, a disposição testamentária resulta ineficaz e abre-se a sucessão intestada a favor do cônjuge sobrevivo.

No fundo, a aplicação do art° 767° do C.C. esp. conduz ao mesmo resultado que o 2° par. do art° 814° do mesmo diploma, embora naquele seja mais difícil declarar a ineficácia das disposições testamentárias, pela dificuldade que envolve o apuramento duma presumível vontade do testador se não tivesse incorrido em erro quanto à existência do cônjuge sobrevivo. Parece-nos, contudo, que a preterição não intencional do cônjuge sobrevivo é a que menos nos interessa aqui abordar, uma vez que, como referimos, o seu objectivo é a reacção contra um vício da vontade e não propriamente contra a ofensa à legítima, razão pela qual talvez nem possa sequer considerar-se como preterição em sentido técnico-jurídico[935].

d) Preterição intencional do cônjuge sobrevivo

Na redacção originária do C.C. a preterição do cônjuge sobrevivo recebeu tratamento diferente da preterição dos restantes herdeiros forçosos; enquanto esta anulava a instituição de herdeiro, aquela limitava-se a salvaguardar, em qualquer caso, os direitos legitimários do cônjuge. Para certos autores esta diferença de regimes tinha como pressuposto o

---

[935] RIVERA FERNANDEZ crê que a solução acertada é a de sujeitar a preterição não intencional do cônjuge sobrevivo ao art° 814°/1 do C.C. esp., assimilando, em termos de efeitos, a preterição não intencional e a preterição intencional do cônjuge sobrevivo; Na preterição não intencional o cônjuge não fica sujeito aos efeitos do art° 814°/2, porque a sua legítima é deferida através de um chamamento legal directo e é-lhe atribuída, em qualquer caso, sem necessidade da anulação da instituição de herdeiro e da abertura da sucessão intestada (*Vid. La Preterición..., op. cit.*, pp. 131-132).

410   *A Legítima do Cônjuge Sobrevivo - Estudo Comparado Hispano-Português*

chamamento legal e directo a favor do cônjuge sobrevivo[936], o que era perfeitamente lógico, pois se os direitos legitimários não haviam sido satisfeitos por força do testamento nem havia lugar à anulação da instituição de herdeiro e correspondente abertura da sucessão intestada, o seu preenchimento só poderia resultar de um chamamento legal à legítima.

Após a reforma de 1981, o artº 814º do C.C. omitiu qualquer referência à preterição do cônjuge sobrevivo, o que originou o surgimento de duas posturas diferentes sobre esta matéria: a daqueles autores que reconhecem a possibilidade de o cônjuge sobrevivo ser intencionalmente preterido pelo autor da sucessão, e o incluem na previsão do 1º par. do artº 814º[937]; e a dos que entendem que o artº 814º não se ocupa da preterição do cônjuge sobrevivo porque o legislador a considerou improcedente, uma vez que, existindo delação directa da legítima a seu favor, aquele não pode ser preterido[938]. Aliás, os efeitos que actualmente se associam à preterição intencional, os quais se limitam à redução das disposições testamentárias na medida necessária ao preenchimento da legítima do preterido, confirmam a existência de uma delação directa da legítima também a favor dos restantes herdeiros forçosos, em caso de preterição[939].

---

[936] *Vid.* BONET RAMON, *Compendio de Derecho Civil, op. cit.*, pp. 47 e ss., e LACRUZ BERDEJO, *Derecho de Sucesiones*, I, *op. cit.*, p. 182; Embora não admitam a existência de uma delação legal da legítima com carácter geral, estes autores reconhecem-na nalguns casos excepcionais, nomeadamente o da legítima do cônjuge sobrevivo.

[937] BOLÁS ALFONSO, "La Preterición...", *loc. cit.*, p. 223, considera que o cônjuge sobrevivo já não recebe tratamento diferenciado relativamente aos outros legitimários preteridos; No mesmo sentido, *Vid.* RIVERA FERNANDEZ, *La Preterición..., op. cit.*, p. 131, e MASIDE MIRANDA, *Legítima..., op. cit.*, pp. 204-205 e 208.

[938] *Vid.* DE LA CÁMARA, *Compendio...*, 2ª ed., *op. cit.*, p. 184-185, o qual considera que, por este motivo, o direito do cônjuge a reclamar a legítima não se efectiva através da nulidade total ou parcial da instituição de herdeiro, como nos restantes casos de preterição ou deserdação injusta; VALLET DE GOYTISOLO, *Comentarios...*, T. XI, *op. cit.*, pp. 176-177. Segundo RIVERA FERNANDEZ, *La Preterición..., op. cit.*, p. 315, nota 120, terá sido esta a ideia de que partiu o legislador para eliminar, com a Reforma de 1981, os efeitos da preterição do cônjuge sobrevivo.

[939] *Vid.* LACRUZ BERDEJO, *Elementos...*, V, *op. cit.*, p. 364, o qual defende que a preterição intencional é um dos casos em que existe uma verdadeira vocação legitimária *mortis causa*, isto é, um chamamento legal contra o testamento, distinto da sucessão intestada, não só pelo património que lhe serve de base e pela imperatividade das suas normas,

Concluindo, para a primeira postura o cônjuge sobrevivo poderá ser preterido, tal como qualquer outro legitimário, desde que se verifiquem os pressupostos do seu direito à legítima[940]. De acordo com a segunda postura não há preterição do cônjuge sobrevivo no C.C. esp., uma vez que a sua legítima é deferida directamente pela lei, em nada relevando para o efeito a falta de disposição a seu favor. Assim, só os defensores da primeira tese entendem que o cônjuge sobrevivo necessita de reclamar a sua legítima através do exercício da acção de preterição[941].

---

mas também porque o chamamento produz-se exclusivamente a favor do legitimário preterido e apenas na medida do prejuízo sofrido pela sua legítima; Também ESPEJO LERDO DE TEJADA, numa referência ao instituto da preterição, parece considerar que este não tem razão de ser, uma vez que o chamamento legal e imperativo à legítima que, na sua perspectiva, tem carácter geral, garante, em qualquer caso, a percepção desta pelo legitimário (*La Legítima..., op. cit.*, p. 282).

[940] Assim, não poderão ser preteridos, por carecerem de direitos legitimários: o cônjuge cujo casamento tenha sido declarado nulo, excepto se a declaração de nulidade for posterior à morte do autor da sucessão e o cônjuge sobrevivo estivesse de boa fé - art° 79° do C.C. esp.; o cônjuge que, à data da morte do autor da sucessão, esteja separado judicialmente por culpa sua (Contra, *Vid.* RIVERA FERNANDEZ, *La Preterición..., op. cit.*, pp. 173-174, o qual defende que o cônjuge separado judicialmente perde sempre o direito à legítima, independentemente de qualquer juízo de culpabilidade). Relativamente ao cônjuge separado de facto, alguma doutrina pretende unificar os pressupostos do chamamento à legítima, previstos no art° 834° C.C., com os pressupostos do chamamento à sucessão intestada, regulados no art° 945°, recusando também o direito à legítima ao cônjuge separado de facto por mútuo acordo *fehaciente*; No entanto, a interpretação mais correcta, corroborada pelo art° 855° do C.C. (do qual se conclui que o cônjuge separado de facto possui ainda os seus direitos legitimários, uma vez que pode ser deserdado), será a de que o cônjuge separado de facto mantém os direitos legitimários (*Vid.* RIVERA FERNANDEZ, *La Preterición..., op. cit.*, pp. 169-170; BOLÁS ALFONSO, "La Preterición...", *loc. cit.*, p. 219; NUÑEZ BOLUDA, "El Orden de Suceder Abintestato...", *loc. cit.*, p. 754).

[941] BOLÁS ALFONSO, "La Preterición...", *loc. cit.*, p. 232, considera que também estão legitimados para a acção os sucessores do cônjuge sobrevivo, uma vez que podem alegar um direito subjectivo lesado; MASIDE MIRANDA, *Legítima..., op. cit.*, p. 208, parece considerar necessário, em caso de preterição, que a qualidade de legitimário do cônjuge seja declarada judicialmente pois, no seu entender, só essa declaração judicial poderá facultá-lo para solicitar a anotação preventiva do seu direito, para exigir que os herdeiros lhe reconheçam os seus direitos, para intervir na partilha, etc..

412   *A Legítima do Cônjuge Sobrevivo - Estudo Comparado Hispano-Português*

Pessoalmente parece-nos que a segunda posição é a correcta e que um dos argumentos a seu favor resulta da letra do artº 834º do C.C. esp.. A própria lei dispõe que o cônjuge sobrevivo investido na qualidade de legitimário terá direito ao usufruto do terço destinado à melhora, tornando prescindível qualquer disposição, *inter vivos* ou *mortis causa*, do autor da sucessão a seu favor com vista ao preenchimento da sua legítima; o conteúdo do direito do cônjuge sobrevivo está concretamente determinado, pois consistirá, em princípio, no usufruto dos bens que em partilha venham a compor a quota de *mejora*, pese embora a lei admita que possa ser preenchido de forma diferente por disposição expressa do testador.

Por esta razão não vislumbramos que o cônjuge sobrevivo necessite sequer de recorrer a uma acção de preterição para ver satisfeita a sua legítima, pois, para usufruir dos bens que viessem a integrar a quota de *mejora*, bastar-lhe-ía exigir dos beneficiários desta a entrega dos mesmos. Não obstante, a necessidade do recurso à acção de preterição continua a ser afirmada, no âmbito do C.C. esp., não só pela maioria da doutrina como pela prática jurisprudencial.

e) A acção de preterição

A acção de preterição visa declarar o direito do legitimário preterido a que lhe seja satisfeita a quota atribuída por lei, e atribuir-lhe um título sucessório que imponha coercivamente ao herdeiro o cumprimento desse direito[942]. A satisfação do direito do cônjuge sobrevivo preterido, quando se admita a sua preteribilidade, é prosseguida, em primeiro lugar, através da redução da instituição de herdeiro, seguida da redução dos legados, melhoras e demais disposições testamentárias que se mostrem necessárias para o efeito[943]. A acção de preterição intencional é unanimemente ca-

---

[942] *Vid*. RIVERA FERNANDEZ, *La Preterición...*, *op. cit.*, pp. 371-372.

[943] RIVERA FERNANDEZ entende que a acção do artº 814º/1 do C.C. esp. não se afasta do regime dos artºs 817º, 820º, 822º, 654º e 656º do mesmo texto legal: é uma acção de redução de disposições inoficiosas, *mortis causa* ou *inter vivos*, mas cuja finalidade adicional é atribuir ao legitimário preterido um título para aceder à herança (*Vid. La Preterición...*, *op. cit.*, pp. 375-376).

racterizada como acção rescisória, uma vez que o legitimário vê satisfeito o seu direito através da rescisão da instituição de herdeiro, dos legados, melhoras e demais disposições testamentárias, na medida necessária para o preenchimento da legítima. Esta rescisão não obsta a que se mantenha o respeito possível pela vontade do testador[944], nem a que tais disposições produzam efeitos desde a data da morte deste, enquanto não seja exercida a acção pelo legitimário preterido, caso em que perderão, parcial ou totalmente, essa eficácia[945].

Mais controversa é a questão do prazo no qual a acção deve ser intentada, pois enquanto uns defendem a aplicação do prazo de prescrição da acção rescisória, que é de quatro anos[946], outros entendem que é aplicável o prazo de quinze anos do artº 1964º do C.C., atribuindo, assim, ao legitimário preterido tutela equivalente à que a lei consagra para os credores ordinários[947]. Já a acção dirigida contra a preterição não intencional será preferivelmente caracterizada como acção de anulação; contudo, uma vez que a preterição não intencional ou errónea pode lesar indirectamente a legítima, alguns autores sujeitam-na também ao prazo de prescrição de quinze anos, em substituição do de quatro previsto no artº 1301º do C.C. para a anulação dos contratos[948].

---

[944] LACRUZ BERDEJO, *Elementos...*, V, *op. cit.*, p. 443; BOLÁS ALFONSO, "La Preterición...", *loc. cit.*, p. 232; VALLET DE GOYTISOLO, *Comentarios...*, T. XI, *op. cit.*, pp. 190-191.

[945] *Vid.* RIVERA FERNANDEZ, *La Preterición...*, *op. cit.*, pp. 376-377.

[946] BOLÁS ALFONSO, *ibidem*; VALLET DE GOYTISOLO, *Comentarios...*, T.XI, *op. cit.*, pp. 192-193.

[947] LACRUZ BERDEJO, *Elementos...*, V, *op. cit.*, pp. 443-444; ROMÁN GARCIA, *Derecho de Sucesiones*, *op. cit.*, p. 255.

[948] *Vid.* LACRUZ BERDEJO, *ibidem*, e ROMÁN GARCÍA, *ibidem*. Em sentido contrário, VALLET DE GOYTOSOLO, *Comentarios...*, T. XI, *op. cit.*, p. 192-193, o qual defende igualmente a aplicação de um prazo de prescrição de quatro anos.

414   A Legítima do Cônjuge Sobrevivo - Estudo Comparado Hispano-Português

3. Meios indirectos de protecção da legítima

A) Introdução

Na senda de Paulo Cunha, RIBEIRO MENDES define os meios indirectos de protecção da legítima como aqueles que são facultados pela lei *"...com o intuito genérico de defender o património de determinada pessoa de delapidações que venham a pôr em perigo a situação económica do próprio e do seu agregado familiar, resultando daí, como é claro, que a lei está indirecta, reflexa ou acessóriamente a proteger as expectativas sucessórias dos legitimários que eventualmente existam à data de uma futura abertura da sucessão."*[949]. Salvaguardamos, desde já, que, ao falar de meios indirectos de protecção da legítima, estamos a referir-nos a instrumentos que, embora colocados ao serviço de outros fins, podem proporcionar aos legitimados para o seu exercício uma protecção reflexa e difusa de outros interesses, nomeadamente das suas expectativas legitimárias. A protecção possível é, portanto, a de uma hipotética legítima futura e não da legítima efectiva, a qual não existe nem pode ser determinada antes da abertura da sucessão; no entanto, dessa protecção poderão resultar vantagens para o seu beneficiário após a abertura da sucessão.

Os ordenamentos civis português e espanhol consagram, ou consagraram um dia, alguns desses meios, tais como a inabilitação por prodigalidade e, numa perspectiva mais ampla, a interdição ou a inabilitação por anomalias psíquicas, toxicomania, embriaguez, etc., na medida em que, destinando-se a suprir a incapacidade do interdito ou inabilitado para reger os seus bens, também constituem meios de defesa da expectativa sucessória dos legitimários, isto apesar de estes não serem os únicos legitimados para requerer a interdição ou a inabilitação. Outras figuras visam igualmente, em certos casos, a protecção dos sucessíveis, como acontece claramente com o instituto da ausência no C.C. port., com o condicionamento da validade de certos negócios jurídicos à intervenção de outros

---

[949] *Vid.* "Considerações Sobre a Natureza Jurídica da Legítima no Código Civil de 1966", *loc. cit.*, p. 103.

legitimários - art° 877° do mesmo diploma[950] - ou com a reacção concedida pelo art° 140° do C.C. esp. aos afectados pelo reconhecimento de uma filiação não matrimonial.

B) Inabilitação por prodigalidade

A prodigalidade consiste num comportamento resultante de um defeito da vontade ou do carácter, que se traduz numa propensão para gastos exagerados, improdutivos e injustificados que colocam em perigo o património do pródigo e podem repercutir sobre os seus parentes mais próximos[951]. Embora a inabilitação por prodigalidade vise, em primeira linha, a defesa dos interesses do pródigo face à sua própria insuficiência, ela pretende igualmente proteger outras pesssoas interessadas numa correcta administração dos seus bens[952]. Por essa razão o C.C. port. reconhece legitimidade ao cônjuge e a qualquer parente sucessível, entre outros - art° 141°, aplicável *ex vi* do art° 156° do mesmo diploma - para requerer a inabilitação por prodigalidade.

Anteriormente à Reforma de 1981 do C.C. esp., a regulação da incapacitação por prodigalidade constituía também um meio indirecto de defesa da expectativa legitimária, contribuindo para a estabilidade e consistência económica da legítima futura[953]. Contudo, a doutrina espanhola

---

[950] O art° 877° do C.C. port. exige nas vendas a filhos ou netos o consentimento dos outros descendentes; na falta deste consentimento a venda é anulável no prazo de um ano a contar do conhecimento da venda ou do termo da incapacidade se o descendente for incapaz (*Vid.* PIRES DE LIMA/ANTUNES VARELA, *Código Civil Anotado*, II, Coimbra, 1986, pp. 169 e ss.).

[951] *Vid.* EWALD HÖRSTER, *A Parte Geral do Código Civil Português, op. cit.*, p. 343; ALBALADEJO, *Derecho Civil, I, Introducción y Parte General, Vol. I, Introducción y Derecho de la Persona*, Barcelona, 1996, p. 284.

[952] Neste ponto ALBALADEJO defende que a limitação da capacidade do pródigo no C.C. esp., através da declaração de prodigalidade, não tem em vista evitar o seu prejuízo próprio, mas sim o dos seus familiares mais próximos (*Derecho Civil*, I, Vol. I, *op. cit.*, pp. 284-285).

[953] Neste sentido, O'CALLAGHAN MUÑOZ, "La Prodigalidad como Institución de Protección de la Legítima", *RDP*, 1978, pp. 253-268; ESPEJO LERDO DE TEJADA, *La Legítima..., op. cit.*, p. 79. RODRIGO BERCOVITZ y RODRIGUEZ-CANO, *Derecho de la Persona*, Madrid, 1976, pp. 89-90, afirmam, face ao regime anterior à Reforma de 1981,

416   A Legítima do Cônjuge Sobrevivo - Estudo Comparado Hispano-Português

sempre foi avessa a falar de protecção da legítima em fase anterior à abertura da sucessão, daí não reconhecer, em regra, a antiga regulação da prodigalidade como medida de protecção da legítima, atribuindo-lhe outros objectivos[954].

Actualmente a situação surge regulada nos art°s 756° e ss. da LEC que, aparentemente, continuam a não conceber a incapacitação por prodigalidade como instituto de defesa da legítima. O art° 757°/5 da LEC tem a seguinte redacção: *"La declaración de prodigalidad solo podrá ser instada por el cónyuge, los descendientes o ascendientes que perciban alimentos del presunto pródigo o se encuentren en situación de reclamárselos y los representantes legales de cualquiera de ellos. Si no la pidieren los representantes legales, lo hará el Ministerio Fiscal."*[955].

Na regulação originária do C.C. esp. conferia-se legitimidade aos herdeiros forçosos para pedir a declaração de inabilitação, e quando estes deixassem de existir (*v.g.*, no caso do cônjuge divorciado ou culpado da separação), ou incorressem nalguma causa de indignidade, a incapacidade cessava, nos termos do art° 278°, e o pródigo readquiria plena capaci-

---

que a incapacitação por prodigalidade visava a protecção dos direitos de conteúdo económico, nomeadamente a legítima, que os membros mais próximos da família - cônjuge e herdeiros forçosos - tivessem face ao incapaz.

[954] GARCÍA-BERNARDO LANDETA, *La Legítima en el Código Civil, op. cit.*, p. 95, afirma que a prodigalidade não tutela a legítima; VALLET DE GOYTISOLO, *Las Legítimas*, II, *op. cit.*, p. 1189, reconhece que a prodigalidade não trata directamente da protecção da legítima, embora concorra para ela. Contudo, alguns autores reconheciam, ou reconhecem ainda, esse efeito ao instituto; *Vid.*, neste sentido, BELTRÁN DE HEREDIA, *Derecho de Sucesiones*, coord. por MONTÉS PENADÉS, *op. cit.*, p. 309, o qual refere que *"Actualmente ya no pueden los eventuales legitimarios solicitar la declaración de prodigalidad en defensa de un futuro e hipotético derecho a la legítima..."*; LACRUZ BERDEJO, *Derecho de Sucesiones*, II, *op. cit.*, p. 3, falava, a este respeito, de um direito subjectivo nascido no momento da morte do autor da sucessão, embora tutelável antes, em grau de expectativa, mediante o instituto da prodigalidade; LETE DEL RIO, *Comentarios al Código Civil y Compilaciones Forales*, T. IV, *op. cit.*, p. 457, parece aceitar que, ainda hoje, o instituto pode proporcionar uma protecção indirecta que beneficie o futuro legitimário.

[955] Manteve-se, portanto, no essencial, o conteúdo do art° 294° do C.C. esp., revogado pelo n° 2, 1°, da *Disposición Derrogatoria Única* da Lei 1/2000, de 7 de Janeiro.

dade[956]. O instituto denotava, portanto, um claro intuito de protecção indirecta da legítima, embora o seu objectivo primordial fosse a protecção da família[957]. Presentemente, e desde a reforma do instituto pela Lei 13/1983, de 24 de Outubro, entende-se que o objectivo da declaração de incapacidade por prodigalidade continua a ser a protecção dos familiares mais próximos do pródigo, embora não por força das suas expectativas sucessórias mas apenas de um eventual direito a obter dele alimentos[958].

Não obstante, durante a vigência do artº 294º do C.C. esp., após a Reforma de 1981[959], ALBALADEJO defendeu que o cônjuge sobrevivo estaria sempre legitimado para pedir a declaração de prodigalidade, mesmo que não se encontrasse a receber alimentos do incapacitando ou que não pudesse reclamá-los, uma vez que estes requisitos seriam exigidos somente em relação aos descendentes e ascendentes[960]. Actualmente esta posição continua a ser defensável, face à idêntica redacção do artº 757º/5 da LEC. Por outro lado, o mesmo autor reconhece legitimidade activa para a acção de declaração de prodigalidade ao cônjuge separado, legalmente ou de facto, por entender que, em qualquer destas situações, perante a manutenção do vínculo matrimonial e até do próprio regime matrimonial de bens, é necessário proporcionar ao cônjuge do presumível pródigo meios para evitar os prejuízos que este lhe possa causar[961].

---

[956] Diz-se, inclusive, que a *ratio* do regime originário era a de proteger a mulher face ao marido, uma vez que os artºs 224º e 225º/2º do C.C. apenas atendiam à situação do marido e pai pródigos; face à diminuta autonomia patrimonial da mulher no casamento (apenas tinha a administração dos bens parafernais, dos quais não podia dispor sem autorização do marido, era representada por este, e não podia obrigar-se), não era necessária norma que a contemplasse directamente (*Vid.* RODRIGO BERCOVITZ y RODRIGUEZ-CANO, *Derecho de la Persona, op. cit.*, pp. 90-94).

[957] *Vid.* VALLET DE GOYTISOLO, *Las Legítimas*, II, *op. cit.*, p. 1189.

[958] *Vid.* GARCIA RUBIO, *La Renúncia..., op. cit.*; Cfr. a STS de 17 de Dezembro de 1996 (*RJA*, 1996, nº 8973).

[959] Dispunha aquele artigo que *"Podrán pedir la declaración de prodigalidad el cónyuge, los descendientes o ascendientes que perciban alimentos del presunto pródigo o se encuentren en situación de reclamárselos, y los representantes legales de cualquiera de ellos. Si no la pidieren los representantes legales, lo hará el Ministerio Fiscal."*.

[960] *Vid.* ALBALADEJO, *Derecho Civil*, I, Vol. I, *op. cit.*, p. 285.

[961] *Vid.* ALBALADEJO, *ibidem*.

418   *A Legítima do Cônjuge Sobrevivo - Estudo Comparado Hispano-Português*

A *ratio* do artº 757º/5 da LEC, tal como a do revogado artº 294º do C.C. esp., parece ser, então, a de proteger a mera expectativa do requerente necessitar de vir a receber alimentos do pródigo, e não uma específica expectativa sucessória; no entanto, admitidos os termos mais amplos em que, como vimos, alguma doutrina reconhece a legitimação do cônjuge para lançar mão deste meio, ele poderia consubstanciar-se, na prática, como um possível meio de protecção da expectativa legitimária do cônjuge sobrevivo; admitindo que o cônjuge possa pedir a declaração de prodigalidade em qualquer caso, mesmo que não receba nem preveja a necessidade de vir a receber alimentos do pródigo, poderá, sempre que o entenda, utilizar esta normativa com o intuito de proteger o património próprio do pródigo o qual constituirá, à morte deste, o património hereditário a que o cônjuge também terá direito. Contudo, parece-nos excessiva a interpretação que pretendia restringir aos descendentes e ascendentes os requisitos, contidos no revogado artº 294º do C.C. esp. e no actual artº 757º/5 da LEC, de estar a receber ou poder reclamar do pródigo alimentos.

Algum autor vai ainda mais longe, considerando que as figuras da interdição e inabilitação assumem, em certos casos, um carácter de protecção disseminada do património do futuro autor da sucessão[962]. Estas situações de incapacidade visam, sobretudo, proteger os interesses do incapaz contra a sua própria deficiência, mas podem beneficiar também pessoas que tenham interesse numa boa administração do património do incapaz, como acontece, sem dúvida, no caso do cônjuge deste e dos herdeiros em geral[963].

C) Ausência

A ausência pode ser definida como a situação de desconhecimento total do paradeiro de uma pessoa, sem que dela haja notícias nem possi-

---

[962] *Vid.* RIBEIRO MENDES, "Considerações Sobre a Natureza Jurídica...", *loc. cit.*, pp. 103-104.

[963] No C.C. port. os pressupostos de inabilitação, previstos na 2ª parte do artº 152º, beneficiam o cônjuge, os herdeiros do inabilitado, e até a própria comunidade (Neste sentido, EWALD HORSTER, *A Parte Geral do Código Civil Português, op. cit.*, pp. 342-343).

bilidade de contactá-la[964]. Face à existência de bens que carecem de administração e à impossibilidade de contactar o ausente para que providencie sobre o exercício dos seus direitos e o cumprimento das suas obrigações, a lei consagra meios e formas para o suprimento da ausência, que podem ser atribuídas, designadamente, ao cônjuge sobrevivo. Assim, os Códigos Civis português e espanhol consagram três fases da ausência, sujeitas a distintos requisitos e reguladas nos artºs 181º a 197º do C.C esp. e 89º e ss. do C.C. port..

A ausência presumida - artº 89º do C.C. port. - que no C.C. esp. é designada como defesa dos bens do desaparecido - artºs 181º e 182º - destina-se a fazer face à necessidade de adoptar certas medidas ou praticar actos urgentes, de modo a evitar prejuízos graves para o património do ausente, e visa a nomeação de um representante deste para efeitos de administração.

A segunda fase, designada como ausência legal nos artºs 183º e ss. do C.C. esp., e ausência justificada nos artºs 99º e ss. do C.C. port., destina-se a garantir a representação do ausente, a protecção e administração dos seus bens, e o cumprimento das suas obrigações - artº 184º do C.C. esp.; no Código Civil português o efeito principal da ausência justificada é a abertura dos testamentos e a distribuição dos bens do ausente pelos seus sucessores *mortis causa*, que os recebem (independentemente de partilha no caso dos legatários e demais interessados, e após a partilha no caso dos herdeiros) e administram em nome alheio, como curadores definitivos e não como proprietários, exercendo, assim, a representação legal do ausente - artºs 101º a 104º do C.C. port..

A terceira e última fase é a da declaração de morte presumida - artºs 193º e ss. do C.C. esp. e 114º e ss. do C.C. port. - em que a lei fixa uns efeitos idênticos aos da morte real, embora atenuados em virtude da incerteza da morte do ausente. Só nesta fase cessam as relações jurídicas que se extinguiriam pela morte do ausente e é desencadeada a abertura da sucessão a favor de quem tenha direito a ela à data da declaração de morte presumida. No entanto, no artº 196º, parágrafos 2º, 3º e 4º do C.C. esp. a lei impõe aos sucessores alguns limites que não têm paralelo no C.C.

---

[964] *Vid.*, por todos, CARVALHO FERNANDES, *Teoria Geral do Direito Civil*, Vol. I, Lisboa, 1995, pp. 328-329.

port.. Enquanto no C.C. esp. os sucessores, sejam herdeiros ou legatários, só podem dispor dos bens, a título gratuito, decorridos cinco anos da declaração de morte, com excepção para o caso dos legados pios, dos sufrágios pela alma do testador, ou dos legados em favor de instituições de beneficência, no C.C. port. os sucessores passam a ser proprietários dos bens, podendo dispor deles sem entraves, ao contrário do que acontece enqanto são curadores definitivos dos mesmos[965]. No C.C. esp. os sucessores estão obrigados a elaborar inventário dos bens, nos termos do par. 4º do artº 196º, enquanto no C.C. port. se exige, em princípio, a relação dos mesmos antes da sua entrega - artºs 117º, 110º e 93º deste diploma legal.

Embora a finalidade das normas sobre a ausência seja a de prever meios de representação do ausente com vista à protecção do seu património e ao cumprimento dos seus deveres, o instituto não está concebido apenas no exclusivo interesse do ausente mas também de outras pessoas, como é o caso dos seus credores, admitidos a requerer a curadoria provisória, e daqueles que, por morte do ausente, tenham direito aos seus bens. Assim, estes meios, quando utilizados pelos legitimários, proporcionam certas garantias quanto à gestão e administração do património do ausente, as quais poderão traduzir-se em vantagens efectivas após a abertura da sucessão deste. E, embora numa primeira fase o objectivo principal seja o de prover à administração e conservação dos bens, nas fases seguintes a lei confere a terceiros uma tutela que acaba por reflectir-se no regime do património do ausente, implicando uma actividade que excede da mera administração[966].

---

[965] Por força do artº 94º do C.C. port., aplicável *ex vi* do artº 110º do mesmo diploma, o curador definitivo dos bens do ausente exerce um mandato que, em princípio, só o autoriza a praticar actos de administração, embora também lhe caiba requerer providências cautelares, intentar acções de carácter urgente, representar o ausente nas acções propostas contra ele, e possa, excepcionalmente, alienar certos bens, mediante autorização judicial. CARVALHO FERNANDES entende que o regime da morte presumida se aproxima, em muitos aspectos, da sucessão por morte, embora ainda não consubstancie uma verdadeira sucessão *mortis causa* devido aos efeitos do regresso do ausente (*Vid. Teoria Geral do Direito Civil, op. cit.*, p. 341).

[966] Assim, DIAS MARQUES, *Noções Elementares de Direito Civil*, Lisboa, 1992, pp. 18-19, o qual afirma que *"Embora o património das pessoas singulares se encontre principalmente afectado à realização dos seus próprios fins, importa reconhecer que ou-*

Legítima do Cônjuge Sobrevivo 421

D) Impugnação da filiação nos termos do artº 140º do Código Civil espanhol

O artº 140º do C.C. esp. regula da seguinte forma a impugnação da filiação não matrimonial:

> *"Cuando falte en las relaciones familiares la posesión de estado, la filiación paterna o materna no matrimonial podrá ser impugnada por aquellos a quien perjudique.*
> *Cuando exista posesión de estado, la acción de impugnación corresponderá a quien aparece como hijo o progenitor y a quienes por la filiación puedan resultar afectados en su calidad de herederos forzosos. La acción caducará pasados cuatro años desde que el hijo, una vez inscrita la filiación, goce de la posesión de estado correspondiente.*
> *Los hijos tendrán en todo caso acción durante un año después de haber llegado a la plena capacidad."*

Este artigo coloca à disposição dos afectados pelo reconhecimento de filiação não matrimonial um meio de reacção que permite impugná-la, reagindo contra a sua veracidade[967], distinguindo, no entanto, entre os casos em que existe posse de estado nas relações familiares e aqueles em que falte essa posse de estado[968]. Uma vez que, no par. 1º do artº 140º, a

---

tras pessoas podem também estar interessadas na sua conservação e destino. Assim sucede, nomeadamente, com os credores, que no património do devedor encontram a garantia da satisfação dos seus créditos, e os presuntivos sucessíveis, que têm expectativa de o receber quando o respectivo titular faleça."; Também CARVALHO FERNANDES, *Teoria Geral do Direito Civil*, Vol. I, *op. cit.*, pp. 329-330 considera que "... *a partir de certo momento, quando as dúvidas sobre o regresso do ausente se avolumam, a lei passa também a considerar o interesse daqueles que, por morte do ausente, tenham direito sobre os bens dele."* e "... *em defesa do próprio ausente e também daqueles que tenham interesse, embora futuro (por efeito da morte do ausente), em relação aos seus bens, a lei vai escolher uma ou mais pessoas para se ocuparem da administração desses bens, salvo na fase extrema da ausência - a declaração de morte presumida."*.

[967] *Vid.* DE LA CÁMARA, *Comentarios al Código Civil y Compilaciones Forales*, T. III, Vol. 1º, Madrid, 1982, pp. 891 e 896-897; PEÑA BERNALDO DE QUIRÓS, *Comentarios a las Reformas del Derecho de Familia*, T. I, Madrid, 1984, p. 991.

[968] A posse de estado é uma situação de facto que manifesta ou exterioriza, com carácter público, uma determinada filiação, e se traduz na prática de actos que demonstram o

422 *A Legítima do Cônjuge Sobrevivo - Estudo Comparado Hispano-Português*

lei se refere especificamente à posse de estado nas relações familares, parece que apenas se exige um dos elementos que a integram - o *tractatus* ou comportamento próprio da relação paterno-filial entre o filho e o progenitor e/ou entre aquele e a família - dispensando-se a consideração social da filiação de facto - *reputatio*[969].

A legitimidade activa e os prazos para a acção de impugnação estão, portanto, condicionados pela existência, ou não, de posse de estado nas relações familiares. Quando falte a posse de estado a filiação pode ser impugnada por qualquer pessoa a quem o seu reconhecimento prejudique. O prejuízo deverá obeceder a certas condições, nomeadamente, deverá ser actual e presente, de carácter patrimonial ou moral. Nestes casos a lei não estabelece qualquer prazo de caducidade da acção, pelo que há quem a qualifique como acção imprescritível, à semelhança das acções sobre o estado civil[970]. No entanto, há quem entenda que a acção também não pode ser exercida indefinidamente, uma vez que só se mantém a possibilidade de impugnação da filiação enquanto não prescreva ou não se extinga o direito que funda o prejuízo do impugnante[971].

Existindo posse de estado nas relações familiares a lei circunscreve o elenco de pessoas legitimadas para exercer a acção de impugnação, atendendo ao objectivo de protecção da estabilidade do estado civil e das relações familiares. Neste caso apenas podem impugnar a filiação o filho, os progenitores, e aqueles que, na sua qualidade de herdeiros forçosos, possam ser afectados pela filiação[972]. A lei autoriza o exercício da acção

---

reconhecimento espontâneo e voluntário dessa filiação. A doutrina e a jurisprudência espanholas apontam como critérios reveladores da posse de estado o *nomen*, o *tractatus*, e a *reputatio* ou *fama*. *Vid*. BLASCO GASCÓ, *Derecho de Família*, coord. por MONTÉS PENADÉS, Valencia, 1991, pp. 364-366; LACRUZ BERDEJO, *Elementos...*, IV, *op. cit.*, pp. 434-435.

[969] Neste sentido, PEÑA BERNALDO DE QUIRÓS, *Comentarios a las Reformas...*, T. I, *op. cit.*, p. 1010.

[970] *Vid*. PEÑA BERNALDO DE QUIRÓS, *Comentarios a las Reformas...*, T.I, *op. cit.*, p. 1011.

[971] *Vid*. DE LA CÁMARA, *Comentarios...*, T.III. Vol. 1º, *op. cit.*, p. 937.

[972] DE LA CÁMARA critica a opção do legislador, que incluiu nos legitimados para o exercício da acção aqueles que sejam afectados na sua qualidade de herdeiros forçosos, bem como todos os prejudicados pelo reconhecimento da filiação, nos termos do nº 1 do artº 140º. Para este autor, a legitimidade activa deveria ficar restrita ao filho, ao pai, ou mãe

aos titulares de uma expectativa legitimária, embora não sejam ainda verdadeiros legitimários e se desconheça se a existência da pessoa cuja filiação se impugna prejudica ou não as suas legítimas, ou seja, autoriza a intervenção, não só dos que seriam legitimários do autor do reconhecimento no momento da propositura da acção, mas também daqueles que, não o sendo, pudessem vir a sê-lo à data da abertura da sucessão. Caso a acção seja proposta após a morte do autor do reconhecimento e antes de expirar o seu prazo de caducidade, só poderão exercê-la os que forem seus herdeiros forçosos, desde que os direitos do reconhecido à herança prejudiquem os seus direitos legitimários[973]. Existindo posse de estado a acção de impugnação fica sujeita ao prazo de caducidade de quatro anos, a contar da data em que o filho, uma vez inscrita a filiação, beneficie da posse de estado.

Podemos concluir, portanto, que os herdeiros forçosos estão sempre habilitados a impugnar a filiação não matrimonial, quer haja ou não posse de estado nas relações familiares. Contudo, quando a impugnem nos termos do nº 1 do artº 140º necessitam de provar a falta dessa posse de estado se a acção for intentada após o decurso do prazo de caducidade de quatro anos previsto no nº 2 da mesma disposição legal. Por outro lado, têm que aguardar pela morte do autor do reconhecimento para determinar se a falta de veracidade da filiação impugnada lhes traz ou não prejuízo, visto que, de acordo com o nº 1 do artº 140º, se exige que o prejuízo seja actual e presente.

A lei autoriza, portanto, a impugnação do reconhecimento de um filho extramatrimonial que venha afectar os direitos dos demais legitimários, designadamente os do cônjuge sobrevivo, por entender que o reconheci-

---

que reconheceu a filiação, e ao outro progenitor (*Vid. Comentarios...*, T.III, Vol. 1º, *op. cit.*, pp. 900 e ss.). Foi esta a solução consagrada no C.C. port. após a Reforma de 1977, que atribuiu legitimidade para a impugnação da paternidade matrimonial e não matrimonial apenas à mãe, ao marido da mãe, ao filho, e ao Ministério Público, a requerimento de quem se declarar pai do filho, se for reconhecida a viabilidade da sua pretensão - artºs 1838º a 1841º - nos prazos dispostos no artº 1842º do mesmo diploma. Já a impugnação da maternidade pode ser efectuada, a todo o tempo, pela pessoa declarada como mãe, pelo registado, por quem tiver interesse moral ou patrimonial na procedência da acção (sublinhado nosso) ou pelo Ministério Público - artº 1807º do C.C. port..

[973] *Vid.* DE LA CÁMARA, *Comentarios...*, T.III, Vol. 1º, *op. cit.*, pp. 906-909.

424 *A Legítima do Cônjuge Sobrevivo - Estudo Comparado Hispano-Português*

mento pode ser utilizado com o fim de burlar os direitos dos verdadeiros legitimários. Concretamente no caso do cônjuge sobrevivo, este pode ver diminuída a sua quota legitimária quando o único descendente que com ele concorre à sucessão tenha sido reconhecido pelo autor da sucessão[974]. Os presumíveis afectados podem recorrer à impugnação do reconhecimento ainda antes da abertura da sucessão, razão pela qual este pode consubstanciar-se como um meio de protecção da expectativa legitimária, qualidade que lhe é reconhecida por alguma doutrina espanhola[975].

CAPÍTULO SEXTO
NATUREZA JURÍDICA DA LEGÍTIMA
DO CÔNJUGE SOBREVIVO

I - Introdução

O apuramento do conteúdo qualitativo da legítima constitui um importante indício para a caracterização da posição jurídica do legitimário como herdeiro, legatário, ou mero credor da herança, com as consequências que resultam dessa diferente caracterização. É por essa razão que o conteúdo qualitativo da legítima no Código Civil espanhol, que, apesar de amplamente trabalhado pela doutrina espanhola continua a suscitar alguma celeuma, implica, como não podia deixar de ser, uma análise cuidada do seu conceito e estrutura.

---

[974] Poderá, inclusive, ser afectado nos seus direitos intestados, caso o autor da sucessão não tenha outorgado testamento.

[975] *Vid.* DE LA CÁMARA, *Comentarios...*, TIII, Vol. 1º, *op. cit.*, pp. 904 e ss.; ESPEJO LERDO DE TEJADA, *La Legítima...*, *op. cit.*, p. 81; Este autor entende, no entanto, que a eficácia deste meio de reacção deixa muito a desejar como única forma de evitar a lesão dos direitos dos verdadeiros legitimários quando o reconhecimento seja fingido ou não corresponda à realidade, pois a acção de impugnação, além de dispendiosa, é de prova difícil e resultado incerto.

Em abstracto, são quatro as teorias defensáveis a propósito da natureza jurídica da legítima. Segundo uma primeira perspectiva, a quota legítima tem a natureza jurídica de *pars hereditatis*, isto é, trata-se de uma quota da herança que está reservada directamente por lei a certas pessoas, as quais assumem sempre a qualidade de herdeiros, mesmo contra a vontade do autor da sucessão. Neste sistema o legitimário é co-proprietário de uma quota da herança, englobando activo e passivo, eventualmente aumentada com a colação e diminuida com a imputação e, como tal, responsável pelo pagamento das dívidas do *de cujus*. Actualmente assumem esta natureza as legítimas consagradas no *Code Civil* e no Código Civil português, esta última unanimemente considerada como parte da herança. Era também a natureza jurídica da legítima no Direito castelhano anterior à entrada em vigor do Código Civil espanhol[976], a qual continuou a ser defendida por alguns autores após a entrada em vigor deste[977]. Mais recentemente encontrou ainda alguns defensores no direito espanhol, entre os quais se destaca PEÑA BERNALDO DE QUIRÓS[978].

Para uma outra teoria a legítima confere ao legitimário o direito a uma porção dos bens da herança, direito esse que não terá de ser forçosamente satisfeito mediante uma atribuição a título de herdeiro, mas que poderá sê-lo igualmente a qualquer outro título - legado ou doação - consistindo, portanto, numa *pars bonorum*. A legítima será então uma quota do *relictum*, uma vez deduzidas as dívidas e acrescentadas as doações, que se pode receber por qualquer título e que será preenchida com bens da herança. Esta legítima não confere necessariamente ao legitimário a qualidade de herdeiro: pode sê-lo, ou não, consoante o título pelo qual seja feita a atribuição patrimonial. Assim, o legitimário é mero adquirente de bens da herança, razão pela qual não responde pelas dívidas desta, embora participe na comunhão hereditária e a lei lhe atribua determinadas faculdades, não podendo os herdeiros proceder à repartição da herança, onerar

---

[976] *Vid.* BELTRAN DE HEREDIA, *Derecho de Sucesiones*, coord. por MONTÉS PENADÉS, *op. cit.*, p. 314.

[977] *Vid.* SÁNCHEZ ROMÁN, *Estudios de Derecho Civil*, T. VI, Vol. 2º, *op. cit.*, pp. 711 e ss.; SCAEVOLA, *Código Civil Comentado*, T. XIV, Madrid, 1944, pp. 208 e ss..

[978] *Vid.* "La Naturaleza de la Legítima", *loc. cit.*, pp. 849 e ss., e "La Naturaleza de la Legítima. Nota Final.", *ADC*, 1986, pp. 571 e ss..

426 A Legítima do Cônjuge Sobrevivo - Estudo Comparado Hispano-Português

ou dispor dos bens que a compõem sem o seu consentimento, enquanto não sejam satisfeitos os seus direitos legitimários.

No sistema de legítima *pars valoris* o legitimário é mero credor da herança pelo valor da sua legítima, tendo direito a receber em dinheiro o correspondente ao valor de uma quota do activo líquido da herança, calculado à data da morte do autor da sucessão. Este direito assume carácter meramente pessoal e deve ser exercido contra os herdeiros. Trata-se do sistema adoptado pelo Código Civil alemão[979], sendo igualmente a natureza da legítima no Código de Sucessões da Catalunha, aprovado pela Lei 40/91, de 30 de Dezembro. O principal argumento utilizado em defesa desta orientação é o da existência de casos em que a legítima é satisfeita em dinheiro, o que tem levado alguns autores a sustentar que a legítima do C.C. esp. passou a ter esta natureza após a revisão de 1981[980].

Por último, há quem adira à teoria da *pars valoris bonorum*, segundo a qual a legítima é mais que um simples direito de crédito, por beneficiar de uma potencial garantia sobre os bens hereditários. Em rigor, segundo esta teoria, a legítima pode assumir duas modalidades: pode atribuir ao legitimário um direito de aquisição de um certo valor sobre os bens hereditários, fixado à data da morte do autor da sucessão, com a particularidade de essa aquisição estar garantida pelos próprios bens da herança, globalmente afectos ao seu pagamento, razão pela qual a legítima consistirá num direito real de realização de valor cuja garantia são os próprios bens da herança; ou pode consistir numa parte do valor dos bens e direitos que integram a herança, que afecta como um ónus ou encargo todo o *relictum* e confere ao legitimário o direito à percepção desse valor em bens da herança e não em dinheiro - legítima *pars valoris bonorum quia in specie heres solvere debet*. A primeira foi a teoria utilizada para explicar a natureza jurídica da legítima catalã antes da reforma da

---

[979] A sua vantagem seria a de simplificar as operações de partilha e liquidação da herança; *Vid*. KIPP, *Tratado de Derecho Civil*, T. V, *Derecho de Sucesiones*, Vol. 1º, Trad. espanhola da 2ª edição, Barcelona, Bosch, 1976, p. 78.

[980] Antes da Reforma do C.C., levada a efeito em 1981, era defendida por poucos autores; *Vid*. GONZALEZ PALOMINO, "El Usufructo Universal del Viudo y los Herederos Forzosos", *RDP*, 1936, pp. 160 e ss.; VIRGILI SORRIBES, "Heredero Forzoso y Heredero Voluntario: Su Condición Jurídica", *RCDI*, Julho-Agosto, 1945, pp. 484-485.

Compilação de Direito Civil da Catalunha - art^{os} 122° e 129°. A segunda seria, segundo ROCA SASTRE, a natureza da legítima do Código Civil espanhol[981].

II - A natureza da legítima nos ordenamentos jurídicos português e espanhol

No direito castelhano anterior à entrada em vigor do C.C. o legitimário era, sem qualquer sombra de dúvida, considerado herdeiro[982], uma vez que não existia norma equivalente ao actual art° 815° do C.C. esp. que permitisse a satisfação do seu direito por qualquer título. Apesar de tudo, a entrada em vigor do C.C. esp. de 1889 e da sobredita norma não impediram que, durante muitos anos e até bem recentemente, alguma doutrina se mantivesse favorável à ideia de que o legitimário era sempre herdeiro - legítima *pars hereditatis*. O sustentáculo desta teoria baseia-se, essencialmente, na letra do art° 806° do C.C. esp. que chama aos legitimários herdeiros forçosos e, pelo menos à primeira vista, qualifica a legítima como reserva hereditária, ou *pars reservata*, directamente atribuída pela lei a título de herança. Este argumento resulta reforçado pela terminologia empregada em vários outros preceitos, como o art° 810°, n° 1, que alude a *"La legítima reservada a los padres..."*, e o n° 2, que chama herança à legítima, ou os art^{os} 807°, 814°, 1056°, e outros do C.C. esp., que designam os legitimários como herdeiros forçosos[983].

---

[981] *Vid.* ROCA SASTRE, "Naturaleza Jurídica de la Legítima. Teoria de la *Debita Pars Valoris Bonorum*", *op. cit.*, pp. 202 e ss.. A STS de 22 de Maio de 1950 (*CLJC*, 1950, n° 115), reconheceu à legítima do C.C. esp. a natureza de *pars valoris bonorum* ao afirmar, no primeiro Considerando, que *"...el legitimario aparece en nuestro sistema legal como titular de un derecho sobre un valor económico dinerario (pars valoris bonorum), ya que en cuantas ocasiones es aludida por nuestra Ley sustantiva, lo es con referencia a la porción de bienes que le son atribuibles..."*.

[982] *Vid.* SÁNCHEZ ROMAN, *Estudios de Derecho Civil*, T. VI, Vol. 2°, *op. cit.*, pp. 711 e ss.; SCAEVOLA, *Código Civil*, T. XV, *op. cit.*, pp. 208 e ss.; FUENMAYOR CHAMPÍN, "Intangibilidad de la Legítima", *ADC*, 1948, pp. 63 e ss..

[983] Anteriormente à Reforma de 1981 do C.C. esp. também o art° 814° funcionava a favor desta posição, ao dispor a nulidade da instituição de herdeiro quando tivesse havido

428　*A Legítima do Cônjuge Sobrevivo - Estudo Comparado Hispano-Português*

Os argumentos aduzidos a favor desta tese são os seguintes: a legítima consiste numa quota da herança e quem sucede numa quota é sucessor universal ou herdeiro; existe um chamamento directo à legítima resultante da lei na medida em que o testador não pode dispor dessa quota, pelo que a atribuição legitimária feita pela lei a título de herança não pode ser alterada pela vontade do autor da sucessão; o art° 815° do C.C. esp. limitar-se-ía a evitar a preterição quando o herdeiro forçoso fosse designado por outro título - assim, nos casos em que a atribuição seja insuficiente para cobrir a legítima, procura evitar-se a invalidade da instituição de herdeiro, atribuindo apenas ao legitimário a acção de complemento da legítima[984]. A legítima do C.C. esp. participaria, portanto, de todos os elementos da reserva: indisponibilidade pelo autor da sucessão, atribuição directa sob a protecção da lei e qualificação dos legitimários como herdeiros, independentemente da vontade do testador[985].

Actualmente a doutrina que se afigura maioritária é, no entanto, aquela que qualifica a legítima do C.C. esp. como *pars bonorum*. Os defensores desta posição[986] opõem à teoria da *pars hereditatis*, entre ou-

---

preterição de um herdeiro forçoso; actualmente este argumento já não procede, uma vez que a sanção de nulidade está limitada aos casos de preterição não intencional de filhos e descendentes, e no caso de preterição intencional só há lugar à redução da instituição de herdeiro (*Vid.* REAL PEREZ, *Intangibilidad Cualitativa...*, *op. cit.*, p. 31).

[984] Defendem que a legítima do C.C. é *pars hereditatis* os seguintes autores: FUENMAYOR CHAMPIN, "Intangibilidad de la Legítima", *A.D.C.*, I, 1948, pp. 46 e ss.; PORPETA CLERIGO, "Naturaleza Jurídica de la Legítima", *Estudios de Derecho Sucesorio*, Colegio Notarial de Barcelona, 1946, pp.183 e ss. e 199 e ss.; ORTEGA PARDO, *Naturaleza Jurídica del Llamado Legado en Lugar de la Legítima*, Madrid, 1945, pp. 119 e ss.; ESPINAR LAFUENTE, *La Herencia Legal e y el Testamento,* Barcelona, 1956, pp.334 e ss.; COSSÍO Y CORRAL, *Instituciones de Derecho Civil*, *op. cit.*, pp. 573 e ss.; PEÑA y BERNALDO DE QUIRÓS, "La Naturaleza de la Legítima", *loc. cit.*, pp. 849 e ss..

[985] *Vid.* GONÇALVES PROENÇA, "Natureza Jurídica da Legítima", *loc. cit.*, p. 376.

[986] *Vid.*, entre outros, DE LA CÁMARA, "Estudios Sobre el Pago con Metálico de la Legítima en el Código Civil", *op. cit.*, pp. 750 e ss., 776 e ss., e 997, e *Compendio...*, 2ª ed., *op. cit.*, pp. 179 e ss.; ROCA-SASTRE MUNCUNILL, *Derecho de Sucesiones*, II, *op. cit.*, pp. 35-42; PUIG BRUTAU, "Naturaleza Jurídica de las Legítimas en el Derecho Común y en el Foral", *Estudios de Derecho Privado* de ROCA SASTRE, II, *op. cit.*, pp. 114 e ss.; LACRUZ BERDEJO, *Elementos..*, V, *op. cit.*, pp.356-357; VALLET DE GOYTISOLO, "Observaciones en Torno a la Naturaleza de la Legítima", *loc. cit.*, pp. 3

tros, os seguintes argumentos: a qualificação do legitimário como herdeiro forçoso nalguns artigos do C.C. é mera consequência da perpetuação de uma tradição histórica e de uma terminologia já abandonadas com a entrada em vigor do Código[987]; a expressão *"de que el testador no puede disponer"* empregue pelo artº 806º deve ser interpretada de forma relativa; aquilo que se impõe ao testador não é uma proibição absoluta de dispor mas uma proibição de dispor fora de certos limites impostos pela lei; assim, o testador pode atribuir a legítima a qualquer título, preenchendo-a, designadamente com bens determinados, desde que respeite o seu conteúdo quantitativo e qualitativo (artº 815º), e pode, inclusive, no que respeita à *mejora*, que também é legítima, dispor dela como lhe aprouver, desde que a favor dos filhos e outros descendentes (artº 823º), não tendo qualquer dever de instituir herdeiros os legitimários. No C.C. esp. também nenhum preceito atribui aos legitimários responsabilidade por dívidas do autor da sucessão, excepto quando os mesmos sejam instituídos herdeiros voluntários ou legais[988]. Na opinião destes autores a legítima não atribui necessariamente ao legitimário a qualidade de herdeiro, embora assim aconteça quando, na falta de disposição do autor da sucessão, aquele é chamado pela lei.

Mais recentemente voltou a reacender-se a polémica em torno da natureza jurídica da legítima no C.C. esp., assumindo especial destaque em defesa de cada uma das orientações expostas os argumentos de PEÑA Y BERNALDO DE QUIRÓS e VALLET DE GOYTISOLO[989]. A favor da legítima *pars bonorum* invocam-se a própria evolução histórica da legí-

---

e ss.; PANTALEÓN PRIETO, *Comentarios a las Reformas del Derecho de Familia*, II, *op. cit.*, pp. 1378 e ss.; SUÁREZ SÁNCHEZ-VENTURA, "Naturaleza de la Legítima y Pago en Metálico", *La Ley*, T. IV, 1984, pp. 1008 e ss..

[987] REAL PEREZ, *Intangibilidad Cualitativa...*, *op. cit.*, p. 33, entende que os termos "legitimário" e "herdeiro forçoso" são sinónimos e que, por isso, o legislador os utiliza indistintamente.

[988] *Vid.* ROCA SASTRE, "Naturaleza Jurídica...", *op. cit.*, pp. 196-197.

[989] *Vid.* PENÃ Y BERNALDO DE QUIRÓS, "La Naturaleza de la Legítima", *loc. cit.*, pp. 849 e ss., e "La Naturaleza de la Legítima. Nota Final", *loc. cit.*, pp. 571 e ss.; VALLET DE GOYTISOLO, "Observaciones en Torno a la Naturaleza de la Legítima", *loc. cit.*, pp. 3 e ss., e "Aclaraciones Acerca de la Naturaleza de la Legítima", *A.D.C.*, 1986, pp. 833 e ss..

430   *A Legítima do Cônjuge Sobrevivo - Estudo Comparado Hispano-Português*

tima, que já no Direito romano e no Direito castelhano teria essa natureza[990], a alusão nalguns artigos do C.C. - *v.g.* art°s 808° e 809° - e apesar da definição de legítima do art° 806°, a partes alíquotas do património hereditário, e o conteúdo do art° 815° que permite ao autor da sucessão deixar a legítima por qualquer título, sem a obrigatoriedade de fazê-lo mediante a instituição de herdeiro, embora os bens da herança estejam afectos ao seu pagamento[991]. Assim, independentemente do título de atribuição da legítima, o legitimário é co-titular do património hereditário, gozando de uma garantia sobre todos os bens da herança enquanto a sua legítima não lhe seja paga.

No entanto, foram já apontadas algumas objecções a esta tese. Uma delas resulta de uma determinada interpretação do art° 818°/1 do C.C.. Esta norma estabelece que *"Para fijar la legítima se atenderá al valor de los bienes que quedaren a la muerte del testador, con deducción de las deudas y cargas, sin comprender entre ellas las impuestas en el testamento."*, e suscita dúvidas quanto ao momento da valoração dos bens para efeitos de cálculo da legítima. Se considerarmos que a legítima é calculada atendendo ao valor dos bens da herança no momento da partilha, é o legitimário quem suporta a variação de valor a que os mesmos possam estar sujeitos após a abertura da sucessão, sendo, por essa razão, co-titular desses bens desde aquela data - legítima *pars bonorum*. Em contrapartida, se considerarmos que o art° 818°/1 impõe o cálculo da legítima em função do valor dos bens à data da morte do autor da sucessão, conforme defende algum autor[992], a variação do seu valor não é suportada pelo legitimário enquanto não lhe sejam entregues os bens que lhe caibam em pagamento da legítima; neste caso o legitimário seria titular de um mero

---

[990] Contra, *Vid.* PEÑA BERNALDO DE QUIRÓS, "La Naturaleza de la Legítima", *loc. cit.*, pp. 851-863, que procede a uma análise detalhada da natureza da legítima anterior ao C.C. esp., de acordo com as normas do *Fuero Juzgo*, do *Fuero Real* e, sobretudo, das *Leyes de Toro*.

[991] *Vid.* VALLET DE GOYTISOLO, *Comentarios...*, T. XI, *op. cit.*, pp. 20 e ss., e *Las Legítimas*, I, *op. cit.*, pp. 190 e ss; DE LA CÁMARA, "Estudio Sobre el Pago con Metálico...", *op. cit.*, pp. 750 e ss., e 776 e ss.; PUIG BRUTAU, "Naturaleza Jurídica de las Legítimas...", *loc. cit.*, pp. 109 e ss..

[992] Neste sentido, *Vid.* ROCA SASTRE, "Naturaleza Jurídica...", *op. cit.*, p. 200.

valor económico fixo garantido pelos bens hereditários[993]. Outra das objecções parte da convicção de que vários artigos do C.C. esp., ao falarem em "porção de bens" e "partes alíquotas" do património hereditário, o fazem de forma tecnicamente imprecisa, empregando a palavra "porção" em sentido amplo, não permitindo concluir que a legítima tenha a natureza de uma *pars bonorum*[994].

Quanto às teorias da *pars valoris* e da *pars valoris bonorum*, parecem não se adequar face à regulamentação do C.C. esp.. A favor destas poderia, no entanto, invocar-se o facto de ali se encontrarem consagradas variadas situações em que é possível o pagamento da legítima em dinheiro. Contudo, tratam-se de previsões específicas[995] e a maioria dos autores considera que, mesmo nesses casos, a legítima mantém a sua natureza de *pars bonorum* enquanto não se extingue pelo pagamento, uma vez que, até lá, o legitimário mantém a sua qualidade de co-titular dos bens da herança, e nem os herdeiros nem os *albaceas* podem onerá-los, aliená-los, ou adjudicá-los sem a intervenção e o consentimento de todos os legitimários[996]. Por outro lado, a doutrina e a jurisprudência espanholas reconhecem unanimemente a natureza real da acção de suplemento da legítima, o que vem confirmar o carácter real, e não meramente obrigacional, do direito do legitimário.

Com a Reforma de 1981 do C.C. espanhol e a introdução de uma possibilidade mais generalizada de pagamento em dinheiro das legítimas dos descendentes, veio a lume uma outra teoria que postula a natureza

---

[993] VALLET DE GOYTISOLO, *Las Legítimas...*, I, *op. cit.*, pp. 209 e ss., opõe a esta opinião que o artº 818º/1 impõe a valoração dos bens existentes à data da morte do testador, mas não obriga a que se atenda ao valor que tenham nesse momento, interpretação que se nos apresenta como a mais correcta.

[994] *Vid.* ROCA SASTRE, "Naturaleza Jurídica...", *op. cit.*, p. 200.

[995] Cfr. os artºs 821º, 829º e 1056º/2, o artº 839º, relativamente à legítima do cônjuge sobrevivo, os artºs 841º e ss., introduzidos pela Lei 11/1981, de 13 de Maio, e o artº1062º quanto à legítima dos descendentes.

[996] É o que defendem LACRUZ BERDEJO, *Elementos...*,V, *op. cit.*, p. 353, relativamente à legítima do cônjuge sobrevivo, e VALLET DE GOYTISOLO, *Panorama...*, I, *op. cit.*, p. 576, relativamente às legítimas dos descendentes; No mesmo sentido, *Vid.* BELTRAN DE HEREDIA, *Derecho de Sucesiones*, coord. por MONTÉS PENADÉS, *op. cit.*, p. 316;

432 *A Legítima do Cônjuge Sobrevivo - Estudo Comparado Hispano-Português*

jurídica plural da legítima[997]. Destaca-se a interessante exposição apresentada por REAL PEREZ, para quem a legítima do C.C. esp., após as alterações introduzidas pela Reforma de 1981, será, em regra, *pars bonorum*, mas nos casos em que seja possível o seu pagamento pecuniário com base nos artºs 841º e ss. terá uma outra natureza, pelo facto de o legitimário possuir um direito de crédito especialmente garantido pela afectação dos bens da herança ao pagamento da sua legítima, à semelhança da afectação do património do devedor ao pagamento das suas dívidas[998]. A autora argumenta que nestes casos o adjudicatário dos bens hereditários passa a ter a titularidade exclusiva dos mesmos, embora se trate de uma titularidade resolúvel, e que o legitimário que deva receber a sua legítima em dinheiro deixa de ter as faculdades e garantias de um co-titular da herança[999]. No entanto, parece-nos que não chega a esclarecer a verdadeira natureza jurídica da legítima nos casos de pagamento em dinheiro, limitando-se a afirmar que é "*...algo similar a la "pars valoris bonorum" que preconizaba ROCA SASTRE, pero con puntualizaciones importantes, porque, como se acepta generalmente, no parece que esta última naturaleza responda con seguridad al mecanismo de la legítima en nuestro Código.*". Assim, a autora limita-se, praticamente, a dizer qual não é a natureza jurídica da legítima - não é *pars hereditatis*, é mais do que *pars valoris*, mas também não é exactamente *pars valoris bonorum* - o que nos deixa um pouco na dúvida face à elaboração de uma figura de fronteira e de contornos mal delineados.

Também DOMINGUEZ LUELMO considera que as legítimas satisfeitas com dinheiro extra-hereditário, nos termos dos artºs 841º e ss. do C.C. esp., se tranformam em *pars valoris bonorum*. No entanto, o autor

---

[997] *Vid*. REAL PEREZ, *Intangibilidad Cualitativa...*, *op. cit.*, pp. 80 e ss.; RIVERA FERNANDEZ, *La Preterición...*, *op. cit.*, pp. 190 e ss.. LACRUZ BERDEJO parece manifestar também a ideia de que a legítima no C.C. esp. pode assumir naturezas diferentes e que não é possível uma solução única para esta questão (*Vid. Elementos...*, V, *op. cit.*, p. 354).

[998] Sobre as posturas doutrinais quanto à incidência dos artºs 841º e ss. do C.C. esp. na natureza jurídica da legítima, *Vid*. REAL PEREZ, *Intangibilidad Cualitativa...*, *op. cit.*, pp. 68 e ss..

[999] *Vid. Intangibilidad Cualitativa...*, *op. cit.*, pp. 83 e ss..

não nega que o conteúdo essencial da legítima no C.C. continua a ser o de uma *pars bonorum* - direito a receber a legítima em bens da herança - e apenas defende que, naqueles casos, ela se transforma em *pars valoris bonorum*, querendo significar com isso que se tratam de legítimas *pars valoris* garantidas pela reserva de *pars bonorum* do artº 806º, ou seja, os legitimários passam a ter um direito de crédito garantido pela reserva de *pars bonorum* que permanece latente, de tal forma que, perante a falta de pagamento do valor, podem reclamar os bens da herança[1000].

Pese embora a complexidade da questão no C.C. espanhol, em virtude da contradição entre os artºs 806º e 815º, parece-nos assistir alguma razão aos autores que configuram o legitimário como herdeiro forçoso. Julgamos bastante coerente a ideia, manifestada por ESPEJO LERDO DE TEJADA, de que a conclusão quanto à natureza jurídica da legítima passa pela análise, quer do conteúdo imperativo do instituto[1001], quer do seu conteúdo dispositivo[1002], e a chamada de atenção para os aspectos deste último, com destaque para o facto de, em regra, na falta de disposição testa-

---

[1000] *Vid. El Pago en Metálico de la Legítima de los Descendientes*, *op. cit.*, pp.158-159, 165 e 240-242. ESPEJO LERDO DE TEJADA aponta alguns argumentos contra esta teoria: 1.º a faculdade de comutação das legítimas nos termos dos artºs 841º e ss. é uma faculdade particional, o que é confirmado pelo momento da valoração dos bens; 2.º em caso de não pagamento da legítima pelos adjudicatários dos bens da herança, há lugar, por força do artº 844º/2, à realização da partilha de acordo com as regras gerais. Segundo o autor, estes argumentos sustentam que a legítima paga em dinheiro não deixa de ser *pars bonorum* enquanto não seja satisfeita, nem o seu perceptor deixa de ser co-titular do património hereditário enquanto não esteja integralmente pago (*Vid. La Legítima...*, *op. cit.*, pp. 354 e ss.).

[1001] A legítima impõe a atribuição de um conteúdo mínimo que, apesar de poder ser recebido de variadas formas, confere ao legitimário um conjunto de direitos e faculdades, como, por exemplo, o direito a receber a legítima livre de quaisquer encargos, condições, ou substituições, e de reagir contra actos do autor da sucessão que lesem a legítima, ou as faculdades de intervenção na partilha, as faculdades possessórias e as faculdades de gestão e disposição dos bens enquanto a herança permaneça indivisa; *Vid.* ESPEJO LERDO DE TEJADA, *La Legítima...*, *op. cit.*, pp. 357-359.

[1002] O conteúdo dispositivo molda igualmente a natureza jurídica da legítima, sempre que os seus aspectos não sejam afastados pela vontade do autor da sucessão; Alguns dos direitos do legitimário disponíveis pelo autor da sucessão seriam precisamente o título de herdeiro e a igualdade qualitativa na formação dos lotes na partilha hereditária. *Vid.* ESPEJO LERDO DE TEJADA, *La Legítima...*, *op. cit.*, pp. 359-360.

434 *A Legítima do Cônjuge Sobrevivo - Estudo Comparado Hispano-Português*

mentária, ou quando o testador se limite a salvar os seus direitos legais, o chamamento do legitimário ser feito a título de herdeiro[1003]. Assim, o autor entende que o próprio regime dispositivo da legítima confere ao legitimário um cunho mais aproximado ao do herdeiro, e que a conceptualização da legítima como *pars hereditatis* é preferível, pelos seus contornos mais precisos, do que a da *pars bonorum*, embora não deixe de chamar a atenção para alguma artificialidade na diferença entre as duas posições, capazes de chegar, afinal, a resultados idênticos[1004]. Referindo-se ao conceito de *pars bonorum* como uma figura de contornos imprecisos, diz o autor que *"...es preferible matizar la figura de heredero para referirla al legitimario que trabajar con un concepto poco dibujado."*. A concepção do legitimário como herdeiro é razoável, ainda que possa resultar modificada pela necessidade de percepção de uma quota mínima da herança, característica da sua posição[1005].

Somos igualmente da opinião de que não deve ignorar-se a qualificação dos legitimários como herdeiros forçosos, feita em vários artigos do C.C. esp. - cfr. os artºs 806º, 807º, 813º a 817º, 821º, 825º, 857º, 958º, 1035º, 1036º e 1056º - a qual, de tão sistemática, parece representar algo mais que um mero resquício histórico, inclusive porque se nos afigura pouco verosímil um corte tão abrupto com uma tradição histórica de séculos nesta matéria[1006]; por outro lado, duvidar que a expressão *"herederos forzosos"* esteja utilizada com propriedade, seria duvidar da própria capacidade de expressão do legislador, o que nos parece excessivo[1007]. Acresce ainda que, na falta de satisfação voluntária da legítima, esta é atribuída pela lei a título de herança, o que parece corroborar a ideia de

---

[1003] No caso do cônjuge sobrevivo torna-se difícil, senão impossível, defender a sua qualificação como herdeiro, na medida em que a sua legítima se consubstancia num usufruto e não num direito de domínio sobre uma quota da herança.

[1004] *Vid.* ESPEJO LERDO DE TEJADA, *La Legítima...*, *op. cit.*, pp. 359-363.

[1005] *Vid. La Legítima...*, *op. cit.*, pp. 361-362.

[1006] Neste sentido, *Vid.* PAMPLONA CORTE-REAL, o qual parece entender que os artºs 815º e 819º/1 do C.C. esp. encerram apenas regras gerais de imputação de liberalidades na legítima (*Vid. Da Imputação...*, *op. cit.*, pp. 570-571 e 790-791).

[1007] No mesmo sentido, embora aceitando a tese doutrinal dominante, *Vid.* BELTRÁN DE HEREDIA, *Derecho de Sucesiones*, coord. por MONTÉS PENADÉS, *op. cit.*, pág. 319.

que o artº 815º do C.C. esp. se destinaria, essencialmente, a evitar a invalidação do testamento nos casos em que o testador deixasse ao legitimário menos do que a legítima que lhe corresponde, procurando salvaguardar os princípios do respeito pela vontade do testador e do aproveitamento dos negócios jurídicos. Assim, a lei chama o legitimário como herdeiro, mas, pretendendo preservar simultaneamente a vontade do autor da sucessão, expressa em testamento ou acto *inter vivos*, permite que este atribua a legítima a outro título, contanto que cumpra com o *quantum* e o *quale* por ela prescritos, numa tentativa de harmonizar da melhor forma os dois interesses opostos[1008].

Temos que reconhecer, contudo, que a identidade entre as posições do legitimário e do herdeiro decai perante um grande obstáculo, que é o da irresponsabilidade dos legitimários pelas dívidas da herança, não obstante a sua afectação pelas mesmas, por via da pré-dedução, pese embora, como refere PAMPLONA CORTE-REAL, a discriminação entre legitimários herdeiros e não herdeiros com base nas delações testamentária e/ou *abintestato* possa suscitar soluções injustas quanto a certos aspectos do regime como, por exemplo, a colação[1009].

A jurisprudência do Tribunal Supremo abordou directamente, por diversas vezes, a questão da natureza jurídica da legítima no C.C. esp., tendo concluído nalgumas sentenças que a mesma se reconduz a uma *pars hereditatis*. Assim aconteceu nas Sentenças de 31 de Março de 1970[1010], 8 de Maio de 1989[1011] e, mais recentemente, na de 26 de Abril de 1997[1012]. O terceiro Fundamento de Direito da Sentença de 26 de Abril de 1997,

---

[1008] Como afirma ESPEJO LERDO DE TEJADA, o principal interesse da lei é que fiquem cobertos os direitos forçosos mínimos, sem impor um título para a sua percepção, mas conferindo aos legitimários um conjunto de faculdades e de garantias de satisfação do seu direito, idênticas às dos herdeiros, independentemente do título pelo qual venham a receber a legítima (*La legítima...*, *op. cit.*, p. 362).

[1009] *Da Imputação...*, *op. cit.*, p. 571.

[1010] *RJA*, 1970, nº 1854.

[1011] *RJA*, 1989, nº 3673; LACRUZ BERDEJO entende que, apesar de provavelmente o Tribunal ter decidido acertadamente no caso em apreciação, esta postura não é generalizável (*Vid. Elementos...*, V, *op. cit.*, p. 357).

[1012] *RJA*, 1997, nº 3542.

num caso em que uma das filhas do testador pretendia exercer contra a irmã, beneficiária do legado da nua propriedade de uma farmácia, e respectivo cônjuge, o *retracto* de co-herdeiros relativamente à venda do direito de usufruto da mesma que havia sido legado ao cônjuge sobrevivo, ao responder à alegação de inaplicação dos art°s 864°, em relação com os art°s 806°, 807°/1° e 808°, todos do Código Civil, refere o seguinte:

> *"En primer término ha de señãlarse que en este motivo así como en otros del recurso sigue manteniendo la concepción de la legítima que mantuvo y fundamentó su demanda al considerarla como "pars bonorum", con la consecuencia de que el legitimario participa de todos los bienes de la herencia y ha de ser satisfecha, excepto en los casos legalmente establecidos, con bienes de la misma, formando el legitimario parte de la comunidad hereditaria en tanto la herencia se halle pendiente de liquidación; de ahí que afirme la recurrente como base de su pretensión que el testador no podía disponer de una tercera parte de la farmacia, correspondiente al tercio de legítima estricta, que, por ello, correspondía en plena propiedad por mitad a ella y a su hermana la recurrida. Por el contrario esta Sala acepta aquella tesis según la cual la legítima es "pars hereditatis" y así la Sentencia de 8 mayo 1989 dice que "la Sentencia de 31 marzo 1970 establece que en nuestro Ordenamiento, por tener dicha institución (la legítima) la consideración de "pars hereditatis", y no de "pars valoris", es cuenta herencial y ha de ser abonada con bienes de la herencia, porque los legitimarios son cotitulares directos del activo hereditario y no se les puede excluir de los bienes hereditarios, salvo en hipótesis excepcionales - arts. 829, 838, 840 y párrafo 1° del artículo 1056 del Código Civil-"; esta calificación de la legítima como "pars hereditatis", parte alícuota del caudal hereditario con todo su activo y su pasivo, no impide que el testador pueda disponer de alguno de los bienes de la herencia en su totalidad a favor de un legitimario o de otra persona siempre que se respete la legítima de sus herederos forzosos y ésta se pague con bienes de la herencia."*.

A Lei de Direito Civil da Galiza regula as legítimas no Cap. IV do seu Título VIII. O conceito de legítima constante do seu art° 146° parece adoptar o mesmo critério do art° 806° do C.C. esp., o que levaria a crer que a legítima galega tivesse a mesma natureza jurídica que a do C.C.. No entanto, a análise detalhada das normas que a LDCG dedica à legítima levou já ao aparecimento de duas correntes doutrinais: uma entende que a legítima da lei galega é *pars bonorum*[1013], outra que é *pars valoris bonorum*[1014].

Contra a tese da *pars bonorum* joga, essencialmente, o facto de a LDCG consagrar amplamente a possibilidade de pagamento da legítima em dinheiro extra-hereditário. No entanto, em sua defesa tem sido alegado que, apesar da grande amplitude com que a Lei consagra a possibilidade de pagamento das legítimas em dinheiro, essa faculdade cabe sempre ao autor da sucessão e nunca ao herdeiro. Outros argumentos aduzidos em apoio desta tese são os de que o legitimário pode promover o procedimento judicial de divisão da herança (que veio substituir o *juicio de testamentaria*) - artº 151º - sendo, assim, co-proprietário do património hereditário; que a aplicação do artº 151º/1 se limita aos casos de pagamento em dinheiro extra-hereditário previstos no artº 150º, pois só nestes faz sentido que os bens fiquem afectos ao pagamento da legítima; e ainda, que nos casos de legado legitimário, preterição intencional ou deserdação injusta o legitimário deve ver a sua quota preenchida com bens da herança, em virtude da aplicação do regime do C.C. esp..

Os argumentos em que se apoia a orientação da *pars valoris bonorum* são a já referida amplitude da possibilidade de pagamento em dinheiro, admitida em termos mais alargados que os do artº 841º do C.C. esp., na medida em que se permite que qualquer pessoa (e não apenas os descendentes) possa ser adjudicatária dos bens; o facto de o momento da fixação da legítima ser o da morte do autor da sucessão, como resulta claramente do artº 147º/1, o que confere ao legitimário direito a um valor fixado àquela data, sem ter que sujeitar-se a posteriores valorizações ou desvalorizações do património, excepto quando seja simultaneamente herdeiro; o facto de todos os bens da herança estarem afectos ao pagamento das legítimas, nos termos do artº 151º/1; e, por último, a

---

[1013] Esta é a tese defendida por ESPINOSA DE SOTO e GARCÍA-BOENTE SÁNCHEZ, *Derecho de Sucessiones de Galicia*, op. cit., pp. ; Também ROCA-SASTRE MUNCUNILL, *Derecho de Sucesiones*, II, op. cit., p. 438.

[1014] Orientação defendida por GUTIÉRREZ ALLER, *Dereito Civil de Galicia, Comentarios à Lei 4/1995 de 24 de Maio*, op. cit., pp. 406-407, e por GARCIA RUBIO, *Comentarios...*, T. XXXII, Vol. 2º, op. cit., pp. 1150-1151.

438   *A Legítima do Cônjuge Sobrevivo - Estudo Comparado Hispano-Português*

possibilidade, contemplada no artº 158º/1, de o legitimário ver a sua legítima satisfeita com bens não hereditários[1015].

Face ao C.C. português de 1867, que apenas consagrava em termos expressos as sucessões testamentária e legítima, autores houve que caracterizaram a sucessão legitimária como um *tertium genus*, surgindo em defesa da sua autonomia, quer relativamente à sucessão testamentária, quer relativamente à sucessão legítima. Era também unânime o reconhecimento da qualidade de herdeiro do legitimário, essencialmente com base na definição de quota legítima contida no artº 1784º[1016] e das consequências a ela inerentes, tais como a responsabilidade pelas dívidas da herança[1017].

A natureza jurídica da legítima no actual C.C. português não tem sido geradora da polémica a que se assiste no direito espanhol, uma vez que a orientação maioritariamente aceite continuou a ser, com maiores razões, a do carácter hereditário da legítima. Esta orientação vai buscar os seus argumentos à definição de legítima como "porção de bens" - artº 2156º[1018] - ao princípio da intangibilidade qualitativa da legítima, consagrado no artº 2163º[1019], e ao facto de a redução de liberalidades inoficiosas ser feita em espécie - artº 2174º[1020]. PAMPLONA CORTE-REAL, embora de

---

[1015] Sobre a natureza jurídica da legítima galega, *Vid.*, por todos, GARCIA RUBIO, *Comentarios...*, T. XXXII, Vol. 2º, *op. cit.*, pp.1143-1151.

[1016] A redacção do artigo era a seguinte: *"Entende-se por legítima a porção de bens de que o testador não pode dispor, por ser aplicada pela lei aos herdeiros em linha recta descendente ou ascendente. § único - Esta porção consiste em metade dos bens do testador, salvo a disposição dos artigos 1785º, nº 2, e 1787º."*

[1017] *Vid.* GALVÃO TELLES, *Direito das Sucessões, op. cit.*, pp. 152-156, e GONÇALVES PROENÇA, "Natureza Jurídica da Legítima", *loc. cit.*, pp. 243 e ss., em especial pp. 418-419 e 449- 458.

[1018] Artº 2156º : *"Entende-se por legítima a porção de bens de que o testador não pode dispor, por ser legalmente destinada aos herdeiros legitimários."*

[1019] Artº 2163º: *"O testador não pode impor encargos sobre a legítima, nem designar os bens que a devem preencher, contra a vontade do herdeiro."*

[1020] *Vid.* PEREIRA COELHO, *Direito das Sucessões, op. cit.*, pp. 313-315; CAPELO DE SOUSA, *Lições...*, II, *op. cit.*, p. 180, nota 894 ; OLIVEIRA ASCENSÃO, *Direito Civil, op. cit.*, pp. 395-397; LEITE DE CAMPOS, *Lições de Direito da Família e das Sucessões, op. cit.*, p. 595.

acordo com a teoria da *pars hereditatis*, foi o autor português da actualidade que mais aprofundou os próprios argumentos que podem ser aduzidos contra ela, para rebatê-los em seguida. O primeito desses argumentos reside no facto de o valor da legítima ser apurado após a dedução do passivo, o que iria contra a própria definição do herdeiro como sucessor na totalidade, ou numa quota, do património do *de cujus*, ou seja, como sucessor no activo e no passivo; o segundo resulta da computação dos bens doados para o cálculo da legítima, bem como de esta ser apurada atendendo ao valor dos bens à data da abertura da sucessão. Respondendo à primeira objecção, o autor distingue dois momentos: um momento anterior à partilha, em que a dedução do passivo faz com que toda a herança responda pelas dívidas e que por ela respondam externamente, em última instância, os herdeiros, legitimários ou não - art°s 2097°, 2091° e 2071°; um momento posterior à partilha, em que, nos termos do art° 2098°, cada legitimário responde na proporção da quota que lhe tenha cabido na herança, desde que fique salvaguardado o seu direito à legítima. Quanto à adição do *donatum*, PAMPLONA CORTE-REAL entende que esta visa somente garantir a consistência da quota legítima, ao permitir o seu alargamento, mas que o direito do legitimário incide apenas sobre o *relictum*, sendo a redução do *donatum* uma medida subsidiária. Por último, embora a avaliação dos bens que servem de cálculo à legítima seja feita à data da morte do *de cujus* - art° 2162° - é-o com o único objectivo de assegurar ao legitimário um *quantum* de participação; a partir daí a quota legítima readquire a característica de quota do património hereditário, razão pela qual, até ao momento da partilha, o legitimário sofre as valorizações ou desvalorizações do património. Parece-nos que estes dois argumentos podem ser transportados para o direito espanhol com vista à defesa da natureza de *pars hereditatis* da legítima do Código Civil.

Embora aceite a tese do legitimário-herdeiro, PAMPLONA CORTE-REAL defende que no C.C. português a quota indisponível não é necessária e automaticamente deferida por lei, e que a legítima poderá ser atribuída através da sucessão testamentária[1021], havendo uma mera indisponibilidade relativa. Tal perspectiva inovadora, resultante de um

---

[1021] PAMPLONA CORTE-REAL , *Da Imputação...*, *op. cit.*, pp. 867 e ss..

440 A Legítima do Cônjuge Sobrevivo - Estudo Comparado Hispano-Português

certo enfraquecimento do princípio da intangibilidade qualitativa da legítima[1022], permitiria, a nosso ver, alguma aproximação ao regime do C.C. esp.[1023]. No entanto, apesar de uma ou outra ideia mais revolucionária, a autonomia da sucessão legitimária e a qualidade de herdeiro do legitimário são pontos assentes e incontestados na doutrina e na jurisprudência portuguesas.

III - A natureza jurídica da legítima do cônjuge sobrevivo no Direito espanhol

O conteúdo da legítima vidual no C.C. espanhol - legítima em ususfruto e comutável - torna ainda mais complexa a questão da qualidade a atribuir ao cônjuge sobrevivo enquanto legitimário, sempre que não seja instituído herdeiro pelo autor da sucessão. A maioria da doutrina espanhola nega a qualidade de herdeiro ao cônjuge, pois só reconhece como

---

[1022] O autor considera que, aparentemente, o C.C. português apenas admite três desvios a este princípio quanto à composição e preenchimento da legítima, os quais estão previstos nos artºs 2104º e ss. (doações em vida), 2163º (legado por conta da legítima), e 2165º (legado em substituição da legítima), embora todos eles operem apenas no pressuposto do acordo do próprio legitimário; no entanto, são muitas outras as vicissitudes que sofre aquele princípio, nomeadamente por força da imputação do *donatum* na legítima, por força da partilha em vida - artº 2029º - que permite a satisfação da legítima dos legitimários não donatários em dinheiro, ou até mesmo da partilha judicial ou extrajudicial - artº 2102º/1 - em que as quotas de alguns legitimários podem ser preenchidas com dinheiro não hereditário e, por último, pela própria existência de doações e legados aceites que limitam qualitativamente o alcance da partilha e o modo de satisfação dos legitimários não contemplados (*Vid. Da Imputação... op. cit.*, pp. 885-889).

[1023] DUARTE PINHEIRO, embora concorde que os legitimários também respondem pelo passivo e que estão sujeitos às variações patrimoniais que ocorram desde a data da morte do *de cujus* até à data da partilha, opõe-se às duas últimas ideias manifestadas por PAMPLONA CORTE-REAL (cfr. nota anterior), por considerar que o artº 2163º se limita a conceder ao testador a faculdade de preencher a quota do herdeiro legitimário, com o acordo deste (tratar-se-ia, digamos, de um mero acto de natureza particional cuja validade depende do acordo do legitimário), e que é indiscutível, no actual direito português, a autonomia da sucessão legitimária (*Vid. Legado em Substituição da Legítima, op. cit.*, pp. 198-199).

herdeiros aqueles que, uma vez instituídos em testamento ou por chamamento intestado, se apresentam como sucessores universais do autor da sucessão, assumindo a posição jurídica deste a respeito dos direitos e obrigações existentes na sua esfera jurídica à data da morte, embora alguns autores tenham já defendido a tese oposta[1024].

1. O cônjuge como herdeiro forçoso

Parte da doutrina espanhola reconhece ao cônjuge sobrevivo a qualidade de herdeiro forçoso com base no facto de o próprio C.C. o designar como tal, argumento que parece resultar reforçado após a Reforma de 1981 que, em cumprimento do artº 14º da Constituição Espanhola, aboliu os filhos naturais do elenco dos herdeiros forçosos mas não fez o mesmo com o cônjuge sobrevivo; Por outro lado, no texto originário do C.C., o parágrafo 2º do artº 814º regulava especificamente a preterição do cônjuge, estabelecendo um regime diferente ao da preterição dos demais herdeiros forçosos. Actualmente não existe no artigo qualquer referência à preterição do cônjuge sobrevivo[1025], e o mesmo parágrafo determina, na sua parte final, que a instituição de herdeiro a favor do cônjuge só é anulável na medida em que prejudique as legítimas, consagrando, assim, um regime de favor para o cônjuge sobrevivo. Por último, o artº 855º do C.C. esp. contempla as causas de deserdação do cônjuge sobrevivo, sendo certo que só os herdeiros forçosos podem ser deserdados[1026]. No entanto, embo-

---

[1024] *Vid.* SÁNCHEZ ROMAN, *Estudios de Derecho Civil*, T. VI, Vol. 2º, *op. cit.*, pp. 810-811; VALVERDE y VALVERDE, *Tratado de Derecho Civil Español*, T. V, Vol. 3º, Valladolid, 1939, pp. 246-247.

[1025] Não porque o cônjuge sobrevivo não seja herdeiro forçoso mas porque o legislador terá entendido ser desnecessária qualquer protecção, atendendo à existência de um chamamento legal directo à legítima. Neste sentido, *Vid.* DE LA CÁMARA, *Compendio...*, 2ª ed., *op. cit.*, p. 197.

[1026] VALLET DE GOYTISOLO refuta os argumentos referidos, alegando que a expressão herdeiro forçoso aplicada ao cônjuge, quer pelo C.C. quer pela doutrina, é utilizada em sentido impróprio e muito geral; que o conceito de preterição no C.C. esp. não se refere à falta de instituição de herdeiro e que a deserdação corresponde, atendendo ao actual significado da expressão herdeiro forçoso, a uma declaração formal de privação da legítima (*Vid. Comentarios...*, T. XI, *op. cit.*, pp. 450-451).

442   *A Legítima do Cônjuge Sobrevivo - Estudo Comparado Hispano-Português*

ra seja ponto assente que o cônjuge sobrevivo legitimário é um co-partícipe na herança, a sua qualificação como herdeiro forçoso dificilmente pode levar a reconhecer-lhe um direito hereditário, uma vez que apenas tem direito a uma legítima em usufruto.

A jurisprudência do Tribunal Supremo tem-se inclinado, nalguns casos, para a qualificação do cônjuge sobrevivo como herdeiro, embora noutros lhe negue essa condição, o que não constitui grande auxílio para o esclarecimento da questão. Os argumentos invocados nas sentenças atendem essencialmente ao carácter de legitimário do cônjuge sobrevivo, e as soluções apontadas num ou noutro sentido visam fundamentalmente alcançar a solução justa para o caso concreto[1027].

Não podemos, contudo, deixar de considerar significativo que várias sentenças qualifiquem o cônjuge sobrevivo como herdeiro em função da sua quota em usufruto, afirmando-o como *ratio decidendi*[1028]. Assim, por exemplo, a STS de 16 de Novembro de 1929[1029], que, no segundo Considerando, refere "*... la interpretación justa dada, no sólo por este Tribunal, sino por la Dirección de los Registros, es el de que el cónyuge viudo es un heredero forzoso, con todos los derechos y deberes de tal, por lo que representan créditos activos o pasivos del capital hereditario. Y esto se deduce de todo el articulado referente a esta materia; pero muy especialmente del 838, que tanto quiso favorecer los derechos del cónyuge viudo que creó una hipoteca general, y como estaba en contradicción con nuestro sistema hipotecario, se convirtió en una anotación preventiva del articulo 42 de la vigente ley Hipotecaria.*" No segundo

---

[1027] Tentando desvalorizar a jurisprudência sobre esta matéria, PUIG BRUTAU, *Fundamentos...*, T. V, 3°, *op. cit.*, pp. 83-84, alega que ela é, muitas vezes, citada com base em afirmações feitas de passagem - *obiter dictum* - e não com base no motivo da decisão - *ratio decidendi* - e que as soluções concretas adoptadas nas sentenças resultam frequentemente de considerações acidentais e inúteis para sustentá-las. FERNÁNDEZ-COSTALES, *El Usufructo Voluntario... op. cit.*, p. 75, mantém, contudo, que essas afirmações não são tão acidentais, pois baseiam-se em convicções jurídicas do Tribunal Supremo quanto à distinção entre herdeiro e legatário, as quais se reflectem nas próprias sentenças.

[1028] Também neste sentido, FERNÁNDEZ-COSTALES, *El Usufructo Voluntario... op. cit.*, p. 80.

[1029] *JC*, T. 191, n° 42.

Considerando da Sentença de 20 de Junho de 1932[1030] o Tribunal Supremo afirma "...*que la calidad de heredero forzoso declarada por el número tercero del artículo 807 del Código Civil a favor del viudo o viuda, si bien carece de las notas de totalidad o perpetuidad respecto de la sucesión del causante y por ello no confiere la representación en todos sus derechos ni la responsabilidad en sus obligaciones; es inegable que con relación a la parte que los artículos 834 a 837 de dicho Código asignan al cónyuge superstite, tiene éste la misma amplitud de facultades que para hacer efectiva la suya corresponde al sucesor universal descendiente o ascendiente...*". A STS de 11 de Janeiro de 1950[1031] reconhece também certa identidade de posição entre o cônjuge sobrevivo e o herdeiro, quando estabelece, no seu terceiro Considerando, que "...*aunque por su carácter de usufructuaria, por la temporalidad de su derecho y por la modalidad especial que para la efectividad de su legítima establece el artículo 838 del Código Civil, su posición jurídica no sea absolutamente idéntica a la del genuino sucesor universal, particularmente en el aspecto de responsabilidad por deudas hereditarias, pero es indudable que tal identidad existe en punto a responsabilidad por razón de gastos comunes de la partición...*". A STS de 30 de Junho de 1950[1032] confirma também a qualidade de herdeiro forçoso do cônjuge sobrevivo "...*porque de manera expresa se establece así en el número 3° del artículo 807 del Código Civil; porque reafirmándola el artículo 814, señala los efectos que produciria su preterición; y además, porque dándola por reconocida el artículo 855, determina las causas de su posible desheredación.*", doutrina que tem sido reafirmada em sentenças posteriores[1033].

Por outro lado, a maioria das sentenças que negam a qualidade de herdeiro ao cônjuge sobrevivo não o fazem com carácter geral nem muito convictamente, mas apenas com o intuito de solucionar da forma mais

---

[1030] *JC*, T. 204, n° 83.

[1031] *RJA*, 1950, n° 21.

[1032] *JC*, T. 15, n° 296.

[1033] Cfr. as SSTS de 14 de Fevereiro de 1959 (*JC*, T. 76, n° 98), 20 de Janeiro de 1960 (*CLJC*, T. 85, n° 48), 16 de Junho de 1961 (*CLJC*, T. 100, n° 481), e 20 de Setembro de 1982 (*JC*, 1982, n° 363).

equitativa um aspecto particular, que é o da responsabilidade por dívidas da herança, adequando a solução ao conteúdo do direito[1034].

2. O cônjuge como legatário: pertinência da figura do legado ex lege

Corrente bastante mais representativa é a que nega ao cônjuge sobrevivo a qualidade de herdeiro forçoso, essencialmente pelo facto de a sua legítima se concretizar num usufruto, visto que, normalmente, só se reconhece a qualidade de herdeiro àquele que, tendo sido como tal instituído em testamento, se apresente como sucessor universal do autor da sucessão - artºs 660º e 661º do C.C. - assumindo a posição jurídica deste a respeito dos direitos e obrigações existentes na sua esfera jurídica à data da morte. Assim, quando o cônjuge sobrevivo legitimário não seja instituído herdeiro numa quota em propriedade, configurar-se-à como um mero sucessor a título singular, excepto se tiver recebido a sua legítima através de doações[1035]. Esta seria a conclusão inevitável, uma vez que o

---

[1034] Cfr., por exmplo, as SSTS de 26 de Outubro de 1904 (*JC*, T. 17, nº 39), 10 de Janeiro de 1920 (*JC*, T. 149, nº 11), 17 de Abril de 1950 (*JC*, T. 14, nº 187), e 28 de Outubro de 1970 (*JC*, Julio-Octubre, 1972, nº 475).

[1035] *Vid.* ROCA-SASTRE MUNCUNILL, *Derecho de Sucesiones*, T. II, *op. cit.*, p. 308. Apontam-se como diferenças essenciais entre o herdeiro e o sucessor no usufruto da herança as seguintes: o herdeiro é chamado à titularidade plena dos direitos e obrigações do autor da sucessão enquanto o usufrutuário apenas sucede nos direitos de uso e disfrute; a posse dos bens hereditários transmite-se automaticamente aos herdeiros enquanto a transmissão do usufruto não; o herdeiro adquire um direito que não está sujeito a quaisquer limites temporais enquanto o usufrutuário sucede num direito real temporalmente limitado; o herdeiro é responsável *ultra vires* pelas dívidas e encargos da herança, excepto quando aceite a beneficio de inventário, enquanto o sucessor no usufruto não é responsável por essas dívidas quando a sucessão seja a título particular; se o herdeiro repudiar a herança verifica-se o direito de acrescer a favor dos restantes herdeiros ou a abertura da sucessão intestada, mas se o usufrutuário repudiar as faculdades que lhe caberiam relativamente à herança revertem para o nu proprietário, que consolida, assim, o domínio sobre os bens (*Vid.* GUTIÉRREZ JEREZ, *El Legado de Usufructo...*, *op. cit.*, pp. 59-62, FERNÁNDEZ-COSTALES, *El Usufructo Voluntario...*, *op. cit.*, pp. 40 e ss.). Cfr. a STS de 24 de Janeiro de 1963 (*RJA*, 1963, nº 518), que, reportando-se a um caso de usufruto voluntário de herança, enumera estas diferenças. Em Portugal, a questão da qualificação do usufrutuário da totalidade ou de uma quota da herança também lançou grande polémica no seio da Comissão Revisora do Anteprojecto do Código Civil de 1966. Aos par-

chamamento ao usufruto de uma herança, ou de uma quota dela, faria nascer direitos e deveres diferentes dos que resultam de uma sucessão a título universal; segundo os defensores desta corrente, nem mesmo a própria instituição do cônjuge sobrevivo como herdeiro em usufruto - por exemplo, no usufruto universal - possibilitaria qualificação diferente da de legatário[1036].

Outro dos argumentos invocados contra a qualidade de herdeiro do cônjuge legitimário é a norma contida no art° 839° do C.C. esp., que, ao regular a possibilidade de comutação da legítima do cônjuge, parece contrapor o conceito de cônjuge ao de herdeiro, para além de possibilitar que,

---

tidários da atribuição da qualidade de legatário ao usufrutuário opôs-se GALVÃO TELLES, para quem a qualificação do usufruto como um bem determinado implicaria, pela mesma lógica, que também o proprietário da herança, inclusive o proprietário pleno, fosse qualificado como legatário, pois também sucede num direito determinado - o direito de propriedade; além disso, para este autor também o direito do herdeiro pode ter duração limitada, como acontece com o fiduciário; por último, o direito de usufruto seria novo, mas não o seria, no entanto, a sua realidade material, uma vez que traduz a continuidade de uma situação em que já estava investido o autor da sucessão. Este autor considerava, portanto, usufrutuário e nu proprietário como sucessores da universalidade, embora através de direitos diferentes que, não obstante, seriam complementares. A orientação que veio a prevalecer no Código foi a de considerar o usufrutuário da totalidade ou de parte da herança como legatário - art° 2030°, n° 4. Contudo, poderá, eventualmente, invocar-se a existência de aspectos que aproximariam o regime do legatário ao do herdeiro, tais como, os relacionados com a responsabilidade pelos encargos da herança (art°s 2072° e 2073°), o direito de acrescer (art° 2035°) ou a partilha (art°s 1327° e 1341° do Código de Processo Civil).

[1036] Neste sentido, LACRUZ BERDEJO, *Elementos...*, V, *op. cit.*, p. 24. Contudo, segundo ROCA-SASTRE MUNCUNILL, exisitiriam dois casos em que o usufrutuário poderia considerar-se herdeiro: mediante vontade expressa do autor da sucessão no sentido de pretender atribuir o usufruto como quota ou como totalidade da herança, ou quando o testador institua como herdeiros várias pessoas, atribuindo a uma o usufruto e a outras a plena propriedade, após a morte daquela, e sem que se diga a quem caberá a nua propriedade no espaço de tempo que medeia a morte do autor da sucessão e a morte do usufrutuário - substituição fideicomissária a termo (*Vid.* ROCA-SASTRE MUNCUNILL, *Derecho de Sucesiones*, II, *op. cit.*, p.309). GARCIA RUBIO considera que constituem excepções à qualificação do usufrutuário como legatário os casos em que o usufruto seja atribuído a título de herança *ex re certa* e em que o autor da sucessão tenha querido, na realidade, estabelecer uma substituição fideicomissária (*Vid. La Distribucion...*, *op. cit.*, pp. 105-106).

em certos casos, o direito do cônjuge fique resumido a uma quantia em dinheiro[1037]. Contudo, somos da opinião que esta faculdade de comutação consiste apenas num meio de liquidação da legítima a exercer no momento da partilha, que, como tal, não altera a sua natureza jurídica[1038].

Por último, não menos importante será também o facto de o cônjuge sobrevivo não ser responsável pelas dívidas da herança quando não tenha sido instituído herdeiro pelo testador - artº 510º do C.C. - o que negaria o seu carácter de sucessor universal. Acrescente-se que nem sequer o regime delineado por lei para as dívidas é o mesmo no caso da herança e do usufruto universal, na medida em que o usufrutuário universal não sucede no passivo da herança, sendo unicamente da sua responsabilidade as dívidas e encargos testamentários que recaiam sobre os frutos da mesma. Além disso, nem mesmo por estes o usufrutuário responde com os seus bens pessoais, sendo de crer que a sua qualidade de legatário só o torna responsável perante os herdeiros e nunca perante os credores da herança[1039].

Concluindo, esta doutrina baseia a atribuição ao cônjuge sobrevivo legitimário da qualidade de mero legatário nas características do seu chamamento: por não se tratar de um chamamento indeterminado à generalidade da herança (uma vez que o usufruto é um direito determinado e implica uma aquisição derivada constitutiva de um direito antes inexistente na esfera jurídica do autor da sucessão), o mesmo será incompatível com a qualidade de herdeiro.

Algumas, poucas, sentenças do Tribunal Supremo pronunciaram-se a favor da qualificação do cônjuge sobrevivo como mero credor da herança[1040], apesar de o conteúdo desses pronunciamentos denunciar apenas a preocupação de dar resposta à questão da responsabilidade por dívidas

---

[1037] *Vid.* VALLET DE GOYTISOLO, *Comentarios...*, T. XI, *op. cit.*, p. 450; MASIDE MIRANDA, *Legítima...*, *op. cit.*, p. 50; GUTIÉRREZ JEREZ, *El Legado de Usufructo...*, *op. cit.*, p. 138.

[1038] Parece ser também este o entendimento de LACRUZ BERDEJO, *Elementos...*, V, *op. cit.*, p. 353.

[1039] *Vid.* GARCIA RUBIO, *La Distribucion...*, *op. cit.*, p. 104-105.

[1040] Cfr. as Sentenças de 4 de Julho de 1906 (*JC*, T. 23, nº 5), 28 de Janeiro de 1919 (*JC*, T. 63, nº 34), 9 de Junho de 1949 (*JC*, T. 10, nº 145) e 9 de Janeiro de 1974 (*RJA*, 1974, nº 163).

da herança, sem revelar qualquer intuito de construção de uma solução de carácter geral. A STS de 4 de Julho de 1906 afirma, no seu segundo Considerando, a propósito da violação dos art°s 807° e 661° do C.C. esp., que "...*los artículos del Código Civil que como infringidos se invocan en el motivo tercero no tienen el sentido y transcendencia que pretende darles el recurrente, sentido y transcendencia aplicable tan sólo a los herederos forzosos universales, que son los que suceden en todos los derechos y obligaciones del causante, y á quienes únicamente alcanzan las responsabilidades que impone el art. 1084 del mismo Cuerpo legal; pero de ningún modo á los que son llamados singularmente al disfrute temporal de determinada proción hereditaria, como el cónyuge superviviente, que viene á tener el carácter de simple acreedor, sin ninguna de las responsabilidades que el finado haya podido contraer;*" A STS de 9 de Junho de 1949, já citada, alude a que "...*a tenor de lo dispuesto en los artículos 763, 807, número 3°, 834 al 837 y 952 del Código Civil, el viudo o viuda pueden ser llamados a la herencia de su consorte como usufructuarios de cuota o parte alícuota, que les invista del carácter de herederos "sui generis", similar al de acreedor o legatario "ex lege", que no responden de las deudas del causante y pueden también participar en la herencia como sucesores a título universal o de herederos propiamente dichos, que aumentados los derechos y obligaciones del "de cujus", tanto en la sucesión testamentaria como en el caso previsto en el citado artículo 952, para la sucesión intestada*".

A atribuição ao cônjuge sobrevivo da qualidade de legatário por força da sua quota legítima, levanta, no entanto, o problema do recorte técnico da figura. Isto porque o legado é, pela sua natureza, uma atribuição testamentária, enquanto a quota usufrutuária do cônjuge sobrevivo resulta directamente da lei. Se alguns autores têm defendido que o cônjuge sobrevivo é um sucessor particular *ex lege*, outros não se atrevem a tanto, atendendo, nomeadamente, aos efeitos específicos do seu direito, sobre os quais já nos debruçámos. Uma parte significativa da doutrina considera que o chamamento legal do cônjuge sobrevivo ao usufruto de uma quota da herança o aproxima da figura do legatário legal mas que, objectivamente, tal figura não é aceitável, uma vez que a atribuição de bens a título particular ou universal só pode ocorrer nos termos do art° 660° do C.C. esp.. O usufruto vidual é dificilmente enquadrável no conceito de legado consagrado no C.C. esp., na medida em que este parte da

448   *A Legítima do Cônjuge Sobrevivo - Estudo Comparado Hispano-Português*

ideia de atribuição voluntária[1041]. GARCIA RUBIO manifesta-se contra a recondução dos direitos legitimários do cônjuge a esta categoria, uma vez que não se está perante um legado em sentido próprio - cuja característica essencial é a voluntariedade - considerando que este, tal como outros casos de legado legal[1042], representa um desvio às regras jus-sucessórias gerais[1043]. Assim, embora seja sucessor a título particular, por força da lei, o cônjuge sobrevivo não pode ser qualificado como legatário[1044]. Esta conclusão levou a doutrina a reconhecer a possibilidade de configurações intermédias das figuras da herança e do legado que surgem como casos excepcionais de devolução legitimária: a legítima vidual seria uma delas[1045], e, por isso, há quem se limite a qualificar o cônjuge sobrevivo legitimário como um sucessor *ex lege*[1046].

3. Posição adoptada

Em nossa opinião o problema do posicionamento do cônjuge sobrevivo legitimário perante a herança não pode ser apreciado exclusivamente do ponto de vista do conteúdo da atribuição - usufruto comutável - como

---

[1041] *Vid.* GUTIÉRREZ JEREZ, *El Legado de Usufructo...*, *op. cit.*, p. 139, o qual acrescenta que a utilização da expressão "legado legal" poderá admitir-se como mera cláusula de estilo, como forma de designar o chamamento do cônjuge sobrevivo, mas sem atribuir-lhe os efeitos associados à figura do legado.

[1042] A autora faz também referência à sucessão nos direitos de arrendamento e ao direito de *predetraccion* previsto no artº 1321º (*Vid.* GARCIA RUBIO, *La Distribucion...*, *op. cit.* pp. 121-128).

[1043] *Vid.* GARCIA RUBIO, *ibidem*, pp. 129-131.

[1044] Neste sentido, ALBALADEJO, "Sucesor Universal o Heredero y Sucesor Particular o Legatario", *RDP*, 1978, p. 738.

[1045] *Vid.* LACRUZ BERDEJO, "Condición Universal o Particular de la Sucesión en el Usufructo de la Herencia", *op. cit.*, pp. 280- 281, o qual considera o usufruto de herança um *tertium genus*, uma vez que o usufrutuário goza de faculdades próprias, que o afastam do mero legatário e o aproximam do sucessor universal, tais como as de fazer parte de uma comunhão de gozo com os nus proprietários, intervir na defesa, administração e divisão dos bens na medida em que esses actos possam afectar o seu direito, exercer acções que coubessem ao autor da sucessão, embora com a colaboração dos nus proprietários.

[1046] *Vid.* LACRUZ BERDEJO, *Elementos...*, V, *op. cit.*, p. 398; DE LA CÁMARA, *Compendio...*, 2ª ed., *op. cit.*, p. 183;

fazem os partidários da sua condição de legatário. Há que ter em conta, sobretudo, a perspectiva do funcionamento desse direito, os meios instituídos para sua defesa e a capacidade para torná-lo efectivo. Quanto a estes aspectos vimos já que o cônjuge sobrevivo possui, em razão da sua quota legitimária, um conjunto de direitos e deveres iguais aos que assistem aos legitimários que têm direito a uma quota da herança em propriedade, pelo que a opção do legislador quanto ao preenchimento da sua legítima em usufruto terá obedecido a outra finalidade que não a de atribuir-lhe um estatuto diferente[1047]. Tais direitos e deveres, na prática, aproximam o cônjuge sobrevivo do herdeiro, com excepção do problema da responsabilidade por dívidas cujo regime, aliás, se apresenta duplamente justificado, não só pela sua qualidade de legitimário com direito a uma participação mínima no caudal hereditário como pela própria natureza da sua participação na herança.

No que respeita à defesa da legítima do cônjuge sobrevivo, ela é promovida com a mesma intensidade que a defesa das restantes legítimas, excepto num ou noutro aspecto, como é o caso da comutação, cuja especialidade resulta, uma vez mais, do conteúdo da sua atribuição. Por vezes essa defesa é ainda mais enérgica como sucede no caso da preterição sendo o cônjuge sobrevivo o único legitimário que não pode ser preterido, uma vez que beneficia de uma atribuição legal directa da legítima. A posição do cônjuge sobrevivo enquanto legitimário surge, portanto, mais reforçada que a do herdeiro, permitindo elevá-lo à categoria de um herdeiro com um posicionamento muito particular e especialíssimo face à herança, ou seja, um herdeiro com todas as vantagens e pouquíssimas das desvantagens desta figura, cujo direito vai muito além de um simples direito de crédito na medida em que é garantido por todos e cada um dos bens da herança - artº 839º/2 do C.C. esp..

[1047] Como vimos, a opção pela atribuição de um direito de usufruto ao cônjuge sobrevivo tem na sua base um objectivo de manutenção do património na família de origem, cuja adequação poderá ser actualmente questionável.

CONCLUSÕES

PARTE PRIMEIRA

CAPÍTULO PRIMEIRO

No Direito Romano os direitos sucessórios reconhecidos ao cônjuge sobrevivo eram bastante limitados e nenhum deles equiparável ao direito à legítima, embora a quarta marital, instituída por Justiniano, fosse o instituto que mais se lhe aproxima. Nas etapas iniciais do Direito Romano, este limitou-se a reconhecer direitos intestados à mulher. Na época justinianeia o cônjuge perdeu o chamamento à sucessão intestada, ficando limitado à *bonorum possessio unde vir et uxor*, e a mulher sem dote, repudiada sem justa causa pelo marido, passou a ter direito à quarta marital.

CAPÍTULO SEGUNDO

Por sua parte, devido à própria estrutura familiar, o Direito Germânico não atribuía ao cônjuge sobrevivo quaisquer direitos sucessórios, assegurando a sua posição, sobretudo, no âmbito do regime económico matrimonial, através da participação nos bens adquiridos ou do reconhecimento de usufrutos viduais.

CAPÍTULO TERCEIRO

I - No período visigodo o *Liber Iudiciorum* continuou a não reconhecer direitos de sucessão necessária ao cônjuge sobrevivo, que apenas era chamado à sucessão legítima na quarta classe sucessória. A viúva tinha direito ao usufruto de uma quota igual à de cada filho, enquanto não contraísse novas núpcias.

II - Durante a Alta Idade Média, as exigências de uma defesa mais ampla do património familiar fizeram surgir instituições como a *laudatio parentum* e a reserva hereditária do direito português, embora nenhum destes institutos contemplasse a situação sucessória do cônjuge sobrevivo, que continuou a ser debilitada.

III - Na Baixa Idade Média, em Portugal, as Ordenações limitaram-se a chamar o cônjuge sobrevivo à sucessão intestada. No direito castelhano, a par dos direitos intestados, as *Siete Partidas* apenas reconheceram a quarta marital à viúva pobre, direito que funcionava como uma espécie de legítima circunstancial no caso de o marido não ter doado ou legado meios suficientes para o seu sustento.

IV - Só com o movimento codificador vieram a ser reconhecidos os direitos legitimários do cônjuge sobrevivo. O Código Civil espanhol de 1889 fez essa opção logo na sua versão originária, embora consagrando uma legítima em usufruto. Por seu lado, o Código Civil português só elevaria o cônjuge sobrevivo à categoria de legitimário com a Reforma de 1977, outorgando-lhe então uma legítima em propriedade.

PARTE SEGUNDA

CAPÍTULO PRIMEIRO

I - O chamamento à sucessão efectua-se, normalmente, mediante os títulos de herdeiro ou legatário, entre os quais se move a condição que corresponde ao cônjuge sobrevivo em razão da sua legítima A distinção entre as figuras é denunciada, em princípio, pelo regime legal, que as afasta, embora actualmente nem o direito de exigir a partilha, nem os direitos de cunho não patrimonial (reconhecidos somente ao herdeiro), nem tão pouco o direito de acrescer, pareçam constituir traços essencialmente distintivos entre ambas.

II - O elemento essencial de distinção entre os regimes da herança e do legado continua a ser a responsabilidade por dívidas, em princípio correspondente ao herdeiro. No entanto, também aqui existem aspectos que aproximam as duas figuras, como a consagração legal de desvios ao regime normal da responsabilidade por dívidas da herança, que faz recair essa responsabilidade sobre os legatários nas hipóteses de divisão de toda a herança em legados e quando as deixas a título de herança sejam insuficientes para fazer face às dívidas ou ainda a possibilidade de os credores exigirem dos legatários o pagamento de dívidas quando as reclamem posteriormente à entrega dos legados, ou de os legatários poderem ser directamente responsáveis por parte das dívidas da herança quando recaia sobre eles a obrigação de pagar os encargos que onerem o legado.

CAPÍTULO SEGUNDO

I - O cônjuge sobrevivo pode ser designado, com maior ou menor amplitude, por chamamento testamentário, legal, ou contratual, embora a estrutura destes chamamentos e a forma como se conjugam entre si nem sempre coincida nos ordenamentos estudados. Assim, enquanto no Código Civil português a sucessão legal se desdobra nas sucessões legítima e legitimária, sendo esta reconhecida como um tipo de vocação autónomo, no Código Civil espanhol aparentemente a quota legítima enquadra-se na sucessão testamentária, constituindo, segundo opinião maioritária da doutrina, um mero limite à liberdade de testar.

II - Em nossa opinião, a sucessão legitimária ou forçosa é mais que um limite à liberdade dispositiva do autor da sucessão: possui princípios e regras próprias que permitem considerá-la uma modalidade autónoma de sucessão, tanto no direito português como no espanhol. Tais regras são as relativas à determinação dos sucessíveis, aos pressupostos do seu direito (particularmente no caso do cônjuge sobrevivo no Código espanhol), à medida das quotas legítimas, ao cálculo da legítima global e individual, ou ainda as que regulam a deserdação, a preterição, e a redução de liberalidades inoficiosas. A legítima apresenta-se, portanto, como um direito imperativo cuja função vai além do mero limite à liberdade de disposição do autor da sucessão, tendo essencialmente por fim sobrepôr-se à falta de atribuição ou à atribuição lesiva que aquele tenha realizado.

III - O Código Civil espanhol parece conceber a legítima vidual como um caso excepcional de vocação legitimária - sucessão a título singular por força da lei - apoiado pelo regime da preterição, actualmente previsto no seu artº 814º, bem como pela manutenção desse direito na sucessão intestada em concurso com descendentes ou ascendentes do autor da sucessão, ou ainda pela falta de fundamento legal para imputar na legítima do cônjuge as doações feitas em vida pelo autor da sucessão. Esta perspectiva é igualmente viável para a legítima vidual na Lei de Direito Civil da Galiza, uma vez que aqui as legítimas seguem, no essencial, o regime do Código.

IV - Na falta de testamento os direitos legitimários do cônjuge sobrevivo mantêm-se na sucessão intestada, quando concorra à herança com descendentes ou ascendentes do autor da sucessão. Esta solução impõe-se, apesar dos diferentes pressupostos de chamamento do cônjuge à legítima e à sucessão intestada e das divergências quanto à ordem de chamamento e ao conteúdo dos direitos atribuídos, além de que deriva do seguinte argumento *ad minori ad maius*: se a legítima é imposta na sucessão testamentária, contra a vontade expressa do autor da sucessão, com maior razão deverá admitir-se numa sucessão que se funda na sua mera vontade presumida.

PARTE TERCEIRA

CAPÍTULO PRIMEIRO

I - No momento actual deparamos com dois sistemas diferentes de atribuição dos direitos viduais: no Código Civil português a legítima vidual é atribuída independentemente do regime matrimonial de bens, enquanto no direito espanhol, ainda que o Código Civil pareça seguir esta mesma tendência (com dúvidas, após a alteração introduzida no artº 9º/8 pela Lei 11/1990, de 15 de Outubro, assim como por algumas instituições da Lei de Direito Civil da Galiza, como o usufruto voluntário de viúvez), outros ordenamentos territoriais optam pela protecção do cônjuge no âmbito do regime económico do casamento, embora todos eles se preocupem em conciliar os dois aspectos, atribuindo menores direitos sucessórios quando a posição do cônjuge é assegurada pelo regime matrimonial de bens, e vice-versa.

II - A necessidade de equilíbrio entre os direitos do cônjuge, em função do regime económico matrimonial e do regime sucessório, assume especial relevo no direito espanhol, em virtude da diversidade de ordenamentos territoriais que regulam a posição do cônjuge sobrevivo e das diferentes opções por eles consagradas. Os problemas de entrosamento dos regimes sucessório e familiar podem surgir quando ambos confluem numa mesma situação jurídica, no caso de esta apresentar conexões com mais do que um ordenamento civil interno de conteúdo diferente. Para evitar estes problemas o art° 9°/8 do Código Civil espanhol consagra uma norma de conflitos, aplicável na ordem interna *ex vi* do art° 16°/1 do mesmo diploma, que sujeita os direitos que a lei confere ao cônjuge sobrevivo à lei reguladora dos efeitos do casamento, e, em particular, ao seu regime económico, subordinando a posição do cônjuge sobrevivo - sucessão e dissolução da sociedade conjugal - a uma mesma lei, e consagrando uma solução meramente formal cuja adequação é questionável, uma vez que pode operar em detrimento de direitos que resultariam da aplicação do regime sucessório.

CAPÍTULO SEGUNDO

I - Apesar das várias características comuns, os sistemas jurídicos analisados adoptaram diferentes soluções quanto à qualidade do direito legitimário do cônjuge sobrevivo. O Código Civil português optou por uma legítima vidual em propriedade enquanto o Código Civil espanhol, e com ele a Lei de Direito Civil da Galiza, se limitaram a reconhecer uma legítima consistente no usufruto de uma quota da herança, da qual derivam para o cônjuge sobrevivo, com um ou outro desvio, os direitos e deveres de um usufrutuário ordinário; a referida legítima em usufruto admite formas subsidiárias de pagamento, como as previstas nos art°s 839° e 840° do Código Civil, ou no art° 152°/2 da Lei de Direito Civil da Galiza.

II - Em nossa opinião a opção por uma legítima vidual em usufruto apresenta-se desfazada da actual concepção do património familiar e da família, da posição que nela se atribui aos cônjuges, e da igual dignidade que merecem os vínculos conjugal e de parentesco, as quais não justificam o tratamento do cônjuge sobrevivo como legitimário de segunda categoria. Além disso, o usufruto não pondera de forma realista as necessidades do cônjuge sobrevivo, normalmente mais dependente do património familiar que os descendentes, e revela um carácter anti-familiar e anti-económico. As desvantagens do usufruto são ainda confirmadas pela frequência com que os interessados recorrem à comutação por bens em propriedade, recurso complexo, não só do ponto de vista processual como do ponto de vista da valoração do direito de usufruto. Por outra parte, as eventuais vantagens que são apontadas à legítima em usufruto poderiam prosseguir-se por outros meios, como a atribuição preferencial de certos direitos na partilha, de direitos no âmbito da segurança social, ou direitos de natureza convencional como os seguros de vida.

III - Alguns ordenamentos territoriais espanhóis reconhecem o usufruto universal do cônjuge sobrevivo, tanto na modalidade de usufruto legal, cuja finalidade é a manutenção da unidade familiar por meio do controlo do património pelo cônjuge - *v.g.*, usufrutos aragonês ou navarro - como na modalidade de usufruto voluntário - usufrutos galego ou catalão, por exemplo. A doutrina é, em boa parte, favorável à admissibilidade do usufruto universal na sucessão testamentária no Código Civil espanhol, mediante o recurso à cautela sociniana ou ao dispositivo do artº 820º/3, o qual também é possível no Código Civil português, conforme o disposto no seu artº 2164º.

III - Para ter direito à legítima o cônjuge sobrevivo tem que estar unido ao autor da sucessão por um casamento válido, excepto no caso de casamento putativo, sempre que a declaração de nulidade seja posterior à morte do outro cônjuge e desde que, pelo menos, o cônjuge sobrevivo esteja de boa fé, ou quando o autor da sucessão tenha falecido após a propositura da acção de nulidade do casamento mas antes de proferida a respectiva sentença.

IV - Exige-se ainda que, à data da morte do autor da sucessão, o casamento não se encontre dissolvido, nem tenha sofrido uma modificação fundamental ao nível dos seus efeitos pessoais e patrimoniais. Assim, o cônjuge sobrevivo perderá o direito à legítima quando tenha sido decretado divórcio antes da morte do autor da sucessão, desde que não tenha mediado reconciliação ou perdão antes de proferida a sentença definitiva de divórcio. A morte de um dos cônjuges na pendência da acção de divórcio faz com que esta se extinga no Código Civil espanhol, conservando o cônjuge sobrevivo o direito à legítima na sucessão do seu falecido consorte, enquanto no Código Civil português o divórcio pode vir a ser decretado para efeitos patrimoniais, nomeadamente sucessórios.

V - O cônjuge sobrevivo judicialmente separado do seu consorte perde, em princípio, o direito à legítima. Assim sucede no Código Civil português, em caso de separação judicial de pessoas e bens, e na maioria dos casos previstos no Código Civil espanhol, pois, embora se mantenha o direito à legítima do cônjuge não culpado da separação, a relevância da culpa resultou substancialmente atenuada pós a Reforma de 1981. A reconciliação ou o perdão entre cônjuges judicialmente separados fazem renascer o direito à legítima do cônjuge sobrevivo como se nunca tivesse existido separação. No Código Civil português a morte de um dos cônjuges na pendência da acção de separação judicial extingue a acção, mas esta poderá ser prosseguida para efeitos patrimoniais; também o Código Civil espanhol permite aguardar o resultado da acção, de forma a que se determine o cônjuge culpado, se for caso disso: se o culpado da separação for o cônjuge falecido, o sobrevivo manterá os seus direitos.

VI - A separação de facto, por sua vez, não tem qualquer influência sobre a perda dos direitos legitimários do viúvo, embora no ordenamento espanhol uma corrente doutrinária considere que, com a nova redacção do artº 945º do Código Civil, introduzida pela Lei 11/1981, de 13 de Maio, o cônjuge separado de facto por mútuo acordo *fehaciente* perde também o direito à sucessão legitimária.

CAPÍTULO TERCEIRO

I - O cônjuge sobrevivo não está sujeito à colação no Código Civil português, embora possa beneficiar da conferência a que estejam obrigados os descedentes. Esta parece ter sido a intenção do legislador da Reforma de 1977, ao proceder à elevação do cônjuge à qualidade de legitimário sem ter procedido à necessária adaptação das normas que regem a colação. Na mesma linha, é de considerar que a não sujeição do cônjuge sobrevivo à colação está em conformidade com a intenção de o avantajar subjacente à reforma e com o tratamento diferenciado relativamente aos descendentes e ascendentes, que o coloca numa posição sucessória distinta. Por outro lado, à luz do fundamento da colação - considerar a liberalidade como mera antecipação da quota hereditária do legitimário, com o objectivo possível de igualação da partilha - não cremos que haja razão para que o cônjuge sobrevivo se considere abrangido, uma vez que não tem porque ser igualado com os descendentes, ainda que beneficie da conferência a que estes estejam obrigados.

II - O artº 1035º do Código Civil espanhol submete à colação os herdeiros forçosos, entre os quais se inclui o cônjuge sobrevivo. Contudo,

458   *A Legítima do Cônjuge Sobrevivo - Estudo Comparado Hispano-Português*

após a Reforma de 1981, admitida a validade de doações e outros contratos entre cônjuges, passou a entender-se que a expressão "*heredero forzoso*" é utilizada no artº 1035º em sentido técnico, como sinónimo de sucessor universal, condição que não assiste ao cônjuge sobrevivo, uma vez que apenas tem direito a uma quota em usufruto. Assim, o cônjuge sobrevivo só preenche os pressupostos subjectivos do instituto colatício, apontados pela doutrina, quando seja instituído herdeiro pelo autor da sucessão numa quota em propriedade. Não obstante, a jurisprudência do Tribunal Supremo pronunciou-se recentemente no sentido de que, ainda que seja herdeiro, o cônjuge sobrevivo não tem que colacionar.

CAPÍTULO QUARTO

I - O cônjuge sobrevivo pode ter um papel de relevo como administrador da herança, quer durante a fase de herança jacente, quer após a sua aceitação, enquanto não se efectue a partilha. A nova *Ley de Enjuiciamiento Civil*, atribui-lhe preferência na administração judicial da herança, desde que possua capacidade para o efeito, quer durante a tramitação da declaração de herdeiros, quer durante a tramitação da divisão judicial da herança. O Código Civil português, por sua parte, atribui a administração da herança ao cabeça-de-casal, colocando o cônjuge sobrevivo no topo da lista daqueles a quem cabe o exercício deste cargo.

II - Entre as faculdades mais importantes do cônjuge sobrevivo administrador da herança podem mencionar-se as de representação da mesma, quer judicialmente, quer no referente à sua administração, custódia e conservação. Da actividade de administração destacam-se os actos dirigidos à conservação e normal frutificação dos bens administrados, com o reconhecimento da faculdade de dar de arrendamento certos bens da herança e de dispor de outros. O ordenamento civil espanhol confere ao cônjuge administrador o direito a uma retribuição, direito que não existe no Código Civil português por se considerar que o cargo de cabeça-de-casal é normalmente exercido em interesse próprio.

III - No âmbito das obrigações que recaem sobre o cônjuge sobrevivo administrador da herança salientam-se as de aplicação racional dos rendimentos resultantes da administração hereditária, de pagamento das dívidas da herança e dos legados, ou, ainda, de prestação de contas. Segundo a *Ley de Enjuiciamiento Civil* o cônjuge sobrevivo administrador tem que prestar uma caução como garantia do cumprimento das suas obrigações, embora esta possa ser dispensada pelo tribunal quando possua bens suficientes para responder por aqueles que lhe forem confiados em administração; não foi esta a opção do ordenamento português, atendendo ao interesse directo do cônjuge sobrevivo na herança e nos bens comuns.

IV - No direito galego o cônjuge sobrevivo contemplado com o ususfruto voluntário da herança tem alguns especiais deveres de administração quanto à liquidação da herança, ao pagamento das dívidas exigíveis do autor da sucessão e das despesas com a sua doença, funeral e enterro, além de estar obrigado a satisfazer as obrigações hereditárias ou testamentárias que recaiam sobre os frutos da herança.

V - O cônjuge sobrevivo tem também o direito de pedir a partilha e de concorrer a ela, uma vez que possui direitos sobre uma quota da herança que necessita ser concretizada. No direito português o cônjuge sobrevivo é herdeiro e, como tal, está legitimado para requerer o inventário com vista à partilha dos bens. No direito espanhol, sempre que a partilha não tenha sido feita pelo testador, nem encomendada por este a um *contador-partidor*, e não tenha sido realizada por contrato entre os co-partícipes, o cônjuge sobrevivo está legitimado para promover a divisão judicial da herança. A posição do cônjuge sobrevivo na partilha encontra-se reforçada pelo facto de possuir um interesse na valoração e concretização da sua meação nos bens do casal, sempre que o regime económico matrimonial seja de comunhão e não tenha ainda sido efectuada a respectiva partilha à data da morte de um dos cônjuges, ou quando, independentemente do regime económico vigente durante o casamento, ambos tenham convencionado uma cláusula sobre a partilha, como pode acontecer no ordenamento português.

VI - Para preenchimento da sua meação ou quota hereditária o cônjuge tem o direito potestativo de ser encabeçado em direitos sobre certos bens, como a casa de morada da família e respectivo recheio, embora a atribuição seja feita em função das necessidades do cônjuge sobrevivo e da sua família. Não obstante, a natureza dos direitos de preferência previstos no Código Civil português e na Lei de Direito Civil da Galiza é diferente dos regulados no Código Civil espanhol; aqueles são verdadeiros direitos sucessórios que só assistem ao cônjuge em caso de dissolução do casamento por morte, enquanto estes estão essencialmente previstos como uma das operações possíveis da partilha da sociedade conjugal que se aplica a qualquer caso de dissolução, embora a preferência sobre a casa de morada da família só nasça em caso de morte de um dos cônjuges.

VII - Na qualidade de co-partícipe na comunhão hereditária, o cônjuge sobrevivo está obrigado a contribuir para as despesas comuns com a partilha. Apesar das dúvidas suscitadas pelo particular conteúdo do seu direito legitimário no Código Civil espanhol, que tem levado a negar a sua responsabilidade por dívidas da herança, a jurisprudência do Tribunal Supremo vem entendendo que, por ser parte interessada na partilha, o cônjuge sobrevivo deve contribuir proporcionalmente para as despesas desta.

VIII - Admitida a sua qualidade de co-partícipe na comunhão hereditária, há que reconhecer que o cônjuge sobrevivo participa também na posse dos bens da herança, mesmo que não exerça o cargo de administrador da mesma. Enquanto legitimário o cônjuge tem, portanto, direito a defender esses bens de agressões, e a recuperá-los para a comunhão hereditária quando estejam na posse de terceiros. Com este objectivo, e enquanto se mantenha a comunhão hereditária, pode, no direito espanhol, lançar mão dos *interdictos de adquirir, de recobrar* e *de retener*, bem como das acções dirigidas à reivindicação da propriedade, e recorrer, no direito português, às acções judiciais de manutenção e restituição na posse, e de restituição provisória na posse em caso de esbulho violento.

IX - Face à dificuldade de qualificação do cônjuge sobrevivo como herdeiro por força da quota legítima que lhe atribui o Código Civil espanhol, um significativo sector da doutrina considera que lhe está vedada a possibilidade de sub-rogação no lugar do comprador em caso de venda ou dação em cumprimento duma quota da herança a um estranho. Em nossa opinião, considerando que o cônjuge sobrevivo é um co-sucessor e um interessado directo na herança, e que a finalidade da norma é manter os quinhões hereditários na titularidade do menor número possível de co-herdeiros ou co-partícipes, não vislumbramos obstáculos a que possa beneficiar deste direito sempre que não o exerça nenhum dos co-herdeiros, inclusive quando na sucessão apenas tenha direito à quota legítima. Por outro lado, quando o cônjuge sobrevivo adquira a quota hereditária de um co-herdeiro parece que não poderá ser exercido contra ele o referido direito de preferência, por não ter a consideração de estranho face à herança.

X - No âmbito do Código Civil espanhol tem-se considerado que o cônjuge sobrevivo que sucede na quota legal em usufruto não pode exercer o cargo de *contador-partidor* da herança, uma vez que é um co-sucessor afectado pela partilha e com interesses contrapostos aos dos demais sucessores. No entanto, o artº 831º daquele diploma e o artº 141º da Lei de Direito Civil da Galiza contêm excepções a esta proibição, ao facultar o cônjuge sobrevivo para distribuir, a seu prudente arbítrio, os bens do defunto e melhorar neles os filhos comuns. As funções atribuídas ao cônjuge sobrevivo por estes dois artigos são funções dispositivas que podem ser acompanhadas de faculdades de partilha com vista à determinação dos bens que devem integrar as respectivas quotas. As faculdades delegadas ao cônjuge sobrevivo nos termos dos citados artigos são mais vastas que as conferidas ao *contador-partidor* pelo Código Civil espanhol, e só equiparáveis às que a lei atribui ao próprio testador, podendo envolver somente a faculdade complementar de realização da partilha. O artº 159º/2 da Lei de Direito Civil da Galiza consagra uma outra excepção, ao permitir que o testador nomeie *contador-partidor* o cônjuge sobrevivo ao qual tenha atribuído o usufruto universal de viúvez, com o fim de praticar a partilha entre os filhos comuns com o autor da sucessão.

XI - Pressupondo que o cônjuge sobrevivo possa levar a efeito a partilha da herança nos casos anteriormente analisados, devem assistir-lhe algumas das faculdades do *contador-partidor*. Assim, pode ser autorizado pelo testador a efectuar o pagamento de algumas legítimas em dinheiro não hereditário, procedendo à escolha do descendente, ou descendentes, que poderão exercer a comutação, às operações de determinação do caudal da herança, sua valoração, determinação das quotas dos excluídos e respectiva redução a dinheiro, sempre que a faculdade de comutação venha a ser exercida - artº 841º do C.C. esp.. Nestes casos, a actividade do cônjuge *contador-partidor* é meramente partitiva, porque são os próprios descendentes que decidem se fazem uso da faculdade e que efectuam o pagamento das quotas em dinheiro. O cônjuge sobrevivo pode também proceder à comutação da sua própria legítima, uma vez que a decisão quanto ao exercício da faculdade de comutar e aos meios de pagamento da legítima cabe aos herdeiros ou à autoridade judicial, podendo nalguns casos ser imposta pelo próprio autor da sucessão. Assim, ao realizar as operações tendentes à satisfação da sua quota, o cônjuge não estará a actuar com base na sua vontade e de acordo com os seus interesses mas vinculado por decisões exteriores.

XII - No ordenamento português o cônjuge sobrevivo legitimário é herdeiro e responde pelas dívidas da herança, apesar dessa responsabilidade estar limitada, antes da partilha, aos bens hereditários, e, após a partilha, à proporção da sua quota, desde que fique salvaguardado o seu direito à legítima. No Código Civil espanhol o regime parece não ser muito diferente, apesar da forte corrente que nega a qualidade de herdeiro do legitimário. A questão torna-se ainda mais complexa no caso do cônjuge sobrevivo, o qual apenas tem direito a uma quota em usufruto e é normalmente qualificado, em função desta, como legatário ou sucessor singular.

XIII - Como consequência do princípio da intangibilidade da legítima o cônjuge legitimário não é responsável pelos encargos testamentários e só responde, dentro dos limites do seu direito, pelas dívidas que recaem sobre os bens que usufrui. As únicas dívidas que verdadeiramente parecem ser da sua responsabilidade são as que recaem sobre os frutos dos bens usufruídos - juros de dívidas da herança - e as previstas no art° 1894°/2 do Codigo Civil espanhol. Não obstante, enquanto estas parecem implicar a sua responsabilidade directa e pessoal, a respeito daquelas não se altera o regime normal da responsabilidade porque os credores não podem accionar o cônjuge sobrevivo, nem mesmo solidariamente com os herdeiros, e, em última análise, continuam a ser estes os directamente afectados pelas dívidas hereditárias. Assim, o único entrave à confirmação de uma verdadeira responsabilidade por dívidas hereditárias parece ser o facto de o cônjuge sobrevivo não responder por estas externamente, ou seja, de não poder ser directamente accionado pelos credores da herança, embora possa extinguir as dívidas mediante pagamento voluntário.

CAPÍTULO QUINTO

I - No direito português o alcance da indisponibilidade da legítima pelo autor da sucessão permite admitir a possibilidade da sua protecção ainda em vida deste. O cônjuge presumível legitimário é detentor de uma expectativa jurídica e a sua posição, ainda em vida do autor da sucessão, apresenta-se como um reflexo do próprio instituto legitimário. Assim, permite-se que, ainda antes da abertura da sucessão, o cônjuge possa invocar a nulidade de negócios simulados praticados pelo seu consorte com o intuito de prejudicá-lo. Pelo contrário, no Código Civil espanhol, embora se reconheça a expectativa jurídica do legitimário, considera-se que este não pode reagir contra actos simulados do autor da sucessão senão após a abertura desta, pois só a partir deste momento tais direitos deixam de ser futuros e pode falar-se, com propriedade, de legitimários e de protecção da legítima. Esta perspectiva parece-nos aceitável perante a tese da validade formal da doação dissimulada, que conduz à faculdade de rescisão da doação na medida em que prejudique a legítima, uma vez que só após a abertura da sucessão é possível determinar se existe ou não inoficiosidade. Contudo, ela não se adequa à teoria da nulidade da doação dissimulada por ilicitude da causa, sustentada por alguma doutrina e por uma forte corrente jusrisprudencial, no âmbito da qual seria mais vantajoso o reconhecimento da possibilidade de reacção do legitimário ainda em vida do autor da sucessão, mediante a demonstração de que a doação lhe causa um prejuízo efectivo.

II - O princípio da intangibilidade da legítima proíbe, além do mais, a sua lesão através de disposições testamentárias; assim, os encargos, substituições, condições, e outros limites dispostos pelo autor da sucessão sobre a legítima vidual têm-se por não escritos, evitando uma responsabilidade do cônjuge sobrevivo pelo pagamento dos legados constituídos sobre a sua quota usufrutuária. Por outro lado, este princípio também proíbe o legitimário de dispor da sua legítima antes da abertura da sucessão. A renúncia à legítima futura está proibida nos Códigos Civis português e espanhol e, em princípio, na Lei de Direito Civil da Galiza, por força da proibição genérica dos pactos sucessórios, mais concretamente dos renunciativos, e encontra-se sancionada com a nulidade em virtude do carácter imperativo do direito à legítima.

III - A nulidade da renúncia faculta o cônjuge sobrevivo legitimário para reclamar a sua legítima após a abertura da sucessão, mediante a restituição do que tenha recebido em troca. A prestação recebida pelo cônjuge em troca da renúncia deverá ser imputada na legítima a que tem direito, ainda que esta solução origine desvios à forma de preenchimento da legítima vidual prevista no C.C. esp. sempre que tenha recebido bens em pleno domínio.

IV - Todavia, na Lei de Direito Civil da Galiza o cônjuge sobrevivo pode ser afastado da sucessão através do pacto sucessório de *apartamien-*

to, pelo qual recebe do autor da sucessão bens ou valores em troca da renúncia à legítima futura, ficando afastado da sucessão como se não existisse ou tivesse repudiado a herança. Perdendo o direito à legítima, o cônjuge *apartado* nada mais poderá reclamar na herança do seu consorte (salvo quando tenha sido instituído no testamento ou seja sucessor intestado), ainda que receba pela renúncia menos do que a legítima a que teria direito no momento da abertura da sucessão, e perde a legitimidade para exercer toda e qualquer acção com vista à defesa daquele direito.

V - O Código Civil espanhol permite ainda a defesa da legítima vidual mediante a rescisão da partilha realizada pelo testador. Nestes casos, qualquer lesão da legítima, ainda que de pequeno valor, autoriza o cônjuge sobrevivo a pedir a rescisão da partilha sem sujeição ao limite de lesão em mais da quarta parte instituído para a generalidade dos casos. Para tanto, o cônjuge sobrevivo terá que instaurar acção com esse fim contra os demais legitimários, ou contra os herdeiros, no prazo de quatro anos contados desde a realização da partilha.

VI - O ordenamento espanhol consagra também a acção de reclamação da legítima, à qual pode recorrer o cônjuge sobrevivo quando não veja reconhecido o seu direito legitimário, nada tenha recebido a título de legítima ou não lhe tenham sido atribuídos bens na partilha. Esta acção assemelha-se à *petitio hereditatis*, que no Código Civil português é o meio adequado para que o cônjuge sobrevivo obtenha o reconhecimento da sua qualidade de herdeiro legitimário, e está expressamente consagrada no artº 151º/1 da Lei de Direito Civil da Galiza, apesar de escassa doutrina a aceitar no âmbito do Código Civil espanhol.

VII - A acção de redução de liberalidades, de natureza rescisória, funciona como garantia da legítima vidual sempre que o autor da sucessão tenha realizado actos de disposição, *inter vivos* ou *mortis causa*, cujo valor, computado à data da sua morte, venha a afectar o preenchimento integral da legítima, ainda que se tratem de doações efectuadas anteriormente ao casamento do cônjuge sobrevivo com o autor da sucessão. No Código Civil espanhol o cônjuge sobrevivo poderá aproveitar as acções instauradas por outros legitimários, particularmente pelos destinatários do terço de melhora, para preenchimento da sua quota, a qual tem por objecto o usufruto desses bens ou o seu valor de capitalização.

VIII - Embora a acção de redução de liberalidades seja um meio de tutela comum aos ordenamentos em estudo, podem apreciar-se algumas diferenças na sua sistematização e estrutura, pois enquanto o Código Civil português estabelece um regime uniforme para a acção de redução de liberalidades, quer se trate da redução de disposições testamentárias a título de herança ou legado ou de uma doação, o Código Civil espanhol prevê uma acção para a redução de legados e outra para a redução de doações.

IX - A deserdação permite ao testador privar o cônjuge sobrevivo do seu direito legitimário, sempre que seja expressa em testamento e se apoie numa das causas previstas na lei. A deserdação justa do cônjuge sobrevivo, para além de privá-lo da legítima, terá o efeito de excluí-lo tacitamente da sucessão legal, excepto quando haja uma vontade clara do testador noutro sentido. O cônjuge sobrevivo deserdado fica na posição do possuidor de má fé relativamente aos bens da herança que, em princípio, lhe pertenceriam, estando obrigado a restituir os frutos por eles produzidos desde a data da abertura da sucessão e a responder pelo valor dos frutos que um proprietário diligente poderia ter obtido. O cônjuge justamente deserdado tem direito a manter as doações recebidas do seu consorte, mesmo as imputáveis na legítima, as quais só podem ser revogadas em termos limitados.

X - A deserdação injusta do cônjuge sobrevivo não prejudica o seu direito à legítima, haja ou não testamento, mas, uma vez cumpridos os requisitos formais, exclui os seus direitos na sucessão intestada, quando existam, excepto na deserdação realizada por erro quanto à veracidade da causa. O cônjuge sobrevivo injustamente deserdado pode instaurar acção de impugnação da deserdação para deixar sem efeito a instituição de herdeiro na medida em que prejudique a sua legítima.

XI - Os ordenamentos analisados admitem a reabilitação do cônjuge sobrevivo deserdado nas modalidades de reabilitação expressa e tácita. Atribuem igualmente eficácia ao perdão, expresso ou tácito, como causa extintiva da deserdação, reconhecendo-o na doação ou disposição testamentária que, posteriormente à causa de deserdação, venha a beneficiar o cônjuge sobrevivo. A doutrina espanhola exige que o perdão seja especial, recaindo concretamente sobre o facto que constitui causa de deserdação, e que conste de documento público ou testamento sempre que não tenha como suporte uma reconciliação de facto susceptível de prova. O Código Civil português prevê também a possibilidade do perdão, admitindo a reabilitação do deserdado sempre que este seja contemplado em testamento após o conhecimento da causa de deserdação pelo autor da sucessão.

XII - Os efeitos do perdão relativamente ao cônjuge sobrevivo deserdado ou que tenha incorrido em causa de deserdação, são, no entanto, diferentes nos dois ordenamentos: no Código Civil espanhol admite-se o chamamento do cônjuge à sucessão sem quaisquer restrições; no Código Civil português o cônjuge só pode suceder nos limites da disposição testamentária, e a deixa testamentária com que seja beneficiado é imputada na quota disponível, porque se entende que continua privado da legítima.

XIII - O Código Civil espanhol consagra dois instrumentos de protecção da legítima que não têm paralelo no direito português e que são as acções de suplemento da legítima e de preterição. A natureza da sucessão legitimária no direito português, como sucessão autónoma que opera directamente por força da lei, o deferimento da legítima por lei no momento da morte do autor da sucessão e a forte restrição à liberdade de testar no aspecto do preenchimento das legítimas, impedem situações de atribuições insuficientes para cumprimento da legítima do cônjuge sobrevivo, que o obriguem a aceitar a atribuição e a exigir o complemento.

XIV - O reconhecimento da existência de um chamamento legal directo do cônjuge sobrevivo à legítima no Código Civil espanhol conduziria a idêntica situação, isto é, à inutilidade do recurso à acção de suplemento, não fosse a faculdade que a lei concede ao autor da sucessão de atribuir as legítimas por qualquer título. Assim, uma doação ou um legado insuficientes que devam ser imputados na legítima do cônjuge sobrevivo obrigam-no a lançar mão da acção de suplemento se quiser receber a totalidade da legítima, embora a lei lhe proporcione outras opções em caso de insuficiência da atribuição, nomeadamente a de recusar o legado e exigir a legítima na sua totalidade.

XV - Quanto à preterição, a orientação maioritária considera que esta consiste na omissão do legitimário em testamento, unida à falta de atribuição, *inter vivos* ou *mortis causa*, a seu favor. A lei distingue a preterição intencional, que abrange as situações em que o testador quis privar deliberadamente um herdeiro forçoso da sua porção legitimária, cuja função é a protecção da legítima, e a preterição não intencional, que resulta da omissão do legitimário por erro, esquecimento, ou falta de previsão do testador, cuja função é a defesa da correcta formação da vontade testamentária.

XVI - Somos da opinião que o cônjuge sobrevivo não pode ser intencionalmente preterido porque é titular de uma legítima directamente deferida por lei, o que resulta confirmado pela forma como o Código Civil espanhol procede à concreta determinação do conteúdo da sua legítima, prescindindo de qualquer disposição, *inter vivos* ou *mortis causa*, a seu favor com vista ao respectivo preenchimento. Assim, não vislumbramos que necessite de recorrer a uma acção de preterição, pois para usufruir os bens que venham a integrar a quota de melhora, basta-lhe exigir dos beneficiários desta a entrega dos mesmos. Não obstante, a doutrina e a jurisprudência espanholas continuam a afirmar maioritariamente a necessidade de recurso à acção de preterição.

XVII - A tutela da legítima vidual pode fazer-se também através de alguns meios que, destinados a proteger, em primeira linha, o património de certa pessoa e do seu agregado familiar, podem proteger indirectamente as expectativas sucessórias dos legitimários existentes à data da abertura da sucessão. Assim, reconhece-se ao cônjuge legitimidade para requerer a inabilitação do seu consorte por prodigalidade, permitindo-lhe, dessa forma, a protecção dos seus interesses na boa administração dos bens do pródigo, embora a *Ley de Enjuiciamiento Civil* aparentemente não conceba este instituto como meio de defesa da legítima.

XVIII - Alguma doutrina portuguesa atribui também às figuras da interdição e inabilitação uma finalidade de protecção disseminada do património do autor da sucessão, da qual poderão beneficiar tanto o cônjuge sobrevivo como os herdeiros em geral. Também as normas sobre a ausência, cuja finalidade é instituir meios de representação do ausente com vista à protecção do seu património e ao cumprimento dos seus deveres, proporcionam certas garantias quanto à gestão e administração desse património, as quais poderão traduzir-se em vantagens efectivas para os legitimários após a abertura da sucessão.

XIX - O Código Civil espanhol coloca à disposição dos afectados pelo reconhecimento de filiação não matrimonial um meio de reacção que permite impugná-la, atacando a sua veracidade. O cônjuge sobrevivo poderá impugnar sempre a filiação não matrimonial, haja ou não posse de estado nas relações familiares. A lei autoriza a impugnação do reconhecimento da filiação não matrimonial por considerar que esta pode ser uma forma de burlar os direitos dos verdadeiros legitimários, nomeadamente os do cônjuge sobrevivo sempre que o único descendente

468 *A Legítima do Cônjuge Sobrevivo - Estudo Comparado Hispano-Português*

que com ele concorra à herança seja o reconhecido pelo autor da sucessão. Uma vez que o cônjuge pode utilizar esta acção ainda antes da abertura da sucessão, este pode apresentar-se como um meio de protecção da sua expectativa legitimária, o que é reconhecido por alguma da mais representativa doutrina espanhola.

CAPÍTULO SEXTO

I - A legítima do Código Civil português tem a natureza de uma *pars hereditatis*, natureza essa que decorre da própria definição contida no artº 2156º, do alcance do princípio da intangibilidade da legítima, consagrado no artº 2163º, e da exigência, contida no artº 2174º, de que a redução de liberalidades inoficiosas seja feita em espécie. Pelo contrário, a doutrina maioritária defende actualmente que a legítima do Código Civil espanhol tem a natureza de uma *pars bonorum*, considerando que, por força do artº 815º do mesmo diploma, o legitimário não tem que ser necessariamente herdeiro, e que não existe nenhum preceito que lhe atribua responsabilidade pelas dívidas do autor da sucessão quando não seja herdeiro voluntário ou legal.

II - Apesar da complexidade que esta questão encerra no Código Civil espanhol, devido, designadamente, à contradição entre os artºs 806º e 815º, somos da opinião que assiste alguma razão à doutrina que configura o legitimário como herdeiro forçoso. Há que atender que a regra, na falta de disposição do autor da sucessão, é a de que o chamamento legitimário opera a título de herdeiro, o que indica que a própria lei concebe a figura do legitimário como aproximada à daquele. Por outro lado, é impossível ignorar as constantes referências aos legitimários como herdeiros forçosos, incluídas sistematicamente em vários artigos do Código, e consideramos excessivo duvidar que a expressão "*herederos forzosos*" tenha sido utilizada com propriedade pelo legislador. O que a lei pretende com o artº 815º é harmonizar da melhor forma interesses opostos: por um lado, a garantia da percepção de uns direitos mínimos, por outro, a preservação da vontade do autor da sucessão quanto ao título da sua atribuição.

III - O conteúdo da legítima vidual no Código Civil espanhol torna ainda mais difícil a questão da qualidade a atribuir ao cônjuge sobrevivo. A maioria da doutrina nega a qualidade de herdeiro forçoso ao cônjuge sobrevivo, uma vez que este não se apresenta como sucessor universal do autor da sucessão, e considera-o um legatário, atendendo a que o chamamento ao usufruto parcial, ou mesmo ao usufruto da totalidade da herança, faz nascer direitos e deveres diferentes dos que recaem sobre o sucessor universal. A jurisprudência não tem lançado muita luz sobre o problema, pois se por vezes qualifica o cônjuge sobrevivo como herdeiro forçoso em função da sua quota em usufruto, afirmando-o como *ratio decidendi*, por outras, embora poucas, pronuncia-se a favor da sua qualificação como credor da herança, apesar de estas sentenças revelarem, sobretudo, uma preocupação de dar resposta à questão da sua responsabilidade por dívidas e não de construir uma solução de carácter geral.

IV - Em nossa opinião não pode proceder-se à qualificação do cônjuge sobrevivo como legatário por força da sua quota legítima, porque o legado é, por natureza, uma atribuição voluntária, e a quota usufrutuária do cônjuge, atribuída directamente por lei, é dificilmente enquadrável no conceito de legado consagrado no Código Civil espanhol. Assim, consideramos que a legítima vidual será mais correctamente qualificada como um caso excepcional de devolução legitimária decorrente da lei, pelo que o posicionamento do cônjuge sobrevivo legitimário face à herança não pode ser delineado, como parece que vem sendo feito pelos partidários da sua condição de legatário, em função do conteúdo da atribuição - usufruto comutável.

V - No apuramento da natureza jurídica da legítima do cônjuge sobrevivo há que atender, sobretudo, aos meios de que este dispõe para sua defesa e à respectiva eficácia. Neste aspecto podemos concluir que o cônjuge sobrevivo legitimário possui, no Direito espanhol, os mesmos direitos e deveres que os legitimários com direito a uma quota da herança em propriedade e pode aceder aos mesmos meios de tutela da legítima, razão pela qual a opção do legislador quanto ao preenchimento do seu direito não se deve à intenção de atribuir-lhe estatuto diferente ao dos demais legitimários. Na prática, tais direitos e deveres aproximam o cônjuge sobrevivo legitimário do herdeiro, excepção feita ao problema da responsabilidade por dívidas hereditárias, cujo regime consideramos duplamente justificado, não só pela sua qualidade de legitimário com direito a uma percepção mínima do património hereditário como, aqui sim, pela própria natureza da sua participação na herança. A tutela da legítima vidual produz-se com a mesma intensidade que a dos restantes legitimários, excepto nalgum aspecto menor, como é o caso da comutação, e por vezes beneficia de uma protecção mais reforçada como acontece em caso de preterição. A sua posição é a de um herdeiro especialíssimo, isto é, um herdeiro com todas as vantagens e pouquíssimas das desvantagens da figura.

BIBLIOGRAFIA

"Actas da Comissão Revisora do Anteprojecto do Direito das Sucessões", *Direito das Sucessões. Trabalhos Preparatórios do Código Civil*, Lisboa, 1972.

ALBA PUENTE, F., *Derecho de Sucesiones de Galicia. Comentarios al Título VIII de la Ley de 24 de mayo de 1995*, Colegio Notarial de La Coruña, Madrid, 1996.

ALBALADEJO GARCÍA, M., *Comentarios al Código Civil y Compilaciones Forales*, dirigidos por M. Albaladejo, T. VIII, Vol. 2º, Madrid, EDERSA, 1986.

- *Comentarios al Código Civil y Compilaciones Forales*, dirigidos por M. Albaladejo, T. X, Vol. 1º, Madrid, EDERSA, 1987.

- *Comentarios al Código Civil y Compilaciones Forales*, dirigidos por M. Albaladejo, T. XIV, Vol 2º, Madrid, EDERSA, 1989.

- *Comentario del Código Civil*, T. I, Ministerio de Justicia, Madrid, 1991.

- *Curso de Derecho Civil, T. V, Derecho de Sucesiones*, Barcelona, Bosch, 1997.

- *Derecho Civil, T.I, Introducción y Parte General*, Vol. I, *Introducción y Derecho de la Persona*, Barcelona, Bosch, 1996.

- *Derecho Civil, T. III, Derecho de Bienes*, Vol. 1º, Barcelona, Bosch, 1983.

- *Derecho Civil, T. III, Derechos Reales en Cosa Ajena y Registro de la Propiedad*, Vol. 2º, Barcelona, Bosch, 1991.

- "Para una Interpretación del Artículo 814º/1º del Código Civil", *RDP*, 1967, pp. 1023 e ss..

- "Sobre si Son o No Reservables los Bienes Recibidos por el Viudo en Conmutación de su Usufructo Vidual", *RDP*, 1994, pp. 3 e ss..

ALONSO PÉREZ, M., "La Familia entre el Pasado y la Modernidad. Reflexiones a la Luz del Derecho Civil", *AC*, 1998-1, pp. 1 e ss..

ALONSO VISO, R. *Comentarios al Código Civil y Compilaciones Forales*, dirigidos por M. Albaladejo e S. Diaz Albart, T. XXXII, Vol. 2º, Madrid, EDERSA, 1997.

ALVAREZ CAPEROCHIPI, J.A., *Curso de Derecho Hereditario*, Madrid, Civitas, 1990.

ANTUNES REI, M.R.A., "Da Expectativa Jurídica", *ROA*, Ano 54, Lisboa, 1994, pp. 149 a 180.

ANTUNES VARELA, *Código Civil Anotado*, Vol. I, Coimbra, Coimbra Editora, 1987.
- *Código Civil Anotado*, Vol. II, Coimbra, Coimbra Editora, 1986.
- *Código Civil Anotado*, Vol. IV, Coimbra, Coimbra Editora, 1992.
- *Código Civil Anotado*, Vol. VI, Coimbra, Coimbra Editora, 1998.
- *Direito da Família*, 1º Vol., Lisboa, Livraria Petrony, 1999.

ARANGIO-RUIZ, V., *Istituzioni di Diritto Romano*, Nápoles, 1989.

ASÚA GONZALEZ, C.I., *Designación de Sucesor Através de Tercero*, Madrid, Tecnos, 1992.

BAPTISTA MACHADO, J., *Introdução ao Direito e ao Discurso Legitimador*, Coimbra, Almedina, 1991.
- *Introdução ao Direito e ao Discurso Legitimador*, Coimbra, Almedina, 2000.

BELTRÁN DE HEREDIA, C.L., *Derecho de Sucesiones*, coord. por Montés Penadés, V.L., Valencia, Tirant lo Blanch, 1992.
- *La Conmutación de la Legítima*, Madrid, Tecnos, 1989.

BELTRÁN DE HEREDIA Y CASTAÑO, J., "Usufructo Sobre Usufructo en la Legislación Española", *RDP*, 1954, pp. 300 e ss..

BELUCHE RINCÓN, I., *La Relación Obligatoria de Usufructo*, Madrid, Civitas, 1996.

BERMEJO PUMAR, M.M., *El Artículo 831º del Código Civil*, Tesis Doctoral, Santiago de Compostela, 1999.

BIONDI, B., *Istituzioni di Diritto Romano*, Milão, 1965.

BLASCO GASCÓ, F., *Derecho de Sucesiones*, coord. por Montés Penadés, V.L., Valencia, Tirant lo Blanch, 1992.
- *Derecho de Família*, coord. por Montés Penadés, V.L., Valencia, Tirant lo Blanch, 1991.

BOLÁS ALFONSO, J., "La Preterición tras la Reforma de 13 de mayo de 1981", *AAMN*, T. XXV, 1982, pp. 177 e ss..

BONET CORREA, J.,"El Problema de la División del Usufructo (Estudio Romano-civilístico)", *ADC*, V, 1952, pp. 101 e ss..

BONET RAMON, *Compendio de Derecho Civil*, Tomo V, *Sucesiones*, Madrid, 1965.

BRAGA DA CRUZ, G., *O Direito de Troncalidade e o Regime Jurídico do Património Familiar*, Vol. I, Braga, Livraria Cruz, 1941.
- "Formação Histórica do Moderno Direito Privado Português e Brasileiro", *Obras Esparsas*, Vol. II, *Estudos de História do Direito, Direito Moderno*, 1ª parte, Coimbra, 1981.
- "O Regime Matrimonial de Bens Supletivo no Direito Luso-Brasileiro", *Obras Esparsas*, Vol. II, *Estudos de História do Direito, Direito Moderno*, 1ª parte, Coimbra, 1981.
BURÓN GARCIA, G., *Derecho Civil Español Según los Princípios, los Códigos y Leyes Precedentes a la Reforma de Código Civil*, II, Valladolid, 1898.
CADARSO PALAU, J., *Comentarios a las Reformas del Derecho de Família*, Vol. II, Madrid, Tecnos, 1984..
CÁMARA LAPUENTE, S., *La Exclusión Testamentaria de los Herederos Legales*, Madrid, Civitas, 2000.
CAPELO DE SOUSA, R., *Lições de Direito das Sucessões*, Vols. I e II, Coimbra, Coimbra Editora, 1993.
CARBALLO FIDALGO, M., *Las Facultades del Contador-Partidor Testamentario*, Madrid, Civitas, 1999.
CÁRCABA FERNÁNDEZ, M., "Reflexiones sobre la Conmutación del Usufructo Vidual", *RGLJ*, T. I, nº 260, 1986, pp. 563 e ss..
- *La Simulación en los Negócios Jurídicos*, Barcelona, 1986.
CARVALHO FERNANDES, L.A., *Lições de Direito das Sucessões*, Lisboa, Quid Juris, 1999.
- *Teoria Geral do Direito Civil*, Vol. I, Lisboa, Lex, 1995.
- *Simulação e Tutela de Terceiros*, Separata dos Estudos em Memória do Prof. Dr. Paulo Cunha, Lisboa, 1988.
CASTILLO MARTÍNEZ, C.C., "Notas Sobre el Usufructo con Facultad de Disponer en la Jurisprudencia del Tribunal Supremo", *AC*, nº 40, 2000, pp. 1453 e ss..
CASTRO MENDES, J. de, *Teoria Geral do Direito Civil*, Vol. I, Lisboa, AAFDL, 1978.
CHIARA SARACENO, *Sociologia da Família*, Lisboa, 1997.
CLEMENTE MEORO, M., *Derecho de Sucesiones*, coord. por Montés Penadés, V.L., Valencia, Tirant lo Blanch, 1992.
COBACHO GOMEZ, J.A., "Notas Sobre la Preterición", *RDP*, 1986, pp. 403 e ss..
CORA GUERREIRO, J.M., *Derecho de Sucesiones de Galicia. Comentarios al Título VIII de la Ley de 24 de mayo de 1995*, La Coruña, 1996.

CORREIA, E., *Direito Criminal*, Vol. I, Coimbra, Almedina, 1993.

CORREIA RAMIREZ, P.N.H., *O Cônjuge Sobrevivo e o Instituto da Colação*, Coimbra, Almedina, 1997.

COSSÍO y CORRAL, A. *Instituciones de Derecho Civil*, Tomo II, revisto e actualizado por Manuel de Cossío y Martinez e José León Alonso, Madrid, Civitas, 1988.

- "Los Derechos Sucesorios del Cónyuge Sobreviviente", *RDP*, Madrid, 1957, pp. 131 e ss..

DE LA CÁMARA ÁLVAREZ, M., *Compendio de Derecho Sucesorio*, Madrid, La Ley, 1990.

- *Compendio de Derecho Sucesorio*, 2ª edição, actualizada por Antonio De La Esperanza Martinez-Radio, Madrid, La Ley, 1999.
- *Comentarios al Código Civil y Compilaciones Forales*, T. III, Vol. 1º, Madrid, EDERSA, 1982.
- "Estudio Sobre el Pago en Metálico de la Legítima en el Código Civil", *Centenario de la Ley del Notariado*, Sec. 3ª, Vol. I, Madrid, 1964, pp. 709 e ss..
- "Los Derechos Hereditarios del Hijo Adoptivo en el Código Civil", *RDP*, 1951, pp. 94 e ss..
- "El Derecho de Representación en la Herencia Testada y la Preterición de Herederos Forzosos", *RDN*, 1955, pp. 7 e ss..

DE LOS MOZOS, J.L., *La Colación*, Madrid, EDERSA, 1965.

DIAS MARQUES, J., *Noções Elementares de Direito Civil*, Lisboa, 1992.

DÍAZ ALABART, S., *Comentarios al Código Civil y Compilaciones Forales*, dirigidos por M. Albaladejo, T. X, Vol. 1º, Madrid, EDERSA, 1987.

- *Comentarios al Código Civil y Compilaciones Forales*, dirigidos por M. Albaladejo, T. XIV, Vol. 2º, Madrid, EDERSA, 1989.

DÍAZ FUENTES, A., "Excepciones Legales al Personalísmo de las Disposiciones mortis causa", *ADC*, 1965, pp. 141-173 e 878 e ss..

- *Dereito Civil de Galicia. Comentarios à Lei 4/1995 do 24 de maio de Dereito Civil de Galicia* (coord. por J.J. Barreiro, E. Sánchez Tato e L. Varela Castro), A Coruña, 1997.

DÍEZ BALLESTEROS, J.A., "La Separación y sus Consecuencias sobre la Legítima del Cónyuge Viudo", *La Ley*, Ano XX, nº 4729, pp.

DÍEZ GOMEZ, A., "El Nuevo Artículo 831 del Código Civil", *RDN*, 1982, pp. 405 e ss..

DÍEZ-PICAZO, L. y GULLÓN BALLESTEROS, A., *Sistema de Derecho Civil*, IV, Madrid, Tecnos, 1998.

DÍEZ-PICAZO, L. y PONCE DE LEÓN, L.M., "La Situación Jurídica del Matrimonio Separado", *RDN*, 1961, pp. 15 e ss..

DOMÍNGUEZ LUELMO, A., *El Pago en Metálico de la Legítima de los Descendientes*, Madrid, Tecnos, 1989.

DORAL GARCIA DE PAZOS, J.A., *Comentarios al Código Civil y Compilaciones Forales*, dirigidos por M. Albaladejo e Díaz Alabart, S., T. VII, Vol. 1º, Madrid, EDERSA, 1992.

D'ORS, A., "El Problema de la División del Usufructo (Estudio Romano-Civilístico)", *ADC*, 1952, pp. 101 e ss..

DUARTE PINHEIRO, J., *Legado em Substituição da Legítima*, Lisboa, Cosmos, 1996.

ESPEJO LERDO DE TEJADA, M., *La Legítima en la Sucesión Intestada en el Código Civil*, Madrid, Marcial Pons,1996.

- *La Sucesión Contractual en el Código Civil*, Sevilla, Secretariado de Publicaciones de la Universidad de Sevilla, 1999.

- "Algunas Cuestiones sobre la Colación y su Dispensa en Relación con la Protección de las Legítimas", *AC*, 1998-1, pp. 239 e ss..

ESPINAR LAFUENTE, *La Herencia Legal y el Testamento*, Barcelona, 1956.

ESPINOSA DE SOTO, J.L., *Derecho de Sucesiones de Galicia. Comentarios al Título VIII de la Ley de 24 de mayo de 1995*, La Coruña, 1996.

EWALD HÖRSTER, H., *A Parte Geral do Código Civil Português. Teoria Geral do Direito Civil*, Coimbra, Almedina, 1992.

FERNÁNDEZ-CASQUEIRO DOMÍNGUEZ, C., *Derecho de Sucesiones de Galicia. Comentarios al Título VIII de la Ley de 24 de mayo de 1995*, Madrid, 1996.

FERNÁNDEZ-COSTALES, J., *El Usufructo Voluntario de Herencia*, Madrid, Tecnos, 1991.

FERNANDEZ GONZALEZ-REGUERAL, M.A., "Separación Cónyugal: La Legítima del Cónyuge Viudo", *La Ley*, nº 4242, Março, 1987, pp. 2 e ss..

- "Llamamiento Abintestato del Cónyuge Separado de Hecho, *La Ley*, nº 4160, Novembro, 1996, pp. 1 e ss..

- "La Desheredación del Cónyuge Separado de Hecho", *AC*, 1997-4.

FERNANDO NOGUEIRA, J., "A Reforma de 1977 e a Posição Sucessória do Cônjuge Sobrevivo", *ROA*, Ano 40, Lisboa, 1980, pp. 663 e ss..

FRANÇA PITÃO, J.A., *A Posição do Cônjuge Sobrevivo no Actual Direito Sucessório Português*, Coimbra, Almedina, 1994.

FUENMAYOR CHAMPÍN, A., "El Derecho Sucesorio del Cónyuge Putativo", *RGLJ*, 1941, pp. 434 e ss..
- "Intangibilidad de la Legítima", *ADC*, 1948, pp. 46 e ss..
- "Acumulación en Favor del Cónyuge Viudo de un Legado y de su Cuota Legitimária", *RGLJ*, 1946, pp. 43 ess..
- "La Mejora en el Sistema Sucesorio Español", *BFDUC*, XXII, 1946, pp. 247 e ss..

FUENTES TORRES-ISUNZA, "El Usufructo Vidual Universal (Una Cláusula de Estilo), *RGLJ*, 1961, pp. 694 e ss..

GALVÁN GALLEGOS, A., "La Indivisibilidad de la Aceptación y Repudiación de la Herencia", *ADC*, 1997, pp. 1817 e ss..

GALVÃO, S., *Introdução ao Estudo do Direito*, Lisboa, Lex, 2000.

GALVÃO TELLES, I., *Direito das Sucessões. Trabalhos Preparatórios do Código Civil*, Lisboa, 1972.
- *Direito das Sucessões. Fundamentos.*, Coimbra, Coimbra Editora, 1991.
- "Apontamentos para a História do Direito das Sucessões Português", *RFDUL*, Vol. XV, 1961-1962, pp. 39 e ss..
- *Introdução ao Estudo do Direito*, Vol. I, Coimbra, Coimbra Editora, 1999.

GARCÍA-BERNARDO LANDETA, A., *La Legítima en el Código Civil*, Oviedo, 1964.

GARCIA-BOENTE SÁNCHEZ, G., *Derecho de Sucesiones de Galicia. Comentarios al Título VIII de la Ley de 24 de mayo de 1995*, Madrid, 1996.

GARCIA CANTERO, G., *Comentarios al Código Civil y Compilaciones Forales*, dirigidos por M. Albaladejo, T. II, Madrid, EDERSA, 1982.
- *Comentario del Código Civil*, T. I, Madrid, 1991.
- "Nulidad de Matrimonio", *AC*, 1993-3, pp. 535 e ss..

GARCÍA GOYENA, F., *Concordancias, Motivos y Comentarios del Código Civil Español*, Zaragoza, 1974.

GARCIA MORENO, J.M., "La Preterición de Herederos Forzosos en el Derecho Común tras la Reforma de 1981", *AC*, 1995-4, pp. 883 e ss..

GARCIA-RIPOLL MONTIJANO, M., "El Fundamento de la Colación Hereditaria y su Dispensa", *ADC*, 1995, pp. 1105 e ss..

GARCIA RUBIO, M.P., *La Distribución de Toda la Herencia en Legados. Un Supuesto de Herencia sin Heredero*, Madrid, Civitas, 1989.

- *Comentarios al Código Civil y Compilaciones Forales*, dirigido por M. Albaladejo e S. Díaz Alabart, T. XXXII, Vol. 2º, Madrid, EDERSA, 1997.
- *Alimentos entre Cónyuges y entre Convivientes de Hecho*, Madrid, Civitas, 1995.
- "La Ausencia No Declarada en la Ley de Derecho Civil de Galicia de 24 de Mayo de 1995", *RDP*, 1996, pp. 350 e ss..
- "El Apartamiento Sucesorio en el Derecho Civil Gallego", *ADC*, 2000, pp. 1379 e ss..
- *La Renuncia Anticipada a la Legítima*, Obra inédita.

GARRIDO DE PALMA, V.M., "El Usufructo Universal de Viudedad. Su Configuración Especial en Galicia", *ADC*, 1973, pp. 483 e ss..
- *Derecho de Família (y la Sucesión Mortis Causa)*, Madrid, Trivium, 1993.

GASPAR LERA, S., *La Acción de Petición de Herencia*, Elcano, Aranzadi, 2001.

GELÁSIO ROCHA, "Os Direitos de Família e as Modificações das Estruturas Sociais a que Respeitam", *Temas de Direito da Família* (Ciclo de Conferências do Conselho Distrital do Porto da Ordem dos Advogados), Coimbra, Almedina, 1986, pp. 31 e ss..

GETE-ALONSO y CALERA, M.C., *Comentarios a las Reformas del Derecho de Família*, Vol. I, Madrid, Tecnos, 1988.

GIL CABALLERO, M.J., *Derecho de Sucesiones de Galicia. Comentarios al Título VIII de la Ley de 24 de mayo de 1995*, Madrid, 1996.

GIMÉNEZ DUART, T., "Los Desajustes de la Reforma sobre Legítimas y Reservas", *RDN*, 1985, pp. 133 e ss..

GITRAMA, M., *La Administración de la Herencia en el Derecho Español*, Madrid, Editorial Revista de Derecho Privado, 1950.

GOMES DA SILVA, E., "Posição Sucessória do Cônjuge Sobrevivo", Separata do livro *Reforma do Código Civil*, Ordem dos Advogados, Lisboa, 1981, pp. 55 e ss..
- *Direito das Sucessões*, Lisboa, 1974.

GÓMEZ MORÁN, "El Usufructo Universal en el Código Civil", *RGLJ*, 1949, pp. 317 e ss..

GÓMEZ VARELA, J.M., *Derecho de Sucesiones de Galicia. Comentarios al Título VIII de la Ley de 24 de mayo de 1995*, Madrid, 1996.

GONÇALVES COIMBRA, A.F.R., *O Direito de Acrescer no Novo Código Civil*, Coimbra, Almedina, 1974.

GONÇALVES PROENÇA, J.J., "Natureza Jurídica da Legítima, *BFDUC*, Suplemento ao vol. IX, Coimbra, 1951.

GONZALEZ PALOMINO, "El Usufructo Universal del Viudo y los Herederos Forzosos", *RDP*, 1936, pp. 160 e ss..

- *Estudios de Arte Menor sobre Derecho Sucesorio*, Vols. I e II, Pamplona, 1964.

GORDILLO CAÑAS, A., "La Protección de los Terceros de Buena Fe en la Reciente Reforma del Derecho de Familia", *ADC*, 1982, pp. 1111 e ss..

GUILARTE ZAPATERO, V., *Comentarios al Código Civil y Compilaciones Forales*, dirigidos por M. Albaladejo, T. XIII, Vol. 1º, Madrid, EDERSA, 1988.

GULLÓN BALLESTEROS, A., *Sistema de Derecho Civil*, T. IV, Madrid, Tecnos, 1998.

- "La Conmutación del Usufructo Legal del Cónyuge Viudo", *ADC*, 1964, pp. 583 e ss..
- "El Párrafo 3º del Artículo 820º del Código Civil, *ADC*, 1961, pp. 875 e ss..

GUTIÉRREZ ALLER, V., *Dereito Civil de Galicia (Comentarios à Lei 4/1995 de 24 de mayo de Dereito Civil de Galicia)*, coord. por J.J. Barreiro, E. Sánchez Tato e L. Varela Castro, A Coruña, 1997.

- *Derecho de Sucesiones de Galicia. Comentarios al Título VIII de la Ley de 24 de mayo de 1995*, Colégio Notarial de La Coruña, Madrid, 1996.
- *Rexime Económico-Familiar e Sucesorio na Lei de Dereito Civil de Galicia*, Vigo, 1997.

GUTIÉRREZ FERNANDEZ, B., *Códigos y Estudios Fundamentales Sobre el Derecho Civil Español*, II, Madrid, 1863.

GUTIÉRREZ JEREZ, L., *El Legado de Usufructo en el Derecho Civil Común*, Valencia, Tirant lo Blanch, 1999.

IGLÉSIAS LÓPEZ DE VIVIGO, "Una Cláusula de Estilo que Proclama el Usufructo Universal y Vitalício del Cónyuge Viudo", *RGLJ*, 1950, pp. 264 e ss..

JORDANO BAREA, J.B., "El matrimonio Putativo como Aparencia Jurídica Matrimonial", *ADC*, 1961, pp. 343 e ss..

KIPP, T., *Tratado de Derecho Civil*, T. V, *Derecho de Sucesiones*, Vols. 1º e 2º, Trad. espanhola da 2ª edição, Barcelona, Bosch, 1976.

LABORINHO LÚCIO, A., *Do Fundamento e da Dispensa da Colação*, Lisboa, Vislis, 1999.

LACRUZ BERDEJO, J.L., *Elementos de Derecho Civil*, T. V, *Derecho de Sucesiones*, Barcelona, Bosch, 1993.
- *Elementos de Derecho Civil*, T. IV, *Derecho de Família*, Barcelona, Bosch, 1997.
- *Elementos de Derecho Civil*, T. III, *Derechos Reales*, Vol. 2º, Barcelona, Bosch, 1980.
- *Elementos de Derecho Civil*, T. III, *Derechos Reales*, Vol. 2º, Barcelona, Bosch, 1991.
- *Elementos de Derecho Civil*, T. I, *Parte General*, Vol. 1º, *Introducción*, Madrid, Dykinson, 1998.
- *Derecho de Sucesiones*, I e II, Barcelona, 1971 e 1973.
- *Anotaciones al Derecho de Sucesiones de Binder*, Barcelona, Bosch, 1953.
-"Condición Universal o Particular de la Sucesión en el Usufructo de la Herencia", *Estudios Jurídicos en Homenaje a Tirso Carretero*, Madrid, Centro de Estudios Hipotecarios, 1985, pp. 267 e ss..
- "El Congreso Nacional de Derecho Civil de 1946", *ADC*, 1948, pp. 145 e ss..
Las Siete Partidas, glosadas por Gregório Lopez, Salamanca, 1555.
LASSO GAITE, J.F., *Cronica de la Codificación Española*, 4, *Codificación Civil*, Vols. I e II, Madrid, Ministerio de Justicia, 1970.
LATAS ESPINO, M.J., *Derecho de Sucesiones de Galicia. Comentarios al Título VIII de la Ley de 24 de mayo de 1995*, Colégio Notarial de La Coruña, Madrid, 1996.
LEITE DE CAMPOS, D., *Lições de Direito da Família e das Sucessões*, Coimbra, Almedina, 1990.
- "Parentesco, Casamento e Sucessão", *ROA*, Ano 45, I, pp. 13 e ss..
- "O Estatuto Sucessório do Cônjuge Sobrevivo", *ROA*, Ano 50, 1990, pp. 447 e ss.;
LETE ACHIRICA, J., *Comentarios al Código Civil y Compilaciones Forales*, dirigido por M. Albaladejo e S. Díaz Alabart, T. XXXII, , Vol. 2º, Madrid, Edersa, 1997.
LETE DEL RIO, J.M., *Comentarios al Código Civil y Compilaciones Forales*, dirigido por M. Albaladejo, T. IV, Madrid, 1985.
- "Reflexiones Sobre la Ley de Derecho Civil de Galicia", *AC*, 1995-4, pp. 871 e ss..
LOIS PUENTE, J.M, *Derecho de Sucesiones de Galicia. Comentarios al Título VIII de la Ley de 24 de mayo de 1995*, Colegio Notarial de La Coruña, Madrid, 1996.

- *Comentarios al Código civil y Compilaciones Forales*, dirigido por M. Albaladejo e S. Díaz Alabart, T. XXXII, Vol. 2º, Madrid, EDERSA, 1997.

LOPES CARDOSO, J.A., *Partilhas Judiciais*, Vols. I e II, Coimbra, Almedina, 1990.

LÓPEZ R. GOMEZ, N., *Tratado Teórico Legal del Derecho de Sucesion*, I, Madrid, 1916.

LÓPEZ Y LÓPEZ, A.M., *Derecho de Sucesiones*, coord. por Montés Penadés, V.L., Valencia, Tirant lo Blanch, 1992.

- *Derecho de Familia*, coord. por Montés Penadés, V.L., Valencia, Tirant lo Blanch, 1991.

MANRESA y NAVARRO, J.M., *Comentarios al Código Civil Español*, T. VI, Vol. 1º, 8ª ed., Madrid, 1973.

MARTÍN MELENDEZ, M.T., *La Liquidación de la Sociedad de Gananciales*, Madrid, McGraw-Hill, 1995.

MARTÍNEZ DE AGUIRRE Y ALDAZ, C., *Preterición y Derecho de Representación en el Artículo 814º/3 del Código Civil*, Madrid, Civitas, 1991.

MARTINS DA CRUZ, B., *Reflexões Críticas Sobre a Indignidade e a Deserdação*, Coimbra, Almedina, 1986.

MASIDE MIRANDA, J.E., *Legítima del Cónyuge Superstite*, Madrid, Centro de Estudios Hipotecarios, 1989.

MÉNDEZ TOMÁS, R. M., *Acción de Impugnación de la Desheredación*, Barcelona, Bosch, 1998.

MENEZES CORDEIRO, A., *Tratado de Direito Civil Português*, I, *Parte Geral*, T. I , Coimbra, Almedina, 1999.

- *Direitos Reais*, Lisboa, Lex, 1993 (Reprint 1979).

MEZQUITA DEL CACHO, "La Conmutación del Usufructo Vidual Común", *RDN*, 1957, pp. 213 e ss..

MIQUEL, J.M., *Comentarios a las Reformas del Derecho de Família*, Vols. I e II, Madrid, Tecnos, 1984.

MONTERO PARDO, J.A., *Derecho de Sucesiones de Galicia. Comentarios al Título VIII de la Ley de 24 de mayo de 1995*, Colégio Notarial de La Coruña, Madrid, 1996.

MONTÉS PENADÉS, V.L., *Derecho de Sucesiones*, Valencia, Tirant lo Blanch, 1992.

- *Derecho de Família*, Valencia, Tirant lo Blanch, 1991.

- *Comentarios a las Reformas del Derecho de Família*, Vol. I, Madrid, Tecnos, 1984.

MOTA PINTO, C.A., *Teoria Geral do Direito Civil*, Coimbra, Coimbra Editora, 1996.

MUÑOZ GARCIA, C., *La Colación como Operación Prévia a la Partición*, Pamplona, Aranzadi, 1998.

MUÑOZ SANCHEZ-REYES, E., *El Art. 891 del C.C.: La Distribución de Toda la Herencia en Legados*, Valencia, Tirant lo Blanch, 1996.

NEVES, I., *Direito da Segurança Social. Princípios Fundamentais Numa Análise Prospectiva*, Coimbra, Coimbra Editora, 1996.

NUÑEZ BOLUDA, M.D., "El Orden de Suceder Abintestato y Personas con Derecho a la Legítima Después de la Reforma del Código Civil de 1981", *RDP*, 1986, pp. 715 e ss..

NUÑEZ IGLESIAS, "La Donación de Inmuebles Encubierta como Compraventa", *RCDI*, 1991, pp. 1811 e ss..

NUÑEZ MUÑIZ, M.C., *El Legado de Parte Alícuota. Su Regimén Jurídico*, Madrid, Edijus, 2001.

O'CALLAGHAN MUÑOZ, X., *Compendio de Derecho Civil*, T. V, *Derecho de Sucesiones*, Madrid, Edersa, 1999.
- "La Prodigalidad Como Institución de Protección de la Legítima", *RDP*, 1978, pp. 253 e ss..
- "La Renuncia a la Legítima", *Libro en Homenaje a R.Mª Roca Sastre*, Vol. III, Madrid, 1977, pp. 311 e ss..

OLIVEIRA ASCENSÃO, J., *Direito Civil. Sucessões*, Coimbra, Coimbra Editora, 1989.
- "O Herdeiro Legitimário", *ROA*, Ano 57, Lisboa, 1997, pp. 5 e ss..
- "As Actuais Coordenadas da Indignidade Sucessória", Separata da revista *O Direito*, Ano, 101, 1969, p. 261 e Ano 102, 1970.

ORDUÑA MORENO, J., *Derecho de Sucesiones*, coord. por Montés Penadés, V.L., Valencia, Tirant lo Blanch, 1992.

ORTEGA PARDO, G., *Naturaleza Jurídica del Llamado Legado en Lugar de la Legítima*, INEJ, Madrid, 1945.

PAMPLONA CORTE-REAL, C., *Direito da Família e das Sucessões*, Vol. II, *Sucessões*, Lisboa, Lex, 1993.
- *Direito da Família e das Sucessões. Relatório*. Lisboa, Lex, 1995.
- *Da Imputação de Liberalidades na Sucessão Legitimária*, Lisboa, CEF, Ministério das Finanças, 1989.

PANTALEÓN PRIETO, A.F., *Comentarios a las Reformas del Derecho de Família*, T. II, Madrid, Tecnos, 1984, pp. 1378 e ss..

PAULO MERÊA, *Evolução dos Regimes Matrimoniais. Contribuições para a História do Direito Português*, Vol. 1º, Coimbra, Universidade, 1913.
- *Estudos de Direito Visigótico*, Separata do *BFDUC*, Vol. XXIII, Coimbra, 1948.
- *Estudos de Direito Hispânico Medieval*, II, 1953.

PEÑA BERNALDO DE QUIRÓS, M., *La Herencia y las Deudas del Causante. Tratado Practico y Crítico de Derecho Civil*, T. 61, Vol. 1º, Madrid, 1967.
- *Comentarios a las Reformas del Derecho de Família*, T. I, Madrid, Tecnos, 1984.
- *Derecho de Família*, Madrid, 1989.
- *Derechos Reales. Derecho Hipotecario*, T. I e II, Madrid, Centro de Estudios Registrales, 1999.
- "La Naturaleza de la Legítima", *ADC*, 1985, pp. 849 e ss..
- "La Naturaleza de la Legítima. Nota Final.", *ADC*, 1986, pp. 571 e ss..

PEREIRA COELHO, F.M., *Direito das Sucessões*, Coimbra, 1992.
- *Curso de Direito da Família*, Coimbra, 1986.
- "Casamento e Família no Direito Português", *Temas de Direito da Família* (Ciclo de Conferências do Conselho Distrital do Porto da Ordem dos Advogados), Coimbra, Almedina, 1986, pp. 1 e ss..

PÉREZ ALVAREZ, M.A., *Comentarios al Código Civil y Compilaciones Forales*, dirigidos por M. Albaladejo e S. Díaz Alabart, T. XXXII, Vol. 2º, Madrid, Edersa, 1997.

PIRES DE LIMA, *Código Civil Anotado*, Vol. I, Coimbra, Coimbra Editora, 1987.
- *Código Civil Anotado*, Vol. II, Coimbra, Coimbra Editora, 1986.
- *Código Civil Anotado*, Vol. IV, Coimbra, Coimbra Editora, 1992.
- *Código Civil Anotado*, Vol. VI, Coimbra, Coimbra Editora, 1998.
- "Actas da Comissão Revisora", *Direito das Sucessões. Trabalhos Preparatórios do Código Civil*, Lisboa, 1972.

PLAZA PENADÉS, J., *Derechos Sucesorios del Cónyuge Viudo Separado de Hecho*, Valencia, Tirant lo Blanch, 1999.

PORPETA CLÉRIGO, "Naturaleza Jurídica de la Legítima", *Estudios de Derecho Sucesorio*, Barcelona, Colegio Notarial de Barcelona, 1946, pp. 149 e ss..

PROENÇA, G., *Direito da Família*, Lisboa, 1996.

PUIG BRUTAU, J., *Fundamentos de Derecho Civil*, T. V, Vol. 1º, Barcelona, Bosch, 1975.

- *Fundamentos de Derecho Civil*, T. V, Vol. 3º, Barcelona, Bosch, 1991.
- "Naturaleza Jurídica de las Legítimas en el Derecho Común y en el Foral", *Estudios de Derecho Privado*, II, *Sucesiones*, de R.M. Roca Sastre, Madrid, 1948.

PUIG FERRIOL, L., *Comentarios a las Reformas del Derecho de Família*, Vol. I, Madrid, Tecnos, 1984.

RAMS ALBESA, J.J., *Uso, habitación y Vivienda Familiar*, Madrid, Tecnos, 1987.

REAL PEREZ, A., *Intangibilidad Cualitativa de la Legítima*, Madrid, Civitas, 1988.
- *Usufructo Universal del Cónyuge Viudo en el Código Civil*, Madrid, 1988.
- "Comentario a la Resolución de la Dirección General de los Registros y del Notariado de 27 de junio de 1997", *CCJC*, nº 45, 1230, pp. 1197 e ss..
- "Comentario a la Sentencia del Tribunal Supremo de 4 de marzo de 1999", *CCJC*, septiembre-diciembre, 1999, T. 51, 1378, pp. 945 e ss..

REBELO DE SOUSA, M., *Introdução ao Estudo do Direito*, Lisboa, Lex, 2000.

REY PORTOLÉS, J.M., "Comentarios a Vuela Pluma de los Artículos de Derecho Sucesorio Reformados por la Ley 11/1981, de 13 de mayo, de Modificación del Código Civil en Matéria de Filiación, Patria Potestad y Regimén Económico del Matrimonio", *RCDI*, 1982, pp. 1535 e ss..

RIBEIRO MENDES, A., "Considerações Sobre a Natureza Jurídica da Legítima no Código Civil de 1966", *O Direito*, Ano 105, 1973, pp. 3 a 24, 87 a 107 e 184 a 198.

RIVAS MARTINEZ, J.J., *Derecho de Sucesiones Común y Foral*, T.I Madrid, 1989
- *Derecho de Sucesiones Común y Foral*, T.II Madrid, 1987.
- *Derecho de Sucesiones Común y Foral*, T. II, Madrid, 1992.

RIVERA FERNANDEZ, M., *La Preterición en el Derecho Común Español*, Valencia, Tirant lo Blanch, 1994.

ROCA JUAN, J., *Comentarios al Código Civil y Compilaciones Forales*, dirigidos por M. Albaladejo, T. XIV, Vol. 2º, Madrid, EDERSA, 1989.

ROCA SASTRE, R.Mª, "Naturaleza Jurídica de la Legítima", *RDP*, 1944, pp. 185 e ss.; Também em *Estudios Sobre Sucesiones*, T. II., Madrid, 1981, pp. 35 e ss..
- "El Usufructo Universal de Viudedad", *Estudios de Derecho Privado*, II, Madrid, 1984, pp. 155 e ss..

- Notas ao *Derecho de Sucesiones de Theodor Kipp, Tratado de Derecho Civil de Enneccerus, Kipp y Wolff*, T. V, Vols. 1 e 2, 2ª edição, Barcelona, Bosch, 1976.
- *Derecho Hipotecario*, T. IV, Barcelona, Bosch, 1954.

ROCA-SASTRE MUNCUNILL, L., *Derecho de Sucesiones*, T. I, Barcelona, Bosch, 1989,
- *Derecho de Sucesiones*, T. II, Barcelona, Bosch, 1991,
- *Derecho de Sucesiones*, T. III, Barcelona, Bosch, 1994.

ROCA TRÍAS, E., *Familia y Cambio Social (De la "Casa" a la Persona)*, Madrid, Civitas, 1999.

RODRIGO BERCOVITZ, *Derecho de la Persona*, Madrid, Montecorvo, 1976.

RODRIGUEZ-CANO, *Derecho de la Persona*, Madrid, Montecorvo, 1976.

ROMÁN GARCÍA, A., *Derecho de Sucesiones. Instituciones de Derecho Civil Español*, VII, Madrid, McGraw-Hill, 1999.

SÁENZ DE SANTAMARIA TINTURÉ, I., "Es Viable el Usufructo Universal a Favor del Cónyuge Viudo en Nuestro Derecho Civil Común Existiendo Herederos Forzosos?", *RDP*, 1951, pp. 995 e ss..

SALTER CID, N., *A Protecção da Casa de Morada da Família no Direito Português*, Coimbra, Almedina, 1996.

SANCHEZ CALERO, F.J., "Algunos Aspectos de los Derechos Sucesorios del Cónyuge Viudo", *AC*, 1992-1, pp. 183 e ss..

SÁNCHEZ ROMAN, *Estudios de Derecho Civil. El Código Civil y Historia General de la Legislación Española*, T. VI, Vol. 2º, Madrid, 1910.

SANCHO REBULLIDA, F.A., *Derecho de Sucesiones*, I e II, Barcelona, 1971 e 1973.
- *Elementos de Derecho Civil*, T. V, *Derecho de Sucesiones*, Barcelona, Bosch, 1993.
- *Elementos de Derecho Civil*, T. IV, *Derecho de Família*, Barcelona, Bosch, 1997.
- *Elementos de Derecho Civil*, T. III, *Derechos Reales*, Vol. 2º, Barcelona, Bosch, 1991.
- *Elementos de Derecho Civil*, T. I, *Parte General*, Vol. 1º, *Introducción*, Madrid, Dykinson, 1998.

SANTOS, E., *O Direito das Sucessões*, Lisboa, Vega, 1998.
- *Direito da Família*, Coimbra, Almedina, 1985.

SANTOS JUSTO, A., *As Acções do Pretor*, Coimbra, 1997.

SAPENA TOMÁS, J., "Viabilidad del Usufructo Universal del Cónyuge Viudo: su Inscripción Registral", *RCDI*, 1974, pp. 861 e ss..

SCAEVOLA, M.Q., *Código Civil Comentado*, T. XIV, 4ª edição, Madrid, Reus, 1944.

SEBASTIÃO CRUZ, *Direito Romano*, I, Coimbra, Dislivro, 1984.

SECO CARO, E., *Partición y Mejora Encomendadas al Cónyuge Viudo. Estudio Sobre el Artículo 831 del Código Civil Español*, Barcelona, Bosch, 1960.

SUÁREZ SÁNCHEZ-VENTURA, "Naturaleza de la Legítima y Pago en Metálico", *La Ley*, T. IV, 1984, pp. 997 e ss..

TORRES GARCIA, T.F., "La Administración de los Bienes Comunes en la Sociedad de Gananciales", *RDP*, 1985, pp. 721 e ss..

VALLADARES RASCÓN., E., *Nulidad, Separación, Divorcio. Comentarios a la Ley de Reforma del Matrimonio*, Madrid, Civitas, 1982.

VALLET DE GOYTISOLO, J., *Comentarios al Código Civil y Compilaciones Forales*, dirigidos por M. Albaladejo, T. XI, Madrid, EDERSA, 1982.

- *Comentarios al Código Civil y Compilaciones Forales*, dirigidos por M Albaladejo e S. Díaz Alabart, T. XIII, Vol. 2º, Madrid, EDERSA, 1998.

- *Comentarios al Código Civil y Compilaciones Forales*, dirigidos por M. Albaladejo, T. XIV, Vol. 2º, Madrid, EDERSA, 1989.

- *Limitaciones de Derecho Sucesorio a la Facultad de Disponer. Las Legítimas*, T. I e II, Madrid, INEJ, 1974.

- *Panorama de Derecho de Sucesiones*, T. I, *Fundamentos*, Madrid, 1982, e T. II, *Perspectiva Dinamica*, Madrid, 1984.

- "Apuntes de Derecho Sucesorio", ADC, 1955, pp.

- "Observaciones en Torno a la Naturaleza de la Legítima", *ADC*, 1986, pp. 3 e ss..

- "Aclaraciones Acerca de la Naturaleza de la Legítima", *ADC*, 1986, pp. 833 e ss..

- "La Opción Legal del Legitimario Cuando el Testador Ha Dispuesto un Usufructo o una Renta Vitalícia que Sobrepase la Porción Disponible", *ADC*, XV, 1962, pp.

- *Estudios de Derecho Sucesorio*, Vol. IV, *Computación, Imputación, Colación*, Madrid, Montecorvo, 1982.

VALPUESTA FERNANDEZ, Mª.R., *Derecho de Família*, coord. por Montés Penadés, V.L., Valencia, Tirant lo Blanch, 1991.

VALVERDE y VALVERDE, *Tratado de Derecho Civil Español*, T. V, Valladolid, 1939.

VAZ ROGRIGUES, J., *O Consentimento Informado para o Acto Médico no Ordenamento Jurídico Português (Elementos para o Estudo da Manifestação da Vontade do Paciente)* , Coimbra, Coimbra Editora, 2001.

VAZ TOMÉ, Mª.J., *O Direito à Pensão de Reforma Enquanto Bem Comum do Casal*, Coimbra, Coimbra Editora, 1997.

VILALTA NICUESA, A. E., *Acción de Impugnación de la Desheredación*, Bosch, Barcelona, 1998.

VIRGILI SORRIBES, "Heredero Forzoso y Heredero Voluntario: Su Condición Jurídica", *RCDI*, Julho-Agosto,1945, pp. 479 e ss..

VOCI, P., *Diritto Ereditario Romano*, Milão, 1967.

ZABALO ESCUDERO, Mª.E., *La Situación Jurídica del Cónyuge Viudo. Estudio en el Derecho Internacional Privado y Derecho Interregional*, Pamplona, Aranzadi, 1993.